Traveler's Dictionary

English-Korean
Korean-English

해외 여행자를 위한
여행영어사전

YBM Si-sa

머 리 말

하나의 지구촌을 지향하면서 국제화·세계화를 실현하기 위해 세계 곳곳을 누비는 비즈니스맨과 해외 관광객들의 수가 급증하고 있습니다.

그러나 막상 해외여행시에 부딪히는 가장 큰 곤란은 언어소통 문제라고 하겠습니다. "영어를 좀더 잘할 수 있었다면 보다 멋있는 상담을 하고, 보다 즐거웠을 텐데…." 하는 아쉬움은 외국을 다녀온 사람이라면 누구나 경험하는 일이라고 봅니다. 그만큼 영어는 이제 세계 어디를 가든 두루 통용되고 있으므로 영어만 제대로 한다면 큰 불편없이 대외 사업과 외국 여행을 즐길 수 있을 것입니다.

이 사전에서는, 해외 여행자에게 꼭 필요하다고 생각되는 영어 어휘를 집대성한 영·한편 외에도, 한·영편을 추가 수록하여 여행자의 즉석 영어회화·영작문에 커다란 도움이 되도록 했습니다. 따라서 이 사전을 최대한도로 활용한다면 여행시의 모든 커뮤니케이션에 있어서 별지장이 없을 것으로 확신합니다. 또한 수첩 크기의 판형 안에 풍부한 내용을 수록하여 항상 휴대하고 다니면서 필요에 따라 수시로 이용할 수 있도록 했습니다. 그외에도 이 사전은 다음과 같은 여러 가지 특색을 지니고 있습니다.

1. 일상 학습은 물론, 해외 여행에 필요한 어구와 표현을 모두 수록

중학생으로부터 고교생·대학생·일반 성인의 일상적인 학습과 해외여행에 필요하다고 생각되는 영한 12,000단어, 한영 5,000단어를 엄선·수록하였으며, 신어·시사어를 비롯하여 해외여행에 필요한 회화표현·고유명칭·외래어 등을 포함시켰습니다.

2. 활용도가 많은 구어(口語)·동의어·반의어·관련어 등을 자세히 표시

어의(語義) 뒤에는 그 단어와 결합해서 사용되는 전치사 등의 어구(語句)나 절(節) 등을 표시함으로써 용례와 더불어 문장중에서의 어휘기능을 알 수 있게 밝혔습니다. 또한 어휘력의 향상을 도모하기 위해 동의어·반의어·관련어 등도 가급적 많이 수록하였습니다.

3. 이용도가 많은 부록을 풍부히 수록

해외 여행에 필요한 여행 기초지식, 해외여행 필수회화, 4개 국어(한·일·불·독) 회화, 시차표, 세계 주요도시의 공항약호, 세계 주요 항공사명 및 그 약호, 해외주재 한국공관 주소, 세계 각국의 통화 환율표 등 해외여행에 긴요한 8가지의 부록을 수록하여 필요에 따라 편리하게 이용할 수 있도록 했습니다. 그러므로, 이 사전은 현대인의 마스코트로서 학교나 가정, 직장에서는 물론이고, 해외 여행시의 반려자로서 큰 도움이 될 것으로 믿어 의심치 않습니다.

YBM/Si-sa

일 러 두 기

【표제어】 (1) 가장 굵은 활자를 사용하고, 분철은 「·」로 나타냈다. 단, 완전히 영어화되지 않은 외래어는 굵은 이탤릭체 활자를 사용하였다.

보기 : **mod·el** [……] *n.* ……/***com·mu·ni·qué*** [……] F. *n.* ……

(2) 미국식 철자를 위주로 하고 영국식 철자를 병기하였다. 이 경우, 공통부분은 음절단위에서 하이픈으로 생략하였다.

보기 : **fi·ber**, 《英》 **-bre** [fáibər] *n.* ……

(3) 같은 단어로서 두가지 방식의 철자가 있는 것은 병기하였다.

보기 : **ad·vis·er**, **-vi·sor** [ədváizər] *n.*
al·pha·bet·ic [ælfəbétik], **-i·cal** [-ik(ə)l] ……

(4) 철자는 같되 어원이 다른 것은 원칙적으로 표제어를 분리하여, 오른쪽 위에 작은 숫자를 달아 구별하였다.

보기 : **hold**[1] **hold**[2] / **leave**[1] **leave**[2]

(5) 두 단어이상으로 된 연어표제어는 해당 표제어의 모음자 위에 연어액센트를 붙였다. 또한 연어 중에 따로 표제어로서 수록되어 있지 않은 낱말은 분철하여 발음기호를 달았다.

보기 : **Búck·ing·ham Pálace** [bʌ́kiŋəm] ……

(6) 본문에서 사용된 「~」, 「~」는 표제어와 일치한다 (파생어·어형변화·용례·숙어 등 참조).

【파생어】 (1) 특히 중요한 것을 제외하고는 표제어에 해당하는 부분을 생략하여 풀이, 기타 뒤에 **~·ly** *ad.* 등의 형식으로 배열하였다.

(2) 표제어의 어미가 다소 변화하여 파생어로 된 것은 표제어의 음절을 따라 공통부분을 「·」로 나타내고, 액센트가 이동해 오는 경우에는 액센트 기호를 달았다.

보기 : **com·pen·sate** [kámpənsèit/kɔ́mpen-] *vi., vt.* …… **-sá·tion** *n.* ……

【발음】 (1) 발음은 표제어 바로 뒤에서 [ ]로 싸서 미식과 영식 발음을 병기하였다.

(2) 미음과 영음이 다를 경우에는 미음을 먼저 적고 사선(/)을 한 다음에 영음을 적었다. 다만 액센트의 위치만이 바뀌는 경우는 음절단위에 ⸝⸜처럼 나타냈다.

보기 : **Chev·ro·let** [ʃèvrəléi/⸝⸜, ⸜⸝] *n.* ……

(3) 액센트는 그 모음 바로 위에 제1액센트는 「ˊ」, 제2액센트는 「ˋ」로 나타냈다.

(4) 두 가지 이상의 발음이 있는 것은 콤마 「,」를 사이에 두고 병기하였다.

보기 : **di·rect** [dirékt, dai-] *a.* ……

(5) 복합어의 발음은 공통부분을 하이픈으로 나타냈다. 액센트가 있는 경우는 「ˊ」, 「ˋ」처럼 나타냈다.

보기 : **space** [speis] *n.* ……/**space·ship** [ˊ-ʃip] *n.* ……

(6) 같은 표제어에서 미·영, 품사, 어의 등에 따라 발음이 다른

경우는 각각 다음과 같이 나타냈다.
　보기 : **com·pact**² *a.* [kəmpǽkt→*n.*] …… — *n.* [kάmpækt/kɔ́m-]
　　　　house·wife [háuswaif→2] *n.* **1** (가정)주부 **2** [házif] 반짇
　　　　고리
(7) 생략할 수 있는 발음은 ( )로 싸서 나타냈다.
　보기 : **flu·ent** [flú(:)ənt] *a.* ……/**ac·tion** [ǽkʃ(ə)n] *n.* ……

【품사】품사는 원칙적으로 발음 기호 바로 다음에 약자로 *n.*, *a.*,
ad. 등과 같이 나타냈다. 같은 표제어에서 두 가지 이상의 품사로
나누어지는 경우는 각각 그 바로 앞에「—」를 놓아 표시하였다.

【어형 변화】동사, 형용사, 부사, 명사의 불규칙 변화는 그 품사
뒤에 ( )로 싸서 나타냈다. 이때 표제어와 공통되는 부분은 하
이픈을 사용하여 생략했다. 불규칙 변화형인데 그 어형이 표제
어로서 따로 수록되어 있지 않은 것은 분절하여, 발음 기호를
달았다.

【어의·풀이】(1) 풀이는 어의의 차이에 따라 콤마「,」, 세미콜론「;」
으로 구분하였고, 특히 구별을 요할 경우는 **1, 2, 3**…… 의 번호를
사용하였다.
(2) 어의는 원칙적으로 사용 빈도에 따라 배열하였다. 특히 중요
한 단어에는 《 》로 문법적·용법적인 설명을 부가하였다.
　보기 : **own** [oun] *a.* 《소유격 뒤에서 강조어로 씀》……
(3) 풀이 앞의 (*pl.*) 표시는 그 뜻으로는 복수형을 사용함을 나타
내고, (H~), (h~), (the ~) 표시는 그 뜻으로는 대문자, 소
문자로 시작하고 또 정관사가 붙음을 나타낸다. 그리고 *n. pl.*
은 그 단어가 복수임을 나타내고, *sing. & pl.*은 단수와 복수의
형태가 같음을 나타낸다.
(4) 풀이 바로 뒤의 ( ) 속에는 동의어를 나타내고, 《 》 속에는
표제어의 전치사, 부사, 목적어 등을 나타냈다.
(5) 풀이는 보충적 설명과 생략 가능한 어구를 ( )속에, 또 대체
할 수 있는 말은 [ ]속에 나타냈다.
　보기 : **box** …… (극장의) 간막이좌석……/**com·plaint** …… 불평
　　　　(거리) **ad·lib** …… 즉흥적으로 노래하다[말하다, 연주하다]

【용례·숙어·성구】(1) 용례는 풀이 바로 다음에「:」으로써 들었
으며, 용례와 용례 사이는「/」로써 구분하였다.
(2) 숙어·성구는 각 품사·풀이 뒤에 일괄해서 굵은 이탤릭체 활
자로 수록하였다.
(3) 용례·숙어·성구 가운데 대체해도 되는 경우는 [ ]를 쓰고,
생략해도 무방한 경우는 ( )를 써서 나타냈다. 또 표제어 해당
부분은「~」,「~」로 나타냈다.
　보기 : **ra·di·o** …… : a ~ receiver [set] 라디오 수신기
　　　　ex·cuse …… ~ *oneself* 변명하다 …… *E~ me*, (*but*) 실례
　　　　지만

【동의어·반의어·관련어】역어 뒤에 ( ) 속에 동의어·반의어·관련
어 등을 수록하였다. 반의어는 *opp.*로, 관련어는 *cf.*로 나타냈다.

약 어 표

a.	adjective(형용사)	pp.	past participle(과거분사)
ad.	adverb(부사)	ppr.	present participle(현재분사)
art.	article(관사)	pref.	prefix(접두사)
aux. v.	auxiliary verb(조동사)	prep.	preposition(전치사)
cf.	compare(참조하라)	pron.	pronoun(대명사)
conj.	conjunction(접속사)	sing.	singular(단수)
fem.	feminine(여성형)	suf.	suffix(접미사)
int.	interjection(감탄사)	v.	verb(동사)
n.	noun(명사)	vi.	intransitive verb(자동사)
opp.	opposite(반의어)	vt.	transitive verb(타동사)
p.	past(과거)		
pl.	plural(복수)		
F	French(프랑스어)	L	Latin(라틴어)
G	German(독일어)	Russ.	Russian(러시아어)
It.	Italian(이탈리아어)	Sp.	Spanish(스페인어)

《美》	미국	《俗》	속어
《英》	영국	《方》	방언
《加》	캐나다	《詩》	시어
《스코》	스코틀랜드	《雅》	아어
《伊》	이탈리아	《兒語》	소아어
《古》	고어	《揭示》	게시문
《口》	구어	《略: …》	약어

ㄱ 〖建〗	건축	〖植〗	식물학
〖經〗	경제	〖心〗	심리학
〖空〗	항공	ㅇ 〖藥〗	약학
〖鑛〗	광물	〖魚〗	어류
〖軍〗	군사	〖倫〗	윤리학
〖그神〗	그리스신화	〖音〗	음악
〖劇〗	연극	〖醫〗	의학
〖機〗	기계	〖理〗	물리학
ㄴ 〖農〗	농업	〖印〗	인쇄
ㄷ 〖動〗	동물학	ㅈ 〖電〗	전기
ㄹ 〖로神〗	로마신화	〖鳥〗	조류
ㅁ 〖文〗	문법	〖宗〗	종교
〖紋〗	문장(紋章)	〖地〗	지리
ㅂ 〖法〗	법률	ㅊ 〖天〗	천문학
〖簿〗	부기	〖哲〗	철학
ㅅ 〖史〗	역사	〖蟲〗	충류
〖寫〗	사진	ㅍ 〖貝〗	패류
〖商〗	상업	ㅎ 〖海〗	해양
〖聖〗	성서	〖解〗	해부학
〖狩〗	수렵	〖化〗	화학

英韓篇
ENGLISH - KOREAN

A

a [ə, ei], **an** [ən, æn] art. 《부정관사》 하나의; 어떤; …같은; 《어떤 계급 전부를 가리켜서》 …이라는 것은, 어느 것이나; …에 《대해》

A 1 [éiwán] a. 《俗》 일류의

A.A.U. = Amateur Athletic Union 아마추어 체육연맹

a·back [əbǽk] ad. 뒤에

a·baft [əbǽft/əbɑ́ːft] ad., prep. 《海》 선미에[로]; …의 후부에

a·ban·don [əbǽndən] vt. 버리다; 단념하다; 맡기다 《to》

a·base [əbéis] vt. 무안하게하며 시키다

a·bash [əbǽʃ] vt. 무안하게하다

a·bate [əbéit] vi., vt 감소하다

ab·bey [ǽbi] n. 수도원; 대사원

ab·bot [ǽbət] n. 수도원장

ab·bre·vi·a·tion [əbriːvieiʃ(ə)n] n. 생략, 단축

ABC = American Broadcasting Corporation 미국 방송 협회

ab·do·men [ǽbdəmen, æbdóu-/ ǽbdəmèn] n. 배, 복부

a·beam [əbíːm] ad. 《海》 정우[좌]현으로 [다

ab·hor [əbhɔ́ːr] vt. 몹시 싫어하다

a·bide [əbáid] v. (p., pp. a·bided or a·bode) 《보통 부정구문》 견디다 —vi. 머물다, 지속하다 — **by** …에 따라 행동하다

a·bil·i·ty [əbíliti] n. 능력, 수완; (pl.) 재능

ab·ject [ǽbdʒekt, +美 −́] a. 비천한; 비참한; 비굴한

a·ble [éibl] a. 유능한 (competent); 뛰어난 be ~ to do …할 수 있다

-able [-əbl] suf. 「…할 수 있는」 「하기 쉬운」의 뜻

a·ble-bod·ied [éiblbɑ́did/-bɔ́d-] a. 건장한; (선원이) 숙련된

ab·nor·mal [æbnɔ́ːrm(ə)l] a. 비정상의, 변칙의 (opp. normal)

a·board [əbɔ́ːrd] ad., prep. 배 위[안]에; 《美》 (차 따위에) 타고: go ~ ship 배에 타다/All ~! 여러분 승선 [승차]해 주십시오

a·bode[1] [əbóud] n. 거주; 거처

a·bode[2] v. abide의 과거[분사]

a·bol·ish [əbɑ́liʃ/əbɔ́l-] vt. 폐지하다

ab·o·li·tion [ǽbəliʃ(ə)n] n. 폐지, 철폐

a·bom·i·na·ble [əbɑ́minəbl/ -bɔ́m-] a. 지긋지긋한, 《口》 지독한

ab·o·rig·i·nal [ǽbəridʒin(ə)l] a. 토착(민)의; 원생의

a·bor·tion [əbɔ́ːrʃ(ə)n] n. 낙태; (계획 따위의) 실패

ABO system (the ~) 혈액형 ABO 분류(법)

a·bound [əbáund] vi. 많이 있다, …이 풍부하다 《in, with》

a·bout [əbáut] prep. …경, 쯤; …에 대하여, …의 주위에[를] —ad. 대략, 약; 주위를, 근방을[에]; 유행하여; 한바퀴 돌아 be ~ to do 막 …하려하고 있다

a·bove [əbʌ́v] ad. 위에 (opp. below), 머리 위에, 상공에; 이상 —prep. …위에; 상류에; 보다 상위에; …이 미치지 못하는, …을 초월하여 ~ all 상기(上記)한 —n. 상기, 상술

a·bridge [əbrídʒ] vt. 단축하다

a·broad [əbrɔ́ːd] ad. 널리; 밖에, 외출하여; 해외로, 외국에; 유포하여: a trip ~ 해외여행/news from ~ 해외통신 go ~ 외국에 가다; 외출하다

ab·rupt [əbrʌ́pt] a. 갑작스러운; 무뚝뚝한; 가파른

ab·sence [ǽbs(ə)ns] n. 부재, 결석; 없음, 결핍; 멍한 상태

ab·sent [ǽbs(ə)nt→v.] a. 부재의, 결석의《from》; 결여된; 멍한 상태의 —vt. [æbsént] 결석[결근]하다《oneself from》~·ly ad. 멍하니

ab·sent-mind·ed [ǽbs(ə)nt-máindid] a. 멍한, 넋잃은 것

ab·sinthe, -sinth [ǽbsinθ] n. 압생트(술)

ab·so·lute [ǽbsəluːt, ‑-̀·ljùːt] a. 절대적인; 무조건의; 순수한

ab·solve [æbsɑ́lv,əbzɑ́lv/əbzɔ́lv] vt. 용서하다; 해제하다

ab·sorb [əbsɔ́ːrb] vt. 흡수하다; 몰두시키다

ab·sorb·ent [əbsɔ́ːrbənt] a. 흡수성의 ~ cotton 《美》 탈지면

ab·sorp·tion [əbsɔ́ːrpʃ(ə)n] n. 흡수; 몰두 《in》; 병합

ab·stain [əbstéin] vi. 삼가다

ab·sti·nence [ǽbstinəns] n. 금욕, 금주

ab·stract [ǽbstrækt→v.] a. 추상적인; 난해한 —n. 추상(개념); 적요, 개략 —vt. [−́-́] 추상하다; 추출하다; 발췌하다

ab·strac·tion [æbstrǽkʃ(ə)n] n. 추상; 추상적 개념; 멍한 상태

ab·surd [əbsɔ́ːrd, +美 ‑zɔ́ːrd] a.

a·bun·dance [əbʌ́ndəns] n. 풍부, 부유: a year of ~ 풍년
a·bun·dant [əbʌ́ndənt] a. 풍부한, …이 많은 《in》
a·buse [əbjúːs → v.] 남용; (말의) 오용; 욕지거리 —vt. [əbjúːz] 남용[오용]하다, 욕하다
a·byss [əbís] n. 심연(深淵)
a·ca·cia [əkéiʃə] n. 《植》아카시
ac·a·dem·ic [æ̀kədémik] a. 대학의; academy의, 학계의; 학구적인; 비실용적인; 《美》(학부·학위) 인문과학의, 일반교양의
a·cad·e·my [əkǽdəmi] n. 학원; 전문학교; 학사[예술]원 the A~ Award 《美》아카데미상
A·ca·pul·co [ɑ̀ːkəpúːlkou, ӕ-] n. 아카풀코(멕시코서남부의항구)
ac·cede [æksíːd, ək-] vi. 동의하다, 응하다 《to》; 취임하다
ac·cel·er·ate [æksélərèit/ək-] vt. 가속하다, 촉진하다 —vi. 빨라지다 **-a·tor** n. 가속장치, 액셀러레이터
ac·cent [ǽksent/-s(ə)nt/-] n. 액센트; 말투; 사투리; 《음》 [æksént] 세게 발음하다; 강조하다
ac·cept [æksépt] vt. 수령하다, 받아들이다; 수락하다: ~ an invitation 초대에 응하다 **~ance** n.
ac·cept·a·ble [ӕkséptəbl] a. 수락할 수 있는, 만족스러운
ac·cess [ǽkses] n. 접근, 면접; (병의) 발작
ac·ces·so·ry, -sa·ry [æksésəri/əksés-] n. 액세서리; 부속품 —a. 부속의, 보조적인
ac·ci·dent [ǽksid(ə)nt] n. 돌발사고, 재난 by ~ 우연히
ac·ci·den·tal [ӕ̀ksidént(ə)l] a. 우연의, 부대적인
áccident insúrance 상해보험
ac·claim [əkléim] vi., vt. 갈채[환호]하다
ac·com·mo·date [əkámədèit/əkɔ́m-] vt. 적응시키다 《to》; 화해시키다; 수용하다; 빌려주다 《with》
ac·com·mo·da·tion [əkàmədéi(ə)n/əkɔ̀m-] n. 《美에서는 때로 pl.》 숙박 시설(때로는 식사도 포함); (열차·항공기·선박 내부의) 좌석·침대·방 따위의 시설; 적응 《to》; 조절; 화해; (돈의) 융통; 편의; (때로 pl.》 수용력 《for》: ~ ladder 《海》 선측(船側)의 승강 계단 ~ train 《美》 (역마다 정차하는) 보통 열차 (local train)

ac·com·pa·ny [əkʌ́mp(ə)ni] vt. 동반하다; 《音》 반주하다 **-ni·ment** n. 부수물; 반주
ac·com·plish [əkámpliʃ/əkɔ́m-] vt. 성취하다 **~ed** a. 완성된, 숙달한 《in》; 교양있는
ac·com·plish·ment [ᴧ́ment] n. 성취, 수행; 업적; 《pl.》 재능
ac·cord [əkɔ́ːrd] n. 조화; 일치, 합의 —vi. 일치[조화]하다 —vt. 일치[조화]시키다; 주다, 허용하다
ac·cord·ance [əkɔ́ːrd(ə)ns] n. 일치, 조화 in ~ with …에 따라서 **-ant** a. 일치한, 화합한 《with, to》
ac·cord·ing [əkɔ́ːrdiŋ] ad. 따라서 ~ to …에 따라서 **~·ly** ad. 따라서, 그러므로
ac·cor·di·on [əkɔ́ːrdiən] n. 손풍금, 아코디언
ac·count [əkáunt] n. 계산(서), 셈; 보고서, 설명; 기사; 이유; 평가: an ~ book 장부 경리장부 give an ~ of …을 설명하다 on ~ of …때문에, …에 대해 —vt. …으로 간주하다 —vi. 설명하다
ac·count·ant [əkáuntənt] n. 경리계원, 계리사
ac·count·ing firm [əkáuntiŋ] 회계사무소
ac·cu·mu·late [əkjúːmjulèit] vi., vt. 쌓다, 모이다; 축적하다 **-la·tion** n. 퇴적(작용); 축적(물)
ac·cu·ra·cy [ǽkjurəsi] n. 정확
ac·cu·rate [ǽkjurit] a. 정확한
ac·cuse [əkjúːz] vt. 비난하다; 《法》 고소하다 **-cu·sa·tion** n. 비난
ac·cus·tom [əkʌ́stəm] vt. 익숙해지게 하다 ~ oneself to …에 익숙해지다 **~ed** a. 익숙한, 평소의
ace [eis] n. (주사위·트럼프 따위의) 1, 1점; 극소량; 최우수자
ache [eik] n. 아프다; 《口》 ~하고 싶어 못견디다 《to do》 —n. 아픔
a·chieve [ətʃíːv] vt. 성취하다; 획득하다; 《목적》 달성하다
a·chieve·ment [ətʃíːvmənt] n. 성취, 공적, 위업
ac·id [ǽsid] n. 산; 《美俗》 = LSD —a. 신맛이 나는; 산의
ácid-héad LSD 상용자
ac·knowl·edge [əknálidʒ/-nɔ́l-] vt. 인정하다; 알리다; 감사하다
ac·knowl·edg·ment, 《英》 -edge- [əknálidʒmənt/-nɔ́l-] n. 승인(서); 감사(의 편지·말); 영수증
a·corn [éikɔːrn, –美 -kərn] n. 도토리(oak의 열매)

A

ac·quaint [əkwéint] *vt.* 알리다; 자세히 알게 하다 《with》

ac·quaint·ance [əkwéintəns] *n.* 안면; 지식; 아는 사람

ac·quire [əkwáiər] *vt.* 얻다, 습득하다 **~·ment** *n.* 습득; (*pl.*) 학예

ac·qui·si·tion [ækwizí(ə)n] *n.* 획득, 습득; 취득물

a·cre [éikər] *n.* 에이커 (약 4046.7m²); (*pl.*) 논밭; 소유지

ac·ro·bat [ǽkrəbæt] *n.* 곡예사

ac·ro·pho·bi·a [ækrəfóubiə] *n.* 고소공포증

A·crop·o·lis [əkrɑ́pəlis/-krɔ́p-] *n.* (the ~)아크로폴리스 (아테네에 있고, 신전 등 유적이 있음)

a·cross [əkrɔ́:s/əkrɔ́s] *ad., prep.* 횡단하여, 건너편에; 교차하여

a·cross-the-board [-ðəbɔ́:rd] *a.* 전반[전면] 적인; (라디오·텔레비전 등) 일일 연속 프로의, 일제의

act [ækt] *n.* 행위; 동작; 결의(서); 법령; (美) 의사록, 회보(會報); (연극의) 막; 연예(물); 가장 —*vt.* (연극을) 상연하다, (역을) 맡아하다; …인 체하다 —*vi.* 행동[활동]하다; 작용[작동]하다 **~ for** …을 대리하다

act·ing [ǽktiŋ] *a.* 대리의, 직무 대행의 —*n.* 연극의 상연; 연기

ac·tion [ǽk(ə)n] *n.* 활동, 작용; 실행, 행위; 움직임, 동작; 연기; (연극·이야기의) 줄거리; 《法》 소송; 기능

áction páinting 행위미술, 액션 페인팅

ac·tive [ǽktiv] *a.* 활동적인; 활발한; (軍) 현역의

ac·tiv·i·ty [æktívəti] *n.* 활동(성), 활기, 활발 (活況); (*pl.*) 활약

ac·tor [ǽktər] *n.* 남자배우

ac·tress [ǽktris] *n.* 여자배우

ac·tu·al [ǽkt(u·ə)l] *a.* 실제의, 현실의; 현행의: ~ **locality** 현지 **-ál·i·ty** *n.* 현실, 실제

ac·u·punc·ture [ǽkjupʌŋkt∫ər] *n.*, *vt.* 침을, 침[을]놓다

a·cute [əkjú:t] *a.* 날카로운; (고통이) 격심한; (두뇌가) 예민한; (醫) 급성의

ad [æd] *n.* (美口) 광고

A.D. = *Anno Domini* 서기 (cf. B.C.)

Ad·am [ǽdəm] *n.* (聖) 아담 (인류의 시조) (cf. Eve)

a·dapt [ədǽpt] *vt.* 적응시키다, 개작하다; (劇) 각색하다 **-dap·tá·tion** *n.* 적응, 각색, 번안

add [æd] *vt.* 보태다; 늘리다; (數을) 덧붙이다 —*vi.* 보태다; 늘리다

ád·ded-vál·ue táx [ǽdidvǽlju:] 부가가치세

ad·dict [ədíkt→*n.*] (…에) 빠지다, (심신을) 맡기다 《oneself to》 —*n.* [ǽdikt] 탐닉자

ad·di·tion [ədí(ə)n] *n.* 부가(물), 증가 **in ~ to** …에 더하여

ad·di·tion·al [ədí(ə)n(ə)l] *a.* 부가의 **~·ly** *ad.* 덧붙여, 게다가

ad·di·tive [ǽditiv] *n.* (식품 등의) 첨가물

ad·dress [ədrés→1.] *n.* 1 연설, (청중에의) 인사말: an ~ of thanks 감사의 말 2 [ǽ-] 주소 —*vt.* …에 주소를 쓰다; 말을 걸다; 연설하다; 신청하다 **~·ee** [ædresí:] *n.* 수신인 **~·er** *n.* 발신인 《*to*, *for*》

ad·e·quate [ǽdikwit] *a.* 적당한 [충분한]

ADF = *automatic direction finder* 자동방향탐지기

ad·here [ədhíər] *vi.* 들러붙다, 집착[고수, 고집]하다 《to》

ad·her·ent [ədhí(:)r(ə)nt] *a.* 부착하는; 고수하는; 부착, 신봉자의 —*n.* 지지자, 신봉자 **-ence** *n.* 부착; 고수

ad·he·sive [ədhí:siv, æd-] *a.* 점착성의: ~ **tape** 반창고

a·dieu [ədjú:/ədjú:] *int.* 안녕 (good-bye) [F]

a·di·os [ǽdiòus, ὰː-] *Sp. int.* 안녕, 잘 가시오

ad·ja·cent [ədʒéis(ə)nt] *a.* 인접한, 근접한 《to》

ad·jec·tive [ǽdʒiktiv] *n.*, *a.* 형용사(의)

ad·join [ədʒɔ́in] *vt.*, *vi.* 인접하다, 이웃하다 **~·ing** *a.* 인접하는, 접속하는 (adjacent): ~ing **rooms** (호텔 등의) 서로 접한 [통하는] 방

ad·journ [ədʒə́ːrn] *vt.* 연기하다, 휴회하다; (俗) 자리를 옮기다

ad·junct [ǽdʒʌŋ(k)t] *a.* 부속[보조]의 —*n.* 부속물; 조수

ad·jure [ədʒúər] *vt.* 간청하다

ad·just [ədʒʌ́st] *vt.* 조정[조절]하다; 정산하다; (올바로)맞추다

ad·lib [ǽdlíb] *vt.*, *vi.* (美口) 즉흥적으로 노래하다 [말하다, 연주하다]

ad lib *n.* 즉흥적 연주[연기] —*ad.* 즉흥적으로, 자유로이

ad·man [ǽdmæn, +·mən] *n.* (*pl.* **-men**) (美) 광고업자

ad·min·is·ter [ədmínəstər] *vt.*, *vi.* 관리하다; 지배[처리]하다; (법을) 집행하다; (조치를) 취하다 《to》

ad·min·is·tra·tion [ədmìnistréi(ə)n] *n.* 관리, 통제; 행정;

administrative — aeromarine

(the A~) 정부; 시행; 내무
ad·min·is·tra·tive [ədmínistrèitiv/-trətiv] *a.* 관리(상)의; 행정(상)의
ad·min·is·tra·tor [ədmínistrèitər] *n.* 행정관; 이사
ad·mi·ra·ble [ǽdm(ə)rəbl] *a.* 찬탄할 만한; 훌륭한
ad·mi·ral [ǽdm(ə)rəl] *n.* 해군 장성
ad·mi·ra·tion [ǽdməréi(ə)n] *n.* 찬탄, 감탄 (for); 찬탄의 대상
ad·mire [ədmáiər] *vt.* 감탄하다, 찬미[숭배]하다; 《口》칭찬하다; 《美》…하고 싶어하다
ad·mis·si·ble [ədmísəbl] *a.* 허락되는
ad·mis·sion [ədmí(ə)n] *n.* 입장, 입회; 입장료; 허가 ~ *free* 입장무료
ad·mit [ədmít] *vi., vt.* 들이다, 입장[입학]을 허가하다; 인정하다
ad·mit·tance [ədmít(ə)ns] *n.* 입장(허가); 입장할 권리 *No A*~ (게시) 입장금지
ad·mit·ted [ədmítid] *a.* (일반적으로) 인정된, 분명한
ad·mon·ish [ədmáni(/-mɔ́n-] *vt.* 타이르다, 충고하다
a·do [ədúː] *n.* 소동 *make*[*have*] *much* ~ 법석을 떨다
ad·o·les·cence [ǽdəlésns], **-cen·cy** [-sensi] *n.* 청년기
ad·o·les·cent [ǽdəlésnt] *a.* 청년[사춘기]의 —*n.* 사춘기의 남자[여자]
a·dopt [ədápt/ədɔ́pt] *vt.* (의견 등을) 채택하다; 양자로 삼다
-**dop·tion** *n.* 채택; 입양
a·dore [ədɔ́ːr] *vt., vi.* 숭배하다; 동경하다, 사모하다
a·dorn [ədɔ́ːrn] *vt.* 장식하다; 돋보이게 하다
a·droit [ədrɔ́it] *a.* 솜씨있는, 교묘한
a·dult [ədʌ́lt/ǽdʌlt] *n.* 어른, 성인: *One* ~, *please*. 어른표 한 장 주세요. —*a.* 성인이 된, 성숙한 (grown-up), 어른의
a·dúlts-on·ly mòvie [ədʌ́ltsòunli] 성인용 영화
ad·vance [ədvǽns/-váːns] *vi., vt.* 나아가다(게하다); 승진하다[시키다]; (시일을) 앞당기다; (값 등) 오르다, 올리다; (의견 등을) 제출하다; 선불[가불]하다; 촉진하다 —*n.* 전진, 진보; 양도; 선불, 가불, 선금, 대출금; (*pl.*) 말을 걸기, 접근 *in* ~ 미리, 선금으로 *in* ~ *of* 앞의, 미리하여 *-d* [-t] *a.* 전진한, 고등의
advánce sàle 예매

advánce tícket 예매권
ad·van·tage [ədvǽntidʒ/-váːn-] *n.* 이익, 유리한 입장, 강점, 우월 (over, of); 《경구》= vantage *take* ~ *of* …을 이용하다, 을 타다; 을 속이다
-ta·geous *a.* 유리한
ad·van·taged [-d] *a.* 《美》사회적으로 혜택받은(특히 앵글로색스계 백인을 가리킴)
ad·vent [ǽdvənt] *n.* 출현; (A~) 강림절 (성탄절 전의 약 4주간)
ad·ven·ture [ədvént(ər] *n.* 모험; 희한한 경험 —*vi., vt.* 모험하다; 감행하다
ad·verb [ǽdvərb] *n.* 부사
ad·ver·sar·y [ǽdvərsèri/-vəs(ə)ri] *n.* 적; 반대자; 상대(편)
ad·verse [ǽdvərs/-ː] *a.* 반대의, 역의; 불리의, 불운의: ~ *winds* 역풍 / ~ *balance of trade* 무역역조
ad·ver·tise, -tize [ǽdvərtàiz, + 美 -ː-] *vi., vt.* 광고하다 ~·**ment** [ǽdvərtáizmənt/ədvə́ː-tiz-, -tis-] *n.* 광고 (ad)
ad·ver·tis·ing, -tiz- [ǽdvərtàiziŋ] *n.* 광고(업) —*a.* 광고의
ádvertising àgent 광고대리점
ádvertising mèdia 광고매체
ad·ver·to·ri·al [ǽdvərtɔ́ːriəl] *n.* (PR용 유력기사 형식 광고
ad·vice [ədváis] *n.* 충고, 조언, 의견; (商) 통지(서); (*pl.*) 보고
ad·vise [ədváiz] *vt., vi.* 충고하다; 통지하다; 상담하다
ad·vised [ədváizd] *a.* 숙고한
ad·vis·er, -vi·sor [ədváizər] *n.* 충고[조언]자; 의논상대; 고문
ad·vi·so·ry [ədváizəri] *a.* 충고 [조언]의; 상담을 위한, 고문의
ad·vo·cate *n.* [ǽdvəkit, -kèit → *v.*] 옹호자; 《英》변호사 —*vt.* [ǽdvəkèit] 옹호[주창]하다; 변호하다
aer·i·al [έ(ː)riəl] *a.* 공기[기체]의, 희박한; 공중의; 항공에 관한
áerial líner = air liner
áerial màil [pòst] = air mail
áerial ráilway 공중 케이블
áerial refúeling 공중급유
áerial síckness = airsickness
aer·o·bic [ɛ(ː)róubik/ɛəróbik] *a.* 호기성(好氣性)의; 에어로빅스의 ~**s** *n.* 에어로빅스 (신체의 산소공급·이용을 촉진하기 위한 운동, 조깅, 체조, 수영 등)
aer·o·bus [έ(ː)rəbʌ̀s] *n.* = airbus
Aer·o·flot [ɛ(ː)rəflát/-flɔ́t] *n.* 소련 국영 항공회사
aer·o·gram [έ(ː)rougræ̀m] *n.* 무선전보[전신]; 항공 봉함엽서
aer·o·ma·rine [ɛ̀(ː)roumərí(ː)n] *a.*

aeronaut 《美》해양비행의

aer·o·naut [έ(:)rənɔ̀:t/έərə-] n. 우주비행사

aer·o·plane [έ(:)rəplèin] n. = airplane

aes·thet·ic [esθétik/i:s-] a. 미(학)의; 미를 아는

af·fa·ble [ǽfəbl] a. 붙임성있는, 상냥한

af·fair [əfέər] n. 일, 사건; (막연히) 것; (pl.) 일, 사무 social ~《美俗》파티

af·fect [əfékt] vt. 영향을 미치다; (병이) 침범하다; 감동시키다; 즐겨 사용하다; 가장하다, …인 체하다

af·fec·tion [əfékʃ(ə)n] n. 애정, 애착; 질병

af·fec·tion·ate [əfékʃ(ə)nit] a. 애정어린 ~·ly ad. 애정어리게: Yours ~ly 편지의 끝맺음말

af·fil·i·ate [əfílièit] vt. 입양[연 연]하다; 회원으로 가입시키다, 제휴시키다 (with) — vi. 가입 [제휴]하다

af·firm [əfə́:rm] vt. vi. 확언[단언]하다; 긍정하다; (法) 확인하다

af·flict [əflíkt] vt. 괴롭히다

af·ford [əfɔ́:rd] vt. 공급하다, 주다; (can 과 함께) …할 여유가 있다

af·front [əfrʌ́nt] n. 모욕하다

Af·ghan·i·stan [æfgǽnistæ̀n] n. 아프가니스탄

AFL-CIO = American Federation of Labor and Congress of Industrial Organizations 미 국노동총동맹 산업별회의

a·float [əflóut] ad. a. 떠서, 해상에; 침수하여, 유포되어

AFP = Agence France Presse 프 랑스 통신사

a·fraid [əfréid] a. 두려워하여, 염려하여 (of, to do, that)

Af·ri·ca [ǽfrikə] n. 아프리카

Af·ro [ǽfrou] a. 아프리카식 둥근 머리모양

aft [æft/ɑ:ft] ad. 《海》 고물에

af·ter [ǽftər/ɑ́:ft-] ad. 뒤에, 나중에 (opp. before) — prep. …뒤[후]에; …다음에; 을 (뒤)쫓아, …을 구해서; …에 따라; …이므로; …에도 불구하고; A~ you, sir. 먼저 가십시오 — a. 뒤의, 역시 one ~ another 차 례차례로, 연달아 one ~ the other 번갈아, 교대로 — conj. (…한) 다음에, …의 후에; 《海》 뒤쪽의; … ages 후세

af·ter-cab·in [<kæ̀bin] n. 후부 선실 / 《海》 감판 하

af·ter·deck [<dèk] n. 《海》 후부

af·ter-din·ner [<dìnər] a. 정찬[만찬] 후의: an ~ speech 테이블스피치(식후의)/~ drinks 식후의 음료

af·ter-hours [<àuərz] a. 영업시간 후에도 개업하는

af·ter·noon [<nú:n] n. 오후

af·ters [ǽftərz/ɑ́:f-] n. pl. 《英》(식후의) 디저트

af·ter·ward [ǽftərwərd/ɑ́:ftə-], **-wards** [-wərdz] ad. 그후

a·gain [əgén, ə2 əgéin] ad. 다시, 또, 다시 한번; 원점으로 돌아가서; 게다가; 때로 now and ~ 때때로

a·gainst [əgénst, ə2 əgéinst] prep. …에 대하여; …에 반대 [대항]하여 (opp. for); …에 [기]대어; …과 대조하여; …에 대비하여; …에 불리하게

age [eidʒ] n. 나이; 성년; 노령; 시대, 연대 — vi. vt. 늙(게 하)다; 낡(게 하)다 ~·less a. 늙지 않는

a·ged a. [éidʒid -2] 1 늙은 2 [eidʒd] …살의 — **·ness** n.

age·ism [éidʒiz(ə)m] n. 노인차별

a·gen·cy [éidʒənsi] n. 작용; 주선; 대리(점)

a·gen·da [ədʒéndə] n. pl. (sing. **-dum** [-dəm]) (의사)일정; 협의 사항; 비망록

a·gent [éidʒ(ə)nt] n. 작인(作因); 행위자; 대리인[점]: the sole ~ 총대리인/station ~ 《美》역장/ theatre ~ 《英》입장권매매소/ ticket ~ 《美》매표인[점]

ag·gra·vate [ǽgrəvèit] vt. 악화시키다; (口) 화나게하다

ag·gre·gate [ǽgrigèit a., n.] 모으다; 합계…이 되다 — a. [-git] 집합한; 합계한 — n. [-git] 집합체; 총계

ag·gres·sion [əgréʃ(ə)n] n. 공격, 침략, 침해

ag·gres·sive [əgrésiv] a. 침략[공격]적인, 공세의

ag·i·tate [ǽdʒitèit] vt. vi. 동요 [진동]시키다; 선동 [소란케]하다; 소란피우다

ag·i·ta·tion [ǽdʒitéiʃ(ə)n] n. 동요, 소란; 흥분; 선동

a·go [əgóu] a. 지금부터 …전의 — ad. a moment ~ 방금

ag·o·ny [ǽgəni] n. 고통, 고뇌, 단말마의 고통: the ~ column (신문의) 사사(私事)광고란

a·gree [əgrí:] vi. 동의하다 (with, to), 승낙하다 (to); 의견이 일치하다, 합의되다 (upon), 부합하다 (with); (성미에) 맞다 (with) ~·a·ble a. 기분좋은; 쾌히 응하는; 일치하는

a·greed [əgrí:d] a. 일치한[동의, 협

A

정()한; A~! 좋아 합의됐다
a·gree·ment [əgríːmənt] n. 동의, 승낙; 일치; 《法》협정, 규약
ag·ri·busi·ness [ǽgribìznis] n. 농업관련산업
ag·ri·cul·tur·al [ǽgrikʌ́ltʃ(ə)r(ə)l] a. 농업의 ~ **cooperative association** 농업협동조합
ag·ri·cul·ture [ǽgrikʌ̀ltʃər] n. 농업, 농경
a·head [əhéd] ad. 앞쪽에 [으로]; 앞날에; 앞서서, 전진하여
aid [eid] vi., vt. 돕다, 원조하다 —n. 도움; 원조자; 보조금 **give first** ~ 응급치료를 하다
ail [eil] vt. 괴롭히다 —vi. 몸이 편치않다, 앓다
aim [eim] vi., vt. 노리다, (겨눈 등을) 겨누다(*at*), 목적하다(*at doing*, *to do*) —n. 겨냥; 목적
aim·less [⁃lis] a. 목적없는 ~ly ad.
ain't [eint] 《俗》 are [am, is, have, has] not의 단축형
air [ɛər] n. 공기, 대기; 미풍; 곡, 선율; 태도, 외양; (pl.) 젠체하는 태도 **by** ~ 비행기로; 무전으로 **in the open** ~ 야외 [옥외]에서 **on the** ~ 방송되어 **take the** ~ 바깥에 나가다, 산책하다; 비행[이륙]하다 —vt. 공기[바람]에 쐬다; 과시하다
áir attáck =air raid
áir bàg 에어백 (자동차 충돌시의 안전장치)
air·borne [⁃bɔ̀ːrn] a. 공수의
áir bùs 《口》에어버스 (예약 없이도 타는 단거리 여객기)
áir cárgo 항공 화물
air·cast [⁃kæ̀st / ⁃kɑ̀ːst] n. 무선 지방 방송
áir cóach (요금이 싼) 보통 여객기
air-con·di·tion·ing [⁃kəndíʃ(ə)niŋ] n. 공기조절, 냉[난]방
air·craft [⁃krǽft / ⁃krɑ́ːft] n. *sing.* & *pl.* 항공기
áircraft béacon (고층건물옥상 등의) 항공표지등
áir crèw [⁃krùː] n. 《총칭》 항공기승무원
air-cush·ion véhicle [⁃kùʃ(ə)n] 호버크라프트
air·drome [⁃dròum] n. 《美》비행장
áir edìtion (항행중인 배 안에서 발행되는) 무전뉴스 신문
áir expréss (특별취급의) 항공 소화물; 소화물
air·field [⁃fìːld] n. 비행장
Áir Fórce Óne 미국대통령 전용비행기
Air France [F ɛːr frɑ̃ːs] 프랑스 항공

áir·freight [⁃frèit] n. 항공화물; 화물 공수
air·graph [⁃grǽf / ⁃grɑ̀ːf] 《英》항공 축사(縮寫) 우편
áir hóstess = stewardess
Áir Índia 인도 항공
áir létter 항공 편지
áir·lift [⁃lìft] n. 공수
air·line [⁃làin] n. (정기) 항공로; 항공회사
air·lin·er [⁃làinər] n. 정기 항공기, 여객기
áir màil [《英》pòst] n. 항공우편
áir·man [⁃mən] n. (pl. -men [⁃mən]) 비행가, 비행사
áir·plane [⁃plèin] n. 《美》비행기 (《英》aeroplane)
áir pócket 《空》에어포켓
áir pollútion 대기오염
áir·port [⁃pɔ̀ːrt] n. 공항
áir ráid 공습
áir róute [⁃rùːt] n. 항공로
áir sèrvice 항공수송(편); 공군; 항공근무
air·ship [⁃ʃìp] n. 비행선
air·sick [⁃sìk] a. 비행기 멀미한 ~**ness** n. 비행기 멀미
áir stòp 헬리콥터 이발착장
áir táxi 단거리 여객기
áir·time [⁃tàim] n. 《美》방송시간
áir túrbulence 난(亂)기류
Áir Únion 항공 연합 (Air France, Lufthansa, Alitalia, Sabena 4회사의 조직)
air·way [⁃wèi] n. 항공로: an ~ **beacon** 항공로 표지
air·y [ɛ́(ː)ri] a. 통풍이 잘 되는, 바람맞이의; 공기같은; 쾌활한
aisle [ail] n. 통로; 복도; 《美》 좌석 사이의 오솔길
áisle séat (탑승의) 통로쪽 좌석
a·kin [əkín] a. 혈족의; 동족의
Al·a·bam·a [ǽləbǽmə] n. 미국 남부의 주 (略: Ala.)
à la carte [à:ləkɑ́ːrt] F. 메뉴에 따라 [到] **meal** ~ 일품요리
à la king [à:ləkíŋ] F. 고추·버섯 등을 넣고 소스를 친 항공 요리
à la mode [à:ləmóud] F. 유행의 (에 따라) **beef** ~ 쇠고기 찜 **pie** ~ 아이스크림을 곁들인 파이
a·larm [əlɑ́ːrm] n. 경보(장치); 놀람: an ~ **signal** 비상경보 —vt. 경보하다; 깜짝 놀라게 하다
alárm bèll 경보벨, 경종 [다
alárm clòck 자명종
a·las [əlǽs / əlɑ́ːs] *int.* 아아, 슬프도다!
A·las·ka [əlǽskə] n. 알래스카 (북미 서북부의 미국의 주)
Al·ba·ni·a [ælbéiniə] n. 알바

al·bum [ǽlbəm] n. 앨범;방명록

al·co·hol [ǽlkəhɔ̀:l, -hɑ̀l/-hɔ̀l] n. 알코올 ~ **·ism** n.알코올중독

al·co·hol·ic [ælkəhɔ́:lik, -hɑ́l/-hɔ́l] a.알코올(성)의 -n. 알코올 중독자

Alcohólics Anónymous 《美》알코올중독자 구제회

al·com·e·ter [ælkámitər/-kɔ́m-] n. 취도계

al·cove [ǽlkouv] n. 벽의 일부가 들어간 곳, 반침;정자

al·der·man [ɔ́:ldərmən] n.(pl. -men [-mən]) 《美》시 참사회원; 나이먹은이

ale [eil] n. (일종의) 맥주

ale·house [´ hàus] n. 맥주집

a·lert [ələ́:rt] a. 빈틈없는; 기민한 -n. 경계

ale·wife [éilwàif] n. (pl. -wives [-wàivz]) 맥주집 안주인; 《美》청어의 일종(대서양 연안산)

Al·ex·an·der [æ̀ligzǽndər/ -igzɑ́:n-] n. 알렉산더 (크렘드카카오를 넣은 칵테일의 일종)

a·lex·i·phar·mic [əlèksifɑ́:r-mik] a. 해독의 -n. 해독제

al·fres·co [ælfréskou] a., ad. 옥외의[에서]: an ~ café 옥외 다방

al·ge·bra [ǽldʒibrə] n. 대수(학)

Al·ge·ri·a [ældʒí(ə)riə] n. 알제리(아프리카 북부의 공화국)

Al·ham·bra [ælhǽmbrə] n. 알함브라 궁전(스페인 남부 그라나다의 언덕에 있음)

a·li·as [éiliəs] ad. 일명..., 별명은 -n. 별명

al·i·bi [ǽlibài] n. 《法》 알리바이; 《美口》 핑계, 변명 set up [prove] an ~ 알리바이를 대다

al·ien [éiliən] a. 외국(인)의; 성질이 다른 (from); 상충하는 (to) -n. (거류의) 외국인

al·ien·age [éiljənidʒ] n. 외국인의 신분

a·light¹ [əláit] vi. 내리다 (from); (새가) 앉다, (비행기가) 착륙하다 (on); 우연히 내리다

a·light² [əláit] a., ad. 불이 켜져, 불타고 있어

a·like [əláik] a., ad. 마찬가지로: 똑같이: young and old ~ 노소가

Al·i·tal·ia [æ̀litǽliə] n. 이탈리아 국영 항공회사

a·live [əláiv] a. 살아 있는; 기운찬; 민감한 (to); 활발한 Look ~! 꾸물대지 말라

al·ka·li [ǽlkəlài] n. (pl. -s, -es) 《化》 알칼리

all [ɔ:l] a. 모든, 전부의, 온갖
—n. 전부, 전원; 전재산 —ad. 전적으로;양쪽 다 ~ **right** 좋아

Al·lah [ǽlə] n. 알라, (회교) 신

al·lay [əléi] vt. 진정완화하다

all-day [ɔ́:ldéi] a. 온종일의: an ~ trip 하루 꼬박 걸리는 여행

al·le·giance [əlí:dʒ(ə)ns] n. 충성(맹세)

al·le·gor·ic [æ̀ləgɔ́:rik, +美 gár-/-gɔ́:rik], **-i·cal** [-ik(ə)l] a. 우화(우의)적인

al·ley [ǽli] n. (정원 공원 등의) 오솔길; 《美》 뒷길; 《英》 골목; (볼링의) 레인

al·ley·way [´ wèi] n. 《美》 골목길

All·hal·lows [ɔ̀:lhǽlouz, ´ ` ´] n. 제성첨례 (11월 1일) (All Saints' Day)

al·li·ance [əláiəns] n. 동맹(국); 결연; 협력, 협조; 유사, 공통점

al·lied [əláid, ǽlaid] a. 동맹한; 근연(近緣)의; 유사한: the A~ Forces 연합국군

al·li·ga·tor [ǽligèitər] n. (미국산) 악어 (cf. crocodile)

all-in [ɔ́:lín] a. 《英》 모두 포함한; 《美》 총 출연의, 앙상블의

all-night [ɔ́:lnàit] a. 철야의, 철야영업의

al·lo·cate [ǽləkèit] vt. 할당하다, 배분하다; 배치하다

al·lot [əlɑ́t/əlɔ́t] vt. 할당하다, 분배하다 (to); 충당하다 (for); 《美》 ...이라고 생각하다, 계획작정이다 (upon) ~ **·ment** n. 할당(할당된) 몫

all-out [ɔ́:láut] a., 《美口》 온힘을 기울인[기울여], 철저한

al·low [əláu] vt., vi. 허락하다; (...하도록) 내버려 두다 (a person to do); 인정하다, 여지가 있다 (of); 주다; (셈에서) 빼다, 할인하다; 참작하다 (for): No passengers ~ed on the bridge. (게시)선교의 선교 출입금지

al·low·ance [əláuəns] n. 지급액, 수당, ...수당; 할인, 에누리, (허락되는) 한도, 정량: free ~ (소하물의) 무료 휴대량/ time ~ 제한시간

all-pur·pose [ɔ́:lpə́:rpəs] a. 무엇에나 쓸 수 있는, 만능의

Áll Rèd, áll rèd [英]영국영토만을 통과하는: ~ line [route] 영령(英領) 연락 항로

Áll Sáints' Dày 〈가톨릭〉 제성첨례

Áll Sóuls' Dày 〈가톨릭〉 위령의 날, 추사이망 첨례

Áll-star [ɔ́:lstɑ̀:r/´`] a. 인기배우 총출연의, 일류선수로 구성된

all-time [ɔ́:ltàim] a. 《美》 공전

al·lure [əlúər/əl(j)úə] *vt.* 유혹
al·lu·sion [əlúːʒ(ə)n/əl(j)úː-] *n.* 암시; 언급 《to》
al·ly [əlái—, ⁓] *vi., vt.* 동맹[연합]하다 《to, with》; 결연하다 —*n.* [ǽlai, əlái] 동맹국[국]; 연합군; 자기편
al·ma ma·ter [ǽlməmάːtər] 모교, 출신교 [大]
al·ma·nac [ɔ́ːlmənæk] *n.* 달력, 책력; 연감
al·might·y [ɔːlmáiti] *a.* 전능의; (美口) 터무니없는, 대단한
al·mond [άːmənd, + 美 ǽmənd] *n.* 아몬드, 편도(扁桃)
al·most [ɔ́ːlmoust, + 美 —⁓] *ad.* 거의 (nearly)
alms [άːmz] *n.* 《단복동형》 보시, 희사금
a·loft [əlɔ́ːft, əlάft/əlɔ́ft] *ad.* 높이; 《海》 돛대 위에
a·lo·ha [əlóuə, αːlóuhαː] *n.* 하와이[의]인사 —*int.* 안녕; 어서 오십시오
a·lone [əlóun] *a.* 혼자의; 유일한; 단독의; 다만 ⁓뿐 《명사 뒤에서》 —*ad.* 홀로, 단지
a·long [əlɔ́(ː)ŋ/əlɔ́ŋ] *ad., prep.* ⁓을 따라[끼고]; 함께 《with》
a·long·side [⁓sáid] *ad., prep.* 곁에, (⁓에) 옆으로 대어; ⁓와 나란히
a·loof [əlúːf] *ad.* 떨어져서, 멀리 —*a.* 냉담한, 무관심한, 새침한
a·loud [əláud] *ad.* 큰소리로, 소리내어
al·pen·stock [ǽlpinstɑk/-stɔk] *n.* 등산지팡이
al·pha·bet [ǽlfəbit, -bèt] *n.* 알파벳; 초보
al·pha·bet·ic [ǽlfəbétik], **-i·cal** [-ik(ə)l] *a.* 알파벳(순)의
al·pine [ǽlpain] *a.* 고산의; (A⁓) 알프스 산맥의
al·pin·ist [ǽlpinist] *n.* 등산가
Alps [ǽlps] *n. pl.* (the ⁓) 알프스 산맥
al·read·y [ɔːlrédi] *ad.* 이미, 벌써
al·so [ɔ́ːlsou] *ad., conj.* 또한, 역시 (too, besides)
al·so-ran [⁓ræ̀n] *n.* (경마와서) 낙선마; 낙선후보; 패자
al·tar [ɔ́ːltər] *n.* 제단, 제상
al·ter [ɔ́ːltər] *vt., vi.* 바꾸다, 변하다 (change); 고치다; (집 등을) 개조하다 —**·á·tion** *n.* 변경, 개조; 변화
al·ter·nate [ɔ́ːltərnèit] *vt., vi.* 교대하다, 엇갈리다 《with》 —*a.* [-nit] 교대의 ⁓ days 하루 걸러의: on ⁓ days 하루 걸러 —*n.* [-nit] (美) 대리자

al·ter·na·tive [ɔːltə́ːrnətiv] *a.* 대신하는 —*n.* 양자택일; 대안 —·**ly** *ad.* 양자택일식으로
al·though [ɔːlðóu] *conj.* 비록 ⁓일지라도, ⁓이지만 (though)
al·tim·e·ter [ǽltimìtər, æltímitər] *n.* (空) 고도계
al·ti·tude [ǽltit(j)ùːd/-tjùːd] *n.* 고도, 높이; 해발; (혼히 *pl.*) 높은 곳
al·to [ǽltou] *n.* (*pl.* ⁓s) (音) 알토(가수), 악기)
al·to·geth·er [ɔ̀ːltəgéðər] *ad.* 전적으로, 아주; 통틀어; 대체로
a·lu·mi·num [əlúːminəm/əljúː-], **《英》 -min·i·um** [æ̀ljumíniəm/-njəm] *n.* 알루미늄
a·lum·ni [əlʌ́mnai] *n. pl.* 동창생: an ⁓ association 동창회
al·ways [ɔ́ːlweiz, -wiz] *ad.* 늘
am [æm, əm] *v.* be의 1인칭・단수・현재형
a.m., A.M. [éiém] = ante meridiem 오전 (*cf.* p.m., P.M.)
am·a·teur [ǽmətʃùər/-tə(ː)] *n.* 아마추어 (*cf.* professional) ⁓ism [ǽmətʃùəriz(ə)m / ǽmətə̀ːriz(ə)m] *n.* 도락, 아마추어솜씨
a·maze [əméiz] *vt.* 놀라게 하다
a·maz·ing [əméiziŋ] *a.* 놀랄만한
Am·a·zon [ǽməzɑn/-z(ə)n] *n.* (the ⁓) 아마존강
am·bas·sa·dor [æmbǽsədər] *n.* 대사; 사절 (*cf.* embassy)
am·big·u·ous [æmbígjuəs] *a.* (뜻이)모호한, 불명확한
am·bi·tion [æmbíʃ(ə)n] *n.* 야심, 대망; 포부
am·bi·tious [æmbíʃəs] *a.* 품은; 야심있는
am·bu·lance [ǽmbjuləns] *n.* 구급차
am·bush [ǽmbuʃ] *n.* 매복(기습) —*vt., vi.* 매복(기습)하다
a·men [άːmén, éimén/αːmén] *int.* 아멘(기독교에서 기도 끝에 하는 말)
a·mend [əménd] *vt., vi.* 수리 [수정]하다; 개선하다
a·mend·s [əméndz] *n. pl.* 보상, 배상
A·mer·i·ca [əmérikə] *n.* 아메리카; 미국
A·mer·i·can [əmérikən] *a.* 아메리카 [미국]의 —*n.* 미국인 —·**ism** *n.* 미어; 미국인 기질, 미국정신
A·mer·i·ca·na [əmèrikéinə, -kǽ-/-kάː-] *n. pl.* 미국에 관한 사물[기록], 미국지(誌)
American Express 아메리카 익스프레스(운수・은행・여행 traveler's checks의 발행 등을

Americanize 15 **anemometer**

취급하는 회사
A·mer·i·can·ize [əmérikənàiz] *vt., vi.* 미국화하다
Américan Léague (the ~) 미국의 2대 프로야구 연맹의 하나 (*cf.* National League)
Américan Légion (the ~) 미국 재향군인회
Américan plán (the ~) 호텔 요금에 세끼의 식사대를 포함시키는 지불방식 (*cf.* European plan, Continental plan)
Américan Président Línes 미국 기선회사
a·mi·a·ble [éimiəbl] *a.* 온순한, 상냥한
am·i·ca·ble [ǽmikəbl] *a.* 우호[평화]적인, 온화한
a·mid [əmíd] *prep.* …중에, …의 복판[한창때]에
a·mid·ships [əmídʃips] *ad.* (海) 배의 중앙에
a·miss [əmís] *a., ad.* 잘못된[되어], (게제가) 나쁜[나쁘게]
am·i·ty [ǽmiti] *n.* 친목, 친선
am·mo·nia [əmóunjə, -niə] *n.* 암모니아(수)
am·mu·ni·tion [ӕmjuníʃ(ə)n] *n.* 탄약
Ám·nes·ty Internátional [ǽmnisti] 정치범구제 국제위원회
a·mong [əmʌ́ŋ] *prep.* …중에(서), …가운데서(셋 이상의 경우) ~ **others** [**other things**] 그 중에서도, 특히
am·o·rous [ǽmərəs] *a.* 호색적인; 연애의; 요염한
a·mount [əmáunt] *vi.* 도합 …에 이르다 (*to*); …과 같다 — *n.* 총계, 총액; 양; 요지; 一, 결국, 도합
am·phi·the·a·ter, (英) -tre [ǽmfiθiətər] *n.* (고대로마의) 원형 극장, 투기장
am·ple [ǽmpl] *a.* 넓은; 충분한
am·pli·fy [ǽmplifài] *vt., vi.* 확대하다; 상설하다 **-fi·er** *n.* (電) 증폭기, 앰프
am·poule [ǽmpu:l], **-pule** [-pju:l] *n.* 주사액을 밀봉한 작은 유리병, 앰플
Am·ster·dam [ǽmstərdæ̀m, ーーー] *n.* 암스텔담 (네덜란드의 수도)
amt. = amount
Am·trac [ǽmtræk] *n.* (美) 전국철도여객공사(정식명칭은 the National Railroad Passenger Corporation) [<American + track]
am·u·let [ǽmjulit] *n.* 부적, 액막이
A·mur [ɑːmúər] *n.* (the ~) 아무르강, 흑룡강

a·muse [əmjúːz] *vt.* 즐겁게 하다
a·muse·ment [əmjúːzmənt] *n.* 즐거움, 오락 : an ~ **center** 환락가 / an ~ **park** 유원지
a·mus·ing [əmjúːziŋ] *a.* 재미있는
a·nach·ro·nism [ənǽkrəniz(ə)m] *n.* 시대착오; 시대에 뒤진 것[사람]
an·a·con·da [ӕnəkándə/-kɔ́n-] *n.* (남미산) 큰 구렁이
a·nae·mi·a [əníːmiə, -mjə] *n.* 빈혈증
a·nal [éin(ə)l] *a.* 항문의
a·nal·o·gous [ənǽləgəs] *a.* 유사한, 상사의 (*to*)
a·nal·o·gy [ənǽlədʒi] *n.* 유사, 유추
a·nal·y·sis [ənǽlisis] *n.* (*pl.* **-y·ses** [-siːz]) 분해; 해부; (化) 분석 **~석**하다
an·a·lyze [ǽnəlàiz] *vt.* 분해[분석]하다
an·ar·chy [ǽnərki] *n.* 무정부상태; 무질서 **-chism** *n.* 무정부주의
a·nat·o·my [ənǽtəmi] *n.* 해부(학), 해부학; 인체 구조
an·ces·tor [ǽnsestər/-sis-] *n.* 조상; (法) 피상속인 (*cf.* descendant)
an·ces·tral [ænséstrəl] *a.* 조상의 (대대의)
an·ces·try [ǽnsestri, -sis-] *n.* (총칭) 조상; 가계; 가문
an·chor [ǽŋkər] *n.* 닻; (릴레이 경기의) 최종 주자 *be* [*lie, ride*] *at ~* 정박해 있다 *cast* [*come to, drop*] *~* 닻을 내리다, 정박하다 *weigh ~* 닻을 올리다, 출항하다 — *vi., vt.* 닻을 내리다, 정박하다
An·chor·age [ǽŋkəridʒ] *n.* 알래스카 남부의 도시, 북극 주유 항로 노선의 급유지
an·chor·age [ǽŋkəridʒ] *n.* 투묘, 정박(소); 정박세(료)
an·chor·man [-mӕn] *n.* (라디오·텔레비전의) 앵커맨, 종합사회자
an·cho·vy [ǽntʃouvi/-tʃə-] *n.* (魚) 앤쵸비 (멸치의 일종)
an·cient [éinʃ(ə)nt] *a.* 고대의, 옛날의; 오래된 (古) *n.* 고대인
and [ænd, ənd, ən, n] *conj.* …과 …, 그리고, 및; …이 딸린; 그러나; 게다가; (명령문 뒤에서) 그러면 ~ *Co.* = ~ Cómpany [상회] (인명이 앞에 오는 경우, & Co.로 줄임) *so on* [*so forth, what not*] …등; 등등, 따위
an·ec·dote [ǽnikdòut] *n.* 일화
a·ne·mi·a [əníːmiə] *n.* 빈혈(증)
an·e·mom·e·ter [ǽniməmítər/

a·nem·o·ne [ənéməni] *n.* 《植》 아네모네

an·er·oid [ǽnərɔid] *n.* 아네로이드 기압계(청우계)

an·es·the·sia [æ̀nisθíːʒə/-ziə, -zjə] *n.* 마취

an·es·the·tize [ənésθətàiz / æníːs-] *vt.* 마취시키다

a·new [ən(j)úː/ənjúː] *ad.* 새로이, 다시 〖호신〗

an·gel [éindʒ(ə)l] *n.* 천사; 수

ángel dúst 《美》 마약 PCP (phencyclidine)의 속칭

an·gel·ic [ændʒélik] *a.* 천사의[같은]

An·ge·lus [ǽndʒiləs] *n.* 《가톨릭》 도고(祈禱)의 기도종; 종

an·ger [ǽŋɡər] *n.* 화, 성; 솜 〜 화가나서 — *vt.* 화나게 하다

Ang·kor Thom [Tom] [ǽŋkɔːrtɔ́m] 앙코르톰 (캄보디아에 있는 고대 크메르왕조의 유적)

Áng·kor Wát [＜wát] 앙코르와트 (캄보디아에 있는 고대 크메르 왕조의 대유적)

an·gle¹ [ǽŋɡl] *n.* 각, 각도; 모통이; 관점, 견지: right 〜 직각

an·gle² *vi.* 낚시질하다 〜 *n.* 낚시꾼

An·gles [ǽŋɡlz] *n.* 앵글족 (5세기에 Britain 섬으로 이주·정착한 게르만 민족)

An·gli·can [ǽŋɡlikən] *a.* 영국 국교의[신자의]; 《美》 영국(민)의: the 〜 Church 영국교회 — *n.* 성공회 신자

An·glo- [ǽŋɡlou-] *pref.* 「영국, 영국 및의」 뜻: 〜-American 영미의 /〜-Korean 한영의

An·glo-Sax·on [ǽŋɡlousǽks-(ə)n] *n.* 앵글로색슨 민족[어]; 영국계 사람 — *a.* 영국인종의

An·go·la [ǽŋɡoulə, æn æn-] *n.* 앙골라 (아프리카 서남부의 공화국)

an·gri·ly [ǽŋɡrili] *ad.* 노하여

an·gry [ǽŋɡri] *a.* 화난, 성난 (*at, about, with*); (상처 등이) 부은, 성난

an·guish [ǽŋɡwiʃ] *n.* 고뇌, 고통

an·gu·lar [ǽŋɡjulər] *a.* 모난; 각도의; 뼈가 앙상한

an·i·mal [ǽnim(ə)l] *n.* 동물; 짐승 (beast) — *a.* 동물의; 동물적인

an·i·mate [ǽnəmèit] *vt.* 생기있게 하다 (enliven), 격려하다; 활기를 주다 — [-mit] 살아 있는; 활기찬 〖동화(動畫)〗

ánimated cartóon 만화영화

an·i·ma·tion [æ̀nəméiʃ(ə)n] *n.* 생기; 활발; 동화

---

an·i·mism [ǽnimiz(ə)m] *n.* 애니미즘, 물활론(物活論)

an·i·mos·i·ty [æ̀nəmásəti/æn-imɔ́siti] *n.* 적개(증오)심 (*against, towards*)

an·kle [ǽŋkl] *n.* 발목

an·nals [ǽnlz] *n. pl.* 연대기, 연보, 역사; 정기간행물, 연감

an·nex [ənéks →∼] 덧붙이다 — *n.* [ǽneks] 부가물; 별관

an·ni·hi·late [ənáiəlèit] *vt.* 전멸[멸망]시키다

an·ni·ver·sa·ry [æ̀nivə́ːrs(ə)ri] *n.* 기념일[제]

An·no Dom·i·ni [ǽnoudɑ́mi-nai/-dɔ́m-] *L.* 서기(略: A.D.) (*cf.* B.C.) 〖주석〗

an·no·ta·tion [æ̀noutéiʃ(ə)n] *n.* 주석

an·nounce [ənáuns] *vt.* 알리다; …의 도착을 알리다; 발표[공고]하다: *Your flight is being* 〜*d.* 당신이 탈 비행기가 안내방송되고 있읍니다. 〜**ment** *n.* 통보

an·noy [ənɔ́i] *vt.* 피롭히다, 난처하게[신경질나게] 하다

an·nu·al [ǽnjuəl] *a.* 1년의, 1년 1회의 — *n.* 1년생 식물; 연보 (年報), 연간

An·nun·ci·a·tion [ənʌ̀nsiéi-ʃ(ə)n] *n.* 《聖》 수태고지; (*the* 〜) 수태고지의 축제 (Lady Day)(3 월 25일)

an·o·dyne [ǽnoudàin] *a.* 진통의 — *n.* 진통제

a·noint [ənɔ́int] *vt.* 기름을 바르다, 《宗》 기름을 부어 정하게 하다

a·non·y·mous [ənɑ́niməs/-nɔ́n-] *a.* 익명의; 작자 미상의

an·o·rak [ǽnəræk, + 美 úːnə-rɑ̀ːk] *n.* 아노락 (두건이 달린 방한 우비)

an·oth·er [ənʌ́ðər] *a.* 또 하나의; 또 다른: *for* 〜 *ten years* 다시 10년간 — *pron.* 다른 한 사람, 다른 하나, 다른 것[사람] *one after* 〜 잇따라 하나 *one* 〜 서로

an·o·vu·lant [ənɑ́vjulənt, ənóu-, ənɔ́v-] *n.* 배란억제제

an·swer [ǽnsər/ɑ́ːnsə] *n.* 대답; 해답 *in* 〜 *to* …에 답하여 [응하여] — *vt., vi.* 대답하다; 풀다; 응하다; 회답하다 (*to*); 일치[부합]하다; 만족시키다

ant [ænt] *n.* 개미: *an* 〜 *hill* 개미탑

an·tag·o·nism [æntǽɡəniz(ə)m] *n.* 반대, 적대 (*to, against*)

ant·arc·tic [æntɑ́ːrktik] *a.* 남극의 (*opp.* arctic)

Ant·arc·ti·ca [æntɑ́ːrktikə] n. 남극대륙

an·te·ced·ent [æntisí:d(ə)nt] a. 앞선, 선행하는 — n. 앞선 일, 전례; (pl.) 경력, 이력

an·te·cham·ber [ǽntitʃèimbər] n. 대기실

an·te·date [ǽntidèit, ˌ-ˈ-ˈ, ˌ-ˈˌ-] vt. (실제보다)날짜를 앞당기다

an·ten·na [ænténə] n. (pl. -nae) (무전) 안테나; (pl. -nae) 촉각

an·te·ri·or [æntí(:)riər/-tíə-] a. 전의, 먼저의 (to) (opp. posterior)

an·them [ǽnθəm] n. 찬송가, 성가 : a national ~ 국가

an·thol·o·gy [ænθɑ́lədʒi/-θɔ́l-] n. 시집, 명시선집

an·thro·pol·o·gy [æ̀nθrəpɑ́lə-dʒi/-pɔ́l-] n. 인류학

anti- [ǽntai-, -ti-/ǽnti-] pref. 「반,비,항,금지」등의 뜻

an·ti·bi·ot·ic [æ̀ntibaiɑ́tik/-ɔ́t-] n., a. 항생물질(의)

an·ti·can·cer [æ̀ntikǽnsər] a. 항암성의

an·tic·i·pate [æntísipèit] vt. 예기하다 (expect); 예상하고 쓰다; 선수치다

an·tic·i·pa·tion [æntìsipéiʃ(ə)n] n. 예기, 예상, 서수쓰기 *in~ of* ···을 예상하고

an·ti·Com·mu·nist [æ̀nti-kɑ́mjunist/-kɔ́m-] n., a. 반공주의자(의), 반공의

an·ti·dote [ǽntidòut] n. 해독제; 교정(矯正) 수단

an·ti·his·ta·mine [æ̀nt(a)ihístə-mìːn/ænti-] n. [藥] 항히스타민제

anti-litter laws 쓰레기·휴지버 더기 금지령

an·ti·mac·as·sar [æ̀ntimækǽ-sər] n. 의자의 등 커버

an·ti·pas·to [æntipǽstou, ɑ̀:n-ti:pɑ́:stou] *It.* n. 전채(前菜), 오르되브르

an·tip·a·thy [æntípəθi] n. 반감, 혐오

an·tip·o·des [æntípədìːz] n. pl. 지구상의 정반대의 곳; (the ~) (英) 오스트레일리아(인)과 뉴질랜드(인)

an·ti·pol·lu·tion [æ̀ntipəlúːʃ(ə)n] a. 공해방지의

an·ti·py·rine, -rin [æ̀ntipái-rin/-páiə-] n. [藥] 안티피린

an·ti·quar·i·an [æ̀ntikwɛ́(ə)ri-ən/-kwɛ́ər-] a. 골동품 연구의 — n. 골동품 애호가

an·ti·quar·y [ǽntikwèri/-kwəri] n. 골동품 수집가; 골동품상

an·ti·quat·ed [ǽntikwèitid] a. 낡은, 구식의, 노후한

an·tique [æntíːk] a. 고대의; 구식의 — n. 골동품;(the ~) 고대 문화[미술]; (앤틱체 활자 (획이 굵은 자체)

an·ti·qui·ty [æntíkwiti] n. 태고; 고대의; (pl.) 고대의 풍습[문화], 고대의 유물

an·ti·Se·mit·ic [æ̀ntisimítik] a. 반유태주의의

an·ti·sep·tic [æ̀ntiséptik] a., n. 방부성의; 방부제

an·ti·so·cial [æ̀ntisóu(ʃ)(ə)l/ǽnti-] a. 반사회적이; 비사교적인

an·ti·trust [æ̀ntitrʌ́st] a. 트러스트 반대의, 독점 금지의

an·to·nym [ǽntanim] n. 반의어 (*cf.* synonym)

Ant·werp [ǽntwəːrp] n. 앤트워프 (벨기에 북부의 항구도시)

anx·i·e·ty [æŋzáiəti] n. 근심, 불안; 염원 (*to do, for*): *with ~* 걱정하여

anx·ious [ǽŋ(k)ʃəs] a. 걱정하는 (*about*); 열망하는 (*to do*)

an·y [éni] a., *pron*. **1** (의문·조건) 무슨, 얼마든; 누구든 **2** (부정) 아무도, 누구도, 조금도 (not any=no) **3** (긍정) 무엇이나, 누구든지, 얼마든지 —ad. 얼마간, 조금은; 조금이라도; 조금도 (흔히 비교급과 함께 씀) *if* ~ 만약 있다면; 만약 있어도 *in ~ case* 어떤 경우에도, 어차피

an·y·bod·y [⁓bɑ̀di, -bʌ̀di/-bɔ̀di] *pron.* =anyone

an·y·how [⁓hàu] *ad.* 어떻게든; 그럭저럭; feel ~ (口) 어쩐지 기분이 언짢다

an·y·one [⁓wʌ̀n] *pron.* 누군가, 아무도; 누구나

an·y·thing [⁓θìŋ] *pron.* 무엇인가; (부정) 아무것도; (긍정) 무엇이든; 결코 ···은 아니다 : He is ~ *but* a scholar. 학자라니 당치도 않다 *if* ~ 어느 편인가 하면 *just about* ~ 거의 무엇이나 — ad. 조금은 : Is it ~ like mine? 그것은 내 것과 조금은 비슷한가 「어쨌든

an·y·way [éniwèi] *ad.* 아무튼,

an·y·where [⁓(h)wɛ̀ər] *ad.* 어디엔가, 어디에도; 아무데도

a/o =account of ···의 계산

A-OK [éioukéi] a. (美) 완전한, 순조로운

A.P. =Associated Press 미국 연합 통신사

a·part [əpɑ́ːrt] *ad.* 따로 떨어져, 따로따로 ~ *from* ···은 차치하

apartheid — approach

고 set something ~ for …을 위해 따로 두다 take ~ 분해하다 joking ~ 농담은 그만두고

a·part·heid [əpá:rt(h)eit] n. (남아프리카의) 민족 분리 정책 [G]

a·part·ment [əpá:rtmənt] n.; (美) 아파트(공동주택의 1세대분의 방): an ~ house (美) 공동주택, 아파트/ an ~ hotel 아파트식 호텔 (보통의 호텔 서비스 외에도 1주일 이상 체재할 때는 자취도 할 수 있다)

a·pa·thy [ǽpəθi] n. 무감동; 냉담

ape [eip] n. 유인원, 원숭이

a·pé·ri·tif [əpèriti:f/əpérif] F. n. 반주(식욕을 돋구려고 마시는 술)

ap·er·ture [ǽpərtʃər/-tjuə] n. 구멍, 틈; (렌즈의) 구경

a·pex [éipeks] n. (pl. ~·es, ap·i·ces [éipisi:z]) 꼭대기. 정점; 절정

aph·o·rism [ǽfəriz(ə)m] n. 격언

Aph·ro·di·te [æfrədáiti] n. (그神) 아프로디테 (사랑과 미의 여신) (cf. Venus)

a·piece [əpí:s] ad. 각각, 한개에

APL = American President Lines 미국의 선박회사

a·poc·a·lypse [əpάkəlips/-pɔ́k-] n. 계시; (the A~) (聖) 계시록

A·pol·lo [əpάlou/-pɔ́l-] n. (그神) 아폴로(태양·음악의 신); 미남자

a·pol·o·gize [əpάlədʒàiz/-pɔ́l-] vi. 사과하다, 변명하다

a·pol·o·gy [əpάlədʒi/-pɔ́l-] n. 사과, 변명

ap·o·plex·y [ǽpəplèksi] n. 졸도

ap·os·tate [əpάsteit, -tit] n. 배신자, 변절자

a·pos·tle [əpάsl/-pɔ́sl] n. (예수의) 사도; 전도자, 주창자

ap·pall·ing [əpɔ́:liŋ] a. 무시무시한; (俗) 지독한

ap·pa·ra·tus [æ̀pəréitəs, + rǽt-] n. (pl., ~, ~·es) 기구; 장치, 기관(器官)

ap·par·ent [əpǽr(ə)nt, əpέər-] a. 명백한, 외관상의 ~·ly ad. 명백히

ap·peal [əpí:l] n. 호소하다 (to); 청하다 (for); 흥미를 끌다 (to) …에 (여론 등에)의 호소; 흥미, 매력; 애원; (法) 공소

ap·pear [əpíər] vi. 나타나다; (…처럼) 보이다

ap·pear·ance [əpí(:)r(ə)ns] n. 출현; 출장; 외관; 풍채 to all ~s 어디로 보나

ap·pen·di·ci·tis [əpèndisáitis] n. (醫) 맹장염, 충수염

ap·pen·dix [əpéndiks] n. (pl. ~·es, -di·ces [-disì:z]) 부록; (解) 충양돌기, 충수

ap·pe·tite [ǽpitàit] n. 식욕; 욕구

ap·pe·tiz·er [ǽpitàizər] n. 식욕을 돋구는 것; 식전의 반주, 오르되브르

ap·plaud [əplɔ́:d] vi., vt. 박수 갈채하다; 칭찬하다

ap·plause [əplɔ́:z] n. 박수갈채; 칭찬

ap·ple [ǽpl] n. 사과(나무)

ápple píe 사과파이

ap·ple·pie [ǽplpái] a. 완전한, 훌륭한;미국의 전통적 가치관을 나타낸다

ap·ple-pol·ish·er [ーpάliʃər/-pɔ̀l-] n. (口) 아첨꾼

ap·pli·ance [əpláiəns] n. 기계, 장치

ap·pli·ca·ble [ǽplikəbl] a. 적용할 수 있는, 적절한

ap·pli·cant [ǽplikənt] n. 지원자, 응모자

ap·pli·ca·tion [æ̀plikéiʃ(ə)n] n. 적용, 응용; 지원, 원서; 신청(서); (약의) 도포(塗布); 외용: an ~ blank [form] 신청용지 make an ~ for …을 신청하다 on ~ 신청하는 대로

ap·plied [əpláid] a. 응용의

ap·ply [əplái] vt. 적용(응용)하다; 충당하다; (물을) 가하다, 사용하다, (마음·정력 등을) 쏟다 — vi. 적용되다 (to, in); 출원 [신청]하다 (for); 호소하다

ap·point [əpɔ́int] vi., vt. 임명하다; (날짜·장소)정하다, 약속하다; 약도; 임명 : make an ~ment 약속하다

ap·praise [əpréiz] vt. 평가하다

ap·pre·ci·a·ble [əprí:ʃi(ə)bl] a. 평가할 수 있는; 감지할 수 있는

ap·pre·ci·ate [əprí:ʃièit] vt. 감상하다; 감사하다; (진가·장점을) 인정하다, 올바로 판단 [이해] 하다

ap·pre·ci·a·tion [əprì:ʃiéiʃ(ə)n] n. 감상; 감사; 진가를 인정함

ap·pre·ci·a·tive [əprí:ʃièitiv, -ʃə-] a. 감식안이 있는, 감상하는, 감사의

ap·pre·hend [æ̀prihénd] vi., vt. 이해하다; 염려하다

ap·pre·hen·sion [æ̀prihénʃ(ə)n] n. (때로 pl.) 불안, 염려

ap·pren·tice [əpréntis] n. 견습생, 도제(徒弟) — vt. 도제로 보내다

ap·proach [əpróutʃ] vt. 다가가다, 접근하다 — n. 접근; (학문 등에의) 입문, 질문이

ap·pro·ba·tion [æprəbéi(ə)n] n. 시인, 허가, 찬성, 칭찬

ap·pro·pri·ate [əpróupriit—] v. 적당한 —vt. [-prièit] 전유(專有)하다; 사물(私物)하다

ap·prov·al [əprúːv(ə)l] n. 시인, 찬성, 인가

ap·prove [əprúːv] vi., vt. 시인하다, 찬성하다; 좋음을 보이다

ap·prox·i·mate [əpráksimèit/-rɔ́ksi-/ -ə-t.mit] vi., vt. 접근하다[시키다] —a. [-mit] 대략의, 비슷한

après-guerre [aprɛgɛ́ːr] F. n., a., ad. 전후의[에]

a·pri·cot [éiprikɑt/-kɔ̀t] n. 살구

A·pril [éipr(ə)l, -pril] n. 4월 ~ **Fool** 만우절날 **the ~ of life** 청춘 **A~ 3 (홀)** 만우절

a·pron [éiprən] n. 1 앞치마 2 격납고 앞 광장 3 (劇) 앞무대

apt [æpt] a. …하기 쉬운 《to do》; 적당한 《for》; 영리한, 재주있는

ap·ti·tude [æptitjùːd] n. 적성, 재능 《for》; 소질, 경향 《to》

aq·ua·lung [ǽkwəlʌ̀ŋ] n. 애커링《잠수용 수중 호흡기》

a·quar·i·um [əkwɛ́(ə)riəm] n. (pl. ~s, -ia) 수족관

a·quat·ic [əkwǽtik, -美 -kwɑ́t-, 英 -kwɔ́t-] a. 물의, 수생의; ~ **plants** 수초

Ar·ab [ǽrəb] n. 아랍인; 아라비아말; 부랑아 —a. 아랍인의

ar·a·besque [ærəbésk] n., a. 당초(唐草) 무늬(의), 아라베스크(식의)

A·ra·bi·a [əréibiə] n. 아라비아

A·ra·bi·an [əréibiən] a. 아라비아(사람)의 —n. 아라비아사람[말]

A·ra·bic [ǽrəbik] a. 아라비아(사람·어)의: ~ **numerals** [figures] 아라비아 숫자 —n. 아라비아어

ar·a·ble [ǽrəbl] a. 경작할 수 있는 경작지

Arab League (the ~) 아랍연맹

ar·bi·trar·y [ɑ́ːrbitrèri/-trəri] a. 임의의; 멋대로의, 독단적

ar·bi·trate [ɑ́ːrbitreit] vt., vi. 중재하다, 조정하다

ar·bi·tra·tion [ɑ̀ːrbitréi(ə)n] n. 중재, 조정, 중재재판, 재정(裁定)

ar·bor [ɑ́ːrbər] n. 수목; 정자

Arbor Day (美) 식목일

arc [ɑːrk] n. 원호, 활모양

ar·cade [ɑːrkéid] n. 아케이드

arch [ɑːrtʃ] n. 아치; 반원형

ar·chae·ol·o·gy [ɑ̀ːrkiɑ́lədʒi/-ɔ́l-] n. 고고학 **-gist** n. 고고학자

ar·cha·ic [ɑːrkéiik] a. 고풍의, 구식의

ar·cha·ism [ɑ́ːrkiìz(ə)m, -keiìz(ə)m] n. 고어; 고체(古體)의 고주의; 고풍

arch·bish·op [ɑ́ːrtʃbíʃəp] n. 대감독

ar·chi·pel·a·go [ɑ̀ːrkipéligou, -pélə-] n. (pl. ~(e)s) 군도; (the A~) 다도해, 군도해

ar·chi·tect [ɑ́ːrkitèkt] n. 건축가, 건축사; 설계자

ar·chi·tec·ture [ɑ́ːrkitèktʃər] n. 건축; 건축학[양식]

arc·tic [ɑ́ːrktik] a. 북극(지방)의 (opp. antarctic)

ar·dent [ɑ́ːrd(ə)nt] a. 열렬한; 불같은: ~ **spirits** 독한 술

ar·dor, (英) **-dour** [ɑ́ːrdər] n. 열렬; 열성 (zeal)

ar·du·ous [ɑ́ːrdʒuəs/-dju-] a. 힘드는; 정력적인, 끈기있는, 불굴의 《재협》

are¹ [ɑːr, ər] v. be의 복수·현재

are² [ɛ(ə)r, ɑːr/ɑː] n. 아르(100m²)

a·re·a [ɛ́(ə)riə] n. 면적; 지면; 지역; (생각 등의) 범위: ~ **code** (전화의) 지역 번호

a·re·na [əríːnə] n. (고대로마의) 원형극장 중앙의 투기장; 경쟁무대

A·res [ɛ́(ə)riːz] n. 《그神》 아레스 《군신》 (cf. Mars)

Ar·gen·ti·na [ɑ̀ːrdʒəntíːnə] n. 아르헨티나

Ar·gen·tine [ɑ́ːrdʒ(ə)ntàin] n. 아르헨티나(사람) —a.

ar·gue [ɑ́ːrgjuː] vi., vt. 논하다, 주장하다; 설득하여 …시키다

ar·gu·ment [ɑ́ːrgjumənt] n. 토론, 논쟁

a·ri·a [ɑ́ːriə] It. n. 《音》 아리아

a·rise [əráiz] vi. (p. **a·rose** [əróuz], pp. **a·ris·en** [ərízn]) 생기다, 나타나다, 일어나다

ar·is·toc·ra·cy [ærəstɑ́krəsi/-t5k-] n. 귀족정치 [정체]; (the ~) (총칭) 귀족, 귀족사회[계급]

a·ris·to·crat [ərístəkræt/ǽris-] n. 귀족; 귀족정치주의자

a·rith·me·tic [əríθmətik] n. 산수, 셈본

Ar·i·zo·na [ærizóunə] n. 미국 서남부의 주

ark [ɑːrk] n. 《聖》 (노아의)방주

Ar·kan·sas [ɑ́ːrkənsɔ̀ː] n. 미국 중부의 주

Ar·ling·ton [ɑ́ːrliŋtən] n. 워싱턴 교외의 국립묘지

arm¹ [ɑːrm] n. 팔; 팔 비슷한 것; (의자의)팔걸이, (옷의)소매 ~ **in** ~ 《with》 (…)과 팔짱을 끼고 **with open ~s** 두 팔을 벌리고, 기꺼이

arm² n. (보통 pl.) 병기, 무기;

A

armada 20 **ashamed**

무력 —vt. 무장시키다: ~ed forces 군대
ar·ma·da [ɑːrmάːdə, +sə-méidə] n. 함대 the Invincible A~ 《史》 무적함대의 무적함대
ar·ma·ment [ɑ́ːrməmənt] n. 군비, 무장; 장비; (pl.) 군대
arm·chair [ɑ́ːrmtʃɛ̀ər/-∠∠] n. 팔걸이 의자
armful [ɑ́ːrmfùl] n. 두팔 가득한 양, 한아름 an ~ of flowers 한 아름의 꽃 《조약》
ar·mi·stice [ɑ́ːrmistis] n. 휴전
ar·mor, 《英》 -mour [ɑ́ːrmər] n. 갑옷; 장갑(裝甲) —vi. ~ 갑옷을 입다, 장갑하다
ar·mor·y, 《英》 -mour·y [ɑ́ːrməri] n. 무기고; 문장(紋章) (학)
arm·pit [ɑ́ːrmpìt] n. 겨드랑이
árms cút 군축, 군비삭감
árms ràce 군비경쟁
ar·my [ɑ́ːrmi] n. 육군; 군대
a·ro·ma [əróumə] n. 향기, 방향(芳香)
a·round [əráund] ad., prep. 둘레에[를]; 이곳 여기저기에[를]; 《美》…근처에[를]; 《美》 돌아서 《英》 round); 《美口》약 (about): travel ~ the world 세계를 두루 여행하다/~ nine o'clock 9시경에 all ~ 도처에, 전후좌우
a·round-the-clock [∠ðəklάk/-klɔ̀k] a. 24시간 내내의
a·rouse [əráuz] vt. 깨우다, 일어나게 하다; (주의 등을) 환기하다
arr. = arrive (cf. lv.) [시키다
ar·range [əréindʒ] vt. 정돈하다, 가지런히 하다; 정리하다; 편곡하다 —vi. 협정하다; 마련하다: ~ flowers 꽃꽂이하다 / ~ for the bus tour 버스여행의 준비를 갖추다 ~·ment n. 정리, 배열; 준비; 결정
arránged márriage 중매결혼
ar·ray [əréi] vt. 정렬시키다; 차려입다 —n. 정렬, 늘어서기
ar·rest [ərést] vt. 체포하다; (주의를) 끌다 (cf. lv.) —n. 체포; 정지
ar·ri·val [əráiv(ə)l] n. 도착; 도착자[물]: the estimated time of ~ 도착 예정 시간 ~ **lobby [lounge]** (공항의) 도착로비 기실] **cash (delivery) on ~** 《商》 착하(着荷) 지불 [인도]
ar·rive [əráiv] vi. 도착하다; 도달하다 (at); (사건이) 일어나다
ar·ro·gant [ǽrəgənt] a. 거만한
ar·row [ǽrou] n. 화살; 화살표
art [ɑːrt] n. 예술, 미술; 기술; 학 the ~ **gallery** 미술관
árt diréctor (광고·편집 등의) 미술감독
Ar·te·mis [ɑ́ːrtimis] n. 《그神》 달·사냥의 여신 (cf. Diana)
ar·ter·y [ɑ́ːrtəri] n. 《解》 동맥, 간선 (대로)
art·ful [ɑ́ːrtf(ə)l] a. 기교부리는, 교활능한
Ar·thur [ɑ́ːrθər] n. 6세기경의 전설적 영국왕
ar·ti·cle [ɑ́ːrtikl] n. 물품, 상품; (법률·계약 등의) 개조, 항목; 논설, 기사; 《文》 관사 **a leading ~** 《英》 (신문의) 사설
ar·tic·u·late [ɑːrtíkjuléit → -,lit] vt., vi. 또똑히 발음하다 —a. [-lit] 발음이 또렷또렷한
ar·ti·fi·cial [ɑ̀ːrtifíʃ(ə)l] a. 인공의 (opp. natural); 부자연한 ~ **insemination** 인공수정
ar·til·ler·y [ɑːrtíləri] n. (총칭) 대포, 포병 부대
art·ist [ɑ́ːrtist] n. 예술가, 화가
ar·tis·tic, -ti·cal [ɑːrtístik, -tik(ə)l] a. 예술(가)의, 예술적
árt théater 외국영화·실험영화 전문 영화관
as [ez, əz] ad. 〜만큼, 〜처럼, 〜과 같은 정도로: ~ **fast as you can** 가능한한 빨리 —conj. 1 〜에 따라, 〜처럼, 〜대로: Quite 〜 **you like!** 원하시는 대로 2 〜하면서 3 〜이므로, 〜이니까 4 〜함에 따라 —prep. 1 〜으로서, 〜으로서는 2 《통례 이끌려》 가령 —pron. 《관계대명사》 1 (선행사로서 such, the same, as와 함께) 〜과 같은, 〜이라는 일 2 《앞문의 내용을 선행사로 하여》 그것은 〜이지만 **~ ever** 여전히 〜 **for** [**to**] 〜에 관해서(는); 〜로 말할 것 같으면 〜 **good** 〜 (사실은) 〜이나 마찬가지 〜 **if** [**though**] 마치 〜인듯이 〜 **it is** 그대로, 그러나 실제는 〜 **it were** 말하자면 〜 **soon** 〜 〜하자마자 〜 **yet** 현재로서는; 아직지
as·cend [əsénd] vi., vt. 오르다 (opp. descend); (값이) 등귀하다
as·cen·sion [əsén(ʃ)ən] n. 상승; (the A~) 예수승천(제)
as·cent [əsént] n. 오르기 (opp. descent); 경사길, 치받이
as·cer·tain [ǽsərtéin] vt. 확인하다, 규명하다
As·cot [ǽskət] n. 애스콧 경마(장) 《near Berkshire에 있는》
as·cribe [əskráib] vt. 〜에 귀착[속]하다, 〜의 탓으로 돌리다
ash¹ [ǽʃ] n. 재; (pl.)
ash² (棒) 서양물푸레나무
a·shamed [əʃéimd] a. 부끄러워: **be ~ of** 〜을 부끄럽게

ashore — astound

a·shore [əʃɔ́ːr] ad. 기슭에[으로], 육지에 ◇ go ∼ 상륙하다

ash·tray [ǽʃtrei] n. 재떨이

A·sia [éiʒə, éiʃə/-ʃə] n. 아시아

A·si·ad [éiʒiæd/éiʃi-] n. 아시아 경기대회(Asian Games)

A·sian [éiʒən / éiʃ(ə)n, -ʃiən], **A·si·at·ic** [èiʒiǽtik, -ʃi-/-ʃi-] a. 아시아(사람)의 ── n. 아시아 사람

Ásian Gámes 아시아 경기대회

a·side [əsáid] ad. 옆에, 곁으로[에]; 떨어져서 ◇ ~ **from** 《美》 …은 차치하고, …을 제외하고 ◇ **lay** [**set**] ~ 떼어두다, 저 장해두다, **put** [**set**] ~ 제쳐놓다, 그치다 ── n. 《劇》 방백

ask [æsk/ɑːsk] vt., vi. 묻다, 질문하다 (inquire); 부탁[요구]하다 (demand); 초대하다 ◇ **a fa·vor of a person** 남에게 부탁하다; May I ~ a favor of you? 부탁할 일이 있습니다만

ásk·ing príce 부르는 값

a·sleep [əslíːp] ad., a. 잠들어: **be fast** [**sound**] ~ 깊이 잠들 어 있다

ASPAC = Asian and Pacific Council 아시아태평양협의회

as·par·a·gus [əspǽrəgəs] n. 《植》 아스파라거스

as·pect [ǽspekt] n. 용모, 외관; 형세, 양상

as·phalt [ǽsfɔːlt, -fælt / -fælt] n., vt. 아스팔트(로 포장하다)

ásphalt júngle (생존경쟁이 치열한) 대도시

as·pi·ra·tion [æ̀spəréiʃ(ə)n] n. 열망 (longing), 포부

as·pire [əspáiər] vi. 열망하다, 대망을 품다 (after, to do)

as·pi·rin [ǽspərin, -pirin] n. 《藥》 아스피린

ass [æs] n. 나귀; [혼히 ɑːs] 바보, 고집장이

as·sail [əséil] vt. 맹렬히 공격하다, 습격하다

as·sas·sin [əsǽsin] n. 암살자

as·sas·si·nate [əsǽsinèit] vt. 암살하다 ── **-ná·tion** n. 암살

as·sault [əsɔ́ːlt] n. 《法》 폭행 ── vt. 공격[습격]하다

as·sem·ble [əsémbl] vt., vi. 모으다, 모이다 (collect); 조립하다

as·sem·bly [əsémbli] n. 집회; (A~) 의회; 조립: **an** ~ **line** 일관 작업렬[例]; **General A**~ 유엔 총회; 《美国》주의회; (프랑스의) 국회

as·sent [əsént] vi. 동의하다 (agree) (**to**) ── n. 동의, 승낙, 찬동

as·sert [əsə́ːrt] vt. 주장하다; 언명하다 ── **-sér·tion** n. 단언, 주장

as·sess [əsés] vt. (금액을) 사정하다; (세금·벌금 등을) 과하다

as·ses·sor [əsésər] n. 배석판사, 보좌역; (세액 등의) 사정자

as·set [ǽset] n. (pl.) 자산: ~s **and liabilities** 자산과 부채

as·si·du·i·ty [æ̀sid(j)úːəti / -djú-] n. 근면, 부지런함

as·sid·u·ous [əsídʒuəs/-dju-] a. 부지런한, 꾸준히 일하는

as·sign [əsáin] vt. 할당하다 (allot); (시간을) 지정하다 (for), …의 탓으로 돌리다; 《法》 양도하다 (to) ── n. 지정, 할당; 《美》 수제; 《法》 양수(증)

as·sim·i·late [əsíməlèit] vt., vi. 흡수하다, 소화[동화]하다; 비유하다

as·sist [əsíst] vt. 돕다, 원조하다

as·sist·ance [əsíst(ə)ns] n. 원조

as·sist·ant [əsíst(ə)nt] a. 보조의; 부──: **an** ~ **professor** 조교수 ── n. 조수, 보좌인

as·so·ci·ate [əsóuʃièit → n.] vt. 연합시키다 ── vi. 교제하다 (**with**) ── n. [-ʃiit] 동료; 준회원 ── a. 준 ── **an ~ member** 준회원, 준사원

as·so·ci·a·tion [əsòusiéiʃ(ə)n] n. 연합; 교제; 조합; 연상: **football ~ football** 축구 (soccer)

as·sort [əsɔ́ːrt] vt. 분류하다, 구색을 갖추다 ── vi. 어울리다 ── **-ment** n. 분류; 여러가지 구색을 갖춘 것

as·sum·a·ble [əs(j)úːməbl] a. 가정할 수 있는 ── **-bly** ad. 아마

as·sume [əs(j)úːm] vt. (임무·책임 등을) 떠맡다; 가장하다; 가정하다

as·sum·ing [əs(j)úːmiŋ] a. 거만한; 주제넘은

as·sump·tion [əsʌ́mp(ʃ)ən] n. 가정, 억설

as·sur·ance [əʃúərəns] n. 보증; 확신; 《英》 (생명) 보험

as·sure [əʃúər] vt. 보증하다 (guarantee); 확인하다; 안심시키다; 보험을 걸다: **I** ~ **you.** 확실합니다

as·sured [əʃúərd] a. 보증된, 확실한; 보험에 든

ASTA = American Society of Travel Agents 미국 여행업자 협회

a·stern [əstə́ːrn] ad. 《海》 선미에[쪽으로]; 뒤쪽으로

as·ton·ish [əstɑ́niʃ/-tɔ́n-] vt. 깜짝 놀라게 하다 ── **be ~ed at** …에 놀라다 ── **-ing** a. 놀랄 만한

as·tound [əstáund] vt. 깜짝 놀

A

astray — **attorney**

a·stray [əstréi] *ad.* 길을 잃고 *go ~* 길을 잃다, 행방불명이 되다

as·trol·o·gy [əstrálədʒi/-trɔ́l-] *n.* 점성술

as·tro·naut [ǽstrənɔ̀:t] *n.* 우주 비행사

as·tro·nau·tics [-iks] *n.* 우주 항행학[법]

as·tro·nom·i·cal [æ̀strənámik-(ə)l/-nɔ́m-] *a.* 천문학의; *an ~ observatory* 천문대

as·tron·o·my [əstránəmi/-trɔ́n-] *n.* 천문학

A·sun·ción [əsu:nsjóun/əsùn-sióun] *n.* 아순시온 (파라과이 의 수도)

As·wán Dám [æswá:n-] 아스 완댐 (나일강 중류의 댐)

Aswán High Dám 아스완 하 이댐 (아스완댐 상류의 댐)

a·sy·lum [əsáiləm] *n.* 보호소, 수용소

at [æt, ət] *prep.* 1 《장소·지점》 …에 있어서, …에서 (cf. in): *~ the lobby of the hotel* 호 텔의 로비에서 2 《때·나이》 …에; *~ noon* 정오에 3 《종사》 …하고, …중: *~ sea* 항해중 4 《방향·목표》…을 향해서 5 《원 인》…을 보고 [듣고]: *~ the news of* …의 소식을 듣고 6 《정도·비율·가격》…으로: *~ full speed* 전속력으로/*~ two shillings* 2실링으로

ATC = *air traffic control* 항공 교통관제

ate [eit/et] *v.* eat의 과거

at·el·ier [ǽtəljèi/-ièi, -jèi] *n.* 아틀리에, 화실

a·the·ism [éiθii(ə)m] *n.* 무신론

A·the·na [əθí:nə] *n.* 《그 神》 아 테나 (지혜·학예의 신) (cf. Minerva)

A·the·ni·an [əθí:niən] *a.* 아테네 의 — *n.* 아테네 사람

Ath·ens [ǽθinz] *n.* 아테네 (그리 스의 수도)

ath·lete [ǽθli:t] *n.* 경기자, 《동가》

ath·let·ic [æθlétik] *a.* 경기의, 운동의; 건강한 — *n.* 《총칭》 운동경기

At·lan·ta [ətlǽntə, æt-] 미국 Georgia주의 수도

At·lan·tic [ətlǽntik, æt-/-ət-] *a.* 대서양의 (cf. Pacific) — *n.* (the A~) 대서양

at·las [ǽtləs] *n.* 지도책, 도해

at·mos·phere [ǽtməsfiə̀r] *n.* 대 기, 공기; 분위기, 환경; 기압

at·mos·pher·ic, ·i·cal [-ik(ə)l] *a.* 대기(중)의: *~ pressure* 기압/*~ pollution* 대기오염

at·om [ǽtəm] *n.* 《化》 원자; 극 소량

a·tom·ic [ətámik/ətɔ́m-] *a.* 원 자의, 원자력에 의한; 극소의, 미세한: *the ~ age* 원자력 시 대/*an ~ bomb* [weapon] 원자 폭탄[무기]/*an ~ energy* 원자력/*an ~ power plant* 원자력 발 전소

a·tone [ətóun] *vi., vt.* 보상하다, 갚다, 죄값을 하다 (the A~) 그리스도 의 속죄

a·tro·cious [ətróuʃəs] *a.* 흉악 한, 잔인한

a·troc·i·ty [ətrásiti/-trɔ́s-] *n.* 극악, 포악, 잔학(행위)

at·tach [ətǽtʃ] *vt.* 붙이다, 부착 시키다, 소속시키다; 애착을 갖게 하다 *be ~ed to* …에 부착하다; …에 애착을 갖고 있다 ~**·a·ble** *a.* 붙일 수 있는 ~**·ment** *n.* 부속물[품]; 애착, 애정

at·ta·ché [ǽtəʃéi/ətǽʃei] *n.* 수행 원, 대사[공사]관원: *an ~ case* (서류용) 손가방

at·tack [ətǽk] *vt.* 습격[공격]하 다; 비난하다; (병이) 침범하다 — *n.* 공격; 비난; (병의) 발작

at·tain [ətéin] *vi., vt.* 달하다, 이루다, 수행 [도달] 하다 ~**·ment** *n.* 달성; (흔히 *pl.*) 학식, 예능

at·tempt [ətémpt] *vt.* 시도하다 — *n.* 시도, 기도, 노력 (at, to do)

attémpted múrder 살인미수

at·tend [əténd] *vi., vt.* 출석하다, 참석하다 (*at*); 수반하다; 시 중들다; 주의하다 (*to*)

at·tend·ance [əténdəns] *n.* 출석; 서비스요금: *~ included* (호텔 요금에) 서비스요금 포함

at·tend·ant [əténdənt] *a.* 수행 하는, 시중드는 — *n.* 수 행원, 시중드는 사람; 출석자, 참석자

at·tend·ee [ətèndí:] *n.* 출석자, 참석자

at·ten·tion [ətén(ə)n] *n.* 주의; 보살핌; (*pl.*) 친절, 공손: *A~ please!* 안내말씀드리겠습니다/*May I have your ~?* 잠깐 실례합니다만

at·ten·tive [əténtiv] *a.* 주의깊은

at·test [ətést] *vt., vi.* 증명[중언] 하다

At·tic [ǽtik] *a.* 아티카(Attica) 의, 아테네의

at·tic [ǽtik] *n.* 다락(방)

at·tire [ətáiər] *vt.* 차려입히다, 성장시키다 — *n.* 의상, 복장

at·ti·tude [ǽtit(j)ù:d/-tjú:d] *n.* 태도, 자세

at·tor·ney [ətə́:rni] *n.* 대리인;

Attorney General 《美》 변호사

Attorney Géneral 《美》 법무장관

at·tract [ətrǽkt] vt. 매혹하다, 유인(력), 매력; 인기끌

at·trac·tion [ətrǽk∫(ə)n] n. 유인(력), 매력; 인기끌

at·trac·tive [ətrǽktiv] a. 매력적이다;끄는 힘이 있는

at·trib·ut·a·ble [ətríbjutəbl] a. (…에) 돌릴 수 있는, (…에) 기인하는

at·trib·ute [v. ətríbju(ː)t → n.ǽtribjuːt] vt. (…에) 돌리다, (원인을)…이라고 하다 (to) — n. [ǽtribjuːt] 특성; 특질; 속성

auc·tion [ɔ́ːk(∫)ən] n. 경매 ~ **bridge** 카드놀이의 일종

au·dac·i·ty [ɔːdǽsəti] n. 대담(성), 호담; 뻔뻔스러움

au·di·ble [ɔ́ːdibl] a. 들리는, 들을 수 있는 (cf. inaudible)

au·di·ence [ɔ́ːdiəns] n. 청중,관객 **in the ~ of**…의 면전에서

áudience ràting 시청율

au·di·o·vis·u·al [ɔ́ːdio(u)víʒuəl] a. 시청각의 ~ **education** 시청각교육 — n. (pl.) 시청각교재

au·dit [ɔ́ːdit] n. (회계)감사 — vt. (회계)감사하다;《美》(강의를)청강하다

au·di·tion [ɔːdí∫(ə)n] n. 시청(試聽); 음성 테스트, 오디션

au·di·tor [ɔ́ːditər] n. 회계감사관, 감사역; 《美》청강생

au·di·to·ri·um [ɔ̀ːditɔ́ːriəm] n. (pl. **-ri·a** [riə]) 청중석; 강당; 《美》공회당

aug·ment [ɔːgmént] vt, vi. 증가(증대)하다

Au·gust [ɔ́ːgəst] n. 8월

aunt [ænt/ɑːnt] n. 백모, 숙모, 고모, 이모 (cf. uncle); 아주머니

au·ra [ɔ́ːrə] n. 귀의, 청각의

au revoir [òurəvwɑːr] F. 안녕, 잘 가

aus·pice [ɔ́ːspis] n. (pl.) 주최, 후원 **under the ~s of** …의 주최로

Aus·sie [ɔ́ːsi/ɔ́ːzi] n. 《俗》오스트레일리아 사람

aus·tere [ɔːstíər] a. 엄한; 내핍의, 검소한

Aus·tin [ɔ́ːstin/ɔ́s-, ɔs-] n. 영국제 소형자동차의 상표명

Aus·tral·ia [ɔːstréiljə] n. 오스트레일리아 — **n**, a. 오스트레일리아(의) (사람)

au·tar·ky [ɔ́ːtɑːrki] n. 자급자족

au·then·tic [ɔːθéntik] a. 믿을만한, 확실한; 확증된; 진짜의

au·thor [ɔ́ːθər] n. (fem. **~·ess** [θəris]) 저자, 작가

au·thor·i·tar·i·an [əθɔ̀ːriːtɛ́əri·ən/ɔːˌθɔːriːtɛ́əri·] a. 독재주의의; ~ **rule** 독재적지배

au·thor·i·ta·tive [əθɔ́ːriteitiv/ɔːˌθɔːri-] a. 권위있는;명령적인; 당국의, 관계부처의 **the ~ sources** 권위있는 소식통

au·thor·i·ty [əθɔ́ːriti, əθɑ́r-/ ɔː-ˌθɔr-] n. 권위, 권력, 권한; 권위자(on); 확실한 소식통; (pl.) 당국 **the authorities concerned** 관계당국

au·thor·ize [ɔ́ːθəraiz] vt. 권한을 부여하다, 인가하다; 정당하다고 인정하다 **~d money exchanger** 공인 환전상 **the A—d Version** 흠정역(欽定譯) 성서

au·tism [ɔ́ːtiz(ə)m] n. 자폐증

au·to [ɔ́ːtou] n. (pl. **~s**) 《美口》자동차 : ~ **show** 자동차전시회

Au·to·bahn [ɑ́utoubɑ̀ːn, ɔ́ːt-] G. (독일의) 자동차 전용 고속도로

au·to·bi·og·ra·phy [ɔ̀ːtəbaiɑ́grəfi/-ɔ́g-] n. 자서전

au·toc·ra·cy [ɔːtɑ́krəsi/-tɔ́k-] n. 전제정치; 독재정

au·to·crat [ɔ́ːtəkræt] n. 전제군주, 독재자

au·to·fó·cus·ing cámera [ɔ́ːtəfòukəsiŋ] 자동초점카메라

au·to·graph [ɔ́ːtəgræf/-grɑ̀ːf] n. 자필(서명) — vt. 자필(서명)하다

au·to·mat [ɔ́ːtəmæ̀t] n. 자동판매기; 자동판매식 음식점

au·to·mat·ic [ɔ̀ːtəmǽtik] a. 자동식의, 기계적인; 무의식의 n. 자동장치(기계)

au·to·ma·tion [ɔ̀ːtəméi∫(ə)n] n. 오토메이션, 자동조작

au·to·mo·bile [ɔ̀ːtəməbíːl, ɔ́ːtəmoubìːl] n. 《美》자동차

au·ton·o·mous [ɔːtɑ́nəməs/-tɔ́n-] a. 자치권있는, 자율(자주)적인

au·ton·o·my [ɔːtɑ́nəmi/-tɔ́n-] n. 자치(권), 자치단체

au·to·stra·da [àutəstrɑ́ːdə] n. 아우토스트라다(이탈리아의 고속도로) [It.]

au·to·truck [ɔ́ːto(u)trʌ̀k] n. 《美》화물자동차 (cf. motor lorry) [fall)

au·tumn [ɔ́ːtəm] n. 가을(《美》

aux·il·ia·ry [ɔːgzíljəri] a. 보조의, 예비의

a·vail [əvéil] vi., vt. 유용하다, 이가 되다 **~ oneself of** …을 이용하다 — n. 이익, 효용 **~·a·ble** a. 유용한, 이용할 수 있는; 통용되는; 입수 가능한 : **~ate only on day of issue only** (표가)

발음당일반 유효한
av·a·lanche [ǽvəlæntʃ/-lɑ̀:nʃ] n. (눈) 사태
av·ant-garde [ɑ́:vɑːnt'gɑ́:rd] F. n. 전위: ~ picture 전위영화
av·a·rice [ǽvəris] n. 탐욕
Ave. = Avenue
a·venge [əvéndʒ] vt. 복수하다, 원수갚다
av·e·nue [ǽvinjuː; 美 ǽvinuː] n. 큰 거리 (공원에 대하여 직각으로 뻗은 길)
av·er·age [ǽv(ə)ridʒ] n. 평균, 보통 on an [the] ~ 평균하여 —a. 평균의, 보통의 —vt. 평균하다; 평균 …이다
a·ver·sion [əvə́ːrʒ(ə)n, -ʃ(ə)n/-ʃ(ə)n] n. 혐오, 싫증 (to, to do); 싫은 것
a·vert [əvə́ːrt] vt. (눈・생각을) 돌리다, 피하다
a·vi·ate [éivièit] vi. 비행하다
a·vi·a·tion [èiviéi(ə)n] n. 비행 (술), 항공
a·vi·a·tor [éivièitər] n. (fem. -tress, -trice [éiviéitris], -trix [èiviéitriks]) 비행사
Avis [éivis] n. 렌터카 회사명
a·vo·ca·do [ævəkɑ́ːdou, ɑː-] n. 아보카도나무; 그 열매 (식용)
a·void [əvɔ́id] vt. 피하다 **~a·ble** a. 피할 수 있는 **~ance** n. 회피
a·vow [əváu] vt. 공언[언명]하다
a·wait [əwéit] vt. 기다리다
a·wake [əwéik] v. (p. **a·woke**, pp. **a·waked**, **a·woke**) vt. 깨

우다; 일으키다; 깨닫게하다 —a. 깨다; 깨닫다 —vi. 눈을 뜬; 알아채고 있는: be wide ~ 완전히 깨어 있다
a·wak·en [əwéik(ə)n] vi., vt. = awake **~·ing** a. 깨어가는, 각성하는 —n. 눈뜸, 각성
a·ward [əwɔ́ːrd] vt. (심사후 상을) 수여하다 —n. 상(賞)
a·ware [əwɛ́ər] a. 알고 있는, 알아차린 (of, that)
a·way [əwéi] ad. 1 떨어져, 저쪽에: ~ from home 타향중/keep ~ 멀리하다 2 저쪽에 3 차차 줄어, …없어버리다 4 모내다, 잃다: idle ~ one's time 빈둥거리며 시간을 보내다 5 우즉시, 부지런히: work ~ 부지런히 일하다 right [straight] ~ (美口) 지금 당장
awáy gáme 원정[방문] 경기
awe [ɔː] n. 외경, 두려움 —vt. 두려움을 갖게 하다
aw·ful [ɔ́ːf(u)l] a. 무서운; (俗) 지독한, 심한
a·while [ə(h)wáil] ad. 잠시
awk·ward [ɔ́ːkwərd] a. 어색한; 꼴사나운; 다루기 힘든; 난처한
awn·ing [ɔ́ːniŋ] n. (창문의) 차양; (갑판 위의) 천막
a·woke [əwóuk] v. awake의 과거(분사)
ax(e) [æks] n. (pl. **ax·es** [ǽksiz]) 도끼
ax·is [ǽksis] n. (pl. **ax·es** [-siːz]) 굴대, 축, 추축(국)
ax·le [ǽksl] n. 굴대, 차축
ay, **aye** [ai] int., ad. 네 (yes) —n. 찬성, 찬성투표; 찬성(투표)자

B

B.A. = Bachelor of Arts
BA = British Airways 영국항공
ba·by [béibi] n. 갓난애, 아기; 어린애같은 사람; 유아의, 소형의: a ~ carriage 유모차/a ~ sitter (美) 아이보는 사람 **~·hood** n. 유아기/ **~·ish** a. 어린애같은
Bab·y·lon [bǽbilən] n. 바빌론 (고대 바빌로니아의 수도); 영화와 악덕의 도시
ba·by-sit [béibisit] vi. (부모 외출중) 아이를 보다 **~·ter** n. 아이보는 사람
bac·co [bǽkou], **bac·cy** [bǽki] n. (俗) 담배
bach [bætʃ] n. (俗) = bachelor
bach·e·lor [bǽtʃ(ə)lər] n. 총각 (cf. spinster); 학사: B~ of Arts 문학사 (略: B.A. 또는 A.B.)
back [bæk] n. 등; 뒤쪽, 뒤쪽,

이면 (opp. front) (축구의) 후위(선수) (cf. forward **be·hind** a person's ~ …의 뒤돌아서; …에게 비밀로 on one's ~ 반듯하게; 등에 지고 —a. 배후의, 뒤쪽의; 이면의; 앞의; 먼, 밀려 있는; 묵은: the ~ country (美) 벽지, 변촌/a ~ entrance 뒷문/a ~ number 백넘버 —ad. 뒤로 [에]; 원래대로, 되돌아, 되돌이; 이전에: come ~ 돌아오다/go ~ 돌아가다/two cars ~ 두차 뒤에 **and ~** 왕복: What is the fare to New York and ~ ? 뉴욕까지의 왕복요금은 얼마입니까 **and forth** 오락가락 —vt. 되돌리다; (어음을) 배서하다; 후원[지지]하다 —vi. 돌아오다 **~ up** 후원하다

back·bite [⁻bàit] *vt., vi.* (*p.* **-bit**, *pp.* **-bit·ten**) 헐뜯다 하다

back·bone [⁻bòun] *n.* 등뼈; 중추, 중견; 기골, 줏대

back-door [⁻dɔːr] *n.* 뒷문

Back·fire [⁻fàiər] *n.* (소련의) 초음속 중형폭격기

back·gam·mon [⁻gǽmən/⁻⁻] *n.* 서양 쌍육

back·ground [⁻gràund] *n.* 배경

báckground mùsic 배경음악

back·hand [⁻hǽnd] *n., a.* 《정구》 역타로 친; 왼손으로 쓴

back·pack [⁻pæk] *n.* (캠프용) 배낭

back·stage [⁻stéidʒ] *ad., a.* 무대 뒤의(에)

back·stairs [⁻stɛ́ərz/⁻⁻] *n.* 뒷계단

back·stroke [⁻stròuk] *n.* 배영 《背泳》

back·up [⁻ʌp] *a.* 교체용의 — *n.* 지지, 후원; 대체, 대신

back·ward [⁻wərd] *a.* 뒤(쪽으로)의 (*opp.* forward); 거꾸로의; 수줍어하는; 뒤진 —*ad.* 뒤쪽으로 (backwards): go ~ 되돌아가다 / look ~ 뒤돌아보다

back·yard [⁻jɑːrd] *n.* 뒤뜰

ba·con [béik(ə)n] *n.* 베이컨; ~ and eggs 베이컨에그

bac·te·ri·a [bæktíːr(i)ə] *n. pl.* (*sing.* **-ri·um** [-riəm]) 박테리아, 세균

bad[1] [bæd] *a.* (**worse, worst**) 나쁜, 해로운; 불쾌한; 해로운; (음식이) 썩은, 상한; (고통·추위 등이) 심한; 불길한, 불행한: in a ~ temper 기분이 나빠/feel ~ 기분이 언짢다 / That's too ~. 그것 안됐군 **be** ~ **at** …이 서투르다 **go** ~ (음식이) 상하다, 썩다 **have a ~ time (of it)** 혼이 나다 **not ~** (口) 그다지 나쁘지 않은 **go from ~ to worse** 점점 나빠지다

bad[2] *v.* bid 의 과거

bade [bæd/beid, bæd] *v.* bid 의 과거

badge [bædʒ] *n.* 배지, 기장

bad·ly [bǽdli] *ad.* (**worse, worst**) 나쁘게, 서투르게; 《口》 매우, 몹시 **be ~ off** 못살다, 궁색하다

baf·fle [bǽfl] *vt.* 당황[낭패]하게 하다; 좌절시키다, 꺾다

bag [bæg] *n.* 봉지, 가방: a traveling ~ 여행가방

Bag·dad [bǽgdæd/⁻⁻] *n.* 바그다드(이라크의 수도)

bag·gage [bǽgidʒ] *n.* 《美》 수화물 (《英》 luggage); hand ~ (비행기·배안에 휴대하는) 수화물 / cabin ~ 선실 수화물 / hold ~ 화물창 수화물 / counter ~ 수화물 접수 카운터 / ~ **allowance** 《美》 수화물 중량제한 / ~ **check [claim tag]** 《美》 수화물 물표 / ~ **declaration form [card]** 수화물 관세 신고서 / ~ **insurance** 수화물보험 / ~ **office** 《美》 수화물 취급소 / ~ **sticker** 여행가방 등에 붙이는 라벨[스티커]

bag·pipe [bǽgpàip] *n.* (혼히 *pl.*) (스코틀랜드의 전통 악기) 풍적, 백파이프

Ba·ha·mas [bəhéimə/-háː-] *n.* (*the* ~) 바하마(서인도 제도로 된 나라)

Bai·kal [baikɑ́ːl] *n.* **Lake** ~ 바이칼호(시베리아의 호수)

bail [beil] *n.* 보석(금); 보석보증인

bait [beit] *n.* 미끼, 유인물; (행 중중의) 휴식

bake [beik] *vt., vi.* (빵 등을) 굽다, 구워지다; (피부를) 태우다

bak·er [béikər] *n.* 빵 굽는 사람, 빵집 주인

bak·er·y [béikəri] *n.* 빵 제조소, 빵집

bak·sheesh, -shish [bǽkʃiːʃ] *n.* (인도·이집트 지방에서) 팁

bal·ance [bǽləns] *n.* 저울, 천칭; 균형; 비교; 차액, 잔고; 거스름돈: You may keep the ~. 거스름돈은 가지십시오./~ **of payments** 수지 / **a sheet** 《부기》 대차대조표 —*vi., vt.* 균형잡다 (잡히다)

bal·co·ny [bǽlkəni] *n.* 발코니, 노대; (극장의) 2층 특별석

bald [bɔːld] *a.* 털이 없는, 대머리의; 노골적인, 있는 그대로의 **-·ish** *a.* 약간 벗어진 **-·ly** *ad.* 노골적으로

bale [beil] *n.* (선적을 위한) 곤포(梱包); (*pl.*) 화물

Ba·li [bɑ́ːli] *n.* 발리섬(인도네시아의 섬)

Bal·kan [bɔ́ːlkən] *a.* 발칸반도 [제국]의, 발칸사람의: the ~**s** 발칸 제국

ball[1] [bɔːl] *n.* 공, 구기, 야구; 《야구》볼 (*cf.* strike) ~ **park** 야구장

ball[2] *n.* 무도회: a masked [fancy] ~ 가면[가장] 무도회

bal·lad [bǽləd] *n.* (이야기체) 민요, 바닥짐

bal·last [bǽləst] *n.* 모래, 《해》 바닥짐

bal·le·ri·na [bæləríːnə] *n.* 여자 무용수, 발레리나

bal·let [bæléi, ⁻⁻] *n.* 발레; 발레단

bal·lis·tic mis·sile [bəlístik] 탄도미사일
bal·loon [bəlúːn] n. 기구; 풍선
bal·lot [bǽlət] n. 투표용지; 투표 —vi. (무기명)투표하다
bállot stúffing 부정투표(부정표를 투표함에 넣기)
báll-póint pén 볼펜 [실
báll·room [bɔ́ːlrù(ː)m] n. 무도
balm [bɑːm] n. 진통제; 향유
bal·sam [bɔ́ːlsəm] n. 발삼, 향고(香膏)
Bal·tic [bɔ́ːltik] a. (the ~) 발트해
bam·boo [bæmbúː] n. (pl. ~s) 대(나무): ~ work 죽세공
ban [bæn] n. 금지령
ba·na·na [bənǽnə/-náːnə] n. 바나나
band [bænd] n. 띠, 끈; 기반(羈絆); 속박하는 것; (사람·짐승의) 무리; 악대; (사람) 악단; 악대: a ~ master 악대원 —vi., vt. (끈 등으로) 묶다; 단결하다(시키다)
band·age [bǽndidʒ] n., vt. 붕대(로 하다)
ban·dit [bǽndit] n. 산적, 노상강도; 악당
bang [bæŋ] vt. 쾅 치다 (닫다) —vi. 쾅하고 울리다, 쾅 닫히다 —n. 딱, 쾅, 쿵 (강타·발포 등의 음)
Bang·kok [bǽŋkak, -́-/-́kɔk, -́-] n. 방콕 (태국의 수도)
Bang·la·desh [bǽŋɡlədéʃ] n. 방글라데시 (1972년 동파키스탄에서 독립한 공화국)
ban·ish [bǽniʃ] vt. 추방하다 **~·ment** n. 추방
ban·jo [bǽndʒou] n. (pl. ~(e)s) 밴조 (일종의 현악기)
bank[1] [bæŋk] n. 둑, 제방; (둑같은) 퇴비
bank[2] 은행업; a ~ clerk [英] 은행 출납원 (teller) /[英] 은행에 예금하다; 은행거래하다
bánk accóunt 은행계정; 당좌예금
bánk bíll 《美》은행어음; 《美》은행권, 지폐
bánk·book [-́bùk] n. 은행통장
bánk·er [-́ər] n. 은행가
bánk nóte 《美》은행어음; 《英》은행권, 지폐
Bank of América 아메리카은행 (American Express와 함께 traveler's checks 취급)
bánk·roll [-́ròul] n. 자금(지원) —vt. 자금지원하다
bank·rupt [bǽŋkrʌpt, -rəpt] n. 파산자 —a. 파산한: go ~ 파산하다 —vt. 파산시키다

bank·rupt·cy [bǽŋkrəp(t)si] n. 파산
ban·ner [bǽnər] n. 기, 국기
Banque de France [bɑ̃ːk] 프랑스 은행 (중앙 은행)
ban·quet [bǽŋkwit] n. (정식) 연회; (일반적으로) 연회
ban·tam(·weight) [bǽntəm(wèit)] n. (권투) 밴텀급 (선수)
bap·tism [bǽptizəm] n. 세례
Bap·tist [bǽptist] n. 침례교회신자; (b~) 세례자
bap·tize [bæptáiz, -́-] vi., vt. 세례하다[를 베풀다]
bar [bɑːr] n. 술집, 식당; 빗장, 막대기; (창) 법정; (the ~) 변호사 = a quick lunch — 경식당 —vt. (문 등을) 잠그다; 빗장을 지르다; (통행을) 방해하다
bar·bar·i·an [bɑːrbɛ́(ː)riən] n. 야만인; 교양없는 사람, (태도가) 거친 사람 —a. 야만의; 교양없는
bar·ba·rous [bɑ́ːrb(ə)rəs] a. 야만적인; 잔인한 (cruel);
bar·be·cue [bɑ́ːrbikjùː] n. 통째로 굽는 돼지 (등); (통째로 구운 요리가 나오는) 야외연회 —vt. (돼지 등을) 통째로 굽다 (간판에는 Bar-B-Q로도 쓰임)
bar·bell [bɑ́ːrbèl] n. 역기
bar·ber [bɑ́ːrbər] n. 이발사
bar·ber·shop [-́ʃàp,-ʃɔ̀p] n. 《美》이발관 (barber's shop 라고도 함)
Bar·ce·lo·na [bɑ̀ːrsilóunə] n. 바르셀로나 (스페인 동북부의 항구도시)
bare [bɛər] a. 발가벗은; 무일푼의; 간신히 ~의, 단만 ~뿐인: a ~ floor 아무것도 깔지 않은 마루 with ~ life 간신히 목숨을 건져 ~의 벗기다 벗겨내다
bare·foot [-́fùt], **-foot·ed** [-́fùtid] a., ad. 맨발의[로]
bare·head·ed [-́hédid] a., ad. 모자를 쓰지 않은 [않고]
bare·ly [-́li] ad. 간신히; 겨우 ~이나; 드러내어, 발가벗고: I caught the train. 간신히 기차 시간에 대어갔다
bar·fly [bɑ́ːrflài] n. 술집의 단골손님
bar·gain [bɑ́ːrgin] n. 거래, 매매약속, 산 물건; 싸게 산 물건: a good [bad] ~ 싸게 [비싸게] 산 물건/a ~ sale 염가판매/the ~ counter 《美》염가판매대 buy at a ~ 싸게 사다 drive a hard ~ 값을 되게 깎다 pick up ~s 좋은 물

건을 싸게 사다 —vi., vt. 상담하다; (매매를) 약정하다; 값을 깎다

barge [bɑːrdʒ] n. 거룻배; 유람선 —vi. 거룻배로 나르다

bar·i·tone, bar·y- [bǽritoun] n. 《音》 바리톤(가수)

bark¹ [bɑːrk] n. 나무껍질 —vt. 나무껍질을 벗기다; 《俗》 (피부를) 까다

bark² [bɑːrk] n. (개 등의) 짖는 소리; 《口》 기침 —vi. 짖다; 《俗》 크게 기침을 하다; 호통치다

bar·keep·er [bɑ́ːrkiːpər] n. 《美》 술집 주인

bar·ley [bɑ́ːrli] n. 보리

bar·maid [bɑ́ːrmèid] n. 《英》 술집 여자, 바의 여급

bar·man [bɑ́ːrmən] n. (pl. **-men**[-mən]) 술집 주인[지배인]

ba·rom·e·ter [bərɑ́mitər/rɔ́m-itə] n. 기압계, 청우계; (여론 등의) 표준, 바로미터

bar·on [bǽr(ə)n] n. (fem. **~ess** [-is]) 남작; (영국 外 국가의) 귀족

bar·on·et [bǽrənèt] n. 준남작

ba·roque [bəróuk] a. 괴상한, 기괴한; 《建》 바로크식의; n. (the ~) 《建》 바로크식; 괴기 취미

bar·rack [bǽrək] n. (보통 pl.) 병영; 바라크식 건물

bar·rel [bǽr(ə)l] n. 통, 한 통의 분량; 총신

bárrel hòuse 통술집, 대포집

bar·ren [bǽr(ə)n] a. (초목이) 열매 맺지 않는; (땅이) 불모의; 불임의

bar·ri·cade [bǽrikéid] n. 《美 <—>》 방책, 바리케이드; 장애물 —vt. 방책을 치다, 바리케이드로 통행을 차단하다

bar·ri·er [bǽriər] n. 울타리, 관문 장애

bar·tend·er [bɑ́ːrtendər] n. 《美》 바텐더

bar·ter [bɑ́ːrtər] n. 물물교환, 교역종

base [beis] a. 야비한, 상스런

base [beis] n. 기초 (ground); 토대; (산) 기슭; 기지; 《야구》 ―v. 기초를 두다 **~·less** a. 근 [기초] 없는

baseball [⊂bɔ̀ːl] n. 야구 **B: Hall of Fame** 《美》 야구의 전당 (New York주 Cooper-stwwn에 있음)

bás exchànge 《美》 공군기지 내 물품판매소(略: BX)

be·ment [⊂mənt] n. 지하층, 하실

ba·ful [bǽsf(u)l] a. 수줍어하는, 부끄럼타는

bas·ic [béisik] a. 기초[근본]의

ba·sin [béisn] n. 세면기, 대야; 유역

ba·sis [béisis] n. (pl. **ba·ses** [iːz]) 기초, 근거, 토대

bask [bæsk/bɑːsk] vi. (햇빛·열에) 쬐다, 녹이다

bas·ket [bǽskit/bɑ́ːs-] n. 바스켓, 바구니: a waste-paper ~ 휴지통 **~·ful** n. 한 바구니(의 분량) **~·ry** [-ri] n. 바구니 세공 《공》

bas·ket·ball [⊂bɔ̀ːl] n. 농구

bas·ket·work [⊂wə̀ːrk] n. 바구니 세공

bas-re·lief [bɑ́ːrilíːf, bæs-/bǽs-rilíːf] n. 얕은 돋을새김

bass [beis] n. 《音》 베이스 (가수)

bas·tard [bǽstərd] n. 사생아; 가짜, 저질품; 잡종, 녀석

Bas·tille [bæstíːl] n. (the ~) 바스티유감옥 (파리에 있었음) **~ Day** 프랑스 혁명기념일 (7월 14일)

bat [bæt] n. 《크리켓·야구》 타봉, 배트; 《경기·탁구》 라켓 —vi., vt. 배트로 치다

bath [bæθ] n. (pl. **~s** [bæðz/bɑːðz]) 목욕; 욕조; 욕실 take a ~ 목욕하다 with [without] ~ 욕실딸린[없는]

bathe [beið] vi. 멱감다, 수영하다 (in); 목욕하다 —vt. (얼굴 등을) 씻다, 담그다 《英》 수영, 해수욕 go for a ~ 수영하러 가다 take [have] a ~ 《美》 멱감다

bath·house [bǽθhàus/bɑ́ːθ-] n. 목욕집 (해수욕장의) 탈의장

bath·ing [béiðiŋ] n. 목욕, 수영: ~ costume [dress, suit] 수영복 ~ drawers 수영 팬츠 ~ house 탈의장

bath·robe [bǽθròub/bɑ́ːθ-] n. 《美》 목욕복, 화장복

bath·room [bǽθrùːm/bɑ́ːθ-] n. 욕실; 변소

bath·tub [bǽθtʌ̀b/bɑ́ːθ-] n. 욕조

ba·ton [bətɑ́n, bǽt(ə)n/bǽt(ə)n] n. 관장(官杖) (관직을 상징); (경관의) 곤봉; (악단 지휘자의) 지휘봉, (릴레이용) 바통 **~ twirler** 바통걸

bat·tal·ion [bətǽljən] n. 《軍》 대대

bat·ter [bǽtər] n. 《야구·크리켓》 타자

bat·tle [bǽtl] n. 전투 (fight); 투쟁 (struggle) —vi. 싸우다, 분투하다 (for, against, with)

bat·tle·field [⊂fiːld] n. 전장

bat·tle·ship [⊂ʃip] n. 전함

baux·ite [bɔ́:ksait] n. 보크사이트(알루미늄 원광)

bawl [bɔ:l] vi. 외치다, 소리치다

bay [bei] n. (작은) 만 (cf. gulf)

bay·o·net [béi(i)nit, +美 -nèt] n. 총검; (the ~) 무력

báy rúm 베이럼 (향수)

ba·zaar [bəzάːr] n. (아라비아·터키의) 시장, 상점가; (백화점의) 특매장; 자선시

B.B.C. = British Broadcasting Corporation 영국 방송 협회

B.C. = Before Christ 서력 기원전 (cf. A.D.)

be [bi:, bi] vi., aux. v. (현재) **I am, we [you] are**, he [she, it] **is**, they are 《과거》 I [he, she, it] **was**, we [you, they] **were** 《과거분사》 **been** 《현재분사》 **being** 1 있다. 존재하다 2 《주어와 술어명사·형용사 등을 이어》 …이다 Let it ~ 그대로 두어라, 상관말아

b.e. = bill of exchange 환어음

BEA(C), B.E.A.(C.) = British European Airways (Corporation) 영국 유럽항공회사

beach [bi:tʃ] n. 물가, 해안, 해변 ~ **umbrella** 비치파라솔

bea·con [bí:k(ə)n] n. 봉화 (항로) 표지; (정찰의) 빛남, 신호전파 —vt.(빛을)발하다; (비행기에)신호전파를 보내다; …을 향해 발신하다 —vi. 빛을 발하다 (on, at) ~ed a. 빛나는; 미소짓는

bean [bi:n] n. 콩, 강낭콩; 《英俗》 돈, (특히)금화; 《俗》 머리; ~ **curd** 두부 / a **broad** ~ 잠두 / a ~ **kidney** ~ 강낭콩 / ~ **ball** 《美俗》 빈볼

bear¹ [bεər] n. 곰; 《商》 매방 (賣方)

bear² vt. (p. **bore**, pp. **borne**, 《「태어나다」의 뜻으로 born》) vt. 버티다; 지다; 나르다; 견디다; (아이를) 낳다; (열매를) 맺다; (이름·지위를) 갖다; (애정·악감을) 품다 —vi. 지탱하다; 버티다; 견디다; 열매맺다, 관계를 갖다 (on, upon); 이르다; 누르다, 압박하다 (on, upon); (배가) 나아가다; (어떤 방향에) 위치하다 ~ **in mind** 명심하다

bear·a·ble [bέ(ə)rəbl] a. 견딜

수 있는

beard [biərd] n. 턱수염

bear·er [bέ(ə)rər] n. (편지·수표 등의) 지참인: a ~ **check** 지참인출납수표

bear·ing [bέ(ə)riŋ] n. 인내; 거동, 태도; 관계

beast [bi:st] n. 짐승, 동물 (animal); 축생 같은 놈

beat [bi:t] v. (p. **beat**, pp. **beat·en** [bi:tn], **beat**) vt. 두들기다; 패배시키다; (달걀 등을) 휘젖다 (금속을) 두들겨 펴다 —vi. 때리다, 연타하다 (at); (바람·파도가) 부딪다; 맥박치다 —n. (연달아) 치기, 치는 소리, 고동, 맥박; 《警》 박자

beat·nik [bí:tnik] n. 비트족(族)

beau [bou] n. (pl. ~**s**, ~**x** [-z]) 멋쟁이(남자) (cf. belle); 여자를 경호하는 남자; 애인 [F]

beau·ti·ful [bjútifl(u)l] a. 아름다운, 어여쁜; 훌륭한

beau·ti·fy [bjútifai] vt., vi. 미화하다, 장식하다

beau·ty [bjú:ti] n. 미, 아름다움; 미인; 아름다운 것, 절품; a ~ **parlor** [**shop**, **salon**] 미장원 / a ~ **spot** (피부의) 점; 명승지

bea·ver [bí:vər] n. 《動》 해리 (海狸)

be·came [bikéim] v. become 의 과거

be·cause [bikɔ́z, +美 -kʌ́z] conj. 왜냐하면 …이므로, 《부정어와 함께》 …이라고 해서 —ad. …때문에, …이므로 ~ **of** …때문에

beck·on [bék(ə)n] vi., vi. 손짓[고갯짓]으로 부르다, 신호하다

be·come [bikʌ́m] v. (p. **came**, pp. -**come**) vi. …이 [으로] 되다 —vt. 어울리다

be·com·ing [bikʌ́miŋ] a. 어울리는, 알맞은 (fitting)

bed [bed] n. 침대, 잠자리; 강바닥; 모판, 화단; 지층: adoable ~ 2인용 침대 / twin ~ 1인용 침대 2개 / a single ~ 1인용 침대 / **go to** ~ 잠자리에 눕다, 자다 / **keep** [**be confind to**] **one's** ~ 병상에 눕다 **b sick** [《英》 **ill**] **in** ~ 앓아 눕다 **lie in** ~ 누워 자다 **mke a** ~ 잠자리를 펴다

bed·cham·ber [≤tʃèimbər] n. 침실

bed·clothes [≤klòuz, ≤klòuðz] n. pl. 침구

bed·cover [≤kʌ̀vər] n. 침대보

bed·ding [bédiŋ] n. 침구류

bed·room [ˊruː(ː)m] n. 침실
bed·side [ˊsàid] n. 침대 옆; (환자의) 머리말
bed-sit·ter [ˊsìtər] n. 《英》 침실·거실 겸용의 방
bed·spread [ˊsprèd] n. 침대보
bed·time [ˊtàim] n. 취침시간
bee [biː] n. 《蟲》 꿀벌
beef [biːf] n. 쇠고기: corned ~ 콘비프/roast ~ 불고기
beef·cake [ˊkèik] n. 《俗》 남성 육체미를 과시한 사진
beef·steak [ˊstèik] n. 두껍게 썬 쇠고기; 비프스테이크
bee·hive [biːhàiv] n. 꿀벌집(둥); 사람이 북적대는 곳
been [biːn, bin] v. be의 과거분사
beep·er [bíːpər] n. 《口》 원격조종으로 무인비행기를 조종하는 사람(장치)
beer [biər] n. 맥주 (cf. ale, lager, porter, stout): a ~ hall 《美》 맥주홀 / black [dark] ~ 흑맥주 / draft [draught] ~ 생맥주
bee·tle [biːtl] n. 《植》 사탕무
bee·tle [biːtl] n. 투구풍뎅이
be·fit [bifít] vt. 적합하다, 어울리다
be·fore [bifɔːr] ad. 전에, 앞에; 이전에 ─ prep. …앞에, …보다 이전에; …의 면전에서; …의 힘으로; …보다 뛰어나서; …보다 오히려 ~ long 멀지않아, 이윽고 ─ conj. …하기 전에, …하기보다는 오히려
be·fore·hand [ˊhænd] ad. 미리 (준비하여); (그보다) 이전에
be·fore·men·tioned [ˊmènʃ(ə)nd] a. 앞서 말한
beg [beg] vt. 빌다, 청하다 ─ vi. 허락을 빌다, 간청하다; 빌어먹다 ~ for …을 빌다 / I ~ [B~] your pardon. (1) 실례했습니다, 미안합니다 (2) 《끝을 올려서 발음하여》 다시 한번 말씀해 주십시오
beg·gar [bégər] n. 거지
be·gin [bigín] vi., vt. (p. -gan [-gǽn], pp. -gun [-gʌn]) 시작되다 [하다], 착수하다 ~ at [on, in] …에서 시작되다 ~ with …에서 시작되다 to ~ with 우선 첫째로 ─ **·ner** n. 초심자, 초학자 ~ **·ning** n. 시작, 발단, 기원
be·guile [bigáil] vt. 속이다, 기만하다(cheat); (지루함 등을) 잊게 하다, 심심풀이하다
be·half [biháːf/-háːf] n. 《숙어로만 쓰임》 on [in] ~ of …의 이익을 위하여; …을 대신

[대표]하여
be·have [bihéiv] vi., vt. 처신하다 (conduct); (어린이가) 얌전히 처신하다: B~ yourself! 얌전히 있어라 / ~ well 행동이 얌전하다
be·hav·ior, 《英》**-iour** [bihéivjər] n. 행위, 행동; 품행
be·hav·ior·al science [ˊəl] 행동과학
be·hind [biháind] ad. 뒤에[를], 나중에; 숨어서, 배후에; 늦어서: fall ~ 남에게 뒤지다 ─ prep. …의 뒤에; …의 배후에; …에 뒤져서: ~ the times 시대에 뒤져서 ~ time 시간에 늦어 / leave ~ …을 두고 오다
be·hind-the-scenes [ˊðəsíːnz] 무대 뒤의, 막후의
be·ing [bíːiŋ] n. 존재, 생존; 생물, 인간: human ~s 인류 for the time ~ 당분간은
Bei·rut, Bey·routh [beirúːt, ˊ─] n. 베이루트(레바논의 수도)
belch [beltʃ] vi. 트림하다, 내뿜다 (out, forth)
bel·fry [bélfri] n. 종루(鍾樓)
Bel·gian [béldʒ(ə)n, 美 -dʒiən] a. 벨기에(사람)의 ─ n. 벨기에 사람
Bel·gium [béldʒəm, 美 -dʒiəm] n. 벨기에
Bel·grade [belgréid, 美 ─ˊ] n. 베오그라드 (유고슬라비아 연방공화국의 수도)
be·lief [bilíːf] n. 신념, 신용; 신앙
be·lieve [bilíːv] vt. 믿다; …이라고 생각하다: B~ me. 정말이에요 ─ vi. 믿다, 신앙하다 (in)
bell [bel] n. 종; 방울, 초인종; 《海》 시종(時鐘): a ~ button 초인종의 누름단추 / There is the ~. 종이 울리고 있다 ─ vt. 벨을 달다
bell·boy [ˊbɔ̀i] n. 《美》 호텔의 보이
bell·cap·tain [ˊkæ̀pt(ə)n] n. 급사장; ~'s desk 급사장의 방
belle [bel] n. 미녀, 미인 (cf. beau) [F]
bell·hop [ˊhɔ̀p] n. 《美》 = bellboy
bel·lig·er·ent [bilídʒ(ə)rənt] a. 교전중의; 교전국의, 호전적인
bel·low [bélou] vi., vt. (소가) 울다; 울부짖다; 노호하다; 고함치다
bell·pull [ˊpùl] n. 벨의 당김줄
bell tower 종루
bel·ly [béli] n. 배, 복부; 위; 식욕
bel·ly·land·ing [ˊlǽndiŋ] n. 동체착륙
be·long [bilɔ́ːŋ/-lɔ́ŋ] vi. 속하다

be·long·ings [bilɔ́:ŋiŋz/-lɔ́ŋ-] n. pl. 소유물, 소유품, 재산; personal ~ 사유(私物), 소지품

be·lov·ed [bilʌ́vid, -lʌ́vd/-lʌ́vd] a., n. 가장 사랑하는 (사람)

be·low [bilóu] ad. 밑에, 아래에, 아래로; 아래층에; 하위에 (있는) —prep. …의 밑에; …보다 아래에; …이하의; …보다 못한

belt [belt] n. 혁대, 허리띠, 벨트; (산출)지대

belt tightening 내핍, 긴축

bel·u·ga [bəlúːgə/be-] n. 큰 철갑상어

bel·ve·dere [bèlvidíər/ bélvidìə] n. 전망대 [It.]

bench [bentʃ] n. 벤치, 긴 의자

bench·warm·er [<ˈwɔ̀ːrmər] n. 보결(대기) 선수

bend [bend] v. (p., pp. bent) vt. 구부리다; 굴복시키다; (어떤 방향으로) 향하게 하다; (마음 등을) 기울이다 —vi. 굽다; 몸을 굽히다; 굴복하다; 경주하다; 향하다 —n. 굽이, 굴곡

be·neath [biníːθ] ad. 아래쪽에; 하위에, 보다 못하여 —prep. …의 아래에; …할 가치가 없는, …에 어울리지 않는

ben·e·dic·tion [bènidíkʃ(ə)n] n. 축복; (식전·식후의) 감사기도

ben·e·fac·tor [bénifæktər, ˌ-ˈ-ˌ] n. 은혜를 베푸는 사람, 은인, 보호자

ben·e·fi·cent [binéfis(ə)nt] a. 인정 많은, 친절한 (kind)

ben·e·fi·cial [bènifíʃ(ə)l] a. 유익한

ben·e·fit [bénifit] n. 이익(profit); 은혜, 은총; 자선흥행 —vi., vt. 이익을 얻다, 은혜를 베풀다

Ben·e·lux [bénəlʌks] n. 벨기에·네덜란드·룩셈부르크 3국 [< Belgium + Netherlands + Luxembourg]

be·nev·o·lent [binévələnt] a. 자애로운, 인정많은; 박애의

Ben·gal [beŋgɔ́ːl, beŋgɔ́ːl] n. 벵골 (왕래 인도 동부부의 주)

be·nign [bináin] a. 자애로운; (날씨 등이) 온화한, 온화한; (良性)의 (opp. malignant)

bent [bent] v. bend의 과거(분사) —a. 굽은; 열중한 (on), 결심한 —n. 경향, 성벽(性癖)

be·queath [bikwíːð, -kwíːθ] vt. (동산을) 유언으로 남겨 주다 (to); (후세에) 전하다

be·reave [birīːv] vt. ~d or **be·reft** [biréft] (…)(죽음이) …에게서 육친을 빼앗다; (희망·재산

을)빼앗다

Ber·lin [bəːrlín] n. 베를린 (독일의 수도)

Ber·mu·da [bərmjúːdə] n. ~ **Islands** 버뮤다 제도 (대서양 서부의 영령제도, 휴양지)

Bern [bəːrn] n. 베른 (스위스의 수도)

ber·ry [béri] n. (딸기 등의)열매

berth [bəːrθ] n. (배·기차의) 침대; (海) 정박소; 정박주인 배 — **ticket** 침대표

be·seech [bisíːtʃ] vt. (**be·sought** [-sɔ́ːt]) 간청하다; 원하다 ((to do, for))

be·set [bisét] vt. (p., pp. **-set**) 둘러싸다 (with), 장식하다

be·side [bisáid] prep. …곁에; …과 비교하여; …을 벗어나 **be ~ oneself** (with) 정신이 나가다

be·sides [bisáidz] ad. 게다가 (moreover), 또한 (also), 그밖의 —prep. …외에

be·siege [bisíːdʒ] vt. 포위하다; 공격하다; 밀려닥치다

be·span·gle [bispǽŋgl] vt. 금(은)박으로 장식하다, 번쩍거리게 하다

be·speak [bispíːk] vt. (p. **-spoke** [-spóuk], pp. **-spok·en** [-spóuk(ə)n], **-spoke**) (英) 예약하다; 보이다; 사전에 주문하다: ~ **a room in a hotel** 호텔에 방을 예약하다

best [best] a. (good, well의 최상급) 가장 좋은, 최상의 (최선의) **the ~ dresser** 복장이 세련된 사람 **the ~ seller** 가장 잘 팔리는 물건 (특히 책) **~ ten** 10위까지의 우수작 —ad. (well의 최상급) 가장 좋게; 가장, 제일 **had ~ (do)** …하면 제일 좋을 것이다 —n. 최선, 최상의 것 **for the ~** 기적해야 **~ of all** [the] ~, 무엇보다도, 첫째로 **make the ~ of** …을 최대로 이용하다

be·stow [bistóu] vt. 주다 (on, upon); (시간·힘 등을) 쓰다

bet [bet] vt., vi. (p., pp. **bet** or **bet·ted**) (내기에) 걸다 **I ~ you.** (美口) 틀림없이 **You ~** (俗) 틀림없이, 그렇고말고 —n. 내기

Beth·le·hem [béθlihem, -liəm] n. 베들레헴 (예수의 탄생지)

be·tray [bitréi] vt. 배반하다; (무심코) 누설하다 **~ oneself** 본성을 드러내다; 비밀을 누설하다 **~·al** n. 배반

bet·ter [bétər] a. (good, well

의 비교급) 더 좋은; (환자가) 나아지는; 보다 많은: one's ~ half 아내/ one's ~ self 양심; 분별/ the ~ part of 의 대부분/feel ~ 전보다 기분이 좋다 be ~ in 의 보다 잘하다 be the ~ for 의 도리어 잘 되다 had ~ 한 편이 낫다 no ~ than 이나 다름없다 not ~ than 에 지나지 않다 so much the ~ 더욱 좋다 —ad. (well의 비교급) 더 좋게; 오히려, 더욱; 더욱 all the ~ 더욱 좋게, 보다 더 들수록 know ~ 을 고쳐 생각하다 think ~ of 을 고쳐 생각하다 (pl.) 손윗사람, 선배 get the ~ of 에게 이기다 —vt. 좋아지다, 좋게 하다, 개선하다 —ment n. 개선, 개량
be·tween [bitwí:n] prep. ad. (장소·때·사람 등) 사이에 (들); 이도 저도 아닌: the air service ~ London and New York 런던-뉴욕간의 항공편/ ~ ourselves 우리끼리의 이야기지만
bev·er·age [bévəridʒ] n. 음료.
Bev·er·ly Hills [bévərli] California주 남부의 고급 주택지
be·ware [biwέər] vi., vt. 조심하다, 경계하다 《of》: B~ of pickpockets! 소매치기 주의
be·wil·der [biwíldər] vt. 당황하게 하다
be·witch [biwítʃ] vt. 마법에 걸다; 매혹하다, 넋을 빼앗다
be·yond [bijάnd/-jɔ́nd] prep. 을 넘어서; 의 저쪽에; (시간)을 지나서; 의 범위 밖으로; 이상으로; 의외에 — all things 무엇보다 먼저 ~ compare [comparison] 비교가 안되는 ~ expression [description] 이루 말할 수 없이 ~ doubt 의심할 여지없이 —ad. 저쪽에; 그밖에
B-girl [bí:gə̀:rl] n. 바 여급
BGM =back ground music
bi·as [báiəs] n. 사선; 치우침; 편견 —a. 비스듬한 —vt. 치우치게 하다
bi·ath·lon [baiǽθlɑn] n. 바이애슬론(스키와 사격의 2종경기)
Bi·ble [báibl] n. (the ~) 성경
bick·er [bíkər] vi. 말다툼하다; 언쟁하다 —n. 말다툼
bi·cy·cle [báisikl] n. 자전거
bid [bid] v. (p. bade, bad, bid, pp. bid·den [bídn], bid) vt. 명(命)하다; (인사 등을) 말하다; 값을 매기다 —vi. 값을 매기다 《for》

bi·det [bidét, bí:dei] F. n. (여성용) 세정기, 비데
bi·en·ni·al [baiéniəl, -njəl] a. 2년마다의; 2년생의 —n. 2년생식물
bier [biər] n. 관(棺)
big [big] a. 큰; 위대한; 중대한 ~ talk 호언장담하다
Big Ben 영국 국회의사당에 있는 큰시계
bi·jou [bí:ʒu:] F. n. (pl. ~x [-z]) 보석; 작은 장신구
bike [baik] n. (口) =bicycle
bike·way [≤wèi] n. 자전거 전용도로
bi·ki·ni [bikí:ni] n. (美俗) 비키니 (노출이 심한 여자 수영복)
bi·lat·er·al [bailǽt(ə)rəl] a. 양쪽의: a ~ agreement 쌍무협정
bi·lin·gual [bailíŋgwəl] a. 2개국어의; 2개국어를 말하는
bill [bil] n. 청구서, 계산서; 삐라, 광고, 표; (商)어음, 환어음, 증서; 법안; (美) 지폐; (세관의) 신고서: a ~ of credit 신용장/a ~ of debt [exchange] 약속(환)어음/a ~ of fare 식단표, 메뉴/a ~ of lading 선하증권 (略: B/L)/a ~ of clearance (세관에서 내는) 출항신고서/a ~ of entry 신고서 [통관] 신고서
bill·board [bílbɔ̀:rd] n. (美) 광고판, 게시판
bill·fold [bílfòuld] n. 《美》지갑
bil·liards [bíljərdz] n. pl. 당구
bil·lion [bíljən] n. 《美·佛》 10억; (英·獨) 조(兆)
bil·lion·aire [bìljənέər] n. 억만장자
bil·low [bílou] n. 큰물결, 놀
bi·met·al·lism [baimétəl- iz(ə)m] n. (금은) 양본위제
bi·month·ly [báimʌ̀nθli] a., ad. 격월의[로]; —n. 격월간지
bin [bin] n. 뚜껑달린 큰통(상자)
bind [baind] vt., vi. (p., pp. bound) 묶다, 매다; 붕대로 감다 《up》; 속박하다 ~ oneself to ... (할 것을)을 맹세하다
bi·noc·u·lar [bainάkjulər, bi-/-nɔ́kjulə] n. (보통 pl.) 쌍안경
bio·chem·i·cal [bàiouké mik- (ə)l] a. 생화학의 ~ oxygen demand 생물화학적 산소요구량(略: BOD)
bi·og·ra·phy [baiɑ́grəfi/-ɔ́g-] n. 전기(傳記); a. 생애; 전기(傳記)문학
bi·ol·o·gy [baiɑ́lədʒi/-ɔ́l-] n. 생물학 —gist n. 생물학자
bi·par·ti·san [baipάrtiz(ə)n] a. 두 당의, 초당적인: ~ diplo-

biplane — 32 — **blaze**

macy 초당파적 외교
bi·plane [báiplèin] *n.* 복엽비행
birch [bəːrtʃ] *n.* 자작나무
bird [bəːrd] *n.* 새; 《俗》 녀석.
bírd càge 새장
bird·ie [bə́ːrdi] *n.* 《애칭》 작은 새; 《골프》 버디 (규준 타수(par) 보다 1 타수 적음)
bird's-eye [‑ài] *a.* 조감적인: a ~ view 조감도
birth [bəːrθ] *n.* 탄생; 태생, 가문; a man of ~ 가문이 좋은 사람 *by* ~ 태생은; 타고난
birth contról 산아제한
birth contról pill 경구피임약
birth·day [‑dèi] *n.* 생일
birth·place [‑plèis] *n.* 출생지
Bis·cay [bískei, ‑ki] *n.* 비스케만(the Bay of Biscay) (프랑스 서부와 스페인 북부 사이의 만)
bis·cuit [bískit] *n.* 《英》비스킷(《美》cracker); 《美》와플
bish·op [bíʃəp] *n.* 《기독교》 감독, 《가톨릭》 주교, 《그正教》 주교
bi·son [báisən, ‑zn] *n.* 들소
bit [bit] *n.* 조금; 작은 조각, 입; 잠시; 잔돈: Wait a ~. 잠깐 기다려 *a* ~ *(of)* 조금, 잠깐 *every* ~ 완전히, 어디로 보나 *quite a* ~ *(of)* 상당한, 많은
ite [bait] *vi., vt.* (*p.* **bit** [bit], *pp.* **bit·ten** [bítən], **bit**) 물다; (모기 등이) 물다; (추위가) 살을 에다 ~ *at* ~ *one's lips* 입술을 깨물고 (노염 등을) 참다 ~ *(of)* 한 입 베어 물기; 물린 상처: have [take] a ~ 한 입 베어먹다 ~ *and sup* 간단한 식사 **bit·ing** *a.* 무는듯한; 자극[부식]성의
bit·ter [bítər] *a.* 쓴 (*opp.* sweet); 매서운; 지독한; 쓰라린
bi·week·ly [báiwíːkli] *a., ad.* 격주의[로]; *n.* 격주간행물
b.l., B/L = bill of lading 선하증권

black [blæk] *a.* 검은; 흑인의; 어두운; 음산한; 시무룩한; 사악한 ~ *‑and‑tan* (개 종류 등이) 흑인과 백인이 출입하는 ~ *coffee* 크림을 전혀 넣지 않은 커피 *n.* 검정, 흑색; 검은 옷, 상복; 흑인; 오점 ─ *vi., vt.* 검게 되다[하다], 더럽히다; (구두를) 닦다
black·a·moor [‑əmùər] *n.* 흑인; 피부가 검은 사람
bláck béer 흑맥주
black·board [‑bɔ̀ːrd] *n.* 흑판
bláck bóx 《俗》전자장치, 자동 비행기록장치(flight recorder)

black·en [blǽk(ə)n] *vi., vt.* 검게 되다 [하다]; 어둡게 되다 [하다]; 헐뜯다
bláck·list [‑lìst] *n.* 요주의 인물
black·mail [‑mèil] *n.* 공갈, 갈취 ─ *vt.* 공갈[갈취]하다
bláck márket 암시장
black·out [‑àut] *n.* 정전, 소등, 등화관제; 보도관제
Bláck Pánthers [‑pǽnθərz] 《美》 흑표범단 (미국의 흑인 해방운동 정치단체).
Bláck Séa (*the* ~) 흑해
black·smith [‑smìθ] *n.* 대장장이
bláck téa 홍차
black·tie [‑tài] *a.* 정장한, 정식의
blad·der [blǽdər] *n.* (해)방광; (물고기의)부레
blade [bleid] *n.* 풀잎; 날
Bláir Hóuse 《美》백악관 앞쪽에 있는 영빈관
blam·a·ble [bléiməbl] *a.* 비난할 만한; 책망해야 하는
blame [bleim] *n.* 비난 (censure); 책망, 탓 *(for)* 과오 ─ *vt.* 비난하다; 책망하다; … 의 탓으로 돌리다 *(upon)* *be to* ~ 책임이 있다 *(upon)* ─ **·ful** *a.* 비난받을 만한
blanch [blæntʃ/blɑːntʃ] *vi., vt.* 희게 하다, 표백하다; 희어지다; 창백하게 하다[되다]
blank [blænk] *a.* 백지의; 공백의; 빈; 멍한; 얼빠진; 표정 없는 ~ *check* 백지 수표 ~ *form* (기입란이 있는) 용지 ─ *n.* 공백, 여백; (마음의) 공허; 백지; 《美》 = ~ *form;* 빈 터: an *application* ~ 신청용지 / a *telegram* ~ 전보용지 *fill in [out] a* ~ (공란 [용지]에) 기입하다 ─ *vt.* 비우다, 무효로 하다
blan·ket [blǽŋkit] *n.* 담요 ─ *vt.* 담요로 싸다; (추문 등을) 얼버무리다; (철도운임 등을) 전구간에 적용하다 ─ *a.* 총괄적인 ~ *visa* 일괄사증 (세관이 선재 전원에게 일괄해서 내주는 비자)
blas·phe·my [blǽsfimi] *n.* (신에 대한)모독
blast [blæst/blɑːst] *n.* 돌풍; (용광로에의) 송풍; (나팔 등의) 취주; 폭발 ─ *vi., vt.* 시들(게하)다; 폭파하다
blast·off [‑ɔ́ːf/‑ɔ̀f] *n.* (로켓등의)발사
blaze [bleiz] *n.* 불꽃; 반짝임; 격발 ─ *vi., vt.* 타다, 태우다; 빛나다; 격노하다; 일에 열중하다 **blaz·ing** *a.* 타는(듯한)

blaz·er [bléizər] n. 블레이저 (스포츠용의) 코트

bleach [blitʃ] vt., vi. 표백하다; 희어지다(제) —n. 표백(제)

bleak [bli:k] a. 바람받이의; (경치가) 황량한, 쓸쓸한 (dreary); 실망적인; 엄한

bleat [bli:t] vi. (양 등이)매애 울 다 애 하

bleed [bli:d] vi., vt. (p., pp **bled** [bled]) 출혈하다[시키다].

blem·ish [blémiʃ] n. 오점; 결점, 더럼 —vt. (명성을) 더럽히다

blend [blend] vt., vi. 섞이(다), 혼합하다 (mix) —n. 혼합(다), 빛 깔·담배·차 등의) 혼합물

bless [bles] vt. (pp., ~·ed or blest [blest]) (신을) 찬양하다; (신이) 은총을 베풀다《with》; (사람을) 축복하다 B~ me [my soul]! 어머나 B~ you! 어머의 축복있으라, 아 가 엾어라

bless·ed [blésid] a. 신성한 (holy); 축복받은, 행복한

bless·ing [blésiŋ] n. 축복, 은 총, 고마운 것; 식전[후]의 기도

blew [blu:] v. blow¹의 과거

blight [blait] n. (식물의)말라 죽 는 병; 충해

blind [blaind] a. 장님의; 맹목 적인; 안식이 없는 《to》; 시야 없는; 막다른 ~ **alley** 막다른 골목 ~ **door** 블라인드 도어 ~ **date** 안면이 없는 남녀의 데이트, 맞선 —n. 눈이 멀게 하다; —n. 시야를 가리는 것; 차양, 블라인드 —ad. 맹목적으로

blink [bliŋk] vi. 눈을 깜박거리 다; (등불 등이) 깜박이다; 흘 끗 보다《at》 —vt. 눈을 깜박 이며 보다; 못본체하다 —n. 깜 짝임; 일순간

blink·er [bliŋkər] n. (건널목 의) 명멸(明滅) 신호등

bliss [blis] n. 무상의 행복.

blis·ter [blístər] n. (피부의)물 집, 수포 —vt., vi. 물집이 생 기(게 하)다

blithe [blaið] a. 유쾌한, 쾌활한

blitz [blits] n. 전격작전; 급습 [G]

bloc [blak/blɔk] n. (정치적·경 제적)단체, 연맹, 권(圈), 블록

block [blak/blɔk] n. (나무·돌 등의) 덩어리; 받침돌; (英) (여러 집이 한 가게)으로 된 (美) (대로로 둘러 싸인 네모꼴) 한 구획, 그 거리; 장애 ~ **letter** 블록체 —vt. 방해하다; (통로 등을) 막다

block·ade [blakéid/blɔk-] n. 《軍》(항구 등의) 봉쇄, 폐쇄; 교통차단[두절]

block·head [blákhèd/blɔ́k-] n. 멍청이, 돌대가리

blond, blonde [bland/blɔnd] a., n. 금발에 피부가 흰 (사람)

blood [blʌd] n. 피; 생명; 혈통, 가문; 유혈, 살인; 기질; 혈기: a ~ **group** 혈액형 ~·**less** a. 냉혹한; 피를 흘리지 않는; 핏 기가 없는

blóod bánk 혈액은행

blóod prèssure 혈압

blood·y [blʌdi] a. 피의, 피같은, 피투성이의; 잔인한; 지독한

bloom [blu:m] n. 꽃 (flower, blossom), 개화; 만발 때 **in (full)** ~ 만발하여 —vi., vt. 개화하다[시키다]

bloom·ing [blú:miŋ] a. 꽃이 만 발한; 꽃다운; (도시 등이) 번 영하는

blos·som [blásəm/blɔ́s-] n. (특히 과수의) 꽃; 개화(기) —vi. 꽃이 피다; 번영하다; …이 되 다 《into》

blot [blat/blɔt] n. (잉크 등의) 얼룩; (인격 등의) 오점 —vt. 더럽히다; (압지로) 빨아 들이다 —vi. (잉크 등이) 번 지다 [압지

blót·ting pàper [blátiŋ/blɔ́t-]

blouse [blaus, 美 blauz] n. (여자·어린이용) 블라우스; 작 업복

blow¹ [blou] v. (p. **blew**, pp. **blown** [bloun]) vi. (바람이) 불다; 바람에 날리다; (사이렌 등이) 울리다; 헐떡이다; 폭발 하다; (퓨즈·전구가) 끊어지다; (타이어가) 펑크나다; 자랑하다 —vt. 휘불어뜨리다; 불다; 척주하 다; (불어서) 부풀리다 ~ **one's nose** 코를 풀다 ~ **out** (등불을 불어 끄다; (타이어가) 빵나다 ~ **up** 한번 불기, 강 풍; 코를 풀기

blow² n. 타격; 강타; 불행 **come to** ~ 주먹다짐이 되다

blow·out [blóuàut] n. 폭발, 파 열 (타이어의) **puncture**).

blue [blu:] a. 푸른; 창백한; 치울 한; **feel** ~ 우울하다 /**look** ~ 우울해 보이다 **B**~ **Book** 《美》 자동차로 안내서 ~ **sex** 동 성애 ~ **film** 외설영화 ~ **Monday** 사순절 (Lent) 전의 월요일; (《美俗》우울한 월요일 —n. 청색; (pl.) 《晉》블루스

blúe jèans 청바지

bluff [blʌf] n. 벼랑, 절벽 (cliff) —a. 절벽의; 통명스러운

blun·der [blʌ́ndər] n. 큰 실수 —vi., vt. 큰 실수를 저지르다; 뒤둥거리다 (along, on)

blunt [blʌnt] a. 무딘 (dull), 끝이 둔해진; 퉁명스러운; (머리가) 둔한 —vt., vi. 무디어지다, 무디게 하다

blush [blʌʃ] vi., vt. 얼굴을 붉히다 (at, for) —n. 얼굴 붉히기

B.M. = British Museum 대영박물관

B.O.A.C = British Overseas Airways Corporation 영국 해외 항공운수회사

boar [bɔːr] n. 수퇘지; 멧돼지 (고기)

board [bɔːrd] n. 널빤지; 게시판; 판지; 식사; 회의, 위원회; 성, 국, 부, 원, 청; (pl.) 무대; (배의) 갑판, 한편, 선내; (美) (기차 등의) 차내 ~ **and lodging** 식사를 주는 하숙 **on** ~ [기차, 비행기]를 타고 **go (get) on** ~ [승차]하다: **go on** ~ **a ship** 승선하다 **take ... on** ~ ...을 싣다 [태우다] —vt. 침식을 제공하다, 하숙시키다; 승선 [승차]하다 —vi. 하숙 [기숙]하다 ~ **out** 외식하다 ~·**er** n. 하숙인, 기숙생

board·ing [bɔ́ːrdiŋ] n. 하숙; 승선, 승차 **a** ~ **pass** 탑승권, 승선권 ~ **procedures** [procéss] 탑승 수속

board·ing·house [-hàus] n. (식사를 주는) 하숙집; 기숙사

boast [boust] vi., vt. 자랑하다, 자랑거리로 하다 (of, about, that) —n. 자랑

boat [bout] n. 보트, 작은 배; (일반적으로) 배; **take a** ~ 승선하다/**a sightseeing** ~ 유람선

bóat ràce 보트 레이스

boat·swain [bóusn, bóutswèin] n. (상선의) 갑판장

bob [bab/bɔb] vi. (잔닥 잔닥 움직이다; 꾸뻑 절하다 (at) —vt. 잔닥 움직이다; 짧게 자르다 —n. (시계·저울 등의) 추; 낚시찌; 턴뭉머리; 잔닥 움직이기, 꾸뻑 절하기

bob·sled [bábslèd/bɔ́b-], **-sleigh** [-slèi] n. 연결썰매, 봅슬레이

BOD = biochemical oxygen demand (⇒ biochemical)

bode [boud] vt., vi. 전조가 되다

bod·i·ly [bádili/bɔ́d-] a. 몸의, 육체의

bod·y [bádi/bɔ́di] n. 몸, 동체; 시체; 주요부; (서적·편지 등

의) 본문; 차체, 선체, 기체; 물체; 일단, 단체 ~ **and soul** 몸도 마음도, 온심성을 **in a** ~ 한 덩어리가 되어

bódy English (美) 던진 공의 움직임을 고쳐보려는 무의식적 동작

bod·y·guard [bádigàːrd/bɔ́di-gàːd] n. 호위(병), 경호원

bódy lànguage 육체언어(의사 전달을 위한 몸짓·표정)

bod·y·suit [-s(j)ùːt] n. 보디 수트(몸에 꼭 맞는 경쾌한 여성복)

Boe·ing [bóuiŋ] n. 미국의 항공기 제조회사; 그 회사에서 만든 항공기

bog [bag, bɔg/bɔg] n. 늪, 수렁

bo·gey [bóugi] n. 〖골프〗 보기 (기준 타수(par) 보다 1타수 많음)

Bo·go·tá [bòugətáː] n. 보고타 (남미 콜롬비아의 수도)

Bo·he·mi·an [bouhíːmiən] a. 보헤미아(Bohemia)의, 방랑적인; 자유분방한 —n. 방랑자, 보헤미안

boil¹ [bɔil] vi., vt. 끓(이)다; 삶(기)다; 비등하다 [시키다]; 흥분[격분]하다: **a** ~**ed egg** 삶은 달걀

boil² n. 종기, 부스럼

boil·er [bɔ́ilər] n. 끓이는 기구 (냄비·솥 등); 증기솥; 보일러

boil·ing [bɔ́iliŋ] a. 비등하는; 몹시 뜨거운 —n. 끓음; 비등

bóiling pòint 비등점

Bois de Bou·logne [bwaːdəbuːlóun, -buːlɔ́ːnj] 불로뉴의 숲 (파리 서쪽에 있는 대공원)

bois·ter·ous [bɔ́istərəs] a. 떠들썩한; 사나운

bold [bould] a. 대담한; 뻔뻔스러운; 두드러진; (문자 등) 굵은

Bo·liv·i·a [bəlíviə] n. 볼리비아 (남미 중서부의 공화국)

Bo·lo·gna [bəlóunə/-nja] n. 볼로냐 (이탈리아 북부의 도시); [b~] (sausage) 볼로냐소시지

bolt [boult] n. 빗장, 볼트 (cf. nut), 빼개; 번개, 화살; 볼트로 죄다; (식사를) 급히 삼키다

bomb [bam/bɔm] n. 폭탄 —vt. 폭격하다

bom·bard [bambáːrd/bɔm-] vt. 포격 [폭격] 하다

Bom·bay [bambéi/bɔm-] n. 봄베이 (인도 최대의 도시)

bo·nan·za [bounǽnzə] n. 노다지; 대성공

bon·bon [bánban/bɔ́nbɔn] n.

봉봉, 사탕과자 [F]
bond [band/ bɔnd] n. 묶는 것; 기반(羈絆); (pl.) 구속; 계약; 증서, 채권; 《세관》 보세창고 유치 —vt. 보세창고에 맡기다, 저당잡히다; (증권으로) 지불을 약속하다
bond·age [bándidʒ/bɔ́n-] n. 속박, 굴종; 얽매인 몸, 노예신세
bónded fáctory [ɑ́id] 보세공장
Bónd Stréet 본드가 (런던의 일류 상가)
bone [boun] n. 뼈; 골제품; (pl.) 해골, 시체; (pl.) 주사위 to the ~ 뼛속까지; 철저히
bone-dry [⁼drái] a. 바싹 마른
Bo·nin [⁼bóunin] n. ~ Islands 오가사와라 제도
bon jour [bɔ̃ːʒúːr] F. 안녕하십니까 (낮인사)
Bonn [ban/bɔn] n. 본 (구서독의 수도이던 도시)
bon soir [bɔ̃swaːr] F. 안녕하십니까 (밤인사)
bo·nus [bóunəs] n. 보너스
bon vo·yage [bã̀nvwaːidʒ/bɔ̃n-] 즐거운 여행을 (떠나는 사람에게) 안녕히 다녀오세요 [F]
bon·y [bóuni] a. 뼈의; 야윈, 앙상한
boo·by [búːbi] n. 바보, 얼간이: a ~ prize 꼴찌상
bóoby tràp [búːbi] 은밀히 장치한 폭발물
book [buk] n. 책; (the B~) 성경; 권(卷), 편; a guest ~ 숙박부/~ review 서평/~ value 장부가격/~ of tickets 승차권 등의 표를 사다; (극장·열차 등의 표를 reserve); (극장·열차의 표를 사다: a seat in a book for Paris 파리까지의 표를 사다/~ 예약하다; 《英》 출발하다; (장부 already ~ed 예약필 be ~ed for …행 표를 사놓고 있다 be ~ed up 예매가 매진되다 ~ through to …까지의 승차표를 사다
book·case [⁼kèis] n. 책장
book·ing [búkiŋ] n. 예약하다; 기입; 출찰: a ~ clerk 출찰계 (호텔의) 예약계/a ~ office 《英》 출찰 [매표] 소 《美》 a ticket office) / ~ commission 예약 수수료
book·keep·ing [⁼kìːpiŋ] n. 부기
book·let [⁼lit] n. 팜플렛, 소책자
book·sel·ler [⁼sèlər] n. 책장수, 서적상인
book·stall [⁼stɔ̀ːl] n. 서적매점, 고본 노점; 《英》 신문매점

book·stand [⁼stæ̀nd] n. 서적매점; 서가, 책꽂이
book·store [⁼stɔ̀ːr] n. 《美》 서점, 책방
boom [buːm] n. 벼락경기 (인기), 붐; 우르르하는 소리 —vi. 갑자기 경기가 좋아지다 [인기가 오르다]; 우르르 울리다
boom·er·ang [búːməræ̀ŋ] n. 부메랑
boon [buːn] n. 혜택, 은혜
boost [buːst] 《美俗》 vt. 밀어올리다; 후원하다; (값을) 올리다 《up》 —n. 후원 (값의) 인상
boot [buːt] n. 《英》 부츠, 《美》 장화 (cf. shoe); (마차·자동차의) 짐칸: the high ~s 《英》 장화 —vt. 구두를 신기다
boot·black [⁼blæ̀k] n. 《美》 구두닦이 《英》 bootpolish)
booth [buːθ, buːð] n. (시장 등의) 매점; 간막이한 작은 방; (전화 등의) 박스: a telephone ~ 《美》 공중 전화실
boot·jack [búːtdʒæ̀k] n. 장화벗는 기구
Bor·deaux [bɔːrdóu] n. 보르도 (프랑스 서남부의 항구도시; 그곳에서 나는 포도주)
bor·der [bɔ́ːrdər] n. 가장자리, 변두리; 경계, 국경 (지방) —vi., vt. 인접하다; 가장자리를 만들다
bor·der·land [⁼læ̀nd] n. 국경지대
bor·der·line [⁼làin] n. 경계선 —a. 경계선상의; 이도저도 아닌, 아슬아슬한
bore[1] [bɔːr] vt., vi. (구멍을) 뚫다; 지루하게 [지겹게] 하다 《with》: be ~d to death 몹시 지루하다
bore[2] v. bear[2] 의 과거
bore·dom [bɔ́ːrdəm] n. 지루함, 권태
bor·ing [bɔ́ːriŋ] a. 지루한
born [bɔːrn] v. bear[2]의 과거분사. 타고난 [분사
borne [bɔːrn] v. bear[2]의 과거
Bor·ne·o [bɔ́ːrniòu] n. 보르네오섬
bor·ough [bə́ːrou/bʌ́rə] n. 《美》 자치도시, 《英》 자치시 [읍]; (New York 시의) 구
bor·row [bɔ́ːrou, bɑ́r-/bɔ́r-] vt., vi. 빌다, 차용하다
borsch(t) [bɔːrʃ(t)/bɔːʃ(t)] n. 보르시치 러시아식 짙은 수프)
bos·om [búzəm] n. 가슴; 흉중, 마음; 내부: a ~ friend 친한 친구
boss [bɔːs, bɑs/ bɔs] n. 주인, 두목, 우두머리, 보스 (사장·상사 등)

Bos·ton [bɔ́ːst(ə)n/bɔ́s-] n. 미국 Massachusetts 주의 수도

bo·tan·i·cal [bətǽnik(ə)l] a. 식물학(상)의: ~ gardens 식물원

bot·a·ny [bátəni] n. 식물학

both [bouθ] pron., a. 양쪽(의), 둘 다 (의) —ad. (both ... and...의 형태로) 둘다, 어느 쪽 이나, ...도 ...도

both·er [báðər/bɔ́ðə] vt. 괴롭히다, 귀찮게 굴다 —vi. 속을 썩이다 Don't ~! 신경쓰지 마십시오. —n. 성가심; 골칫거리

bot·tle [bátl/bɔ́tl] n. 병; 한병(의 양): a ~ opener 병마개 따개 over a ~ 술을 마시면서 —vt. 병에 담다

bot·tle·neck [=nèk] n. 애로

bot·tom [bátəm/bɔ́t-] n. 밑바닥, 기슭; 진상; (산)기슭; 말석; 골짜기; 선저, 선복, 선택, (의자의) 앉는 부분 at (the) ~ 마음속으로는, 사실은 B~s up! 건배. —vi. 근거를 두다; 근거로 삼다 (on, upon); 바닥에 닿다 ~·less a. 밑없는, 헤아릴 수 없는.

bough [bau] n. 큰 가지

bought [bɔːt] v. buy의 과거(분사)

bouil·la·baisse [bùːljəbéis] F. n. 부아베스 (남프랑스 명물인 생선스튜)

bouil·li [buːjí] F. n. 삶은 (쇠) 고기

bouil·lon [búːljan/búːjɔ̃(ŋ)] F. n. 부용

boul·e·vard [búl(ə)vɑːrd/búːlvɑ̀ː, -vɑːd] F. n. 한길, 대로

bounce [bauns] vi. 튀다; 뛰어 오르다 —vt. 튀게 하다, 바운 드시키다 —n. 뜀, 뛰어오르기

bound [baund] n. (보통 pl.) 한계, 경계; 범위: go beyond (keep within) ~s 도를 지나넘 (지나넘지 않다) —vt. 접경하다; 제한하다

bound [=] vi. 뛰다 튀(게 하)다; 뛰어오르다 —n. 뜀, 바운드

bound [=] v. bind의 과거(분사) —a. 묶인; 속박된; ...할 의무가 있는 (to)

bound [=] a. ...행의 ((for, to)): a ship ~ for ...행의 배

bound·a·ry [báund(ə)ri] n. 경계 (border); 한계 (limit); 범위

boun·ty [báunti] n. 자비심, 관대; 하사금, 장려금

bou·quet [boukéi, buː-/búː(t)-kei] F. n. 꽃다발

bout [baut] n. 한바탕 일하기; 경기, 시합; 병의 발작

bou·tique [buːtíːk] n. 고급양장점 [F]

bow[1] [bou] n. 활; (현악기의) 활; 나비꼴 매듭 (넥타이); ~ tie 나비넥타이 —vt., vi. 활모양으로 휘다

bow[2] [bau] n. 절 —vi. 절하다; 굴복하다 ((to)) —vt. 구부리다; 굴복시키다

bow[3] [bau] n. (때로 pl.) 선수, 뱃머리 (cf. stern)

bow·el [báuəl] n. 창자; (보통 pl.) 장(전체); (pl.) 내부

bowl [boul] n. 사발, 주발, 공기; (숟가락 등의) 오목한 곳 ~·ful n. 한 사발(의 분량)

bowl·ing [bóuliŋ] n. 볼링: a ~ alley 볼링장

box [baks/bɔks] n. 상자; 한 상자(의 양); 간막이 좌석; 파수막, 초소; 마부석; 금고실; [야구] 투수(타자)석: a police ~ 파출소 —vt. 상자에 넣다; 간막이하다

box·ing [báksiŋ/bɔ́ks-] n. 권투

Bóx·ing Dày (英) 크리스마스 다음날 (우체부 등에게 선물 ((Christmas box))을 주는 날)

bóx óffice (극장의) 매표소

boy [bɔi] n. 소년 ((cf. girl)); 아들; 급사, 보이 ~·hood n. 소년기

boy·cott [bɔ́ikɑt/-kət] n. 불매 동맹, 보이콧 —vt. 보이콧하다; 따돌리다

brace [breis] n. 버팀대, 지주; (pl.) (英) 바지멜빵 —vt. (지주로) 버티다, 죄다; (긴장시키다

brack·et [brǽkit] n. (建) 까치발; (때로 pl.) 괄호; 같은 계층: high income ~s 고소득층

brag [bræg] vi., vt. 자랑하다

braid [breid] n. 짠[꼰] 끈, 연사 ((撚絲)); 납작한 끈 —vt. 짜다, 땋다

brain [brein] n. 뇌, 골; (보통 pl.) 두뇌, 지력(智力)

bráin trùst (美) 고문단

brain-wash [=wɑʃ/-wɔʃ] n., vt. 세뇌(하다)

bráin wàve 뇌파

braise [breiz] vt. (고기 등을) 볶은 다음 천천히 지지다

brake [breik] n. 브레이크 —vi., vt. 브레이크를 걸다

branch [bræntʃ/braːntʃ] n. 가지; 지류; 지점, 지부, 지선; 부분 —vi. 가지가 나오다 ((forth)); 분기하다

brand [brænd] n. 상표, 낙인; 타다남은 나무 —vt. 낙인을 찍다; 오명을 씌우다

bránd nàme 상표명

brand-new [brǽn(d)n(j)úː/-njúː] a. 신품의, 아주 새로운

bran·dy [brǽndi] n. 브랜디/ ~ and soda 소다를 탄 브랜디/ ~ and water 물 탄 브랜디

brash [bræʃ] a. 성급한, 무모한; 버릇없는, 무례한

Bra·sil·ia [brəzíːljə] n. 브라질리아 (브라질의 수도)

brass [bræs] n. 놋쇠; (보통 pl.) 놋쇠제품; (the ~) 취주악기

brave [breiv] a. 용감한 (bold), 씩씩한 —n. 용사 —vt. (곤란 등에) 용감히 맞서다

brawl [brɔːl] n., vi. 말다툼(하다), 언쟁(하다)

bra·zen [bréizən] a. 놋쇠로 만든

Bra·zil [brəzíl] n. 브라질

breach [briːtʃ] n. 깨뜨리기, 위반, 불이행

bread [bred] n. 빵; 음식, 양식; 생계 ~ **crumb** 빵의 속하얀 부분; 빵가루 ~ **and butter** [brédnbʌ́tər] 버터바른 빵. 호구책 **break** ~ **with** …과 식사를 같이하다

breadth [bredθ, bretθ] n. 폭, 너비 (cf. broad); (마음의) 여유, 관용

break [breik] v. (p. **broke**, p. **bro·ken**) vt. 부수다, 깨다; (큰 것을) 헐다; (여행 등을) 중단하다; (저항 등을) 꺾다; (비밀 등을) 누설하다; ~ one's journey 도중하차하다 —vi. 부서지다, 흩어지다, 깨지다; (날씨가) 변하다, 헤쳐나가다; 갑자기 일어나다; 날이 새다; (목소리가) 변하다, 쇠약해지다 ~ **down** 고장나다; (건강이) 쇠퇴하다; 주저앉아 울다 ~ **into** …에 침입하다; 갑자기 …하기 시작하다; (큰 돈을) 헐다 ~ **out** 일어나다, 발생하다 —n. 파괴, 파손, 깨진 틈, 균열; 짧은 휴식 Let's take a ~. 잠깐 쉬자

break·a·ble [bréikəbl] a. 깨지기 쉬운 (fragile) —n. (pl.) 깨지기 쉬운 것

break·down [bréikdàun] n. (기계 등의) 고장, 파손; (건 강의) 쇠약; 붕괴; 분석

break·fast [brékfəst] n. 조반 —vi., vt. 조반을 먹다(주다)

break·through [bréikθrùː] n. 급진전, 돌파구

breast [brest] n. 가슴; 유방; 마음속

breast-stroke [~stròuk] n. 평영(平泳)

breath [breθ] n. 숨, 호흡 以 **hold** [**keep**] one's ~ 숨을 죽이다 **under** [**below**] one's ~ 소곤소곤

breathe [briːð] vi. 호흡하다, 휴식하다 (rest); (바람이) 솔솔 불다 —vt. 호흡하다; (생명을) 불어넣다 (into); 속삭이다; 쉬게 하다; (향기 등을) 발산하다

breath·less [bréθlis] a. 숨가쁜, 숨을 죽인 ~**·ly** ad.

breath-tak·ing [bréθtèikiŋ] a. 손에 땀을 쥐게 하는, 아슬아슬한

bred [bred] v. breed의 과거(과거분사)

breech·es [brítʃiz] n. pl. (승마용) 바지; 《俗》 바지

breed [briːd] vi. (p., pp. **bred**) 낳다, 부화하다; 번식시키다, 사육(양육)하다; 발생시키다 —n. 품종; 종류 ~**·er** n. 품종개량가; 사육자

breeze [briːz] n. 미풍; 《英口》 소동 —vi. 미풍이 불다 **bréez·y** a. 미풍이 부는, 쾌활한

Bre·men [bréimən] n. 브레멘 (독일 북부의 항구도시)

breth·ren [bréðrin] n. (pl. of brother) 동포 (현재는 혈연관계로는 안씀); 교우(敎友), 동업자

brev·i·ty [bréviti] n. 간결함

brew [bruː] vt., vi. 양조하다; (차 등을) 끓이다; (음모 등을) 꾸미다; 무르익다 —n. 양조(량) ~**·er·y** [brúːəri] n. 양조장

bribe [braib] n., vi., vt. 뇌물(을 주다)

bric-a-brac [bríkəbræk] n. 골동품

brick [brik] n. 벽돌; (쌓기놓이의) 토막나무

brid·al [bráidl] a. 신부의; 혼례의

bride [braid] n. 신부

bride·groom [~grùː(m)] n. 신랑

bridge [bridʒ] n. 다리; 선교, 함교; 콧부루; (카드놀이) 브리지; (안경의) 코걸쇠

bri·dle [bráidl] n. 말굴레 (고삐 등의 총칭); 《海》 계선삭 (繫船索)

brief [briːf] a. 짧은; 간단한 **to be** ~ 간단히 말하면; 요점, 개요; (로마교황의 서신)(bull보다도 비공식); (pl.) 《美》 팬티 **in** ~ 요는, 요컨대

brief·case [~kèis] n. 서류가방

brief·ing [bríːfiŋ] n. 간결한 보고, 상황설명

brig [brig] n. 쌍돛대의 범선 《海》

bri·gade [brigéid] n. 《軍》 여단; 조, 대 **a fire** ~ 소방대

bright [brait] a. 빛나는, 밝은; 영리한 —ad. 빛나서, 선명하게

bright·en [bráitn] *vt.* 빛내다, 밝게 하다 —*vi.* 빛나다, 밝아지다

brill [bril] *n.* 《魚》 가자미류

bril·liant [bríljənt] *a.* 빛나는, 반짝이는; 훌륭한; 재기있는

brim [brim] *n.* 가장자리, 테두리

brine [brain] *n.* 소금물

bring [briŋ] *vt.* (*p., pp.* **brought**) 가져[데려]오다, 같이 오다, 오게 하다; 초래하다; 생기게 하다; 이끌다, …하도록 유도하다, 일으키다 ~ *about* 생기게 하다, 야기시키다 ~ *back* 도로 데려오다; 상기시키다 ~ *down* 쏘아 떨어뜨리다, 끌어내리다; 넘어뜨리다 ~ *forth* 낳다; (열매를) 맺다 ~ *forward* 제출하[시키]다 ~ *in* 들여[데려]오다, 소개하다, 수입하다; (이익을) 낳다 ~ *on* 야기시키다 ~ *out* 가지고 [데리고] 나오다; 발표 [공표]하다 ~ *over* 넘겨주다 ~ *to* (배를) 세우다, 서다 ~ *up* 기르다, (문제를) 제기하다

brink [briŋk] *n.* (벼랑의)가장자리, 물가; (…할)순간

bri·oche [briouʃ, -aʃ/-ɔʃ, -ouʃ] F. *n.* 달걀이 과자빵의 일종

Bris·bane [brízbein, -bən] *n.* 오스트레일리아 동부의 항구도시

brisk [brisk] *a.* 활발한 [시]

bris·tle [brisl] *n.* 강모, 센털 —*vt., vi.* 곤두세우다 [서다]

Brit·ain [brítn] *n.* 영국 (**Great Britain**의 약칭)

Brit·ish [brítiʃ] *a.* 영국(인)의 —*n.* 영어; (*the* ~ 〈총칭〉) 영국인[민] *the* ~ *Museum* 대영박물관

Brit·on [brítn] *n.* 브리튼인(고대 대영국남부에 살았음); 영국인

broad [brɔːd] *a.* 넓은; 관대한

broad·cast [brɔ́ːdkæst/-kɑ́ːst] *n., vt.* (*p., pp.* ~·*cast or* ~·*ed*)방송하다; 흩뿌리다 *n.* 방송 (프로); 흩뿌리기

broad·en [brɔ́ːdn] *vi., vt.* 넓어지다, 넓히다

broad-mind·ed [brɔ́ːdmáindid] *a.* 도량이 넓은

Broad·way [-wei] *n.* New York의 극장가

bro·chure [brouʃúər/bróuʃjuə] *n.* 팜플렛 [F]

broil [broil] *vt., vi.* 굽다; 굽기, 불고기; 염열 (炎熱) —*er n.* 불고기 냄비; (구이용)닭고기

broke [brouk] *v.* **break**의 과거

bro·ken [bróuk(ə)n] *v.* **break** 의 과거분사 —*a.* 깨진, 부러진, 망가진; 변칙의, 엉터리의; ~ *English* 엉터리 영어

bro·ken-heart·ed [-hɑ́ːrtid] *a.* 실연한, 비탄에 잠긴

bro·ker [bróukər] *n.* 브로커, 중개인

bró·mide pàper [bróumaid] 브로마이드 인화지[사진]

bron·chi·tis [brɑŋkáitis/brɔŋ-] *n.* 기관지염

bron·co, -cho [brɑ́ŋkou/brɔ́ŋ-] *n.* (*pl.* ~**s**) 미국 서부산의 야생마 ~ *busting* 야생마타기 (카우보이의 경기) (*cf.* rodeo)

bronze [branz/bronz] *n.* 청동; 청동제품 —*a.* 청동의 —*vt., vi.* 청동색이 되(게하)다

brooch [broutʃ] *n.* 브로치

brood [bruːd] *n.* (한 배의) 병아리, 어린아이들 —*vi., vt.* (알을) 품다; (근심·걱정 등이) 뒤덮다; 곰곰 생각하다

brook [bruk] *n.* 시내 (stream)

Brook·lyn [brúklin] *n.* 뉴욕시의 한 구

broom [bru(ː)m] *n.* 비(청소도구)

broth [brɔ(ː)θ/brɑθ] *n.* 고기 수프 [갈보집]

broth·el [brɑ́θəl, -ɔ́əl/brɔ́θəl]*n.*

broth·er [brʌ́ðər] *n.* (*pl.* ~**s**, **brethren**) 형제, 동료; 동포, 교우(敎友) ~*-in-law* *n.* 매부, 처남 ~·*hood* *n.* 형제 [동포·동료]임, 형제애; 조합

brought [brɔːt] *v.* **bring**의 과거(분사)

brow [brau] *n.* (보통 *pl.*) 눈썹; 이마; 산 (벼랑)의 끝

brown [braun] *a.* 갈색의; ~ *bread* 흑빵 ~ *sugar* 흑설탕 *do* ~ 노르스름하게 굽다 —*n.* 갈색

browse [brauz] *n.* 새싹 [잎], 순 —*vt., vi.* **1** (소 등이 새싹을)뜯어먹다, 뜯게 하다 **2** (책을)읽어보다, 상품을 구경하다

bruise [bruːz] *n.* 타박상, 멍 —*vt., vi.* 타박상을 입히다

brunch [brʌntʃ] *n.* (口) 조반 겸 점심

bru·net, -nette [bruːnét] *a., n.* 거무스름한 눈과 머리를 가진 (사람)

brush [brʌʃ] *n.* 브러시, 솔; 붓, 화필; (*the* ~) 화필, 회화; (붓 우 등의) 쓰리; 스치기 —*vt., vi.* 솔질하다; 털다; 스치다 ~ *up* 연마하다

Brus·sels [brʌ́slz] *n.* 브뤼셀 (벨기에의 수도) ~ *sprouts* 싹눈양배추

bru·tal [brúːt(ə)l] *a.* 짐승같은, 잔인한

brute [bruːt] *n.* 짐승 (같은 사람); 수성 (獸性) —*a.* 짐승 같

b.s.

은, 잔인한
b.s. = bill of sale 매도증서; balance sheet 대차대조표
bub·ble [bábl] n. 거품 —vi., vt. 거품이 일다(일게 하다)
Bu·cha·rest [bjú:kərést/ㅡㅡㅡ] n. 부카레스트(루마니아의 수도)
buck [bʌk] n. 수사슴, (동물의) 수컷
buck·et [bákit] n. 양동이, 들통
Búck·ing·ham Pálace [bákiŋəm] (London의) 영국왕궁
buck·le [bákl] n. 죔쇠, 버클 —vt., vi. (버클로) 죄다 〔죽
buck·skin [bákskin] n. 사슴가
bud [bʌd] n. (잎)눈, 꽃눈, 꽃봉오리 —vi., vt. 싹트다 (out); 눈접하다
Bu·da·pest [bú:dəpèst, bjú:-] n. 부다페스트(헝가리의 수도)
Bud·dha [búdə] n. 부처 〔교
Bud·dhism [búdiz(ə)m] n. 불
Bud·dhist [búdist] n. 불교도
bud·dy [bádi] n. 《美口》 동료
budge [bʌdʒ] vi., vt. (부정구문에) 움직이다(게하다), 꼼짝하다
budg·et [bádʒit] n. 예산(안), 무더기, 다발
Búdget Mèssage (미국대통령의) 예산교서
Bue·nos Ai·res [bwéinəsáiriz, bóunəs(ɔː)rːz / bwénəsáiəriz] 부에노스아이레스 (아르헨티나의 수도)
buf·fa·lo [báfəlòu] n. (pl. ~(e)s, ~《총칭》~) 물소, 《美》 들소
búffer zòne [báfər] 완충지대
buf·fet [báfit/báfit] n. 찬장 2 [báfei/báfit] n. 간이식당, 뷔페: a ~ car 식당차 / a ~ lunch (셀프 서비스 식) 간이점심 / a ~ restaurant 일정한 요금으로 마음대로 먹는 식당
bug [bʌɡ] n. 《美》 벌레, (특히) 투구풍뎅이; 《英》 빈대; Volkswagen 의 애칭; 《俗》 도청장치
bug·gy [báɡi] n. 1인용 마차, 《美俗》 자동차
bu·gle [bjú:ɡl] n. 군대나팔
Bu·ick [bjú:ik] n. 미국 GM사 제의 자동차
build [bild] vt., vi. (p., pp. **built** [bilt]) (집을) 세우다, 짓다, 건설(건축)하다 —n. 구조; 체격
build·ing [bíldiŋ] n. 건(축)물
built-in [bíltin] a. (가구·시설 등) 붙박이의
bulb [bʌlb] n. 《植》 구근; 전구
bulge [bʌldʒ] n. (통 등의) 배 —vi., vt. 부풀리다
bulk [bʌlk] n. 부피, 용적; 대부

39

bureaucracy

분 (of); 뱃집, 선하 ~·y a. 부피가 큰; 방대한
bulk·head [bálkhèd] n. 배의 간막이벽
bull [bul] n. 황소; (코끼리·고래 등의) 수컷; 《商》 매방(買方); (로마교황의) 교서 (cf. brief)
bull·dog [búldɔ̀:ɡ / -dɑ̀ɡ] n. 불독(개); 끈질긴 사람
bull·doz·er [búldòuzər] n. 불도저; 《美俗》 협박자
bul·let [búlit] n. 탄환, 소총탄
bul·le·tin [búlitin] n. 고시, 게시
búll·fight [búlfàit] n. 투우
bull·frog [búlfrɔ̀ːɡ, -frɑ̀ɡ / -frɔ̀ɡ] n. 식용 개구리
búll pèn 《美》 소우리; 《美》 〔야구〕 투수 연습장
búll rìng 투우장
bul·wark [búlwərk] n. 성채, 보루; 방파제, 보호물
bump [bʌmp] vi. 충돌하다; 쿵 떨어지다; (차가) 덜컹거리며 나아가다 —vt. 쾅 부딪다 —n. 충돌; 충격
bump·er [bámpər] n. 《美》 (자동차의) 완충기; 부딪치는 사람 〔것〕 〔기
bump·kin [bámpkin] n. 시골뜨기
bunch [bʌntʃ] n. 송이, 다발; 《口》 (사람의) 떼, 무리 —vt. 다발로 짓다 —vi. 뭉치, 모이다
Bun·des·bank [búndəsbæ̀ŋk] n. 분데스 방크(독일의 중앙은행)
bun·dle [bándl] n. 다발, 꾸러미 —vt. 꾸리다, 다발지다 〔로
bun·ga·low [báŋɡəlòu] n. 방갈
bunk [bʌŋk] n. (배·기차·막사 등의) 선반식 침대
bunk·er [báŋkər] n. (배의) 석탄고; 【골프】 모래구멍; 벙커
búnker òil 벙커유
bun·ny [báni] n. 《口》 토끼; 《美口》 다람쥐 ~ **gìrl** 토끼 모양을 한 호스테스
bunt [bʌnt] vi. (뿔로) 찌르기, (머리로) 받기; 〔야구〕 번트 —vi., vt. 찌르다, 받다; 〔야구〕 번트하다
buoy [bɔi, 《美》 bú:i] n. 부표; 구명부대(浮袋)
búoy·ant [bɔ́iənt, 《美》 bú:jənt] a. 뜨는; 탄력있는, 경쾌한
Bur·ber·ry [bə́:rbèri, -bəri / -bəri] n. 방수포 〔복〕
bur·den [bə́:rdn] n. 짐 (load), 부담, 의무; 근심; 적재량 —vt. 짐을 지우다; 괴롭히다
bu·reau [bjú(ə)rou] n. (pl. ~s, ~x [-z]) 성, 국, 부; 관청; 《英》 서랍달린 책상
bu·reauc·ra·cy [bju(:)rákrəsi /

bu·reau·crat [bjúǝ)rǝkrǽt] n. 관료, 관료주의자

burg·lar [bə́ːrglǝr] n. (밤)도둑

Bur·gun·dy [bə́ːrgǝndi] n. 부르고뉴 포도주 (프랑스 동남부산의 적포도주) [각

bur·i·al [bériǝl] n. 매장, 장례

Bur·ma [bə́ːrmǝ] n. 미얀마 (Union of Myanmar)의 구칭

burn [bǝːrn] v. (p., pp. burnt or ~ed) vi. 타다; 빛나다; 노하다; 열중하다 ― vt. 태우다 ― n. 화상; 햇볕에 타기; 눈금; receive ~s 화상을 입다

burn·er [bə́ːrnǝr] n. 태우는 사람, 연소기, 버너

burn·ing [bə́ːrniŋ] a. 불타는, 야단, 열렬한

burnout [bə́ːrnàut] n. 화재; [電] (선선의 의한) 단선(斷線)

burnt [bǝːrnt] v. burn의 과거 (분사) ― a. 탄, 놀은, 덴

bur·row [bə́ːrou/bʌ́r-] n. (토끼 등의) 굴; 숨는 곳 ― vi., vt. 구멍을 파다; 숨다; 찾다

burst [bǝːrst] v. (p., pp. burst) vi. 파열 [폭발]하다, 터지다; 갑자기 ⋯하다 ― vt. (안에서) 터뜨리다, 파열시키다 ~ into 갑자기 ⋯하다 ~ out 뛰어나다; 갑자기 ⋯하기 시작하다 ― n. 파열, 폭발, 돌발

bur·y [béri] vt. 매장하다; 가리다; 잊다 ~ at sea 수장하다

bus [bʌs] n. (pl. ~·es, ~·ses [bʌ́siz]) 버스, 합승자동차; 단거리 왕복비행기; a ~ terminal 버스 터미널/a ~ stop 버스 정류소

bus·boy [⌐bɔ̀i] n. 《美》 식당 웨이터의 조수[잡일꾼]

bush [buʃ] n. 관목, 덤불, 삼림

bush·el [búʃ(ǝ)l] n. 부셸 (건량의 단위 36 ℓ)

bus·i·ly [bízili] ad. 바쁘게

busi·ness [bíznis] n. 직업, 일, 장사, 상점; 사건, 문제; a ~ college 실업학교/~ hours 영업시간/a firm 상용회사/a ~ trip (traveler) 상용여행(여행자) know one's ~ 자기 할일을 잘 알고 있다 on ~ 불일[용무]로

busi·ness·like [⌐làik] a. 사무[실제]적인

busi·ness·man [⌐mæ̀n] n. (pl. -men [⌐mèn]) 실업인, 사무가

bust [bʌst] n. 반신상, 흉상; 흉부

bus·tle [bʌ́sl] vi. 바쁘게 움직이다 (about) ― vt. 서두르게 하다, 몰아치다 ― n. 법석, 혼잡

bus·y [bízi] a. 바쁜, 부지런히 일하는; 번화한; (전화가) 통화 중인: Line's ~. 통화중입니다. (=《英》 Number's engaged.) ― vt. 바쁘게 하다 [일시키다]

bus·y·bod·y [bízibɔ́di/-bɔ̀di] n. 남의 일에 참견 잘하는 사람

but [bʌt, bǝt] conj. 1 《반대》 그러나, 그렇지만 2 ⋯이 아니고 3 ⋯하지 않으면 ― pron. 《관계대명사》 ⋯아닌 (사람) ― ad. 다만, ⋯뿐: He has ~ just arrived. 방금 막 도착했다 ― prep. ⋯을 제외하고: all ~ me 나 빼 놓고는 ~ for ⋯이 없 (었)다면 cannot choose ~ ⋯하지 않을 수 없다

butch·er [bútʃǝr] n. 푸주한, 백정; 《美》(열차내의) 판매원

but·ler [bʌ́tlǝr] n. 집사, 하인 우두머리

butt [bʌt] vt. (머리·뿔로) 받다 ― vi. 부딪치다

but·ter [bʌ́tǝr] n. 버터

but·ter·fly [bʌ́tǝrflài] n. 《蟲》 나비; 멋쟁이; 접영(蝶泳)

but·tocks [bʌ́tǝks] n. pl. 궁둥이

but·ton [bʌ́tn] n. (옷의) 단추; (초인종 등의) 누름단추

but·ton·hole [⌐hòul] n. 단추구멍, 단추구멍에 꽂는 꽃

buy [bai] vt., vi. (p., pp. bought) 사다; 매수하다; (⋯으로) 살 수 있다 ~ on credit 외상으로 사다, 매수하다 ~ up 매점하다

buy·er [báiǝr] n. 사는 사람, 구매계

buzz [bʌz] vt., vi. (벌 등이) 윙윙거리다, 와글와글 떠들다 ― n. 윙윙소리, 웅성거리는 소리 ― vt. 버저

BX = base exchange 해군·공군의 물품판매소

by [bai] prep. 1 ⋯곁에(서), ⋯가까이에: North ~ East 동미북(東微北) 2 ⋯을 경유하여: enter ~ the door 문으로 해서 들어가다 3 ⋯에 의해서 4 ⋯까지에는 (cf. till): ~ now 지금쯤은 5 《표준·단위》 ⋯단위로, ⋯로: seil ~ the yard 야드 당 으로서 팔다/~ the hour 시간 단위로 ― ad. 1 옆에, 곁에 2 지나서: pass ~ 지나가다 ~ and large 대체로 ~ the way 그런데; 도중에

bye-bye [báibài] int. 《口·兒》 안녕?, 바이바이

by-e·lec·tion [báiilèkʃ(ǝ)n] n. 보궐선거

Bye·lo·rus·sia [bjelǝrʌ́ʃǝ] n.

by·gone [báigɔ́(ː)n/-gɔ́n] *a.* 과거의
BYOB = bring your own booze (bottle) 각자가 술을 갖고오는 파티
by·pass [báipæ̀s/-pɑ̀ːs] *n.* 바이패스, 우회도로 「샛길
by·path [<pʌ́θ/-pɑ́ːθ] *n.* 옆길,
by·play·er [<plèiər] *n.* 조연자
by·prod·uct [<prʌ́dəkt/-prɔ́d-]
n. 부산물
by·stand·er [<stǽndər] *n.* 방관자, 구경꾼
by·street [<striːt] *n.* 뒷길, 「길
Byz·an·tine [bízəntìːn, -tàin, bizǽntin/bizǽntain] *a.* 비잔틴(동로마)제국의; 비잔틴식의 ~ **Empire** 비잔틴(동로마)제국 —*n.* 비잔틴사람; 비잔틴풍의 건축가[화가]

C

cab [kæb] *n.* 택시; 마차
cab·a·ret [kæ̀bəréi/́-́] *n.* 카바레(의 여흥); 작은 테이블
cab·bage [kǽbidʒ] *n.* 양배추
cab·in [kǽbin] *n.* 오두막(집); 객실, (1·2등) 선실: ~ baggage 선실로 갖고가는 짐 (*cf.* hold baggage) / a ~ boy 선객 담당급사 / a ~ passenger 1·2 등 선객 / ~ plane 선내 배치식
cab·i·net [kǽbinit] *n.* 장, 농; 사실(私室); 진열장[실]; (때로 C~) 내각; (寫) 캐비네판
ca·ble [kéibl] *n.* 동아줄; 해저전선[전신]: by ~ 해저전신으로 / a ~ car 케이블 카 / ~ address (해외전보용) 전신약호 / a ~ form 해저전보용 / send a ~ to ...에 국제전보를 치다
cáble TV 유선 텔레비전(略: CATV)
ca·boose [kəbúːs] *n.* 기선의 조리실; (美) 화물열차의 차장실
ca·ca·o [kəkéiou, -kɑ́ː-] *n.* (*pl.* ~s) (植) 카카오나무(의 열매)
cac·tus [kǽktəs] *n.* (*pl.* -ti [-tai], ~·es) (植) 선인장
cad·die [kǽdi] *n.* (골프) 캐디
cad·dish [kǽdiʃ] *a.* 야비한, 상스러운
cad·dy [kǽdi] *n.* =caddie
ca·det [kədét] *n.* (육해공)사관학교 생도, 사관후보생; 차남, 남, 아우
Cad·il·lac [kǽdilæ̀k] *n.* 미국 GM 사제의 고급자동차
ca·fé [kəféi, kæ-/kǽfei] F. *n.* 커피점, 작은 요리점, 카페: ~ **au lait** [ˌouleí] 우유를 탄 커피/ ~ **noir** [ˌnwɑ́ːr] = black coffee
cafe·te·ri·a [kæ̀fətí(ə)riə] *n.* (美) 셀프서비스 간이식당
cage [keidʒ] *n.* 새장, 우리; 감옥
cairn [kɛərn] *n.* 도표(道標)
Cai·ro [káirou] *n.* 카이로(이집트의 수도)
cake [keik] *n.* 과자; (비누 등의) 단단한 덩어리, 한 개: a ~ of soap 비누 한 개
Ca·lais [kǽlei] *n.* 칼레 (Dover 해협에 면한 프랑스의 도시)
ca·lam·i·ty [kəlǽmiti] *n.* 재난, 참화
cal·cu·late [kǽlkjulèit] *vi., vt.* 계산하다; 계획하다
cal·cu·la·tion [kæ̀lkjuléi(ə)n] *n.* 계산; 예측
Cal·cut·ta [kælkʌ́tə] *n.* 캘커타 (인도 동북부의 항구도시)
cal·de·ra [kɑːldé(ː)rə] *n.* (地) 칼데라
cal·en·dar [kǽləndər] *n.* 달력
calf [kæf/kɑːf] *n.* (*pl.* **calves**) 송아지; (코끼리·고래의) 새끼
cal·i·ber, (英) **-bre** [kǽlibər] *n.* (총포의) 구경, (탄환의)직경; 도량, 능력
cal·i·co [kǽlikou] *n.* (*pl.* ~**es**, ~**s**) (英) 캘리코
Cal·i·for·nia [kæ̀lifɔ́ːrnjə] *n.* 미국 태평양연안의 주
calk, caulk [kɔːk] *vt.* (배의 널판 틈을) 뱃밥으로 메우다
call [kɔːl] *vi.* 1 부르다, 외치다; (전화로) 부르다 2 방문하다 (*on, at*) —*vt.* 1 부르다, 외치다; 전화를 걸다; 이름짓다: C~ me at seven. 7시에 전화 주십시오 / C~ a taxi for me. 택시를 불러 주세요 2 불러내다 (소집)하다 3 임명[명령]하다 ~ **after** (남의 이름을) 따서 이름짓다 ~ **away** (주의를) 딴데로 돌리다 ~ **back** (주로 美) 나중에 다시 전화하다 ~ *ed game* 《야구》 콜드게임 ~ **for** ...을 요구하다; 가지러오다 (가지러가다) ~ **off** 취소하다, 딴곳으로 돌리다 ~ **on** (*upon*) 방문하다, 이름 소집하다; 외치다 ~ **over** 점호하다 ~ **to** ...을 부르다 ~ **up** 상기하다; 전화로 불러내다 —*n.* 부르는 [외치는] 소리; 소집; (짧은) 방문: an emergency ~ 긴급전화 / collect ~ (美) 요금 수신인 지불 전화 / a morning ~ (호텔에

call box 서)아침에 깨워주는 전화/a person to person ~ 통화하는 대로 지정 전화 **at [on]** ~ 청구하는 대로 전화/(英) 공중전화실
call·boy [⁼bɔ̀i] n. (호텔의)보이
call·er [⁼ər] n. 방문자, 호출자
cáll gírl (전화로 불리는)매춘부
call·ing [⁼iŋ] n. 천직, 직업; 부르기, 외침; 방문; 소집 ~ **card** (英) 명함 (《visiting card》)
cal·lous [kǽləs] a. (피부가)굳은, 못이 박힌; 무감각한; 냉담한
calm [kɑːm] a. (날씨·파도 등이)온화한, 고요한; (口) 뻔뻔스러운 — n. 잔잔함; 평온 — vt., vi. 가라앉(히)다
ca·lor·ic [kəlɔ́ːrik, -lár-/-lɔ́r-] n. a. 열(의), 칼로리(의)
cal·o·rie, -ry [kǽləri] n. 칼로리
cal·u·met [kǽljumèt] n. 북미 토인의(기도 담뱃대(평화의 상징)
cal·va·dos [kǽlvədòs, -dóus] F. n. (프랑스의) 사과술의 일종
Cal·va·ry [kǽlvəri] n. 예수가 십자가에 못박힌 곳
calves [kævz/kɑːvz] n. calf의 복수
Cal·vin·ism [kǽlvinìz(ə)m] n. 칼빈(Calvin) 주의
ca·lyp·so [kəlípsou] n. 칼립소 (서인도제도의 재즈의 일종)
Cam·bo·di·a [kæmbóudiə] n. 캄보디아(동남아시아의 국가)
Cam·bridge [kéimbridʒ] n. England 동부의 도시; 케임브리지 대학(Oxford와 함께 유명한 영국의 대학)
came [keim] v. come의 과거
cam·el [kǽm(ə)l] n. 낙타
Cam·em·bert [kǽməmbèər] n. 카망베르(프랑스산 치즈)
cam·e·o [kǽmiòu] n. (pl. ~**s**) 카메오(돋을새김을 한 보석)
cam·er·a [kǽm(ə)rə] n. (pl. ~**s**) (寫) 사진기, 카메라
cam·er·a·man [⁼mæ̀n] n. (pl. **-men** [⁼mèn]) 사진사, 사진기자; 《映畵》 촬영기사
Cam·e·roun, -roon [kæmərúːn] n. 카메룬(서아프리카 대서양 연안의 공화국)
cam·i·sole [kǽmisòul] n. 여자용 화장옷; (英) 여자용 소매없는 내복
cam·ou·flage [kǽməflɑ̀ːʒ] n. 위장, 카무플라주 — vt. 위장하다
camp [kæmp] n. 야영; 노숙; 캠프; 군대생활 — vi., vt. 야영하다 **《out》** 《운동》

camp·aign [kæmpéin] n. 전투, 출정 = ...
Cámp Dàvid (미국 Maryland 주에 있는)대통령 별장

camp·er [kǽmpər] n. 캠프하는 사람; 캠핑카
camp·fire [kǽmpfàiər] n. 야영의 모닥불
camp·ground [kǽmpgràund] n. 캠프장
cam·po [kǽmpou, kɑ́ːm-] n. (pl. ~**s**) (남미의)대초원
cam·pus [kǽmpəs] n. (美) 교정 (校庭): a ~ life 학교생활
can[1] [kæn, kən, kn] aux. v. (p. **could**) ...할 수 있다; ...해도 좋다 《부정문에서》...일 리 없다
can[2] [kæn] n. 깡통: a ~ opener 깡통따개/be in the ~ 준비되어 있다 — vt. (美) 통조림으로 하다
Ca·naan [kéinən] n. 《聖》 가나안의 땅, 약속의 땅, 천당
Can·a·da [kǽnədə] n. 캐나다
Ca·na·di·an [kənéidiən] n. 캐나다인 — a. 캐나다(산)의
ca·nal [kənǽl] n. 운하, 수로
can·a·pé [kǽnəpi/-pèi] F. n. 카나페(얇은 토스트에 치즈 등을 얹은 것)
ca·nar·y [kənɛ́(ː)ri] n. (鳥) 카나리아; 밝은 노란색
Canáry Íslands pl. (the ~) 카나리아군도
Can·ber·ra [kǽnbərə] n. 오스트레일리아의 수도
can·can [kǽnkæn] n. 캉캉춤
can·cel [kǽns(ə)l] vt. (예약 등을)취소하다; 말살하다: ~ an order for ~ 주문을 취소하다/I have to ~ hotel reservation. 호텔의 예약을 취소해야겠다
can·cer [kǽnsər] n. 암
can·did [kǽndid] a. 솔직한, 공평한 (impartial)
can·di·da·cy [kǽndidəsi] n. 입후보
can·di·date [kǽndidèit, -dit/-dit] n. 후보자; 지원자
can·dle [kǽndl] n. 양초; 촉광(燭光)
can·dle·light [⁼làit] n. 촛불, 등불; 황혼
Can·dle·mas [⁼məs] n. 《가톨릭》 성촉절(2월 2일)
can·dle·stick [⁼stìk] n. 촛대
can·dy [kǽndi] n. (美) 사탕; (英) 얼음사탕 — vi. 설탕에 절이다
cane [kein] n. (등[대]나무의)줄기; 지팡이; 매 — vt. 지팡이로 치다
canned [kænd] a. (美) 통조림한: ~ **goods** 통조림/~ **music** 美俗) 레코드음악
can·ner·y [kǽnəri] n. 통조림공장

Cannes [kæn(z)] n. 칸(프랑스의 지중해 연안에 있는 휴양지) ~ *Film Festival*칸 국제영화제

can·ni·bal [kǽnibəl] n. 식인종 —a. 식인(종)의

can·non [kǽnən] n. (pl. ~s, ~(총칭) ~) 대포; 《당구》 캐넌 ~ *ball* 《俗》 특급열차

ca·noe [kənúː] n. 카누, 통나무배

can·ta·loupe [kǽntəlòup/-lìːp] n. 《植》 참외의 일종

can·ta·ta [kəntάːtə] It. n. 《音》 칸타타, 교성곡(交聲曲)

Can·ter·bury [kǽntərbèri/-b(ə)ri] n. England 동남의 도시(영국국교회의 총본부가 있음)

Can·ton [kæntάn/-tɔ́n] n. 광동(廣東) (중국 남부의 도시)

can·ton [kǽntən, -tαn/-tɔn] n. (스위스의)주; (프랑스의)읍

can·vas [kǽnvəs] n. 돛베, 즈크; 캔버스, 화포; 화폭; 천막

can·yon [kǽnjən] n. 협곡

cap [kæp] n. (테없는)모자, 제모 (cf. hat); 뚜껑 —vt. 모자를 씌우다; 꼭대기를 덮다

ca·pa·bil·i·ty [kèipəbíləti] n. 가능성; 능력

ca·pa·ble [kéipəbl] a. 수완이 있는, …할 수 있는 《of》

ca·pa·cious [kəpéiʃəs] a. 넓은

ca·pac·i·ty [kəpǽsəti] n. 용적, 용량 (volume); 자격; 재능

cape¹ [keip] n. 케이프, 어깨망토

cape² n. 갑(岬), 곳 *C~ Kennedy* 플로리다주에 있는 로켓 발사장 *the C~ of Good Hope* 희망봉(아프리카 남단의 갑)

ca·per [kéipər] n. 《植》 (지중해 연안산의)백화채나무; 그 꽃봉오리의 초절임

Cape·town [kéiptàun] n. 케이프타운(남아프리카의 항구도시)

cap·i·tal [kǽpitəl] a. 수위의, 중요한, 원본의, 원의; 자본의 — n. 수도; 대문자; 자본

cap·i·tal·ism [kǽpitəlìz(ə)m] n. 자본주의

cápital púnishment 사형

Cap·i·tol [kǽpitəl] n. (고대로마의) Jupiter 신전; 《美》(the ~) 국회의사당, (c~)주의회의사당

Cápitol Hill 《美》 국회의사당

Ca·pri [kάːpri/kǽ-, kɑ-, kάː] n. 카프리섬(이탈리아 나폴리만의 섬)

ca·pri·cious [kəpríʃəs] a. 변덕스러운

cap·stan [kǽpstən] n. (돛의) 권양기

cap·tain [kǽpt(ə)n, -tin] n. 장(長) (chief); 함장, 선장; 기장; 육군대위, 해군대령; 반장; (팀의) 주장

cap·tion [kǽpʃ(ə)n] n. 표제어, 부제목; 《영화》자막

cap·tive [kǽptiv] n. 포로

cap·ture [kǽptʃər] n. 노획(품) —vt. 잡다, 노획하다

car [kɑːr] n. 자동차, 전차; (철도) 차량, a *compact* ~ 소형차/a *regular* ~ 보통차/a *sleeping* ~ 침대차/a *vista-dome* 《美》 전망차 ~ *port* 간이차고 ~ *rental service* 렌터카의 서비스 ~ *wash* 세차장

Ca·ra·cas [kərάːkəs, -rǽ-] n. 카라카스(베네수엘라의 수도)

car·a·mel [kǽrəməl] n. 졸인 설탕, 캐러멜(과자)

car·at [kǽrət] n. 캐럿 (보석의 무게 단위, 200mg); 금의 순도

car·a·van [kǽrəvæn/-ˊ-ˊ] n. 대상(隊商); (짐)의 포장마차

car·a·van·sa·ry [kærəvǽnsəri, -se·rai [-sərài, -sarèi] n. 대상의 숙사; 큰 여관(호텔)

car·bon [kάːrbən] n. 탄소, 카본지, 복사 ~ *dioxide* [*monoxide*] 이산화[일산화]탄소

car·bo·na·do [kὰːrbənéidou] n. 구운 고기; 흑금강석 —vt. 굽다

car·cin·o·gen [kɑːrsínədʒən] n. 발암물질

card [kɑːrd] n. 1 트럼프의 카드; (pl.) 카드놀이 : a *pack of* ~*s* 카드 한벌 2 카드 3 경기의 프로그램

card·board [ˊ-bɔ̀ːrd] n. 판지(板紙) a ~ *box* 판지상자

car·di·ac [kάːrdiæk] a. 심장의 —n. 강심제

car·di·gan [kάːrdigən] n. 카디건

car·di·nal [kάːrdin(ə)l] a. 기본적인, 주요한 (chief); 주홍색의 —n. 추기경; 주홍색

care [kɛər] n. 걱정(거리); 돌봄, 보호; 주의, 조심 《*for, to*》 *take* ~ *of* …을 돌보다; …에 주의하다 *with* ~ 조심하여; 걱정하여 《*for*》 —vi., vt. 걱정하다, 돌보다 《*for*》; 좋아하다

ca·reer [kəríər] n. 생애, 경력 ~ *woman* 직업여성

care-free [kɛ́ərfrìː] a. 걱정없는

care·ful [kɛ́ərf(u)l] a. 주의깊은 《*about, of*》; 세심한

care·less [kɛ́ərlis] a. 부주의한

ca·ress [kərés] n. 애무, 포옹 —vt. 애무하다

care·tak·er [kɛ́ərtèikər] n. 관리인, 문지기

care·worn [kɛ́ərwɔ̀ːrn] a. 고생[근심]으로 찌든

car·go [kάːrgou] n. (pl. ~(e)s) 선하(船荷), 적하

car·hop [ká:rhɑ̀p/-hɔ̀p] *n.* 《美》 드라이브식당의 웨이트레스

Car·ib·be·an Séa [kæ̀ribí(ː)ən] (*the* ~) 카리브해(중미와 서인도제도 사이의 바다)

car·i·ca·ture [kǽrikətʃùər/kǽrikətjúə] *n.* 풍자화, 만화

car·nal [ká:rn(ə)l] *a.* 육체의, 육욕의; ~ desire 육욕

car·na·tion [kɑ:rnéiʃ(ə)n] *n.* 카네이션

Car·né·gie Háll [kɑː rnéigi/-né·gi] New York시의 연주회장

car·ni·val [ká:rniv(ə)l] *n.* 사육제; 축제(소동)

car·ol [kǽrəl] *n.* 축가, 찬가

Cár·o·line Íslands [kǽrəlàin, -lin] (*the* ~) 캐롤라인제도(필리핀 동쪽에 있는 제도)

ca·rouse [kəráuz] *n.* 주연, 술잔치 ―*vi.* ―. 술마시어 떠들다

carp [kɑ:rp] *n.* (*pl.* ~s, (총칭) ~) 잉어

car·pen·ter [ká:rpintər] *n.* 목수 ―*vi.* ―. 목수일을 하다

car·pet [ká:rpit] *n.* 융단; 깔개 ―*vt.* 융단을 깔다

car·riage [kǽridʒ] *n.* 마차, 차, 《英》 (철도의)객차; 운반, 운임; 태도; 처리; ~ forward 운임 선불로; ~ free 운임 무료로

car·ri·er [kǽriər] *n.* 운반인; 《美》 배달인; 운송업자, 항공회사; 운반기, 짐반; an aircraft ~ 항공모함

cárrier bàg 《英》 쇼핑백(shopping bag)

car·rot [kǽrət] *n.* 《植》 당근; (*pl.*) 《俗》 빨간머리(의 사람)

car·ry [kǽri] *vt., vi.* 운반하다, 데려가다; 옮기다; 전하다; 성공하다, 유지하다 ~ *away* 운반해 가다 ~ *a person back* 회상시키다 ~ *off* 빼앗아가다, (상을) 타다 ~ *on* 속행하다 ~ *out* 수행(실행)하다

cart [kɑ:rt] *n., vi., vt.* 짐차(로 나르다)

carte blanche [ká:rt blá:nʃ] (서명한)백지위임장 [F]

car·tel [kɑ:rtél, kɑ́:rtl] *n.* 포로 교환 협정서; 《經》 카르텔

car·ton [ká:rtn] *n.* 종이상자

car·toon [kɑ:rtú:n] *n.* 풍자화, 만화

car·tridge [ká:rtridʒ] *n.* 《軍》 탄약통

carve [kɑ:rv] *vt.* 조각하다, (요리한 고기를)베어 나누다

Cas·a·blan·ca [kæ̀səblǽŋkə] *n.* 카사블랑카(모로코의 항구도시)

cas·cade [kæskéid] *n.* 작은 폭포; 물결모양의 레이스장식

case[1] [keis] *n.* 경우; 사건; 소송; 환자; 《文》격: as the ~ may be 경우에 따라/in any ~ 어떤 경우에나/in ~ (that) 만약 …이 면/such being the ~ 이런 까닭으로

case[2] *n.* 상자, 집, 통, 자루, 가방; (시계의)딱지 ―*vt.* 상자(집, 틀) 에 넣다; 싸다

case·ment [kéismənt] *n.* 젖히 어 여는 창

case·work·er [⌒wə̀:rkər] *n.* 사회복지사업원

cash [kæʃ] *n.* 현금, 현찰: ~ down 《商》 현찰 지불/ ~ in 《美》 on hand hand 현금 보유액/ ~ on arrival 착하 현금지불/ ~ on delivery 대금 상환 인도 (略: c.o.d.) ―*vt.* 현찰로 지불하다, (수표를) 현금으로 바꾸다

cash·ier [kæʃíər] *n.* 현금 출납자

cash·mere [kǽʃmiər / kæʃmíə] *n.* 캐시미어직(織)

ca·si·no [kəsí:nou] *n.* (*pl.* ~s) 카지노(음악·춤·도박 등을 하는 오락장)

cask [kæsk/kɑːsk] *n.* 통

cas·ket [kǽskit/ká:s-] *n.* (보석) 함; 《美》 관(coffin)

Cás·pi·an Séa [kǽspiən] (*the* ~) 카스피해

cast [kæst/kɑ:st] *v.* (*p., pp.* cast) *vt.* 내던지다, 벗어버리다, 내던지다; 계산하다; (표를) 던지다; 주조하다; 배역을 정하다(시선을)향하다 ―*vi.* 궁리하다; 예상하다 ―*n.* 던지기; 투기; 주조; 배역

cast·a·way [kǽstəwèi/ká:st-] *a.* 버림받은; 난파한 ―*n.* 난파선, 표류자

caste [kæst/kɑ:st] *n.* 카스트 (인도의 세습적 계급)

cast·er [kǽstər/ká:stər] *n.* 양념병, 양념병꽂이

cást·ing vóte [kǽstiŋ/ká:st-] (의장이 행사하는)결정투표

cas·tle [kǽsl/ká:sl] *n.* 성; a ~ in the air [in Spain] 공중누각, 공상

cas·u·al [kǽʒu(ə)l, kǽʒjuəl] *a.* 우연의; 되는대로의; 평상복의

cas·u·al·ty [kǽʒu(ə)lti / kǽʒjuəl-] *n.* 재해; 사상자 "풍음"

cat [kæt] *n.* 고양이; ~ *nap* 《美》 토막잠

cat·a·comb [kǽtəkòum] *n.* (보통 *pl.*) 지하묘지

cat·a·log, -logue [kǽtəlɔ̀(ː)g, -làg] *n.* 목록, 카탈로그(로 만들다, 에 싣다)

cat·a·ma·ran [kæ̀təmərǽn] *n.* 쌍동선

cat·a·ract [kǽtərækt] *n.* 큰

ca·tas·tro·phe [kətǽstrəfi] n. (비극의)대단원; 대이변

catch [kætʃ] vt., vi. (p., pp. **caught**) 잡다 (capture); (기차 시간에)대다; 움켜쥐다; (던진 것을)받다; 감염되다; (주의·남의 눈을)끌다; 알아듣다; ~ (a) cold 감기들다 / ~ a train 기차시간에 대어가다/ be [get] caught in the rain 비를 만나(너)붙잡혀 빠지다 / ~ *hold of* …을 붙잡다 / ~ *up with* 따라붙다 / ~ 붙잡다, 포착, 파악; 《야구》포구, 포수; 포획고; a ~ *phrase* 캐치프레이즈, 표어 / a *boat* 포경선 / ~*er* n. 잡는 사람

catch·word [kǽtʃwə̀:rd] n. 유행어, 표어; (사전의)난외 표제어

cat·e·go·ry [kǽtigɔ̀:ri/-gə-] n. 부류, 부문

ca·ter [kéitər] vi., vt. 음식을 장만하다, 음식주문에 응하다

cat·er·pil·lar [kǽtərpìlər]n. 쐐기벌레; 무한궤도

Ca·thay [kæθéi] n. 《詩》중국 ~ *Pacific Airways* 홍콩의 항 공회사

ca·the·dral [kəθí:drəl] n. 대성당, 대사원

Cath·o·lic [kǽθəlik] a. 가톨릭 《천주교》의; (c-) 보편적인— n. 가톨릭교도

Ca·thol·i·cism [kəθɑ́lisìz(ə)m/-ɔ́l-] n. 가톨릭교회(회)교의

cat's-eye [kǽtsài] n. 묘안석《猫眼石》; 자전거의 반사장치

cat·tle [kǽtl] n. *sing.* & *pl. pl.* 축, (특히)소; 《俗》말

CATV = *cable TV* 유선 텔레비전; *community antenna television* 공청식 텔레비전

Cau·ca·sus [kɔ́:kəsəs] n. (the ~) 러시아 Caucasia에 있는 산맥; 코카서스산맥, 카프카스산맥

caught [kɔ:t] v. catch의 과거 《분사》

cau·li·flow·er [kɔ́:liflàuər/kɔ́li-] n. 《植》꽃양배추

cause [kɔ:z] n. 원인; 이유; 주의, 목적; ~ *and effect* 원인과 결과, 인과 *have* ~ *for* …하는 것이 당연하다 원인이다, 야기하다; …시키다 ~ *less* a. 원인[이유]없는; 우연의

cau·tion [kɔ́:ʃ(ə)n] n. 조심, 경계; 경고; 주의 —vt. 경고하다

cau·tious [kɔ́:ʃəs] a. 조심성있는

cav·a·lier [kævəlíər] n. 기사, 멋쟁이(남자)

cav·al·ry [kǽv(ə)lri] n. 《集》기병(대)

cave [keiv] n. 동굴

cav·i·ar, -are [kǽviár/ˌ-ˈ-/ˌ-ˈ-] n. 캐비아《철갑상어의 알젓》

cav·i·ty [kǽviti] n. 공동(空洞) 《解》강(腔)

CB Rádio ⇒ Citizens Band Radio

CBS = *Columbia Broadcasting System* 《美》콜럼비아방송회사

cease [si:s] vi., vt. 그치다, 그만두다 《*from*》, 중지하다《*doing*》

cease-fire [ˈfáiər] n. 휴전

cease·less [-lis] a. 끊임없는

ce·dar [sí:dər] n. 《植》히말라야삼목

ceil·ing [sí:liŋ] n. 천장(판); 최고한도; 《空》상승한계

cel·a·don [sélədən/-dɔ̀n] n. 청자(색)

cel·e·brate [séləbrèit] vi., vt. (식·축전을)거행하다; 축하하다

cel·e·brat·ed [séləbrèitid] a. 세상에 알려진, 유명한 (famous)

cel·e·bra·tion [sèləbréiʃ(ə)n] n. 축하(회), 식전; 찬양

ce·leb·ri·ty [səlébriti] n. 명성; 명사(名士)

cel·ery [séləri] n. 《植》셀러리

ce·les·tial [siléstʃəl/-tjəl] a. 하늘의, 천체의; 천상의;신성한

cell [sel] n. 작은 방; 세포; 전지

cel·lar [sélər] n. 지하실; 포도주저장실, 지하실의 포도주

cel·lo [tʃélou] n. (*pl.* ~**s**) 로《악기》

ce·ment [simént] n. 시멘트; 접착제; 유대 —vt. 시멘트로 접합하다(하다); (우정 등을)굳히다

cem·e·ter·y [sémitèri/-tri] n. 공동묘지

cen·sure [sénʃər] n. 비난하다, 흑평하다; 흑평하다—n. 비난, 흑평

cen·sus [sénsəs] n. 국세(인구) 조사: *take a* ~ 국세조사를 하다

cent [sent] n. 센트(1달러의 100분의 1); (단위로서의) 100 *per* ~ 100에 대하여, 퍼센트

cen·ten·ni·al [senténiəl] a. 백년의, 백년마다의—n. 백년제(祭)

cen·ter, 《英》 **-tre** [séntər] n. 중앙, 중심; 중심지, 중추; 《야구》중견(수)—vt., vi. 중심에 모으(모이)다; 중심을 결정하다; 중심에 있다[모이다]

cen·ti·grade [séntigrèid] a. 백분도의; 섭씨의: *a* ~ *thermometer* 섭씨온도계

cen·time [sɑ́:nti:m] F. n. 상팀 《프랑스의 화폐, 1/100프랑》

cen·ti·me·ter, 《英》 **-tre** [séntimìtər] n. 센티미터《略: cm.》

cen·tral [séntrəl] *a.* 중심[중앙] 의; 주요한: ~ heating 중앙난 방법 C~ Park (미국 뉴욕의) 중앙공원 n. (美) 전화교환국 (의 교환수) ((英) exchange) get ~ 교환국을 불러내다

Céntral African Repúblic (the ~) 중앙아프리카공화국

cen·tral·ize [séntrəlàiz] *vt.* 중 심에 모으다

Céntral Time (미국의)중앙표준 시

cen·tu·ry [séntʃuri] *n.* 1세기, 백년

ce·ram·ic [siræmik] *a.* 도기의, 요업의 ~s *n.* (복수취급) 도자기류

ce·re·al [síəriəl] *a.* 곡물의 *n.* (보통 *pl.*) 곡물;(美) 조반용 오트밀, 콘플레이크류

cer·e·mo·ni·al [sèrimóuniəl] *a.* 의식의; 격식의 *n.* 의식

cer·e·mo·ni·ous [sèrimóuniəs] *a.* 의식의;격식차린; 딱딱한

cer·e·mo·ny [sérimòuni / -mə-] *n.* 의식;예식, 격식

cer·tain [sə́ːrt(i)n] *a.* 확실한 (sure), 확신한; 틀림없는; 어 느 정도의: a ~ Mr. Smith 스 미스씨라고 하는 사람 for ~ 확실히 make ~ of …을 확인 하다

cer·tain·ly [sə́ːrt(i)nli] *ad.* 확실 히, 반드시; (대답으로서) 알았 습니다

cer·tain·ty [sə́ːrt(i)nti] *n.* 확실 (한 일) 사실

cer·tif·i·cate *n.* [sərtífikit→*v.*] 증명서; 면허장; 증권: a ~ for the exchange of foreign currency 외화교환증명서 →*vt.* [sərtífikèit] 증명서를 내주다; 면허하다

cer·ti·fi·ca·tion [sə̀ːrtifikéi∫(ə)n] *n.* 증명, 보증; 면허

cer·ti·fy [sə́ːrtifài] *vi., vt.* 증명 [보증]하다: a *certified* check가 지불보증수표/a *certified* public accountant 공인회계사

ces·sa·tion [seséi∫(ə)n] *n.* 중지

ces·sion [sé∫(ə)n] *n.* 양도, 할양

Cey·lon [silán / -lɔ́n] *n.* 실론(二 남 아시아의 섬, 현재 Sri Lanka)

cf. = confer 참조하라

C.F.I., c.f.i. = cost, freight and insurance 운임·보험 포함가격

Chad [tʃæd] *n.* 차드(아프리카 중부지역의 공화국)

chafe [tʃeif] *vt.* 마찰하다; [리다

chaf·fer [tʃǽfər] *vi., vt.* 값을 깎다, 흥정하다 ~*n.* 값깎기

cha·grin [∫əgrín / ∫ǽgrin, ∫əgrín] *n.* 분함, 원통함 →*vt.* 분하게 [원통하게] 하다

chain [tʃein] *n.* 쇠사슬; (보통 *pl.*) 속박, 구속, 연속 ~ **store** (美) 연쇄점 →*vt.* 속박하다; 쇠 사슬로 묶다

chain-smoke [∠smòuk] *vi., vt.* 줄담배를 피우다 ~**-smok·er**

chair [tʃɛər] *n.* 의자; 강좌; 의장 직: an easy ~ 안락의자

chair·man [tʃɛ́ərmən] *n.* (*pl.* -**men**) 의장, 사회자, 사회자

chaise [∫eiz] *n.* 놀이용 마차

cha·let [∫æléi, ∫ǽlei / ∫ǽlei] *n.* (스 위스 산촌의)양치기 오두막

chalk [tʃɔːk] *n.* 백묵; 백악 →*vt.* 백묵으로 쓰다; 백악을 칠하다

chal·lenge [tʃǽlindʒ] *n.* 도전 (to), 결투 신청; 도전장 →*vt.* 도전하다; 결투를 신청하다

cham·ber [tʃéimbər] *n.* 방; 침 실, 회의장; 의회: a boy ~ 객 실대변 보이/~ music 실내악/ the lower [upper] ~ 하[상] 원 the C~ of commerce 상공회 의소

cham·ber·maid [∠mèid] *n.* (호 텔 등의)객실 담당 여자 종업원

chámber pòt 요강

cha·me·le·on [kəmíːliən, -ljən] *n.* 카멜레온; 변덕쟁이

cham·ois [∫ǽmi / -mwɑː] *n.* (남 유럽·서남아시아의)영양; 새미 가죽

Cha·mo·nix [∫ǽməni] *n.* 샤모 니(프랑스 동부 몽블랑 북쪽의 협곡) [페인

cham·pagne [∫æmpéin] *n.* 샴

cham·paign [∫æmpéin / tʃæmpéin] *n.* 평야, 들판

cham·pi·gnon [∫ǽmpinjən, tʃæm- / tʃæm-] *n.* 【植】 양송이

cham·pi·on [tʃǽmpiən / -pjən] *n.* (경기의)우승자, 선수권 보유 자; 투사 ~*a.* 일등급[류]의; 우 승한 ~**ship** *n.* 선수권, 우승

Champs É·ly·sées [∫ǽzelizé] F. 샹젤리제(파리의 번화가)

chance [tʃæns / tʃɑːns] *n.* 기회, 호기; 우연(한 일), 운; 행운; (*pl.*) 가망 by any ~ 만약 by any ~ 우연히 on the ~ of …을 기 대하고 take the [one's] ~ 운 에 맡기고 해보다 ~*a.* 우연한 →*vi.* 우연히 …하다[일어나다] →*vt.* (모험적으로)해보다

chan·cel·lor [tʃǽnsələr / tʃɑ́nsələ] *n.* (英) 고관; 장관; (독일 의)수상;(대학)총장;(대사관의)1등 서기관 C~ of the Exchequer (英) 재무장관

chan·de·lier [∫ændiliə́r] *n.* 샹들리에

change [tʃeindʒ] *vt.* 바꾸다 (alter), 고치다; 환전하다; (수표 등 을) 현찰로 바꾸다; 교환하다; 갈

아 타다, 갈아 입다: ~ flights 비행기를 갈아 타다/~ dollars into francs 달러를 프랑으로 바꾸다/ Can you ~ this $20 note for me? 20달러 지폐를 잔돈으로 바꾸어 주시겠습니까 ―vi. 바뀌다; 갈아입다: ~ for Boston to express 보스턴행 급행으로 갈아타다/ All ~ here! 손님은 모두 갈아 타 주십시오. ―n. 변화, 변경; 교대, 갈아입기, 갈아타기; 전지; 거스름돈, 잔돈; (C~) 거래소 ('Change로 씀); small 잔돈/ Here's your ~. 거스름돈 받으세요/I have no (small) ~ about me. 마침 잔돈 가진 것이 없다/Keep the ~. 거스름돈은 가지시오/No ~ given. (게시) 잔돈은 준비하십시오.
change·a·ble [tʃéindʒəbl] *a.* 변하기 쉬운; 변할 수 있는
chan·nel [tʃǽnl] *n.* 해협; 수로; 경로; (문지방 등의) 홈; (텔레비전의) 채널 *the* (*English*) *C~* 영국해협
chan·son [ʃɑ̃ːs] F. *n.* 노래, 샹송
chant [tʃænt/tʃɑːnt] *vi., vt.* 노래하다; 찬송하다 ―*n.* 노래; 성가
cha·os [kéiɑs] *n.* (천지개벽 이전의) 혼돈; 혼란, 무질서
chap [tʃæp] *n.* 《英口》 녀석, 놈
cha·peau [ʃæpóu] *n.* 모자
chap·el [tʃǽp(ə)l] *n.* 예배당(교)
chap·ter [tʃǽptər] *n.* (책의) 장; (역사 등의) 장, 사건
char·a·banc[ʃǽrəbæn(k)/-bæn] *n.* 《英》 유람버스
char·ac·ter [kǽriktər] *n.* 성격, 인격; (인격으로서의) 사람; 성질; 자격; 신분; 평판; (소설·연극 등의) 인물; 문자, 기호 in [out of] ~ 어울리는[어울리지 않는] ~·less *a.* 평범한
cháracter assàssinátion 인신공격, 중상
char·ac·ter·is·tic [kæriktərístik] *a.* 독특한, 독특한 ~; 특성, 특징, 특질
char·ac·ter·ize [kǽriktəràiz] *vt.* 특성[성격]을 부여하다; 특색을 나타내다
charge [tʃɑːrdʒ] *vt.* 차·배 등에 짐을 싣다; (책임·죄를) 명령하다 (*to do*); (책임·죄를) 지우다, 고발하다; (대가·치룸) 요구하다; (세금을) 부과하다; 위탁하다 ―*vi.* 지불을 청구하다 ―*vi.* 돌격하다 ―*n.* 짐; (총의) 장전; 충전; 명령, 책임, 의무; 고소; 비난; 보호, 관리(때로 pl.); ~; 세금; 요금; 보호, 감독; 관리, 위탁: room ~ 방값/No ~ is made for the service. 서비스요금은 받지 않습니다 *free of~* 무료로 *have ~ of* …을 감독하다, 담당하다 *in ~* 담당[감독]의 *in ~ of* …에 의탁되어, …담당의 *take ~ of* …을 떠맡다
cha·ris·ma [kərízmə] *n.* (*pl.* **-ma·ta**) (대중에 영향력과 권위를 발휘하는)인간적 매력, 영도자로서의 매력
char·i·ty [tʃǽriti] *n.* 박애; 자선 (사업); 구호금[품]: a ~ *show* 자선흥행
charm [tʃɑːrm] *n.* 매력, 마력; (보통 *pl.*) 애교; 주문 ―*vt.* 황홀케 하다, 매료하다
charm·ing [tʃɑːrmiŋ] *a.* 매력있는; 아름다운; 즐거운
chart [tʃɑːrt] *n.* 해도, 수로도; (일반적)도표 ―*vt.* 해도로 만들다
char·ter [tʃɑːrtər] *n.* 특허(장); 헌장; (버스·비행기 등의) 전세 계약(서); 《商》 용선계약 ―*vt.* 특허하다; (버스·비행기 등을) 전세내다, 대절하다
char·tered [tʃɑːrtərd] *a.* 특허를 받은; 전세낸: a ~ *plane* 전세비행기
chase [tʃeis] *vt.* 쫓아가다; 몰아 내다 ―*n.* 추적; 쫓기는 것
chas·er [tʃéisər] *n.* 《美口》 독한 술 뒤의 입가심(물·맥주)
chasm [kǽz(ə)m] *n.* 깊이 갈라진 틈; (감정·지위 등의) 차이
chas·sis [ʃǽsi(ː)] *n.* (*pl.* **-es**) (자동차 등의)차대; 포가(砲架)
chaste [tʃeist] *a.* 정숙한, 우아한
chat [tʃæt] *vi.* 한담[잡담]하다, 담소하다 ―*vi.* 잡담, 한담
châ·teau [ʃætóu/ʃɑːtóu] F. *n.* 성; 대저택
cha·teau·bri·and[ʃætóubriæ̀nd] *n.* 감자 튀김을 곁들인 비프스테이크
chát shów 《美》(라디오·텔레비전의)유명인과의 대화프로 (talk show)
chat·ter [tʃǽtər] *vi.* 수다떨다; (새가)지저귀다, 찍찍거리다 ―*n.* 수다; 이음소리
chat·ty [tʃǽti] *a.* 잘 지껄이는
chauf·feur [ʃóufər, -ː] *n.* 《주로 英》 (자가용차의)운전수
chau·vin·ism [ʃóuvinìz(ə)m] *n.* 열광적 애국주의
cheap [tʃiːp] *a.* (값)싼 (*opp.* expensive);싸구려의, 값싼: a ~ *car* [*ticket*] 할인전차표[*on the* ~ 싸게 (여행하다 등) ―*ad.* 싸게
cheat [tʃiːt] *vt., vi.* 속이다 (de-

check (tʃek) *n.* 정지, 저지; 방해; 저지하는 것; 《美》 수표 《英》 cheque); 대조; 검사; 물표, 보관증; 체크무늬; a baggage ~ 수표, 모리표 — *vt.* 저지[방해, 억제]하다; (짐을)물표를 받고 부치다; 일시보관시키다; 대조하다; 검사하다 (*up*); 체크표를 하다; 《美》 수표로 (현찰을) 인출하다; ~ a baggage through to Chicago 시카고까지 수하물을 물표로 부치다 / Parcels ~ed here. 《게시》 소화물 보관소 — *vi.* 《사냥》 (개가)냄새를 잃고 멈춰서다 — **~ in** 《美》 (호텔에서) 투숙하고숙박하다; 수하물보관증을 받다; 탑승수속을 하다 — **~ out** 《美》 계산을 마치고 호텔에서 나오다; 맡긴 물건을 보관증을 주고 찾다; (슈퍼 마켓에서) 물건값을 합쳐내다 — *int.* 《체스》장군!

check·book [⌐bùk] *n.* 《美》수표장 《英》 chequebook)

check-in [⌐ìn] *n.* 호텔에의 투숙(수속)

check-out [⌐àut] *n.* 《美》 계산을 치르고 호텔을 나오기[나오는 시간]

check·room [⌐rù(ː)m] *n.* 《美》 휴대품 보관소

check·up [⌐ʌ̀p] *n.* 검사, 조사, 《美口》 신체검사

cheek (tʃiːk) *n.* 볼 (보통 *pl.*); 《口》 건방짐, 건방진 말[태도]

cheer (tʃiər) *n.* 기분; 음식(대접); 격려; 갈채 *make good ~* 성찬을 먹다 — *vt.,vi.* 기운나(게하)다 (*up*); 갈채하다. **~·less** *a.* 쓸쓸한, 음산한

cheer·ful [⌐f(ə)l] *a.* 명랑한, 기분이 좋은, 원기왕성한

cheer·i·o [tʃíəri(ː)òu / tʃìərióu] *int.* 《英口》안녕!; (축배를 들며) 축하합니다!

cheer·lead·er [⌐lìːdər] *n.* 응원단장 (여성)

cheer·y [tʃí(ə)ri / tʃíəri] *a.* 쾌활한, 기분좋은

cheese (tʃiːz) *n.* 치즈: green ~ 날치즈. ~ **burger** 치즈를 얹은 햄버거

cheese·cake [⌐kèik] *n.* 《美俗》 각선미 [누드] 사진

chef (ʃef) *n.* 주방장 [F] — *~ 's suggestions* [*special*] 주방장이 권하는 요리

chem·i·cal (kémikəl) *a.* 화학의 — *n.* (보통 *pl.*) 화학제품, 약품

che·mise (ʃəmíːz) *n.* 슈미즈

chem·ist (kémist) *n.* 화학자; 《英》 약제사 (《美》 druggist)

chem·o·ther·a·py (kèmouθérəpi) *n.* 화학요법

cheque (tʃek) *n.* 《英》 수표 (《美》 check)

cheque·book [⌐bùk] *n.* 《英》 checkbook

cher·ish (tʃériʃ) *vt.* 소중히 하다, 귀여워하다; 마음에 품다

che·root (ʃərúːt) *n.* 양절 (兩切) 엽궐련

cher·ry (tʃéri) *n.* 버찌; 벚나무 (재목); ~ **blossom** 벚꽃 — *a.* 진분홍색의

chess (tʃes) *n.* 서양장기, 체스

chest (tʃest) *n.* 가슴; 상자, 궤: a ~ of drawers 장농

chest·nut (tʃésnət/-nʌt) *n.* 밤, 밤나무; 밤색

Chev·ro·let [ʃèvrəléi /⌐ ⌐ ,⌐ ⌐] *n.* 미국 GM사제의 대중차

chew (tʃuː) *vt.,vi.* 씹다, 깨물어 부수다; 숙고하다 (*on, over*): ~*ing gum* 껌 / ~*ing tobacco* 씹는 담배 — *n.* 씹기

chic (ʃ(iː)k) *n., a.* 멋(있는) [F]

Chi·ca·go (ʃikáːgou, -kɔ́ː-, -ʃí-) *n.* 시카고

Chi·ca·no (tʃikáːnou) *n.* 멕시코계 미국인

chick (tʃik) *n.* 병아리, 어린애; (*the ~s*) (집안의) 아이들 「아리

chick·en (tʃíkin) *n.* 닭고기; 병

chief (tʃiːf) *n.* 우두머리; 추장; 장, 부장, 계장; 주요부 *in ~* 최고위의; 주로 — *a.* 최고의; 주요한 (principal), 제1의 ~ *mate* 1등 항해사 ~ *officer* 1등 항해사

Chief Executive 《美》 대통령; 행정장관(주지사 등)

chief·ly (tʃíːfli) *ad.* 주로

child (tʃaild) *n.* (*pl.* chil·dren) 어린이, 아동; 어린애같은 사람; 자손 ~ *specialist* 소아과의사. **~·hood** *n.* 어린시절

child abuse 아동학대

child·ish (tʃáildiʃ) *a.* 어린이다운; 어린애같은, 유치한 「복수

chil·dren (tʃíldrən) *n.* child 의

Chil·e (tʃíli) *n.* 칠레(남미 서남부의 공화국)

chill (tʃil) *n.* 냉기, 추위; 《醫》 오한; 냉담 *catch* [*take*] *a ~* 오한이 나다 — *a.* =chilly — *vt.* 차게하다; 낙심시키다 — *vi.* 차가워지다; 오한이 나다; 낙심하다

chill·y (tʃíli) *a.* 차가운; 추위타는; 냉담한

chime (tʃaim) *n.* (가락을 맞춘) 한벌의 종; (때로 *pl.*) 그 종소리; 차임 — *vt.* (한벌의 종을) 울리다,

chim·ney [tʃímni] *n.* 굴뚝; (남포의)등피, 굴뚝모양의 것 : a ~ corner 난로가 / a ~ piece 벽난로의 선반 (mantelpiece) (올러 시간을)알리다 —*vi.* (한벌의 종이)울리다; 조화하다

chim·pan·zee [tʃìmpænzíː, +英 tʃímpən-] *n.* 침팬지

chin [tʃin] *n.* 턱(끝)

Chi·na [tʃáinə] *n.* 중국(중국 본토는 중화인민 공화국 *the People's Republic of China*, 대만은 중화민국 *the Republic of China*)

chi·na [tʃáinə] *n.* 자기, 사기그릇: a ~ shop 도자기점

China-town [⸺taun] *n.* 화교거주지구

chi·na·ware [⸺wɛ̀ər] *n.* 도자기

Chi·nese [tʃainíːz/⸺⸺] *a.* 중국 (어)의 —*n. sing. & pl.* 중국인(어)

chip [tʃip] *n.* (나무)토막, 조각, (*pl.*) (英)잘게 자른 감자튀김 (potato chips); (美俗) (*pl.*) 돈 —*vt.* 깎다, 자르다 —*vi.* (사기그릇이)이가 빠지다

chirp [tʃəːrp] *n.* 째째(참새 등의 울음소리) —*vt.* 째째 울다

chis·el [tʃízəl] *n.* 끌; 정

chiv·al·ry [ʃívəlri] *n.* 기사도, 기사도적 정신

choc·o·late [tʃɔ́ːkəlit, tʃɑ́k-/tʃɔ́k(ə)-] *n., a.* 초콜릿(의); 초콜릿색(의)

choice [tʃɔis] *n.* 선택; 가리기; 선택권[력]; 선택된 것(사람) : of ~ 고르고 고른 —*a.* 정선한, 우수한

choir [kwáiər] *n.* 합창단, (교회의)성가대; 성가대석

choke [tʃouk] *vt.* 질식시키다; 막다, 막히게 하다; (감정을)누르다 —*vi.* 질식하다; (파이프 등이)막히다 —*n.* 질식; (관 등의) 막힌 부분

chok·er [tʃóukər] *n.* 목걸이

chol·er·a [kálərə/kɔ́l-] *n.* (醫) 콜레라

choose [tʃuːz] *vt., vi.* (*p.* **chose**, *pp.* **cho·sen**) 고르다, 선택하다, …으로 정하다, 원하다 (*to*) *as you* ~ 좋을 대로 : *cannot* ~ *but* (*do*) …하지 않을 수 없다

chop [tʃɑp/tʃɔp] *vt., vi.* (도끼 등으로)자르다; 저미다; (길을)내다 (*through*); (바람이)갑자기 변하다 —*n.* 절단; 두껍게 썬 고깃점

chop·house [⸺hàus] *n.* 식당, 요릿집

chop·per [tʃɑ́pər/tʃɔ́pər] *n.* 도끼, 식칼; (美俗) 헬리콥터, 대형 오토바이

chop·sticks [⸺stìks] *n. pl.* 젓

chop·su·ey [tʃɑ́psúːi/tʃɔ́ps(j)úː(ː)i] *n.* 잡채(중국요리의 일종)

chore [tʃɔːr] *n.* (美) 허드렛일, (*pl.*) (집안)잔일(빨래·청소 등), 싫은 일

cho·rus [kɔ́ːrəs] *n.* (音) 합창 (단); 합창곡 — *n* 합창하여; 이구동성으로

chose [tʃouz] *v.* choose 의 과거

cho·sen [tʃóuzn] *v.* choose 의 과거분사 —*a.* 선택된; 정선한 *the* ~ *people* 신의 선민; 이스라엘 사람

chow·der [tʃáudər] *n.* (美) 잡탕요리의 일종

Christ [kraist] *n.* 그리스도, 구세주

chris·ten [krísn] *vt., vi.* 세례를 베풀다; (세례하여)명명하다

Chris·ten·dom [krísndəm] *n.* (총칭) 기독교국[교도]

Chris·tian [krístʃ(ə)n] *n.* 기독 교도(의) —*a.* 그리스도(교)의 : a ~ name 세례명 — *Science Monitor* 미국 Boston에서 발행되는 지식인 대상의 신문

Chris·ti·an·i·ty [krìstʃiǽnəti/-ti-] *n.* 기독교(의 신앙·정신)

Christ·mas [krísməs] *n.* 크리스마스, 성탄절 : a ~ *card* 크리스마스 카드 /~ *carols* 크리스마스 축가 /~ *Eve* 크리스마스전야 ~ *box* (英) 크리스마스 행하 ~ *holidays* 크리스마스 휴가

Christ·mas·tide [⸺tàid] *n.* 크리스마스철(12월 24일부터 1월 6일까지) (1)만성인

chron·ic [krɑ́nik/krɔ́n-] *a.* (병의)만성적인

chron·i·cle [krɑ́nikl/krɔ́n-] *n.* 연대기; 기록; (C~) …신문 —*vt.* 연대기에 싣다

chro·nom·e·ter [krənɑ́mitər/-nɔ́m-] *n.* 크로노미터, 정밀시계

chrys·an·the·mum [krisǽnθ(ə)məm] *n.* 국화

Chrys·ler [kráislər/kráizlə] *n.* 미국제 고급자동차(회사)

chum [tʃʌm] *n.* (口) 한방 친구, 친구, 단짝 —*vi.* 한방을 쓰다 (*together, with*); 친하게 지내다 (*with*)

chump [tʃʌmp] *n.* 큰 나무토막[고깃덩이]

Chung·king [tʃúŋkíŋ] *n.* 중경(重慶)(중국의 도시)

church [tʃəːrtʃ] *n.* 교회당; 교회; (총칭)기독교도; (*the* C~) 성직 *the* Anglican *C* ~ 영국국교회, 성공회 = the Church of England *at* ~ 예배중 *the established* [*state*] ~ 국교 *go to* [*attend*] ~ 예배보러 가다

church·yard [<ʧə́ːrd] n. 교회의 구내; (구내의)묘지

chute [ʃuːt] n. 급류, 폭포; (짐 등의)활강 장치: a mail ~ 빌딩에서 우편물을 아래로 내려보내는 장치

CIA = Central Intelligence Agency (미국의)중앙정보국

ci·ca·da [sikéidə, -kéidə] n. 매미((美) locust)

ci·der [sáidər] n. 사과주

C.I.F., c.i.f. = cost, insurance and freight (商) 보험료·운임 포함가격

ci·gar [sigáːr] n. 엽궐련: a ~ store (美) 담배가게 ((英) tobacconist's)

cig·a·rette, -ret [sìgərét, ˈ-ˌ-] n. 궐련: a ~ case 궐련 케이스 / a ~ holder 궐련 물부리 / a ~ lighter 라이터 / a pack [packet] of ~s 담배 한 갑

cin·e·ma [sínima] n. 영화관; 영화 ((美) motion picture)

cin·na·mon [sínəmən] n. (植) 육계(肉桂) (나무, 껍질)

ci·pher [sáifər] n. 영(零); 자리수; 암호 —vi., vt. 암호로 쓰다

CIQ = customs(세관), immigration(입국관리), quarantine(검역) 입국수속

cir·cle [sə́ːrkl] n. 원, 원주; 원형의 것; 순환, 주기; 원형관람석; 그룹,…계, 사회 business [political] ~s 실업계 [정계] / a ~ trip 주유(週遊)여행 come full ~ 일주하다 the upper ~s 상류사회 —vi., vt. 둘러싸다 (surround); 회전하다

cir·cuit [sə́ːrkit] n. 순회(구); 주유; 우회 (로); (電) 회로

cir·cu·i·tous [səːrkjúːitəs] a. 우회하는, 에둘러 말하는

cir·cu·lar [sə́ːrkjulər] a. 원형의; 순회의; 순회하는; 광고의: a ~ ticket [tour] 일주 차표 [여행] —n. 회람장, 안내장

cir·cu·late [sə́ːrkjulèit] vi., vt. 순환하다; 유포하다 [시키다]; 배부하다; 유통하다 [시키다]; 회람하다

cir·cu·la·tion [sə̀ːrkjuléiʃən] n. 순환; 유통; 발행부수; 통화

cir·cum·ci·sion [sə̀ːrkəmsíʒən] n. 할례(割禮)

cir·cum·fer·ence [sərkʌ́mfərəns] n. 원주; 주위; 둘레

cir·cum·nav·i·gate [sə̀ːrkəmnǽvigèit] vt. 배로 일주하다

cir·cum·spect [sə́ːrkəmspèkt] a. 조심성있는, 신중한, 용의주도한

cir·cum·stance [sə́ːrkəmstæns] n. (보통 pl.) (주위의) 사정, 상황, 환경; (pl.) (사람의) 처지, 형편; 일, 사건; 상세

cir·cus [sə́ːrkəs] n. 서커스; (英)원형 광장 Piccadilly C~ (런던의)피커딜리원형광장

ci·ta·tion [saitéiʃ(ə)n] n. 표창장, 감사장

cite [sait] vt. 인용하다, 예로들다

Cit·i·bank [sítibæ̀ŋk] n. 미국의 대은행 (정식 First National City Bank)

cit·i·zen [sítizn] n. 시민, 공민; 국민, 주민; (군인 등과 대칭하여) 일반인 **~·ship** n. 시민[공민]권, 국적

Citizens Bànd Rádio 시민 밴드 라디오(CB Radio) (미국 시민에게 개방된 주파수를 이용하여 교신하는 라디오)

cit·y [síti] n. 시, 도시, 도회지; (the ~) 전시민; (the C~) 시티 (런던의 금융·상업의 중심지구): a ~ hall 시청 / ~ planning 도시계획 ((英) town planning) / a ~ map 시가지도 / ~ information booth 시내 안내소 / ~ terminal 시내 터미널 / the capital ~ 수도

civ·ic [sívik] a. 시의, 시민[공민]의: ~ rights 시민권

civ·il [sív(i)l] a. 시민의; (공무원·군인과 대칭하여) 민간의; (주와 대칭하여) 속(屬)의; 민간의; 국내의; 예의바른; 문명의: ~ aviation 민간항공 / ~ rights 민권[시민권] / a ~ servant 공무원

ci·vil·ian [sivíljən] a. 민간의, 일반시민의 —n. (군인·문관과 대칭하여) 일반시민; 문관; 공무원

civ·i·lize [sívilàiz] vt. 문명화하다; 교화(敎化)하다 **~d** a. 문명화된; 교양있는; 우아한 **-li·zá·tion** n. 문명

claim [kleim] vt. 요구하다, 승인을 요구하다; 공언 [주장] 하다; (주의할)만하다 —vi. 손해배상 을 요구하다 (against) —n. 요구, 권리, 주장: Where can I make a ~? 어디에 신청하면 됩니까? **a ~ tag** (짐의)보관증, 수화물 꼬리표

claim·ant [kléimənt], **claim·er** [kléimər] n. 청구자[신청]자

clam [klæm] n. (貝) 대합

clam·ber [klǽmbər] vi., vt. 기어오르다 (up)

clam·our [(英) ~ -our] [klǽmər] n. 소동, 외침 —vi., vt. 떠들어대다

clam·or·ous [klǽmərəs] a. 시끄러운, 소란한

clamp [klæmp] vt. 탄압하다, 단속하다 (down)

clan [klæn] n. 씨족, 일족; 일단

clang [klæŋ] vi., vt. (무기·종 등이)뗑그렁 울리다 —n. 뗑, 뗑그렁

clap [klæp] vi., vt. 손뼉치다, 박수하다; 날개치다; 가볍게 두드리다; 갑자기 ...하다 (to, on) —n. 박수소리, 빨싹(매리기)

clar·et [klǽrət] n. (보르도산의) 붉은 포도주; 빨간 자주색

clar·i·fy [klǽrəfài] vt., vi. 맑게 하다, 닭아지다; 명백히하다, 명백해지다

clasp [klæsp/klɑːsp] vt. 붙잡다, 꽉쥐다, 껴안다; (걸쇠로)잠그다, 죄다 —n. 악수, 포옹; 걸쇠

class [klæs/klɑːs] n. 계급, 등급; (객차의)등; 종류; 학급, 반; 학습시간, 수업: travel first ~ 1등으로 여행하다 —vt. = classify

clas·sic [klǽsik] n. 고전; 고전 작품; 문호, 대예술가 —a. 고전적인; 전형적이; 일류의; (문화·예술의)고전식의; 유서깊은

clas·si·cal [klǽsik(ə)l] a. 고전적인; 고전주의의

clas·si·fi·ca·tion [klæ̀səfikéi-ʃ(ə)n] n. 분류(법), 구분, 유별

clas·si·fy [klǽsəfài] vt. 분류하다, 등급으로 나누다 **classified ad** (신문의)안내 광고

clause [klɔːz] n. 절(節), 조항; 절(節)

claw [klɔː] n. (새·짐승의)발톱, (게·새우의)집게발 —vt. 〈체, 긁어〉

clay [klei] n. 점토, 흙; (죽은)육체

cláy shóoting 클레이사격

clean [kliːn] a. 깨끗한, 청결한; 결백한; 완전한; 멋진, 훌륭한; 사용할 등에)오염되지 않은: keep oneself ~ 몸을 깨끗히 하다 —ad. 충분히; 깨끗이; 단정히 —vt. 깨끗이 하다, 치우다, 단정히하다 ~ **out** 깨끗이 하다 ~ **up** 청소하다

clean·er [klíːnər] n. 청소기, 세탁소 직공; 세제(洗劑)

clean·ing [klíːniŋ] n. 청소; 세탁

clean·ly¹ [klénli] a. 깨끗한, 결벽을 좋아하는

clean·ly² [klíːnli] ad. 깨끗이, 청결하게; 맑게

clean·ness [klíːnnis] n. 청결

cleanse [klenz] vt. (약품 등을 써서) 깨끗이 하다: **cleansing cream** 클렌싱 크림 **cleans·er** n. 세제; (美) 도로청소부

clear [kliər] a. 맑은, 투명한; 밝은; 명백한, 분명한; 명쾌한; 방해가 없는, 트인; 정미의; 속박없는, 자유로운: as ~ as day 아주 명백한 **be ~ from** [of] ~가 없다 **~ one's mind make oneself ~** 자기 생각을 남에게 이해시키다 —vt. 명백히 하다; 맑게 하다; 결백을 입증하다; 지불하다, 치우다; 뛰어넘다, 지나넘다; 떨어지다, (배를) 출항시키다; 개다: (하늘·구름 등이) 개다 《up》: (입국·출국의)통관[절차]을 마치다, (俗) 떠나다 **~ away** 치우다 (안개가 등)걷히다 **~ off** 치우다 (부채 등을)다 끝내다; 발아치우다; 개다 **~ out** 쏟아내다, 떨쳐버리다; 떠나다 **~ up** 치우다; 해결하다; 개다 —ad. 명백히; 완전히; 아주

clear·ance [klíərəns] n. 치우기; 출항허가, 통관절차; ~ **sale** 재고 정리 판매; ~ **certificate [permit, papers]** 출항허가서/~ **fee** 통관세

clear·ly [klíərli] ad. 명백히; 분명히 (대답으로)그렇고말고

clear·ness [klíərnis] n. 맑음; 명쾌, 장애없음; 청렴

cleave [kliːv] vt., vi. (p. **clove, cleft**, pp. **clo·ven, cleft**) 쪼개 (지)다, 벌어지(게하)다

clench [klentʃ] vt. (주먹을)꽉 쥐다, (이를)악물다[다]

cler·gy [kláːrdʒi] n. (총칭) 목사, 성직자

cler·gy·man [≤mən] n. (pl. **-men** [-mən]) 목사

cler·i·cal [klérik(ə)l] n. 목사의, 서기의 —n. (pl.) 성직자복

clerk [kləːrk/klɑːk] n. 서기, 사무관[원]; 《美》점원 □ 숙련된

clev·er [klévər] a. 영리한; 능숙한

click [klik] n. 딱각하는 소리

cli·ent [kláiənt] n. 소송의 의뢰인; 고객, 단골손님

cliff [klif] n. 절벽, 벼랑

cli·mate [kláimit] n. 기후, 풍토; (기후·풍토의)지방, 분위기

cli·max [kláimæks] n. (흥미 등의)정점, 최고조

climb [klaim] vt., vi. 기어오르다, 오르다, 출세하다 —n. 오르기, 등반 **~·er** n. 등산가

clinch [klintʃ] vt. 단단히 죄다, (못으로)고정시키다 —vi. 클린치하다 —n. 못대가리를 구부리기; 죄는 도구; 클린치

cling [kliŋ] vi. (p., pp. **clung**) 들러붙다; 집착하다 (to) —y a. 들러붙는, 집착하는

clin·ic [klínik] n. 의무실, 진료소; 임상강의(실)

clip¹ [klip] n. (가위 등으로)깎기, 깎아낸 것 —vt., vi. 깎다

clip² n. (종이)집게, 클립 —vt. 꽉 쥐다

clíp jòint 바가지(유흥)업소

clip·per [klípər] n. (pl.) 큰 가

cloak [klouk] n. 소매없는 외투

cloak-room [⌐ru(ː)m] n. (호텔·극장 등의)휴대품 보관소;(역의)수하물 보관소;《美》 check-room);《英》 변소

clock [klak/klɔk] n. 벽[탁상]시계, 괘종; set [wind] a ~ 시계를 맞추다[태엽을 감다]

clock·wise [klákwàiz / klɔ́k-] ad., a. 오른쪽으로 (도는) (cf. counterclockwise)

clock·work [klákwə̀ːrk/klɔ́k-] n. 시계 장치

clod [klad/klɔd] n. (흙)덩이

clog [klag/klɔg] n. 방해, 장애물

clois·on·né [klɔ̀izənéi / kwa:zɔnéi] F. n., a. 칠보자기(의)

clois·ter [klɔ́istər] n. 수도원;(안뜰을 둘러싼)보랑(步廊)

close¹ [klouz] vt. 닫다 (opp. open); 막다; 마치다; (열을)죄다 — vi. 닫히다, 막히다; 끝나다, 종 업하다, 폐장[폐관]하다;(극장 등이) 휴관하다; 다가가다 C ~ d 《게시》 폐점, 휴업 — n. 종결, 끝 (end), 폐회;《音》 종지부

close² [klous] a. 닫은; 좁은; 은 밀한; 통풍이 안되는; 무더운; 근 밀한; 가까운; 친밀한; 엄밀한; (세력 등이) 백중의; 인색한: a ~ cut 지름길 / a ~ friend 친한 친구 be ~ to …에 접근하여 있다 — ad. 밀접하여; 접근하여; 단단히, 꼭; 친밀히; 엄밀히; fit ~ 꼭 맞 다 ~ at hand 신변 가까이에 ~ by 바로 옆에 ~ on [upon] 거의, 대략

clósed círcuit 특정한 수상기에만 송신되는 텔레비전방송

close-fit·ting [⌐fítiŋ] a. (옷이) 몸에 꼭 맞는

close·ly [klóusli] ad. 접근하여, 줄여서; 꼭; 친밀히; 면밀히

clos·et [klázit/klɔ́z-] n. 작은방, 사실(私室); 벽장; 변소

close-up [klóusʌ̀p] n. 《영화》 클로즈업

cloth [klɔːθ, klɑθ/klɔ(ː)θ] n. (pl. ~s [klɔːdz, klɔθs]) 직물, 옷감; 헝겊; 식탁보 lay hands [remove, draw] the ~ 상을 차리다[치우다]

clothe [klouð] vt. 옷을 입히다 [주다]; 덮다 (with, in) — vi. 옷 을 입다

clothes [klouz, klouðz/klouzðz] n. pl. 의복, 의류

clothes·bag [⌐bæ̀g] n. 세탁물 자루

clothes·horse [⌐hɔ̀ːrs] n. 빨래 [걸이]

clothes·line [⌐làin] n. 빨랫줄

clothes·pin [⌐pìn] n. 빨래집게

clothes·pole [⌐pòul] n. 빨랫대

cloth·ing [klóuðiŋ] n. 《총칭》 옷, 의류

cloud [klaud] n. 구름; 큰 떼; (대리석 등의)회색 얼룩; (의복 등의) 암영 — vt., vi. 흐리(게하)다

cloud·less [⌐lis] a. 구름(한점) 없는, 맑게 갠

cloud·y [kláudi] a. 흐린; 몽롱한

clo·ver [klóuvər] n. 《植》 토끼풀

clown [klaun] n. 어릿광대; 투박 한 사람, 시골뜨기

club [klʌb] n. 곤봉; (골프·하키 용) 타봉; 클럽, 사교회, 클럽회관 [실]; (트럼프의) 크로버: a country ~ 컨트리클럽 / an Alpine ~ 등산클럽

club·house [⌐hàus] n. 클럽회관

club sándwich 토스트 3장 사 이에 고기·야채 등을 끼운 샌 드위치

clue [kluː] n. (문제해결의)실마 리, 단서

clump [klʌmp] n. 수풀, 덤불

clum·sy [klʌ́mzi] a. 서투른, 어설픈; 눈치없는

clung [klʌŋ] v. cling 의 과거(분)

clus·ter [klʌ́stər] n. (과실·꽃 등의)송이; 떼, 집단, 한덩어리 — vi., vt. 떼를짓(게하)다

clutch [klʌ́tʃ] vt., vi. 꽉 쥐다 [잡다], 잡으려 하다 (at) — n. 꽉 잡기; 《機》 클러치

CM = commercial message (라디오·텔레비전의)커머셜

Co. [kʌ, kʌ́mp(ə)ni] = Company

c/o = (in) care of …전교(轉交)

coach [koutʃ] n. 세단형 자동차; 《英》 장거리(대형) 버스; 객차; 《美》 (기차·항공기의) 2등 (cf. Pullman); 가정교사, (경기의) 코치 — vt., vi. 마차로 운반[여행]하다; 코치하다, 수험지도 를 하다

coal [koul] n. 석탄 ~ oil 《美》 석유, 등유

co·a·li·tion [kòuəlíʃən] n. 제휴, 연립 ~ government 연립 정부

coarse [kɔːrs] a. 조잡한; 거친; (알이)굵은; 난폭한: a ~ fare 조식

coast [koust] n. 해안, 해변, 연안(지방); (the C~) 《美口》 태평양연안지방 — vi. 해안을 따라 항해[매매]하다 — ~er n. 연안상선; (유원지의)코스터

cóast guàrd 연안경비대

coast·line [kóustlàin] n. 해안선

coat [kout] n. (남자용상의, 여 자용) 코트, 외투; (짐승의) 모

피, 털; 층; 칠 —vt. 상의를 입히다; (헤인즈 등을)칠하다하다

coax [kouks] vt. 어르다, 달래다

co·bra [kóubrə] n. 코브라(독사)

Co-ca-Co·la [kóukəkóulə] n. 코카콜라(일종의 청량음료)

co·caine, -cain [koukéin, ∠-/kə-] n. 코카인(마취제)

cock [kɑk/kɔk] n. 수탉 (cf. hen); 풍향계; 두목 (leader); (수도·가스 등의)꼭지, —vt. 씨움

cock·fight·ing [⁴fàitiŋ] n. 닭싸움

cock·ney [kákni/k5k-] n., a. 런던토박이(의), 런던사투리(의)

cock·pit [kákpit/k5k-] n. 투계장; (비행기·요트 등의)조종실; (자동차의)운전석

cock·tail [káktèil/k5k-] n. 칵테일; a ~ party 칵테일파티 / a ~ dress 칵테일드레스 (이브닝드레스보다 약간 짧은 여자의 성장) / ~ hour 칵테일시간 (저녁먹기전 5~8시가 보통) / a ~ lounge 칵테일라운지 (호텔·공항 등의 칵테일을 마시는 방)

co·coa [kóukou] n. 코코아(음료)

co·co·nut, co·coa·nut [kóukə-nʌt] n. 야자(열매)

C.O.D., c.o.d. [美] collect on delivery, [英] cash on delivery 대금 상환(지불); send a thing ~ 현금상환으로 부치다

code [koud] n. 법전; 규약, 관례; 신호법, 약호, 암호

co·ed, co-ed [kóuéd, 美 ∠∠] n. [美口] 남녀공학의 여학생

co·ed·u·ca·tion [kóuedʒukéiʃ(ə)n/kóudju(:)-] n. 남녀공학

co·erce [kou∂́ːrs] vt. 강제[강요]하다, 위압하다

co·ex·ist [kòuigzíst/⁴∠-] vi. 동시에 존재하다, 공존하다

cof·fee [kɔ́ːfi, káfi/k5fi] n. 커피 (나무, 열매, 콩, 다과회, 색); a black ~ 우유나 크림을 넣지 않은 커피 / a cup ~ 커피잔 / a house 다방 / a ~ shop [room] (호텔 등의 간단한 식사도 할 수 있는) 커피숍

coffee break [美] (오전과 오후의) 커피 마시는 휴식시간

co·gnac [kóunjæk, kánjæk] n. 코냑; (일반적으로)브랜디 [F]

cog·nate [kágneit/k5g-] a. 동족 [동종]의, 같은 계열[어원]의

cog·wheel [kág(h)wiːl/k5g-] n. 톱니바퀴

co·here [kouhíər] vi. 밀착하다; (분자 등이) 응집하다; 조리가 서다

coif·feur [kwaːfə́ːr] F. 이발사 (hairdresser)

coil [kɔil] vi., vt. 돌돌 말다, 사

리를 틀다 —n. 똘똘 말기, 사리; [電] 코일

coin [kɔin] n. 화폐, 경화; [俗] 돈 —vi., vt. 주조하다; (신어·거짓말을)만들어내다

co·in·cide [kòuinsáid] vi. 동시에 발생하다; (의견 등이)일치하다

co·in·ci·dent [kouínsid(ə)nt] a. 동시발생의; 일치[부합]하는

coin-op·er·at·ed [kɔ́inɑ̀pəreitid/-ɔ̀p-] a. 동전투입식의, 자동판매의 [Cola

coke [kouk] n. [美口] = Coca-

cold [kould] a. 차가운; 추운 (cf. hot, warm); 냉정한; 낙담시키는; 한랭(寒色)의 —n. 추위; 감기: catch [take] ~ 감기들다 / a ~ in the head [nose] 코감기 / have a ~ 감기에 걸려 있다 / ten degrees of ~ 영하 10도 ~ cream 콜드크림 / ~ war 냉전

cole·slaw [kóulslɔ̀ː] n. [美] 양배추샐러드

col·lage [kəlɑ́ːʒ] F. n. 콜라주 (신문사진 등을 오려내어 붙이는 추상적 구성법)

col·lapse [kəl∞́ps] vi. 붕괴하다, 무너지다 —n. 붕괴

col·lar [kálər/k5l-] n. 칼라, 깃; (개의)목걸이, (돼지고기의)목살 [동격자

col·league [káliːg/k5l-] n. 동료,

col·lect [kəlékt] vt. 모으다 (assemble); 집중하다, (마음을)가다듬다, (용기)내다: ~ oneself 마음을 가라앉히다 —vi. 모이다, 쌓이다 —a., ad. [美] 수신인지불로(로); (전화에서)요금 수신인 지불로의 / ~ call 요금 수신인지불 전화 / send a telegram ~ 요금수신인지불로 전보치다

col·lec·tion [kəlékʃ(ə)n] n. 수집(품); 수금, 징수; 퇴적

col·lec·tive [kəléktiv] a. 집단의: ~ leadership 집단지도(체제) / ~ security 집단안전보장

col·lec·tor [kəléktər] n. 수집 [채집]자; 수금원; 수집가; [電] (역의)집찰원장

col·lege [kálidʒ/k5l-] n. 단과대학, 전문학교; [英] 대학 (university의 일부); 교사(校舍)

col·lide [kəláid] vi. 충돌하다; 일치하지 않다 (with)

col·li·sion [kəlíʒ(ə)n] n. 충돌; (이해관계의) 불일치

col·lo·qui·al [kəlóukwiəl] a. 구어체의 (cf. literary, vulgar)

Co·logne [kəlóun] n. 쾰른(서독

Colombia의 도시 Köln); (또는 c~) 오드콜로뉴 (eau de Cologne)

Co·lom·bi·a [kəlʌ́mbiə / -lɑ́m-] n. 콜롬비아(미국의 공화국)

Co·lom·bo [kəlʌ́mbou] n. 콜롬보(스리랑카의 수도)

colo·nel [kə́ːrn(ə)l] n. 육군대령 《英》 연대장

co·lo·ni·al [kəlóuniəl] a. 식민(지)의; (때로 C~) 《美》 식민지 시대의

col·o·nist [kálənist/kɔ́l-] n. 식민지사람; 이주자, 입식(入植) 자

col·o·ny [káləni/kɔ́l-] n. 식민지; 식민; 거류지; the Italian ~ in New York 뉴욕의 이탈리아인 거리 / a summer ~ 피서지

col·or, 《英》 **-our** [kʌ́lər] n. 색채, 색; (pl.) 그림물감; 안색; 개성; 겉치레; (pl.) 군기, 색리본; ~ bar 인종차별/a ~ film 컬러필름, 천연색영화/a film for ~ prints 프린트용 컬러필름/a television 컬러텔레비전 lose ~ 창백해지다 — vt., vi. 착색하다, 윤색하여 말하다; (과일 등이)물들다, 얼굴을 붉히다 (up) — **ed** a. 색채있는, 유색의, 《美》 흑인의; 꾸민, 그럴듯한 — **ful** a. 색채가 풍부한, 화려한 — **less** a. 창백한, 색바랜; 특색없는; 공평한

Col·o·ra·do [kàlərǽdou, -rɑ́ː- / kɔ̀lərɑ́ːdou] n. 미국 서부의 주

col·or-blind [◁blàind] a. 색맹의

color·cast, -our- [kʌ́lərkæ̀st / -kɑ̀ːst] n., vt. 컬러텔레비전방송(을 하다)

cólor prèjudice 유색인종에 대한 편견

co·los·sal [kəlɑ́sl / -lɔ́s-] a. 거대한, 방대한; 《口》 훌륭한

Col·os·se·um [kɑ̀ləsíːəm / kɔ̀ləsíəm] n. 콜로세움(로마의 원형 경기장)

Colt [koult] n. 콜트식 권총

colt [koult] n. 망아지

Co·lúm·bus Dày [kəlʌ́mbəs] 대륙 발견 기념일(10월 12일)

col·umn [káləm / kɔ́l-] n. 원주(같은 것); (신문 등의)난; 《美》특별기고란: an advertisement [a literary] ~ 광고[문예란] — **ist** n. 《美》(신문의) 특별기고란 기고자

comb [koum] n. 빗; 볏; 벌집 — vt. 빗질하다, (머리를)빗다

com·bat [kɑ́mbæt, kʌ́m / kɔ́m- bæt, kʌ́m-] n. 전투, 싸움

com·bi·na·tion [kɑ̀mbinéi(ʃ)ən / kɔ̀m-] n. 결합, 단합; 단체행동; 《英》 (pl.) 상하가 붙은 내복: a ~ car (1등과 2등 또는 객차와 화차와의) 혼합열차

com·bine [kəmbáin] vi., vt. 결합시키다, 연합하다 《with》

com·bo [kɑ́mbou/kɔ́m-] n. (pl. ~**s**) 소편성 재즈악단

com·bus·ti·ble [kəmbʌ́stəbl] a. 잘 타는, 가연성의; 격하기 쉬운 — n. (보통 pl.) 가연물

come [kʌm] vi. (p. **came**, pp. **come**) 1 오다 (opp. go); 내도하다; (사건이) 발생하다 (happen), 생기다; (생각이) 떠오르다 2 ···에서 나오다, ···의 태생이다 《of, from》 3 이루어지다; 합계(결국) ···이 되다; (어떤 상태로되다: ~ into play 활동하기 시작하다 4 《명령법》 자!, ~ **about** 일어나다, 생기다 ~ **across** (남과) 우연히 만나다; (물건을) 발견하다 ~ **along** 오다 《명령적》 자 빨리! ~ **by** ···을 얻다; 곁을 지나다 ~ **down on**〔**upon**〕···에 갑자기 덤벼들다 ~ **forth** 나오다 ~ **off** 떨어지다, (일이)일다, 성공하다 ~ **on** 나아가다, 습격하다; 《명령》 자오너라(가자)! ~ **out** 나타나다; (꽃이) 피다 ~ **over** (변화가)일어나다; 멀리서 오다 ~ **round**〔**around**〕(철 등이) 돌아오다; 회복하다 ~ **to** 총계 ···에 이르다 ~ **up** 다가가다, 오르다 ~ **upon**〔**on**〕 ···과 마주치다 ~ **up with** ···을 따라잡다

come·back [◁bæ̀k] n. 복귀

co·me·di·an [kəmíːdiən] n. 희극배우, 희극작가

Comédie Française [kɔmedifrɑ̃sɛ́z] 파리에 있는 프랑스 국립극장 및 그 소속극단

com·e·dy [kɑ́midi / kɔ́m-] n. 희극

come-on [kʌ́mɑ́n /-ɔ́n] n. (관속) 유인, 자극

com·fort [kʌ́mfərt] n. 위안, 즐거움; (pl.) 생활을 즐겁게 하는 것; 안락(ease) ~ **stop** 《美》 (버스여행중) 휴게정차 ~ **station** 《美俗》 (공원 등의) 변소 — vt. 위로하다, 안심시키다

com·fort·a·ble [kʌ́mfərtəbl] a. 기분좋은, 편안한; 안락한

com·ic [kɑ́mik / kɔ́m-] a. 희극의; 우스러운, 우스운(funny) — n. 《美俗》(때로 pl.) 만화

com·i·cal [kɑ́mik(ə)l / kɔ́m-] a. 익살스러운, 웃기는

com·ing [kʌ́miŋ] a. 오는, 다음의; 《口》 신진의, 유망한

com·mand [kəmǽnd / -mɑ́ːnd] vt., vi. 명령하다 (order); 지휘

commander [kəméndər/-máːnd-] *n.* 지휘자; 사령관; 해군중령; ~ **in chief** 총사령관; 함대사령관; (C~) 최고사령관 (C-in-C [siŋk] 라고도 함)

com·man·do [kəmǽndou/-máːn-] *n.* (*pl.* ~**s**, ~**es**) 특공대원

com·mem·o·rate [kəmémərèit] *vt.* 기념하다

com·mence [kəméns] *vt., vi.* 시작하다[되다](begin) ~**ment** *n.* 《美》대학의 졸업식, 학위수여식

com·mend [kəménd] *vt.* 칭찬하다; 추천하다; 맡기다 ~**a·ble** *a.* 칭찬할 만한, 훌륭한, 추천할 수 있는

com·ment [kάment/kɔ́m-] *n.* 주석; 평론: No~. 할말 없다 —*vi.* 주석을 달다, 비평하다

com·men·tar·y [kάməntèri/kɔ́mənt(ə)ri] *n.* 주석, 논평

com·merce [kάmə(ː)rs/kɔ́mə(ː)s] *n.* 상업, 통상, 무역; 교제

com·mer·cial [kəmə́ːr(ə)l] *a.* 상업의, 통상의, 무역의 —*n.* 《美》광고방송(프로) ~**ism** *n.* 상업[영리]주의; 상혼

commércial méssage (라디오·텔레비전의) 커머셜

com·mis·sion [kəmíʃ(ə)n] *n.* 위임(장); (위탁된)임무, 직권; 위원(회); 《商》위탁, 수수료; 범죄 —*vt.* 위임하다; 임명하다

com·mis·sion·er [kəmíʃənər] *n.* 위원, 이사, 사무관; 국장

com·mit [kəmít] *vt.* (죄를)저지르다; 실행하다; 맡기다, …에게 위탁하다; (체면을)손상하다: C~ no nuisance. (게시) 소변 금지

com·mit·tee [kəmíti] *n.* 위원회; 《총칭》 위원

com·mode [kəmóud] *n.* 옷장, 실내변기; 세면대

com·mod·i·ty [kəmάditi/-mɔ́d-] *n.* 일용품, 필수품; 상품

commódity táx 물품세

com·mon [kάmən/kɔ́m-] *a.* 공통의, 공동의; 보통의(usual); 평범한(*opp.* rare), 흔해빠진, 비속한, 공공의: a ~ room 사교실 / a ~ school 《美》 초등학교 / ~ sense 상식 / a ~ lodging [house] 간이숙박소 —*n.* 공유지; 공용 *in* ~ 공동으로; …과 마찬가지로(with)

cómmon-láw [-lɔ́ː] *a.* 관습법의 ~ **wife** 내연의 처

Cómmon Márket (*the* ~) 유럽공동시장

com·mon·place [kάmənplèis/kɔ́m-] *a.* 평범한, 진부한, (문제가) 평범한 문구[사물]; 일상사: a ~ book 비망록, 메모록

com·mons [kάmənz/kɔ́m-] *n. pl.* 민중, 평민; (*the* C~) 하원 (의원) *the House of C*~ 《영국의》하원

com·mon·wealth [kάmənwèlθ/kɔ́m-] *n.* 공화국; 국가 *the British C*~ *of Nations* 영국방

com·mo·tion [kəmóuʃ(ə)n] *n.* 동요, 소요, 소동

com·mune [kəmjúːn] *vi.* (다정하게) 이야기하다, 교제하다(*with*); 《美》성찬을 받다

com·mu·ni·cate [kəmjúːnikèit] *vt.* 전하다; 전염시키다 —*vi.* 전해지다, 감염되다; 통신하다 (*with*)

com·mu·ni·ca·tion [kəmjùːnikéiʃ(ə)n] *n.* 통신, 서신교환; 교통(기관); 전달; 연락 ~**s satellite** 통신위성

com·mu·ni·qué [kəmjúːnikèi, -ˌ--ˈ-/-ˈ-ˌ--] *F. n.* 성명, 코뮈니케: a joint ~ 공동성명

com·mu·nism [kάmjuniz(ə)m/kɔ́m-] *n.* 공산주의

com·mu·nist [kάmjunist/kɔ́m-] *n.* 공산주의자

com·mu·ni·ty [kəmjúːniti] *n.* 공동사회; 공유; 단체; (*the* ~) 공중: a ~ center 《美》공회당 / *antenna television* 공동시청 안테나 텔레비전 (略: CATV)

community chest 공동모금

community college 지역전문대학

com·mu·ta·tion [kάmjuːtéiʃ(ə)n/kɔ̀m-] *n.* 교환; 《美》정기권 통근: a ~ ticket 《美》정기권, 회수권

com·mute [kəmjúːt] *vi., vt.* 교환하다 (*into*, *for*); 《美》정기[회수]권으로 다니다 -**mut·er** *n.* 교환자; 《美》정기[회수]권 사용자

Co·mo [kóumou] *n.* 코모호(북이탈리아의 호수, 관광·휴양지)

com·pact[1] [kάmpækt/kɔ́m-] *n.* 계약, 맹약

com·pact[2] *a.* [kəmpǽkt →*n.*] 촘촘(조밀)한, 빽빽한, (문체가) 간결한: a ~ car 소형자동차 —*n.* [kάmpækt/kɔ́m-] 콤팩트, 소형자동차 (compact car)

com·pan·ion [kəmpǽnjən] *n.* 벗, 친구, 동료; (우연히 만난)일행; (쌍의)한짝: ~**s** *on a journey* 길동무

com·pa·ny [kʌ́mp(ə)ni] n. 교제, (사교적)집회; 친구들, 동료들; 손님; 일단, 일행; 회사, 상회 (略: Co.); 《海》 승무원 bear [keep] ~ 동행하다, 상대해 주다 in ~ ···과 함께(와); 남들 앞에서 keep ~ with ···과 교제하다

com·pa·ra·ble [kʌ́mp(ə)rəbl/kɔ́m-] a. 비교할 수 있는; 필적하는

com·par·a·tive [kəmpǽrətiv] a. 비교의; 비교적인, 상당한

com·pare [kəmpɛ́ər] vt. 비교하다《with》; 비유하다《to》 —vi. (보통 부정문에) 필적하다, 비교가 되다《with》《as》 ~d with ···과 비교하여 —n. 비교《in》

com·par·i·son [kəmpǽrisn] n. 비교, 대조; 유사

com·part·ment [kəmpɑ́ːrtmənt] n. (객차·객선에서 간막이한) 객실 (3명씩 마주앉는 좌석이 있음); 《美》(열차의)침대가 딸린 특별실; 구획, 간막이

com·pass [kʌ́mpəs] n. 주위, 한계, 범위; 나침반; (pl.) 컴퍼스

com·pas·sion [kəmpǽʃ(ə)n] n. 연민, 동정

com·pat·i·ble [kəmpǽtəbl] a. 양립할 수 있는, 모순없는《with》

com·pat·ri·ot [kəmpéitriət/-pǽt-] n. 동포, 겨레

com·pel [kəmpél] vt. 억지로 시키다 (force), 부득이 ···시키다《to do》

com·pen·sate [kʌ́mpənsèit/kɔ́mpen-] vi., vt. 보상하다 -**sa·tion** n. 보상, 보수

com·pete [kəmpíːt] vi. 경쟁하다

com·pe·tent [kʌ́mpit(ə)nt/kɔ́m-] a. 경쟁하는; 상당한; 자격있는

com·pe·ti·tion [kʌ̀mpitíʃ(ə)n/kɔ̀m-] n. 경쟁; 시합, 경기(회)

com·pet·i·tive [kəmpétitiv] a. 경쟁의, 경쟁적

com·pet·i·tor [kəmpétitər] n. 경쟁자

com·pile [kəmpáil] vt. 편집하다 -**pil·er** n. 편집자; (전자계산기의)콤파일러더

com·plain [kəmpléin] vi. 불평하다, 투덜거리다《of, about》; 병을 호소하다《of》; (불만을) 정식으로 제기하다

com·plaint [kəmpléint] n. 불평, 넋두리; 병; 고소

com·ple·ment [kʌ́mplimənt/kɔ́m-] n. 《文》보충 —vt. 보충 [보완]하다

com·plete [kəmplíːt] a. 완전한, 철저한 —vt. 완성[완료]하다

com·ple·tion [kəmplíːʃ(ə)n] n. 완성, 완료

com·plex a. [kɔmpléks, kʌ́mpleks →n./kɔ́mpleks] 복잡한 —n. [美 kʌ́mpleks] 복합물; 《心》 콤플렉스: superiority ~ 우월감/ inferiority ~ 열등감

com·plex·ion [kəmplékʃ(ə)n] n. 안색; 양상

com·pli·cate [kʌ́mplikèit/kɔ́m-] vt. 복잡하게 하다 -**cat·ed** a. 복잡한, 뒤얽힌

com·pli·ment [kʌ́mplimənt/kɔ́m- →vt.-mènt] n. 찬사, 아첨(말); (pl.) 인사 pay [make] one's ~s 인사하다 —vt. [kʌ́mpliment/kɔ́m-] 인사하다; 칭찬하다; 선물하다

com·pli·men·ta·ry [kʌ̀mpliméntəri/kɔ̀m-] a. 칭찬의, 인사의; 아첨의; 무료[우대]의: a ticket 우대권/ a ~ dinner (비행기내에서의)무료식사 / a ~ room 특별히 무료로 제공되는 우대실/ a ~ ticket 초대권, 찬사

com·ply [kəmplái] vi. (규칙 등에) 따르다, 응하다《with》

com·po·nent [kəmpóunənt] a. 구성하는, 성분의 —n. 성분

com·pose [kəmpóuz] vt. 조립하다《of》, 조직하다; (시·곡 등을)짓다; (마음을)가라앉히다 —vi. 시문을 짓다, 작곡하다 be ~d of ···으로 이루어지다

com·pos·er [kəmpóuzər] n. 작곡가, (시문의)작자

com·po·si·tion [kʌ̀mpəzíʃ(ə)n/kɔ̀m-] n. 작문, 작품, 작곡의; 구조; 기질; 성분; 합성물

com·po·sure [kəmpóuʒər] n. 침착(성)

com·pote [kʌ́mpout/kɔ́mpɔt, -pout] n. 과일의 설탕절임; 굽있는 과일접시 [F]

com·pound a. [kʌ́mpaund, -ʹ/kɔ́mpaund] →n., v.ʹ] 혼합의; 합성의; 복잡한; 복식의 —n. [kʌ́mpaund/kɔ́m-] 혼합물 (mixture), 합성물 —vt., vi. [kəmpáund] 혼합하다 (mix), 조제하다; 사화하다

com·pre·hend [kʌ̀mprihénd/kɔ̀m-] vt. 이해하다 (understand); 포함[내포]하다

com·pre·hen·sion [kʌ̀mprihénʃ(ə)n/kɔ̀m-] n. 이해(력); 포함

com·pre·hen·sive [kʌ̀mprihénsiv/kɔ̀m-] a. 이해력있는; 포괄적인: a ~ school 종합(고등)학교

com·press n. [kʌ́mpres/kɔ́m- →vt.ʹ] 습포 —vt. [kəmprés] 압축[압착]하다; (글을) 단축하다

com·pro·mise [kʌ́mprəmàiz/

compulsory — **cone**

com- [kɔm-] *n.* 타협, 화해; 절충안 — *vi., vt.* 타협하[화해하]다

com·pul·so·ry [kəmpʌ́ls(ə)ri] *a.* 강제적인; 의무적인, 필수의

com·pute [kəmpjúːt] *vi., vt.* 계산하다, 산정하다 《at》 **-put·er** *n.* 전자계산기

com·put·er·ize [kəmpjúːtəràiz] *vt.* 컴퓨터화하다, 컴퓨터로 처리하다

com·rade [kámræd, -rid / kɔ́mrid, kám-] *n.* 친구/동료, 동지

Com·sat [kámsæt / kɔ́m-] *n.* (미국의)통신위성회사 《＜Communication Satellite Corporation》

con·cave [kankéiv, ⌐ / kɔ́n-] *a.* 오목한 (*opp.* convex)

con·ceal [kənsíːl] *vt.* 숨기다 (hide)

con·cede [kənsíːd] *vt.* (사실을) 인정하다; 양보하다; (권리 등을) 주다

con·ceit [kənsíːt] *n.* 자부심, 자만심 **~ed** *a.* 자만심이 강한

con·ceive [kənsíːv] *vt.* (생각·원한 등을)품다; 생각하다; 착상하다 《of》; 임신하다 **-ceiv·a·ble** *a.* 생각할 수 있는, 있을 수 있는

con·cen·trate [káns(e)ntrèit / kɔ́n-] *vt., vi.* 집중[전념]하다 **-trá·tion** *n.* 집중; 전념

con·cep·tion [kənsép∫(ə)n] *n.* 개념(작용); 생각; 임신

con·cern [kənsə́ːrn] *vt.* 관계하고 있다; …의 이해에 관계하다; 《보통 수동형》관심을 갖다; 걱정시키다 *as ~s* …에 관해서는 *be ~ed in* [*with*] …에 관계하고 있다 *so far as I am ~ed* 나에 관한 한은 — *n.* 관계 《*with*》, 이해관계 (interest); 관심, 걱정 《*about, for*》; 사업, 업무; 회사; 상점, 회사; 사업; 업무: *It's none of my ~.* 내가 알바 아니다 *have ~ with* …과 관계가 있다 **~ed** *a.* 관계있는, 해당하는; 염려하는: *the country ~ed* 당사국 **~ing** *prep.* …에 관하여

con·cert [kánsə(ː)rt/kɔ́nsət] *n.* 음악회, 연주회, 콘서트; 협동, 일치: *a ~ hall* 연주회장

con·cer·to [kənt∫éərtou / -t∫ə́ː-] *n.* (*pl.* **~s**) 《音》 협주곡

con·ces·sion [kənsé∫(ə)n] *n.* 양보, 양도; 허가; 거류지; 조차지

con·ci·erge [kànsiéərʒ / kɔ̀n-] *F. n.* (호텔의)재실사무원

con·cise [kənsáis] *a.* 간결한

con·clude [kənklúːd] *vi., vt.* 끝내다, 결론짓다; 체결하다: *To be ~d* 다음회 완결

con·clu·sion [kənklúːʒ(ə)n] *n.* 결말; 결정; 결론, 추단; 체결 *in ~* 결론적으로

con·clu·sive [kənklúːsiv] *a.* 결정적인, 확실한; 최종적인

Con·cord [káŋkərd / kɔ́ŋkɔːd] *n.* 미국 New Hampshire 주의 수도

con·cord [káŋkɔːrd, káŋ- / kɔ́ŋkɔːd, kɔ́ŋ-] *n.* 일치, 화합; 협약

con·cord·ance [kankɔ́ːrd(ə)ns, kən- / kən-] *n.* 일치, 화합; (어떤 저서 또는 성경의)용어색인

Con·corde [kɔ́ːŋkɔːrd / kɔ́n-] *n.* 콩코드(영·불이 공동 개발한 초음속 제트 여객기)

con·cours [kɔːkúːr] *F. n.* 콩쿠르, 경연(競演)

con·course [kánkɔːrs, káŋ- / kɔ́ŋ-, kɔ́n-] *n.* (사람·물건의)집합; 군집; 《美》집합장소, (공원의) 중앙광장, (역·공항의) 홀; 대로

con·crete [kánkriːt, ⌐ / kɔ́n-] *a.* 구체적인 (*opp.* abstract); 콘크리트제의 — *n.* 콘크리트

con·cur [kənkəː*r*] *vi.* 동시에 일어나다, 부합하다; 동의하다

con·demn [kəndém] *vt.* 비난하다(blame); 유죄판결을 내리다, 운명짓다 《*to*》

con·dense [kəndéns] *vi., vt.* 응축하다, 간결히 하다: *~d milk* 연유

con·di·tion [kəndí∫(ə)n] *n.* 조건; 상태, 건강상태; 처지, 신분: *in good ~* 건강하여, 파손되지 않고 *out/out of ~* 건강이 나빠, 사용할 수 없는 상태로 *on* [*upon*] *~ that* …라는 조건하에 — *vt.* 조건을 붙이다; 결정하다

con·di·tion·al [kəndí∫ən(ə)l] *a.* 조건(부)의, 가정법의

con·do [kándou / kɔ́n-] *n.* 《口》 ＝condominium

con·dom [kándəm, kɔ́n- / kɔ́n-] *n.* 콘돔(피임용구)

con·do·min·i·um [kàndəmíniəm / kɔ̀n-] *n.* (공유)분양 아파트(맨션), (英) (미니멈)

con·dor [kándər / kɔ́ndɔ:, -də*r*] *n.* 콘도르(남미산 큰 독수리)

con·duct [kándʌkt / kɔ́ndʌkt — *v.*] 행위; 경영; 지도, 안내 — *vi., vt.* [kəndʌ́kt] 행동하[처신하]다; 안내하다; 지휘하다 *~ oneself* 처신하다; 행동하다

con·duc·tor [kəndʌ́ktər] *n.* 안내자; 《樂》 악장, 지휘자; 《英》(버스·전차의)차장; 《美》(열차의)차장; 《英》 guard

cone [koun] *n.* 원추(형); 화구언덕; 《美》 원추형 아이스크림컵

Có·ney Ísland [kóuni] New York시 Long Island 남양의 섬 (오락중심지)

con·fec·tion·er·y [kənfékʃənèri/-əri] n. (총칭) 과자류; 미자점

con·fed·er·ate [kənfédərèit→n.] vt., vi. 동맹[연합]하다 —[kənfédərit] 동맹자

con·fer [kənfə́:r] vt. 주다, 수여하다 《on, upon》 —vi. 의논하다

con·fer [kənfə́:r] L. vt. 비교하라, 참조하라 (略: cf.)

con·fer·ence [kánfərəns/kɔ́n-] n. 의담, 협의; 회의

con·fess [kənfés] vi., vt. 자백[고백]하다, 자인하다; (죄를)참회하다; (口) 사실은 …이다 **-fes·sion** n. 고백, 자백; 참회

con·fide [kənfáid] vi., vt. 신용하다 《in》; 신탁하다; 털어놓다

con·fi·dence [kánfidəns/kɔ́n-] n. 신용; 자신 《in》; 비밀 in ~ 은밀히 with ~ 자신을 갖고

con·fi·dent [kánfidənt/kɔ́n-] a. 확신하는 (sure) 《of, that》; 자신있는; 대담한

con·fi·den·tial [kànfidénʃ(ə)l/kɔ̀n-] a. 비밀의; 친밀한

con·fig·u·ra·tion [kənfìgjurèi-ʃ(ə)n] n. (여러기지)자석배치

con·fine [kənfáin→n.] 제한하다; 가두다 —n. [kánfain/kɔ́n-] (보통 pl.) 경계, 한계

con·firm [kənfə́:rm] vt. 확인하다; (결심등을)굳히다; 확증하다

con·fir·ma·tion [kànfərméiʃ(ə)n/kɔ̀n-] n. (출발신간 등의) 확인, 확증

con·flict [kánflikt/kɔ́n-] n., v. 투쟁, 충돌, 모순 —vi. [kənflíkt] 다투다; 충돌하다 《with》

con·form [kənfɔ́:rm] vt., vi. 일치하[시키]다, 따르(게하)다; 순응하다

con·form·i·ty [kənfɔ́:rmiti] n. 일치 (agreement), 적합; 준수, 복종; 《英》 국교신봉

con·found [kənfáund, kən-/kɔn-] vt. 혼동하다; 혼란시키다, 당황케 하다; (口)끝장이다 C~ it [you]! 빌어먹을!

con·front [kənfrʌ́nt] vt. 직면하다; 맞서다, 대결시키다

Con·fu·cian [kənfjú:ʃ(ə)n/-ʃiən] a. 공자의. —n. 유가(儒家) **-ism** n. 유교

con·fuse [kənfjú:z] vt. 혼란시키다; 혼동하다 **-fused·ly** [-fjú:zidli] ad. 당황하여

con·fu·sion [kənfjú:ʒ(ə)n] n. 혼란; 난잡, 혼동; 당황

con·gest [kəndʒést] vt., vi. 혼잡하(게)하다; 충혈시키다[하다]: ~ed traffic 혼잡한 교통

Con·go [káŋgou/kɔ́ŋ-] n. 콩고; (the ~)콩고강

con·grat·u·late [kəngrǽtʃulèit/-grǽtjulèit] vt. 축하하다

con·grat·u·la·tion [kəngrǽtʃuléiʃ(ə)n/-grǽtju-] n. 축하; (pl.) 축사: C~s! 축하합니다

con·gre·gate [káŋgrigèit/kɔ́ŋ-] vi., vt. 모이다, 모으다; 집합하다 **-ga·tion** n. 집합; 회중

con·gress [káŋgris/kɔ́ŋgres] n. 회의, (C~) (미국) 국회, 의회

Con·gress·man [-mən] n. (pl. -men [-mən]) (美)국회(하원) 의원

con·ju·gal [kándʒug(ə)l/kɔ́n-] a. 혼인의;부부의

con·junc·tion [kəndʒʌ́ŋkʃ(ə)n] n. 결합, 연결, 공동, 회합

con man [kánmæn]《美俗》 사기꾼 (<confidence>

con·nect [kənékt] vt., vi. 연결하다 《to, with》; 연상하다; 연락(관계) 시키다; (전화를) 잇다, 대달주시오 / You are ~ed. (전화에서) 상대방이 나왔습니다 / You're through. (美) —vi. 이어지다, 연락(연결)하다, 관계하다《with》

Con·nect·i·cut [kənétikət] n. 미국 동북부의 주

con·néct·ing flíght 접속비행

connecting roóms (英) 인접 두 방

con·nec·tion, (英) -nex·ion [kənékʃ(ə)n] n. 연결; (기차·기선 등의)연락; 접속; (전화의)접속; 관계, 관련; (보통 pl.) 친척, 연고; 거래: make ~s at (기차 등이) …에서 객차접속]되다/You are in ~. (전화에서) 나와있습니다

con·nois·seur [kànisə́:r/kɔ̀n-] n. (미술품 등의)감정가

con·quer [káŋkər/kɔ́ŋ-] vt. 정복하다; 극복하다 **~or** n. 정복자, 승리자

con·quest [káŋkwest, kɔ́ŋ-/kɔ́ŋ-] n. 정복(지); 획득(물)

con·science [kánʃ(ə)ns/kɔ́n-] n. 양심, 도의심: My ~! 어머나!

con·sci·en·tious [kànʃiénʃəs/kɔ̀n-] a. 양심적인, 성실한

conscientious objéctor 양심적 병역기피자

con·scious [kánʃəs/kɔ́n-] a. 의식하고 있는, 알아채고 있는《of, that》; 의식적인; 정신있는, 제정신인

con·se·crate [kánsikrèit/kɔ́n-] vt. 신에게 바치다; 신성케 하다

con·sec·u·tive [kənsékjutiv] a. 연속[계속]적인; for three days 3일간 계속을 하여

con·sen·sus [kənsénsəs] n. (의견·증언의)일치, 합의; 여론

con·sent [kənsént] vt. 승낙[동의]하다 —n. 승낙, 동의

con·se·quence [kánsikwèns, -kwəns/kɔ́ns(i)kwəns] n. 결과, 영향; (사회적)중요성: a matter of great [no] ~ 중대한[사소한]사건 in ~ 그 때문에, 그 결과 of ~ 유력한[중대]한

con·se·quent [kánsikwènt, -kwənt/kɔ́ns(i)kwənt] a. (…의) 결과로서 일어나다 《on, upon》; 필연의

con·ser·va·tion [kànsə(:)rvéiʃ(ə)n/kɔ̀nsə(:)-] n. 보존, 관리

con·serv·a·tism [kənsə́:rvətìz(ə)m] n. 보수주의

con·serv·a·tive [kənsə́:rvətiv] a. 보수적인 (opp. progressive); 《英》(C~) 보수당의 the C~ Party 《英》 보수당 —n. 보수적인 사람; 《英》(C~)보수당원

con·ser·va·toire [kənsə́:rvətwá:r, -̀-́-] n. (프랑스의)국립음악학교[미술, 연극]학교

con·serve [kənsə́:rv] vt. 보존 하다

con·sid·er [kənsídər] vi., vt. 고려하다; 숙고하다; 간주하다 (regard) 《to be, that》; 팁을 주다

con·sid·er·a·ble [kənsídərəbl] a. 고려해야 할; 중요한; 상당한 -**a·bly** ad. 상당히, 꽤

con·sid·er·ate [kənsídərit] a. 인정있는; 이해심 있는 《of》

con·sid·er·a·tion [kənsìdəréiʃ(ə)n] n. 심사숙고; 이해심; 보수, 팁; 고려해야 할 사실 in ~ of …을 고려하여

con·sign [kənsáin] vt. 맡기다; (상품등)부치다, 탁송하다; 예금하다: ~ a letter to the post 편지를 우편으로 부치다 / ~ money in a bank 은행에 예금하다 **~ee** [kànsainí:/kɔ̀n-] n. 수탁자, 위탁판매인 **~or** [-ɔ́r] 위탁자, 화주

con·sist [kənsíst] vi. (…로)이루어지다 《of》; (…에)있다 《in》; (…과)일치[양립]하다 《with》 —n. (철도의)차량[편성]

con·sist·ence [kənsíst(ə)ns], **-en·cy** [-ənsi] n. 일치, 일관성; 착실함; 농도, 밀도

con·sist·ent [kənsíst(ə)nt] a. 일치하는; 모순없는; 일관성있는

con·sole [kənsóul] vt. 위로하다

con·sol·i·date [kənsɔ́lidèit/-sɔ́l-] vt. 굳게하다, 견실하게 하다; 합병하다

con·som·mé [kànsəméi / kənsɔ́mei] F. n. 콩소메 (묽은 수프) 《cf. potage》

con·so·nant [kánsənənt/kɔ́n-] n. 자음(자) 《cf. vowel》

con·sor·ti·um [kənsɔ́:rʃiəm/-sɔ́:tjəm] n. 국제차관단 ~ bank 국제투자은행

con·spic·u·ous [kənspíkjuəs] a. 현저한, 두드러진; 저명한

con·sta·ble [kánstəbl/kʌ́n-] 《美》치안관, 《英》 순경, 경관

con·stant [kánst(ə)nt/kɔ́n-] a. 변함없는; 불굴의; 성실한 **~ly** ad. 끊임없이

con·stit·u·en·cy [kənstítʃuənsi] n. 선거구(인)

con·stit·u·ent [kənstítʃuənt/-tju-] a. 구성하는, 성분을 이루는; 헌법 제정[개정]의 권한의 있는 —n. 성분, (구성)요소

con·sti·tute [kánstit(j)ù:t/kɔ́nstitjù:t] vt. 구성하다; 임명하다

con·sti·tu·tion [kànstit(j)ú:ʃ(ə)n/kɔ̀nstitjú:-] n. 구성, 설립; 체격; 헌법

con·sti·tu·tion·al [kànsti(tj)ù:ʃən(ə)l/kɔ̀nstitjú:-] a. 타고난, 체질의; 헌법의, 입헌적인

con·strain [kənstréin] vt. 강요하다, 억지로 …시키다 (force)

con·straint [kənstréint] n. 억제; 속박

con·struct [kənstrʌ́kt] vt. 건설하다, 건조하다

con·struc·tion [kənstrʌ́k(ʃ)ən] n. 건설, 공사, 구조, 건물: under ~ 공사중

con·struc·tive [kənstrʌ́ktiv] a. 구조상의; 건설적인 (opp. destructive)

con·sul [káns(ə)l/kɔ́n-] n. 영사: a ~ general 총영사

con·su·late [káns(j)ulit/kɔ́n-] n. 영사관; 영사의 직

con·sult [kənsʌ́lt] vi. 의논하다 —vt. 의견을 묻다, 진찰받다; (사전 등)찾다, 참고로 하다: a ~ing room 진찰실 **~ant** n. 상담자, 고문; 진찰의사

con·sul·ta·tion [kàns(ə)ltéiʃ(ə)n/kɔ̀n-] n. 의논, 협의, 진찰 **no ~ day** 휴진일

con·sume [kənsú:m / -sjú:m] vt., vi. 소비하다, 다 써버리다; 먹다[마셔] 없애다

con·sum·er [kənsú:mər/-sjú:-] n. 소비자: ~ goods 일용품 ~ **price index** 소비자 물가지수

con·sum·er·ism [-́rìz(ə)m] n. 소비자학(운동)

con·sump·tion [kənsʌ́mpʃ(ə)n] n. 소비(량), 소모; 폐병

con·tact [kántækt/kɔ́n-] n. 접촉, 교섭; 《美》 교제: bring [come] into ~ with ...과 접촉시키다[하다] ~ **address** 연락처 ~ **flight** 유시계비행 ~ **lens** 콘택트렌즈 —vt. [+美 kəntǽkt] 접촉하다; 교신하다 (전화 등으로)연락하다

con·ta·gion [kəntéidʒ(ə)n] n. (접촉)전염, 감염; 전염병

con·ta·gious [kəntéidʒəs] a. 전염성의: a ~ disease 전염병

con·tain [kəntéin] vt. 담다, 포함하다; 억제하다, **~·er** n. 용기

con·tam·i·nate [kəntǽmineit] vt. 오염하다

conte [kount, kɔ:t/kɔ́:t] F. n. 콩트, 단편

con·tem·plate [kántəmplèit, kəntémpleit/kɔ́ntempleit] vt., vi. 숙고하다; 응시하다; 예상하다; 꾀하다《doing》

con·tem·po·rar·y [kəntémpərèri/-rəri] a. 현대의; 동시대의 —n. 현대인; 동시대인: 「처음 ~」

con·tempt [kəntémpt] n. 경멸

con·tend [kənténd] vi. 겨루다; 논쟁하다; (곤란과)싸우다 —vt. (강력히)주장하다《that》

con·tent¹ [kəntént] n., vt. 만족(시키다)《with》 to one's (heart's) ~ 만족껏 —a. 만족하는

con·tent² [kántent] n. (보통 pl.) 목차; 내용, 취지; 함유량

con·tent·ed [kənténtid] a. 만족한; 기꺼운

con·test [kántest/kɔ́n- →v.] n. 다툼, 논쟁; 경쟁: a beauty ~ 미인 선발대회 / a musical ~ 음악 콩쿠르 —vt., vi. [kəntést] 다투다; 겨루다

con·text [kántekst/kɔ́n-] n. 문장의)전후관계, 문맥

con·tig·u·ous [kəntígjuəs] a. 인접하는, 접속하는《to》

con·ti·nent [kántinənt/kɔ́n-] n. 대륙; (the C~) 유럽대륙; 《美》 북미대륙

con·ti·nen·tal [kàntinéntl/kɔ̀n-] a. 대륙의, 대륙성의 (cf.insular); (C~) 유럽대륙의: ~ **breakfast** 빵과 음료뿐인 유럽식 조반 *the C~ Trailway Bus System* 미국의 큰 버스회사 —n. (C~) 유럽대륙사람

continental plán (the ~) 숙박료와 간단한 식대를 포함한 호텔요금

continental shélf 대륙붕

con·tin·gent [kəntíndʒ(ə)nt] a. 있을수 있는; 우발적인; ...나름의

con·tin·u·al [kəntínjuəl] a. 계속적인; 빈발하는

con·tin·ue [kəntínju] vi. 계속되다; 묵다《at,in》; 계속하여 ...이다 —vt. 계속하다; 연장하다 *To be ~d* 이하 다음호, 계속

con·tin·u·ous [kəntínjuəs] a. 계속적인, 끊임없는

con·tour [kántuər/kɔ́n-] n. 외형, 윤곽; (지도의)등고선

con·tra·band [kántrəbænd/kɔ́n-] n. a. 밀무역(밀매)의

con·tra·cep·tion [kàntrəsép-ʃ(ə)n/kɔ̀n-] n. 피임(법)

con·tract [kántrækt/kɔ́n- →v.] n. 계약(서); 청부; 약혼 —vt., vi. [kəntrǽkt] 계약하다

con·tra·dict [kàntrədíkt/kɔ̀n-] vt. 반박하다; 모순되다

con·tra·dic·tion [kàntrədík-ʃ(ə)n/kɔ̀n-] n. 반박; 모순

con·trail [kántreil/kɔ́n-] n. 비행운 [< condensation + trail]

con·tra·ry [kántreri/kɔ́ntrəri] a. 반대의, 역의 —n. 반대(의 일),모순 *on the ~* 이에 반하여, 그 반대로 *to the ~* 그와 반대로

con·trast n.[kántræst/kɔ́ntrɑ:st/→v.] 대조(물); 현저한 차이 —vi., vt. [kəntrǽst/-trɑ́:st] 대조하다(시키다), 현저히 다르다

con·trib·ute [kəntríbju(:)t] vi., vt. 공헌하다; 기부(기고)하다 **-tri·bu·tion** n. 기부; 공헌; 기고

con·trive [kəntráiv] vi., vt. 고안하다; 그럭저럭 ...하다

con·trol [kəntróul] vt. 관리(지배)하다; 억제(제어)하다; 조절하다; 조종하다 *~ oneself* 자제하다 —n. 지배(력), 관리, 감독, 통제; 억제; 콘트롤; 《空》 조종; (기계의)조종장치: a ~ **tower** (공항의)관제탑

con·tro·ver·sy [kántrəvə̀:rsi/kɔ́ntrəvə̀:-, kəntróvə-] n. 논쟁, 논의

con·vene [kənví:n] vt., vi. 회의에 소집하다; 회합하다

con·ven·ience [kənví:njəns], **-ien·cy** [-jənsi] n. 편리, 형편에 좋음; 편리한 것; (pl.) 편리한 시설: a ~ **outlet** 실내콘센트/ *public ~s* 공중변소/ *It's a good ~*. 이것 편리하군/ *at one's earliest* ~ 형편이 닿는 대로 *for* ~('*) sake 편의상

convénience stòre 《美》 (연중무휴의)소형 슈퍼마켓

con·ven·ient [kənví:njənt] a. 편

con·vent [kάnvent / kɔ́nv(ə)nt] n. 수녀회, 수녀단

con·ven·tion [kənvén∫(ə)n] n. 회의; 조약, 협정; 관습, 인습, 전통; 《美》 전당대회 ~ bureau (대회·회의의)사무국

con·ven·tion·al [kənvén∫ən(ə)l] a. 인습[전통]적인; 전부한

con·ver·sa·tion [kὰnvərséi∫(ə)n/kɔ̀n-] n. 회화

con·ver·sion [kənvə́rʒ(ə)n, -∫(ə)n/-∫(ə)n] n. 전환, 개조; 개종 (*to*); 환산, 태환 (*into*); ~ **table** 환율표

con·vert [kənvə́rt] vt. 바꾸다, …로 변하게 하다 (*into*); 개심시키다 (*to*); 환산하다; 태환하다; 환전하다; 현금화하다

con·vert·i·ble [kənvə́rtəbl] a. 포장되는 자동차

con·vex [kanvéks, kan-/kɔ́n-] a. 볼록한 (*opp.* concave)

con·vey [kənvéi] vt. 나르다, 전하다; 알리다 **~·er, ~·or** n. 운송자[기], 컨베이어

con·vict [kάnvikt/kɔ́n-] n. 죄인, 죄수 —vt. [kənvíkt] 유죄를 선고하다; 죄를 깨닫게 하다

con·vic·tion [kənvík∫(ə)n] n. 유죄판결; 확신

con·vince [kənvíns] vt. 확신[납득]시키다; 깨닫게 하다 (*of*)

con·voke [kənvóuk] vt. (의회 등을)소집하다

con·voy [kάnvɔi,kənvɔ́i/kɔ́nvɔi] vt. 호위호송)하다

con·vul·sion [kənvʌ́l∫(ə)n] n. 진동; (*pl.*) 경련

coo [ku:] n. 꾸르르(비둘기의 울음소리) —vi., vt. 꾸르르 울다; 사랑을 속삭이다

cook [kuk] vt., vi. 요리하다 —n. 요리사, 쿡

cook·er·y [kúkəri] n. 요리법

cook·ie, cook·y [kúki] n. 《美》 쿠키(작고 납작한 과자의 일종)

cook·shop [kúk∫ap/-∫ɔp] n. 《英》 작은) 음식점, 식당

Cook's tour [kuks] 주마간산 (走馬看山)식의 관광여행

cool [ku:l] a. 서늘한 (*opp.* warm), 찬; 냉정한; 냉담한; 뻔뻔스러운 —n. 냉기, 서늘한 곳[때] —vi., vt. 서늘하게 하다, 식다; 냉정하게 하다, 냉정해지다

cool·er [kú:lər] n. 냉각기, 쿨러; 청량음료; 《美俗》 유치장

coo·lie [kú:li] n. 쿠울리, 인부

co-op [kóuap, -/-ɔp] n. 《口》 생활협동 조합(생의 매점)

co·op·er·ate [kouάpərèit / -ɔ́p-] vi. 협력[협동]하다

co·op·er·a·tion [kouὰpəréi-∫(ə)n/-ɔ̀p-] n. 협력, 협동(조합)

co·op·er·a·tive [kouάpərèitiv/-ɔ́p-] a. 협력적인 ~ **association** 협동조합

co·or·di·nate [kouɔ́:rdinèit -ə.] vt. 대등하게 하다; 조정하다 —a. [-nit, -ə·nèit] 동등한, 대등한

co-own·er [kóuóunər] n. 공유자

cop [kap/kɔp] n. 《口》 경찰관

co·part·ner [koupά:rtnər/--] n. 협동자, 조합원

cope [koup] vi. 잘 대항하다 (*with*); 수습하다

Co·pen·ha·gen [kòup(ə)nhéig(ə)n] n. 코펜하겐 (덴마크의 수도)

co·pi·lot [kóupàilət] n. 부조

co·pi·ous [kóupiəs, -pjəs] a. 풍부한, 방대한

cop·per [kάpər/kɔ́pə] n. 구리, 동(銅); 《美》 1센트 동전; (*pl.*) 잔돈; 구리그릇

copse [kaps/kɔps] n. 잡목림

cop·ter [kάptər/kɔ́p-] n. 《口》 헬리콥터

cop·y [kάpi/kɔ́pi] n. 복사, 사본; (동일 서적의)1부, …권, …부; 원고 —vi., vt. 복사하다, 흉내내다

cop·y·right [-ràit] n. 저작권, 판권

cop·y·writ·er [-ràitər] n. 광고 문안 작성자

co·quette [kouként, + 英 kɔ-] n. 요염한 여자

co·quille [kəkí:l] n. 코키유(조가비요리)

cor·al [kɔ́:rəl, kάr-] n. 산호; 산호세공 ~ n. 산호(제)의

Coral Sea (*the* ~) 산호해(오스트레일리아 동북쪽 바다)

cord [kɔ:rd] n. 끈, 가는 밧줄; (電) 코드; (*pl.*) 속박, 구속 —vt. 끈으로 묶다

cor·dial [kɔ́:rdʒ(ə)l/-di·əl] a. 진심으로의, 진정의; 기운나게 하는 **~·ly** ad. 충심으로, 정중히: Yours ~ ly [C~ ly yours]경백(敬白)

cor·do·van [kɔ́:rdəvən] n. 코도반가죽

cor·du·roy [kɔ́:rdərɔ̀i] n.코르덴

core [kɔ:r] n. (과일의) 속; (문제의) 핵심

Co·rin·thi·an [kərínθiən] a. 《建》 코린트식의(기둥머리에 아칸더스의 잎무늬가 있는)

cork [kɔ:rk] n. 코르크; 코르크마개 —vt. 코르크마개를 하다

cork·age [kɔ́:rkidʒ] n. 코르크 마개를 뽑기[뽑아주는 요금]

cork·screw [ˊkɔːrskruː] n. 마개뽑이

corn[1] [kɔːrn] n. 《총칭》 곡물; 곡식낟알; 옥수수; 곡류

corn[2] vt. (고기를) 소금에 절이다 —ed beef 콘 비프

cor·ner [kɔˊːrnər] n. 모퉁이; 구석 around (《美》 round) the ~ 바로 다음 골목에 cut off a ~ 지름길로 가다

cor·net [kɔːrnét/kɔːrnit, -nét] n. 《英》 아이스크림을 담는 원추형 컵 (《美》 cone)

corn flakes [kɔːrnflèiks] n. (pl.) 콘플레이크

corn·starch [kɔːrnstɑːrtʃ] n. 《美》 콘스타치 (옥수수에서 얻어지는 녹말) [《美》 유체]

cor·po·ral[1] [kɔˊːrp(ə)rəl] a. 몸의

cor·po·ral[2] [kɔˊːrp(ə)rəl] n. 《軍》 하사

cor·po·rate [kɔˊːrp(ə)rit], **-ra·tive** [ˊrətiv/-rətiv] a. 단체의; 법인(사단)의

cor·po·ra·tion [kɔ̀ːrpəréiʃ(ə)n] n. 사단법인, 조합, 협회; 《美》 주식(유한)회사, (도시의)자치체

corps [kɔːr] n. (pl. ~ [kɔːrz]) 군단, 병단; 단(隊)

corpse [kɔːrps] n. 시체

cor·rect [kərékt] a. 바른, 옳은, 정당한, 정확한 —vt. 정정하다

cor·rec·tion [kərékʃ(ə)n] n. 정정, 수정; 교정

cor·re·spond [kɔ̀ːrispάnd, kὰr-/kɔ̀rispɔ́nd] vi. 일치하다, 부합하다 (with, to); 편지를 주고받다 《with》

cor·re·spond·ence [kɔ̀ːrispάndəns, kὰr-/kɔ̀rispɔ́nd] n. 통신, 서신왕래; 부합, 일치, 상응

cor·re·spond·ent [kɔ̀ːrispάndənt, kὰr-/kɔ̀rispɔ́nd] n. 통신자, 특파원

cor·ri·dor [kɔˊːridər, kάr-, -dɔ̀ːr/kɔ́ridɔː] n. 복도, 낭하 —carriage 복도가 있는 객차

cor·rupt [kərʌ́pt] a. 썩은; 타락한 —vi., vt. 썩(게)하다; 타락하다(시키다)

cor·sair [kɔˊːrsɛər] n. 해적선

cor·set [kɔˊːrsit] n. (때로 pl.) 코르셋

Cor·si·ca [kɔˊːrsikə] n. 코르시카(지중해 북부의 프랑스령 섬. 나폴레옹의 출생지)

cos·met·ic [kɑzmétik/kɔz-] a. 화장품의 —a. 화장용의

cos·mic [kάzmik/kɔ́z-] a. 우주의 —rays 우주선

cos·mo·pol·i·tan [kɑ̀zməpάlət(ə)n/kɔ̀zməpɔ́l-] a. 세계의, 세계주의의 —a. 세계주의자

cos·mos [kάzməs/kɔ́zmɔs] n. 우주; 질서, 조화 (cf. chaos)

cost [kɔːst/kɔst] n. 가격, 원가; 비용; 손실; 희생 to a person's ~ (남의)지출로, (남에게)폐를 끼쳐서 (p., pp. cost) (돈이)들다, (값이) …하다; (노력 등을) 필요로 하다; 희생시키다

Cos·ta Ri·ca [kάstəriːkə, kɔ́ːs-, kóus-/kɔ́s-] 코스타리카 (중미의 공화국)

cos·ter·mon·ger [kάstərmʌ̀ŋgər/kɔ́stə-] n. 《英》 (과일·생선 등의) 행상인

cost·ly [kɔˊ(ː)stli/kɔ́st-] a. 값비싼, 귀중한; 사치스러운

cost-of-liv·ing [ˊəvlívin] a. 생계비의 —index 생계비 지수

cos·tume [kάstj(uː)m/kɔ́stjuːm] n. (보통, 여자의) 복장; (연극의) 의상

co·sy [kóuzi] a. = cosy

cot [kɑt/kɔt] n. 간이침대; 《英》 어린이용침대; (호텔의)보조침대

Côte d'A·zur [kout dazy(ː)r] 코트 다쥐르 (프랑스 지중해 연안의 피서·피한지, Riviera라고도함)

co·te·rie [kóutəri] n. 동료, 동인, 그룹

cot·tage [kάtidʒ/kɔ́t-] n. 오두막, 시골집; 《美》 (피서지의)별장

cot·ton [kάtn/kɔ́tn] n. 솜; 무명(실): absorbent ~ 탈지면

couch [kautʃ] n. 침대의자; 긴의자

cough [kɔːf/kɔf] n., vi., vt. 기침(을 하다): have a ~ 기침을 하다

could [kud, kəd] aux. v. can의 과거

coun·cil [káuns(i)l] n. 평의회, 회의; 지방의회 the British C~ 영국문화진흥회

coun·cil·lor, -lor [káunsi(l)ər] n. 참사관; 평의원

coun·sel [káuns(ə)l] n. 의논, 협의; 충고

coun·se·lor, 《美》-sel·lor [káuns(ə)lər] n. 고문, 상담역; 법률고문, 고문변호사

count[1] [kaunt] vt. 세다, 계산하다; 간주(생각)하다 —vi. 수를 세다; 셈에 넣다, 의지하다 (on, upon); ~ in …을 계산에 넣다 ~ out 셈에서 내놓다 —n. 계산; 총수; 가치

count[2] n. (英 이외의) 백작 (cf. earl)

count·down [ˊdàun] n. (로켓발사때의)초읽기

coun·te·nance [káuntinəns] n. 용모, 표정, 안색

count·er[1] [káuntər] n. 계산대, 판매대; (식당·바 등의) 카운터; 계산기, 계산자(者): a lunch ~ 경식당

coun·ter[2] n. 반대(물) —a., ad.

counteract 반대의[로], 역의[으로] —vt., vi. 반대하다; 되내어하다

coun·ter·act [kàuntərǽkt] vt. 반대로 행동[작용]하다; 방해하다

coun·ter·clock·wise [káuntərklákwaiz/-klɔ́k-] ad., a. 왼쪽으로(도는) (cf. clockwise)

coun·ter·feit [⸺fit] a. 모조[위조]의, 가짜의 ⸺n. 가짜, 모조품; 사기꾼 ⸺vt. 흉내내다, 위조하다

coun·ter·foil [⸺fɔ̀il] n. 《英》 (어음 등을 떼어주고 남은) 부본

coun·ter·in·tel·li·gence [kàuntərintélidʒəns] n. 방첩(활동), 간첩대책

coun·ter·pane [⸺pèin] n. 침대보

coun·ter·part [⸺pɑ̀ːrt] n. (정·부 2통중의) 부본, 사본; (한쌍의) 한짝; 짝을 이루는 것

coun·ter·sign [⸺sàin] n., vt. 부서(副署)(하다)

count·less [káuntlis] a. 셀 수 없는, 무수한

coun·try [kʌ́ntri] n. 나라, 국가; 조국; 고향; 지방; (the ~) (도시·근교와 대칭하여) 시골, 전원

country and western =country music

country clùb 컨트리클럽(골프·정구·수영 등의 설비가 있는 교외 클럽)

coun·try·man [⸺mən] n. (pl. **-men** [-mən]) 촌뜨기; 시골 주민; (one's) 동국인, 동향인

cóuntry músic 미국서부 및 남부의 대중음악

coun·try·side [⸺sàid] n. 시골; 시골사람

coun·ty [káunti] n. 《英》 주 (shire); 《美》 군 (State 다음 의 행정구역); 주민 (州民)

coup [kuː] n. = coup d'état, 무력정변

coup d'é·tat [kúːdeitɑ́ː] 쿠데타, 무력정변 [F]

cou·pé [kúːpei, 美 ⸺] n. 2인승 4등마차의; 쿠페형 자동차 [F]

cou·ple [kʌ́pl] n. 한 쌍, 2개; 부 (남녀의) 한 쌍: a ~ of 2개의, 한 쌍의; 《美口》 몇 개[명]의

cou·pon [kúːpɔn/-pɔn] n. 이자표, 할인권; 절취(切取)경품권; 절취표, (철도의) 쿠폰식 승차권; 회수권의 한 장: a ~ ticket 쿠폰식 유람[승차]권

cour·age [kə́ːridʒ/kʌ́r-] n. 용기 (bravery) *take* [*lose*] ~ 기운을 내다[잃다]하다

cou·ra·geous [kəréidʒəs] a. 용감한, 담대한

cou·ri·er [kúriər] n. 급사(急使); 《英》 (여행사의) 가이드

course [kɔːrs] n. 진행, 경과, 과정; 진로, 코스; (행동) 방침; 학과; 과정(課程); (요리의) 일품 (as a matter of) ~ 물론, 당연히 *in* ~ *of* …중 이, 이윽고 *in due* ~ *of time* 멀지않아, 이윽고 *in the* ~ *of* …동안에

court [kɔːrt] n. 궁정; 법원, 법정, 안뜰; 코트, 구애(求愛)

cour·te·ous [kə́ːrtiəs/kə́ːtjəs] a. 예의바른, 친절한

cour·te·sy [kə́ːrtisi] n. 예의, 공손; 호의 *by* [*the*] ~ *of* …의 호의로

cóurtesy càll 의례방문

court-mar·tial [kɔ́ːrtmɑ́ːrʃəl] n., vt. 군법회의(에 회부하다)

court·yard [kɔ́ːrtjɑ̀ːrd] n. 안뜰

cous·in [kʌ́zn] n. 사촌

Cóv·ent Gárden [kʌ́vənt, káv-/kɔ́v-] 런던 중앙부의 지구; 그곳의 청과·화초 도매시장

cov·er [kʌ́vər] vt. 덮다, 싸다; 씌우다; 엄호하다; 덮어가리다; 의복하기에 충분하다; (…의 거리를) 가다; (범위가 …에) 이르다 —n. 덮개, 뚜껑; 표지; 구실, 핑계; 식기 한 벌 —*charge* (나이트클럽 등의) 과석료, ~ *gírl* 잡지 표지사진의 여자모델 ~ *stóry* 잡지의 표지로 게재된 특집기사 —*ed* a. 덮인; 지붕 있는

cov·er·age [kʌ́vəridʒ] n. 적용[통용]범위; 수신 가능 지구

cov·er·ing [kʌ́vəriŋ] n. 커버, 덮개: ~ *price* 합계요금

cov·er·let [kʌ́vərlit], **-lid** [-lid] n. 침대보

cov·et [kʌ́vit] vi., vt. 몹시 탐내다 (*for, after*)

cow [kau] n. 암소, 젖소 (cf. bull)

cow·ard [káuərd] n. 겁쟁이, 비겁자 —a. 겁많은, 비겁한

cow·boy [káubɔ̀i] n. 목동; 《美》 카우보이

cox·comb [kákskoum/kɔ́ks-] n. 《植》 맨드라미

cox·swain [káksən, -swèin/kɔ́kswein, kɔ́ksn] n. 《海》 정장(艇長); (보트의) 키잡이

coy·o·te [káiout, kaióuti/kɔ́iout] n. (pl. ~**s**, (총칭) ~) 코요테 (북미의 이리)

co·zy [kóuzi] a. 편안한 (comfortable), 아늑한

CP Air 캐나다 태평양 항공 [< Canadian Pacific]

crab [kræb] n. 게

crack [kræk] vt. 깨다; 찰깍 소리나게 하다; (병을)따서 마시다; 《美口》 찰깍 때리다 —vi. 금이 가다; 찰깍 소리를 내다 —n. 갈

crack·er [krǽkər] n. 《美》크래커, 비스킷; 폭죽

cra·dle [kréidl] n. 요람; 발상지, 기원; (전화의)수화기대 *from the ~ to the grave* 태어나서 죽을 때까지

craft [kræft/krɑːft] n. 기능; 공예; (동업자)조합; 교활; 《총칭》배, 항공기

cram [kræm] vt. 쑤셔넣다 —vi. 과식하다, 게걸스럽게 먹다

cramp [kræmp] n. 경련

crane [krein] n. 《鳥》두루미; 기중기 —vt., vi. 기중기로 나르다

crank [kræŋk] n. 《機》크랭크; 변덕(스런 생각); 괴짜 —vt., vi. 크랭크 모양으로 구부리다; 크랭크로 잇다

crape [kreip] n. 크레이프(천)

crash [kræʃ] vi. 와지끈 소리를 내다, 부수다; 충돌하다(비행기가)추락하다, 불시착하다 — n. 와지끈 소리; 충돌, 추락, 불시착

crash-land [kræʃlænd] vt., vi. (비행기를)불시착시키다, 불시착하다

cra·ter [kréitər] n. 분화구

crave [kreiv] vt., vi. 간청하다; 갈망하다

crawl [krɔːl] vi. 기다, 서행하다 —n. 기기, 서행; 크롤 수영법

cra·zy [kréizi] a. 미친 (mad); 열광적인(*about, for*)

cream [kriːm] n. 크림, 유지(乳脂); 크림과자; 화장크림 ~ *cheese* 크림치즈(말랑한 생치즈) / *puff* 슈크림

crease [kriːs] n. 주름, 접은 자국

cre·ate [kri(ː)éit] vt. 창조하다; 창작하다; (작위를)주다; 야기하다

cre·a·tion [kri(ː)éiʃ(ə)n] n. (神의)창조(물); 창작

cre·a·tive [kri(ː)éitiv] a. 창조적인, 창작의

cre·a·tor [kri(ː)éitər] n. 창조자, 설립자; (the C~) 조물주, 신

crea·ture [kríːtʃər] n. (神의)창조물; 생물, 동물; 인간, 놈

cre·den·tial [kridénʃ(ə)l] n. (pl.) 외교관의 신임장

cred·i·ble [krédəbl] a. 신용할 수 있는, 확실한

cred·it [krédit] n. 신용; 명성, 신망; 명예; 신용대부; 크레디트; 《부기》 대변 (opp. debit) ~ *card* 크레디트카드 —vt. 신용하다 ~·**a·ble** a. 명예가 되는

cred·u·lous /krédʒuləs/-djuː-/ a. 쉽게 믿는, 잘 속는

creed [kriːd] n. 신조; 주의, 강령

creek [kriːk] n. 《英》 작은 만; 《美》 시내; 수로(水路)

creep [kriːp] vi. (p., pp. *crept* [krept]) 기다; 몰래 들어가다(*in, on, by*)

crêpe [kreip] F. n. 크레이프(천)

crêpe suzette [<sjuːzét] F. 얇은 팬케이크

cres·cent [krésnt] n. 초승달(모양의 것)

Crete [kriːt] n. 크레타섬(지중해의 그리스령)

crev·ice [krévis] n. 갈라진 틈

crew [kruː] n. 《총칭》 (배·기차·비행기의)승무원, 탑승원 *~ only* 《게시》 승무원의 출입금지

crick·et¹ [kríkit] n. 크리켓(영국의 국기인 옥외 구기)

crick·et² n. 귀뚜라미

crime [kraim] n. (법률상의) 범죄 (cf. sin)

Cri·me·a [kraimíːə, kri-/-míːə] n. (*the ~*) 크리미아반도

crim·i·nal [krímin(ə)l] a. 범죄의; 죄를 범한 — n. 범죄인

crim·son [krímzn] n., a. 진홍색(의)

cri·sis [kráisis] n. (pl. -ses [-siːz]) 위기; (병의)고비

crisp [krisp] a. 바삭바삭(빠닥빠닥)하는; (말의)또렷또렷한; (공기 등이) 상쾌한

cri·te·ri·on [kraitíː(ə)riən] n. (pl. -ri·a [-riə], -s) (판단·비판의) 의거기준, 표준

crit·ic [krítik] n. 비평가

crit·i·cal [krítik(ə)l] a. 비평의; 비판적인; 위급[위독]한

crit·i·cism [krítisiz(ə)m] n. 비평

crit·i·cize [krítisaiz] vi., vt. 비평[비판]하다, 비난하다

cro·chet [krouʃéi/<--] n. 레이스뜨개질

croc·o·dile [krákədàil/krɔ́k-] n. 《動》(아시아·아프리카산의)악어 (cf. alligator)

crop [krɑp/krɔp] n. 작물; 수확 —vt. (가지를)치다, (머리를)짧다;(작물을)수확하다

cro·quette [kroukét] n. 크로켓 [F]

cross [krɔːs/krɔs] n. 십자가; 십자(기호), 십자형(의 것) (the C~) (예수가 못박힌)십자가, (the C~) 예수; 수난 —a. 가로의, 비스듬한, 교차된; 역(반대)의(*to*); a ~ *game* 백열전 —vt., vi. 가로지르다, 건너다, 넘다; 교차시키다[하다]; 십자를 긋다; (편지가)서로 갈리다: *C~ at the intersection.* 네 거리에서 건너시오. —vt. (날말 등을)줄을 그어 지우다 *~ one's mind* 마음에 떠오르다

cross-coun·try [⌐kʌ́ntri] a. 전원[국토] 횡단의

cross-cut [⌐kʌ́t] n. 횡단로; 지름길

cróssed chéck [《英》**chèque**] 횡선수표 (cf. open check)

cross·ing [⌐iŋ] n. 횡단; 교차(점), 건널목, 네거리; 횡단보도; a ~ gate 건널목 차단기

cróss réference 전후참조

cross·road [⌐róud] n. 교차로; 네거리, pl. 네거리, 십자로

cross·way [⌐wéi] n. =crossroad

crouch [krautʃ] vi. 쭈그리다, 움크리다; (개가) 납작 엎드리다

crou·ton [krutɑ́n/⌐tɔ́n] F. n. 크루통(수프에 넣는 튀긴 빵)

crow [krou] n. 까마귀

crowd [kraud] n. 모이다, 붐비다; 몰려들다 ─ vt. 채워넣다; (방·기차 등에)가득 채우다; 밀다: be ~ed with ⋯으로 가득 하다 ~ n. 군집, 군중; (the ~) 대중; 다수 (of)

crown [kraun] n. 왕판, 왕위; (승리의)영관; 절정, 머리 ─ 산꼭대기 ─ vt. 왕관을 씌우다; 꼭대기에 얹다; 영예를 주다

Crówn Cólony 영국직할식민지(홍콩)

cru·cial [krú:ʃ(i)əl] a. 결정적인; 어려운

cru·ci·fix·ion [krù:sifíkʃ(ə)n] n. 책형(磔刑); (the C~) 예수의 책형, 그 그림; 큰 고난

crude [kru:d] a. 천연 그대로의, 생(生)⋯의; 조잡한; 노골적인

cru·el [krú(:)əl] a. 잔인한; 무참한

cru·el·ty [krú(:)əlti] n. 잔인; 무참함; (pl.) 잔인한 행위

cruise [kru:z] vi. 순항(巡航)하다; (口) 만유(漫遊)하다, (택시가) 손님을 찾아다니다 **cruising speed** 순항속도 ─ n. 순항; 만유

crúise míssile 순항미사일

cruis·er [krú:zər] n. 순양함; 항용 기선(요트); 《美》 순찰차; 손님을 찾아다니는 택시

crumb [krʌm] n. (보통 pl.) 빵가루; (빵·과자의) 부스러기; 빵의 말랑한 부분 (cf. crust)

cru·sade [kru:séid] n. 《史》 십자군

crush [krʌʃ] vi., vt. 눌러[밟아] 부수다; 분쇄하다; 압도하다; ~ room (극장의)휴게실

crust [krʌst] n. 빵껍질 (cf. crumb); 굳은 빵 한조각; (파이의)껍질; (물건의)단단한 표면; 지각(地殼)

cru·zei·ro [kru:zéirou] n. 크루제이로(브라질의 화폐단위)

cry [krai] vi. 소리치다; 울다 ─ vt. 큰소리로 말하다; 큰소리로 알리다[호곡하다]; 간청하다 ─ **for** ⋯ 때문에 울다; 간청하다 ─ **out** 소리를 지르다, (큰소리로)외치다 ─ n. 외침; 울음소리; 외치는 소리; 파는 소리; 탄원; 여론

crys·tal [krístl] n. 수정; 결정(체); (크리스털유리 (제품)⋯) ─ a. 수정(제)의; 투명한; 크리스털유리(의)

Cu·ba [kjú:bə] n. 쿠바 (서인도 제도 중 최대의 섬, 공화국) ~n a. 쿠바의 ─ n. 쿠바사람

cube [kju:b] n. 입방체; ~ cut 깍둑 썰기로 자른 ─ *sugar* 각설탕

cu·bic [kjú:bik] a. 입방(체)의; ~ crossing 입체교차

cub·ism [kjú:biz(ə)m] n. 《繪》 입체파

cuck·oo [kúku:] n. 《鳥》 뻐꾸기 (의 울음소리); 멍청이

cu·cum·ber [kjú:kəmbər] n. 《植》 오이

cud·dle [kʌ́dl] vt., vi. 껴안다, 안고 귀여워하다 ─ n. 포옹

cue¹ [kju:] n. 단서, 신호, 암시

cue² [kju:] n. 《당구》 큐, 당구채

cuff [kʌf] n. (와이셔츠의) 커프스, 소매끝동: ~ links 커프스단추 (cuff buttons, 《英》 sleeve links)

cui·sine [kwi(:)zí:n] n. (호텔 등의)조리실; 요리(법): Chinese ~ 중국요리

cul·mi·nate [kʌ́lmineit] vi. 절정[극점]에 달하다; 영화를 극하다

cu·lottes [kjulɑ́ts/-l5ts] n. pl. 퀼로트, 바지식 스커트

cul·prit [kʌ́lprit] n. (the ~) 죄인; 미결수

cult [kʌlt] n. 숭배; 제례(祭禮); ⋯열, 유행 ~ *of personality* 개인숭배

cul·ti·vate [kʌ́ltiveit] vt. 경작하다; 재배하다; (습성을)기르다; (품성을)닦다 **-vat·ed** [-id] a. 교양있는; 경작된

cul·tur·al [kʌ́ltʃ(ə)rəl] a. 교양의; 문화의; 정신적인; 배양의

cul·ture [kʌ́ltʃər] n. 문화; 교양; 경작; 재배; 사육 ~d [-d] a. 교양있는; 재배[양식]된: a ~ pearl 양식진주

cum·quat [kʌ́mkwɑt/-kwɔt] n. 《植》 금귤

cun·ning [kʌ́niŋ] a. 교활한; (美口) 귀여운 ─ n. 교활; 간지; 《古》 숙련

cup [kʌp] n. (커피·홍차용) 찻잔, (굽달린)양주잔; 한잔의 양; 상배: a ~ *of coffee* 커피 한잔/a ~ *and saucer* 접시에 받친 찻잔

cup·board [kʌ́bərd] n. 찬장, 식기장

cup·cake [kápkèik] n. 컵케이크
cup·ful [‵fùl] n. 한잔 가득
cu·po·la [kjúːpələ] n. 《建》 둥근지붕의 탑
cu·ra·cao, -coa [kjù(ː)rəsóu/kjùː‵] n. 큐라소(술)
curb [kəːrb] n. 재갈, 구속, 억제(to); (차도와 인도 사이의)가장자리돌; 《美》 장외시장; 《총칭》 장외 거래 중개인
curb sèrvice (식당의) 주차중인 손님에 대한 서비스 [제품]
curd [kəːrd] n. 응유; (pl.) 응유
cure [kjuər] n. 치료, 의료 《of》; 치유, 치료법; 구제책 《for》 ─vt. 치료하다; (나쁜 버릇 등을) 고치다, 교정하다
cur·few [kə́ːrfjuː] n. (계엄령하의)야간통행금지령; 《美軍》 귀대시간
cu·ri·o [kjú(ː)riòu] n. (pl. ~s) 골동품; 진기한 것: a ~ shop 골동품점
cu·ri·os·i·ty [kjùː(ː)riásiti/-ɔ́s-] n. 호기심; 골동품
cu·ri·ous [kjú(ː)riəs] a. 진기한, 기묘한; 호기심이 강한
curl [kəːrl] vt. (머리를)말다; (몸을)뒤틀다 ─vi. 머리가 곱슬해지다, (연기 등이)소용돌이치다 ─n. 곱슬털
cur·ren·cy [kə́ːrənsi/kʌ́r(ə)n-] n. 통용, 유통(기간); 통화, 화폐; 시세》 ─ **declaration (form)** 휴대통화 신고(서)
cur·rent [kə́ːrənt/kʌ́r(ə)nt] a. 유통되고 있는; (소문 등의)유포되고 있는; 유행의; 현재의: ~ account 당좌계정/~ money 통화/~ price 시세/the ~ issue [number] (잡지 등의) 최신호/the ~ month [year] 이달[금년]/~ topics 오늘의 화제 go [pass, run] ~ 일반적으로 받아들여지고 있다 ─n. 흐름; 해류; 기류, 전류; 시류(時流): air ~ 기류
cur·ry [kə́ːri/kʌ́ri] n. 카레(가루, 요리): ~ **and rice** 카레 라이스
curse [kəːrs] vi., vt. (p., pp. ~d or curst [kəːrst]) 저주하다; 천벌을 받다; 욕지거리하다 ─n. 저주, 천벌; 욕
curs·ed [kə́ːrsid] a. 저주받은 (damned); 저주할, 괘씸한
cur·tain [kə́ːrt(ə)n] n. 커튼; (극장의)막 ─ **call** 박수를 쳐서 출연자를 무대로 불러내기
curve [kəːrv] n. 곡선; 굽은[휜] 곳; 《야구》 커브 ─vi., vt. 구부러지다, 구부리다
cush·ion [kú(ə)n] n. 쿠션
cus·tard [kʌ́stərd] n. 커스터드
(유유·달걀·설탕을 섞어 만든 것): ~ **pudding** 커스터드푸딩
cus·to·dy [kʌ́stədi] n. 구류, 감금; (사람의)보호, 후견
cus·tom [kʌ́stəm] n. 습관, 풍습; (pl.) 세관; 관세; (the ~s) 세관의 절차; (상점 등의)단골손님: a ~s officer 세관원/pass [go through, get through] ~s 세관을 통과하다 ─ **s declaration (form)** 세관신고(서) ─ **s duties** 관세 ─a. 《美》 맞춤의: a ~ suit 맞춤옷/a ~ tailor 맞춤 양복점
cus·tom·ar·y [kʌ́stəmèri/-m(ə)ri] a. 통례의; 관례에 따른
cus·tom·er [kʌ́stəmər] n. 단골, 고객, 거래처
cústom hòuse 세관
cus·tom-made [kʌ́stəmmèid], **-built** [-bílt] a. 《美》 맞춤의, 주문하여 만든 (cf. ready-made)
cústoms cleàrance 통관
cut [kʌt] v. (p., pp. cut) vt. 베다, 자르다; (머리를)깎다; (길을) 내다; 조각하다; 절감하다; 단축하다; (경구 등)(공을)깎다, 가로지르다; (선이)교차하다 ─vi. 베어지다; 헤집고 나아가다 (through); 가로지르다, 지름길로 가다 (across) ~ **down** 베어 넘어뜨리다; 절감하다; (값을) 내리다 ~ **in [into]** (사람·자동차 등에)끼어들다; 참견하다 (말을)가로막다 ~ **off** 베어내다; 중단하다; (통화·연락 등을) 차단하다 ~ **short** 짧게 하다, 생략하다; 남의 말을 가로막다 ─a. 벤, 자른; 깎아 다듬은; 삭감된: ~ **prices** 특가(값)/~ **rates** 《美》 할인/(cf. new) ~ **glass** 커트글라스 ─n. 벤 자국[상처]; 일격, 한번 자르기; 자른 조각, 조각, 절단; 지름길; 재단(법), 마름질; (머리)깎는 법; 생략; (경비의)삭감; 삽화; 《美》 간단한 식사: a short ~ 지름길
cute [kjuːt] a. 《美》 귀여운; 영리한, 약삭빠른
cut·ie, cut·ey [kjúːti] n. 《美俗》 영리하고 귀여운 소녀
cut·let [kʌ́tlit] n. 《美》 커틀릿, 얇은 고깃점
cut·off [kʌ́tɔ̀(ː)f] n. 《美》 지름길; 직선으로 낸 수로(水路)
cut-rate [kʌ́tréit] a. (가격) 할인의, 값싼
cut·ting [kʌ́tiŋ] n. 절단, 오려내기; 단; (신문 등에서)오려낸 것 ─a. 예리한; 신랄한
cy·ber·net·ics [sàibərnétiks] n., pl. 《단수취급》 인공두뇌학
cy·cle [sáikl] n. 자전거, 오토바

cy·cling [sáikliŋ] n. 사이클링
cy·clone [sáikloun] n. 회오리바람
cy·clo·pe·di·a, -pae- [sàikləpí:diə] n. 백과사전
cyl·in·der [sílindər] n. 원통; 《機》 실린더, 기통(氣筒)
cyn·i·cal [sínik(ə)l] a. 냉소적인, 비꼬는

cy·press [sáipris] n. 사이프레스, 실편백(삼목의 일종)
Cy·prus [sáiprəs] n. 키프로스(지중해 동부의 섬, 공화국)
Czar [zɑːr] n. 제정러시아 황제; 전제군주
Czech·o·slo·vak, -o-Slo- [tʃèkəslóuvæk, -va:k] n. 체코슬로바키아의; n. 체코슬로바키아 사람
Czech·o·slo·va·ki·a, -o-Slo- [tʃèkəslavækiə, -vɑ́:kiə / tʃèkəslou-] n. 체코슬로바키아

D

dab·ble [dǽbl] vt., vi. (물 등을) 튀기다, 물장난하다; 취미 삼아 해보다
dad [dæd], **dad·dy** [dǽdi] n. 《口》 아빠
Da·da·ism [dá:dɑ:ìz(ə)m] n. 다다이즘(예술의 전위주의)
daf·fo·dil [dǽfədil] n. 나팔수선화 ― **단접표**
dag·ger [dǽgər] n. 단검, 단도
Dǎg·wood sandwich [dǽgwúd] 《美》 대형 샌드위치
dai·ly [déili] a. 매일의, 일상의: ~ life 일상생활/a ~ newspaper 일간지 ― n. 일간신문 the ~ Express[Mirror, Mail] 각각 영국의 일간신문명 ― ad. 매일
dain·ty [déinti] a. 우아한; 맛있는; (음식에) 까다로운; 괴로운 ― n. 맛있는 것, 맛있음
dair·y [dé(ə)ri / déəri] n. 낙농장, 낙농업; 낙농품판매업, 우유판매소: a ~ farm 낙농장/~ products 유제품
da·is [déiis] n. (객실·식당 등의) 상석, 주빈석; 강단
dai·sy [déizi] n. 《植》 데이지 ― **ham** 《美》 뼈를 발라내고 훈제한 어깨살 햄
Dal·las [dǽləs] n. 미국 Texas 주의 도시(케네디가 암살된 곳)
dam [dæm] n. 댐, 둑
dam·age [dǽmidʒ] n. 손해; (pl.) 손해배상금 ― vt. 손해를 입히다
dam·a·scene [dǽməsìːn, ─-─] n. 상감세공
Da·mas·cus [dəmǽskəs / -máːs-] n. 다마스커스(시리아의 수도)
dame [deim] n. 귀부인; 노부인
damn [dæm] vt. 욕하다, 저주하다; (비평가적으로) 혹평하다, 빌어먹을: *D*- it [you, him]! 빌어먹을!
damp [dæmp] n. 습기 ― a. 축

축한 ― vt. 축축하게 하다
dance [dæns / da:ns] vi., vt. 춤추다; 춤추듯 하다; (상하로) 흔들리다 ― n. 춤; 무용곡; 무도회: a ~ band 댄스밴드/a ~ hall 《美》 댄스 홀/a ~ music 댄스음악
danc·er [dǽnsər / dá:nsə] n. 댄서, 무용가
danc·ing [dǽnsiŋ / dá:ns-] n. 춤 ― a ~ party 댄스파티 「들레
dan·de·li·on [dǽndilàiən] n. 민
dan·dy [dǽndi] n. 멋쟁이 ― a. 멋부리는; 《美口》 멋있는
Dane [dein] n. 덴마크사람
dan·ger [déindʒər] n. 위험; 위험물 be in ~ of …의 위험이 있다 「험한
dan·ger·ous [déindʒərəs] a. 위
dan·gle [dǽŋgl] vi. 매달리다 ― vt. (뒤에)붙어[따라] 다니다
Dan·ish [déiniʃ] a. 덴마크의 (사람·말)의 n. 덴마크말
Dan·ube [dǽnjuːb] n. (the ~) 다뉴브강
DAR = *D*aughters of the *A*merican *R*evolution 미국애국부인회
Dar·da·nelles [dɑ̀ːrdənélz] n. pl. 다다넬즈 해협(유럽과 아시아 사이의 해협)
dare [dɛər] vi., vt. 과감하다, 굳이 …하다 ― n. 도전 (venture) *I* ~ *say* 아마(…이겠지)
dar·ing [dέ(ə)riŋ] n., a. 대담(한), 용감(한)
dark [dɑːrk] a. 어두운; 검은; 거무스름한; 비밀의; 우울한; 무지몽매한; 엄름한 ~ *horse* 경마에 실력을 알 수 없는 뜻밖의 강력한 경쟁자 ― n. 어두움; 밤; 애매함; 어두운색 *before* [*after*] ~ 일몰 전[후]에 *at* ~ 저녁때에 *in* the ~ 어둠 속에서
dark·en [dáːrk(ə)n] vt., vi. 어

darky 둠게 하다, 어두워지다; 우울하게 하다, 우울해지다

dark·y [dá:rki] *n.* 《口》 흑인

dar·ling [dá:rliŋ] *a., n.* 사랑하는(사람)

darn [da:rn] *vt.* 《짜》깁다, 꿰매 —*n.* 깁기, 짜깁기

dart [da:rt] *vi.* 돌진하다, 날아가다 —*vt.* 던지다, 쏘다 —*n.* 던지는 화살[창]; 《pl.》 (단수 취급) 화살던져넣기놀이

dash [dæʃ] *vi.* 돌진하다 (rush); 충돌하다 —*vt.* (세게) 던지다; 실망시키다; (약간의 술 등을) 타다 ~ **tea with whisky** 홍차에 위스키를 약간 타다 ~ **off** 급히 떠나다 —*n.* 돌진; 돌, 부딪는 소리; 약간의 가미; 기세, 예기 ~**ing** *a.* 기운찬, 위세당당한

dash·board [<ˈbɔ:rd] *n.* (조종석 앞의) 계기반

da·ta [déitə, dá-] *n.* datum의 복수 ~ **bank** 《컴퓨터》 정보은행 ~ **communication** 《컴퓨터》 정보통신 ~ **processing** 《컴퓨터》 정보처리

date [deit] *n.* 날짜, 연월일; 시일, 《美口》 (이성과의) 데이트 약속 [상대]: What's the ~ ? 오늘은 며칠인가 (요일을 물을 때는 What day is it?) ~ **of birth** 생년월일 **out of** ~ 시대에 뒤진 **to** ~ 오늘날까지 **up-to-** ~ 최신식의 —*vt.* 날짜를 쓰다; 연대를 산정 [추정] 하다 —*vi.* 날짜가 있다 《from》; 시작되다 《from》; 《美口》 약속하다 ~ **back to** …으로 소급하다 ~**less** *a.* 날짜 없는; 태고적부터의

date line 날짜변경선

da·tum [déitəm] *n.* (*pl.* -**ta**) (보통 *pl.*) 데이터, 자료

daugh·ter [dɔ́:tər] *n.* 딸 (*cf.* son)

daunt [dɔ:nt] *vt.* 위압하다, 겁주다

Da·vis cùp [déivis] 데이비스컵 (국제정구선수권대회의 우승컵)

dav·it [dǽvit] *n.* 대비트, 보트 · 닻 등을 달아올리는 기둥

dawn [dɔ:n] *n.* 새벽; 시작 —*vi.* 날이 새다; 나타나기 시작하다

day [dei] *n.* 낮, 주간, 하루; 특정일, 축 (제)일, (때로 *pl.*) 시대, 생애, 전성시대 **all** ~ **(long)** 하루종일 **every** ~ 매일 **by** ~ 낮에는 ~ **after** [**by**] ~ 매일 **from** ~ **to** ~ 날로, 나날이 **in a few** ~**s** 이삼일 사이에 **in a** ~ **or two** 이삼일중에 **in broad** ~ 대낮에 **in one's** ~ 젊었을 [한창] 때는 **in these** [**those**] ~ 요즘은 [그 무렵] **one of these** ~**s** 근일중에 **the other** ~ 전일 **some** ~ (미래의) 언젠가는, 어느날 **this** ~ **week** [**month**] 내주 [내달] 의 오늘, 전주 [전달] 의 오늘

day·break [<ˈbreik] *n.* 새벽

dáy còach 《美》 (열차의) 보통객차

day·dream [<ˈdri:m] *n.* 백일몽, 공상 —*vi.* 공상에 잠기다

dáy lètter 《美》 (요금이 싼) 주간발송전보

day·light [<ˈlait] *n.* 햇빛; 주간 (daytime); 새벽; ~ **saving time** 《美》 서머타임 (*cf.* 《英》 summer time)

day·long [lɔ:ŋ/ -lɔŋ] *ad., a.* 온종일 [진종일] (의)

dáy nùrsery 《美》 탁아소, 보육학교(nursery school)

dáy tícket 《英》 (당일만 통용되는) 왕복 [할인] 차표

day·time [<ˈtaim] *n.* 주간, 낮

dáy tràin 주간열차

daze [deiz] *vt.* 멍하게 하다; 눈부시게 하다 —*n.* 혼혹, 멍한 [눈부신] 상태

daz·zle [dǽzl] *vt.* 눈부시게 하다 —*vi.* 눈부시다

D.C. = District of Columbia [kəlʌ́mbiə] 콜럼비아 특별구

dead [ded] *a.* 죽은 (*opp.* alive), 말라죽은; 둔한, 활기없는; 무감각의; *a.* ~ **end** 막다른 곳 —*ad.* 아주, 완전히; ~ **tired** 녹초가 되어 —*n.* (the ~) 죽은 사람; 한창; **at** ~ **of night** 한밤중에 ~ **heat** (경기) 동점, 무승부

dead-head [dédhèd] *n.* 《口》 무임승차인, 초대권 입장자; 무능자

dead·line [dédlàin] *n.* 마감시간; 최종기한

dead·lock [dédlàk/ -lɔ̀k] *n.* (교섭 등의) 정돈(停頓)

dead·ly [dédli] *a.* 치명적인 (mortal); 《口》 대단한 —*ad.* 죽은 듯이; 《口》 대단히

deaf [def] *a.* 귀먹거리의, 귀가 어두운; 들으려고 하지 않는 《to》

deal [di:l] *v.* (*p., pp.* **dealt** [delt]) *vt.* 분배하다; 가하다 —*vi.* 장사하다; 처리하다 ~ **in** …을 팔다, …에 종사하다: We don't ~ **in** that line. 그런 종류의 상품은 취급하지 않습니다 ~ **with** (일을) 처리하다, (문제를) 논하다; …과 거래하다; (사람을) 다루다 —*n.* 분량; 다량, 《口》 거래; 《美》 (정

deal·er [díːlər] n. 상인, 딜러.

deal·ing [díːliŋ] n. (보통 pl.) 거래, 교제; 조치, 대우

dean [diːn] n. 학장, 학생감; 《宗》 부감독

dear [diər] a. 친애하는, 귀여운; 값비싼 (opp. cheap); D~ Sir(s); D~ Mr. 근계 (편지의 시작말); ~ 사랑하는 것 [사람] (호칭으로 씀) —ad. 값비싸게 —int. 어머나!, 저런!

Déar Jóhn (남자에 대한이혼 요구장; 절교장) [근

dearth [dəːrθ] n. 부족, 결핍; 기

death [deθ] n. 죽음; 절명 to~ 죽도록; 극도로, 몹시 D~ Válley 《美》 캘리포니아 주와 Nevada 주에 걸친 불모의 땅

déath màsk 데스 마스크

déath ràte 사망율

de·bar [dibáːr] vt. 제외하다; 방해하다

de·base [dibéis] vt. (인격·품질 등을)떨어뜨리다, 저하시키다

de·bate [dibéit] n. 토론(회) — vi., vt. 토론하다; 숙고하다

deb·it [débit] n. 《商》 차변 (opp. credit)

deb·o·nair [dèbənéər] a. 우아한, 유쾌한

debt [det] n. 빚; 신세 **be in [out of] ~** 빚이 있다[없다]

de·but [deibjúː/ déibu] n. (사교계로의)첫등장;첫무대,데뷔 [대

dec·ade [dékeid] n. 10년간

dec·a·dent [dikéid∂nt, déka-] a. 퇴폐적인 —n. 데카당파의 예술가

de·can·ter [dikǽntər] n. 식탁용 포도주병

dec·ath·lon [dikǽθlɑn/-lən] n. 10종경기

de·cay [dikéi] vi. vt. 부패 부식하다, 썩(게하)다: a ~ed tooth 충치 —n. 부패; 쇠퇴

de·cease [disíːs] n., vi. 사망 (하다)

de·ceased [disíːst] a. 죽은, 고 [인 the ~ 고인

de·ceit [disíːt] n. 사기, 불성실

de·ceive [disíːv] vt. 속이다, 현혹시키다 —vi. 사기치다: ~ oneself 잘못 생각하다 [월

De·cem·ber [disémbər] n. 12

de·cen·cy [díːsnsi] n. 예의바름, 점잖음; (pl.) 예의

de·cent [díːsnt] a. 점잖은, 남부끄럽지 않은; 《口》 친절한

de·cep·tion [disép∫(ə)n] n. 속임, 기만; 속임수, 사기

de·cide [disáid] vt., vi. 결정하다, 결의하다 (resolve)

de·cid·ed [disáidid] a. 단호한; 명백한

dec·i·mal [désim(ə)l] n. 《數》 십진법의; 소수의 —n. 소수

de·ci·pher [disáifər] vt. (암호를) 해독하다; 판독하다

de·ci·sion [disíʒ(ə)n] n. 결정; 결심, 결단: arrive at [come to] a ~ 해결나다, 결정되다

de·ci·sive [disáisiv] a. 결정적인, 단호한

deck [dek] n. 갑판: go on ~ 갑판에 나오다 **~ chair** 갑판의자 **~ hand** 갑판선원 —vt. 갑판을 깔다

deck·er [dékər] n. 갑판선원; …층의 선박 [탑것]: a double ~ 2층버스 [전차]

déck pássenger 3등선객

dec·la·ra·tion [dèkləréi(ə)n] n. 선언, 포고, (세관에의) 신고(서)

de·clare [dikléər] vt., vi. 선언 [포고]하다; 언명 [단언] 하다; 공표하다; (세관에서) 과세품을 신고하다: Have you anything to ~? 신고해야 할 물건을 갖고 계십니까

de·cline [dikláin] vi., vt. (아래로) 기울다, 쇠퇴하다; 거절하다, 사절하다; 기울다, 내리막; 쇠퇴; 하락

de·code [dikóud] vt. 암호를 풀다

de·com·pose [dìːkəmpóuz] vt., vi. (성분 등으로)분해하다[되다]; 부패시키다[되다]

dé·cor [deikɔ́ːr/—] F. n. 장식; 무대장치

dec·o·rate [dékərèit] vt. 장식하다 (with); 훈장을 수여하다

dec·o·ra·tion [dèkəréi∫ən] n. 장식, (pl.) 장식물; 훈장: D~ Dáy 《美》 현충일 (Memorial Day)

dec·o·ra·tive [dékərèitiv/-rə-] a. 장식의, 장식적인

de·coy [dikɔ́i—v.] n. 미끼, 유인물, 유혹하다 —n. [+美 díːkɔi] 유인물, 후림새, 미끼

de·crease [diːkríːs→v.] n. 감소 (opp. increase) **be on the ~** 감소하고 있다 —vi., vt. [dí(ː)kríːs] 줄다 (줄이다 (in), 감소하다

de·cree [dikríː] n. 법령, 포고, (법원의)명령, 판결; (교회의)교령 —vt., vi. (하늘이)명하다, (운명이)다스리다; (법원이) 판결하다

ded·i·cate [dédikèit] vt. 바치다, 헌납하다; 헌정하다

de·duce [did(j)úːs/-djúːs] *vt.* 연역(추론)하다《*from*》(opp. induce); 계통을 살피다, 유래를 밝히다《*from*》

de·duct [didÁkt] *vt.* 빼다, 공제하다《*from*》

de·duc·tion [didÁk(ə)n] *n.* 공제(액), 차감(액); 연역(법)

deed [diːd] *n.* 행위, 행동; 공적: in word and [in] ~ 언행이《함께》

dee·jay [díːdʒèi] *n.* 《俗》디제이 (disk jockey)

deep [diːp] *a.* 깊은, 심오한; 깊이 몰두한 《*in*》; 깊이 느끼는 《속 따위》; 굵고 낮은; (색이) 짙은: a ~ bow 공손한 절/a ~ dive 급강하 *n.* 깊은 곳, 심해 *ad.* 깊이: drink ~ 술을 과음하다

deep-sea [<sí:-] *a.* 심해 [원양]의

Déep Sóuth (the~) 미국 서남부지방 (멕시코만에 접한 주들)

deer [diər] *n.* sing. & pl. 《動》 사슴

de·fame [diféim] *vt.* (중상으로) 명예를 훼손하다, 비방하다

de·fault [difɔ́ːlt] *n.* 태만, 불이행; (법정에의) 결석 — *vi.*, *vt.* 의무를 게을리하다 (채무를)이행하지 않다; (재판에)결석하다

de·feat [difíːt] *vt.* 격파하다, 패배시키다; 꺾다 — *n.* 격파, 패배; 좌절

de·fect [difékt] *n.* 단점, 결함

de·fec·tive [diféktiv] *a.* 결함[결함]이 있는, 불완전한

de·fend [difénd] *vt.* 지키다, 방어하다《*against*, *from*》; 변호하다: God ~! 천만의 말씀!

de·fense, 《英》-fence [diféns] *n.* 방어, 방위《*against*》; 변호: in ~ of ~을 지키기 위해 ~-**less** *a.* 무방비의

de·fen·sive [difénsiv] *a.* 방어 [수비]의 (opp. offensive) — *n.* (the ~) 방어, 수세

de·fer [difəːr] *vt.* 연기하다 — *vi.* 오래 끌다: ~ red telegram 간송 전보 (值이 낮어지나는 요금이 싼)/~ red payment 연불

de·fi·ance [difáiəns] *n.* 무시, 반항, 도전

de·fi·cien·cy [difíʃ(ə)nsi] *n.* 부족(액), 결함

de·fi·cient [difíʃ(ə)nt] *a.* 부족한 (cf. sufficient), 불완전한

def·i·cit [défəsit] *n.* 부족액, 결함

de·fine [difáin] *vt.* 정의하다; (범위를) 한정하다

def·i·nite [défənit] *a.* 명확한, 일정한 ~·**ly** *ad.* 《口》 분명히

def·i·ni·tion [dèfəníʃ(ə)n] *n.* 정의, 한정

de·fla·tion [difléi(ə)n/di(:)-] *n.* 통화수축, 디플레이션 (opp. inflation)

de·form [difɔ́ːrm] *vt.* 보기 흉하게 하다; 모양을 손상하다, 불구로 만들다

de·fraud [difrɔ́ːd] *vt.* 속여 빼앗다, 횡령하다; 속이다

de·fray [difréi] *vt.* 지불하다

de·fy [difái] *vt.* 도전하다; 무시[멸시]하다; 반항하다

de·gen·er·ate [didʒénərèit →*a.*, *n.* -rit] *vi.* 퇴보[퇴화]하다 — *a.*, *n.* (-리rit) 퇴화한(것, 사람)

deg·ra·da·tion [dègrədéi(ə)n] *n.* 타락, 퇴화

de·grade [digréid] *vt.*, *vi.* 지위를 낮추다; 품위·가치를 떨어뜨리다; 타락시키다[하다]

de·gree [digríː] *n.* 정도; 계급, 지위; 학위; (온도계 등의) 도: 35 ~ *s* of north latitude 북위 35도 / *by* ~ *s* 차차 하나씩 / 조금씩 *in a great [some]* ~ 크게 [얼마간] *to a certain* ~ 어느 정도(까지) *to a* ~ 《口》 크게,《美》 다소

deign [dein] *vt.*, *vi.* 황송하옴게도 ~하다 《*to do*》; 비하하여 ~하다

de·i·ty [díːiti] *n.* 신; 신성 (神性)

de·ject·ed [didʒéktid] *a.* 낙담한, 풀죽은 ~·*ly* *ad.*

dé·jeu·ner [déiʒənèi/<--] F. 늦은 조반; 점심

Del·a·ware [déləwɛ̀ər] *n.* 미국 동부의 주

de·lay [diléi] *vt.* 늦추다; 연장하다 — *vi.* 꾸물거리다, 늦어지다 — *n.* 지연, 유예 *without* ~ 지체없이, 곧

del·e·gate [déləgit→*v.*] 대표자; 파견제 — *vt.* [déləgèit] 대표로 파견하다

del·e·ga·tion [dèləgéi(ə)n] *n.* 대표파견; 《총칭》 대표단

de·li [déli] *n.* 《口》 = delicatessen

de·lib·er·ate *a.* [dilíbərit→*v.*] 신중한; 고의의 — *vi.*, *vt.* (dilíbərèit) 숙고[하다, 하다

de·lib·er·a·tion [dilìbəréi(ə)n] *n.* 숙고; 신중

del·i·ca·cy [délikəsi] *n.* 우아함; 정교; [섬세]함; 가냘픔; 맛있는 것

del·i·cate [délikit] *a.* 우아한; 섬세한; 민감한; 미묘한; 가냘픈, 맛있는

del·i·ca·tes·sen [dèlikətésn] *n. pl.* 《美》조제(調製)식품;《단수취급》조제식품점 [G]

de·li·cious [dilíʃəs] *a.* 맛있는, 신나는 ; (D~) 딜리셔스 (사과의 한 품종)

de·light [diláit] *vt.* 기쁘게 하다 —*vi.* 즐기다 (*in*) —*n.* 기쁨, 즐거움 take [have] ~ in ~을 즐기다 *with* ~ 기꺼이

de·light·ed *a.* 기뻐하는: I'm ~ to (do) 기꺼이 ~ 하다

de·light·ful [diláitf(u)l] *a.* 기쁜, 매우 유쾌한, 신나는

de·lir·i·um [dilíriəm] *n.* (pl. ~s, -i·a) 섬망(譫妄)상태, 일시적 정신착란 ~ **tremens** [tríːmenz] (알코올 중독으로 인한) 진전(振顫)섬망(狂)

de·liv·er [dilívər] *vt.* 배달하다; 말하다; (탄알 등을) 가하다; (공 등을) 던지다; 구출하다

de·liv·er·y [dilív(ə)ri] *n.* 인도; 배달, 배송; 연설 (솜씨); 출산: special [《英》express] ~ 속달 / *on* ~ 현품과 교환으로

dell [del] *n.* 작은 협곡

del·ta [délta] *n.* (강어귀의) 삼각주

de luxe, de luxe [dəlúks, -lʌ́ks] *a.* 호화로운: *a* hotel ~ 고급호텔 / *a train* ~ 특등차

de·mand [dimǽnd/-mάːnd] *vt.* (사람이) 요구하다, (사물이) ~을 요하다 (require) —*n.* 요구, 요청, 청구; 수요; (*for*) (*opp.* supply) ~ **draft** 은행송금환 *be in* ~ 수요가 있다 *on* ~ 청구하는 대로

de·mar·ca·tion [diːmɑːrkéiʃ(ə)n] *n.* 경계(구분), 분계

de·mean·or, 《英》·our [dimíːnər] *n.* 행실, 품행; 태도

de·mer·it [diːmérit] *n.* 과실, 결점; 벌점

de·mil·i·ta·rize [diːmílitəràiz] *vt.* 비무장화하다; 군정에서 민정으로 이양하다

de·míl·i·ta·rized zòne [diːmílitəràizd] 비무장지대

dem·i·tasse [démitæ̀s, -tὰːs, -tάːs] *F. n.* 식후에 내는 작은 커피잔

de·moc·ra·cy [dimάkrəsi/-mɔ́-] *n.* 민주주의(국가), 민주주의

dem·o·crat [déməkræ̀t] *n.* 민주주의자; (D~) 《美》민주당원

dem·o·crat·ic [dèməkrǽtik] *a.* 민주주의(정체)의, 민주적인 *the* D~ Party 《美》민주당

de·mon [díːmən] *n.* 악마, 악귀 (*cf.* angel); 비범한 사람

dem·on·strate [démənstrèit] *vt.* 논증하다; (실험으로) 설명하다; (감정을) 나타내다 —*vi.* 시위운동[데모]을 하다

dem·on·stra·tion [dèmənstréiʃ(ə)n] *n.* 시위운동, 데모; 팀증; 실연(實演)

de·mur [dimə́ːr] *n., vi.* 이의(를) 말하는(다), 항변하다

den [den] *n.* 굴; 사실(私室)

de·ni·al [dináiəl] *n.* 부정; 거절

den·im [dénim] *n.* 두께운 능직 무명

Den·mark [dénmɑːrk] *n.* 덴마크 (북유럽의 왕국)

de·nom·i·na·tion [dinὰmənéiʃ(ə)n/-nɔ̀m-] *n.* 명명; 종류; 종파; (도량형·금전의) 단위; 액면금액

de·note [dinóut] *vt.* 나타내다

de·nounce [dináuns] *vt.* (공공연히) 비난하다; 고발하다; (조약의) 폐기를 통고하다

dense [dens] *a.* 빽빽한, (강개 등이) 짙은; (인구가) 조밀한

den·si·ty [dénsiti] *n.* 밀도, 농도

den·tal [dént(ə)l] *a.* 이의; 치과(의학)의

den·ti·frice [déntifris] *n.* 치약

den·tist [déntist] *n.* 치과의사

de·nun·ci·a·tion [dinʌ̀nsiéiʃ(ə)n, -ʃi-] *n.* 탄핵; 위협(적 선언), (조약 등의) 폐기통고

Den·ver [dénvər] *n.* 미국 Colorado 주의 도시

de·ny [dinái] *vt.* 부정 [부인] 하다, 취소하다 (*opp.* affirm), 거절하다

de·o·dor·ant [diːóudərənt] *n.* 방취제; 체취를 없애는 화장품

de·part [dipάːrt] *vi., vt.* 출발하다 (*opp.* arrive); 발차하다; 죽다; (습관에서) 벗어나다 (*from*): ~*ing* passengers 출발객

de·part·ment [dipάːrtmənt] *n.* 부문; 성, 국, 과, 계; …락부; …과; (프랑스의) 도: *the* D~ *of State* 《美》국무성

depártment stòre 《주로 美》백화점 《英》*the stores*

de·par·ture [dipάːrtʃər] *n.* 출발 (*opp.* arrival); 발차; 출국: *a* ~ platform 발차플랫폼 / *a* ~ lounge 출국대기실 / *make one's* ~ 출발하다

de·pend [dipénd] *vi.* …에 걸려 있다; 의지하다 (*on, upon*) *D~ upon it!* 염려마라! *That* ~ s./ *It all* ~ s. 그런 사정 나름이다

de·pend·ence [dipéndəns] *n.* 의존; 신뢰

de·pend·ent [dipéndənt] *a.* 의지하는; …나름의 (*on, upon*) —*n.* 부양가족, 딸린 식구

de·pict [dipíkt] *vt.* 묘사하다

de·plane [diːpléin] *vi.* 비행기에

de·plor·a·ble [dipló:rəbl] *a.* 통탄스러운, 안타까운, 애처로운

de·ploy [dipl5i] *vt., vi.* (군대를 [가]) 전개하다[되다]; 배치하다
~**·ment** *n.* 전개, 배치

de·ploy·ment [dipl5imənt] *n.* (부대·무기의) 전개/, 배치

de·pos·it [dipázit/ -pɔ́z-] *vt.* 놓다; 맡기다 (*in, with*): D~ a quarter and push the button. 25센트(화)를 넣고 단추를 누르십시오 (자동판매기 등에서) —*n.* 착수 (보증)금; 예금; 맡긴 것: a current ~ 당좌예금/ money on ~ 예금

de·pot [dí:pou/ dépou] *n.* 저장소, 창고, 《美》정(주)차장; (버스·비행기의) 발착장

de·press [diprés] *vt.* 우울하게 하다; 내리누르다; 불경기로 만들다 ~**ed** [-t] *a.* 우울한, 저하된, 불경기의 —**pres·sion** *n.* 저하; 의기소침; 불경기

de·prive [dipráiv] *vt.* 빼앗다

depth [depθ] *n.* 깊이, 길은 곳; (보통 *pl.*) 심연, 깊은 곳

dep·u·ta·tion [dèpjutéiʃ(ə)n] *n.* 대리위임 (파견); 대표자

dep·u·ty [dépjuti] *n.* 대리, 대표

Der·by [dá:rbi/ dá:bi] *n.* 더비 (영국 Surrey의 Epsom Downs 에서 매년 거행되는 경마)

de·ri·sion [diríʒ(ə)n] *n.* 비웃음, 조소; 웃음거리

de·rive [diráiv] *vt., vi.* 끌어내다, 얻다; …에서 나오다; 추론하다

de·scend [disénd] *vi., vt.* 내리다 (*opp.* ascend); (성질·재산·권리 등이) 전해지다, 내림이다

de·scend·ant [diséndənt] *n.* 자손 (*cf.* ancestor)

de·scent [disént] *n.* 강하 (*opp.* ascent); 내리막길; 가계, 혈통

de·scribe [diskráib] *vt.* 기술(묘사)하다

de·scrip·tion [diskríp(ə)n] *n.* 기술, 묘사; 종류: beyond ~ 형언할 수 없는

de·seg·re·ga·tion [di:sègrigéi∫(ə)n] *n.* 인종차별폐지

des·ert¹ [dézərt] *n.* 사막, 황무지: *the Sahara D*~ 사하라사막 —*a.* 사막의; 불모의

de·sert² [dizə́:rt] *vt., vi.* (저) 버리다; 탈주하다 ~**ed** [-id] *a.* 사람이 살지 않는, 버려진

de·sert³ [dizə́:rt] *n.* 공적, 공과; 당연한 보상

de·serve [dizə́:rv] *vt.* …을 받을 만하다, …할 가치가 있다

de·sign [dizáin] *vt., vi.* 계획[설계]하다, 밑그림을 그리다 —*n.* 계획; 설계, 도안, 밑그림 ~**·er** *n.* 설계자, 도안사, 디자이너

des·ig·nate [dézigneit→ *a.* dézignit/지정]하다; 지명하다 —*a.* [-nit] 지명받은 《명사 뒤에서》: president ~ 차기대통령

de·sir·a·ble [dizái(ə)rəbl] *a.* 바람직한

de·sire [dizáiər] *vt.* 원하다 (want), 희망하다 —*n.* 소원, 욕망 (*for*) *at one's* ~ 소원대로, 희망에 따라

de·sir·ous [dizái(ə)rəs /-záiər-] *a.* 원하고, 바라고 (*of*)

desk [desk] *n.* (美) (신문사의) 편집부: a ~ plan 탁상계획

desk-top computer [désktɑp/ -tɔp] 탁상 전자계산기

des·o·late [désəlit] *a.* 황량한

de·spair [dispɛ́ər] *n., vi.* 절망 (하다) (*of*) ~**·ing** *a.* 절망하는

des·patch [dispǽtʃ] *vt., n.* = dispatch

des·per·ate [désp(ə)rit] *a.* 절망적인, 필사적인, 저돌적인

de·spise [dispáiz] *vt.* 경멸하다

de·spite [dispáit] *prep.* …에도 불구하고 (in spite of) *(in) ~ of* …에도 불구하고

des·sert [dizə́:rt] *n.* 디저트, 식사의 마지막 코스 (미국에서는 파이·케이크·아이스크림 등, 영국에서는 과일·사탕과자 등이 나옴) ~ *wine* 디저트에 나오는 포도주

des·ti·na·tion [dèstinéi(ə)n] *n.* 목적지; 목적

des·tine [déstin] *vt.* 《보통 수동형》 운명짓다; 예정하다: a ship ~*d* for New York 뉴욕행 배

des·ti·ny [déstini] *n.* 운명, 운; (D~) 하늘(의 뜻)

des·ti·tute [déstit(j)ù:t/-tjù:t] *a.* 결핍한, 없는 (in want) (*of*); 궁핍한

de·stroy [distrɔ́i] *vt.* 파괴하다

de·struc·tion [distrʌ́k(ə)n] *n.* 파괴; 절멸; 파멸(의 원인)

de·struc·tive [distrʌ́ktiv] *a.* 파괴적인 (*opp.* constructive), 해로운 (*of, to*)

des·ul·to·ry [désə)ltɔ̀:ri/-t(ə)ri] *a.* 산만한, 일정치 않은; 엉뚱한, 빗나간

de·tach [ditǽtʃ] *vt.* 분리하다 (*from*) (*cf.* attach) ~**ed** *a.* 분리된; 초연한, 공평한: a ~*ed* palace 이궁(離宮)/ a ~*ed* house 외딴집

지역별 특징을 심도있게 다룬 여행정보지!
역사와 문화가 살아 숨쉬는 역사기행!
세계 구석구석의 풍물과 생활상을 보여주는 문화교양서!
섬세하고 생동감 넘치는 다큐멘터리 사진집!

YBM Si-sa 문의 (02)2004-8888

내셔널 지오그래픽 테마 여행

THE NATIONAL GEOGRAPHIC TRAVELER

– 최고의 여행 전문가가 전하는 세계 여행정보지 –

도시편

나라편

(7) 시차표

- 이 시차표는 한국표준시(K.S.T.)를 기준으로 작성되었다.
- 세로로 읽어서 현지 시각을 구한다.
- 굵은 선(국제 날짜선) 내의 숫자는, 한국보다 하루 전날의 시각을 나타낸다.

  보기 : 서울 10월 1일 오전 8시에, 호놀룰루는 몇 일 몇 시인가를 살펴보자. 한국 시간으로「8」의 숫자에 해당하는 세로열과 호놀룰루의 가로열이 마주치는 숫자를 읽는다. 이 경우「13」은 굵은 선 안에 있으므로, 호놀룰루 현지의 시각은 전날인 9월 30일 오후 1시가 된다.

Seoul, Tokyo	1	2	3	4	5	6	7	8	9	10	11	12	13	14	15	16	17	18	19	20	21	22	23	24
Guam, Sydney, ①	2	3	4	5	6	7	8	9	10	11	12	13	14	15	16	17	18	19	20	21	22	23	24	1
Noumea	3	4	5	6	7	8	9	10	11	12	13	14	15	16	17	18	19	20	21	22	23	24	1	2
Auckland, ②, ③	4	5	6	7	8	9	10	11	12	13	14	15	16	17	18	19	20	21	22	23	24	1	2	3
Midway, Samoa	5	6	7	8	9	10	11	12	13	14	15	16	17	18	19	20	21	22	23	24	1	2	3	4
Honolulu, ④	6	7	8	9	10	11	12	13	14	15	16	17	18	19	20	21	22	23	24	1	2	3	4	5
Sitka, Tahiti	7	8	9	10	11	12	13	14	15	16	17	18	19	20	21	22	23	24	1	2	3	4	5	6
Los Angeles, ⑤, ⑥, ⑦	8	9	10	11	12	13	14	15	16	17	18	19	20	21	22	23	24	1	2	3	4	5	6	7
Denver, Phoenix	9	10	11	12	13	14	15	16	17	18	19	20	21	22	23	24	1	2	3	4	5	6	7	8
Chicago, ⑧, ⑨	10	11	12	13	14	15	16	17	18	19	20	21	22	23	24	1	2	3	4	5	6	7	8	9
New York, ⑩, ⑪, ⑫, ⑬	11	12	13	14	15	16	17	18	19	20	21	22	23	24	1	2	3	4	5	6	7	8	9	10
Bermuda, ⑭, ⑮, ⑯	12	13	14	15	16	17	18	19	20	21	22	23	24	1	2	3	4	5	6	7	8	9	10	11
Buenos Aires, ⑰	13	14	15	16	17	18	19	20	21	22	23	24	1	2	3	4	5	6	7	8	9	10	11	12
Azores	14	15	16	17	18	19	20	21	22	23	24	1	2	3	4	5	6	7	8	9	10	11	12	13
Dakar, Monrovia	15	16	17	18	19	20	21	22	23	24	1	2	3	4	5	6	7	8	9	10	11	12	13	14
Madrid, ⑱, ⑲, ⑳	16	17	18	19	20	21	22	23	24	1	2	3	4	5	6	7	8	9	10	11	12	13	14	15
㉑, ㉒, ㉓, ㉔, ㉕, ㉖, ㉗	17	18	19	20	21	22	23	24	1	2	3	4	5	6	7	8	9	10	11	12	13	14	15	16
Athens, ㉘, ㉙, ㊱	18	19	20	21	22	23	24	1	2	3	4	5	6	7	8	9	10	11	12	13	14	15	16	17
Moscow, ㉛, ㉜, ㉝	19	20	21	22	23	24	1	2	3	4	5	6	7	8	9	10	11	12	13	14	15	16	17	18
Tehran	20	21	22	23	24	1	2	3	4	5	6	7	8	9	10	11	12	13	14	15	16	17	18	19
Karachi, Bombay	21	22	23	24	1	2	3	4	5	6	7	8	9	10	11	12	13	14	15	16	17	18	19	20
Calcutta, ㉞	22	23	24	1	2	3	4	5	6	7	8	9	10	11	12	13	14	15	16	17	18	19	20	21
Bangkok, ㉟, ㊳	23	24	1	2	3	4	5	6	7	8	9	10	11	12	13	14	15	16	17	18	19	20	21	22
Hong Kong ㊲, ㊴	24	1	2	3	4	5	6	7	8	9	10	11	12	13	14	15	16	17	18	19	20	21	22	23

- 시차표 안의 ①, ②, ③, … 의 숫자는 다음의 각 도시를 나타낸다.

① Melbourne	② Wake	③ Fiji	④ Anchorage
⑤ San Francisco	⑥ Seattle	⑦ Vancouver	⑧ Dallas
⑨ Mexico City	⑩ Montreal	⑪ Boston	⑫ Washington
⑬ Miami	⑭ Caracas	⑮ San Juan	⑯ Santiago
⑰ Rio de Janeiro	⑱ Lisbon	⑲ London	⑳ Accra
㉑ Stockholm	㉒ Rabat	㉓ Amsterdam	㉔ Paris
㉕ Berlin	㉖ Rome	㉗ Copenhagen	㉘ Helsinki
㉙ Cairo	㉚ Beirut	㉛ Bagdad	㉜ Addis Ababa
㉝ Nairobi	㉞ Rangoon	㉟ Singapore	㊱ Djakarta
㊲ Taipeh	㊳ Manila		

NEW YORK 뉴욕
335 E. 45th St.(4th Fl.),
New York, NY 10017,
U.S.A.
Tel: (1-646) 674-6000, (1-212) 692-9120
e-mail: info@koreanconsulate.org

NIIGATA 니가타
Hakusan-Ura 2 Chome 1-13,
Niigata-Shi, Japan
Tel: (81-25) 230-3411/ 3400
e-mail: rokcon@pavc.ne.jp

OSAKA 오사카
2-3-4, Nishi-Shinsaibashi,
Chuo-ku, Osaka, Japan
Tel: (81-6) 6213-1401~6
e-mail: oskocon@gol.com

SAN FRANCISCO 샌프란시스코
3500 Clay St.
San Francisco, CA 94118,
U.S.A.
Tel: (1-415) 921-2251~3
e-mail: consularsf@mofat.go.kr

SÃO PAULO 상파울로
Av. Paulista 37, 9 andar
Cerqueira Cesar, São Paulo-SP
Brazil
Tel: (55-11) 3141-1278
e-mail: cscoreia@mofat.go.kr

SAPPORO 삿포로
Kita 3-Cho Nish 21-Chome,
Chuo-ku Sapporo, Japan
Tel: (81-11) 621-0288~9
e-mail: koconeco@coral.ocn.ne.jp, koconsul@rose.ocn.ne.jp

SEATTLE 시애틀
2033 6th Avenue, Suite #1125,
Seattle, WA 98121,
U.S.A.
Tel: (1-206) 441-1011~4
e-mail: koreanconsulate@yahoo.com

SHANGHAI 상하이
4th Floor, Shanghai International Trade Center, 2200 Yan An West Road, Shanghai, China
Tel: (86-21) 6219-6417~20
e-mail: shanghai@mofat.go.kr

SYDNEY 시드니
G.P.O.Box 1601
Sydney NSW 2001
Australia
Tel: (61-2) 9221 3864~6
e-mail: consyd@mofat.go.kr

TORONTO 토론토
555 Avenue Road, Toronto,
Ontario, Canada, M4V 2J7
Tel: (1-416) 920-3809
e-mail: toronto@consulatekoreator.org

VANCOUVER 밴쿠버
1600-1090 West Georgia St.
Vancouver, British Columbia,
Canada, V6E 3V7
Tel: (1-604) 681-9581
e-mail: general@koreanconsulatevan.org

VLADIVOSTOK 블라디보스톡
P.O.Box 690091 Vladivostok
A/YA 91-270, Russia
Tel: (7-4232) 22-7729/ 7765/ 7822/ 8133
e-mail: krconsvl@fastmail.vladivostok.ru

YOKOHAMA 요코하마
118, Yamate-cho, Naka-ku
Yokohama, Japan
Tel: (81-045) 621-4531~3
e-mail: yokohama@mofat.go.kr

1170 Brussels, Belgium
Tel: (32-2) 675-5777
e-mail: eukorea@skynet.be
rokembassy@skynet.be

GENEVA 제네바
1 Avenue de l'Ariana
POB 42, 1211 Geneva,
Switzerland
Tel: (41-22) 748-0000
e-mail: mission.korea-rep@ties.itu.int

TAIPEI 타이베이
Rm 1506, No.333, Sec.1,
Kee-Lung Rd.,
Taipei, Taiwan
Tel: (886-2) 2758-8320~5
e-mail: korea123@ms10.hinet.com

UNITED NATIONS 국제연합
335 East 45th St, New York,
NY10017, U.S.A.
Tel: (1-212) 439-4000
e-mail: korea@un.int

□ 총영사관
(CONSULATES GENERAL)

ATLANTA 애틀랜타
229 Peachtree St. International
Tower Suite 500,
Atlanta, GA 30303,
U.S.A.
Tel: (1-404) 522-1611~3
e-mail: info@consulatekorea-atl.org

BOSTON 보스턴
One Gateway Center 2nd Floor
Newton, MA 02458,
U.S.A.
Tel: (1-617) 641-2830

CHICAGO 시카고
NBC Tower Suite 2700
455 North Cityfront Plaza Drive
Chicago, Illinois 60611,
U.S.A.
Tel: (1-312) 822-9485
e-mail: chicago@mofat.go.kr

FRANKFURT 프랑크푸르트
Eschersheimer Landstr. 327
60320 Frankfurt am Main,
Deutschland[Germany]
Tel: (49-69) 9567520
e-mail: wfk@euko.de

FUKUOKA 후쿠오카
1-1-3 Jigyohama Chuo-ku
Fukuoka, Japan
Tel: (81-92) 771-0461~3
e-mail: fukuoka@mofat.go.kr

HO CHI MINH 호치민
107 Nguyen Du St., District 1,
Ho Chi Minh City, Vietnam
Tel: (84-8) 8225757
e-mail: sos-cgkr@hcm.vnn.vn

HONG KONG 홍콩
5-6/F, Far East Finance Centre,
16 Harcourt Road, Hong Kong
Tel: (852) 2529-4141
e-mail: korcon@netvigator.com

HONOLULU 호놀룰루
2756 Pali Highway Honolulu,
Hawaii 96817,
U.S.A.
Tel: (1-808) 595-6109/ 6274
e-mail: receptionist@koreanconsulatehi.org

HOUSTON 휴스턴
1990 Post Oak Blvd.,#1250,
Houston, TX77056,
U.S.A.
Tel: (1-713) 961-0186
e-mail: koreanconsulate@worldnet.att.net

**LOS ANGELES
로스앤젤레스**
3243 Wilshire Blvd.,
Los Angeles, CA 90010,
U.S.A.
Tel: (1-213) 385-9300

MONTREAL 몬트리올
1 Place ville-Marie, Suite 2015
Montreal, Quebec, H3B 2C4,
Canada
Tel: (1-514) 845-2555
e-mail: korean@koreanconsulate.qc.ca

NAGOYA 나고야
1-19-12, Meieki Minami,
Nakamura-ku, Nagoya 450,
Japan
Tel: (81-52) 586-9221~3
e-mail: nagoya@mofat.go.kr

SOUTH AFRICA
남아프리카 공화국
P.O.Box 939 Groenkloof 0027
Pretoria, South Africa
Tel: (27-12) 460-2508
e-mail: korrsa@mweb.co.za

SPAIN 스페인
C/Gonzalz Amigo 15,
28033 Madrid, Spain
Tel: (34-91) 353 20 00
e-mail: embspain.adm@mofat.go.kr

SRI LANKA 스리랑카
98 Dharmapala Mawatha,
Colombo 7, Sri Lanka
Tel: (94-1) 699036~8, 699180
e-mail: kesl@koreanembassy.net

SUDAN 수단
House No.31, Block No. 12,
Al Riyadh, P.O.Box 2414,
Khartoum, Sudan
Tel: (249-11) 239170~1
e-mail: zofa1@hotmail.com

SWEDEN 스웨덴
Laboratoriegatan 10, 115 27
Stockholm, Sweden
Tel: (46-8) 660-0330
e-mail: koremb.sweden@mofat.go.kr

SWITZERLAND 스위스
Kalcheggweg 38, P.O.Box 28,
3006 Bern, Switzerland
Tel: (41-31) 356-2444
e-mail: chcore@bluewin.ch

THAILAND 태국
23 Thiam-ruammit Road,
Ratchadapisek, Huay-Kwang,
Bangkok 10320 Thailand
Tel: (66-2) 247-7537/7541
e-mail: korembas@kormail.net

TUNISIA 튀니지
16, Rue Caracalla,
Notre Dame, Tunis,
Republique Tunisienne
Tel: (216-1) 799-905, 893-060
e-mail: Emb.Skorea@skorea.intl.tn

TURKEY 터키
Alacam Sok No. 5,
Cinnah Caddesi, Cankaya,
Ankara 06690, Turkey
Tel: (90-312) 468-4822~3
e-mail: korea@superonline.com

UNITED ARAB EMIRATES
아랍에미리트
P.O.Box 3270, Abu Dhabi,
U.A.E.
Tel: (971-2) 4435337
e-mail: keauhlee@emirates.net.ae

UNITED KINGDOM 영국
60 Buckingham Gate,
London SW1E 6AJ,
United Kingdom
Tel: (44-(0)20) 7227-5500
e-mail: koreanembinuk@mofat.go.kr

U.S.A. 미국
2450 Massachusetts Avenue
N.W.Washington, D.C. 20008,
U.S.A.
Tel: (1-202) 939-5600

UZBEKISTAN 우즈베키스탄
Afrosiab 7, Tashkent,
Uzbekistan
Tel: (998-71) 152-3151~3
e-mail: consul@korea.online.uz

VENEZUELA 베네수엘라
Av. Francisco de Miranda,
Centro Lido, Torre B, Piso 9,
Ofic. 91-92-B, El Rosal,
Apartado No.62586-Chacao-
Z.P1060-A, Caracas, Venezuela
Tel: (58-212) 954-1270/ 1006/ 1139
e-mail: venadmi@net-uno.net

VIETNAM 베트남
4th Fl., Dae Ha Business
Center,360 Kim Ma St., Ba Dinh
District, Hanoi, Vietnam
Tel: (84-4) 831-5111~6
e-mail: korembviet@hn.vnn.vn

□ 대표부
(PERMANENT MISSIONS)

EUROPEAN UNION
유럽 연합
Chaussee de la Hulpe 173-175

(6) 해외 한국공관 주소

NIGERIA 나이지리아
Plot 934 Idejo Street, Victoria
Island, G.P.O.Box 4668, Lagos,
Nigeria
Tel: (234-1) 261-5353/ 5420
e-mail: koemb@intracom.net.ng

NORWAY 노르웨이
Inkognitogaten 3, 0244 Oslo,
Norway
Tel: (47-22) 55 20 18~19
e-mail: kornor@mofat.go.kr

OMAN 오만
P.O.Box 377, Madinat Qaboos,
Sultanate of Oman
Tel: (968) 691490~2
e-mail: depkomct@omantel.net.
om

PAKISTAN 파키스탄
Block 13, Street 29, G-5/4,
Diplomatic Enclave II,
Islamabad, Pakistan
Tel: (92-51) 227-9380~1, 9385~7
e-mail: koremb1@isb.comsats.
net.zpk

PANAMA 파나마
Calle 51 E, Ricardo Arias,
Campo Alegre, Edificio Plaza
P.B., Republica de Panama
Tel: (507) 264-8203/ 8360
e-mail: korem@cwp.net.pa

**PAPUA NEW GUINEA
파푸아뉴기니**
P.O.Box 381, POM, Suite 1107
Pacific View Apartment, Pruth
St. Korobosea, Port Moresby,
Papua New Guinea
Tel: (675) 325-4717/ 4755
e-mail: korempng@datec.com.pg

PARAGUAY 파라과이
Av.Rep.Argentina Nro.678
c/ Pacheco, Asuncion, Paraguay
Tel: (595-21) 605-606/ 401/ 419
e-mail: embkr@conexion.com.py

PERU 페루
Av.Principal 190, Piso 7,
Santa Catalina, La Victoria,
Lima-13, Peru
Tel: (51-1) 476-0815/ 0861/ 0874
e-mail: koremb-pu@mofat.go.kr

PHILIPPINES 필리핀
10th Fl. Pacific Star Bldg.,
Makati Ave., 1226 Makati City,
M.M. Philippines
Tel: (63-2) 811-6139
e-mail: korea11@globe.com.ph

POLAND 폴란드
ul. I. Krasickiego 25, 02-611,
Warsaw, Poland
Tel: (48-22) 848-3337/ 3409/
4075/ 8267
e-mail: emkoreas@medianet.
com.pl

PORTUGAL 포르투갈
Av. Miguel Bombarda 36-7,
1051-802 Lisbon, Portugal
Tel: (351-21) 793-7200~3
e-mail: embpt@mofat.go.kr

QATAR 카타르
P.O.Box 3727 West Bay
Diplomatic Area, Doha, Qatar
Tel: (974) 4832238~9
e-mail: koemb@qatar.net.qa

ROMANIA 루마니아
Str. Mircea Eliade Nr.14,
Bucharest, Romania
Tel: (40-1) 230-7198
e-mail: koreaemb@xnet.ro

RUSSIA 러시아
P/B 18, Moscow 131000
Russia
Tel: (7-095) 956-1474

**SAUDI ARABIA
사우디아라비아**
P.O.Box 94399, Riyadh 11693,
Saudi Arabia
Tel: (966-1) 488-2211
e-mail: koremsup@hotmail.com

SENEGAL 세네갈
4eme, Immeuble Faycal, 3 Rue
Parchappe, B.P 3338, Dakar,
Senegal
Tel: (221) 821-8658, 822-5822
e-mail: adm@arc.sn

SINGAPORE 싱가포르
101 Thomson Road,
#10-03 United Square,
Singapore 307591
Tel: (65) 256-1188
e-mail: rokemb1@pacific.net.sg

ITALY 이탈리아
Via Barnaba Oriani 30
00197, Roma, Italy
Tel: (39-06) 808 8820~1, 808
8875/ 8769/ 8912
e-mail: kjyou93@mofat.go.kr

JAPAN 일본
1-2-5, Minami Azabu,
Minato-ku, Tokyo,
Japan
Tel: (81-3) 3452-7611~9
e-mail: general_jp@mofat.go.kr

JORDAN 요르단
P.O.Box 3060, Amman 11181,
Jordan
Tel: (962-6) 593-0745~6
e-mail: koemb@accessme.com.jo

KAZAKHSTAN 카자흐스탄
2/77, Dzharkentskaya street,
Gorny Gigant, Almaty 480099,
Kazakhstan
Tel: (7-3272) 53-2660/ 2691/ 2989
e-mail: kzemb@hanmail.net

KENYA 케냐
P.O.Box 30455 Nairobi, Kenya
Tel: (254-2) 333581~2, 332839,
221593
e-mail: emb-ke@mofat.go.kr

KUWAIT 쿠웨이트
P.O.Box 4272, Safat 13043,
Kuwait
Tel: (965) 5339601~3
e-mail: korembkw@qualitynet.net

LEBANON 레바논
5th Floor, Camelia 3 Bldg.,
Said Freiha Str., Hazmieh
P.O.Box 40-290 Baabda,
Lebanon
Tel: (961) 05-953167~9
e-mail: koreadm@dm.net.lb

LIBYA 리비아
P. O. Box 4781,
Abounawas Area, Gargaresh St.,
Tripoli, Libya
Tel: (218-21) 483-1322~3
e-mail: libya@mofat.go.kr

MALAYSIA 말레이시아
No. 9 & 11, Jalan Nipah,
Off Jalan Ampang, 55000
Kuala Lumpur,
Malaysia
Tel: (60-3) 4251-2336
e-mail: koreaem@po.jaring.m.

MEXICO 멕시코
Lope Diaz de Armendariz 110,
Lomas de Chapultepec
Del. Miguel Hidalgo, C.P 11000,
Mexico, D.F.
Tel: (52-5) 202-9866
e-mail: emcomex1@intranet.com.mx

MONGOLIA 몽골
Olympic Str.10, Sukhbaatar
District, Ulaanbaatar, Mongolia
Tel: (976-11) 32-1548/ 0153
e-mail: kormg1@hanmail.net

MOROCCO 모로코
41 Av. Mehdi Ben Barka,
Souissi, Rabat, Morocco
Tel: (212-3) 775-1767/ 6791/
6726/ 1966
e-mail: jkmin@iam.net.ma

MYANMAR 미얀마
97, University Avenue Road,
P.O.Box 1408, Yangon,
Union of Myanmar
Tel: (95-1) 527142~4, 515190
e-mail: KoreaEmb@mptmai..net.mm

NEPAL 네팔
P.O.Box 1058 Himshail
Tahachal, Kathmandu, Nepal
Tel: (977-1) 270172, 270417,
277391
e-mail: konepemb@mos.com.np
(경제), koemcons@wlink.com.np(영사)

NETHERLANDS 네덜란드
Verlengde Tolweg 8
2517 JV The Hague,
The Netherlands
Tel: (31-70) 358 6076
e-mail: koremb@euronet.nl

NEW ZEALAND 뉴질랜드
11th Floor, ASB Bank Tower,
2 Hunter Street, Wellington
New Zealand
Tel: (64-4) 473-9073~4
e-mail: koreaembed@world-net.co.nz

6976/ 6958/ 6954
e-mail: bwkang95@mofat.go.kr

ETHIOPIA 에티오피아
P.O. Box 2047
5th Floor Mekwor Plaza Building
Beklo Bet Area, Debre Zeit Road
Addis Ababa, Ethiopia
Tel: (251-1) 65 52 30~33
e-mail: skorea.emb@telecom.net.et

FIJI 피지
8th Floor Vanua House, Victoria Parade, Suva, Fiji
Tel: (679) 300-977/ 683/ 709/ 163
e-mail: Korpol@is.com.fj

FINLAND 핀란드
Annankatu 32 A, 00100 Helsinki, Finland
Tel: (358-9) 686-6230
e-mail: koreanembassy@kolumbus.fi

FRANCE 프랑스
125, rue de Grenelle 75007 Paris, France
Tel: (33-1) 4753 0101
e-mail: koremb-fr@mofat.go.kr

GABON 가봉
B.P.2620, Libreville, Gabon
Tel: (241) 73-4000/ 4168
e-mail: coree.sud@tiggabon.com

GERMANY 독일
Schöneberger Ufer 89-91
10785 Berlin
Bundesrepublik Deutschland
Tel: (49-030) 260-650
e-mail: koremb-ge@mofat.go.kr

GHANA 가나
P.O.BOX. GP 13700, No.3
Abokobi Rd. East Cantonments
Accra, Ghana
Tel: (233 - 21) 77-6157, 77-7533
e-mail: koreaemb@ghana.com

GREECE 그리스
124, Kifissias Ave.
115 26 Athens, Greece
Tel: (30-1) 6984080~2
e-mail: rokemb@hol.gr

GUATEMALA 과테말라
Avenida Reforma 1-50 Zona 9
Edificio Reformador, 7mo. Nivel
Apartado Postal 3615 Ciudad de Guatemala, Guatemala C.A.
Tel: (502) 334-5480/ 5509/ 5518, 332-6283/ 6553
e-mail: korembsy@intelnet.net.gt

HOLY SEE 교황청
Via Della Mendola 109, 00135, Rome, Italy
Tel: (39-06) 3314505, 3311695
e-mail: ambasciatacorea@micanet.net

HUNGARY 헝가리
1062 Andrassy ut. 109.
Budapest, Hungary
Tel: (36-1) 351-1179/ 1180
e-mail: korcon@matavnet.hu

INDIA 인도
9, Chandragupta Marg,
Chanakyapuri Extension,
New Delhi, 110-021, India
Tel: (91-11) 688-5412/ 5419, 688-5374~76
e-mail: embkorea@vsnl.com

INDONESIA 인도네시아
Jl. Gend. Gatot Subroto Kav.57,
Jakarta Selatan, Indonesia
Tel: (62-21) 520-1915
e-mail: koemb@idola.net.id

IRAN 이란
No. 18. West Daneshvar st.
Shaikhbahaei ave. Vanak sq.
Tehran, Iran
Tel: (0098-21) 805-4900
e-mail: info@korea-ir.org

IRELAND 아일랜드
15 Clyde Road, Ballsbridge,
Dublin 4, Ireland
Tel: (353-1) 660-8800/8053, 2109
e-mail: korconsl@iol.ie

ISRAEL 이스라엘
38 Sderot Chen, Tel Aviv 64166, Israel
Tel: (972-3) 696-3244/3247
e-mail: koremb@co.il

(6) 해외 한국공관 주소

□ 대사관(EMBASSIES)

ARGENTINA 아르헨티나
Av. del Libertador 2395
Cap. Fed, Argentina
Tel: (54-11) 4802-9665/ 8062/ 8865
e-mail: embcorea@cscom.com.ar

AUSTRALIA 호주
113 Empire Circuit, Yarralumla,
ACT 2600, Australia
Tel: (61-2) 6270-4100
e-mail: embassy-au@mofat.go.kr

BANGLADESH 방글라데시
4 Madani AvenQKue
Baridhara, Dhaka-1212,
Bangladesh
Tel: (880-2) 881-2088~90, 881-2041
e-mail: embdhaka@rokdhaka.
bol-online.com

BELGIUM 벨기에
Chaussee de la Hulpe 173-175
1170 Brussels, Belgium
Tel: (32-2) 675-5777
e-mail: eukorea@skynet.be
rokembassy@skynet.be

BRAZIL 브라질
SEN-Avenida Das Nacoes Lote
14, 70436-900, Brasilia-DF,
Brazil
Tel: (55-61) 321-2500
e-mail: ebcoreia@nutecnet.com.br

BULGARIA 불가리아
World Trade Center, 7A floor
36 Dragan Tsankov Blvd,
1040 Sofia, Bulgaria
Tel: (359-2) 971-2181, 971-3388
e-mail: korean-embassy@ mofat.go.kr

CANADA 캐나다
150 Boteler Street
Ottawa, Ontario K1N 5A6
Tel: (1-613) 244-5010
e-mail: admini@emb-korea.ottawa.on.ca

CHILE 칠레
Alcantara 74, Las Condes,
Santiago, Chile
Tel: (56-2) 224-4214
e-mail: coremb@tie.cl

CHINA 중국
No 3, 4th Avenue, East San Li
Tun, Chaoyang District, Beijing,
China
Tel: (86-10) 6532-0290
e-mail: koreaemb-cn@mofat.go.kr

COLOMBIA 콜롬비아
Calle 94 No.9-39, Bogota
Colombia
Tel: (57-1) 616-7200/ 8149/ 8872
e-mail: embcorea@cable.net.co

COSTA RICA 코스타리카
Oficentro Ejecutivo La Sabana,
Edificio No. 2, Piso No. 3,
Sabana Sur, San Jose, Costa Rica
Tel: (506) 220-3160/ 3166/ 3141
e-mail: koreaemb@sol.racsa.co.cr

DENMARK 덴마크
Svanemollevej 104
2900 Hellerup, Denmark
Tel: (45) 3946-0400
e-mail: korembdk@mofat.go.kr

DOMINICAN REPUBLIC 도미니카 공화국
P.O.Box No.20221, Avenida
Anacaona No.7, Esq. Hatuey,
Mirador Sur, Santo Domingo,
República Dominicana
Tel: (1-809) 532-4314/ 4315
e-mail: corea.emb@codetel.net.do

ECUADOR 에콰도르
Av. Naciones Unidas y Av.
Republica de El Salvador
EDIF. Citiplaza Piso 8,
Quito-Ecuador
Tel: (593-2) 970-625~8
e-mail: ecemco@interactive.net

EGYPT 이집트
3 Boulos Hanna St., Dokki,
Cairo, Egypt
Tel: (20-2) 761-1234~7, 748-

(5) 세계 주요 항공사명 및 약호

AA : American Airlines 아메리칸 항공(미국)
AF : Air France 에어프랑스 항공(프랑스)
AI : Air India 에어인디아 항공(인도)
AZ : Alitalia 알이탈리아 항공(이탈리아)
BA : British Airways 영국 항공(영국)
CA : Civil Aviation Administration of China 중국민항(중국)
CI : China Airlines 중화 항공
CO : Continental Airlines 컨티넨털 항공(미국)
CP : Canadian Pacific-Air 캐나다 태평양 항공(캐나다)
CX : Cathay Pacific Airways 캐세이 퍼시픽 항공(홍콩)
EG : Japan Asia Airways 일본 아시아 항공(일본)
GA : Garuda Indonesian Airways 가루다 인도네시아 항공(인도네시아)
IA : Iraqi Airways 이라크 항공(이라크)
IB : Iberia, Airlines of Spain 이베리아 항공(스페인)
IR : Iran Air 이란 항공(이란)
JL : Japan Air Lines 일본 항공(일본)
KE : Korean Air 대한 항공(한국)
KL : KLM Royal Dutch Airlines KLM 네덜란드 항공(네덜란드)
LH : Lufthansa German Airlines 루프트한자 독일 항공(독일)
MH : Malaysian Airlines System 말레이시아 항공(말레이시아)
MS : Egyptair 이집트 항공(이집트)
NW : Northwest Airlines 노스웨스트 항공(미국)
PK : Pakistan International Airlines 파키스탄 항공(파키스탄)
PR : Philippine Airlines 필리핀 항공(필리핀)
QF : Qantas Airways 콴타스 항공(오스트레일리아)
SK : Scandinavian Airlines System 스칸디나비아 항공(스웨덴)
SN : Sabena Belgian Airlines 사베나 벨기에 항공(벨기에)
SQ : Singapore Airlines 싱가포르 항공(싱가포르)
SR : Swissair 스위스 항공(스위스)
SU : Aeroflot 에어로플롯(러시아)
TE : Air New Zealand 뉴질랜드 항공(뉴질랜드)
TG : Thai Airways International 타이 국제 항공(타이랜드)
TP : TAP Air Portugal 포르투갈 항공(포르투갈)
UA : United Air Lines 유나이티드 항공(미국)
UT : Union de Transports Aeriens UTA 프랑스 항공(프랑스)

일본어

약도를 그려 주실까요?	地図を描いていただけませんか。 찌즈오 까이떼 이따다께마셴까
공중 전화는 어디 있습니까?	公衆電話はどこにありますか。 코오슈우뎅와 도꼬니 아리마스까
전화를 좀 써도 되겠습니까?	電話をお借りしてもよろしいです 뎅와오 오까리시떼모 요로시이데스까。
이 편지를 항공편으로 부치고 싶은데요.	この手紙を航空便で送りたいので 고노 떼가미오 코오꾸우빈데 오꾸리따이노데스。
어디서 만날까요?	どこで会いましょうか。 도꼬데 아이마쇼오까
늦어서 미안합니다.	遅くなってすみません。 오소꾸 낫떼 스미마셴
기다리시게 해서 죄송합니다.	お待たせしてすみません。 오마따세시떼 스미마셴
얼마 동안 체류하십니까?	どのくらいご滞在ですか。 도노꾸라이 고따이자이데스까
구경할 만한 곳을 몇 군데 가르쳐 주십시오.	ぜひ見物すべき場所を2,3教えてください。 제히 켐부쯔스베끼 바쇼오 니산 오시에떼 구다사이
이 근처에 은행이 있습니까?	この近くに銀行がありますか。 고노 찌까꾸니 깅꼬오가 아리마스까
여행자용 수표를 어디서 환금하면 됩니까?	旅行者用小切手はどこで換金できますか。 료꼬오샤요오꼬깃떼와 도꼬데 깡낀데끼마스까
이것은 무엇입니까?	これは何ですか。 고레와 난데스까
그것을 보여 주십시오.	それを見せてください。 소레오 미세떼 구다사이
이것은 얼마입니까?	これはいくらですか。 고레와 이꾸라데스까
이것을 주십시오.	これをください。 고레오 구다사이
모두 얼마죠?	全部でいくらですか。 젠부데 이꾸라데스까
여행자용 수표를 받습니까?	旅行者用小切手でとってくれますか。 료꼬오샤요오꼬깃떼 못떼 구레마스까

기 초 회 화

프랑스어 / 독일어

프랑스어	독일어
Bonjour. 봉주르	Guten Morgen. 구텐 모르겐
Bonjour. 봉주르	Guten Tag. 구텐 타크
Bonsoir. 봉스와르	Guten Abend. 구텐 아벤트
Très enchanté! 트레 앙샹테	Sehr angenehm! 제어 앙게네엠
Je suis très heureux de vous voir. 저 쉬이 트레 저뢰 드 부 브와르	Es freut mich sehr, Sie kennenzulernen. 에스 프로이트 미히 제어 지 케넨쭐레르넨
Permettez-moi de me présenter: M. Kim Changho. 페르메떼 므와 드 므 프레장떼 므쓰	Darf ich mich vorstellen? Ich heiße Kim Changho. 다르프 이히 미히 포르시텔렌 이히 하이세
Quel est vôtre nom? 껠 레 보트르 농	
Comment vous appelez-vous? 꼬망 부 자쁠레 부	Darf ich um Ihren Namen bitten? 다르프 이히 움 이렌 나멘 비텐
Comment allez-vous? 꼬망 딸레 부 —Bien, merci. 비앵 메르시	Wie geht es Ihnen?—Danke, sehr gut. 비 게트 에스 이넨 당케 제어 구트
Au revoir. 오르브와르	Auf Wiedersehen. 아우프 비더제엔
Merci beaucoup. 메르시 보꾸	Schönen Dank. 쇠넨 당크
Pas de quoi. 빠 드 끄와	Vielen Dank. 피일렌 당크
Je vous en prie. 저 부 장 쁘리	Bitte sehr. 비테 제어
Je regrette. 저 르그레뜨	Verzeihung. 페르짜이궁
Excusez-moi. Pardon. 엑스뀌제 므와 빠르동	Entschuldigung. 엔트슐디궁크
Parlez-vous anglais? 빠를레 부 장글레	Sprechen Sie Englisch? 시프레헨 지 엥글리시
Je ne comprends pas ce que vous dites. 저 느 꽁프랑 빠 스 끄 부 디뜨	Ich kann Sie leider nicht verstanden. 이히 카네 지 라이더 니히트 페르시탄덴
Pardon, répétez, s'il vous plaît. 빠르동 레뻬떼 실 부 쁠레	Wiederholen Sie es mal bitte. 비더홀렌 지 에스 말 비테
Parlez plus lentement, s'il vous plaît. 빠를레 쁠뤼 랑뜨망 실 부 쁠레	Könnten Sie bitte noch langsamer sprechen? 퀸텐 지 비테 노호 랑그자머 시프레헨
Très bien. 트레 비앵	Sehr gut. 제어 구트
Quelle est la station de métro la plus proche? 껠 레 라 스따시옹 드 메트로 라 쁠뤼 프로쉬	Wo ist die nächste U-Bahnhof? 보 이스트 디 네히스테 우 바안호프

(3) 4개 국 어
일본어

한국어	일본어
안녕하십니까? (오전에)	おはよう。 오하요오
안녕하십니까? (오후에)	こんにちは。 곤니찌와
안녕하십니까? (저녁에)	こんばんは。 곤방와
처음 뵙겠습니다.	はじめまして。 하지메마시떼
만나 뵈어 기쁩니다.	お知りあいになれてうれしいです。 오시리아이니 나레떼 우레시이데스
제 소개를 하겠습니다. 김 창호입니다.	自己紹介させていただきます。金昌浩です。 지꼬쇼오까이사세떼 이따다끼마스 킨쇼오데스
성함이 어떻게 되십니까?	お名前は何とおっしゃいますか。 오나마에와 난또 옷샤이마스까
잘 지내십니까? —네, 잘 있습니다.	お元気ですか。—おかげで元気です。 오겡끼데스까 오까게데 겡끼데스
안녕(히 가십시오).	さようなら。 사요오나라
대단히 감사합니다.	どうもありがとう。 도오모 아리가또오
천만의 말씀(입니다).	どういたしまして。 도오이따시마시떼
미안합니다.	すみません。 스미마셍
영어를 하시나요?	英語を話しますか。 에이고오 하나시마스까
무슨 말씀인지 모르겠군요.	おっしゃることがわかりません。 옷샤루 고또가 와까리마셍
미안합니다만, 다시 말씀해 주십시오.	もう一度おっしゃってくださいますか。 모오 이째도 옷샷떼 구다사이마스까
더 천천히 말씀해 주십시오.	もっとゆっくり話してください。 못또 육꾸리 하나시떼 구다사이
매우 훌륭합니다.	たいへんよろしい。 따이헨 요로시이
제일 가까운 지하철역은 어디 있습니까?	一番近い地下鉄の駅はどこですか。 이째반 찌까이 찌까떼쯔노 에끼와 도꼬데스까

이 소포를 항공편으로 한국에 부치고 싶은데요.	I'd like to send this parcel to Korea by air mail.
이 소포를 등기로 부탁합니다.	Please register this parcel.
50센트 우표를 세 장 주세요.	Please give me three fifty-cent stamps.
한국까지의 항공 우편 요금은 얼마입니까?	What is the airmail postage [rate] to Korea?
이 전보를 치고 싶은데요.	I want to send this telegram.
전보용지를 주십시오.	A telegram blank, please.
이 번호에 전화하는 방법을 가르쳐 주십시오.	Please tell me how to call this number.
장거리 전화를 부탁합니다.	I'd like to make a long-distance call.
요금은 내가 냅니다.	I'll pay for it here.

환전과 은행 / Money Exchange and Banking

환전소는 어디 있습니까?	Where can I change (some) money?
여행자용 수표를 현금으로 바꾸고 싶은데요.	I want to cash my traveler's checks.
한국돈을 미국 달러로 바꾸고 싶은데요.	I want to change Korean won into American dollars.
프랑스 프랑을 스페인 페세타로 바꾸어 줍니까?	Do you change French francs into Spanish pesetas?
모두 10달러 지폐로 주십시오.	All in ten-dollar bills, please.
은행은 몇시에 문을 닫습니까?	What time does the bank close?
오늘의 환율은 얼마죠?	What is today's exchange rate?
이것을 헐어 주시겠어요?	Can you break this?
잔돈도 섞어 주십시오.	Please include small money.

난처한 경우 / When in Trouble

서류 가방을 버스에 [기차간에, 방안에] 두고 왔습니다.	I left my briefcase on the bus [in the train, in the room].
수표를 다시 발행해 주시겠어요?	Can you reissue the checks?
여행자용 수표를 잃어버린 것 같은데요.	I'm afraid I've lost my traveler's checks.
어디에 신고하면 됩니까?	Where should I report it to?
길을 잃은 것 같습니다.	I'm afraid I've lost my way.
저와 함께 사진을 찍어주실까요?	Do you mind posing with me?
이 셔터 좀 눌러 주시겠습니까?	Would you please press this shutter (for me)?
분실물취급소는 어디있습니까?	Where is the lost-and-found?

디 있습니까?	tourist information office?
실례합니다만 가까운 지하철역은 어디 있습니까?	Excuse me, but where is the nearest subway station?
바티칸 궁전까지 자동차로 얼마나 걸립니까?	How long does it take to go to the Vatican (Palace) by car?
하이드 파크로 가는 길을 가르쳐 주십시오.	Please show [tell] me the way to Hyde Park.

교 통

Transportation

2등표를 두 장 주시오.	Two second-class tickets, please.
급행열차는 있습니까?	Is there any express?
이 열차의 좌석을 예약하고 싶습니다.	I'd like to reserve a seat on this train.
어디서 갈아탑니까?	Where do I transfer?
도중하차를 할 수 있습니까?	Can I stop over en route?
식당차가 딸려 있습니까?	Is there a dining car?
파리행 열차는 몇시에 출발합니까?	When does the train leave for Paris?
뮌헨까지의 요금은 얼마죠?	What is the fare to Munich?
이것은 마이애미행 열차가 맞습니까?	Is this the right train for Miami?
헬싱키행 열차는 몇번 플랫폼에서 출발합니까?	From which platform does the train leave for Helsinki?
칸행 버스는 어느 것입니까?	Which bus should I take for Cannes?
프티트리아농으로 가려면 무엇을 이용하면 됩니까?	How can I get to Petit Trianon?
캘커타행 P & O 기선은 몇번 부두에서 출발합니까?	What's the number of the pier where the P & O ship to Calcutta will leave?

전화와 우편

Telephone and Mail

이 번호를 좀 걸어 주실까요?	Will you get this number for me?
이 번호를 좀 돌려 주세요.	Dial this number, please.
수신인 지급으로 한국에 국제전화를 부탁합니다.	I want to make an overseas call to Korea by collect call.
여보세요, 저 톰입니다.	Hello. This is Tom speaking.
전화를 끊지 마세요.	Hang on, please.
빈까지의 통화료는 얼마였습니까?	How much was my (phone) call to Vienna?
우체국은 어디에 있습니까?	Could you tell me where the post office is?

이발관에서

이발(만) 해주세요.
너무 짧게 깍지 마세요.
면도와 세발도 해주세요.

가리마를 한가운데에[한쪽으로] 타 주세요.
같은 모양으로 해주세요.
이발은 얼마죠?

미장원에서

세발하고 세트해 주세요.
파마를 해주겠어요?

약간 곱슬하게[아주 곱슬곱슬하게] 파마해 주세요.

병원에 가다

진료소는 어디 있습니까?

두통이 심합니다.
이부근이 아픕니다.
몹시 아픕니다. 맹장염인가요?

변비[설사]를 합니다.

체온을 재어보니까 열이 있던데요.
현기증[구토증]이 납니다.
밤새도록 기침이 납니다.

여행사에서; 길을 묻다

어떤 플랜이 좋을까요?
시내 구경을 하기 위해 안내자를 구하고 싶은데요.
어느 코스가 가장 좋을까요?

시내 관광 버스가 있습니까?

실례합니다만 관광 안내소는 어

At the Barbershop

(A) haircut (only), please.
Don't cut it too short, please.
I want a shave and shampoo, too.

I'd like to have my hair parted in the middle [at one side].
Make it the same style, please.
How much do you charge for a haircut?

At the Beauty Parlor

A shampoo and set, please.
Could you give a permanent wave?

I want to have a soft [tight] permanent.

Going to the Clinic

Could you show me where the clinic is?

I have a bad headache.
I have a pain around here.
I have an acute pain. Is it appendicitis?

I suffer from constipation [have diarrhea].

I took my temperature and found myself feverish.
I feel dizzy [feel like vomiting].
I cough all night.

At the Travel Agency; Asking the Way

What plan do you recommend?
I want to hire a guide for the sights around the city.
What do you think is the best sightseeing route?

Are there any city sightseeing buses?

Excuse me, but where is the

주세요.	tini], please.
스카치에 물을 타서 주세요.	A Scotch and water, please.
셰리[단 백포도주]를 좀 더 주세요.	May I have some more Sherry [sweet white wine]?
버본 위스키 온더록[스트레이트]을 주세요.	I'd like bourbon whisky on the rocks [straight].
맥주 한 잔[작은 병으로 하나, 큰 병으로 하나] 주세요. 아무 상표라도 괜찮습니다.	I'd like a mug [pint, quart] of beer. Any brand will do.
흑맥주를 큰 컵으로 한 잔 더 주세요.	Another large glass of dark beer, please.
알코올 성분이 없는 걸로 주세요.	I'll have something soft.

쇼핑 / Shopping

이것은 얼마입니까?	What is the price of this?/How much is this?
더 싼 것은 없습니까?	Do you have anything cheaper?
장갑을 살까해요.	I'm shopping for gloves.
에누리해 주겠어요?	Can you give me a discount?
저것[다른 것]을 보여 주세요.	Please show me that [another] one.
이것을 주세요.	I'll take this.
따로따로 포장해 주세요.	Please wrap them up separately.
여행자 수표를 받습니까?	Do you accept traveler's checks?
모두 해서 얼마입니까?	How much is that altogether [in all]?
거스름돈은 잔돈으로 주세요.	Give me the change in small money.
계산이 틀리지 않았어요? 다시 확인해 보세요.	Isn't there a mistake in the bill? Please check it.
영수증을 주세요.	Give me a receipt, please.
송장(送狀)이 있습니까?	Do you have an invoice?

극장에서 / At the Theater

스칼라 극장에서는 지금 무엇을 하고 있습니까?	What is on at the Scala now?
베르디의 가극이 상연되고 있습니까?	Is one of Verdi's operas being played?
나는 고전 음악을 좋아합니다.	I like classical music.
나는 희가극쪽이 좋습니다.	I prefer musical comedy.
오늘밤 음악회의 표는 어떻게 구하면 되나요?	How can I get the ticket for tonight's concert?
언제까지 하나요?	How long will it run?

주세요.	my room.
자물쇠가 고장입니다.	This lock is broken.
보이를 불러 주세요.	Please call a room boy [a bellboy].
방을 바꾸고 싶어요.	I'd like to change my room.
하루 더 숙박하고 싶어요.	I want to stay one day longer.
체크 아웃하겠습니다.	I'm checking out.
내일 아침까지 청구서를 내주세요.	Please make out my bill by tomorrow morning.
계산을 합시다.	I want to settle my account.

식당에서   At the Restaurant

메뉴를 봅시다.	Let me [I want to] see a menu.
전채(前菜)는 무엇이 있습니까?	What appetizers do you have?
스테이크는 설 구운 것[중간 정도, 잘 구운 것]이 좋겠어요.	I want my steak rare [medium, well-done].
바로 나오나요?	Can I have it right away?
빨리 부탁합니다. 시간이 별로 없으니까.	Please rush my order. I don't have much time.
그 요리는 안되나요?	Is that dish off?
나는 완숙 달걀보다 반숙이 좋습니다.	I prefer soft-boiled eggs to hard-boiled ones.
빵과 버터를 주세요.	Bring me bread and butter.
빵을 좀 더 주세요.	Some more bread, please.
이것은 내가 주문한 것이 아닌데요. 바꾸어 주세요.	This is not what I ordered. Please change it.
소금 좀 이리 주시겠어요?	Will you please pass me the salt?
디저트로 푸딩을 주세요.	I want some pudding for dessert.
계산서를 주세요.	(美) Check, please./(英) Bring me the bill.; Let me have the bill.; The bill, please.
계산은 따로따로 해주세요.	Please separate checks.
거스름돈은 넣어 두세요.	Keep the changes.
이 식당의 성냥이 있습니까? 기념으로 갖고 싶은데요.	Do you have a box of matches of this restaurant? I'd like to keep it as a souvenir.

바에서   At the Bar

와인 리스트를 좀 봅시다.	Let me look at the wine list, please.
위스키[드라이 마티니]를 한 잔	Give me one whisky [dry mar-

호텔에서 / At the Hotel

여기 영어를 하는 분 계십니까?	Is there anyone here who speaks English?
오늘밤 숙박하고 싶은데요.	I'd like a room for tonight./I'd like to be put up for the night.
방이 있습니까?	Can I have a room?
1인용 방을 얻고 싶은데요.	I need a single room.
욕실이 딸린 더블베드의 방을 얻고 싶은데요.	I want a double bed room with bathtub.
이 방의 요금은 얼마죠?	What is the room charge?
더 싼 방은 없습니까?	Do you have a cheaper room?
나는 트윈베드의 방을 2박 예약해 두었습니다.	I have a reservation for a twin-bed room for two nights.
이 요금에 아침 식사대[서비스료]가 포함되어 있습니까?	Does the price include breakfast [service charge]?
귀중품을 맡아 주십시오.	Please keep my valuables.
계약금이 필요합니까?	Do you require a deposit?
퇴거 시간은 몇시입니까?	What is the check-out[checking out] time?
식사 시간은 몇시입니까?	What is the dining hour?/ At what time do you serve meals?
이것을 세탁소에 보내 주시겠어요.	I want to send this to the laundry.
바지를 다림질 할 수 있을까요?	Could I have my trousers pressed?
실내 온도는 어떻게 조절하면 됩니까?	How can I regulate the room temperature?
잠깐 나갔다 오겠습니다. 5시에 돌아 오겠습니다.	I'm going out. I'll be back at five.
관광 버스표를 구할 수 있습니까?	Can I get a ticket for the sight-seeing bus?
경리계에서 여행자 수표를 현금으로 바꿀 수 있겠어요?	Can I cash my traveler's checks at the Cashier's Desk?
의사[구급차]를 불러 주세요.	Please call a doctor [an ambulance] for me.
이 편지를 부쳐 주실까요?	Will you please mail[post] this letter for me?
이 편지를 항공[선]편으로 부쳐 주십시오.	Please send this by air [sea] mail.
내 앞으로 온 편지가 있습니까?	Any letters for me?
내일 아침 6시에 깨워 주십시오.	Please wake me at six o'clock tomorrow.
아침 식사를 내 방으로 갖고 와	Please bring my breakfast to

속도[고도]는 얼마쯤 됩니까?	How fast [high] are we flying?
처음 뵙겠습니다.	How do you do?/ Very happy [pleased, nice] to meet you.
실례합니다만, 미국인입니까?	Excuse me. Are you an American?
제 소개를 해도 되겠습니까?	May I introduce myself?
명함을 주실까요?	May I have your card?
휴가 여행입니까?	Is this a vacation trip?
우리는 신혼 여행으로 카프리 섬에 가는 중입니다.	We're going to Capri on our honeymoon.
한국을 방문한 적이 있습니까?	Have you visited Korea?
담뱃불 좀 빌려 주실까요?	May I have a light, please?
방송을 똑똑히 못들었는데, 무슨 말입니까?	I couldn't hear the announcement clearly. What was it about?
몽블랑이 보이거든 알려 주십시오.	Please let me know when Mont Blanc comes into sight.
바그다드의 현지 시간은 몇시입니까?	What's the local time in Bagdad?
런던과 파리의 시차는 얼마나 됩니까?	What's the time difference between London and Paris?
이 비행기는 리우데자네이루에 몇시에 도착합니까?	When do we land at Rio de Janeiro?
런던의 날씨는 어떻습니까?	How is the weather in London?
입국 카드를 한 장 더 얻을 수 있습니까?	May I have another disembarkation card?

입국수속

Entry Procedures

내 여권입니다.	This is my passport.
이곳에 하루 머물 예정입니다.	I intend to stay here for a day.
나는 관광객입니다.	I'm a tourist.

통관

Going through customs

신고할 물건은 없습니다.	*I have nothing to declare.*
이것은 제 소지품입니다.	These are my personal effects.
이것은 세금을 물어야 합니까?	Will this be taxed [tax-free]?
이것은 친구들에게 줄 선물입니다.	These are gifts for my friends.
귀금속은 없습니다.	I have no jewelry.
이 짐은 보세 창고에 보관해 주십시오.	Please keep this baggage in bond.
그 보관증을 주시겠습니까?	May I have a receipt for it?

그것을 부치도록 해주십시오.	Please check it for me.
짐표를 주십시오.	Give me the claim tag.
공항세는 얼마입니까?	How much is the airport tax?
이 짐을 600편에 실어 주십시오.	Send this on Flight 600.

공항 로비에서 / In the Airport Lobby

세관은 어디 있습니까?	Where is the customs office?
탑승객 대기실에는 면세품점이 있습니까?	Are there duty-free shops in the departure lounge?
8번 게이트는 어디 있습니까?	Where is Gate 8?
캐세이 항공 501의 게이트는 어디 있습니까?	What is the gate number for Cathay Pacific Flight 501?
3번 게이트는 이리 가면 됩니까?	Is this the way to Gate 3?
이 서류에 기입하는 법을 가르쳐 주십시오.	Please help me (to) fill in this form.
리스본으로 가는 연결편은 몇시에 출발합니까?	When does the connecting flight to Lisbon leave?
일본 항공 402편의 출발 시간이 방송되었습니까?	Have they announced the departure time of JAL Flight 402?
이것은 노스 웨스트 451편의 버스입니까?	Is this the bus for North West Flight 451?
수화물은 어디서 찾습니까?	Where is the baggage claim?

비행기 안에서 / Aboard the Plane

이 자리 비었습니까?	Is this seat occupied?
이 자리에 앉아도 됩니까?	May I take this seat?
내 좌석 번호는 F-12인데, 어디 있죠?	F-12 is my seat number. Where is it?
내 모자를 선반에 얹어 주시겠습니까?	Will you please put my hat on the rack?
안전 벨트의 사용법[매는 법]을 가르쳐 주십시오.	Please show me how to use [fasten] my seat belt.
물수건을 주십시오.	May I have a wet towel?
냉수 한 잔 주십시오.	Please give me a glass of water.
포크를 하나 더 주실까요?	May I have another fork?
속이 좋지 않아요. 약을 좀 주십시오.	I feel sick. Please give me some pills [medicine].
비행기 멀미[뱃멀미] 약을 좀 주실까요?	May I have some medicine for airsickness [seasickness]?
한국어 신문이 있습니까?	Have you [Do you have] a Korean newspaper?
잡지를 좀 빌려주실까요?	May I have some magazines, please?

(2) 실용영어회화

비행기의 예약과 확인

Booking and Reconfirming a Flight

로마까지 좌석을 하나 예약하고 싶은데요.
I want to book [reserve] one seat for Rome.

5월 1일의 네덜란드 항공 100편을 예약할 수 있습니까?
Can I make a reservation for May 1 on KLM Flight 100?

예약을 변경하고 싶습니다.
I'd like to change my reservation.

경유지를 변경하고 싶습니다.
I'd like to change my routing.

예약을 취소하고 싶은데요.
I'd like to cancel my reservation.

내가 탈 비행기편을 재확인하고 싶은데요.
I want to reconfirm my flight.

(표를 보이며) 내 예약을 재확인하고 싶은데요.
I want to reconfirm my reservation.

에코노미 클래스로 가려는데요.
I want to go economy class.

10월 3일의 스칸디나비아 항공 암스테르담행 650편의 1등석을 예약해 놓았습니다만.
I have a reservation for first class on SK Flight 650 to Amsterdam on October 3.

노스 웨스트 항공 800편으로 변경해 주십시오.
Please transfer me to Flight 800 on NW.

칼 405편은 몇시에 체크인 합니까?
When must I check in for KAL Flight 405?

301편은 예정대로 출발합니까?
Is Flight 301 on schedule?

얼마나 지체됩니까?
How long will it be delayed?

뉴욕행의 다음 비행기는 몇시에 출발합니까?
When does the next plane leave for New York?

탑승수속

Procedures for Boarding the Plane

콴타스 항공의 체크인 카운터는 어디 있습니까?
Where is the check-in counter for Qantas Air Lines?

프랑크푸르트행 루프트한자 653편의 접수를 여기서 합니까?
Is this the right counter for *Lufthansa Flight 653* to Frankfurt?

창가[통로가]의 좌석을 부탁합니다.
I'd like to take the window [aisle] seat.

탑승 수속을 해주십시오.
Please check in my flight.

이 짐의 무게를 달아 주십시오.
Please weigh this baggage [luggage].

초과 요금은 얼마입니까?
What is the charge for excess baggage?

- (3) 재수입 물품 (입국자가 출국할 때 휴대 반출했다가 입국시 다시 수입하는 물품)
- (4) 재수출 물품 (우리나라에 일시 입국하면서 휴대 반입하거나 별송한 물품을 6개월내에 다시 가지고 나갈 물품)
- (5) 담배와 주류 (담배 10갑, 향수 2온스짜리 1병, 주류 1병(비거주자는 2병))

〈3〉 휴대품의 과세와 예치

(1) 휴대품의 과세 면세가 되는 휴대품의 범위를 넘어나는 물품은 세금을 납부하고 통관할 수 있다. 전축, 텔레비전, 전기냉장고, 전기 세탁기, 전기 청소기, 에어컨디셔너, VTR, 촬영기, 영사기, 녹음기 등은 여행중 사용하던 것이라도 반드시 세금을 납부해야 한다.

(2) 휴대품의 예치 여행자가 우리나라에 입국한 후 사용할 필요가 없는 물품은 세관에 신고하여 출국할 때까지 맡겼다가 출국시 다시 찾아갈 수 있다.

절하다 하겠으나 지하철, 노면 전차, 노선 버스 등을 이용하는 것도 흥미롭다. 도시간의 이동에는 항공기가 편리하나 유럽에서는 열차, 미국에서는 버스를 이용하는 것이 즐거움을 더해준다. 그러나 무엇보다도 택시를 이용하는 빈도가 해외 여행에서는 많아진다.

〈기타〉 팁에 대한 습관이 없는 한국인 여행자에게는 팁은 서양의 번거로운 습관이라 하겠다. 팁은 대체로 10~15% 정도를 생각하면 된다. 매너(manners) 또한 한국인 여행자에게는 골치아픈 일이기는 하나, 거의 모든 경우에 상식적인 선에서 판단·처리하면 무난하다고 하겠다.

6. 각국의 출국 절차

여행 목적이 모두 끝나면 그 나라로부터 출국하게 된다. 출국에 임해서는, 항공 회사에서 체크인하고 출국 수속을 밟는데, 이는 한국 출발 당시의 절차와 거의 다를 바 없다. 대만과 같이 휴대 외화를 검사하는 일부 국가 이외에는 세관 검사는 받지 않는다.

다만, 나라에 따라서는 공항세(airport tax)를 지불해야 할 경우가 있다. 보통은 항공 회사에서 체크인 할 때 함께 지불하게 된다.

7. 귀국 때의 절차 및 휴대품 면세 기준

여행도 끝나고 마침내 한국으로 귀국하게 된다. 필요사항을 기입하고 서명하면 된다. 검역이나 입국심사는 극히 간단하나, 세관 검사는 여행중의 다른 나라의 검사보다 훨씬 엄중하다.

〈1〉 통관절차

(1) 일반 휴대품 여행자들이 휴대 수입하는 물품은 원칙적으로 검사를 받는 현장에서 구두로 세관 공무원에게 신고하면 된다. 그러나 보석 또는 귀금속류와 동제품, 고급 시계, 카메라, 밍크 등 고급 모피 제품, 총포, 도검류 등을 휴대하고 입국할 경우에는 〈한국 세관 신고서〉에 기입하여 세관에 제출해야만 한다. 만약 신고를 하지 않을 경우에는 법에 의하여 처벌받게 된다.

(2) 별송품 해외 여행자들이 입국시 휴대 수입해야 할 물품 또는 이사 물품중 여러 가지 사정으로 다른 선박, 항공기 우편 등을 이용하여 그것을 수입할 때는 입국한 날로부터 6개월(일본, 대만, 홍콩에서 입국할 경우는 3개월)내에 그 물품에 대해 정식 수입 신고서에 의한 신고를 해야 한다. 이 경우 휴대품 또는 이미 반입한 물품에 대한 〈주요 물품 통관내역서〉를 발급받아 수입 신고서에 첨부하도록 한다.

〈2〉 휴대품 중 면세되는 물품

(1) 신변품 (의류·화장품)
(2) 직업용구 (입국자 본인의 직업상 필요로 하는 사용중인 휴대식 기구)

봄비므로 미리 다녀오는 것이 좋으며, 화장실 안에서는 절대금연이다.
(3) 기내 서비스 식사시간을 알리는 기내방송이 나오면 자리에 앉아 테이블을 펴고 기다린다. 메뉴를 선택할 때는 정확하게 대답하며 음료나 커피, 주류도 제공되는데 비행기안은 기압이 낮어 빨리 취하므로 과음하지 않도록 한다.
(4) 금연석 이외에선 절대로 담배를 피워서는 안되며 부득이 피우고 싶을 때는 맨뒤칸의 흡연공간을 이용한다. 비행기의 이륙, 착륙시에는 흡연석에서도 담배를 피울 수 없다.

4. 각국의 입국 절차

이제 드디어 목적지에 도착하여 입국 절차와 세관 검사를 받을 준비를 시작한다. 입국에 즈음하여서는, 도착 전에 항공기 내에서 배포되는 입국 카드(D.E. card)에 필요 사항을 기입해서 여권 속에 넣어 두었다가 비행장에 내려서 이민국 직원에게 제출해야 한다.

대개는 여권과 입국신고서만으로 간단히 입국할 수 있는 것이 보통이다. 다만 일부 나라에서는 그밖에 휴대 외화를 신고하거나 (타이 등), 세관검사(미국 등)를 받게 된다.

그러나 거의 모든 나라가 거주자(returning residents)와는 달리, 여행자(tourists)를 크게 환영하여 입국 절차상에 최대한 편의를 도모하려고 노력하고 있으므로 일정한 절차를 바르고 정직하게 밟기만 하면 아무런 문제가 없다. 일반적으로 입국시는 검역, 입국 관리, 세관 등의 절차를 밟게 된다.

5. 여행지에서의 필요한 지식

〈외화의 환전〉 달러나 파운드 등의 휴대 외화는, 입국하면 즉시 현지 통화로 환전할 필요가 있는데, 한꺼번에 필요 이상으로 많은 돈을 환전하지 않는 편이 좋다. 달러 지역, 파운드 지역 이외의 나라에서의 환전은 호텔보다 공항이나 시내의 은행에서 하는 편이 유리하다. 쓰다 남은 현지 통화는 출국 때 공항의 환전소에서 달러나 파운드로 다시 교환할 수 있다.

〈항공기 예약의 재확인〉 일반적으로 항공기 예약은 본국 출발전에 확인되어 있지만, 현지에 도착하면 반드시 다음 행선지까지의 항공편 예약을 재확인(reconfirmation)할 필요가 있다. 이 재확인을 빠뜨리면 예약이 취소될 가능성이 있다.

〈호텔〉 미국의 호텔은 모든 점에서 한국의 호텔과 별 차이가 없으나 유럽의 호텔은 요금 계산법(American plan이 많음). 프론트서비스(reception desk와 concierge로 나누어져 있음). 층수를 세는 법(1층을 ground floor, 2층을 1st floor...라고 함), 아침 식사 내용(continental breakfast가 보통) 등에 있어 다른 점이 있다.

〈교통기관〉 시내 관광이라든지 도시간의 이동에 각종 교통기관을 이용하는 기회가 적지 않다. 시내 관광에는 관광버스가 가장 적

그외 지역으로 여행할 때는 달러로 환전한 후 현지에서 재환전해야 한다. 개인당 최고 5,000달러까지 환전할 수 있다.
(2) 여행자수표 현금보다 1%정도 싸게 살 수 있고 당사자가 아니면 사용이 불가능하므로 분실할 경우 위험이 덜하다. 구입 즉시 여행자수표 왼쪽에 자신의 서명을 하고 아래쪽은 사용할 때 받는 사람이 보는 앞에서 직접 서명한다. 여행자수표를 사용할 때는 반드시 여권을 보여주어야 한다.
(3) 신용카드 현금보다 안전하고 쇼핑이나 식사, 숙박 등의 지불에 편리하게 사용할 수 있다. 개인당 사용한도액은 3,000달러.

〈비자 수속〉 여권이 우리나라에서 발행한 신분증명서라면 비자는 여행대상국의 입국허가서이다. 우리나라와 비자면제협정을 맺은 나라는 관광을 목적으로 할 경우 일정기간 비자가 면제되므로 출국전에 확인하도록 한다.

〈보험 수속〉 여행중의 예기치 않은 질병이나 사고, 도난 등에 대비하여, 질병 또는 상해보험 등에 가입해 놓는 것이 현명하다 하겠다.

2. 한국의 출국 절차

이상과 같은 사전준비가 다 갖추어지면 드디어 해외로 떠나는 날이 온다. 국제공항에서의 절차는 어느 나라에서나 대체로 비슷한데, 김포국제공항에서 출국하는 경우에 대해서 살펴보자.

〈체크인〉
(1) 출발 2시간전 공항에 도착해 탑승수속을 한다.
(2) 카운터에서 화물의 계량이 끝나면 국적, 성명, 주소, 전화번호 등을 적은 짐표(Tag)를 가방에 붙이고 발송후에 주는 탁송화물인환증(Claim Tag)을 반드시 받아 둔다.
(3) 출입국카드(Embarkation Card)를 작성하여 여권, 항공권을 제출하며 세관, 출국심사, 검역의 순으로 출국심사가 이루어진다. 귀중품이 있으면 세관에 신고하고, 항공권의 비행기편수, 탑승구번호, 좌석번호를 확인한 후 탑승한다.

3. 항공기 안에서의 주의사항

출발시간 20~30분 전이 되면, 항공편 번호(Flight Number), 행선지(Destination), 탑승구 번호(Gate Number)가 방송되므로, 지정된 게이트를 통해서 항공기에 탑승하게 된다.

(1) 시설물 사용 휴대하는 가방은 선반 위에 올려놓는다. 앞의자에 붙어 있는 테이블은 식사나 독서할 때 사용하며 기내방송이나 음악을 들을 때는 이어폰을 사용한다. 팔걸이의 버튼을 누르면 의자를 젖힐 수 있는데 이륙과 착륙, 식사중일 때는 의자를 똑바로 해야 한다.
(2) 화장실 사용 사용중일 때는 'Occupied' 비었을 때는 'Vacant'에 불이 들어온다. 식사후나 이륙 직전에는 화장실이

(1) 해외 여행 기초지식

 언어·풍속·습관이 다르고 풍토도 다른 외국을 성공적으로 여행하려면, 우선 면밀한 여행 계획을 세울 필요가 있다.
 그러기 위해서는, 정확한 해외여행 안내서나 여행 체험기로부터 정보를 얻고 또한 여행사나 항공사 등으로부터 최신의 여행정보를 입수하여, 사전에 충분한 예비지식을 얻어놓는 일이 꼭 필요하다.

1. 출발 전의 사전 준비

 〈여행 계획〉 여행계획을 세울 때 먼저 고려해야 할 일은, 한정된 시간을 얼마나 유효 적절하게 이용하느냐 하는 점이다. 여행 계획 작성에서 중요한 점은, 우선 방문 예정 도시들을 어느 코스로 가는 것이 항공 요금이 가장 싸게 드는가 하는 점이다. 같은 일정일지라도 가는 코스에 따라 항공요금에 큰 차이가 생기는 경우가 적지 않기 때문이다.
 그 다음에, 쇼핑 또는 공적인 사무를 볼 수 없는 공휴일을 어떻게 여행 일정에 짜넣느냐 하는 점이다. 미국이나 유럽에서는 토요일과 일요일이, 회교국에서는 금요일과 일요일이 휴일이드로, 이러한 휴일은 이동하는 날로 잡거나 휴식일로 잡으면 된다.
 또한 해외 여행에서는, 되도록 많은 도시에 가보고 싶은 욕심에 대개의 경우 빡빡한 스케줄을 짜기 쉬운데 좀 여유있게 스케줄을 짜는 것이 필요하다고 하겠다.
 여행 계획이 완성되면, 되도록 빨리 여행사나 항공 회사에 창공기 예약과 호텔 예약을 의뢰하는 것이 좋다.
 국내 여행이라면, 여행 계획을 세우고 각종 예약이 끝나면 그것으로 준비는 완료된 셈이며 출발하는 날만 기다리면 되는데 해외여행에 있어서는 여러 가지 절차가 필요한데 이런 절차가 다 완료되지 않으면 출발할 수가 없다.

 〈여권 수속〉 여권(passport)은 여행자의 신분증명서인 동시에 정부가 발행하는 출국허가서이기도 하다. 외교관이나 공무원은 외교관여권 또는 관용여권, 일반인은 일반여권을 사용하며 일반여권은 5년의 유효기간으로 횟수에 상관없이 출국할 수 있고, 총 유효기간 10년내에서 연장할 수 있다.
 여권신청은 여권발급신청서, 신원진술서, 주민등록등본 2통 주민등록증 사본, 여권용 사진 2장을 첨부하여 외무부나 구청(종로구청 외에 시범적으로 지정된 3곳)에 신청하며, 여행목적에 따라 대체로 7일~10일 정도면 여권을 발급받는다. 유의할 점은 여권의 자기 영문사인을 어디서나 할수 있도록 연습해 두어야 하며, 여권에 쓴 것과 동일한 사진 5,6매를 여분으로 휴대하는 것이 좋다.

 〈환전 수속〉
 (1) 현금 환전이 가능한 외화는 미국 달러, 독일 마르크, 프랑스 프랑, 영국 파운드, 스위스 프랑, 일본 엔화, 홍콩 달러 등이며

부 록

《차 례》

(1) 해외여행 기초지식 …………… 336
(2) 실용영어회화 ………………… 341
(3) 4개국어 기초회화 ……………… 350
(4) 세계 주요도시의 공항 약호 …… 354
(5) 세계 주요 항공사명 및 약호 … 355
(6) 해외 한국공관주소 …………… 356
(7) 시 차 표 ……………………… 363

후회 後悔 —하다 regret, repent of; be sorry for
훈련 訓練 training, discipline —하다 train, drill
훌륭하다 fine, good, splendid; (위대하다) great
훔치다 (도둑질하다) steal, rob *a person* of; (닦다) wipe
훨씬 much, (by) far
훼방놓다 毀謗— obstruct, disturb; bend, curve, be bent; (목재 등이) warp
휘젓다 (액체를) stir
휘파람 a whistle
휴가 休暇 《美》a vacation, 《英》a holiday
휴게 休憩 a rest, a recess —시간 rest time, a recess —실 a rest room
휴대 携帶 —용의 portable
휴대품 携帶品 hand baggage —보관소 a cloak room
휴식 休息 a rest, a recess ¶~을 취하다 take rest, rest —시간 rest time, a recess
휴양 休養 rest; recreation
휴업 休業 —하다 close *one's* doors, rest from work ¶금일~《게시》Closed Today
휴일 休日 《美》a vacation, 《英》a holiday
휴지 休紙 waste paper —통 a wastebasket
흉금 胸襟 ¶~을 터놓다 be frank with, open *one's* heart
흉내내다 imitate
흉하다 凶— (보기가) ugly; mean; (불길하다) unlucky
흐려지다 (날씨가) become cloudy;(흙탕물이 되다)become muddy
흐르다 stream, flow; (떠다니다) float
흐름 (물의) a stream, a flow
흐리다 (하늘이) be cloudy
흔들다 shake, wave, swing
흔들리다 shake; quake, tremble; pitch; roll
흔하다 common, ordinary, commonplace
흘러가다 (강이) flow into
흘리다 spill; (피·눈물을) shed; drop (떨어뜨리다)
흙 earth, soil (토양)
흠 欠 a fault, a defect
흠뻑 ¶~젖다 be drenched to the skin
흡수 吸收 —하다 absorb
흡연실 吸煙室 a smoking room
흥미 興味 interest ¶~를 가지다 be interested in
흥분 興奮 —하다 be [get] excited
흥정하다 (값을) bargain, dicker, haggle
희귀 稀貴 ¶~한 rare; unusual
희극 喜劇 a comedy
희망 希望 hope; expectation (기대)
희미 稀微 ¶~한 faint, dim
희생 犧牲 a sacrifice; a victim
힘 strength, power; ability (능력)
힘세다 strong, powerful

화씨 華氏 Fahrenheit (略: F.)
화염 火焰 a flame, a blaze
화요일 火曜日 Tuesday
화장 化粧 toilet;(배우 등의) make-up —대 a dressing table, a dresser —도구 a toilet set —품 toilet articles, cosmetics
화장실 化粧室 a toilet
화장지 化粧紙 toilet paper
화재 火災 —경보기 a fire alarm —보험 fire insurance
화제 話題 a subject, a topic
화폐 貨幣 money (통화) a coin (경화)
화학 化學 chemistry —자 a chemist
화해 和解 —하다 be friends again, make up with
화환 花環 a wreath, a garland; (하와이의) a lei
확대 擴大 —하다 (사진 등) enlarge
확신 確信 conviction, confidence —하다 be convinced, believe firmly
확실 確實 ¶ ~한 certain, sure/~히 certainly, surely
확인 確認 —하다 ascertain, make sure of; confirm
확장 擴張 —하다 extend, expand
환 換 a money order; exchange
환경 環境 environment, surroundings —오염 environmental pollution
환기 換氣 ventilation —하다 ventilate —장치 ventilation system [equipment], a ventilation
환대 歡待 —하다 welcome, give a warm reception
환불 還拂 —하다 refund —증(證) a refund paper
환산 換算 —하다 exchange, convert —표 a conversion table
환상 幻想 a vision, an illusion
환성 歡聲 a shout of joy, a cheer
환어음 換～ a draft
환언 換言 換言— say in other words
환영 幻影 a vision
환영 歡迎 —하다 welcome —회 a welcome party
환율 換率 the exchange rate
환자 患者 a patient
환전 換錢 —하다 exchange money —소 money exchange, a change booth
활기 活氣 ¶ ~를 띠다 become lively/~찬 lively
활동 活動 activity, action ¶ ~적 active

활약 活躍 —하다 be active
활자 活字 a printing type —체 print
활주 滑走 —하다 glide —로 a runway
황급히 遑急— in a great hurry
황무지 荒蕪地 waste land, a waste
황제 皇帝 an emperor
황태자 皇太子 a crown prince —비 a crown princess
황폐 荒廢 —하다 go to ruin
회견 會見 an interview —기 an interview —자 an interviewer
회계 會計 accounting —계 (사람) an accountant, a cashier; (곳) cashier's desk
회교 回教 Mohammedanism —도 a Mohammedan, a Moslem
회담 會談 an interview (회견); a conference (회의)
회답 回答 —하다 a reply, an answer
회람 回覽 —하다 circulate
회복 回復 —하다 recover
회비 會費 a (membership) fee
회사 會社 a company, a firm —원 a clerk [an employee] of a company
회상 回想 —하다 recollect
회색 灰色 gray
회송 回送 —하다 (편지 등) forward
회수권 回數券 a coupon ticket
회원 會員 a member
회의 會議 a meeting; a conference; a convention
회장 會長 the president; the chairman
회장 會場 a meeting place
회전 回轉 —하다 rotate, revolve, turn, go round —목마 a merry-go-round; a carrousel —문 a revolving door —의자 a swivel chair
회중전등 懷中電燈 a flashlight
회합 會合 a meeting, a party
회화 會話 a conversation
회화 繪畫 pictures, paintings
획득 獲得 —하다 get, obtain, acquire
횡단 橫斷 —하다 cross over, go [walk] across —금지 《게시》 No Crossing —보도 a pedestrian crossing
효과 效果 effect ¶ ~적 effective
효력 效力 effect, virtue
후둘후둘하다 (다리가) be unsteady
후미 a cove, an inlet
후보자 候補者 a candidate
후원 後援 —하다 support, give support to
후추 pepper
후퇴 後退 —하다 go back, re-

특별— a special event
행선지 行先地 one's destination
행실 行實 a deed, conduct; behavior
행운 幸運 good fortune[luck]
행위 行爲 an act, a deed, behavior
행정 行程 distance (거리); a journey (여행)
행정지구 行政地區 a governmental district
행주 a dishcloth
향기 香氣 smell, scent
향상하다 向上— make progress in
향수 香水 a perfume, a scent
향수 鄕愁 ¶〜에 젖다 get homesick
향토 鄕土 one's native place
—인형 a local doll
허가 許可 permission, admission —하다 permit, allow, admit —증 a permit, a license
허리 the waist —띠 a belt
헌 old, used; secondhand(중고 의)
헌법 憲法 a constitution
헐겁다 loose
헐다 (큰돈을) change
헐벗다 ¶(산이) 헐벗은 bare
험담 險談 ¶〜하다 speak ill of
험악 險惡 ¶(날씨가) 〜한 stormy; be rough
험준 險峻 ¶〜한 steep
헛되다 futile, useless
헤매다 (떠돌다) wander about, roam about
헤어지다 (이별하다) part from [with], separate
헤어토닉 hair tonic
헤엄치다 swim
헹구다 wash (out), rinse
혀 the tongue
혁명 革命 a revolution
현관 玄關 the (front) door
현금 現金 ¶〜으로 바꾸다 cash/〜으로 지불하다 pay for a thing in [on] cash —지불 cash payment
현기증 眩氣症 ¶〜나다 be dizzy, get giddy
현대 現代 the present day, today ¶〜의 modern, present-day, up-to-date
현명 賢明 ¶〜한 wise, clever
현미경 顯微鏡 a microscope
현상 現象 a phenomenon
현상 現像 —하다 develop
현상 懸賞 a prize contest —논문 a prize essay —당선자 a prize winner
현실 現實 ¶〜의 actual; real
현재 現在 (부사적) at present,

for the present
현저 顯著 ¶〜한 remarkable, distinguished
현지시간 現地時間 local time
혈관 血管 a blood vessel
혈압 血壓 blood pressure
혈액 血液 blood
협박 脅迫 —하다 threaten
협의 協議 —하다 confer with
협정 協定 an agreement, an arrangement
형 型 type, form (모양); style (양식)
형광등 螢光燈 a fluorescent lamp
형사 刑事 a (police) detective
형세 形勢 a state; appearance
형식 形式 a form, a formality
형제 兄弟 brothers
형편 形便 ¶〜에 좋은 convenient
호기심 好奇心 curiosity ¶〜이 강한 curious
호리호리하다 slender
호소 呼訴 —하다 appeal, complain; (재판에) go to law
호수 湖水 a lake
호위병 護衛兵 a guard
호의 好意 goodwill, kindness
호적 戶籍 a census register
호출 呼出 a call; (소환) a summons
호텔 a hotel
호통치다 shout; roar
호화 豪華 ¶〜로운 splendid, luxurious, deluxe
호흡 呼吸 —하다 breathe
혼 魂 the soul (영혼), the spirit (정신)
혼동 混同 —하다 confuse one thing with another, mix up
혼란 混亂 ¶〜한 confused
혼선 混線 ¶〜이 되다 (전화가) become crossed
혼잡 混雜 ¶〜한 confused, crowded
혼잣말하다 talk[speak] to oneself
혼혈아 混血兒 a half-blood
홀 a hall; (호텔 등의) a saloon
홀짝홀짝 sip
홍수 洪水 a flood
홍차 紅茶 (black) tea
화가 畫家 a painter; an artist
화내다 get angry with [about]
화단 花壇 a flower bed
화랑 畫廊 a gallery
화려 華麗 ¶〜한 splendid, gorgeous, brilliant
화물 貨物 goods; 《美》freight; cargo —선 a cargo boat, 《美》 a freighter —삯 cargo rate
화병 花瓶 a (flower) vase
화산 火山 a volcano
화살표 —標 an arrow
화상 火傷 a burn; a scald

한 (어떤) a, one, a certain, some
한가운데 ¶~의 middle, central
한꺼번에 (동시에) at the same time; (단번에) at a time
한결같다 ¶한결같게 하다 make uniform
한국 韓國 (the Republic of) Korea
한담 閑談 an idle talk
한때 (일시) once, for a time
한도 限度 a limit
한란계 寒暖計 a thermometer
한발짝 step by step
한밤중 ~에 in the middle of the night
한번 ~에 once, at one time; ~에 at a time
한벌 (옷) a suit; (도구) a set
한숨 ~을 쉬다 draw a sigh
한잔 ―盞 a cup (of); a glass (of)
한장 一張 a sheet, a leaf
한쪽 one side; one of a pair (한짝)
한층 more, all the more
한탄하다 恨歎― grieve at, moan
한턱내다 treat a person to
할당 割當 ―하다 assign
할머니 a grandmother
할수있다 can, be able to
할인 割引 ―하다 discount 단체― a discount for large groups ―권 a discount ticket
할퀴다 scratch
핥다 lick, lap
함께 together with
합격 合格 ―하다 pass (an examination)
합계 合計 a total ―하다 total, sum up
합당 合當 ¶~한 moderate, reasonable
합동 合同 ¶~한 joint, united
합창 合唱 ―하다 sing in chorus
핫도그 a hot dog
핫케이크 a hot cake, a pancake
항공 航空 aviation ―기 an aircraft ―로 an airline ―우 편엽서 an aerogram ―우편 air mail ―표 a passenger ticket ―화물 an air cargo
항구 港口 a port, a harbor
항로 航路 a line, a route; an air route (공로)
항상 恒常 always
항의 抗議 ―하다 protest against, object to
항해 航海 (사람의) a voyage; (배의) navigation

해¹ (태양) the sun
해² (연) a year
해 害 harm, damage (손해)
해결 解決 ―하다 solve, settle
해군 海軍 the navy
해돋이 the sunrise
해롭다 害― harmful
해발 海拔 above sea level
해방 解放 ―하다 set free
해변 海邊 the beach, the (sea-)shore
해산 解散 ―하다 break up, dissolve
해상 海上 ¶~의 marine ―에서 on the sea, on the voyage
해석 解釋 ―하다 interpret (번역하다); explain (설명하다)
해설 解說 explanation; commentary ―하다 explain; comment on
해수 海水 sea water ―욕 sea bathing ―욕복 a bathing dress [suit] ―욕장 a bathing[watering] place
해안 海岸 the seashore, the coast
해어지다 wear out ¶해어진 worn-out
해외 海外 ¶~의 oversea, foreign/~에 abroad, overseas/~에서 from abroad [over the seas] ―뉴스 foreign news ―방송 overseas broadcasting ―여행 a trip abroad
해자 垓子 a moat
해저 海底 the bottom of the sea ¶~의 undersea, submarine ―터널 an undersea tunnel
해치다 害― ¶건강을 ~ injure one's health
해협 海峽 a strait, a channel
핵 核 ¶~의 nuclear ―무기 a nuclear weapon
핸드백 a handbag, a ladies' bag
햄 ham ―샐러드 ham and salad ―에그 ham and eggs
햄버그 hamburg steak, hamburger
햇볕 ¶~에 타다 get sunburnt/~에 타지 않게 바르는 크리임 suntan cream
―행 ―行 ¶런던― 열차 the train for London
행동 行動 action, conduct, behavior 단독[개별]― independent [separated] action
행락객 行樂客 a holidaymaker
행락지 行樂地 a pleasure[holiday] resort
행렬 行列 a line, a procession, a parade ―짓다 queue up
행방 行方 one's whereabouts
행복 幸福 happiness
행사 行事 an event; a function (식전) 연중― an annual event

표지 標識 a sign, a (land)mark
표찰 標札 a card; a label; a tag
표현 表現 expression
푸다 (물을) draw; (펌프로)
푸딩 pudding [pump
푸르다 blue
푸성귀 greens, vegetables
푹 (잠든 모양) fast, sound, soundly
풀¹ (초본 식물) grass; a herb; (잡초) a weed
풀² (끈끈한) paste, starch
풀³ a (swimming) pool
풀다 (끄르다) untie, undo; unpack; (문제를) solve; (코를) blow
풀리다 (매듭이) come untied [undone]; (문제가) be solved
품목 品目 an item
품위 品位 ¶~ 있는 refined, elegant, graceful
품질 品質 quality
풍경 風景 scenery, a landscape
풍부 豊富 ¶~한 abundant; rich, wealthy
풍습 風習 manners, customs
풍토 風土 climate
프라이버시 privacy ¶~를 침해하다 invade one's privacy
프랑 franc 프랑스~의 French franc
프랑스 France ¶~의 French
프런트 (호텔의) a front desk
프렌치드레싱 French dressing
프로¹ (직업적) a professional, a pro
프로² (프로그램) a program 교육~ an educational program 오락~ an entertainment program
플라이트 a flight ―넘버 flight number
플랫폼 a platform
플러스 plus; (이익) a gain (to)
피 blood
피난 避難 ¶~하다 take shelter
피다 (꽃이) bloom
피라밋 a pyramid
피로 疲勞 fatigue, tiredness ¶~한 tired, fatigued
피부 皮膚 the skin
피서 避暑 summering ―지 a summer resort
피아노 a piano
피하다 避― avoid, keep away from; dodge
피해 被害 damage, injury
핀트 (사진의) focus; (이야기의) the point
필기 筆記 ―하다 write [take] down ―도구 writing materials
필름 a film 슬라이드용~ a reversal film 컬러~ a color film 흑백~ a black and white film
필수품 必需品 necessities, necessaries 생활~ daily necessaries
필요 必要 ¶~한 necessary ∥~치 않은 needless
필적 筆跡 handwriting
필터 (카메라의) a filter; (담배의) a filter tip
핑계 an excuse
핑크색 ―色 pink

ㅎ

하기 下記 ¶~의 following
하나하나 one by one, every...
하녀 下女 a maid, a maidservant
하느님 God ―의 종 a servant of [to] (God)
하늘 the sky, the heavens
하다못해 (적어도) at least, at most; at best(기껏)
하등 下等 ¶~의 low, inferior
―하려고하다 intend to, try to
하루 a day
하류 下流 the lower course (of a river)
하선하다 下船― disembark, go ashore, leave a ship
하숙 下宿 ―하다 lodge, board at ―집 a lodging house, a boarding house
하얗다 white
하여튼 何如― anyway, anyhow
하원 下院 (미국의) the House of Representatives; (영국의) the House of Commons
하이볼 (음료) whisky and soda; highball
하이힐 high-heeled shoes
하차하다 下車― get off
하행열차 下行列車 a down train
학과 學科 a subject (of study) (과목); a course of study
학과 學課 a lesson, school [class] work
학교 學校 a school, a college (전문·단과대학)
학기 學期 a (school) term
학년 學年 a school year; 《美》 a grade, 《英》 a form
학문 學問 learning, study (면학); science (학술)
학비 學費 school expenses
학생 學生 a student ―운동 a student movement
학위 學位 a degree
학자 學者 a scholar
학장 學長 a rector, a dean
학회 學會 a society 물리~ a physical society

틀 a frame
틀리다 mistake... for ¶틀린 wrong
틀림 wrong; difference (차이) ¶...임에 ~없다 must; certainly, surely
틈 an opening, a gap, a chink
팁 a tip ¶~을 주다 tip

ㅍ

파괴 破壞 —하다 destroy, break
파내다 dig out
파다 dig; (조각하다) carve, engrave
파도 波濤 waves —타기 surfing
파리 a fly
파일럿 a pilot
파자마 pajamas
파출소 派出所 a police box
파편 破片 a fragment
판단 判斷 judgment
판매 販賣 sale, selling —하다 sell
판자 板子 a board
판지상자 板紙箱子 a cardboard [pasteboard] box
판판 flat
팔 an arm
팔꿈치 an elbow
팔다 sell, deal in
팔리다 sell, be sold
팔월 八月 August
팔팔 lively
팜플렛 a pamphlet
패배 敗北 a defeat —하다 be defeated
패스포트 a passport
팬츠 (팬티) underpants, drawers
팽개치다 throw away
팽이 a top
팽창 膨脹 —하다 expand, swell, increase
퍼머넌트 permanent wave ¶~를 하다 have one's hair permed
퍼센트 percent, per cent (%)
퍼지다 spread (out)
펄쩍 ¶~뛰어 오르다 jump up
페리 a ferry, a ferryboat
페이지 a page
페인트 paint ¶~칠(을)하다 Wet
펴다 spread, lay, extend
편도 片道 one way ¶~승차권 《美》a one-way ticket, 《英》a single ticket ¶~요금 a one-way fare, 《英》a single fare
편리 便利 convenience ¶~한 convenient; handy
편안 便安 ¶~한 easy, comfortable
편의상 便宜上 for convenience' sake

편지 便紙 a letter
편지지 便紙紙 a writing pad
편집 編輯 —하다 edit (한권)
편히하다 便— (몸을) make oneself at home, relax
평균 平均 an average
평등 平等 equality
평면 平面 a plane
평범 平凡 ordinary, commonplace
평야 平野 a plain
평일 平日 a weekday
평판 評判 reputation, fame; popularity
평평 平平 ¶~한 flat
평행 平行 ¶~의 parallel
평화 平和 peace ¶~조약 a peace treaty
폐 弊 trouble; nuisance
폐문 閉門 —시간 the closing time
폐점 閉店 《게시》Closed
폐하 陛下 His [Her] Majesty
폐허 廢墟 ruins; remains
포개다 lay over up
포기 拋棄 —하다 abandon, give up
포도 葡萄 a grape ¶~주 wine
포장 包裝 —하다 pack, wrap
포장도로 鋪裝道路 a paved road, a pavement
포켓 ¶~판 책 a pocket-book
포크 a fork
포크소테 pork saute
포타주 (수프) potage
포터 a porter
포테이토 a potato 매시— mashed potatoes ¶~칩스 potato chips
포함하다 包含— contain, include
폭 width, breadth
폭동 暴動 a disturbance
폭력 暴力 force, violence
폭발 爆發 —하다 explode, burst
폭탄 爆彈 a bomb
폭포 瀑布 a waterfall, falls
폭풍우 暴風雨 a storm; a typhoon; a tempest
폭행 暴行 violence, an outrage, an assault
표 表 a list, a table
표 票 a ticket
표결 表決 —하다 take a vote
표면 表面 the surface
표시 表示 —하다 indicate, show, express
표적 標的 a mark, a target
표정 表情 expression, a look
표제 標題 a title; (신문의) a head, a headline —어 (사전의) a headword, an entry word
표준 標準 a standard
표지 表紙 a cover

탈선 脫線 —하다 be derailed
탐욕 貪慾 ¶~스러운 greedy, grasping, avaricious
탑 a tower; (동양의) a pagoda
탑승 搭乗 —하다 get on a plane; (배에) be on board, embark —권 a boarding pass —수속 a boarding process —원 a crew, (총칭) the crew —자 a passenger
탓 ¶…~으로 from, on account of, because of, due to
태도 態度 an attitude, a manner
태양 太陽 the sun
태어나다 be born
태연 泰然 ¶~한 cool, calm, indifferent
태우다¹ (불에) burn, scorch
태우다² (싣다) put on, carry, take on (board)
태평양 太平洋 the Pacific (Ocean)
태풍 颱風 a typhoon
택시 a taxi, a cab ¶~를 타다 take a taxi[cab] 개인~ a private taxi —요금 a taxi fare —정류장 a taxi zone
탱커 a tanker
터널 a tunnel
터미널 a terminal (station)
터지다 (전쟁등이) break out
터프 ¶~한 tough
턱 the jaw, the chin
턱수염 鬚髥 a beard hair
털가죽 (모피) a fur
털어놓다 (고백하다) confide, confess
테 (안경의) a rim; (매우는) a hoop
테이블 a table
테이블매너 table manners
텔레비전 television, a television set —방송 a television broadcast, a telecast —영화 a telepicture, a TV movie —프로 TV program
토론 討論 —하다 debate, discuss
토마토 a tomato
토스트 (buttered) toast
토요일 土曜日 Saturday
토지 土地 land, ground
토하다 吐— vomit
톱롭다 (국물이) heavy; rich; substantial
통 桶 a cask; a barrel (큰것)
통과 通過 —하다 pass —여객 a transit passenger
통관 通關 customs clearance —신고 customs entry
통근 通勤 —하다 attend [go to] office
통나무 a log
통로 通路 a passage, a way; (좌석 사이의) an aisle
통상 通常 usually, commonly
통신 通信 correspondence, communication
통역 通譯 (사람) an interpreter —하다 interpret
통용 通用 ¶~되다 pass ((for)), be good, be available
통제 統制 —하다 control
통조림 桶 《美》canned food, 《英》tinned food
통지 通知 news, notice, information
통치 統治 —하다 rule over
통하다 通— (통로가) lead to; (개통되다) be opened; (뜻이) be understood; (전화가) be through
통행 通行 —하다 pass, go along ¶~금지 《게시》Road closed —요금 a toll —인 a passer-by
통화 通貨 currency —환산표 conversion table
퇴직 退職 —하다 retire (from) office
투우 a bullfight —사 a bullfighter
투자 投資 investment —하다 invest in
투표 投票 —하다 vote
투함 投函 —하다 post
튀기다 (기름에) fry
뛰다 spring, jump; (물 등이) splash
투명 透明 ¶~한 transparent,
트랜지스터라디오 a transistor radio
트랩 (비행기의) a ramp (stairway); (배의) a gangway (ladder)
트럭 《美》a (motor) truck, 《英》a motor lorry
트럼프 cards
트렁크 a trunk
트롤리버스 a trolley bus
트이다 open, spread, extend
특급 特急 a limited [special] express (train)
특별 特別 ¶~한 particular, special —실 (호텔 등의) a suite
특수 特殊 ¶~한 special, particular
특징 特徵 a characteristic, a feature
특허 特許 a patent
특히 特— especially, specially, particularly
튼튼하다 (몸이) strong, healthy; (물건이) solid, firm, strong

친우 親友 an intimate friend, a bosom friend
친전 親展 ¶～의 confidential
친절 親切 ¶～한 kind
친지 親知 an acquaintance
친척 親戚 a relation, a relative
친하다 親— intimate, familiar ¶찬하게 지내다 be [make] friends with
칠 漆 (페인트) paint —하다 paint ¶～조심 《게시》 Wet [《英》 Fresh] Paint
칠면조 七面鳥 a turkey
칠월 七月 July
칠칠치못하다 loose; (복장 등이) untidy
침 ¶～을 뱉다 spit
침구 寢具 bedclothes, bedding
침대 寢臺 a bed, (기차 등의) a berth —권 a berth ticket —차 a sleeping car, a sleeper
침략 侵略 —하다 invade
침몰 沈沒 —하다 sink, go down
침범 侵犯 —하다 invade
침실 寢室 a bedroom
침입 侵入 —하다 invade, intrude
칫솔 — a toothbrush
칭찬 稱讚 —하다 praise, admire, speak well of
칭호 稱號 a title; (학위) a degree

ㅋ

카레라이스 curry and rice, curried rice
카메라 a camera —맨 a cameraman
카스텔라 sponge cake
카우보이 a cowboy
카운터 a counter
카탈로그 a catalog(ue)
카틀렛 a cutlet
카페리 a car ferry
카페테리아 a cafeteria
칵테일 a cocktail —드레스 a cocktail dress —파티 a cocktail party
칼 (검) a sword; (나이프의) a knife
커녕 ¶…은 ～ far from
커머셜 a commercial
커버 a cover; (책의) a jacket
커프스단추 cuff buttons
커피 coffee —숍 a coffee shop —주전자 a coffeepot; a percolator(끓이는 기구) —타임 coffee break
컬 a curl
컬러텔레비전 color television; a color television set

컴퓨터 a computer
컵 (잔) a glass; (대형의) a tumbler
케이블카 a cable car
켜다 (전등을) turn [switch] on
켤레 ¶한— a pair 《of shoes》
코 a nose; (코끼리의) a trunk
코골다 snore ¶코고는 소리 a snore
코코아 cocoa
코피 (a) nosebleed ¶～가 나다 bleed at the nose
콘비프 corned beef, 《美》 corn beef
콘서트 a concert
콘센트 an electric outlet
콘플레이크 cornflakes
콤플렉스 a complex
콧수염 —髭鬚 a mustache
콩 a bean; a pea
콩소메 《수프》 consommé
쾌속 快速 ¶～의 high-speed, fast, speedy —선[정] a fast ship[boat]
쾌적 快適 ¶～한 comfortable, pleasant, delightful
쾌활 快活 ¶～한 cheerful
쿠폰 a coupon 플라이트— a flight coupon —권(券) a coupon ticket
쿡 (요리사) a cook
퀴즈 a quiz —프로 a quiz program
크기 —size ¶—gram
크다 big, large, great; (목소리가) loud ¶크게하다 enlarge (확대하다)
크레디트 credit —카드 a credit card
크로켓 a croquette
크리스마스 Christmas
크리켓 a cricket
크림 cream 생— fresh cream
클리닝 cleaning
키¹ (신장) height
키² (배의) a rudder; a helm
키우다 bring up

ㅌ

타다¹ (불에) burn; (햇볕에) be sunburnt
타다² (탈것에) take; get in [on, into], (배·기차에) board, go on board
타로감자 a taro
타월 a towel
타이어 《美》 a tire, 《英》 a tyre 예비— a spare tire
타인 他人 another person, others
탁구 卓球 ping-pong, table tennis
탁상시계 卓上時計 a table clock

추돌 追突 —하다 strike a car from behind
추락 墜落 —하다 fall; crash (비행기가) 「the bill
추렴 —하다 go Dutch; split
추리 推理 —하다 reason
추상적 抽象的 abstract
추억 追憶 memories, recollections
추월 追越 —하다 outrun, get ahead of ¶～금지 《게시》 No passing
추천 推薦 —하다 recommend —장 a letter of recommen-
추하다 醜— ugly 「dation
축구 蹴球 football
축배 祝杯 ¶～를 들다 drink a toast 《(for, to)》
축사 祝辭 congratulations
축전 祝電 a congratulatory telegram
축제 祝祭 a festival, a gala
축제일 祝祭日 a festival (day), a gala (day)
축축하다 damp, moist
축하 祝賀 ¶～합니다 Congratulations!
축하회 祝賀會 a celebration
출구 出口 a way out, an exit; 《게시》 Way Out
출국 出國 —세 exit tax —카아드 an embarkation [exit] card —허가서 an exit permit
출근 出勤 —하다 attend one's office, go to office
출납계 出納係 a cashier, a teller
출두 出頭 —하다 attend, appear, present [report] oneself
출발 出發 —하다 depart, start, leave —예정시간 estimated time of departure (略: ETD)
출범 出帆 —하다 sail from
출산 出産 —하다 give birth to a child
출생지 出生地 one's birthplace
출석 出席 —하다 be present at
출세 出世 —하다 succeed in 「life
출신지 出身地 one's home, one's native city
출연 出演 —하다 appear on the stage
출입구 出入口 a doorway, an entrance, a gateway
최신 最新 ¶～의 the newest, the latest, up-to-date
최종 最終 ¶～의 last, final
최초 最初 ¶～의 first
최후 最後 the last; the end ¶～의 last; final
추가 追加 ¶～의 additional —하다 add to

출입국관리 出入國管理 immigration 「Limit
출입금지 出入禁止 《게시》 Off
출장 出張 —하다 participate in, take part in
출찰계 出札係 a ticket [《英》 booking] office
출판 出版 —하다 publish, issue
춤 dancing, a dance
춤추다 dance
춥다 cold, chilly
충격 衝擊 a shock, an impact ¶～의 shocking
충고 忠告 advice —하다 advise, give a person advice
충돌 衝突 —하다 (물건이) collide with, run against [into]; (의견이) conflict with
충분 充分 ¶～한 enough, sufficient
충전 充電 charge, charging
충치 蟲齒 a decayed tooth
취급 取扱 —하다 treat, deal with, handle ¶～주의 《게시》 Handle with Care
취미 趣味 taste, interest, a hobby
취소 取消 cancellation —하다 cancel, take back —대기승객 a stand-by passenger —대기자 a waiting list 무단—료 no-show penalty
취임 就任 —하다 take office, be inaugurated
취직하다 就職— find employment [work], get a position
취하다 取— take; get (얻다)
취하다 醉— get drunk
츄잉검 chewing gum
층 a story; 《英》 a storey
층계 層階 a staircase, the stairs
치과의사 齒科醫師 a dentist
치다 strike, hit, beat, knock; (전보를) send
치료 治療 medical treatment —하다 cure —비 a doctor's
치르다 (지불하다) pay 「fee
치분 齒粉 tooth powder
치수 measure; size ¶～를 재다 measure a person for
치약 齒藥 toothpaste; (치분) tooth powder
치우다 (정리하다) put things in order; (제거하다) put away, take away, clear away
친구 親舊 a friend, a companion 「familiar
친밀 親密 ¶～한 intimate,
친선 親善 friendly relations, goodwill —사절 a goodwill mission

채소 菜蔬 vegetables, greens
채용 採用 —하다 adopt, employ
채우다 fill (up); satisfy ¶채워넣다 cram, fill, pack
채집 採集 —하다 gather, collect
책 冊 a book, a volume
책상 冊床 a desk
책임 責任 responsibility —자 a responsible person
책장 冊欌 a bookcase
처리 處理 —하다 manage; dispose of; treat
처방전 處方箋 a prescription
처벌 處罰 —하다 punish
처분 處分 —하다 dispose of
처음 (시작) the beginning, the start, the opening ¶~부터 from the first
처음으로 for the first time, first
처지다 (아래로) hang down
처치 處置 disposition; measure
천 cloth
천 千 a thousand
천둥 thunder —소리 a peal of thunder
천박 淺薄 ¶~한 base, mean
천사 天使 an angel
천성 天性 ¶~으로 by nature
천연 天然 nature ¶~의 natural
천장 天障 the ceiling
천재 天才 a genius
천천히 slowly
천하다 賤 ¶~한 vulgar, coarse, low, mean; humble
철 (계절) a season
철 鐵 iron
철도 鐵道 (美) a railroad, (英) a railway —운임 a railroad fare
철사 鐵絲 (a) wire
철자 綴字 spelling
철저 徹底 ¶~한 thorough
철학 哲學 philosophy
철회 撤回 —하다 withdraw
첨부 添付 —하다 attach (to), append
첫째 the first ¶~로 first, first of all
청결 淸潔 —하다 clean, neat
청구 請求 a demand, a request —하다 ask for; demand; request; make a claim ¶~서 an application, a bill
청년 靑年 a young man, a youth
청량음료 淸涼飮料 a refreshing drink, (美) a soft drink
청산 淸算 —하다 liquidate; (셈을) clear off, settle

청소 淸掃 —하다 clean, sweep 전기—로 a vacuum cleaner
청어 靑魚 a herring
청중 聽衆 an audience
청춘 靑春 the springtime of life, youth
체격 體格 constitution, physique
체력 體力 physical strength
체류 滯留 ⇨滯在
체온 體溫 temperature ¶~을 재다 take one's temperature —계 a (clinical) thermometer
체재 滯在 —하다 stay; (잠시) stop over
체조 體操 gymnastics, physical exercises
체중 體重 weight
체크아웃 check out
체크인 check in
체포 逮捕 —하다 arrest; capture —체타 pretend
체험 體驗 —하다 experience, have experience of
쳐다보다 look up at
초 a candle
초 秒 a second
초과 超過 —하다 exceed —요금 excess charge
초대 招待 —하다 invite —권 an invitation ticket [card] —장 a letter of invitation; an invitation
초등학교 初等學校 an elementary [a primary] school
초라하다 shabby
초록 草綠 green; verdure
초롱 —籠 a paper lantern
초보 初步 ¶~의 elementary
초상 肖像 a portrait
초심자 初心者 a beginner
초원 草原 grasslands
초음속기 超音速機 SST, a supersonic transport
초인종 招人鐘 a (call) bell, a doorbell
초점 焦點 a focus
초조 焦燥 ¶~해 하다 be impatient
초콜릿 chocolate
초특급 超特急 a superexpress
총량 總量 the total amount [weight]
총알 銃— a bullet
총영사 總領事 a consul general —관 a consulate general
총장 總長 a president
촬영 撮影 —하다 take a picture [photograph] ¶~사진 ~금지 (게시) No photographs
최고 最高 ¶~의 highest
최근 最近 ¶~에 lately, recently
최선 最善 ¶~을 다하다 do one's best

진정 鎭靜 ¶ ~시키다 (통증 등을) lighten; (마음을) calm (down) / ~되다 quiet down; calm down; be settled
진주 眞珠 a pearl 모조~ an imitation [artificial] pearl
진지 眞摯 ¶ ~한 earnest, serious
진찰 診察 ―하다 examine, see ―료 a doctor's fee
진창 mud
진통제 鎭痛劑 a painkiller
진하다 津― (색깔이) dark; (액체 등이) thick; (홍차 등이) strong
진행 進行 ―하다 advance, make progress, go on
진흙 真― (점토) clay
질 質 quality; nature
질녀 姪女 one's niece
질문 質問 a question
짊어지다 carry on one's back, bear
짐 a burden, a cargo (뱃짐); goods (화물) ―꾼 (철도의) a redcap, a porter
짐작하다 guess
집 a house; a home; (넣는 용기) a case; a receptacle
집게손가락 a forefinger
집다 pick, pinch
집단 集團 a mass, a group
집세 貫 a (house) rent
집어올리다 take [pick] up
집중하다 集中 ― concentrate
집합 集合 ―하다 meet, gather, assemble ―시간 the hour of meeting ―장소 a meeting [gathering] place
집회 集會 a meeting, a gathering 징 a gong
징조 徵兆 an omen, a symptom
짖다 bark; roar; howl
찢다 break, tear up
찢어지다 tear, be torn
짙다 (색깔이) dark; (구름 등이) dense 짙은 안개 a dense 짚 a straw

ㅊ

차 車 a car
차 茶 tea
차고 車庫 (전차의) a car shed; (자동차의) a garage
차다¹ (가득) be filled with; (조수가) flow
차다² (차갑다) cold, chill, feel chilly ¶ 차게 하다 cool, chill
차도 車道 (가로의) a roadway; (美) a driveway
차라리 rather
차려입다 dress up, be dressed up, be in one's best
차례 次例 one's turn ¶ ~로 in order; in turn
차별 ―하다 distinguish [discriminate] 《between》
차분하다 calm; quiet; cool ¶ 차분하지 못한 restless; nervous / ~해지다 calm down, quiet down
차용 借用 ―하다 borrow, have a loan of ―증서 a bond of debt
차이 差異 difference
차장 車掌 (버스·전차의) a conductor; (열차의) (美) a conductor, (英) a guard
차지하다 occupy, take, hold
착륙 着陸 landing ―하다 land
착상 着想 an idea, a plan
착석 着席 ―하다 take one's seat, sit down
착수 着手 begin, start, set about
착실 着實 ¶ ~한 steady
찬성 贊成 ―하다 agree to [with]
찬송가 讚頌歌 a psalm, a hymn, a
찬장 饌欌 a cupboard
참가 參加 ―하다 join, join [participate, take part] in
참깨 sesame
참기름 sesame oil
참다 bear, endure, stand, put up with
참을성 patience
참의원 參議院 (일본 상원) the House of Councilors
참조 參照 ―하다 refer to, consult, see
찻삯 ― fare
찻종 茶― a teacup
창 窓 a window
창구 窓口 (은행 등의) a window
창녀 娼女 a prostitute, a whore
창립 創立 ―하다 found, establish ―자 a founder
창백 蒼白 ¶ ~한 pale
창조 創造 create
창피 猖披 shame, disgrace ¶ ~ 당하다 be put to shame; be humiliated / ~스러운 shameful
찾다¹ (찾아보다) look for, seek, search for
찾다² (방문하다) visit; 어떤 곳을 ~ call at ¶ ~찾아뵙다 call on
찾아내다 (발견하다) find (out), discover ; (장소를) locate
채권 債券 a bond, a debenture
채비 ―하다 prepare, make preparations for

지구 地球 the earth, the globe
찌그러지다 be crushed
지금 只今 now; nowadays (오늘날) ¶ ～까지 until now, so far
지급전보 至急電報 an urgent telegram
지나가다 pass; go on; go through
지나다 ¶유행이 ～ go out of fashion
지나쳐가다 pass (by), go[ride] past; go beyond *one's* destination
지나치다 go too far, be too much; pass(by)
지난날 the past days
지난달 last month
지난주 一週 last week
지다¹ (꽃이) fall, be gone
지다² (패배하다) be defeated
지다³ (등에) carry on *one's* back, bear
찌다 steam; (날씨가) be sultry
지도 地圖 a map; an atlas ¶ ～를 그리다 draw a map
지도 指導 ─하다 guide, lead
지독 至毒 ¶ ～한 severe; cruel; terrible; excessive
지루하다 be tired of, be weary of, be bored
지류 支流 a branch; a tributary
찌르다 stab, pierce, thrust
지름길 a shortcut
지리 地理 geography ¶그곳에 밝다 be well acquainted with the place
지면 地面 the ground
지명 指名 ─하다 name, nominate 특정인一호출전화 a person-to-person call
지문 指紋 a fingerprint
지방 地方 a district, an area (한 지방); the country(시골)
지방색 地方色 local color
지배 支配 ─하다 control ─인 a manager 부─인 an assistant manager
지불 支拂 payment ─하다 pay ─일 the date of payment
지사 支社 a branch office
지사 知事 a (provincial) governor
지수 指數 an index number 불쾌─ a discomfort index
지시 指示 indication; instructions, directions ─하다 order, direct
지식 知識 knowledge
지역 地域 an area; a zone; a district
지연 遲延 ¶～시키다 put off; prolong
지우다 (패배시키다) defeat, beat

지원 志願 ─하다 apply for
지위 地位 a position, a station in life, standing
지저귀다 sing; chirp, twitter
지적 指摘 ─하다 point out
지점 支店 a branch office [shop]
지정 指定 ─하다 appoint, name ─석 a reserved seat
지지 支持 ─하다 support, maintain
지진 地震 an earthquake
지출 支出 expenses, expenditure
지치다 get tired, be fatigued
지키다 protect (보호하다); guard; (규칙 등을) observe; obey; keep
지평선 地平線 the horizon
지폐 紙幣 paper money, a (bank) note, a bill
지푸라기 a straw
지하 地下 ¶ ～의[에] underground ─도 an underground passage, 《英》 a subway ─층 a basement
지하실 地下室 a cellar; a basement
지하철 地下鐵 《美》 a subway, 《英》 an underground railway, (런던의) a tube, 《佛》 a metro
지혜 智慧 wisdom
지휘 指揮 ─하다 command, direct
찍다 ¶사진을 ～ take a photograph
직물 織物 cloth; textile
직업 職業 a calling; an occupation, a profession
직원 職員 the staff, the personnel
직전 直前 ¶ ～에 just before; on the point of
직접 直接 directly
직통 直通 ─전화 a direct telephone service
직행열차 直行列車 a through train
진공 眞空 ─청소기 a vacuum cleaner
진눈깨비 sleet
진단 診斷 ─하다 diagnose ─서 a medical certificate
진동 震動 ─하다 shake, quake, vibrate
진로 進路 a course
진리 眞理 truth
진보 進步 ─하다 progress ¶ ～한 advanced, progressive
진술 陳述 ─하다 state, relate
진실 眞實 truth, reality
진심 眞心 a true heart, sincerity, faith
진열 陳列 ─하다 exhibit ─창 a show window
진짜 眞─ ¶ ～의 real, genuine

주사위 —하다 inject
주사위 dice
주소 住所 one's dwelling (place); one's address 예정— intended address
주스 juice
주식 主食 the staple food
주식 株式 shares, stocks —시장 a stock market —회사 《美》 a joint-stock corporation; 《英》 a limited company
주연 主演 —하다 play the leading part in —배우 a leading actor; a star
주요 主要 ¶ ~한 chief, principal, main 「around
주위 周圍 ¶ ~의 surrounding,
주유소 注油所 a filling station, 《美》 a gas station
주의 主義 a principle, a doctrine
주의 注意 attention, notice; 《게시》 Caution —하다 pay attention to, take care of, attend to
주인 主人 the master, a host; (소유자) the owner
주임 主任 a chief
주장 主張 —하다 assert, persist in, insist on [upon]
주재 駐在 —하다 reside, be stationed 《at, in》 —원 a representative stationed abroad
주전자 酒煎子 a kettle
주정꾼 酒酊— a drunken man, a drunkard
주차 駐車 ¶ ~하다 park 《게시》 No Parking —요금 parking rates —장 a parking place [lot]
주최 主催 auspices
주택 住宅 a dwelling, a house —가 a residential district
쭉 (all) through, throughout
죽다 die, pass away
죽음 death
죽이다 kill, murder
준급행 準急行 a local express; a semi-express
준비 準備 —하다 prepare for, arrange, get ready
줄 (열) a row, a line; (차례를 기다리는) a queue
줄거리 (개요) an outline; a synopsis
줄기 (나무의) a trunk
줄다 (감소하다) decrease, lessen 「striped
줄무늬 stripes ¶ ~가 있는
줄서다 stand in a line, line [queue] up
줄이다 shorten, reduce, abridge (생략하다); cut down

(절감하다); decrease (감소하다)
줍다 pick up; find
중고 中古 ¶ ~의 second-hand; used —차 a used car
중국 中國 China
중대 重大 ¶ ~한 important, serious
중독 中毒 poisoning ¶ ~되다 be poisoned 「weight
중량 重量 weight —초과 over-
중립 中立 ¶ ~의 neutral
중상 重傷 ¶ ~을 입다 be seriously wounded
중(요)시하다 重(要)視— think [make] much of, attach importance to
중심 中心 the center —가 the downtown; the mainstreet
중앙 中央 the center (중심); the middle (중간)
중얼거리다 mutter, murmur
중요 重要 ¶ ~한 important —인물 a person of importance; a VIP
중의원 衆議院 (일본하원) the House of Representatives
중증 重症 ¶ ~이다 be seriously ill
중지 中止 suspension, stoppage —하다 stop; call off
중학교 中學校 a middle school; 《美》 a junior high school
쥐다 hold; (꼭) grasp
쥘부채 a (folding) fan
즉 卽 namely; that is (to say)
즉매 卽賣 ¶ ~하다 sell on the spot
즉석 卽席 ¶ ~의 impromptu, improvised, ad-lib/~에서 immediately, promptly
즉시 卽時 immediately, directly, at once
즐거움 pleasure; amusement
즐겁다 pleasant; merry
즐기다 enjoy, take pleasure in 「grow
증가 增加 —하다 increase,
증거 證據 proof, evidence
증기 蒸氣 steam —기관 a steam engine —난방 steam heating —선 a steamship —욕 a steam bath
증명 證明 —하다 prove, testify to —서 a certificate
증발 蒸發 ¶ ~하다 evaporate; (사람이) disappear
증서 證書 a bond
증인 證人 a witness
찌 (낚시용) a float
지각 運刻 —하다 be [come] late, be behind time
지갑 紙匣 a purse, a wallet
지껄이다 ¶ 수다스럽게 ~ chat-

쪼개다 split; divide (나누다)
쪼개지다 split, be split
조건 條件 condition; terms
조교 助敎 a suspension bridge
조교수 助敎授 an assistant professor
조국 組國 one's fatherland [motherland]
조금 a bit, a little ¶~씩 little by little
조금도 ~…않다 not at all
조리 調理 cooking
조리개 (사진기의) an iris, a lense aperture
조립 組立 ―하다 set up, put together
조망 眺望 a view, a prospect
조명 照明 lighting, illumination
조모 組母 one's grandmother
조부 組父 one's grandfather
조사 調査 ―하다 investigate, examine, survey, inquire into
조상 祖上 an ancestor
조상 影像 a statue
조선소 造船所 a dockyard
조심 操心 ―하다 take care of
조심성 操心性 ¶~있는 careful
조약 條約 a treaty, a pact
조언 助言 advice, a suggestion
조용하다 quiet, still, calm; gentle ¶조용해지다 become quiet
조인 調印 a sign
조잡 粗雜 ¶~한 crude; poor
조절 調節 ―하다 adjust, control, regulate
조종 操縱 ―하다 manage, handle, operate ―석 a cockpit ―자 (기계의) an operator; (비행기의) a pilot
조직 組織 organization; system (체계) ―하다 organize
조짐 兆朕 an omen
조카 a nephew ―딸 a niece
조합 組合 an association, a society; a union
조화 調和 harmony; balance (균형) proportion (비례) ―하다 harmonize with
조회 照會 ―하다 inquire
존경하다 尊敬 respect, honor
존재하다 存在 exist
졸다 nod, doze, have [take] a nap
졸업 卒業 ―하다 graduate from, finish, complete a course ―증서 a diploma
좀처럼 rarely, seldom
좁다 narrow, limited
종 鐘 a bell
종교 宗敎 a religion
종두증명서 種痘證明書 a vaccination certificate
종류 種類 a kind, a sort
종사 從事 ―하다 be engaged in, be occupied with [in]
종업원 從業員 an employee
종이 paper, a Dixie Cup
종일 終日 all day
종점 終點 the end, (美) the terminal
종족 種族 a tribe, a race
종종 often, frequently, many times
종합 綜合 ―하다 synthesize
쫓아버리다 turn away, dispel
좋다 good, fine, nice
좋아하다 like, be fond of, love ¶좋아하는 favorite
좌석 座席 a seat ¶창가의 ~ a window seat/ 좌측의 ~ an aisle seat 뒷~ a rear seat ―번호 a seat number ―벨트 a seat belt ―지정권 a reserved seat ticket
좌초 座礁 ―하다 run on a rock; run aground
좌측통행 左側通行 《게시》 Keep (to the) Left
좌현 左舷 port
좌회전 左回轉 (자동차의) a left turn ―하다 make a left turn
죄 罪 a crime; (도덕적) a sin
죄다 tighten ¶꽉 죄는 tight
쬐다 ¶불을 ~ get warm, warm oneself
죄악 罪惡 a crime, a sin
주 州 a state
주 株 a share
주 週 a week
주간 晝間 the daytime
주간지 週刊誌 a weekly
주거 住居 a dwelling; a residence
주관적 主觀的 subjective
쭈그리다 crouch, sit down upon the heels
주기 週期 a period, a cycle
주다 give
주로 主―로 mainly; chiefly; mostly (대개); generally (일반적으로)
주름(살) wrinkles, furrow; creases
주말 週末 the weekend
주머니 a bag, a sack
주문 注文 an order ―하다 order, give an order
주민 住民 inhabitants
주방장 厨房長 a head cook, a chef
주부 主婦 a mistress, a housewife
주사 注射 injection, (美口) a shot; inoculation (예방접종)

점점 漸漸 (더) more and more, still very; (차츰) gradually
접근 接近 —하다 approach, draw near
접다 fold, double up ¶접는 folding
접대 接待 reception; hospitality; (호텔 등의) service —하다 receive, entertain, treat *a person to*
접속 接續 —하다 connect, join —역 a junction (station)
접수 接受 —하다 receive; accept; listen —계원 a receptionist —처 an inquiry[information, a reception] office
접시 a dish, a plate
접촉 接觸 —하다 touch, come in [into] contact with
젓가락 (a pair of) chopsticks
정가 定價 a fixed [regular] price
정각 定刻 the appointed [fixed] time
정거 停車 —역마다 —하다 stop at every station/역마다 ~하는 열차 a local [《美》way] station
정거장 停車場 (시내버스·전차 등의) a stop
정기 定期 —의 fixed, regular —여객기 an airliner —여객선 a liner —휴일 a regular holiday
정당 正當 —한 just, right; lawful, legal
정당 政黨 a political party
정도 程度 degree
정돈 整頓 —하다 put *things* in order; settle
정렬 整列 —하다 (가로) stand in a row; (세로) line up
정류장 停留場 a station, a stop 버스 ~ a bus stop
정리 整理 —하다 arrange, put in order, adjust
정말 ¶~인 true, real, right
정면 正面 the front —현관 the entrance hall
정밀 精密 ¶~한 precise; exact; accurate
정박 碇泊 —하다 anchor, lie at anchor
정보 情報 news, information
정복 征服 conquest —하다 conquer
정부 政府 the government —당국 government authorities
정상 頂上 the top, (산의) the summit
정식 正式 ¶~의 formal, regular
정식 定食 a table d'hôte
정신 精神 spirit, mind, soul
정양 靜養 —하다 rest quietly

정원 定員 the fixed number; (탈것의) the seating capacity
정의 正義 justice, right
정전 停電 breakdown of electric current, power stoppage
정주 定住 —하다 settle down
정중 鄭重 ¶~한 polite
정지 停止 —하다 stop, suspend —신호 a stop signal
정직 正直 ¶~한 honest; upright
정찬 正餐 dinner
정찰 正札 a price tag
정책 政策 a policy
정치 政治 politics —가 a politician, a statesman
정통 精通 ¶~하다 be at home, be very familiar [well acquainted]
정하다 定— decide, fix
정해지다 定— be decided, be fixed
정확 正確 ¶~한 correct, accurate, exact; punctual/~히 exactly; (시간을) just
젖다 get [be] wet, be drenched
제각기 —各其 each, respectively
제공 提供 —하다 offer, make an offer
제도 制度 a system
제멋대로 ¶~의 selfish, willful/~하는 selfish
제목 題目 a subject, a title
제방 堤防 a bank, an embankment
제비 a lot, lottery
제안 提案 a proposal —하다 propose
제외하다 除外— take off, remove
제일 第一 the first
제작 製作 production; manufacture —하다 make, manufacture
째째하다 stingy; mean
제조 製造 —하다 make, manufacture
제지 制止 —하다 restrain, check
제지공장 製紙工場 a paper mill
제철소 製鐵所 an ironworks
제출하다 提出— present, introduce
제트 a jet —기 a jet plane —여객기 a jet liner
제품 製品 manufactured goods, a product
제한 制限 limit, restrict —중량 weight allowance
조가비 a shell
조각 a fragment, a piece
조각 彫刻 sculpture —하다 carve, engrave —가 a sculptor
조간 朝刊 a morning paper
조개 a shellfish

적시다 wet; soak (담그다)
적십자 赤十字 the Red Cross
적어도 at least
적용 適用 —하다 apply (to)
적의 敵意 a hostile feeling
적자 赤字 ¶—가 나다 go into red
전갈 a message —하다 send *a person* a message [word]
전근 轉勤 —하다 be transferred to another office
전기 傳記 a biography, a life
전기 電氣 electricity —기구 an electric device —면도기 an electric razor —밥솥 an electric rice-cooker —스탠드 a desk lamp —줄 the electric wire [line]
전등 電燈 an electric lamp [a show
전람회 展覽會 an exhibition
전력 全力 ¶—을 다하다 do one's best
전력 電力 electric power
전망대 展望臺 an observatory
전망차 展望車 an observation car, a parlor car
전문 專門 ¶—의 special, professional —가 an expert, a professional —(용)어 technical terms
전별금 餞別金 a going-away [parting] gift
전보 電報 a telegram, a wire 서신— a letter telegram 지급(보통)— an urgent [ordinary] telegram 해외— a cablegram [line]
전선 電線 the electric wire
전설 傳說 a tradition, a legend
전세 專貰 ¶—낸 chartered, hired, rented [speed
전속력 全速力 ¶—으로 at full
전송 餞送 —하다 see [send] *a person* off
전송 轉送 —하다 send round; forward
전시 展示 exhibition —하다 exhibit, display —회 an exhibition
전신 電信 telegraph —국 a telegraph office
전연 全然 (not) at all
전염 傳染 ¶—성의 contagious, infectious —병 an infectious disease
전자계산기 電子計算機 an electronic computer
전쟁 戰爭 a war
전적으로 全的— entirely, fully, wholly

전조 前兆 an omen
전주 前週 last week
전지 電池 a battery, an electric cell 건[축]— a dry [storage] battery
전진 前進 —하다 advance, go forward [ahead]
전차 電車 an electric train; 《美》 a streetcar, 《英》 a tram(car) (시내전차)
전채 前菜 an appetizer, an hors d'oeuvre
전체적 全體的— ¶—으로 (보아) as a whole
전통 傳統 tradition
전파 電波 an electric wave
전표 傳票 a slip, a chit
전하다 傳— convey
전해지다 傳— be transmitted; spread (전파되다); be introduced (전래하다)
전혀 全— (not) at all
전형적 典型的— typical
전화 電話 a telephone, a phone ¶—을 걸다 telephone; ring up [call up] *a person* (on the phone); make a call/—를 끊다 ring off; hang up 국제— an international [overseas] call 요금 수신인— a collect call —교환수 an operator, a telephone girl —실 a telephone office —번호부 a telephone directory, a phone book —박스 a telephone booth —요금 telephone charges
절¹ (사찰) a (Buddhist) temple
절² (인사) a bow, make a bow
절대로 絕對— absolutely, positively; never
절망적 絕望的 desperate
절반 折半 (a) half —하다 halve, (비용 등을) share equally [mize
절약 節約 —하다 save, econo-
절제 節制 —하다 be moderate in [formalities
절차 節次 procedure; (정식의)
젊다 young; junior
점 占 fortune(telling
점 點 a spot, a dot, a point; marks (평점); (경기의 점수) a score, a point
점령 占領 —하다 occupy, take, seize
점보제트 a jumbo jet
점수 點數 ⇒점(點)
점심 點心 lunch, luncheon
점원 店員 a clerk; a shopman (남자), a shopgirl (여자)
점잖다 gentle

잘다 small, fine
잘못 a fault; a mistake; an error —하다 mistake; make a mistake, err ¶ ~하여[으로] by mistake
잘못보다 (사람을) mistake [take] a person for
짧다 short; brief (간결하다)
잠깐 just a moment
잠깨다 awake, wake up
잠그다 (자물쇠를) lock
잠시 暫時 for a while, for a minute
잠옷 night clothes, a nightgown; (여자·아동용) a nightdress; pajamas
잠자리 a bed
잠자코있다 keep silence, remain silent
잡담 雜談 an idle talk —하다 have a chatter with
잡비 雜費 miscellaneous expenses
잡음 雜音 a noise
잡지 雜誌 a magazine, a journal
잡화점 雜貨店 a general store, a grocer's (shop)
장 場 (시장) a market; a fair
장갑 掌甲 gloves
장거리전화 長距離電話 a longdistance call, 《英》a trunk call
장관 長官 a minister
장난 mischief, a trick
장난감 a toy, a plaything —가게 a toyshop
장님 a blind man
장대 長― a pole
장래 將來 ¶ ~에 in (the) future; some day
장려 奬勵 —하다 encourage, promote
장례식 葬禮式 a funeral
장롱 欌籠 a chest of drawers, 《美》a bureau
장마 a long spell of rainy weather —철 the rainy [wet] season
장만하다 prepare, provide
장미 薔薇 a rose
장사 trade —하다 do business, trade —꾼 a tradesman, a merchant
장소 場所 a place; a location
장식 裝飾 an ornament, a decoration —하다 decorate
장엄하다 莊嚴― ¶ ~한 grand, solemn, magnificent
장점 長點 a strong [good] point, a merit
장치 裝置 an equipment, an apparatus —하다 install; lay on
장학금 奬學金 a scholarship

장화 長靴 high [top] boots, 《美》 boots
재고 在庫 ¶ ~나다 remain unsold —품 stocks, goods in stock
재난 災難 a disaster; an accident; misfortune
재능 才能 ability; gift, talent
재다 (계속하다) measure; (무게를) weigh
재떨이 an ashtray
재료 材料 (raw) materials
재목 材木 wood; timber, 《美》 lumber
재미있다 interesting, funny
재빠르다 quick
재발행 再發行 —하다 reissue
재배 栽培 —하다 cultivate, grow
재산 財産 a fortune, property
재정 財政 finance
재촉 —하다 urge; press
재판 裁判 judgment; a trial (심판)
재해 災害 a disaster
재확인 再確認 —하다 reconfirm
재회 再會 —하다 meet again
잿빛 gray
쟁반 錚盤 a tray
쟁의 爭議 a dispute, a controversy
저금 貯金 savings —하다 save money, deposit 《in a bank》
저기 there, over there
저널리스트 a journalist
저녁 evening; (식사) supper, dinner —놀 an evening glow, a sunset glow —때 evening, nightfall
저런 such, so, like that
저리다 be numbed, become numb
저물다 get dark
저버리다 give up, abandon, forsake, desert
저울 a balance, (a pair of) scales
저자 著者 a writer; an author
저절로 of itself; automatically
저축 貯蓄 a store, a stock (저장); savings (저금) —하다 store; (돈을) save
저택 邸宅 a mansion, a residence
저하 低下 —하다 fall, drop, down
저항 抵抗 —하다 resist, oppose
적 敵 an enemy; a rival (경쟁자)
적극적 積極的 positive, active
적다[1] (써넣다) write down, make a note of
적다[2] (수가) few; (양이) little
적당 適當 ¶ ~한 fit, proper
적도 赤道 the equator

입술 a lip
입술연지 —臙脂 rouge; (막대 모양의) a lipstick
입원 入院 —하다 enter [go into] hospital
입장 入場 —하다 enter —권 an admission ticket —료 an admission fee —무료《게시》Admission Free
입장 立場 a position, a situation; a standpoint (견지)
입체교차로 立體交叉路 an interchange
입학 入學 —하다 enter a school
입후보 入候補 —하다 stand as a candidate
있는그대로 plainly, as it is
있다 (사람이) be; stay; be present
잊다 forget ¶잊고 오다 leave (behind), forget / 잊은 물건 a thing left behind
잎 a leaf

ㅈ

자 a measure, a rule
자가용차 自家用車 a private car, a family car
자각하다 自覺— become conscious of
자격 資格 qualification
자꾸 repeatedly, again and again, on and on
자국 a trace
자극 刺戟 —하다 stimulate, give an impetus to ¶~적 exciting, sensational
자금 資金 capital, funds
자기 自己 oneself, ego
자기 瓷器 a porcelain, china
자다 sleep, fall asleep; go to bed; (비바람 등이) go down
짜다¹ (젖은 것을) wring; (즙을) squeeze, press
짜다² (맛이) salty
자동 自動 ¶~ 의 automatic —문 an automatic door —온도조절장치 a thermostat
자동차 自動車 a motorcar, 《美》 an automobile, a car
자동판매기 自動販賣器 a slot machine, 《美》 a vending machine, an automat 승차권 [입장권]— a ticket vendor
자라다 grow up; be brought up
자랑 pride —하다 be proud of, boast of
자료 資料 materials, data
자루¹ (손잡이) a handle; (비바람 등의) a grip; (칼붙이의) a haft
자루² (부대) a bag, a sack
자르다 cut; sever (절단하다);

saw (톱으로); clip (가위로)
자리 ¶~에 앉다 take one's seat, sit down
자만 自慢 —하다 be (self-)conceited, be vain of
자명종 自鳴鐘 an alarm clock
자물쇠 a lock ¶문에 ~를 잠그다 lock the door
자발적 自發的 voluntary, spontaneous
자백 自白 —하다 confess, make a confession, confide
자본 資本 capital, fund —가 a capitalist —금 capital —주의 capitalism
자비 自費 ¶~로 at one's own expense
자살 自殺 suicide —하다 kill oneself, commit suicide
자서전 自敍傳 an autobiography
자석 磁石 a magnet
자선 慈善 charity
자세 姿勢 a posture, a pose
자세 仔細 ¶~한 detailed
자손 子孫 descendants, posterity
자수 刺繡 embroidery
자신 自信 self-confidence ¶~ 있는 self-confident
자연 自然 nature
자원 資源 resources
자위 自衛 self-defense —대 (일본의) the Self-defense Force
자유 自由 freedom, liberty —행동 free [independent] action
자음 子音 a consonant
자일 (등산용) a rope
자전거 自轉車 a bicycle
자존심 自尊心 the spirit of self-respect, pride
자주적 自主的 independent
자칫 (very) nearly, almost
짝 (사람의) a partner; a fellow, a mate, a companion
작가 作家 a writer; an author
작곡 作曲 —하다 compose (music)
작년 昨年 last year [sic]
작다 small, tiny; little
작문 作文 a composition
작물 作物 crops, farm [agricultural] products
작별 farewell, parting
작성 作成 —하다 make out, work out
작업 作業 work
작자 作者 a writer, an author
작품 作品 a work
잔 盞 ¶~의 a cup of, a glass of, (한 조끼의) a mug of
잔교 棧橋 a pier
잔돈 small money [change]
잔디밭 a lawn
잔인 殘忍 ¶~ 한 cruel, brutal

인도 引導 —하다 guide, lead
인도교 人道橋 a pedestrian overpass
인도적 人道的 humane
인류 人類 the human race, mankind
인명록 人名錄 a directory; a who's who
인민 人民 the pepole
인사 人事 (사교적) a greeting; (감사) thanks; (절) a bow —하다 greet; salute
인상 印象 an impression ¶ ~적 impressive 첫— the first [initial] impression
인색 吝嗇 ¶ ~한 stingy
인생 人生 life
인솔 引率 —하다 lead《a party》 —자 a leader
인쇄 印刷 —하다 print, put into print —물 a printed matter [from
인용 引用 —하다 quote (a line)
인접 隣接 ¶ ~한 be close by
인정 人情 ¶ ~많은 compassionate, merciful
인조 人造 ¶ ~의 artificial
인종 人種 a (human) race —문제 the racial problem —차별 segregation
인터체인지 (고속도로의) an interchange
인플루엔자 influenza, the flu
인형 人形 a doll
일 work; business
일간 日間 one of these days, some day
일광 日光 sunshine, sunlight, sunbeams
일기 日記 a diary
일기 日氣 the weather —예보 the weather forecast
일년 一年 ¶ ~내내 all the year round
일등 一等 (열차 등의) the first class；(1위) the first (place)
일류 一流 ¶ ~의 first-class, first-rate
일몰 日沒 sunset
일박 一泊 ¶ ~여행하다 make an overnight trip to —하다 stop overnight [ly
일반 一般 ¶ ~적으로 generally
일방 一方 ¶ ~통행《게시》 One Way Only
일별하다 一瞥— have a look at, glance at
일본 日本 Japan ¶ ~의 Japanese
일부 日附 a date, dating ¶ 5월 3일~ dated May 3 [ly
일부러 purposely, intentional
일부변경선 日附變更線 the (international) date line —통과

기념 Proclamation on Crossing the International Date Line
일상 日常 ¶ ~의 daily, every-day
일생 一生 a lifetime, one's life
일순（간） 一瞬(間) an instant, a moment
일시 一時 once, for a time ¶ ~적 temporary, passing
일어나다 (잠자리에서) get up; wake up;(사건 등이) take place, happen, occur; break out(방방하다)
일요일 日曜日 Sunday
일용품 日用品 daily necessa-
일월 一月 January [ries
일으키다 cause, bring about, give rise to
일전 日前 ¶ ~에 the other day, a few days ago
일정 日程 the day's program [schedule]
일제히 一齊— all together; all at once (동시에) [of
일종 一種 ¶ ~의 a kind[sort]
일주 一周 —하다 go (a)round
일찍 ¶ ~일어나다 get up early —자다 go to bed early
일착 一着 (일등) the first (in the race)
일출 日出 the sunrise
일층 一層 《美》 the first story [floor], 《英》 the ground floor
일치 一致 —하다 agree with
일품요리 一品料理 a one-course dinner, dishes à la carte
일하다 work, labor
일행 一行 a party, a company
일화 逸話 an anecdote; an episode
일회 一回 once; a time
읽다 read
잃다 lose; (기회 등을) miss ¶ 길을~ lose one's way
임금 a king
임금 賃金 wages
임무 任務 duty
임시 臨時 ¶ ~의 temporary; special —뉴스 news special —열차 a special train —휴업 a special holiday
임자 (소유주) the owner, the
입 a mouth [possessor
입구 入口 an entrance;《게시》 Way In
입국 入國 entry into a country; immigration —사증 an entry visa —카드 a landing [disembarkation] card —허가 an entry permit
입다 wear; put on
입다물다 shut one's mouth, become [fall] silent

의지하다 依支— depend [rely] (on, upon)
의학 醫學 medical science
의회 議會 Congress; (영국의) Parliament; (한국의) the National Assembly; (일본의) the Diet
이 (치아) a tooth
이끌다 guide, lead
이기다 win
이기적 利己的 selfish, egoistic
-이내 -以內 within, inside of, less than
이따금 occasionally
이동 移動 —하다 move
이득 利得 ¶ —을 보다 make a profit
이등 二等 (등급) the second class; (순위) the second, number 2
-이래 -以來 since
이력서 履歷書 a personal history, a resume
이론 理論 (a) theory
이롭다 利— profitable, paying; good (for)
이루다 (성취하다) achieve; fulfil
이륙하다 離陸— take off, leave the ground
이른바 so-called, what they [you] call
이름 a name
이마 the forehead, the brow
이면 裏面 the back (배후)
이모 姨母 an aunt
이물 the bow
이미 already
이민 移民 (출국) emigration; (입국) immigration; (사람) an emigrant, an immigrant
이발 理髮 haircut ¶ —하다 have one's haircut —소 a barber, a barber's (shop)
이번 一番 this time
이별 離別 farewell, parting ¶ —하다 part from [with], separate, divorce
이부자리 bedding, bedclothes; a quilt (이불); a mattress (요)
이불 a quilt
이사 移徙 —하다 remove to, move to
이상 異狀 the matter (고장); something wrong
이상 理想 an ideal ¶ —적 ideal —향 a Utopia
이상 異常 ¶ —한 strange; odd; queer; curious
-이상 -以上 over, beyond, more than
이서 裏書 —하다 endorse
이성 理性 reason ¶ —적 rational
이슬 dew

이슬비 a drizzle
이야기 a story, a tale, conversation (대화) —하다 talk, speak; tell; converse (with)
이어받다 (물려받다) inherit; succeed to
이어폰 an earphone
-이외 -以外 except, but, besides ——utilize
이용 利用 —하다 make use of,
이웃 the neighborhood ¶ —의 next, neighboring
이월 二月 February
이유 理由 a reason, a ground
이윽고 soon, shortly (after), presently, before long
이의 異義 ¶ —를 제기하다 object
이익 利益 profit ¶ —이 되다 be profitable
이자 利子 interest
이전 以前 ¶ —에 formerly, in former days; ago, before
이전 移轉 —하다 remove, move ¶ —한 곳 one's new address —통지 a removal notice
이점 利點 ¶ —있는 advantageous
이정표 里程標 a milepost, a milestone
이주 移住 —하다 migrate
이지적 理知的 intellectual
이층 二層 (美) the second floor, (英) the first floor
이치 理致 (a) reason, logic ¶ —에 맞다 be reasonable
이탈리아 Italy ¶ —의 Italian
-이하 -以下 less than, under, below
이해 利害 interest, concern
이해 理解 —하다 understand
이회 二回 twice, two times
이후 以後 after, since; after this(금후)
익다 (열매가) ripen, be [grow] ripe; (음식이) be boiled
익살 a joke, a jest
익숙하다 be used to, be accustomed to
익히다 (습득하다) learn, study; practice (연습하다)
인간 人間 a man ——관계 human relations
인격 人格 personality
인공 人工 ¶ —의 artificial, man-made —호흡 artificial respiration
인구 人口 population —과잉 overpopulation
인권 人權 human rights
인기 人氣 ¶ —가 있다 be popular with, be a favorite with
인내 忍耐 patience, perseverance
인도 引渡 —하다 hand (over)

밀가루 (wheat) flour
밀다 push ¶서로~ push together/밀어젖히다 push away
밀접 密接 ¶~한 close, intimate
밀크 milk
밉다 hateful, abominable

ㅂ

바깥쪽 the outside; the exterior
바구니 a basket
바꾸다 change, exchange
바꾸어말하다 say in other words
바뀌다 change, turn into
바느질하다 sew, stitch(꿰매다)
바늘 a needle
바다 the sea; the ocean
바닥 the bottom
바닷가 the beach, the seashore, the seaside
바닷물 sea water
빠뜨리다 (못보고 넘어가다) overlook; miss
바라다 hope, desire, wish
바라보다 look out over, look round; (경치 등을) command a view
바람¹ (풍) a wind, a breeze
바람² (희망) hope, desire, wish
바람직하다 desirable
바래다 (색이) fade (away)
바로 just, quite
바로잡다 correct (정정하다)
빠르다 fast, quick, swift; (이르다) early
바보 ¶~같은 foolish
바쁘다 busy ¶바빠지다 become busy
바 a bar; (호텔 등의) a barroom
바겐세일 a bargain sale
바위 a rock
바치다 (드리다) offer, dedicate; (남부하다) pay
바캉스 vacation
박람회 博覽會 (美) an exposition, (英) an exhibition
박물관 博物館 a museum
박사 博士 a doctor
박수 拍手 ¶~를 치다 clap one's hands, applaud
박정 薄情 ¶~한 cold-hearted
박제 剝製 a stuffed animal [bird]
반 半 (a) half
반대 反對 opposition; objection —하다 object to, be opposed to
반도 半島 a peninsula
반드럽다 smooth
반드시 certainly, without fail (꼭); always (항상); by all means (어떻게든)
반복 反復 —하다 repeat

반사 反射 —하다 reflect
반성 反省 —하다 reflect on, reconsider
반액 半額 half the amount [sum, price]
반일 半日 half a day, (美) a half day
반짝반짝 (이) glitter; twinkle
반지 半指 a ring
반창고 絆創膏 an adhesive plaster [pose
반항 反抗 —하다 resist, oppose
반환 返還 —하다 give [put] back, return
받다¹ (편지를) have, get, receive, accept
받다² (양산을) hold up
받치다 support
발 a foot
발가락 a toe
발견 發見 —하다 find (out), discover ¶~되다 be found (out), be discovered
발끝 the tips of the toes, tiptoe
빨다 (빨래를)wash;(입으로) suck
발달 發達 —하다 develop
발뒤꿈치 a heel
발매 發賣 —하다 sell, put a thing for sale
발명 發明 invention —하다 invent
발목 an ankle
발밑 one's foot ¶~을 조심하시오 (게시)Watch your step(s)!
발바닥 the sole
발생 發生 —하다 occur, break out
발소리 a footstep
발송인 發送人 a sender
발신 發信 —하다 send, dispatch —인 an addresser
발음 發音 pronunciation —하다 pronounce
발자국 a footprint, a footmark
발전 發展 —하다 grow, develop
발차 發車 —하다 depart, start, leave
발톱 (동물의) a claw
발표 發表 —하다 announce, publish
발행 發行 (어음의) issue, drawing —하다 publish, issue —인 an issuing person —일(자) the date of issue
밝다 (빛이) bright, light; (정통하다) be familiar with
밤¹ (야간) night; evening
밤² (열매) a chestnut (tree)
밤차 —車 a night train
밥 boiled rice; a meal (식사)
밧줄 a rope
방 房 a room, a chamber 2인 —a room with two beds (트윈베드가 있는); a double room (더블베드가 있는) —값

a room rent [charge], a rent ―번호 a room number
빵 bread ¶버터바른 ~ bread and butter
빵꾸 puncture ¶~나다 be punctured
방면 方面 a quarter, a district; a direction
방문 訪問 visit, call on, call at; drop in (들르다)
방법 方法 a way, a method
방사능 放射能 radioactivity
방석 a cushion
방송 放送 ―하다 broadcast
방수 防水 ¶~의 waterproof
방심 放心 ―하다 be careless, be negligent
방언 方言 a dialect
방음 防音 ¶~의 soundproof
방지 防止 ―하다 prevent, check
방집 a bakery
방침 方針 a course; a policy
방해 妨害 ―하다 obstruct, disturb, stand in the way
방향 方向 a direction, a quarter; a course
방화 防火 ¶~의 fireproof
밭 a field, a farm
배¹ (복부) the abdomen, the belly
배² (선박) a boat, a ship, a vessel; a steamer
배³ a pear
배 倍 (두배) double, twice; (…배) times
배기가스 排氣 exhaust gas
배다 (스며들다) soak into, permeate
빼다 (제외하다) take off, remove; pull out; omit, take out (제거하다)
배달 配達 ―하다 deliver
배반 背反 ―하다 betray
배부 配付 ―하다 distribute
배서 背書 endorse
빼앗다 take away
배우 俳優 an actor, an actress
배우다 learn; study; (가르침을 받다) be taught
배웅하다 see [send] off a person
배편 ―便 ¶~으로 by ship [sea]; (선박우편으로) by surface mail
배포 配布 ―하다 distribute
배표 ―票 a boarding ticket
배회 徘徊 ―하다 loiter, wander about
백과사전 百科事典 an encyclopedia
백만 百萬 a million
백모 伯母 an aunt
백인 白人 a white man
백화점 百貨店 (美) a department store, (英) a general store
뱀 a snake; a serpent
뱀장어 一長魚 an eel
뱃머리 the bow
뱃멀미 ―하다 get seasick
뱃사람 a seaman, a sailor, a mariner
뱉다 (침을) spit (out)
뺨 a cheek
버둥거리다 struggle
버릇 a habit
버릇없다 rude, impolite
버리다 throw away
버섯 a mushroom
버스 a bus 대륙횡단― a transcontinental bus 이층― (런던의) a double-decker bus 직행― a thru bus ―정류장 a bus stop, (美) a bus depot
버티다 persist in, insist (주장하다); stand firm
번갈아 줌 ―by turns, alternately; in turn (차례로)
번개 (a flash of) lightning
번거롭다 troublesome
뻔뻔스럽다 impudent, shameless, cheeky
번역 翻譯 ―하다 translate into
번영 繁榮 ―하다 prosper, flourish
번쩍이다 shine, brighten
번지 番地 a house number; an address
번창 繁昌 ―하다 prosper, flourish ¶~하는 a prosperous
번호 番號 a number
벌 ―한 ~ a suit (of clothes)
벌 罰 punishment, penalty
벌거벗다 become naked
벌거숭이 ¶~의 naked, bare, nude
벌금 罰金 a fine, a penalty ¶~을 물다 be fined
벌다 gain, earn, make a profit
벌떡 ¶~일어나다 jump up
벌렁 ¶~누워서 on one's back
벌레 an insect; a worm
벌써 (이미) already
벌이 earnings
벌집 a comb; (꿀벌집) a beehive
벌충하다 make up for; compensate
범람 汎濫 ―하다 overflow, flood
범위 範圍 an extent, a scope
범인 犯人 a criminal
범죄 犯罪 a crime
범하다 犯― (죄를) commit
법률 法律 a law
법칙 法則 a law, a rule
벗기다 (껍질을) peel (손으로); pare (나이프로)
벗다 take off, remove
벙어리 a dumb person, a mute
벚나무 a cherry (tree)
베개 a pillow
베다 (곡물을) reap; (풀을) mow;

trim ¶베어들이다 mow; harvest, reap
베이컨에그 bacon and eggs
벤치 a bench
벨 a bell
벨보이 a bellboy, a bellhop
벼 a rice plant ―농사 rice farming
뼈 a bone; a skeleton(골격)
벼랑 a cliff, a precipice
벽 壁 a wall
벽난로 壁煖爐 a hearth; a fireplace
벽돌 壁 ― a brick
변경 變更 ―하다 change, alter
변덕스럽다 capricious, fitful
변명 辨明 ―하다 make an excuse
변변찮다 poor, plain
변상 辨償 ―하다 pay for, compensate
변소 便所 a lavatory, a water closet 유료― a pay-toilet
변하다 變― change, turn into
변호 辯護 ―하다 defend, plead for
변화 變化 ―하다 change, alter
별 a star
별관 別館 an annex
별로 別― 《not》 very, much
별명 別名 a nickname
병 甁 a bottle
병 病 a disease, 《美》 sickness, 《英》 illness
병구완 病 ― 하다 nurse
병원 病院 a hospital
병자 病者 a sick person; a patient
보고 報告 a report, information
보관 保管 ―하다 keep ―증 a claim tag
보급 普及 ―하다 diffuse, spread
보급 補給 ―하다 supply
보기 (예) an example, an instance
보내다 (물건을) send; (시간을) pass, spend
보다 see; look at ¶아이를 ― look after a baby, nurse 《a baby》
보도 《美》 a footpath; a sidewalk; 《英》 a pavement
보도 報道 news, a report ― 하다 report; inform ―진 a news front; reporters
보랏빛 purple
보리 barley
보배 a treasure
보살피다 take care of, care for, look after, be kind[good] to (친절히 해주다)
보상 補償 ―하다 compensate
보석 寶石 a jewel, a gem ―상(점) a jewelry store
보수 報酬 a reward; pay
보양 保養 ―하다 take care of one's health
보양지 保養地 a resort
보온병 保溫甁 a vacuum bottle
보이 ⇒ 급사(給仕)
보이다 (눈에) see; be visible; come into sight; (남에게) show; display, exhibit
보자기 a wrapping cloth
보잘것없다 trifling; worthless
보조 步調 (a) step, (a) pace
보증 保證 ―하다 guarantee, assure ―금 guarantee [security] money ―인 a guarantor
보충 補充 ―하다 make up for, supply; fill up
보태다 (더하다) add
보통 普通 ¶ ― (은) usually, commonly ―열차 an accommodation [a local, a slow] train ―우편 ordinary mail 《英》 post
보행자 步行者 a pedestrian; a walker
보험 保險 insurance ―에 들다 be insured ―회사 an insurance company
보호 保護 ―하다 protect
복구 復舊 ―하다 be restored (to the former state)
복도 複道 a corridor, 《英》 a passage
복사 複寫 ―하다 take a copy, copy; reproduce
복숭아 a peach
복잡 複雜 ―한 complicated
복장 服裝 dress, costume
복통 腹痛 a stomachache
본능 本能 instinct
본디부터 ― from the first
본보기 ― an example, a model
본사 本社 (지사에 대해서) the head office
본적 本籍 one's permanent address
볼링 bowling ―장 a bowling alley
볼펜 a ball-point pen
봄 spring
뽐내다 be proud of, boast oneself of ¶뽐내는 proud, boastful
봉사 奉仕 ―하다 serve full
봉오리 a bud
봉우리 a peak
봉지 封紙 a paper bag
봉투 封筒 an envelope
봉함엽서 封緘葉書 a lettercard; (항공의) an aerogram
부끄럽다 be ashamed of; be shy
부근 附近 the neighborhood

부당 不當 ¶~하게 unreasonably
부두 埠頭 a wharf; a quay; a pier
부드럽다 tender, gentle, soft ¶부드럽게 하다 soften
부득이 不得已 ¶~…하다 be obliged to
부딪치다 run [dash] against
부럽다 enviable
부록 附錄 an appendix, a supplement
부르다 call (out) to; (큰소리로) hail; (말을 걸다) speak to, accost ¶노래를 ~ sing
뿌리 a root
부부 夫婦 husband and wife, man and wife, a couple
부분 部分 a part, a portion
부상 負傷 —하다 be [get] injured [wounded, hurt]
부서지다 be broken, break; be damaged ¶부서지기 쉬운 fragile, frail
부속 附屬 —하다 be attached to, belong to
부수다 break, destroy, crush
부스러지다 crumble
부양 扶養 —하다 support, bring up
부엌 a kitchen —세간 kitchen utensils
부유 富裕 ¶~한 rich / ~해지다 grow rich
부이 (부표) a buoy; (구명대) a life buoy
부인 夫人 a wife; Mrs.《Smith》
부인 婦人 a woman; a lady
부자 富者 a rich man ¶~인 rich, wealthy
부자유 不自由 ¶~한 (불편한) inconvenient, comfortless
부재중 不在中 ¶~이다 be away, be out /~에 in [during] one's absence
부저 a buzzer
부정 不正 ¶~한 unjust, unfair, wrong
부정 否定 —하다 deny
부족 不足 —하다 be short of, lack in, want
부지런히 hard, diligently
부채 a fan
부채 負債 a debt
부탁 付託 a request; a favor —하다 ask, beg, make a request
부패 腐敗 —하다 go bad, be spoiled; decay, corrupt
부페 a buffet —차 a buffet car
부표 浮標 a buoy
부풀다 swell, expand
부피 ¶~가 커지다 be bulky
부호 符號 a mark, a sign

북쪽 北— the north
분 分 (시간의) a minute
분 粉 face powder
분담 分擔 —하다 take a part of, take a share in
분량 分量 quantity, a mount
분류 分類 —하다 classify
분리 分離 —하다 part, divide, separate ¶~되다 separate, part from [with], come off
분명 分明 ¶~히 clearly, distinctly, certainly ¶~한 evident
분배 分配 —하다 distribute, divide
분별 分別 ¶~있는 sensible; discreet; prudent —하다 distinguish ¶~한 mind
분부 吩咐 an order; a command
분석 分析 —하다 analyze
분수 噴水 a fountain
분실 紛失 —하다 lose, miss
분실물 紛失物 a lost article —보관소 a lost property office —신고 a report on lost property —취급소 a lost and found office
분야 分野 a field, a sphere
분열 分裂 —하다 split, break up
분위기 雰圍氣 an atmosphere
분주 奔走 ¶~한 busy /~해지다 become busy
분투 奮鬪 —하다 struggle, strive
분하다 憤— regrettable ¶분하게도 to one's regret
분해 分解 —하다 analyze, solve; resolve
분홍색 粉紅色 pink
분화 噴火 —하다 erupt, become active
불 (화재의) a fire
뿔 a horn; (사슴의) an antler
불가능 不可能 ¶~한 impossible
불가사의 不可思議 wonder, mystery ¶~한 strange; mysterious
불결 不潔 ¶~한 unclean, dirty
불경기 不景氣 ¶~의 dull; inactive
불고기 roast meat; (쇠고기) roast beef
불꽃 (폭죽) a firework
불교 佛敎 Buddhism
불규칙 不規則 ¶~적 irregular
불길 flame
불러내다 call; (전화로) call [ring] a person up on the phone
불룩해지다 swell, expand
불리 不利 ¶~한 disadvantageous
불리다 (늘리다) increase, add to; (물에) soak
불만 不滿 ¶~이다 be dissatisfied [discontented] with

불분명 不分明 ¶〜한 indistinct, obscure
불쌍하다 poor, sad, sorry, pitiful, miserable
불쑥 suddenly, (all) of a sudden, unexpectedly
불시착 不時着 [긴급한] a forced [an emergency] landing
불안 不安 ¶〜한 uneasy; anxious
불통 不通 ¶〜이다 be cut off; be suspended 소식— no communication
불편 不便 ¶〜한 inconvenient, unhandy
불평 不平 a complaint —하다 complain of
불행 不幸 ¶〜한 unhappy, unlucky, unfortunate
붉다 red, crimson, scarlet
붐비다 be crowded
붓¹ (부어오르다) swell
붓² (엑체를) pour
붕대 繃帶 a bandage ¶〜를 하다 bandage; dress
붙다 stick to
붙이다 attach; (풀 따위로) stick, paste, put (a piece of paper) on
붙잡다 catch, seize, grasp
브랜디 brandy
브러시 a brush
브로치 a brooch
블라우스 a blouse
블라인드 (문발) 《美》 a shade; 《英》 a blind ¶〜을 내리다 pull a shade
블록 a block
비¹ (내리는) rain; a shower(소나기)
비² (청소용) a broom [나비]
비결 秘訣 a secret, a key
비교 比較 —하다 compare with
비기다 (비유하다) compare to
비난 非難 —하다 blame, reproach
비누 soap
비다 empty, vacant, unoccupied (room) ¶손이 〜 be free
비둘기 a pigeon
비등하다 沸騰— boil
비망록 備忘錄 a memorandum, a memo
비밀 秘密 a secret
비비다 rub
비싸다 expensive, high-priced
비상 非常 —계단 a fire escape —구 an emergency exit
비서 秘書 a secretary
비스킷 a biscuit, 《美》 a cracker
비어홀 a beer hall
비용 費用 expense(s), cost
비율 比率 ratio
비자 a visa 입국— an entry visa
비참 悲惨 ¶〜한 miserable
비추다 (빛을) shine; light up
비키다 avoid, dodge, step aside (옆으로); get out of the way
비탈 a slope
비평 批評 —하다 comment on, criticize, review
비프스테이크 beefsteak ¶〜가 날것인[설익은, 중간쯤 익힌, 잘익은] raw [underdone, medium, well-done]
비행 飛行 flying, a flight —속도 flight speed —시간 flying time —장 an airdrome, an airfield, an airport
비행기 飛行機 an airplane
비호 庇護 —하다 protect, defend; plead
빈틈없다 shrewd
빌다¹ (차용하다) borrow; (임차하다) hire; (집·차 등을) rent
빌다² (기원하다) pray; wish
빗 a comb
빗나가다 be [come] off; miss
빗다 (머리를) comb one's hair
빚 a debt
빛 light; (광선) rays
빛나다 shine, be bright; twinkle (반짝하다); flash (번쩍이다)

ㅅ

사건 事件 an event(큰); an incident; a happening
사고 事故 an accident
사고방식 思考方式 one's way of thinking
사과 —하다 apologize
사교적 社交的 social, sociable
사귀다 associate with
사기 詐欺 —하다 swindle —꾼 a swindler
사나이 a man, a guy
사다 buy, purchase
사다¹ (포장하다) wrap
사다² (값이) cheap
사다리 a ladder
사라지다 disappear, go out
사람 a human being, man
사랑 love ¶〜스러운 sweet, lovely, charming —하다 love, be fond of
사례 謝禮 thanks(감사); a reward
사막 沙漠 a desert
사무소 事務所 an office
사무원 事務員 a clerk
사무적 事務的 businesslike
사본 寫本 a copy
사상 思想 thought, an idea
사생활 私生活 one's private life

사서 辭書 a dictionary
사서함 私書函 a post-office box
사슬 a chain
사신 私信 a private letter
사실 私室 one's private room
사실 事實 a fact; the truth(진실) ¶ ~의 true, real; right
사업 事業 an enterprise
사용 私用 ¶ ~으로 on private business
사용 使用 —하다 use, employ ¶ ~중 (게시) Occupied
싸우다 fight against [with], struggle against
싸움 a fight, a battle(전투); a war(전쟁), a quarrel (언쟁)
사원 寺院 a cathedral(대성당); (불교의) a (Buddhist) temple
사월 四月 April
사이즈 size ¶ ~를 재다 take the size of
사인 a sign; a signature(서명)
사장 社長 a president
사적 史蹟 a historic [historical] spot [site]
사전 事典 an encyclopedia
사전 辭典 a dictionary
사절 使節 a mission
사정 事情 circumstances(형편); conditions
사직 辭職 —하다 resign
사진 寫眞 a photograph, a photo, a picture
사진기 寫眞機 a camera
사촌 四寸 a cousin
사치 奢侈 ¶ ~스러운 luxurious
사커 (축구) soccer
사탕 砂糖 a candy, 《英》 sweets
사퇴 辭退 —하다 decline; refuse to accept
사투리 a dialect 런던 ~ Cockney
사회 社會 a society, a community(공동사회) ~주의 socialism
사회자 司會者 a chairman; (방송 등의) the master of ceremonies(略: MC)
싹 a bud, a sprout
삭감 削減 —하다 cut down, reduce; shorten
쑥 山 a hill; (작은 ~) a hill
산꼭대기 山— a peak, the summit [top] of the mountain
산들바람 a gentle [light] breeze
산맥 山脈 a mountain range
산물 産物 a product
산소 酸素 oxygen —마스크 an oxygen mask
산업 産業 industry
산울림 山— an echo
산책 散策 a walk —하다 walk, go for a walk, take [have] a walk
산호 珊瑚 coral —도[초] a coral island[reef]
살 flesh
쌀 rice
살갗 the skin
살그머니 quietly; secretly (몰래)
살금살금 stealthily (몰래)
살다 live, dwell ¶ 살아 있다 be alive
살림 living, life
살아남다 survive
살인 殺人 murder
살짝 quietly, gently(조용히); secretly (몰래)
삶다 boil, cook(조리하다)
삼거리 三— a forked road
삼월 三月 March
삽입 挿入 —하다 insert, put in
삽화 挿畫 an illustration
상 像 an image, a figure
상 賞 a prize, a reward
상관하다 相關— (간섭하다) interfere
상기 想起 —하다 recall, remember
상냥하다 kind, sweet
상담 相談 —하다 have a talk with; consult with
상당 相當 ¶ ~한 fair, considerable/ ~히 much, very(매우); pretty (꽤)
상대 相對 a partner; a rival
상류 上流 (강의) the upper course
상륙 上陸 —하다 land at [in], go on shore, disembark —권 a shore pass —부두 a landing pier
상무 常務 a managing director
상사 商社 a (commercial) firm
상상 想像 —하다 imagine
상세 詳細 details
상식 常識 common sense, good sense
상아 象牙 ivory
쌍안경 雙眼鏡 (육상용) a field glass; (해상용) a marine glass; (극장용) an opera glass
상어 a shark
상업 商業 commerce, trade
상영 上映 show ¶ ~중 《게시》 Now showing
상용 商用 ¶ ~으로 on business
상원 上院 the Upper House; (영국의) the House of Lords; (미국의) the Senate
상인 商人 a tradesman, a merchant
상자 箱子 a box, a case
상점 商店 《美》 a store, 《英》 a shop —가 a shopping

상징 象徵 a symbol
상처 傷處 a wound, an injury; a cut (베인 상처) ¶~를 입다 be [get] injured [wounded, hurt]／~를 입히다 wound, hurt, injure
상태 狀態 a condition, a state
상표 商標 a trademark, a brand, a label
상품 商品 a commodity —견본 a sample —권 an exchange check —목록 a catalogue
상품 賞品 a prize
상하다 傷— go bad, spoil, rot
상행열차 上行列車 an up train
상호 相互 ¶~(간에) each other, one another
상환 相換 —하다 exchange, change 대금—인도 cash on delivery
상황 狀況 situation, circumstances, a state
쌓다 accumulate, heap (up), pile
쌓아올리다 pile up
쌓이다 accumulate (축적되다)
새 a bird; a fowl, poultry
새끼발가락 the little toe
새끼손가락 the little finger
새다¹ (밤이) dawn
새다² (누출하다) leak, escape, come through
새로운 new; fresh (신선한); novel (신기한)
새벽 dawn, daybreak
새우 a lobster; a shrimp —튀김 a fried lobster
새파랗다 deep blue; (얀색이) deadly pale
새하얗다 snow-white, pure white
색 色 a color
색인 索引 an index
샌드위치 sandwitches
샐러드 salad 야채— vegetable salad 햄— ham and salad
샘 a spring, a fountain
샛길 a bypath
생각 thinking, thought, an idea; an opinion **—하다** think (of); (美) guess; believe(믿는); expect (예기하다); hope (바라다); wonder (이상히 여기다)
생각나다 recall, remember
생계 生計 livelihood, living
생글생글 smilingly, with a smile
생김새 a look, a figure; a shape, a form
생년월일 生年月日 the date of one's birth, one's birthdate
생도 生徒 a pupil; a schoolboy, a schoolgirl
생략 省略 —하다 omit, abbreviate, abridge
생명 生命 life —보험 life insurance
생명체 生命體 a living thing
생물 生物 a living thing, a creature
생산 生産 production **—하다** produce; make (만들다)
생선 生鮮 fresh [raw] fish
생애 生涯 life, lifetime
생일 生日 one's birthday
생존 生存 —하다 exist; live; survive
생질 甥姪 a nephew
생활 生活 life **—하다** live
생활비 生活費 living expenses, the cost of living
사워 a shower (bath)
샴페인 champagne
샴푸 shampoo
서가 書架 a bookshelf
서구 西歐 Western Europe —제국 European countries
서기 書記 a clerk
써넣다 fill in
서늘하다 cool, refreshing
서다 (일어서다) stand up, rise; (정지하다) stop
서두르다 hurry, hasten, make haste; be in a hurry ¶서둘러 in haste, in a hurry
서랍 a drawer
서로 each other, one another
서류 書類 a document, papers —가방 a briefcase
서리 frost
서명 署名 a signature **—하다** sign one's name to
서부극 西部劇 a western
서비스—料 service charge
서서히 徐徐— slowly, little by little, step by step
서신 書信 ¶~을 주고받다 correspond with 〔dent
서양 西洋 the West, the Occi-
서재 書齋 a study
서점 書店 a bookseller's, 《美》 a bookstore, 《英》 a bookshop
서쪽 西— the west
서투르다 poor, bad, clumsy, unskillful, awkward
서행 徐行 《게시》 Slow Down
석간 夕刊 an evening paper
섞다 mix
석다 go bad, spoil, rot
석양 夕陽 the evening [setting] sun
석유 石油 petroleum, oil
섞이다 be mixed, mix, mingle
선 線 a line; (전신의) a wire; (철도의) a line, a track

선객 船客 a passenger	계원 a steward
선거 選擧 —하다 elect	
선교사 宣敎師 a missionary	
선글라스 sunglasses	
선로 線路 a track, a railroad line	
선명 鮮明 —한 clear, bright	
선물 膳物 a present, a gift, (여행의) a souvenir —가게 a souvenir [gift] shop	
선미 船尾 the stern	
선반 a shelf; a rack (그물선반)	
선사 膳賜 —하다 present	
선생 先生 a teacher	
선수 船首 a prow	
선수 選手 a player	
선실 船室 a cabin, (특등·1등) a stateroom	
선언 宣言 —하다 declare	
선원 船員 a seaman, a sailor, a mariner; the crew (총칭)	
선의 善意 good will, good intentions	
선인장 仙人掌 a cactus	
선장 船長 a captain	
선전 宣傳 propaganda —하다 advertise	
선조 先祖 an ancestor, a forefather	
선종 禪宗 the Zen sect	
선진국 先進國 an advanced country	
선창 船艙 a wharf, a quay, a pier	
선풍기 扇風機 an electric fan	
설계 設計 a plan, a design	
썰다 (칼 따위로) cut; chop (크게); hash (잘게); slice (얇게)	
설득 說得 —하다 persuade	
설령 設令 even if, (al)though	
설립 設立 —하다 establish, found	
설명 說明 —하다 explain; (예를 들어) illustrate —서 an explanation	
설비 設備 equipment, facilities	
설사 使使 ⇨ 설렁	
설탕 雪糖 sugar	
섬 an island	
섬유 纖維 a fiber —제품 textile goods	
섭씨 攝氏 Centigrade (略: C.)	
성 姓 a family name	
성 城 a castle, a fortress	
성가시다 troublesome, annoying	
성격 性格 character, personality	
성공 成功 success —하다 succeed in	
성기다 sparse, thin	
성나다 get angry with [about]	
성년 成年 ¶～이 되다 come of age	
성능 性能 ¶～이 좋은 efficient	
성대 盛大 ¶～한 grand, splendid	
성명 聲明 —하다 declare; announce 공동— a joint communiqué	
성서 聖書 the (Holy) Bible, the Scriptures	
성실 誠實 ¶～한 sincere, honest	
성의 誠意 ¶～있는 sincere	
성인 成人 an adult, a grownup	
성장 成長 growth —하다 grow —률 growth rate	
성장 盛裝 —하다 dress up, be dressed up, be in one's best	
성적 成績 result; (학교의) record	
성질 性質 nature; character; (물건의) quality	
성취 成就 —하다 achieve, fulfill	
세간 household furniture	
세계 世界 the world —일주 여행 a tour round the world, a round-the-world tour	
세공 細工 work	
세관 稅關 a custom office, the customs —검사 customs inspection —신고서 customs declaration papers —원 a custom officer	
세균 細菌 a bacillus, bacteria	
세금 稅金 a tax	
세기 世紀 a century	
세놓다 貰— lend; (가옥 등을) rent	
세다¹ (수를) count, number	
세다² (강하다) strong	
세대주 世帶主 a householder	
세례 洗禮 baptism; christening	
세면 洗面 —하다 wash one's face —대 a sink, a wash basin —도구 a toilet set —소 a toilet room, a washroom, a lavatory	
세무서 稅務署 a tax (taxation) office	
세발 洗髮 —하다 shampoo	
세상 世上 the world	
세수 洗手 —하다 wash one's face and hands —대야 a wash basin	
세우다 (기둥 등을) stand, set up; erect; (건물을) build; (정지시키다) stop	
세일즈맨 a salesman	
세탁 洗濯 —하다 wash, launder —소 a laundry 전기—기 an electric washing	
세트 洗— ¶머리를 ～ 하다 have one's hair set	
셋방 貰房 ¶～을 놓다 a room for rent, (英) a room to let	
셋집 貰— ¶～을 놓다 (美) a house for rent, (英) a house to let; a rented [hired] house	

셔터 (카메라의) a shutter; (덧문) a shutter ¶ ~를 누르다 press [click] the shutter—스피드 shutter speed
소 a cow; an ox
소개 紹介 —하다 introduce ¶ 자기~를 하다 introduce oneself—자 an introducer—장 a letter of introduction
소경 a blind person
소극적 消極的 negative, passive
소금 salt
소나기 a shower
소독 消毒 —하다 disinfect
소동 騷動 a riot; an outbreak; a trouble
소득 所得 income
소란 騷亂 ¶ ~스러운 noisy/~피우다 make a noise, be noisy
소로 小路 a (narrow) path; a lane
소리 a sound; a noise ¶ ~를 내다 make a noise // ~ 치다 shout, cry; roar
소매 a sleeve
소매 小賣 retail sale
소매치기 a pickpocket
소맥 小麥 wheat
소모 消耗 —하다 consume —품 articles of consumption
소문 所聞 a talk, a rumor
소방서 消防署 a fire station
소방수 消防手 a fireman
소변 小便 urine, water ¶ ~ 금지 (게시) No Nuisance
소비 消費 —하다 consume, spend
소생하다 蘇生하다 revive
소설 小說 a novel —가 a novelist
소수 少數 ¶ ~의 a small number of, a few
소시지 sausage
소식 消息 news; a letter(편지), information ¶ ~이 있다 hear from
소심 小心 ¶ ~한 timid, shy
쏘아올리다 shoot up, set off, launch
소양 素養 knowledge (지식)
소다수 —水 soda water
소스 sauce
소용 所用 ¶ ~되는 needed, required, necessary
소위 所謂 so-called, what you [they] call
소유 所有 —하다 have, possess, own —자 an owner, a possessor
소인 a postmark, a stamp
소재지 所在地 the seat (of)
소지금 所持金 money in hand
소지품 所持品 personal effects [belongings], one's belongings
소질 素質 nature, qualities
소책자 小冊子 a pamphlet, a booklet; a brochure
소파 a sofa
소포 小包 a parcel; 《美》 package
소풍 逍風 an excursion
소하물 小荷物 a parcel —취급소 a parcels office
소형 小型 ¶ ~의 small-sized, of small size —자동차 a compact car
소화 消火 —하다 extinguish —기 a fire extinguisher —전 a fire hydrant
소화 消化 —하다 digest —불량 indigestion
소환 召喚 a summons
속달 達達 express [special] delivery (여객등) —우편 express delivery mail [post]
속담 俗談 a proverb, a saying; a maxim
속도 速度 speed; rate —제한 a speed limit
속삭이다 whisper
속옷 underwear, an undershirt (남성용); lingerie (여성용)
속이다 deceive, cheat
속출 續出 —하다 appear occur] in succession
손 a hand; an arm(팔)
손가락 a finger
손님 a guest; (방문객) a caller, a visitor; (고객) a customer
손대다 (만지다) touch
손목 a wrist —시계 a wrist watch
손수건 一手巾 a handkerchief
손아랫사람 one's inferior [junior]
손윗사람 one's superior [senior]
손익 損益 profit and loss, loss and gain
손자 孫子 a grandchild
손잡이 a handle, a knob(문·서랍 등의)—끈 (전차 등의) a strap
손톱 a nail
손톱깎이 a nail clipper
손해 損害 damage, injury; loss [손실]
솔 a brush
솔직 率直 ¶ ~한 frank; plain
솔질하다 brush
솜 cotton
솜씨 ¶ ~가 좋은 skillful, good
솟다 (높이) rise (high); tower
송료 送料 (우편의) postage; (하물 등의) carriage
송별회 送別會 a farewell [send-off, goodbye] party
송아지 a calf
송어 松魚 a trout

송이 (꽃·과일의) a bunch
쇠 metal (금속)
쇠고기 beef
쇠약 衰弱 ¶~해지다 grow weak
쇼핑 shopping —하다 do one's shopping —객 a shopper —바스켓 [바구니] a shopping basket
숄 a shawl
숄더백 a shoulder bag
수 數 a number
수건 手巾 a towel 목욕— a bath towel 종이— a paper towel
수고 手苦 —하다 take pains; work hard
수공예품 手工藝品 handworks
수다떨다 chatter; talk idly
수다스럽다 talkative
수단 手段 a means
수도 水道 waterworks, water service
수도 the capital
수란 水卵 poached eggs
수령 受領 —하다 receive, accept
수리 修理 —하다 repair
수많은 數— many, a crowd of, a large number of
수면 睡眠 sleep
수면제 睡眠劑 a sleeping drug [medicine]; a sleeping pill [tablet](정제)
수박 a watermelon
수병 水兵 a sailor, a seaman
수상 首相 the Premier, the Prime Minister
수상 殊常 ¶~하다 doubtful; suspicious; strange(이상한) ¶~히 여기다 doubt; suspect; wonder
수상경찰 水上警察 the harbor [water] police
수소폭탄 水素爆彈 a hydrogen bomb, an H-bomb
수속 手續 procedure; (정식의) formalities
수송 輸送 —하다 transport
수수께끼 a riddle, a puzzle
수수료 手數料 a charge, a fee, a commission
수수하다 plain, sober, simple
수술 手術 an operation —하다 learn; receive training
수신 受信 —하다 receive a message —인 an addressee
수업료 授業料 a school fee
수여 授與 —하다 give
수염 鬚髥 a mustache(콧수염); whiskers(구레나룻); a beard (턱수염) ¶~을 깎다 shave
수영 水泳 swimming, bathing
수요 需要 demand
수요일 水曜日 Wednesday
수용 收容 —하다 accommodate
수위 守衛 a guard
수은 水銀 mercury —등 a mercury lamp
수익 收益 profits, gains
수입 收入 an income, earnings —인지 a revenue stamp
수입 輸入 —하다 import
수자 數字 a figure, a numeral
수정 水晶 crystal
수정 修正 —하다 amend, revise
수증기 水蒸氣 vapor; steam
수집 蒐集 —하다 collect, gather
수차 a water wheel
수채화 水彩畵 a watercolor
수첩 手帖 a notebook
수출 輸出 —하다 export
수취인 受取人 a receiver
수치 羞恥 shame, disgrace ¶~스러운 shameful
수컷 a male; (새의) a cock
수평비행 水平飛行 level flight
수평선 水平線 the horizon
수표 手票 《美》 a check, 《英》 a cheque
수풀 a wood; a grove
수프 soup
수필 隨筆 an essay
수하물 手荷物 《美》 baggage, 《英》 luggage ¶~을 맡기다 check one's baggage /~로부치다 check a baggage —보관소 《美》 a check room, 《英》 a cloak room —접수 카운터 a baggage counter —제한 baggage limit —취급소 a baggage office —표 a check
수해 水害 a flood disaster
수화기 受話器 a (telephone) receiver
수확 收穫 a crop, a harvest —하다 harvest, reap
숙련 熟練 ¶~되다 become skillful
숙면 熟眠 —하다 sleep soundly; have a good sleep
숙모 叔母 an aunt
숙박 宿泊 —하다 put up [lodge] (in, at), check in ¶~시키다 lodge; give a person a bed —부 a hotel register —비 hotel [lodging] charges
숙부 叔父 an uncle
숙소 宿所 (여관) a hotel, an inn
쑥스럽다 be [feel] abashed
숙이다 ¶고개를 ~ hang one's head; droop
순간 瞬間 a moment, an instant
순경 巡警 a policeman 교통— a traffic policeman
순금 純金 pure gold
순서 順序 order

순수 純粹 ~한 pure, genuine
순시선 巡視船 a patrol vessel
순조 順調 ~로운 favorable, satisfactory, smooth
순종 順從 ~하는 obedient
순진 純眞 ~한 pure, innocent
술¹ (장식물) a tuft; a tassel
술² (주류) liquor; wine
술술 smoothly; fluently; easily (쉽게)
술주정꾼 —酒酊— ⇨ 주정꾼
숨 a breath
숨기다 hide, conceal
숨다 hide, conceal *oneself*
숨쉬다 breathe
숭배 崇拜 —하다 worship, admire
숲 a wood; a forest
쉬다 rest, take a (short) rest; (결근하다) be absent from
쉴새없이 constantly, continuously
쉽다 easy; simple (간단하다)
슈트케이스 a suitcase
슈퍼마켓 a supermarket
스낵바 a snack bar
쓰다¹ (글씨를) write; spell
쓰다² (모자 따위를) put on; wear
쓰다³ (물건을) use; (사람을) employ; (돈을) spend
쓰다⁴ (맛이) bitter
쓰다듬다 stroke; caress
쓰러뜨리다 bring down, fell
쓰러지다 fall; (죽다) die
쓰레기 scraps, waste (폐물)
쓰레기통 —桶 a trash basket
쓰레받기 a dustpan
스며들다 soak into, permeate
스스로 (몸소) personally, in person; for oneself; by oneself (자기 힘으로)
스웨터 a sweater
쓰이다 (사용되다) be used, be in use ¶쓰이지 않게 되다 go out of use
스카프 a scarf
스커트 a skirt
스케이트 (a pair of) skates; (얼음지치기) skating
스케줄 a schedule
스크램블에그 scrambled eggs
스키 skiing; a ski
스탬프 a stamp; a date stamp (소인) 기념— a commemorative stamp
스튜 stew
스튜어디스 a stewardess
스튜워드 a steward
스파게티 spaghetti
스페인 Spain ~의 Spanish
스포츠 (a) sport —시설 sports facilities

스폰서 a sponsor
스푼 a spoon
쓸다 sweep
슬리퍼 (a pair of) slippers
쓸쓸하다 (외롭다) lonely, lonesome
쓸쓸하지다 (황폐하다) become desolate
슬퍼하다 be sad, feel sorrow
슬프다 sad, sorrowful
슬픔 sorrow, grief
습관 習慣 a custom, a habit
습도 濕度 humidity
습득 拾得 —하다 pick up; find
습득 習得 —하다 master; acquire
습득물 拾得物 a find; something found —취급소 the lost and found
승객 乘客 a passenger —계 a passenger clerk [agent] —명부 a passenger list —안내소 an information [inquiry] office
승낙 承諾 —하다 consent [assent, agree] to
승무원 乘務員 《총칭》the crew; a crew
승부 勝負 a match, a game, a contest
승선 乘船 —하다 go on board (a ship)
승인 承認 —하다 accept, approve
승차 乘車 —하다 take a train, get in [on] a train —권 a ticket 할인—권 a cheap ticket
씌우개 a cover
씌우다 cover; veil(가리다); put *a thing* on
시 詩 a poem; poetry
씨 a seed; a stone
시가 市街 hour; time
시간 時間 hour; time ¶많은 ~을 요하다 require much time
시간표 時間表 a timetable 열차— a train schedule
시계 時計 a clock; a watch
시계 視界 sight
시골 the country; *one's* home (고향)
시끄럽다 noisy
시금치 spinach
시기 時期 time; season
시기 時機 (기회) a chance, an opportunity
시기 猜忌 —하다 envy, be jealous of
시내 市內 the city —전차《英》a streetcar, 《英》a tramcar
시늉 ~을 하다 pretend
시다 sour, acid
시대 時代 an epoch, a period
시도 試圖 —하다 try, attempt
시들다 (초목이) wither
시련 試鍊 a test, a trial
시립 市立 ~의 a city; municipal
시민 市民 a citizen

시민권 市民權 citizenship
시보 時報 a time announce-ics
시사문제 時事問題 current topics
시설 施設 an establishment, an institution
시세 時勢 (시대의 형세) the times
시속 時速 speed per hour
시시하다 trifling; worthless
시야 視野 the field of vision, the view, an outlook(전망)
시월 十月 October
시인 詩人 a poet
시작 始作 the beginning, the start, the opening ¶~되다 begin, start; (전쟁 등이) break out; set about
시장 市長 a mayor
시장 市場 a market; a fair
시중들다 attend, accompany
시즌 a season
시차 時差 time difference
시찰 視察 inspect, observe —단 an inspectional party —여행 a tour of inspection
시청 市廳 a municipal [city] office, (美) a city hall
시초 始初 the beginning, the origin(기원), the source(원천); the start, the opening
시트 a sheet
시합 試合 a match, a contest
시험 試驗 an examination, a test —하다 try; test
식 式 a ceremony; type (형)
식기 食器 tableware
식다 cool, get [grow] cold
식단(표) 食單(表) a menu
식당 食堂 a restaurant(음식점); (방) a dining room; (호텔 등의) a dining hall —차 a dining car
식량 食糧 food, provisions
식료품점 食料品店 a grocery (store), (英) a grocer's (shop)
식물 植物 a plant —원 a botanical garden
식민지 植民地 a colony
식비 食費 (하숙의) board; (가정의) table expenses
식사 食事 a meal; dinner —하다 take a meal
씩씩하다 manly
식염 食鹽 (table) salt
식욕 食慾 appetite
식초 食酢 vinegar
식히다 cool
신 神 God; a god
신경질적 神經質的 nervous
신고 申告 a notice —하다 make a statement, report; (세관에서) declare; notify
신념 信念 belief, faith, conviction
신다 (신 따위를) put on; wear
신랑 新郞 a bridegroom
신뢰 信賴 trust, reliance —하다 trust, rely on ¶~할 수 있는 reliable
신문 新聞 a (news)paper —기자 ⇒ 기자 —사 a newspaper office —판매대 a newsstand —팔이 소년 a newspaper boy
신부 新婦 a bride
신분 身分 social position, rank —증명서 an identity card
신사 紳士 a gentleman
신사복 紳士服 (美) a business suit, (英) a lounge
신선 新鮮 ¶~한 fresh, new
신성 神聖 ¶~한 sacred, holy
신식 新式 ¶~의 new; modern, up-to-date
신앙 信仰 (religious) faith, belief
신용 信用 trust, credit —하다 trust ¶~할 수 있는 trustworthy —장 a letter of credit
신음 呻吟 —하다 growl; groan
신장 身長 height
신장 腎臟 the kindey
신중 愼重 ¶~한 careful, prudent
신청 申請 an offer; an application —하다 propose; apply for; offer; request —자 an applicant
신호 信號 a signal; a sign —하다 make a sign
신혼여행 新婚旅行 a honeymoon
신화 神話 a myth; mythology
싣다 (짐을) load
실 yarn(방적사), thread; string
실격 失格 —하다 be disqualified from [for]
실내 室內 ¶~의 indoor
실망 失望 —하다 be discouraged [disappointed] (at, of, in)
실성 失性 ¶~한 mad, crazy, insane
실수 失手 a fault, a mistake, an error ¶~로 by mistake —하다 mistake, make a mistake, err
실시 實施 —하다 put [bring] a thing in operation, carry (a law) into effect
실업 失業 —하다 lose one's job
실업 實業 business —가 a businessman
실온 室溫 —조절장치 a room thermostat
실용적 實用的 practical, useful

실제로 實際—	really, in truth, practically
실패 失敗 —하다	fail in
실행 實行 —하다	execute, practice
실험 實驗	an experiment, a test
실현 實現 ¶~되다	realize, come true [of
싫증 ¶~나다	be tired [weary]
심 心 (양초의 심지)	a wick; (연필의) lead
심각 深刻 ¶~한	serious
심다	plant
심리 心理	a mental state, psychology
심부름	a mission, an errand —꾼 a messenger
심사 審査 —하다	judge, examine
심장 心臟	the heart
심하다 甚 ¶~한	severe, violent, fierce, intense
심호흡 深呼吸 —하다	take a deep breath
십이월 十二月	December
십일월 十一月	November
씻다	wash
싱싱하다 ¶싱싱한 채소	fresh vegetables

ㅇ

아까	some time ago
아깝다	be too good (for) ¶아까와하다 grudge
아기	a baby
아끼다	spare
아나운스먼트	an announcement
아내 one's wife	
아들	a son
아래층 一層 ¶~에 [으로]	downstairs
아랫사람	one's inferior [junior]
아르바이트	a side job, side work
아름답다	beautiful, pretty, lovely, fine
아마	perhaps, probably; maybe
아마(도)	
아마추어	an amateur
아메리카 America	⇒미국
아무렇게나 ¶~하는	random (무작위의)
아버지 one's father	
아사 餓死 ¶~하다	die of hunger
아케이드	an arcade
아이 ¶~를 보다	look after a baby, nurse (사람)
아이스크림	ice cream
아저씨 (숙부·백부·고모부·이모부 등)	an uncle
아주	all, entirely, perfectly
아주머니	an aunt
아지랑이	a haze
아직	yet, still [get dizzy
아찔하다 ¶ 눈앞이 아찔해지다	
아첨	flattery
아침	morning
아침식사 —食事	breakfast
아파트 《美》	an apartment house; 《英》 flats
아프다	painful, sore
악단 樂團	an orchestra, a band [ment
악기 樂器	a musical instrument
악센트	an accent
악수 握手	a handshake —하다 shake hands with
악어 鰐魚	a crocodile, an alligator —가죽 alligator-skin
악용 惡用 —하다	abuse, misuse
악의 惡意	ill will, malice
악천후 惡天候	foul weather, bad weather
안 案	a bill; a proposal(제안); an idea (계획)
안개	a fog, (엷은) a mist ¶짙은 ~ a dense fog
안경 眼鏡	glasses, (a pair of) spectacles
안과의사 眼科醫師	an eye doctor, an oculist
안내 案內 —하다	guide, lead, show(인도하다); inform(통지하다) —서 a guidebook —소 an information (desk, office) —인 a guide
안내도 案內圖	an information map 선내— a ship's plan
안녕 安寧 ¶~ ! (헤어질 때)	Good-by!; So long! /~ 하십니까(아침인사) Good morning!; (오후에) Good afternoon!; (저녁 때에) Good evening!; (오래간만에 만날 때) How are you?/~ 히 주무세요 Good night!
안다	embrace
안달 ¶~하는	impatient; nervous; irritated
안뜰	a courtyard
안락 安樂 ¶~한	easy, comfortable —의자 an easy chair, an armchair
안부 安否 ¶~를 걱정하다	be anxious about a person's safety
안색 顏色	complexion
안심 安心 —하다	feel easy [about
안약 眼藥	eye lotion
안전 安全 ¶~한	safe, secure —벨트 a safety belt
안정 安定 —하다	be [become] stabilized
안쪽	the inside
안주 按酒	a side dish (for wine)
앉다	sit (down), take a seat
알갱이	a grain
알다	know, be aware of; (이

알뜰하다 해하다) understand; see
알뜰하다 thrifty, frugal, saving
알랑거리다 ¶ 알랑거리는 말 a compliment, a flattery
알리다 inform *a person* of, let *a person* know, tell
알맞다 fit, suit, be suited to [for]
알선 斡旋 —하다 assist, recommend —료 service charge
알아보다 look into; (인식) recognize
알아차리다 notice, become aware of; realize
알현 謁見 —하다 be received in audience 《by》
암 癌 cancer
암살 暗殺 —하다 assassinate
암시 暗示 a hint, a suggestion
암컷 a female
압력 壓力 pressure
앞문 the front door
앞지르다 outrun, get ahead of; outstrip
앞치마 an apron
애교 愛嬌 ¶ ~ 있는 charming, attractive
애국가 愛國歌 a national anthem
애도 哀悼 condolence, mourning
애매 曖昧 ¶ ~한 vague, ambiguous
애버뉴 an avenue
애석 哀惜 —해하다 be sorry, regret
애완동물 愛玩動物 a pet (animal)
애정 愛情 love, affection
액면 額面 amount
액세서리 an accessory
액체 液體 liquid, fluid
야간열차 夜間列車 a night train
야간영업 夜間營業 business at night
야구 野球 baseball 프로— professional baseball
야당 野黨 a party out of power
야만 野蠻 ¶ ~ 스러운 barbarous
야심 野心 ambition
야위다 become thin ¶ 야윈 thin, lean
야자열매 椰子— a coconut
야채 野菜 vegetables, greens
야하다 野— showy, gaudy, loud
약 about, some, 《英》around
약 藥 a medicine; (가루약) a powder; (알약) a pill; a tablet
약간 若干 a few; a little
약국 藥局 《美》a drugstore; 《英》a chemist's (shop)
약도 略圖 a sketch (map)
약속 約束 a promise, an engagement, an appointment

약손가락 藥— the third [ring] finger
약점 弱點 a weak point
약제사 藥劑師 a druggist, a pharmacist
약하다 弱— weak, delicate, feeble; (물건이) fragile, frail ¶ 약해지다 weaken, grow weak [feeble]
약혼 約婚 —하다 be engaged
얄궂다 odd, strange, ironical
얌전하다 gentle; mild, good
양 羊 a sheep; a lamb(새끼양) —고기 mutton
양 量 quantity
양념 spices
양도 讓渡 —하다 transfer, hand over
양로원 養老院 an asylum for the aged, an old people's home
양말 洋襪 (짧은) socks; (긴) stockings
양배추 洋— a cabbage
양보 讓步 —하다 concede
양복 洋服 a dress; a suit
양산 陽傘 a parasol
양성 養成 —하다 train
양식 洋式 European [Western] style
양식 洋食 European [Western] food [dishes]
양심 良心 conscience ¶ ~ 적 conscientious
양쪽 兩— (쌍방) both ¶ ~ 이 다 아니다 neither
양지 陽地 ¶ ~ 바르다 be sunny
양질 良質 good quality ¶ ~ 의 good (in) quality
양친 兩親 one's parents
양털 羊— wool
양파 洋— an onion
양해 諒解 —하다 understand
양화점 洋靴店 《美》a shoe store [《英》shop]
얕다 shallow
어깨 a shoulder
어기다 (규칙을) break, violate
어떤 a, one, a certain, some
어떻게 how
어떻게든 (꼭) by all means
어둡다 dark, gloomy ¶ 어두워 지다 (날이) get dark
어디 where, what place
어렵다 hard, difficult
어른 an adult; (남자) a man; (여자) a woman
어리다 infant, young
어리석다 foolish, silly
어버이 parents
어서 ¶ ~ 오세요 Come (in)!; Welcome!
어슬렁거리다 loiter, walk a-

어업 漁業 fishery, the fishing industry
어울리다 become, suit ¶어울리는 suitable, becoming
어째서 why
어쩌면 perhaps, maybe; or
어제 yesterday
어지러워지다 (문란해지다) be disturbed; be disordered, be confused
어지럽다 be dizzy[giddy]
어지럽히다 disturb
어지러지다 scatter; put things in disorder
어찌할바를모르다 be at a loss; be at one's wits' end
어처구니없다 absurd, astounding
어학 語學 language study
어항 漁港 a fishing port
어휘 語彙 a vocabulary
억 億 a hundred million, 《美》 a billion
억누르다 hold down; (감정 등을) 억 맞누르다 control
억제 抑制 —하다 control, restrain, check
언덕 a hill, a height
언어 言語 language
언쟁 言爭 —하다 quarrel; dispute (논쟁하다)
언제 when, (at) what time
언제나 always (항상); usually (일상); whenever (…할 때마다)
얼굴 a face —생김새 a face, looks
얼다 freeze, be frozen (over)
얼룩 a stain, a spot
얼마간 some; any; a little
얼마나 how many; how much
얼음 ice
엄격 嚴格 ¶ ~한 strict, stern
엄밀 嚴密 ¶ ~한 strict, precise
엄습 掩襲 —하다 attack
엄중 嚴重 ¶ ~한 strict
엄지발가락 the big toe
엄지손가락 the thumb
엄하다 嚴— severe, strict, stern
없어지다 be lost, be missing (분실되다); be used up, give out, run out [short] of (떨어지다)
엇갈리다 ¶엇갈려 지나가다 pass (by) each other
엉겁결에 unconsciously, unintentionally, in spite of oneself
엉터리 a fake, a quack, a sham
엎지르다 spill ¶ 엎질러지다 spill, be spilt
에그프라이 a fried egg; (노른 자가 위를 향하게 하고 한쪽면 구운) a sunny-side up
에누리 하다 reduce the price
-에도 불구하고 —不拘— in spite of …
에스컬레이터 an escalator
에워싸다 enclose, surround
에코노미클래스 (비행기 등의) economy class
에티켓 etiquette
엑스선사진 —線寫眞 an X-ray photograph
엘리베이터 《美》 an elevator, 《英》 a lift
여가 餘暇 leisure; spare time
여객기 旅客機 a passenger airplane; an airliner (정기의)
여객선 旅客船 a passenger steamer [boat]
여관 旅館 a hotel, an inn
여권 旅券 a passport ¶~을 신 청하다 apply for a passport —심사 passport control —심 사관 a passport controller
여급 女給 a waitress
여기저기 here and there, from place to place
여느때 ¶ ~의 usual / ~ 처럼 as usual
여론 輿論 public[general] opinion
여름 summer
여백 餘白 blank (space), margin
여보세요 (전화에서) Hello!
여분 餘分 ¶ ~의 extra, excessive
여비 旅費 traveling expenses
여성 女性 a woman
여송연 呂宋煙 a cigar
여왕 女王 a queen
여우 女優 an actress
여유 餘裕 room(여지); time(시 간); (경비 등의) a margin
여인숙 旅人宿 an inn
여자 女子 a woman, a female
여전 如前 as usual, as before
여쭙다 (묻다) ask
여지 餘地 room, space; margin
여행 旅行 a travel, a journey, a trip —하다 travel —대리점 a travel agent —안내소 a tourist information office — 일정 itinerary —자 a traveler, a tourist —자용 수표 a traveler's check
여흥 餘興 an entertainment
역 驛 a station, 《美》 a depot
역사 歷史 history
역시 亦是 (또한) too, also; (not) either; (여전히) still
역원 驛員 a station employee
역할 役割 a part; (연극의 배역) a cast

연결 連結 —하다 tie, chain, connect ¶ —되다 be connected with
연구 硏究 —하다 study, make researches in —소 a research institute
연극 演劇 a drama, a play
연금 年金 a pension
연기 延期 put off, postpone
연기 煙氣 smoke 〔pone
연기 演技 —하다 play, act, perform
연락 連絡 —하다 connect, communicate, correspond ¶ —을 취하다 contact, get in touch with —선 a ferryboat —처 contact address
연료 燃料 fuel
연말 年末 (at) the year-end
연못 蓮— a pond
연설 演說 a speech, an address
연속 連續 —하다 continue; last
연습 練習 —하다 exercise, practice
연안 沿岸 the coast, the shore
연어 鰱魚 a salmon ¶ 훈제한 — a smoked salmon
연예 演藝 entertainments 「구」
연장 a tool; an instrument 「기
연장 延長 —하다 extend, prolong
연주 演奏 a performance —회 a concert, a recital (독주회)
연중 年中 all the year round
연착 延着 delayed arrival
연필 鉛筆 a pencil
연회 宴會 a feast, a banquet, a dinner party
열 列 a row, a line; (차례를 기다리는) a queue
열 熱 heat(열기); fever(신열) ¶ —이 있다 have a fever
열다 open; (개최하다) hold, give
열대 熱帶 the Torrid Zone ¶ —의 tropical ¶ —지방 a tropical zone
열도 列島 (a chain of) islands
열등감 劣等感 inferiority complex
열리다 open; (개최되다) be held
열매 fruit, a nut ¶ —를 맺다 bear fruit
열쇠 a key —구멍 a keyhole —집[고리] a key holder
열심 熱心 ¶ —인 eager, earnest /—히 hard, with all one's might
열중하다 熱中— give oneself up to, be absorbed in
열차 列車 a train
엷다 (빛깔이) light, pale; (두께가) thin

염가판매 廉價販賣 a bargain sale 〔about
염려 念慮 —하다 mind, care
엽궐련 葉— a cigar
엽서 葉書 a postal card
엿듣다 eavesdrop, overhear
엿보다 (들여다보다) peep into [through]
영 零 a zero, nought
영광 榮光 glory, honor
영구 永久 ¶ —히 eternally, forever
영국 英國 England; Great Britain ¶ —의 English, British
영리 怜悧 ¶ —한 clever, wise
영사 領事 a consul —관 a consulate
영수증 領收證 a receipt
영양 營養 ¶ —있는 nutritious
영어 英語 English, the English language 미국— American English 영국— British English —회화 English conversation
영업 營業 business, trade —하다 do business, engage in business —소 an office business [office] hours
영웅 英雄 a great man; a hero
영원 永遠 ¶ —한 eternal, immortal
영주 永住 —하다 settle down (in), reside permanently (in) —권 denizenship
영토 領土 a territory
영하 零下 ¶ —10도 10 degrees below zero
영향 影響 (an) influence, an effect
영화 映畵 a film, 《美》a 《英》a cinema —관 《美》a movie theater
옆구리 the side
예 例 an example, an instance ¶ —를 들면 for instance, for example
예고 豫告 —하다 give notice of; warn —편 (영화의) a preview, a trailer
예금 預金 (a) deposit 당좌— a current deposit 정기— a fixed deposit
예매 豫賣 —하다 sell (tickets) in advance —권 a ticket sold in advance
예방 豫防 —하다 prevent —접종 preventive inoculation[vaccination]
예방주사 豫防注射 preventive injection —증명 International Certificate of Vaccination, Vaccination Certificate
예보 豫報 forecasting
예쁘다 beautiful, pretty, lovely

예비 豫備 ¶ ~의 preparatory — ~지식 advanced [preliminary] knowledge
예산 豫算 an estimate; (정부의) a budget ¶ ~을 세우다 make a budget for
예상 豫想 —하다 expect, anticipate, look forward to
예선 豫選 (경기) a preliminary match [contest]; (선거) a primary
예수그리스도 Jesus Christ
예술 藝術 art
예약 豫約 (경기) —하다 preengage; (잡지를) subscribe; (좌석을) reserve, book ¶ ~필(게시) Reserved
예외 例外 an exception
예의 禮儀 courtesy; etiquette, manners ¶ ~바른 well-behaved —범절 etiquette
예절 禮節 manners; etiquette
예정 豫定 a program, a schedule ¶ ~표 example
예컨대 例— for instance, for example
옛날 old times [days]; (고대) ancient times
오다 come and go, pass (by)
오늘 today —밤 this evening, tonight
오다 go up, rise, climb
오두막 幕 a hut, a cottage
오락 娛樂 amusement; recreation; entertainment, pastime —실 a recreation [game] room
오래가다 (튼튼하여) last, keep long
오래간만에 after a long time
오랫동안 for a long time
오렌지 an orange
오류 誤謬 a mistake, an error
오르골 a music box
오르다 go up, rise, climb
오르되브르 hors d'oeuvres
오른손 the right hand
오른쪽 the right
오리 (鳥) a (wild) duck
오믈렛 an omelet, 《英》 an omelette
오버 an overcoat, 《英》 a greatcoat
오아시스 an oasis
오염 汚染 pollution
오월 五月 May
오이 a cucumber
오전 午前 the morning, a.m.
오줌 urine, water
오토바이 a motorcycle, a motorbike, 《美》 an autobike
오트밀 oatmeal
오페라 an opera —글라스 opera glasses
오해 誤解 —하다 mistake, misunderstand
오후 午後 the afternoon, p.m.
오히려 on the contrary, rather
옥상 屋上 a roof
옥수수 maize, Indian corn, 《美》 corn
온갖 all, every
온대 溫帶 the Temperate Zone
온데롭 on the rock
온도 溫度 temperature —계 a thermometer
온수 溫水 warm [hot] water
온순 溫順 ¶ ~한 gentle, obedient
온스 an ounce (略: oz.)
온실 溫室 a greenhouse, a hothouse
온천 溫泉 a hot spring, a spa
온통 all over
온화 溫和 ¶ ~한 calm, quiet; gentle
올려다보다 look up at
올리다 raise, lift (up)
올리브 an olive
올림픽 the Olympic Games
옮기다 remove, transfer; (번역하다) translate
옳다 right, just(공정하다); correct (정확하다)
옷 clothes, dress
옷걸이 a hanger
옷깃 a collar
옷장 欌 a wardrobe
옷차림 dress, (personal) appearance
옷치장 治裝 —하다 dress up, be dressed up, be in one's best
와이셔츠 a (dress) shirt
와인리스트 a wine list
완고 頑固 ¶ ~한 obstinate, stubborn
완구 玩具 a toy, a plaything —점 a toyshop
완료 完了 —하다 complete, finish
완만 緩慢 ¶ ~한 easy, gentle
완성 完成 —하다 (일을) perfect, complete
완전 完全 ¶ ~한 perfect, complete
왕 王 a king
왕래 往來 —하다 come and go; keep company with (사귀다)
왕복 往復 —하다 go and come back —승차권 《美》 a return ticket, 《英》 a round-trip ticket —엽서 a return (post) card —요금 a return fare
왕자 王子 a prince
왜 why, for what reason
왜냐하면 for, because
외과 外科 surgery
외관 外觀 appearance, looks
외교 外交 diplomacy —관 a

외국 外國 a foreign country ¶ ~의 foreign/ ~에 abroad/ ~제의 foreign-made —어 a foreign language —인 a foreigner
외다 memorize, learn by heart
외래 外來 ¶ ~의 foreign (-made); imported
외롭다 lonely, lonesome
외무부 外務部 the Foreign Office, the Ministry of Foreign Affairs
외신 外信 a foreign telegram
외유 外遊 —하다 go abroad
외자 外資 foreign capital
외출 外出 —하다 go out
외치다 shout, cry
외투 外套 an overcoat
외화 外貨 foreign money [currency] ¶ ~의 신청 an application for foreign currency
외환 外換 foreign exchange
왼손 the left hand —잡이 a left-hander
왼쪽 the left
요 褥 a mattress
요구 要求 request, demand
요금 料金 a charge, a fee ¶ 기본— flat rate —정산소 fare adjustment window —창(英) a tollgate —통 a fare box —투입구 a slot
요람 搖籃 a cradle
요리 料理 cooking(조리); a dish (음식) —사 a cook; (수석) a chef
요법 療法 a (method of) treatment, a remedy
요소 要素 an element, a factor
요술 妖術 magic; (표기) jugglery
요양 療養 —하다 recruit oneself, recuperate —소 a sanatorium
요전날 the other day, a few days ago
요점 要點 the point, the gist
요즈음 (오늘날) nowadays, these days; (최근) recently, lately
요청 要請 —하다 call [ask] for, demand
요컨대 要— in short, in a word, after all
요트 a yacht
요하다 要— want, need
욕 辱 abuse —하다 call a person names; abuse
욕망 欲望 a desire; an ambition
욕실 浴室 a bathroom
욕심 慾心 avarice, greed; desire

용조 浴槽 a bathtub, a bath
욧잇 褥— a sheet
용감 勇敢 ¶ ~한 brave
용건 用件 business, a matter
용기 容器 a receptacle, a container
용도 用途 use, service
용돈 用— pocket money
용무 用務 business
용서 容恕 pardon —하다 pardon, forgive
용수철 龍鬚鐵 a spring
용적 容積 capacity, volume
용지 用紙 a blank; (英) a (blank) form 신청— an application blank
용품 用品 an article; supplies 가정— a domestic article
우거지다 grow thick
우기 雨期 the rainy [wet] season
우박 雨雹 hail, a hailstone
우비 雨備 rain things
우산 雨傘 an umbrella
우선 于先 first (of all), to begin with; (당분간은) for the time being
우송 郵送 —하다 send by mail [post]
우수 優秀 ¶ ~한 best, excellent, superior
우스꽝스럽다 funny, comical
우습다 funny
우아 優雅 ¶ ~한 elegant, graceful
우연히 偶然— by chance, accidentally; (뜻밖에) unexpectedly
우울 憂鬱 ¶ ~한 melancholy, gloomy
우월감 優越感 a sense of superiority, superiority complex
우유 牛乳 (cow's) milk
우정 友情 friendly feelings, friendship
우주 宇宙 the universe, the cosmos; space —복 a space suit —비행사 a spaceman, an astronaut —선 a spaceship, a spacecraft —여행 a space travel —왕복선 a space shuttle
우체국 郵遞局 a post office
우체통 郵遞筒 a mailbox, a letter box
우측통행 右側通行 (게시) Keep (to the) Right
우편 郵便 (美) mail, (英) post —번호 zip code —요금 postage —취급시간 post office hours —환 a money order
우표 郵票 a (postage) stamp
우현 右舷 the starboard
우호 友好 friendship ¶ ~적 friendly
우화 雨靴 rain shoes
우회 迂回 a detour —하다

make a detour ¶ ~하시오 《게시》 Detour
우회전 右回轉 a right turn —하다 make a right turn
운 運 fortune, luck, fate ¶ ~ 좋은 lucky
운동 運動 (육체적) exercise
운명 運命 destiny, fortune
운송 運送 —하다 transport, carry —선 a cargo boat, a freighter
운임 運賃 (탈것의) fare; (화물의) freight
운전 運轉 —하다 drive; operate —면허증 a driver's license
운전수 運轉手 a driver, (자가용의) a chauffeur, (전차의) a motorman, a driver; (기차의) an engine driver; (엘리베이터·버스의) an operator
운하 運河 a canal
운행 運行 (열차 등의) running, operation, service
울다 cry, weep; sob (흐느껴); (새·벌레 등이) sing, chirp
울리다 sound(소리나다), reverberate (반향하다); ring (방울이); echo (메아리치다)
울퉁불퉁하다 uneven, rugged
움직이다 (자동사) move, be in motion; (타동사) move
웃다 laugh; smile (미소짓다)
웃도리 a coat, a jacket
웃사람 one's superior [senior]
웅장 雄壯 ¶ ~한 magnificent, grand
웅크리다 crouch
원 圓 a circle
원가 原價 a cost price
원기 元氣 ¶ ~ 있는 vigorous, energetic
원동력 原動力 motive power
원래 元來 from the first; originally
원료 原料 raw materials
원리 原理 a principle ¶ ~ 적으로 as a (general) rule
원망 怨望 —하다 bear a grudge against
원수 怨讐 an enemy, a foe
원시 原始 ¶ ~ 적 primitive
원예 園藝 gardening
원유 原油 crude petroleum
원유회 園遊會 a garden party
원인 原因 (a) cause
원자 原子 an atom —(폭)탄 an atomic bomb
원정 遠征 an expedition
원조 援助 help, assistance, support
원주 圓柱 a column
원주민 原住民 a native, an aborigine
원천 源泉 the origin; the source
원칙 原則 a principle ¶ ~ 적으로 as a (general) rule

원하다 願— wish, want ¶ 원치 않다 do not want
원한 怨恨 ¶ ~을 품다 bear a grudge against
월광 月光 moonlight
월급 月給 a salary —쟁이 a salaried man
월부 月賦 a monthly installment
월사금 月謝金 a monthly tuition
월요일 月曜日 Monday
웨이터 a waiter
웨이트레스 a waitress
위 胃 a stomach
위기 危機 a crisis, a pinch
위대 偉大 ¶ ~한 great; grand
위도 緯度 latitude
위독 危篤 ¶ ~한 be dangerously ill —so 의
위로 慰勞 —하다 comfort, console
위반 違反 —하다 break, violate —자 a violator, an offender
위법 違法 ¶ ~의 illegal, unlawful
위생 衛生 hygiene, sanitation
위성 衛星 a satellite 인공 ~ an artificial [a man-made] satellite —도시 a satellite city
위스키 whisky, whiskey
위엄 威嚴 dignity, majesty
위에 above; up; on
위원 委員 a member of a committee
위인 偉人 a great man
위장약 胃腸藥 medicine for the stomach and bowels
위중 危重 ¶ ~한 serious
위층 —層 the upper floor [story] ¶ ~으로 가다 go upstairs
위치 位置 a position, a place a site —하다 be situated, have a situation
위통 胃痛 a stomachache
위험 危險 ¶ ~한 dangerous, critical ¶ ~! 《게시》 Danger! —물 a dangerous object; (철도 등의) explosives and combustibles
위협 危脅 —하다 threaten, menace
유능 有能 ¶ ~한 able, capable
유독 有毒 ¶ ~한 poisonous
유람 遊覽 —하다 make an excursion [a round trip] —선 an excursion ship 할인 —표 an excursion ticket
유럽 Europe ¶ ~의 European
유력 有力 ¶ ~한 powerful, strong; influential
유령 幽靈 a ghost
유료 有料 ¶ ~의 charged —도로 a toll road
유리 有利 ¶ ~한 profitable,

유리 琉璃 glass, a pane (창유리)
유망 有望 ¶〜한 promising, hopeful
유머 humor ¶〜가 풍부한 humorous
유명 有名 ¶〜한 famous, noted, well-known
유물 遺物 remains; (기념물) a keepsake
유사 類似 ¶〜한 similar, like
유색인종 有色人種 the colored race
유스호스텔 a youth hostel
유실물 遺失物 a lost article ⇒ 분실물
유원지 遊園地 a recreation ground, an amusement park
유월 六月 June
유익 有益 ¶〜한 profitable, useful, instructive
유적 遺蹟 ruins, relics
유죄 有罪 ¶〜의 guilty
유지 有志 a volunteer
유지 維持 ¶―하다 maintain,
유창 流暢 ¶〜한 fluent
유치 幼稚 ¶〜한 childish
유쾌 愉快 ¶〜한 pleasant, merry, happy
유턴 ¶〜금지 (게시) No U-turn [keep
유통 流通 (금전의) circulation, currency; (공기의) ventilation
유학 留學 ¶―하다 study abroad, go abroad to study 〜생 a student studying abroad
유해 有害 ¶〜한 harmful
유행 流行 ¶〜하다 be in fashion, be popular
유행성감기 流行性感氣 influenza, flu
유화 油畵 an oil painting
유효 有效 ¶〜한 valid; effective; available
유흥 遊興 pleasures, amusements ―장 an amusement center
육교 陸橋 an overbridge, an overpass
육군 陸軍 the army
육박 肉薄 ¶―하다 approach (접근); press 《the enemy》 hard
육아용품 育兒用品 baby care supplies
육지 陸地 land
육체 肉體 the body
윤곽 輪廓 an outline, a contour
율 率 a rate, a proportion
융단 絨緞 a carpet, a rug
으깨다 mash
―으로 (방향) for, to, toward; (수단) by; (도구) with
은 銀 silver
은인 恩人 a benefactor
은퇴 隱退 ¶―하다 retire
은행 銀行 a bank ―원 a teller, 《英》a bank clerk ―통장 a bankbook
은혜 恩惠 a benefit, a favor
을씨년스럽다 dismal
음료 飮料 something to drink, a drink ―수 drinking water
음식(물) 飮食(物) food (and drink), (가벼운) refreshments
음식점 飮食店 a restaurant
음악 音樂 music 고전― classical music 근대― modern music 전위― avant-garde music ―가 a musician ―회 a concert
음침 陰沈 ¶〜한 gloomy, dismal [mal
응급치료 應急治療 first aid
응달 ¶〜에(서) in the shade
응모 應募 ―하다 subscribe for [to] ―자 an applicant
응석 ¶〜받아주는 indulgent
응시 凝視 ―하다 gaze [stare at]
응용 應用 ―하다 apply to, put into practice
응원 應援 ―하다 assist; cheer
응접실 應接室 a drawing [reception] room, 《美》 a parlor
의거하다 依據― be based on, rest on
의견 意見 an opinion, a view
의논 議論 ―하다 consult (with), talk with
의뢰 依賴 ―하다 request, ask ―서 a letter of request
의료시설 醫療施設 medical facilities
의류 衣類 clothing, clothes
의무 義務 a duty, an obligation
의문 疑問 a question; a doubt
의미 意味 meaning, a sense
의미심장 意味深長 ¶〜한 significant
의사 意思 (생각) thought; (의향) an intention, a mind
의사 醫師 a doctor; (내과의) a physician; (외과의) a surgeon ¶〜의 진찰을 받다 see [consult] a doctor / 호텔 전속―a hotel physician
의식 意識 consciousness ¶〜이 있는 conscious
의식 儀式 a ceremony
의심 疑心 ¶〜스러운 doubtful ―하다 doubt, suspect
의외 意外 ¶〜에도 to one's surprise
의원 議員 (대의원) a representative; (국회의원) a member of Congress 《英》 Parliament》
의의 意義 meaning, significance ¶〜가 있는 significant
의장 議長 the chairman
의지 意志 will

무사 無事 ¶~한 safe, well/~히 safely, in safety; peacefully
무서움 fear, terror
무서워하다 fear, be afraid of
무섭다 fearful, terrible, dreadful
무성 茂盛 ¶~해지다 grow thick
무수 無數 ¶~한 numberless, innumerable, countless
무시무시하다 ghostly, dismal, terrible, dreadful
무시하다 無視 ignore, disregard
무언 無言 ¶~의 silent, mute
무역 貿易 trade, commerce ¶~하다 trade with —회사 a trading company
무의식중에 無意識中— in spite of *oneself*, unintentionally; unconsciously
무작위 無作爲 ¶~의 random
무전 無電 wireless, 《美》 radio
무죄 無罪 innocence
무지개 a rainbow
무찌르다 defeat, beat
무책임 無責任 ¶~한 irresponsible
무한 無限 ¶~한 infinite
무효 無效 ¶~의 invalid
묵다 (여관 따위에) stay, put up at, 《美》 check in ¶묵게 하다 lodge, give a *person* a bed
묶다 bind, tie
묶음 a bundle, a bunch
문 門 a door, a gate(대문)
문교부 文敎部 the Ministry of Education
문구 文句 words, a phrase
문란 紊亂 ¶~해지다 be disordered, be confused, be disturbed
문명 文明 civilization; culture
문방구 文房具 stationery
문법 文法 grammar
문병 問病 —하다 inquire after 《a sick person》
문서 文書 a document
문안 問安 —하다 inquire after
문자 文字 a letter; a character
문장 文章 a sentence
문제 問題 a question, a problem
문지르다 rub
문패 門牌 a nameplate, a doorplate
문학 文學 literature
문화 文化 culture
묻다¹ (파묻다) bury
묻다² (질문하다) ask, inquire
물가 物價 prices (of commodities)
물결 a wave; a ripple(잔물결)
물들다 color, paint

물들이다 dye, color
물러나다 go backward, retreat; retire
물론 勿論 (as a matter) of course
물리(학) 物理(學) physics, physical science
물방아 a water wheel 물방앗간 a water mill
물방울 a (water)drop
물자 物資 goods; resources, materials
물쓰다 (식물에) water
물질 物質 matter, substance
물품세 物品稅 a commodity tax
묽다 thin, (차 따위가) weak
뭍 land
뮤지컬 a musical
미 美 beauty
미국 美國 America; the United States of America ¶~의 American
미끄러지다 slip, slide
미래 未來 future
미로 迷路 a maze
미루다 postpone, put off
미리 beforehand, in advance
미사일 a missile —기지 a missile base
미성년 未成年 minority ¶~이다 be under age —자 a minor
미소 微笑 a smile ¶~짓다 smile
미숙 未熟 ¶~한 unripe; inexperienced, unskilled
미술 美術 art, the fine arts 미술관 美術館 《美》 a museum, 《英》 an art gallery
미신 迷信 a superstition
미아 迷兒 a stray [lost] child
미안 迷安 I'm sorry
미역감다 bathe, take a bath
미워하다 hate
미장원 美粧院 a beauty parlor [salon, shop]
미정 未定 ¶~의 undecided
미지 未知 ¶~의 unknown, strange
미지근하다 lukewarm; tepid
미치다 go mad ¶미친 mad, crazy, insane
미터 a meter 가스— a gas meter 택시— a taxi meter
민감 敏感 ¶~한 sensitive
민예품 民藝品 a folk handicraft
민족 民族 a people, a race
민주주의 民主主義 democracy
민중 民衆 the people
믿다 believe, trust
믿음직하다 reliable, trustworthy
밀 wheat

멈추다	stop, come to a stop
멋저다	be[feel] abashed
멋지다	splendid, magnificent, wonderful
멍하니	absent-mindedly
메뉴	(식단표) a menu
메다	shoulder, carry a thing on one's shoulder
메모	a memo, a memorandum ¶～를 하다 make a note of
메스껍다	feel like vomiting
메아리	an echo
메우다	(여백 등을) fill in
면도 面刀	(칼) a razor —하다 (자기가) shave (oneself); (남을 시켜) get a shave
면세 免稅	¶～의 tax-free, duty-free —(품) a duty-free shop
면적 面積	area
면제 免除	—하다 exempt
면허 免許	a license —증 a license card
면회 面會	—하다 see, have an interview with
명랑 明朗	¶～한 cheerful
명령 命令	—하다 order, command
명백 明白	¶～한 clear, plain
명부 名簿	a list, a roll
명산물 名産物	a special[noted] product
명성 名聲	fame, reputation
명세서 明細書	specifications; a detailed account (계산서)
명소 名所	a noted place; a scenic [beauty] spot
명예 名譽	honor, glory
명인 名人	a master, an expert
명장 名匠	a master, an expert
명주 明紬	silk
명중 命中	—하다 hit
명함 名銜	a (visiting) card
명확 明確	¶～히 clearly, distinctly; definitely
몇	how many ¶～살 how old
몇번	how many times, how often
모국 母國	one's mother country
모국어 母國語	one's mother tongue
모기	a mosquito
모두	all; in all, altogether
모래	sand
모레	(the) day after tomorrow
모범 模範	a model, an example, a pattern
모순 矛盾	—되다 be contradictory to, conflict
모습 模襲	a figure, a shape, a form
모양 模樣	(생김새) form, shape
모욕 侮辱	—하다 insult
모으다	gather, collect; save (저축하다)
모음 母音	a vowel
모이다	gather; come together; accumulate (축적되다); (돈이) be saved
모임	a meeting, a party
모자 帽子	a hat; a cap
모조리	wholly, entirely
모조품 模造品	an imitation
모퉁이	a corner; a turn(길모퉁이)
모포 毛布	a blanket
모피 毛皮	a fur
모험 冒險	an adventure, a risk
모형 模型	a model, a pattern
모호 模糊	¶～한 uncertain; vague
목	a neck
목구멍	the throat
목도리	a neckerchief, a muffler
목소리	a voice
목숨	life
목요일 木曜日	Thursday
목욕(탕) 沐浴(湯)	a bath
목장 牧場	a stock farm; a pasture, a meadow
목적 目的	an object, an aim, a purpose —지 the [one's] destination
목표 目標	a mark; a target
몫	a share
몰두하다 沒頭——	be absorbed [in
몰래	secretly; in secret; stealthily
몸	the body
몸짓	a gesture
몹시	very, much, greatly
못	a nail; a peg(나무못)
못되다	¶못보고 넘어가다 overlook; miss
못생기다	ugly
묘 墓	⇒무덤
묘지 墓地	a graveyard, a cemetery
무겁다	heavy
무게	weight
무관심 無關心	¶～한 indifferent (to)
무기 武器	arms, a weapon
무늬	a pattern, a design
무단 無斷	¶～으로 without notice, without permission
무대 舞臺	the stage
무덤	a grave, a tomb
무덥다	hot and close, sultry
무례 無禮	¶～한 ill-mannered, rude, impolite
무료 無料	¶～의 free
무릅쓰다	(위험을) risk
무릎	a knee
무리	a group, a crowd, a flock
무리 無理	¶～하게 unreasonably; by force (강제로)
무면허 無免許	¶～의 unlicensed, without a license
무명	cotton
무모 無謀	¶～한 rash, thought-

막 幕 a curtain; (연극의) act to, be about to
막다 (차단) interrupt, obstruct; (방위) defend; (금지) prohibit
막대기 a stick, a rod
만 萬 ten thousand
만 灣 a gulf, a bay
만국박람회 萬國博覽會 an international exposition
만나다 meet, (우연히) meet with, come across; (면회하다) see
만년필 萬年筆 a fountain-pen
만들다 make
만세 萬歲 cheers, hurrah
만약 萬若 if; by any chance
만원 滿員 ¶~이 되다 be full up, be crowded
만월 滿月 a full moon
만유 漫遊 ―하다 travel, tour, make a tour of
만일 萬一 if; by any chance
만족 滿足 ―하다 be satisfied
만지다 touch
만지작거리다 finger
만찬 晚餐 supper; dinner
만화 漫畫 a cartoon, a caricature (풍자만화); (연재의) a comic strip ―영화 a cartoon film
많다 many, much, a lot of, plenty of
말[1] (동물) a horse; a colt (아지)
말[2] (언어) language; (단어) a word ¶~을 걸다 speak to/ ~로 나타내다 express, describe
맑다 맑은 하늘 a clear sky
말리다[1] (건조시키다) dry
말리다[2] (둘둘) roll (be rolled)up
말하다 say, speak (to), talk, tell; (진술하다) state
말하자면 namely; that is (to say), so to speak, as it were
맛보다 taste; enjoy
맛없다 poor, untasty
맛있다 sweet, nice, good; delicious
망가지다 break, be broken
망설이다 hesitate
망원경 望遠鏡 a telescope
망치다 ―다 ruin, destroy
망하다 ―다 go to ruin, be ruined, perish
맞다 hit, strike; be right; fit, suit; (일치하다) agree with
맞쇠 a master key
맞이하다 (안내하다) show a person in
맞은편 一便 ¶~의 opposite
맞이하다 meet, receive; welcome (환영하다)
맞히다 hit; (알아맞히다) guess
맡기다 (물건을) leave; (예금하다) deposit; (짐을) 《美》 check, 《英》 book
맡다[1] (担任하다) undertake; (허가를) get, obtain
맡다[2] (냄새를) smell at
매다 tie, knot (매듭을)
매달다 hang, suspend
매달리다 hang from, dangle
매듭짓다 conclude, complete
매력 魅力 a charm ¶~적인 charming, fascinating
매매 賣買 dealings
매물 賣物 (게시) For Sale
매스컴 mass communication
매약 賣藥 a patent medicine, a drug
매연 煤煙 smoke, soot; exhaust gas (차의)
매우 much; very(몹시); pretty (상당히)
매장 賣場 (백화점의) a department
매점 賣店 (노점) 《美》 a stand, 《英》 a stall; (신문·잡지의) 《美》 a newsstand, 《英》 a bookstall
매진 賣盡 ―되다 be sold out
매출 賣出 (a)sale 염가 대―a bargain sale
매표소 賣票所 《美》 a ticket office, 《英》 a booking office; (극장의) a box office
맥박 脈搏 a pulse
맥주 麥酒 beer 生― draft [draught] beer
맨먼저 at the head of(선두로); first of all
맨발 ¶~의 barefoot; barefoot
맵다 hot
맹렬 猛烈 ¶~한 violent, furious
맹세 ―하다 swear, vow, take 「an oath
머리 (두발) hair; (두부) the head ―형 hair style
머릿글자 (이름의) an initial
머무르다 stay; remain (남다)
머지않아 soon, shortly
먹 Indian ink
먹다 eat, have ¶먹어치우다 eat up
먼지 dust; dirt
멀다 far, distant, remote
멀리 far (away, off); all the way
멀미 ―하다 feel sick ¶뱃[비행기, 차]―하다 get seasick [airsick, carsick] ―약 medicine for airsickness [seasickness, carsickness]
멀어지다 go away from, re-

뒷골목 an alley, a back street
뒷문 一門 the back door
뜨겁다 hot; heated ¶ 뜨거운 물 hot water; boiling water
뜨다¹ (물위·공중에) float
뜨다² (떠나다) leave, (출발하다) start
뜨다³ ¶ 눈을 ~ (아침에) wake up, awake
드디어 at last, finally
드라이브 a drive ¶~하러 가다 go for a drive
드라이브인 a drive-in
드라이어 a drier, a dryer
드러눕다 lie down
드롭스 (사탕) drops
드물다 rare, uncommon
득 得 ¶~되는 profitable, advantageous/~보다 profit; gain
듣다¹ (효력 있다) be good for
듣다² (귀로) hear, listen to
들 a field
들 a garden; a yard (마당)
끓다 boil; spring; rise
들다¹ (손 따위를) hold up
들다² (칼이) cut
들다³ (먹다) have, take
들르다 stop at; drop in
들리다 hear; be heard
들어가다 enter, go in, get in, come in
들어맞다 fit; apply to
들어올리다 lift, raise
들여다보다 peep into[through]
들이마시다 inhale, breathe; (액체를) drink (in); (suck in
들판 a field
듬성듬성하다 sparse (생기다), scattered, thin
뜻 (의미) meaning, a sense
뜻밖 ¶~의 unexpected; casual
뜻밖에 to one's surprise, unexpectedly
등 the back
등기 登記 ¶~우편 (美) a registered mail ((英) post) — 우편료 a registration fee
등대 燈臺 a lighthouse
등록 登錄 registration —하다 register —상표 a registered trademark
등뼈 the backbone
등불 燈— a light, a lamp
등산 登山 mountain climbing, mountaineering
띠 a band; a belt; (여자용) a sash
디저트 a dessert

ㄹ

-(ㄹ)는지도모르다 may [might] ((be, do)), perhaps
라디오 ((美)) a radio (set); ((英))
a wireless (set) —방송국 a radio station —프로 a radio program
라이터 a cigarette lighter
러시아 연방 Russian Federation
러시아워 the rush hour
레스토랑 a restaurant
레이 a lei (하와이의 화환)
레이디 퍼스트 ladies first
레티스 (서양상치) a lettuce
레테르 a label
렌터카 a rental car
로마자 一字 a Roman character[letter]
로비 a lobby
로컬선 一線 a local line
로터리 a rotary
로커 a locker
뢴트겐사진 一寫眞 ⇨ 엑스선사진
룸메이드 a room maid, a room clerk
룸쿨러 a cooler; an air conditioner
리무진 a limousine
리셉션 a reception
리클라이닝시트 a reclining seat

ㅁ

마감 closing; (게시) Closed —하다 close —날 the closing day, ((美)) the deadline
마개뽑이 a cap[bottle] opener
마당 a yard; a court (안마당)
마루 a floor
마르다 dry; (목이) be thirsty
마비 麻痺 ¶~되다 become numb, be numbed
마사지 massage
마술 魔術 magic
마시다 drink, take, have; swallow (삼키다)
마실것 something to drink, a drink
마요네즈 mayonnaise
마을 a village
마음 mind, heart; spirit ¶~을 터놓다 be frank with, open one's heart/~에 들다 be pleased [satisfied] with
마음껏 as much as one desire, to one's heart's content
마주치다 meet (with)
마중하다 meet, greet
마지막 an end, a close ¶~의 last, final
마차 馬車 a coach; a carriage
마찰 摩擦 —하다 rub
마천루 摩天樓 a skyscraper
마치다 finish, end, complete
마침내 at last, finally
마티네 matinée
막 ¶~ …하려 하다 be going

도회 都會 a city; a town
도회 都會 a jar; a jug
독 毒 poison
독감 毒感 influenza, the flu; a bad cold
똑딱단추 a snap
똑똑히 clearly, distinctly, certainly
독립 獨立 independence
똑바르다 straight, direct
독서 讀書 reading
독신 獨身 ¶~의 single ―자 (남자) a bachelor; (여자) a spinster
독실 獨室 a single room (싱글베드가 있는); a roomette (침대차의)
독일 獨逸 Germany ¶~인 German
독자 讀者 a reader
독촉 督促 ―하다 urge; press
독특 獨特 ¶~한 peculiar, original, unique
돈 money
돈까스 豚― a pork cutlet
돈벌이 moneymaking ―하다 make money
돌 a stone; a rock
돌 turn; go round
돌리다 turn; roll; (차례로) pass round
돌보다 care for, look after
돌아가다 return, come [go] back ¶집으로 돌아가는 길에 on one's way home
돌아다니다 walk [go] about; (방랑하다) wander
돌아오다 come back, return
돌연 突然 suddenly
돌이키다 (만회하다) recover, get back
돌진하다 突進― rush at, dash at
돌층계 ―層階 stone steps
돕다 help, assist
돗자리 a (rush) mat
동 銅 copper; bronze (청동)
동굴 洞窟 a cave
동기 動機 a motive
동나다 be used up, run out [short] of
동료 同僚 a companion, a fellow, a mate
동물 動物 an animal ―원 zoological gardens, a zoo
동상 銅像 a bronze statue
동시 同時 ¶~에 at the same time; at a [one] time
동시통역 同時通譯 a simultaneous interpretation
동양 東洋 the Orient ―인 the Orientals

동전 銅錢 a copper (coin)
동정 (저고리의) a collar
동정 同情 ―하다 sympathize with ―심 sympathy
동쪽 東― the east
동화 童話 a fairy tale, a nursery tale
돛대 a mast
돼지 a pig; a swine ―고기 pork
되다 become; grow; be
되돌리다 return; put [give] back; (돈을) repay
되돌아가다 go back, return
되돌아오다 come back, return
되살아나다 revive
되풀이하다 repeat
될수있는대로 as...as one can, as...as possible
두껍다 thick
뚜껑 a lid; a cover
두근거리다 throb
두뇌 頭腦 a head, brains
두다 put, set, lay, place
두드러지다 be conspicuous, attract [draw] attention
두드리다 strike, knock at [on]; (계속적으로) beat; (가볍게) pat
두려움 fear
두려워하다 fear, be afraid of
뚜렷하다 clear, distinct; vivid
두루 all over, all round
두르다 (담장 등을) enclose, surround
두번 twice, two times
두부 豆腐 bean curd
두텁다 (정의가) kind, warm
두통 頭痛 a headache ―약 medicine for headache
둑 (제방) a bank, an embankment
둘러보다 (사방을) look round [about]
둘러싸다 enclose, surround
둥글다 round; circular
뚱뚱해지다 grow fat [stout]
둥지 a nest
뒤 the back, the rear
뛰다 run; (도약하다) leap, hop
뒤따르다 follow, run after
뒤돌아보다 look back [round]
뒤섞다 scramble, mix up
뛰어나다 surpass, excel; (…보다) be superior to
뛰어내리다 jump down
뛰어들다 jump in [into]; dive into 《water》
뛰어오르다 jump up
뒤엎다 upset, overturn; tumble down (쓰러프리다)
뜨구다 float
뒤쫓다 run after, chase
뒤집다 turn over

대우 待遇 (호텔 등의) service; (급료) pay
대장 大將 (육군의) a general; (해군의) an admiral
대접 待接 reception; hospitality; (호텔 등의) service —하다 receive, entertain, treat a person to
대조 對照 contrast —하다 check up[off]
대체로 大體— generally (일반 적으로); on the whole (대략)
대충 about, nearly
대통령 大統領 the President
대표 代表 representation; (사람) a representative —하다 represent —단 a delegation
대학 大學 a university; a college (단과대학)
대합실 待合室 a waiting room; (호텔 등의) a waiting lounge
대화 對話 a conversation; a dialogue
댄스파티 a dancing party
떠나다 leave, start; go away
떠돌다 (방랑) wander about, roam about; (물위에) drift; (공중에) float
떠들다 make a noise, be noisy
떠들썩하다 noisy
더듬다 ¶말을 ~ stutter, stammer
더러워지다 soil, become dirty, be soiled
더럽다 dirty, soiled
더럽히다 soil, stain
떠맡기다 leave to a person's care
떠맡다 undertake
더스트코트 a dust cloak[coat], 《주로 美》 a duster
떠오르다 float; (마음에) come into ¶문득 생각이 ~ think of, hit upon
더하다 (보태다) add
떡 rice cake
덕분 德分 ¶~에 thanks to; because of, owing to, on account of
덕택 德澤 ⇨덕분 [count of
던지다 throw, cast
떨구다 ¶고개를 ~ drop one's [head
떨리다 shiver, tremble
떨어뜨리다 drop, let fall; lose (잃어버리다)
떨어지다¹ (낙하하다) fall, drop; (시험에) fail in; (분리되다) separate, part from [with], come off
떨어지다² (동나다) be used up, give out, run out [short] of
덤비다 (서두르다) be hurried
덤핑 dumping —하다 dump
덥다 hot, warm
덧문 (빈지문) a shutter
덩어리 a mass; a lump; (흙 의) a clod
덮치다 attack
떼 a group, a crowd; a flock
떼어놓다 part, divide, separate
데우다 warm, heat
데이트 (a) date —하다 have a date with
떼지다 ¶떼지어 모이다 crowd, throng; flock
데크 deck
도 度 (눈금의) a degree
도개교 跳開橋 a drawbridge
도깨비 a goblin; a ghost; a monster
도구 道具 a tool; an instrument (기구)
도금 鍍金 —하다 plate; (금으로) gild
또는 or, either...or
도대체 都大體 on earth; in the world
도덕 道德 morality, morals ¶~적 moral
도둑 a thief; a burglar
도둑질 —하다 steal, rob a person of
도랑 a ditch; a drain
도로 道路 a road; a street (가로) —표지 road signs
도르다 distribute
도리어 on the contrary, rather
도마뱀 a lizard
도망치다 逃亡— run away, flee, escape; (새가) fly away
도미 渡美 —하다 go to America; visit America
도박 賭博 —하다 gamble —장 a gambling house; a casino
도보 徒步 ¶~로 on foot
도서관 圖書館 a library
도시 都市 a city —계획 city planning
도시락 a lunch, a box lunch
도심지 都心地 the downtown
도안 圖案 a design
도움 help, assistance, aid (조력); relief (구조) ¶~이 되다 be useful, be good for; do a person good
도자기 陶瓷器 earthenware; pottery
도장 圖章 a seal, a stamp
도저히 到底— never, by no means ¶~ …않다 not possibly, not at all, by no means
도중 途中 ¶~에 on the way, on one's way to, halfway
도착 到着 —하다 arrive at [in] —예정시간 estimated time of arrival (略: ETA)
도처에 到處— everywhere
도표 圖表 a diagram

딱딱하다 hard, stiff; firm; (격식차리다) formal; particular
닦다 clean; polish
단 但 but ⇨ 그러나
단골 (손님) a (regular) custom
단념 斷念 ―하다 give up
단단하다 hard, stiff; firm
단단해지다 harden; become hard
단련 鍛鍊 ―하다 train
단번에 單番에 at a stretch
단순 單純 ¶~한 simple, plain/~히 simply; (다만) only, merely
단시일 短時日 ¶~에 in a short (period) of time
단위 單位 a unit
단점 短點 ⇨ 결점
단지 a jar; a pot
단체 團體 a body; a party (일행); a group (집단) ―여행 group travel
단추 a button
단풍 丹楓 ¶~이 든 잎 red [yellow] leaves
닫다 shut, close
닫히다 (be) shut, close, be closed
달 the moon(천체); a month (달력의)
딸 one's daughter
달걀 ⇨ 계란
딸기 a strawberry
달다¹ (무게를) weigh
달다² (달콤하다) sweet
달러 a dollar (略: $) 미국—U. S. dollars
달력 一曆 a calendar; an almanac
달리다 run
달빛 moonlight
달아나다 run away, flee, escape; (새가) fly away
달하다 達— amount to
닭 a hen (암탉); a cock (수탉); a chicken (병아리)
닭고기 chicken
닮다 resemble; be [look] like, be [look] alike
담 a wall; a fence
땀 sweat, perspiration
담당 擔當 ―하다 have [take] charge of
담당자 擔當者 a clerk in charge
담배 tobacco; (궐련) a cigarette; (엽궐련) a cigar 필터—a filtered cigarette ―가게 a tobacconist's (shop), 《美》 a cigar store
담백 淡白 ¶~한 simple, plain, light/~히 simply; briefly; frankly (솔직하게)
담요 a blanket
답장 答狀 an answer, a reply
답하다 答— answer, reply
당 黨 a party

당구 撞球 billiards
당국 當局 the authorities (concerned)
당근 a carrot
당기다 draw, pull
당당히 堂堂— stately
당분간 當分間 for the present; for some time
당선 當選 ―하다 (선거에) be elected; (현상에) win a prize
당시 當時 then, at that time; in those days
당연 當然 ¶~한 natural/~히 rightly, properly; naturally / ~히 …할 터이야 ought to (do, do), should (do), must (be)
당일치기 當日― ¶~ 여행을 하다 make a day's trip
당장 當場 at once, right away
당황하다 唐慌― be confused; be at a loss
닻 an anchor
닿다 (접촉하다) touch; (도착하다) reach; get to
대다 (머리를) dress, arrange, do up
대 代 (세대) a generation
대 臺 a stand, a rest
대구 大口 a cod, a codfish
대금 代金 price, cost
대기오염 大氣汚染 air pollution
대나무 a bamboo
대다 《제시간에》 ― be in time for; (빈자네에) catch
대단히 very; (심하게) seriously, hard
대답 對答 an answer, a reply ―하다 answer, reply
때때로 occasionally, sometimes, from time to time
대도시 大都市 a large[big] city
대량 大量 a large quantity
대륙 大陸 a continent
대리 代理 a substitute; a representative (대표); an agent (대리인)
때리다 strike, hit, beat, knock
대리석 大理石 marble
대리점 代理店 an agency
대립 對立 ―하다 be opposed
대머리 ¶~의 bald 「to
대문자 大文字 a capital letter
대사 大使 an ambassador
대사관 大使館 an embassy
대서양 大西洋 the Atlantic (Ocean)
대신 大臣 ⇨ 장관
대신 代身 a substitute ¶~에 in place of, instead of —하다 take the place of, replace
대야 a basin
대양 大洋 an ocean
대용 代用 ―품 a substitute ―화폐 token (coin)

농부 農夫 a farmer; a peasant
농업 農業 agriculture
농원 農園 a farm
농작물 農作物 a harvest, the crops
농장 農場 a farm
농촌 農村 a farm village
높다 high, tall; (목소리가) loud
높이 height
높이다 raise, elevate; increase (늘리다)
놓다 put, set, lay, place ¶놓고 온 물건 a thing left behind
놓아주다 let go; set free
놓치다 miss [lose, fail to catch] 《a train》; (시야에서) lose sight of
뇌 腦 the brain
뇌물 賂物 a bribe; 《俗》 palm [oil
뇌우 雷雨 a thunderstorm
누르다 push; press; (도장을) stamp
누이동생 一同生 one's younger sister
눅눅하다 damp, moist
눈¹ (내리는) snow; snowfall
눈² (시각기관) an eye ¶아래에 under [below] one's eyes / ~에 익은 familiar
눈까풀 an eyelid
눈뜨다 (잠에서) wake (up), awake
눈물 a tear
눈보라 a snowstorm
눈부시다 dazzling, glaring
눈사태 一沙汰 a snowslide
눈썹 an eyebrow
눈치채다 notice, become aware of; realize
눕다 burn, scorch, be scorched
눕다 lie
느끼다 feel
느낌 feeling; an impression; touch (촉감)
느닷없이 suddenly, (all of) a sudden
느리다 slow, tardy
느릿느릿 slowly, tardily
느슨하다 loose ¶느슨하게 하다 loosen
느슨해지다 loosen, relax
늑대 a wolf
늘 always; usually; whenever (…할 적마다)
늘다 (증가하다) increase, gain
늘어놓다 arrange (가지런히); line up (줄지어); display (진열하다)
늘어서다 stand in a line, line up; stand side by side
능란 能爛 ¶~한 handy, clever; skillful
능력 能力 faculty, ability
능률 能率 efficiency 〔at〕
능숙 能熟 ¶~한 skillful, good
늦다 (때가) late; (속도가) slow

¶(시계가) 늦게 가다 lose; be slow
늦어도 at (the) latest
늦잠자다 oversleep oneself, [get up] late
늦추다 (연장하다) extend; put off, postpone

ㄷ

다가가다 approach, go near, get near
다가오다 approach; come near
다갈색 茶褐色 (light) brown
따근따근하다 (빵 등이) hot from the oven, fresh baked
다니다 (학교 등에) attend, go to; (버스 등이) run
다되다 (시간이) be up; (기한이) expire
따뜻하다 warm; mild (온화한)
따라서 accordingly ¶…을 따라길 along, by
따라잡다 overtake, catch [come] up with
따로 separately; apart ¶~의 separate, each, different
다루다 treat, manage; (취급하다) deal in [with], handle
다르다 differ from, be different from ⇨다른
따르다 (복종하다) obey, submit to, follow
다른 another, different; separate (분리된); wrong (틀린)
다리¹ (사람·동물의) a leg
다리² (교량) a bridge
다만 only, merely, alone
다민족 多民族 一國家 a multiracial nation
다발 a bundle, a bunch
다방 茶房 a tearoom; (호텔 등의) coffee shop
다방면 多方面 ¶~의 various, many-sided
따분하다 be weary of, be tired of, be bored
다수 多數 a large number
다수결 多數決 decision by majority
다스 a dozen
다스리다 rule over, govern
다시 again ¶~ 하다 do over again, try again
다음 ¶~의 next, following
다이얼 ¶~을 돌리다 dial
다채 多彩 ¶~로운 colorful
다치다 (상처입다) be injured [hurt]
다투다 quarrel; dispute (논쟁하다)
다행 多幸 ¶~한 happy; lucky, fortunate
딱 (제시간에) punctually; just, sharp

납세 納稅 —하다 pay one's taxes
납작고 flat
낫다 (병이) get well, recover
낭떠러지 a cliff, a precipice
낭비 浪費 —하다 waste
낭하 廊下 (청소등) daytime
낮 noon (청소등) daytime
낮다 low
낮잠 ¶~자다 take a nap
낮추다 lower; (정도를) reduce
낱낱이 one by one, every...
낱말 a word
낳다 (새끼를) bear, give birth to; (알을) lay
내각 內閣 a cabinet
내객 來客 a guest; a caller; a visitor
내걸다 put up; (깃발 등을) hoist
내과의 內科醫 a physician
내기 a bet, gambling
내다 (보내다) send; (제출하다) hand in, present; (내밀다) hold out; put out
내다보다 look out of
내동댕이치다 (던지다) throw, cast; (포기하다) give up
내려가다 come [go] down, descend; (하락하다) fall, drop
내려다보다 look down upon, overlook
내리다¹ (아래로) descend from, come down; (달 것에서) get off; (타동사) take down
내리다² (비·눈이) fall, come down
내면 內面 the inside
내밀다 hold [put] out; (불쑥) push [thrust] out
내빈 來賓 a guest; a visitor
내선 內線 (철도의) an extension
내용 內容 contents; substance
내의 內衣 underwear, an undershirt (남성용), lingerie (여성용)
내쫓다 drive out, expel; dismiss, turn out
내향적 內向的 shy, timid
내화의 耐火 ¶~의 fireproof
냄새 smell, scent ¶~나다 smell, scent
냅다 smoky
냅킨 a napkin 종이— a paper napkin
냉동 冷凍 freezing —식품 frozen food
냉방 冷房 air conditioning —완비 (게시) Air-conditioned —장치 an air-conditioning apparatus, an air-cooler —차 an air-conditioned cab

냉수 冷水 cold water
냉장고 冷藏庫 an icebox, a refrigerator 전기— an electric refrigerator
냉정 冷靜 ¶~한 calm, cool
냉혹 冷酷 ¶~한 cold-hearted
넋 ¶~을 잃고 보다 be lost in admiration 「운」
널빤지 a board, a plank (두꺼
넓다 wide; broad; large, vast
넓적다리 a thigh
넘기다 (책장을) turn over, turn up
넘다 go over, cross (건너다); be over, exceed (초과하다)
넘어뜨리다 bring down, fell
넘어지다 fall; (발이 걸려) stumble over [upon]
넘치다 overflow, flow over
넙치 [魚] a flatfish 「flood
넣다 put in [into]
네거리 a crossroads
네모 ¶~진 square
노골적 露骨的 plain
노랗다 yellow
노래 a song —하다 sing 「at
노려보다 stare at, look angrily
노력 努力 effort, endeavor
노변 路邊 the wayside, the roadside
노여움 anger, wrath
노예 奴隷 a slave
노이로제 neurosis
노인 老人 an old man
노출 露出 exposure —계 an exposure meter —부족[과다] under [over]-exposure
노타이셔츠 an open-necked shirt
노트 a note; a notebook
녹 綠 rust
녹다 melt, dissolve
녹색 綠色 green; verdure
녹슬다 rust
녹이다 melt 「몸을 ~ get warm, warm oneself
녹지대 綠地帶 a green belt
논리적 論理的 logical
논문 論文 an essay; an article
논쟁 論爭 —하다 argue
논하다 論— argue, discuss, comment
놀다 play; have a good time (재미있게) 「ished
놀라다 be surprised, be astonished
놀래다 surprise, astonish, amaze
놀리다 make fun of, tease
놈 a fellow; (美) a guy
농구 農夫 a farmer; a peasant
농담 弄談 a joke, fun —하다 joke
농무 濃霧 a dense [thick] fog
농민 農民 a farmer; a peasant

기일 期日 a date, a term; (기한) a due date 「in
기입 記入 —하다 entry, write
기자 記者 a journalist, a newspaperman
기장 記章 a badge
기장 機長 a captain
기저귀 a diaper, a baby's napkin
기적 奇蹟 a miracle
기적 汽笛 a (steam) whistle
기절 氣絶 —하다 faint
기준 基準 a standard
기지 基地 a base
기지 機知 wit
기질 氣質 nature, temper
기차 汽車 a train
기체 氣體 gas
기초 基礎 the foundation, basis
끼치다 (수고를) trouble
기침 ¶ ~이 나다 have a cough
기한 期限 a term, a time limit
기항 寄港 —하다 put in, stop [call] at —지 a port of call
기호 記號 a mark, a sign, a symbol
기회 機會 an opportunity, a chance
기후 氣候 climate
끽연실 喫煙室 a smoking room
긴급 緊急 ¶ ~한 urgent
긴장 緊張 ¶ ~한 be strained [tense]
길 a road, a way, a street (가로) ¶ ~ 건너(편)에 across the street/~을 잃다 lose one's way
길가 the wayside, the roadside
길거리 the street
길다 long
길들다 (동물이) become [grow] tame
길이 length
김¹ (해태) a laver
김² (기회) ¶ …하는 ~에 while; by the way
김치 kimchi, pickles
깃 (깃털) a feather; a plume
깃 (옷깃) a collar
깊다 deep; profound (뜻 등이)

ㄴ

나가다 go out
나누다 divide; share, distribute (분배하다)
나다 (풀 등이) grow, spring up
나라 a country
나란히서다 stand in a line, line up, stand side by side
나르다 carry, convey, transport
나른하다 (feel) weary, dull, heavy
나막신 (wooden) clogs
나머지 the rest, the remainder, the remains
나무 a tree(수목); wood(재목)
나쁘다 bad; wrong
나아가다 advance, make progress, go forward
나오다 come out; appear (나타나다)
나이 age
나이트가운 a nightgown
나일론 nylon
나타나다 come out, appear
나타내다 show; express (표현하다)
낙담 落膽 —하다 be discouraged; be disappointed
낙심 落心 —하다 be discouraged; be disappointed
낙원 樂園 a paradise
낙천적 樂天的 optimistic
낚다 fish (고기를)
낚시질 fishing, angling
난기류 亂氣流 air turbulence
난로 煖爐 a stove
난방 暖房 heating —완비《게시》 Air-Conditioned —장치 a heating system, a heater
난잡 亂雜 ¶ ~한 disorderly, disordered
난처하다 難處— ¶ 난처해하다 be troubled, be in trouble; be at a loss
난파하다 難破— be wrecked
난폭 亂暴 ¶ ~한 violent
날 a day; (날짜) a date
날— raw, uncooked
날다 fly
날뛰다 rage (about)
날래다 quick, swift
날려버리다 (폭풍 등이) blow away
날씨 the weather
날씬하다 slender
날아오르다 fly up
날짜 a date, dating
날카롭다 sharp, keen
낡다 old, aged, ancient (고대의); secondhand (중고의)
남극 南極 the South Pole, the Antarctic Pole
남기다 leave
남다 be left over, remain
남비 (깊은) a pot; (얕은) a pan
남성 男性 a man; the male sex
남아돌다 ¶ 남아도는 extra, too much [many]; unnecessary; excessive
남용 濫用 —하다 abuse, use to excess
남자 男子 a man; a male; a boy (사내아이)
남쪽 南— the south
남편 男便 a husband

| 근본적 | 284 | 기원 |

serve —시간 business [office, working] hours —처 one's office
근본적 根本的 fundamental
근성 根性 disposition, spirit
근소 僅少 ¶~한 a few; a little
근시 近視 ¶~의 short-sighted
근육 筋肉 muscles
끈적끈적하다 sticky, adhesive
근처 近處 ¶~에 near, about, 《美》 around, in the neighborhood
끊기다 be cut, break;(전화가) be (cut) off
끊다 cut, break;(전화를) hang up, ring off
끊임없이 constantly; continuously
끌다 (연기하다) put off, prolong; (질질) drag; trail; (당기다) draw, pull
글피 two days after tomorrow, three days hence
긁다 scratch
끓다 boil ¶끓는 물 boiling water
끓이다 boil, cook (조리하다)
금 金 gold
금고 金庫 a safe
금발 金髮 (여자의) a blonde, (남자의) a blond
금속 金屬 a metal
금액 金額 an amount [a sum] of money
금연 禁煙 (게시) No Smoking —하다 stop[give up] smoking
금요일 金曜日 Friday
금지 禁止 —하다 forbid, prohibit, ban
급 級 a class, a grade
급료 給料 a pay; wages; a salary
급사 給仕 (식당의) a waiter; (짐꾼) a porter; (배·비행기의) a steward; (여자) a waitress
급유 給油 —하다 (자동차 등에) fill, refuel —소 an oil station, a refuelling station, 《美》 a gas station
급하다 急— urgent
급행 急行 —권 an express [a reach-me-down] ticket —요금 express charges
긍정 肯定 —하다 affirm
끝 an end, a close; (가장자리) an edge ¶~의 last, final/~까지 to the last, to the end
끝나다 end, finish; complete (완성되다)
끝내 at last, in the end
끝내다 finish, end, complete
기 旗 a flag, a banner
기간 期間 a term, a period
기계 機械 a machine

기관 機關 (엔진) an engine; (기구·수단) an organ; means
기구 器具 (가정용의) a utensil; an implement (도구)
기념 記念 memory —하다 commemorate —사진 a souvenir
기념물 記念物 (고이 간직하는) a keepsake
기념비 記念碑 a monument
기념품 記念品 a souvenir —가게 a souvenir[gift] shop
끼다 ¶꼭 끼는 tight
기다리다 wait(for); (기대하다) expect, look forward to; (전화를 끊지 않고) hold the line
기대 期待 —하다 expect; look forward to
기대다 lean over [against, on], recline
기둥 a pillar; a column (원주)
기록 記錄 a record; a document —영화 a documentary film
기류 氣流 an air current
기르다 (양육하다) bring up; (부양하다) support; provide for
기름 oil
기름기 ¶~가 많은 greasy
기밀 機密 ¶~의 confidential, secret
기뻐하다 be glad, be pleased at, be delighted
기본적 基本的 fundamental
기부 寄附 contribution
기분 氣分 a feeling, a mood, (심정·심기) humor, temper
기쁘다 joyful, glad, happy ¶기쁘게 하다 delight, please
기쁨 joy, delight; pleasure
기사 記事 news, an article
기사 技師 an engineer
기상 氣象 weather —선 a steamer, a steamship
기성 既成 ¶~의 ready-made, manufactured
기성복 既成服 ready-made clothes, 《英》 a reach-me-down
기숙 寄宿 —하다 lodge[board] (at, with)
기술 技術 an art; technique
기슭 (산의) the foot, the base; (강·바다의) the beach; the bank; the shore
기억 記憶 memory, remembrance —하다 remember, memorize ¶~하고 있다 remember
끼얹다 (물 등을) dash
기온 氣溫 temperature
기울다 incline, lean
기원 起源 the origin; the

국민총생산 國民總生産 gross national product (略: GNP)
국보 國寶 a national treasure
국산 國産 ¶~의 homemade —품 a home product
국세조사 國勢調査 a census
국왕 國王 a king
국외 國外 ¶~에 abroad, outside the country
국적 國籍 nationality
국제 國際 ¶~적 international, universal —견본시(見本市) an international trade fair —면허증 an international driver's certificate —연합 the United Nations —전화 the international telephone service —회의 an international conference
국토 國土 a country, a territory
국화 菊花 a chrysanthemum
국회 國會 the National Assembly; (일본의) the (National) Diet; (美) Congress, (英) Parliament —의사당 the National Assembly building, (美) the Capitol, (英) the House of Parliament
군대 軍隊 troops, forces, an army
군도 群島 a group of islands, an archipelago
군비 軍備 armaments
군인 軍人 (육군의) a soldier; (해군의) a sailor
군중 群衆 a crowd; a throng
군함 軍艦 a warship, a man-of-war
굳히다 harden
굴 (동굴) a cave, a den
굴 an oyster
굴뚝 a chimney; (기선의) a smokestack
굵다 big; thick; fat
꿈 a dream; an illusion
굽다¹ (휘다) bend, curve
굽다² (불로) burn; toast; (고기를) roast; broil; bake
궁전 宮殿 a palace
권력 權力 power, authority
권리 權利 a right
권위 權威 authority, power
권총 拳銃 a pistol; a revolver (연발총)
권하다 勸— advise, recommend
궤도 軌道 (천체의) an orbit; (철도의) a track
꿰매다 (바느질하다) sew, stitch
귀 an ear
귀고리 (a pair of) earrings
귀국하다 歸國— return to one's country; return [come, go] home

귀로 歸路 ¶~에 오르다 start on one's home; leave for (one's) home
귀머거리 a deaf person
귀빈실 貴賓室 a VIP room
귀여워하다 love
귀엽다 pretty; dear; lovely; charming
귀이개 an earpick
귀중 貴重 ¶~한 precious, valuable, important
귀중품 貴重品 precious belongings, valuables —보관소 a safe deposit
귀찮다 annoying, troublesome
규모 規模 scale
규칙 規則 a rule, regulations
균형 均衡 balance(平均); proportion (比例)
귤 橘 a tangerine
그네 a swing
그늘 ¶~에(서) in the shade
끄다 (불을) put out, extinguish; (전등·가스 등을) turn off, switch off
그다음(에) then, after that, since then(그후)
그때까지 till then, by that time
그덕이다 nod
그런 such, so, like that
그런데 now, well, by the way
그럼 then
그루터기 a stump
끄르다 untie, undo; unpack
그리고 and, then, now
그리스도 Jesus Christ —교 Christianity —교도 a Christian
그리워하다 long for, yearn [for after]
그릴 a grill
그립다 dear, beloved, darling
그만두다 stop, give up (단념하다); resign (사직하다)
그만큼 so much, as much
그물선반 a rack
그후 —後 after that, since then
극단적 極端的 extreme
극동 極東 the Far East ¶~의 Far Eastern
극작가 劇作家 a dramatist, a playwright
극장 劇場 a theater
끈 a string, a cord
끈덕지다 persistent, tenacious
근면 勤勉 ¶~한 diligent, industrious
근무 勤務 duty (임무); business, service —하다 work,

square, a circle, a plaza
꽤 pretty, fairly (상당히)
괜찮다 safe (안전하다); sure (확실하다)
괴로워하다 feel pain, be in pain, suffer from
괴롭다 (고통스럽다) trying, hard, painful
괴롭히다 (난처하게 하다) annoy, embarrass, trouble, worry 「dreadful
굉장 宏壯 ¶~한 terrible,
교대 交代 —하다 take turns, take *one's* turn
교류 交流 문화— cultural exchange[interchange]《between A and B》
교섭 交涉 negotiation
교수 敎授 (가르침) teaching; (대학생님) a professor
교양 敎養 culture, education
교외 敎外 the suburbs
교원 敎員 a teacher, an instructor
교육 敎育 education
교장 校長 a principal, a schoolmaster
교제 交際 —하다 associate with, keep company with
교차 交叉 —하다 cross
교차점 交叉點 a crossing, an intersection
교통 交通 communication; transportation; traffic —규칙 traffic regulations —기관 a means of communication —비 transportation expenses —사고 a traffic accident —위반 (a) violation of traffic rules —혼잡 traffic congestion [jam, confusion]
교향악 交響樂 symphony —단 a symphony orchestra
교환 交換 —하다 exchange ¶ ~교수 an exchange professor
교환대 交換臺 (전화의) a telephone switchboard
교활 狡猾 ¶~한 sly, tricky, cunning
교회 敎會 a church
교훈 敎訓 a lesson
구 區 a ward
구간 區間 a section
구경거리 a sight; a spectacle; (전시) a show, an exhibition
구경꾼 (판재) a spectator; (관광객) a sightseer, a tourist
구경하다 see, visit, do sightseeing, do the sights
구급 救急 first aid —상자 a first-aid kit [case] —차 an ambulance
구두 shoes —닦이 a bootblack, a shoeshine boy(소년)
꾸러미 a bundle, a package
구레나룻 whiskers
구름 a cloud
구름다리 an overpass
꾸리다 (짐을~) pack
구멍 a hole, an opening
구명 救命 —구 a life preserver —부대 a life buoy —자켓 [조끼] a life jacket —정(艇) a life boat
꾸물꾸물 slowly, tardily
구미 區美 Europe and America —여행 a tour for [in Europe and America —인 Europeans and Americans —제국(諸國) countries in Europe and America
꾸미다 (장식하다) decorate
꾸밈 ornament, decoration
구별 區別 —하다 distinguish
구부리다 bend, curve ¶허리를 ~ stoop, bend forward
구석 (방 따위의) a corner, a nook
구슬 a bead
구식 舊式 ¶~의 old-fashioned
구실 口實 an excuse
구어 口語 spoken [colloquial] language
구역 區域 an area; a zone; a district
구월 九月 September
구전 口錢 a commission
구제 救濟 help, aid; (종교상의) salvation
구조 救助 —하다 rescue, aid, save ¶~되다 be saved, be rescued
구조 構造 structure
구좌 (계좌) an account
꾸준히 steadily; patiently
꾸짖다 scold, chide
구체적 具體的 concrete
구하다 求~ (얻다) get, obtain; (발견하다) find out
구하다 救~ (구조하다) save
꾹 (참는 모양) patiently
국가 國家 a nation, a state
국가 國歌 a national anthem
국경 國境 the frontier, the border —선 a borderline
국경일 國慶日 a national holiday
국기 國旗 a national flag
국내 國內 ¶~의 home domestic
국립 國立 ¶~의 national —극장 a national theater
국무총리 國務總理 the Premier, the Prime Minister
국민 國民 a nation; a people —감정 a national sentiment —성 the national character, nationality

공동 共同 ¶~의 common —변소 a public lavatory
공로 空路 an air route ¶~로 by air [plane]
공립 公立 ¶~의 public
공민권 公民權 civil rights
공부 工夫 study
공사 工事 construction ¶~중 《게시》 Men Working/Under Construction 「legation
공사 公使 a minister —관 a
공사 公社 a public corporation
공산주의 共産主義 communism
공상 空想 ¶~하다 fancy, imagine, dream
공손 恭遜 ¶~한 polite
공식 公式 ¶~의 formal; official
공업 工業 industry
공연 公演 ¶~하다 perform, play
공용 公用 ¶~으로 on official business
공원 公園 a park 국립~ a national park (무료로)
공으로 空~ free, for nothing
공장 工場 a factory, a plant —지대 a factory district [area]
공적 功績 services, merit
공정 公正 ¶~한 just, fair
공정 公定 —가격 an official price —환율 official exchange rate
공중 公衆 ¶~의 public —도덕 public morality —변소 a (public) lavatory, 《美》 a comfort station —위생 public hygiene [health] —전화 a public telephone; 《美》 a telephone booth, 《英》 a call box
공책 空冊 a notebook
공통 共通 ¶~의 common
공판 公判 a trial 「tial
공평 公平 ¶~한 fair, impartial
공포 恐怖 fear; terror
공표 公表 —하다 publish, announce, make public
공항 空港 an airport —건물 an airport building —버스 an airline bus —세(稅) airport tax
공해 公害 public hazards [evil], air and water pollution
공헌 貢獻 —하다 contribute
공화국 共和國 a republic
공휴일 公休日 a legal holiday, a holiday, a vacation
곶 ⇨갑(岬)
꽃 a flower; a blossom
꽃꽂이 flower arrangement
꽃다발 a bunch of flower, a bouquet
꽃밭 a flower bed (화단)

꽃병 —甁 a (flower) vase
과거 過去 the past (days)
과로 過勞 overwork
과묵 寡黙 ¶~한 taciturn; reserved
과반수 過半數 a majority; the great part of
과부 寡婦 a widow
과세 課稅 taxation
과식 過食 —하다 overeat, eat too much
과실 過失 a fault; a mistake; an error ¶~로 by mistake; by accident
과연 果然 ¶~ 그렇군 Indeed!/I see. 「[shop]
과일 fruit —가게 a fruit store
과자 菓子 a cake; [사탕] 《美》 candy, 《英》 sweets
과자점 菓子店 a confectionery shop; 《美》 a candy store, 《英》 a sweet shop
과장 誇張 ¶~된 exaggerated
과학 科學 science —박물관 the Science Museum —자 a scientist
꽉 (빽빽이) close, closely
관객 觀客 a spectator; the audience
관계 關係 ¶~되다 be related to, be connected with, concern —자 a party [person] concerned
관공서 官公署 a public office
관광 觀光 sightseeing —객 a sightseer, a visitor —버스 a sightseeing bus —안내소 a sightseeing agency —여행 a sightseeing tour —지 a tourist resort —지도 a guide map
관대 寬大 ¶~한 generous
관람석 觀覽席 a seat, a stand
관리 官吏 an official, an officer
관리 管理 —하다 manage, control 「tiable
관세 關稅 customs duties ¶~가 붙는 dutiable; 《美》 dustomable
관습 慣習 a custom; a convention
관심 關心 concern; interest ¶~을 가지다 be interested in
관절 關節 a joint
관제탑 管制塔 a control tower
관찰 觀察 observation —하다 observe
관청 官廳 a government office
관측 觀測 —하다 observe
관현악 管弦樂 an orchestra
광경 光景 a sight, a scene
광고 廣告 an advertisement
광대 廣大 ¶~한 vast, grand
광선 光線 light, a ray, a beam
광장 廣場 an open space, a

하다 continue, last, go on ¶~되다 continue, lost
계약 契約 —**하다** contract ―金(선불금) a deposit; an initial payment ―서 a(written) contract; contractual documents
계원 係員 a clerk in charge
계절 季節 a season 「count
계정 設定 a counting; an account
계좌 計座 an account
계획 計畫 a plan, a project
고가전차 高架電車 an elevated train
고개¹ (목) a neck; (머리) a head ¶~를 숙이다 hang one's head, droop
고개² (산길) a (mountain) pass
고구마 a sweet potato
고국 故國 one's native land [country]
고급 高級 ¶~의 very good, excellent, fine, first-class, high-class, high-grade ―品 high-grade articles
고기 meat
고대 古代 ancient times
고도 高度 altitude, height
고동 (수도의) (美) a faucet, (英) a tap 「ful
고되다 苦― trying, hard, pain-
고등 高等 ¶~의 high, high-grade, high-class
고딕식건축 ―式建築 Gothic architecture 「think of
고려 考慮 —**하다** consider,
고르다 choose; select
꼬리표 ―票 a label, a tag
고맙다 ¶고맙습니다 Thank you. / Thanks.
고무밴드 a rubber band
고문 顧問 an adviser; (회사 등의) a consultant
고물 the stern
고민 苦悶 worry, trouble, sufferings 「mit
고백 告白 —**하다** confess, ad-
고상 高尚 ¶~한 elegant, refined, graceful
고생 生生 troubles, hardships, care ¶~스러운 trying, hard, painful 「person of
고소 告訴 —**하다** accuse a
고속도로 高速道路 an expressway, a highway, a freeway
고스란히 just as it is (있는 그대로); wholly (모조리)
고십 a gossip
고아 孤兒 an orphan
고안 考案 a device
고용 雇用 —**하다** employ, engage, hire
고원 高原 a plateau

고유 固有 ¶~의 peculiar (to), proper (to); native (to)
고의 故意 ¶~적 intentional/~로 intentionally, deliberately
고장 故障 an obstacle (장애); an accident; (a) trouble ¶~나다 be [get] out of order
고적 古跡 historic sites
고전 古典 classics
고정 固定 —**하다** fix, set
고집 固執 ¶~센 obstinate, stubborn
고쳐쓰다 rewrite, write again
고쳐지다 change; be renewed (새로와지다)
고치다 change(변경하다); correct (바로잡다); cure (치료하다); mend (수리하다)
고통 苦痛 pain (아픔); agony (괴로움)
고하다 告― tell, announce
고함 高喊 ¶~치다 cry, shout, roar
고향 故鄉 one's (old) home, one's native place
꼭 (정확히) punctually, just; (반드시) surely, without fail, by all means
곡류 穀類 =곡물
곡물 穀物 cereals, (美) grain, (英) corn 「feats
곡예 曲藝 tricks, (acrobatic)
꼭지 (수도의) (美) a faucet, (英) a tap
곤두박이로 headforemost, headlong, head over heels
곤란 困難 difficulty, hardship ¶~한 difficult, hard
곧 at once, instantly; soon, 「at
골동품 骨董品 a curio
골목길 an alley; a lane
골짜기 a valley
골치 ¶~아픈 troublesome, difficult 「golf course
골프 golf —場 a golf links, a
골팡이 mold
곳 a place 「handsome
곱다 pretty, beautiful, fine,
공간 空間 space; room (더기)
공개 公開 —**하다** open to the public 「charge
공격 攻擊 —**하다** attack,
공공 公共 ¶~의 public ―심 public spirit 「publicly
공공연히 公公然― openly,
공교롭게 工巧― unfortunately, unluckily
공군 空軍 an air force
공급 供給 —**하다** supply with (발공기) a (rice) bowl
공기 空氣 air ―구멍 an air vent

게다가 moreover, besides
게시 揭示 a note, a bulletin
게시판 揭示板 《英》 a notice board, 《美》 a billboard
게양 揭揚 ―하다 put up; (깃발 등을) hoist
게우다 vomit
게으름피우다 to be idle, be lazy
게이트 a gate
겨냥하다 take aim at
겨드랑이 the armpit
껴안다 embrace
겨우 narrowly (간신히); barely; with difficult (고생)
겨울 winter
겨자 mustard
격납고 格納庫 a hangar
격려 激勵 ―하다 encourage
격언 格言 a proverb, a saying, a maxim
견고 堅固 ¶―히 하다 harden, strengthen
견디다 bear, endure, stand, put up with
견본 見本 a sample
견실 堅實 ¶―한 steady, solid, sound
견학 見學 inspection, observation ―하다 visit for study
견해 見解 a point of view
결과 結果 (a) result, a consequence
결국 結局 after all, in the end
결론 結論 a conclusion ¶―에 달하다 come to [reach] a conclusion
결백 潔白 ¶―한 pure, innocent from
결석 缺席 ―하다 be absent
결승 決勝 the final game
결심 決心 ―하다 determine, make up *one's* mind
결여 缺如 ¶―되다 lack, be lacking in, be wanting in
결의 決議 ―하다 resolve
결점 缺點 a fault, a defect
결정 決定 ―하다 settle, decide
결코 決― ¶―…않다 never, by no means
결핍 缺乏 ―하다 lack, be[run] short of, be in want of
결함 缺陷 *a defect, a fault* ¶―있는 자동차 a defective car
결항 缺航 ―하다 be interrupted, be canceled
결혼 結婚 ―하다 get married
겸손 謙遜 ¶―한 modest, humble
경계 境界 a boundary, a border ―선 a boundary line
경계 警戒 ―하다 guard against, look out for
경고 警告 ―하다 warn
경관 警官 a policeman

경기 景氣 (세상의) the times; (장사의) business
경기 競技 a game; a match; a contest
경도 經度 longitude
경력 經歷 a career
경로 經路 a course, a route
경마 競馬 a horse race, horse racing
경망 輕妄 ¶―스러운 hasty, careless
경멸 輕蔑 ―하다 despise
경비 經費 expense(s), cost
경비 警備 ―하다 defend, guard ―원 a guard
경사 傾斜 ―하다 incline, slant, slope
경사 慶事 ¶―스러운 happy, joyous
경솔 輕率 ¶―한 careless, rash, hasty
경식당 (간이식당) a snack bar
경식사 輕食事 a light meal, 《美》 a snack
경영 經營 ―하다 manage ―자 a manager
경우 境遇 a case, an occasion
경유 ‐經由 ¶―로 by way of, via
경의 敬意 respect
경이 驚異 wonder
경쟁 競爭 contest, competition
경제 經濟 economy ¶―적 economical
경주 競走 a race
경찰 警察 the police ―관 a policeman ―서 a police station ―여자 ―관 a policewoman
경치 景致 a scene, a view; (전체의) scenery
경품 景品 a premium, a gift
경향 傾向 a tendency
경험 經驗 experience ―담 a story of *one's* personal experience
경화 硬貨 a coin
곁 the side ¶―에 by, close to
계곡 溪谷 a valley
계급 階級 a class 상류[중류, 하류]― the upper [middle, lower] class(es)
계단 階段 stairs, a step
계란 鷄卵 an egg ¶삶은 ~ boiled egg/반숙[완숙]~ a soft-boiled [hard-boiled] egg/생[날]~ a raw egg
계류 繫留 ―하다 moor at
계산 計算 a counting; an account; a bill (계산서) ¶―을 치르다 pay a bill, 《美》 foot a bill; (호텔의) check out ―하다 calculate, count ―기 a calculating machine, a computer
계속 繼續 continuance, succession; (이야기의) a sequel ―

개울 a brook, a stream
개인 個人 an individual —주의 individualism
개장 開場 —하다 open the door; open
개정 改正 —하다 revise, amend; change
개조 改造 —하다 reconstruct; reorganize
깨지다 be broken, break; be damaged ¶깨지기 쉬운 물건 (조심하시오) 《게시》 Fragile
개집 a kennel
개찰 改札 —하다 examine [punch] tickets —구 a ticket gate, a wicket
개척 開拓 —하다 develop, cultivate
개천 開川 a river
개최하다 開催— hold, give
객관적 客觀的 objective
객실 客室 (비행기·선박의) a cabin; (호텔 등의) a guest room; (가정의) a drawing room
객차 客車 a passenger train
갯바람 a sea breeze
거꾸로 (상하가) upside down; the wrong side up; headlong (곤두박이로)
거기 that place, there
꺼내다 draw out, take [get] out, carry out
거대 巨大 ¶~한 huge, gigantic
거둬들이다 harvest, reap in
거들다 help ¶거드는 사람 an assistant, a help
거룩하다 (위대하다) great
거리 (가로) a street; (가로·길) an avenue
거리 距離 distance, an interval
거리낌없이 unreservedly, without reserve, freely
거미 《昆》a spider
거북하다 uncomfortable
거스름돈 change ¶~은 넣어 두게 Keep the change.
거슬러올라가다 (강을) go [row] up a river; (과거로) go back to the past
거실 a sitting room, 《美》 a living room
거울 a mirror; a looking glass
거의 almost, nearly ¶거의 ~ㄹ 없다 [않다] little; few; hardly; scarcely
거절 拒絶 —하다 refuse; reject, decline

거주권 居住權 the right of residence
거주자 居住者 a dweller
거지 a beggar
거짓말 —하다 tell a lie
거창스럽다 burdensome, cumbersome
꺼칠꺼칠하다 feel rough
거칠다 rough; coarse
거침없이 smoothly, fluently, easily
거푸집 a mold
거품 foam, a bubble
걱정 ¶~이 되다 be anxious about —하다 worry about, feel uneasy
꺾다 break; break off; fold (접다); bend (구부리다)
꺾이다 break, be broken; give in
건강 健康 health ¶~한 healthy —보험 health insurance —진단 a medical examination —진단서 a health certificate
건너다 cross, go over
건널목 (철도의) a (railroad) crossing
건네주다 hand (over)
건물 建物 a building
건배 乾杯 —하다 drink [toast] ¶~! Bottom up!
건설 建設 —하다 build, construct, establish —공사 construction work
건전 健全 ¶~한 sound; healthy, wholesome
건조 乾燥 ¶~한 dry —기(器) a dryer, a drier —실 a drying room
건축 建築 —하다 build, construct —가 an architect —술[학] architecture
걷다 (걸음을) walk
걷다² (소매를) roll [tuck] up ¶소매를 걷고 with bare arms
걸다 (그림을등) hang; (전화를) telephone to; (말을) speak to, accost
걸리다 (매달리다) hang on [from]; (요하다) take, need, cost; (전화가) have a (phone) call from; (병에) suffer from
검 gum, (a stick of) chewing gum
검다 black; dark
검사 檢査 —하다 inspect, examine
검소 儉素 ¶~한 simple, plain
검역 檢疫 quarantine —관 a quarantine officer
검토 檢討 —하다 investigate
겁 怯 ¶~이 많은 cowardly, timid
겁나다 怯— fear; be afraid of
겁쟁이 怯— a coward
겉 the face, the right side (표면)
게 a crab

¶(값을)깎아주다 reduce
간 肝 the liver
간격 間隔 a space, an interval
간결 簡潔 ¶∼한 brief; concise
간단 簡單 ¶∼한 simple, short; light(간편한)
간선 幹線 a trunk line
간섭 干涉 —하다 interfere, meddle with [in]
간소 簡素 ¶∼한 simple, plain
간식 間食 (오후의) afternoon refreshments
간신히 艱辛— narrowly, barely, with difficulty (애써)
간이식당 簡易食堂 a snack bar
간장 —醬 soy, 《英》soya
간장 肝臟 the liver
간접 間接 (응단) ¶∼한 indirect
간주하다 看做— regard as, consider
간판 看板 a sign, a signboard
간편 簡便 ¶∼한 handy; (크기가) of convenient size
간행 刊行 —하다 publish
간호 看護 —하다 nurse
간호원 看護員 a nurse
깔개 a rug
갈다 change; renew
깔다 (요 등을) spread, lay
갈매기 a sea gull
갈비 the ribs
갈색 褐色 brown
갈아타다 change 《trains, cars》; transfer ¶갈아타는 역 a station for changing cars, a junction /갈아타는 표 a transfer
갈증 渴症 ¶∼나다 feel thirsty
갈채 喝采 —하다 cheer, applaud
갈팡질팡하다 get confused, be upset
갉아먹다 gnaw, bite
감 a persimmon
감각 感覺 sense, feeling
감격 感激 —하다 be deeply moved by [with]
감기 感氣 a cold ¶∼걸리다 catch a cold —약 medicine for a cold
감다 wind; roll
감독 監督 —하다 supervise; control; direct; oversee
감동 感動 —하다 be moved [impressed] by [with]
깜박 carelessly; absentmindedly
감사 感謝 —하다 thank, appreciate, be grateful ¶—절 Thanksgiving Day
감싸다 (비호하다) protect, shield; plead for 《things》
감상 感想 impressions; feelings
감상 鑑賞 —하다 appreciate
감소 減少 —하다 decrease, become less
감시 監視 —하다 watch, look out for; keep guard (경계하다)
감염 感染 —하다 be infected
감자 a potato
감정 感情 feeling(s); emotion
감탄 感歎 —하다 admire, wonder at
갑 岬 a cape; a promontory
갑갑하다 (꼭 끼어서) tight
갑자기 suddenly
갑판 甲板 a deck —의자 a deck chair
값 a price; a cost (대가) ¶∼을 올리다 raise the price
값지다 dear, precious
갓구운 fresh-baked, hot from the oven
강 江 a river
강건 强健 ¶∼한 strong, stout
강대국 强大國 a big [great] power
강도 强盜 a burglar, a robber
강사 講師 a lecturer, an instructor
강연 講演 —하다 lecture on
강의 講義 a lecture
강제 强制 ¶∼로 by force
강조 强調 —하다 lay emphasis, emphasize
강철 鋼鐵 steel 《son of
강탈 强奪 —하다 rob a person,》
깡통따개 《美》 a can opener, 《英》 a tin opener
강하다 强— strong ¶강하게 하다 make strong
갖가지 various; all sorts [kinds] of
갖고다니다 carry about
갖추어지다 (준비가) be prepared [ready]
같다 ((be) the same, equal; (동등하다) be equal to, be equivalent
갚다 (돈을) repay
깨끗하다 clear
개다¹ (접다) fold
개다² (하늘이) clear up, become clear
개략 槪略 an outline
개량 改良 —하다 improve, remodel
깨물다 bite; gnaw
개방 開放 —하다 open ¶∼적 frank and easy
개봉 開封 —하다 release ¶—영화 a first-run film
개선 改善 —하다 improve, make a thing better
개성 個性 individuality, personality
개시 開始 —하다 begin, open, start
개업의 開業醫 a (medical) practitioner
깨우다 (잠에서) wake (up);

ㄱ

가까이에 (손이 닿는 곳에) at hand
가각 街角 a street corner
가깝다 near, close by
가게 《美》a store, 《英》a shop
가격 價格 a price ¶ ~을 인상[인하]하다 raise[lower] the price —인하운동 a cut-price movement
가격표 價格表 a price list
가결 可決 —하다 approve of, pass a bill
가계 家計 household economy
가공 加工 —하다 manufacture, work upon, process
가공 架空 ¶ ~의 unreal, imaginary
가구 家具 furniture
가끔 sometimes, from time to time
가난 ¶ ~한 poor, needy
나날프다 weak, delicate, feeble
가늘다 thin, slender
가늠하다 guess
가능 可能 ¶ ~한 possible // ~한 한 as... as possible
가다 go, come
까다 (껍질을 ~ (손으로) peel; (나이프로) pare
까다롭다 strict(엄격한); particular (따지는)
까닭 reason
가두다 shut up
가득 close, closely
가득하다 be full of
가라앉다 sink; go down (폭풍 등이), calm down, be put down
가랑비 a light [drizzling] rain
가련 可憐 ¶ ~한 pitiable, miserable
가렵다 itchy
가령 假令 (예를 들면) for instance, for example
가로 the side(측면); the width
가로 across the street (폭)
가로수 街路樹 street trees —길 an avenue
가로지르다 cross, go across, walk across
가르다 divide, part
가르치다 teach; educate; (길 등을) tell, show
가르침 be taught
가리마 ¶ ~를 타다 part
가리키다 show, indicate
가망 可望 hope; expectation; possibility
가발 假髮 a wig

가방 a bag, a briefcase
가볍다 light; slight
가사 家事 household affairs
가솔린 《美》gasoline, 《英》petrol
가수 歌手 a singer
가스 gas —풍로 [레인지] a gas range
가슴 the breast, the bosom
가시다 ¶목을 ~ gargle (the throat)
가드 a guard
가든파티 a garden party
가제 gauze
가운 a gown
가운뎃손가락 the middle finger
가위 scissors
가을 autumn, 《美》fall
가이드 a guide
가짜 an imitation ¶ ~의 false; forged (위조뭔)
가자미 《魚》a flatfish
가장 假裝 —하다 pretend
가장자리 an edge, the verge
가정 家庭 a home, a family —생활 a home [family] life
가져가다 take (along, away)
가져오다 bring; fetch
가족 家族 a family
가죽 skin; a hide; leather
가지 (나무의) a branch
가지각색 —各色 ¶ ~의 various, diverse, of all kinds[sorts]
가지다 have, take, hold; (소유하다) own, possess
가지런히 neatly ¶ ~하다 arrange, put in order
가축 家畜 domestic animals, cattle
가치 價値 value, worth ¶ ~있는 worthy, valuable
가톨릭 Catholicism ¶ ~의 Catholic —교도 a Catholic
가파르다 steep
각각 各各 each
각국 各國 every [each] country
각기 各其 each, respectively
각사탕 角砂糖 lump sugar, cube sugar
각오 覺悟 —하다 be ready [prepared] for
각자부담 各自負擔 ¶ (비용 등을) ~으로 하다 go Dutch, split the bill
각종 各種 ¶ ~의 all kinds [sorts], of, of every kind, of all kinds
깎다 (머리를) cut; (양털을) shear; (풀을) mow; (치다) trim; (수염을) shave; (뾰족히) sharpen; (값을) beat down

韓英篇
KOREAN - ENGLISH

young [jʌŋ] *a.* 젊은 (*opp.* old); (시일・철이)이직 이른; 경험없는; 청춘시대의: the ~(*er*) Pitt 작은 피트, 아들 피트 / The night is still ~. 아직은 저녁이다 ~ *and old* 노소 —*n.* 《동물의》새끼; 젊은이

young·ster [jʌ́ŋstər] *n.* 젊은이; 어린이, (특히)소년

your [jɔːr, juər, jər] *pron.* you 의 소유격

yours [jɔːrz, juərz] *pron.* you 의 소유대명사

your·self [jɔːrsélf, juər-, jər-] *pron.* 너(당신) 자신

your·selves [jɔːrsélvz, juər-, jər-] *pron.* yourself의 복수

youth [juːθ] *n.* (*pl.* [-ðz]) 《집합적》~) 청년시대; 청춘(기); 젊음; 청년, 젊은이; 《총칭》 젊은이들

youth·ful [júːθf(u)l] *a.* 젊은, 혈기왕성한; 젊은이다운

yóuth hòstel 유스호스텔

yu·an [juːɑ́ːn] *n. sing. & pl.* 원(元) (중국의 화폐단위)

Yu·go·sla·vi·a, -Sla·vi·a [júːgoslɑ́ːviə, -vjə] *n.* 유고슬라비아 (공식명칭은 유고슬라비아 연방공화국 Federal Republic of Yugoslavia, 수도는 베오그라드)

yule [juːl] *n.* 크리스마스의 축제

yule·tide [<táid] *n., a.* 크리스마스계절(의)

Y.W.C.A. = Young Women's Christian Association 기독교 여자청년회

Z

zeal [ziːl] *n.* 열심(ardor), 열중 《*for*》: *with* ~ 열심히 《한

zeal·ous [zéləs] *a.* 열심인, 열올리는

ze·bra [zíːbrə] *n.* 《動》얼룩말

ze·nith [zíːniθ/zéː] *n.* 천정(全盛), 절정, 정점

ze·ro [zí(ə)rou] *n.* (*pl.* ~**es**, ~**s**) 《數》령, 제로; 영점; (온도계의)영도; 최하점: *below* ~ 영하

zest [zest] *n.* (강한)향미, 풍미

Zeus [zuːs/zjuːs] *n.* 《그神》 제우스(Olympus산의 주신(主神)) (*cf.* Jupiter)

zig-zag [zígzæg] *n., a., ad.* Z자형(의, 으로), 갈지자 모양(의, 으로) —*vi.* Z자형(갈짓자)으로 나아가다

Zim·bab·we [zimbɑ́ːbwe] *n.* 짐바브웨(로디지아의 개칭)

zinc [ziŋk] *n.* 《化》 아연, 함석

Zi·on [záiən] *n.* 시온산(Jerusalem에 있는 산); 《총칭》 이스라엘 사람 ~**ism** *n.* 시온주의, 유대민족주의

zíp còde [zíp] 《美》 우편번호

zíp fàstener 《英》 = zipper

zip·per [zípər] *n.* 지퍼

zone [zoun] *n.* ...대(帶); 지대, 지역: the safety ~ 안전지대 / the sterling ~ 파운드지역 / a business [residential] ~ 상업 [주택]지역 / the Frigid [Temperate, Torrid] ~ 한[온, 열]대

zoo [zuː] *n.* (*pl.* ~**s**) 동물원; (*the* Z~) 런던 동물원

zo·o·log·i·cal [zòuəlɑ́dʒik(ə)l/ -lɔ́dʒ-] *a.* 동물학(상)의: a garden 동물원 [동물학

zo·ol·o·gy [zo(u)ɑ́lədʒi/-ɔ́l-] *n.*

zoom [zuːm] *vi.* 붕 소리내며 움직이다; 《空》 급상승하다 —*n.* 급(각도)상승; 《映・TV》 화상의 급속한 확대[축소] ~ **lens** 줌렌즈

Zu·rich [zú(ə)rik/zjúə-] *n.* 취리히(스위스의 주・도시)

Y

yacht [jɑt/jɔt] *n.* 요트; 개인용 유람선 —*vi.* 요트로 타다

yacht·ing [játiŋ/jɔ́t-] *n.* 요트놀이, 요트 조종(술): go ~ 요트 타러 가다

yah [jɑː] *int.* 야아(경멸 등의 소리)

Yale [jeil] *n.* 미국 Connecticut 주 New Haven에 있는 대학

Yang·tze [jǽŋtsi(ː)] *n.* (the ~) 양자강(揚子江)

Yan·kee [jǽŋki] *n.* 미국인(외국인이 부름); (국내에서)북부사람 ~**ism** *n.* 양키기질; 미국방언

yard[1] [jɑːrd] *n.* 마당, 구내, 둘러싸인 땅 (enclosure); 《보통 복합어로 써서》 공장, 물건 두는 곳 「(略: yd.)

yard[2] *n.* 야드; 야드 (3 피트) = yard(s)

yarn [jɑːrn] *n.* 실, 방사(紡絲), 뜬실; 《口》 모험담, 이야기

yaw [jɔː] *vi.* (배·비행기가)진로를 벗어나다; 좌우로 흔들리며 나아가다

yawl [jɔːl] *n.* 배에 실은 보트; 작은 돛단배

yawn [jɔːn] *vi.* 하품하다 —*n.* 하품

yd. = yard(s)

yeah [je, jɑː] *ad.* 《美口》 = yes

year [jiər, jəː] *n.* 해, 연, (pl.) 나이; 노년: the common [leap] 평년[윤년]/next [last] ~ 내[작]년/for ~s 다년간/of late ~s 근년에 있어 *all the ~ round* 1년내내 *from ~ to ~* / *~ after [by]* ~ 해마다 *the New Y~'s Day* 설날

year·ly [<li] *a.* 한해 한번의, 매년의, 그해만의 —*ad.* 해마다, 매년

yearn [jəːrn] *vi.* 동경하다; 몹시 …하고 싶어하다, 열망하다

yeast [jiːst] *n.* 이스트, 누룩

yell [jel] *vi., vt.* 소리지르다, 고함치다 —*n.* 고함소리; 《美》 응원소리

yel·low [jélou] *a.* 노란, 황색의; 종이; 질투심많은; 비겁한: ~ fever 황열병/~ **card** 《口》 (에)방첨종이표 /~ **flag** 황색기 (전염병 또는 검역 표시로 선박에 개양) /~ light (달걀의)노른자위 —*vi., vt.* 노래지다, 황색으로 되게하다

Yéllow Páges (전화번호부의) 직업별 번호란

Yel·low·stone [<stòun] *n.* (the ~) 미국 Wyoming주에 있는 미국 최대의 국립공원, 간헐천 으로 유명

yen [jen] *n. sing. & pl.* 엔(円)

yes [jes] *ad.* 1 (부름에 대답하여) 예 2 《질문에 답하여》 예, 그렇습니다 (opp. no) 《부정적으로 물었더라도 대답이 긍정적면 yes라 함》 3 《상대의 말에 동의하여》 암, 그렇지 4 《끝을 올려서 발음하여》 예? 그래요? 5 《강조》 게다가, 더구나 ~, yes라는 말 (긍정·승낙의 말)

yés màn 《口》 시키는 대로 하는 사람

yes·ter·day [jéstərdi, -dèi] *n.* 어제; 과거, 작금: ~ morning [afternoon, evening] 어제 아침[오후, 저녁] /~ week 지난주의 어제 —*ad.* 어제(는)

yet [jet] *ad.* 1 《보통 부정구문에서》 아직: 아직도: He has not come ~. 그는 아직 안왔다 2 벌써 3 아직도, 지금도(여전히) 4 게다가, 그 위에 또 5 멀지 않아, 언젠가는 6 (nor와 함께) …조차도(않다) 7 《비교급과 함께》 더욱 더 *and ~* 그럼에도 불구하고 *as ~* 아직, 지금까지는, 거기까지는 *not ~* 아직은 …않다 —*conj.* 그럼에도 불구하고

Y.H.A. = Youth Hostels Association 유스호스텔 협회

yield [jiːld] *vt.* 낳다, 산출하다; 포기하다, 양보하다 —*vi.* 작물이 나다, 수익을 가져오다; 굴복 [복종]하다 (to); 굽다 —*to* …에게 양보하다, 지다; 따르다 —*n.* 산출(고); 수익; 양보

Y.M.C.A. = Young Men's Christian Association 기독교 청년회

yo·del [jóudl] *n.* 요들 (스위스의 목동이 부르는 가성 (假聲·섞인 목소리)

yo·ga [jóugə] *n.* 요가(의 수행)

yo·gurt, -ghurt [jóugərt, guə-rt/jɔ́-, jóu-] *n.* 요구르트

yoke [jouk] *n.* 멍에 —*vt.* 멍에를 매우다; 결합하다 「기름

yolk [jouk] *n.* 노른자위; 양털

Yom Kíp·per [jɑmkípər/jɔm-] (유태교의)속죄일

York·shire [jɔ́ːrksk(i)ər/-ʃə] *n.* England 동북부의 주

Yo·sem·i·te [jousémiti] *n.* California주의 계곡, 국립공원

you [ju, jə, juː] *pron.* (pl. ~) 당신(들)은; 너희(들)은 〔에게〕

worst [wə:rst] *a.* bad, ill의 최상급 —*ad.* badly, ill의 최상급 —*n.* 가장 나쁜[사람, 것], 최악: prepare for the ~ 만일의 경우에 대비하다 at (the) ~ 아무리 나빠야 if (when) the ~ comes to the ~ 만약[최악]의 경우에는

wor·sted [wústid] *n.* (긴 양털로 만든)털실 (cf. wool), 모직물

worth [wə:rθ] *a.* …의 가치가 있는, …할만한: a place ~ visiting 가볼만한 곳/It is ~ seeing. 볼만하다/It is ~ a million. 그것은 백만 달러의 가치가 있다 ~ while ((one's)) ((doing, to do)) (…할)가치가 있는, 할 보람이 있는 —*n.* 가치, 값어치: of little ~ 하찮은 ~·less *a.* 가치없는, 보잘것없는, 쓸모없는

wor·thy [wə:rði] *a.* 존경할만한, 훌륭한; 가치있는, …에 어울리는

would [wud, wəd, (ə)d] *aux. v.* ((Will의 과거)) **1** ((간접화법)): He said he ~ do it. 그는 그렇게 하겠다고 말했다 **2** ((조건법)): I ~ do so if I could. 할 수 있다면 그렇게 하겠는데 **3** ((과거의 습관)): Now and then a blackbird ~ come. 때때로 지빠귀가 날아오곤 하였다 **4** ((소망)) 바라다, …하고 싶다 **5** ((가정법, 완곡·정중한 표현)): W~ you kindly show me the way? 길 좀 가르쳐 주시겠습니까

wound[1] [wu:nd] *n.* 상처, 부상, 모욕 —*vt.* 상처를 입히다; 해치다

wound[2] [waund] *v.* wind[2]의 과거(분사)

wove [wouv] *v.* weave의 과거(분사)

wov·en [wóuv(ə)n] *v.* weave의 과거분사

wran·gle [rǽŋgl] *vi.* 언쟁[논쟁]하다 —*n.* 논쟁

wrap [ræp] *vt. vi.* (p., pp. **~ped** or **wrapt**) 싸다; 감다, 덮어 두르다 —*n.* 싸개, (보통 pl.) 어깨(무릎)덮개 **~·per** *n.* 싸는 사람(것); 보자기; 책가위, 실내옷

wrath [ræθ, ra(:)θ/rɔ(:)θ] *n.* 분노 (fury), 격노, 격노

wreath [ri:θ] *n.* (*pl.* **~s** [-ðz, -θs]) 화환, 화관(花冠)

wreck [rek] *n.* 난파, 난파선; 파괴 go to ~ 파멸하다 —*vt. vi.* 난파시키다[하다], 파멸시키다[하다] **~·er** *n.* 난파선; 레커차

wrench [rent∫] *vt. vi.* 비틀다, 비틀기; ((機)) 렌치

wres·tle [résl] *vt., vi.* 씨름하다, 격투하다 **~tler** *n.* 씨름꾼, 레슬링 선수

wres·tling [résliŋ] *n.* 레슬링, 격투

wretch [ret∫] *n.* 가엾은 사람; 거지 「한

wretch·ed [rét∫id] *a.* 불쌍한, 불행한, 비참한; 고약한

wring [riŋ] *vt.* (p., pp. **wrung**) 짜다, 비틀다

wrin·kle [ríŋkl] *n.* (피부의)주름(살); (천의)주름, 구김살 —*vt., vi.* 주름잡(게)하다, 구겨지다

wrist [rist] *n.* 손목

wrist·let [-lit] *n.* 팔찌

wrist-watch [-wɔ́t∫/-wɔ̀t∫] *n.* 손목시계

write [rait] *vt., vi.* (p. **wrote**, pp. **writ·ten**) (글씨를)쓰다; 저술하다; (편지를)쓰다 ~ **back** 답장을 쓰다 ~ **down** 기재하다, 적어놓다 ~ **in** 써넣다 ~ **out** 자세히[모두] 쓰다 ~ **over** 다시 쓰다 ~ **to** …에게 편지를 쓰다 「작자, 저자

writ·er [ráitər] *n.* 쓰는 사람; 필자

writ·ing [ráitiŋ] *n.* 쓰기, 서법; 필적; (*pl.*) 저서; ~ **pad** 철해진[편지지], ~ **paper** 편지지

writ·ten [rítn] *v.* write의 과거분사 —*a.* 쓴, 문서상의

wrong [rɔ(:)ŋ/rɔŋ] *a.* 나쁜, 사악한; 그릇된; 틀이 난; 역의 (opp. right): take the ~ train 열차를 잘못 타다/Sorry, you have the ~ number. (전화에서)미안하지만 잘못 걸렸습니다 —*ad.* 틀리게; 잘못되어 **get it** ~ 오해하다 **go** ~ 길을 잘못 들다; 타락하다; (기계가)고장나다, 실패하다 —*n.* 악; 잘못; 불법, 학대, 해; 죄: **right and** ~ 옳고 그름, 선악

wrote [rout] *v.* write의 과거

wrought [rɔ:t] *v.* work의 과거(분사) —*a.* 세공된, 정제한

wrung [rʌŋ] *v.* wring의 과거(분사)

Wy·o·ming [waióumiŋ] *n.* 미국 서북부의 주

X

Xe·rox [zíːrɑks/-rɔks] *n.* ((상표)) 제록스(복사기)

Xmas [krísməs] = Christmas

X-rat·ed [éksrèitid] *a.* ((美)) ((영화가)성인용의

X-ray [éksrèi] *n., a.* (*pl.*) 엑스선(의), 뢴트겐선(의): an ~ photograph 뢴트겐 사진

wóman's rights pl. 여권
womb [wu:m] n. 자궁; 내부
wómen's lib 여성해방운동
wómen's líb·ber 여성해방운동가
won[1] [wʌn] v. win의 과거(분사)
won[2] [wan/wɔn] n. Sing. & pl. 원(한국의 화폐단위)
won·der [wʌ́ndər] n. 경탄, 경이; 불가사의한 것, 놀라운 것 *It is no ~ that* …은 조금도 이상할것 없다 *No ~!* 어쩐지!, 그럴 수밖에! ━vt., vi. 이상히 여기다, 수상쩍어하다; 경탄하다; …인지 아닐까(how, who, what, why, if, whether와 함께 씀)
won·der·ful [wʌ́ndərf(u)l] a. 놀라운, 이상한 (marvelous); 《口》 멋진, 훌륭한
won't [wount] will not의 단축
woo [wu:] vt. 구혼하다
wood [wud] n. (때로 pl.) 숲, 삼림; 재목 (timber); 목재
wood·en [wúdn] a. 나무로 만든
wood·land [wúdlənd, -lænd/-lənd] n. 삼림지대
wood·peck·er [ˊpèkər] n. 《鳥》 딱따구리
wool [wu:l] n. 양털; (짧은 양털로 만든)털실 (cf. worsted); 모직물, 모직옷
wool·en, 《英》 **wool·len** [wúlin] a. 양털의(로 만든); 모직(물)의
wool·ly, **wool·y** [wúli] a. 양털(질)의; 흐릿한
Worces·ter·shire [wústərʃiər, -ʃər] n. 영국 서남부의 주; 우스터소스
word [wə:rd] n. 낱말, 단어; 말; (때로 pl.) 이야기; 명령; 소식, 기별; 약속 *bring ~s* 소식을 전하다 *give one's ~* 약속을 하다, 약속하다 *in other ~s* 바꾸어 말하면 *keep [break] one's ~* 약속을 지키다[어기다] *leave ~* 전할 말을 남겨놓다 *upon my ~* 맹세코, 꼭
wórd·bòok [ˊbùk] n. 단어집, 사전
word·ing [wə́:rdiŋ] n. 말의 사용, 용어; 표현법
wore [wɔ:r] v. wear의 과거
work [wə:rk] n. 노동, 일, 연구; 작품; (pl.) (때로 단수취급) 공장 (factory); *the ~s of Shakespeare* 셰익스피어 전집 *at ~* 작업중, 운전중, 일하고 *go to ~* 일에 착수하다, 출근하다 *out of ~* 실직하여; (기계가) 멎

장나서 *set to ~* 일을 시작하다 ━v. (p., pp. **~ed** or 《vt. 2 이외는 고어》 **wrought**) vi. 일하다; 작용하다, 잘되다, (효력이)듣다; 종사하다; (기계가) 움직이고 있다 ━vt. 1 일시키다 (기계를) 가동시키다, 운전하다; (사람을)부리다, 부려먹다 2 세공하다, 만들다; 행하다 *~ out* 노력하여 완수하다; 기안하다
wórk·bòok [ˊbùk] n. 수련[연습]장
work·er [wə́:rkər] n. 일하는 사람, 직공, 근로자, 노동자 (laborer)
work·ing [ˊiŋ] a. 일하는, 가동하는; 작업의 ━n. 일, 작용; 작동, 가동
wórk·man [ˊmən] n. (pl. **-men** [ˊmən]) (수공의)직공; 노동자
work·shop [wə́:rkʃàp/-ʃɔ̀p] n. 공장, 작업장; 연구회, 귀크샵
world [wə:rld] n. 세계, 세계의 나라들[사람들]; 세상; ㅡ제, 사회 *a ~ of* 수많은 *all over the ~* 온세계에 *for the ~* 결단코, 결코 *the New [Old] W~* 신[구]세계
Wórld Bánk 세계은행(International Bank of Reconstruction and Development의 통칭)
wórld expositíon 세계박람회
world·ly [wə́:rldli] a. 이 세상의, 속세의, 세속적인
Wórld Séries 《야구》 즈미프로 야구선수권대회 (American League와 National League의 승자전)
Wórld Tráde Cénter 세계무역센터 (New York시 최고의 건물)
world-wide [ˊwáid] a. 세계적
worm [wə:rm] n. 벌레
worm-eat·en [ˊi:tn] a. 벌레먹은; 낡은, 시대에 뒤진
worn [wɔ:rn] v. wear의 과거분사
worn-out [ˊáut] a. 닳아빠진, 써서 낡은, 지쳐빠진
wor·ry [wə́:ri/wʌ́ri] vt. 괴롭히다, 귀찮게 굴다, 걱정시키다 ━vi. 고민하다, 걱정하다: *Don't ~.* 걱정말아 ━n. 근심, 걱정 (거리)
worse [wə:rs] a. bad, ill의 비교급 *and what is ~/to make matters ~* 설상가상으로 *be ~ off* 살림이 더욱 어렵다 ━ad. badly, ill의 비교급 *none the ~* 역시, 더욱도 묻구하고 ━n. 더욱 나쁨 *go from bad to ~* 더욱 나빠지다
wor·ship [wə́:rʃip] n. 예배 (식); 숭배 ━vt., vi. 예배[숭배]하다

win·ter·time [⸺tàim] *n.* 겨울(철)

win·try [wíntri] *a.* 겨울의; 차가운(cold); 냉담한

wipe [waip] *vt., vi.* 씻다, 닦다, 훔치다(off) ―*n.* 닦기, 훔치기

wire [waiər] *n.* 철사, 전선; 전신; (口) 전보; 철망: send a ~ 전보를 치다 *by ~ remittance* 전보송금 ―*vt., vi.* (口) 전보를 치다(*to*)

wire·less [wáiərlis] *a.* 무선의, 무선전신의; (英) 라디오의 ― *n.* 무선전신(전화, 전보, (英) 라디오

wire-pull·er [⸺pùlər] *n.* 꼭두각시 놀리는 사람; 배후 책동가 [조종자]

wire·tap [⸺tæp] *vt., vi.* 전화를 도청하다

Wis·con·sin [wiskánsn/-kɔ́n-sin] *n.* 미국 중북부의 주 「언」

wis·dom [wízd(ə)m] *n.* 지혜; 금

wise [waiz] *a.* 현명한 ―*ly ad.* 현명하게, 빈틈없이

wish [wiʃ] *vt.* 1 원하다, 바라다; …을 싶다(*to* do); (남을 위해)기원하다: I ~ you a Happy New Year. 새해에 복 많이 받으세요 2 (가정법) …이었으면 하다: I ~ I were a bird. 내가 새라면 좋을텐데 ―*vi.* 바라다, 원하다, …하고 싶어하다(*for*) ―*n.* 소원; (*pl.*) 축복[안부]의 말: with best ~es 행운을 빌며 *Give my best ~es to ~* 에게 안부 전해주시오

wit [wit] *n.* (*pl.*) 분별, 제정신; 기지, 재치 *at one's ~s* [~'s] *end* 어찌할 바를 몰라 *out of one's ~s* 제정신을 잃고

witch [witʃ] *n.* 마녀, (口) 매혹적인 여자

witch·craft [⸺kræft/-krɑ̀:ft] *n.* 마법, 마력

with [wið, wiθ] *prep.* 1 …과 함께; …과 같이; 조화를 이루어: Come ~ me. 나를 따라 오시오/ I am entirely ~ you in this. 이 점에서는 전적으로 너와 동감이다 2 …에 관해서, …에 있어서는: …과 비교하여: be concerned ~ …에 관계하다 [되다/ have nothing to do ~ ~ 과는 전혀 관계없다/ compare ~ …과 비교하다 3 …을 갖고, …을 지닌, …의 손에 들어가: a lady ~ golden hair 금발머리의 여자/ a plane ~ 400 seats [~ a capacity of 400] 4백명의 좌석이 있는 비행기/ I have no money ~ me. 지금 가진 돈이 없다 4 …때문에, …탓으로: tremble ~ cold 추워서 떨다 5 (도구/재료) …로, …을 써서: cut ~ a knife 나이프로 자르다 6 (명사(구)와 함께 부사구를 만듦): ~ ease 쉽사리/ ~ a smile 미소를 지으며 7 …과 동시에, …함에 따라서 8 (분리·반대를 나타냄에) …과: part ~ a friend 친구와 헤어지다 9 (반대·적대심을 나타내는 동사와 함께) …에 반대하여 *along ~* …과 함께[더불어] *~ all* …에도 불구하고, …이 있음에도

with·draw [wiðdrɔ́:] *v.* (*p.* -**drew** [-drú:], *pp.* -**drawn** [-drɔ́:n]) *vt.* 움츠리다, 뒤로 물리다; 철수하다; 철회[취소]하다 ―*vi.* 철수하다, (뒤로)물러나다, 취소하다

with·er [wíðər] *vt., vi.* 시들다, 말라죽(이)다; 쇠퇴하다(시키다)

with·hold [wiðhóuld] *vt.* (*p., pp.* -**held** [-hèld]) 억제하다, 보류하다, 삼가다, 미루다(*from*)

with·in [wiðín] *prep.* …안에, …속에; …의 범위내에, …을 넘지 않는, 이내에서: ~ a few days 2,3일중에 ―*ad.* 안에, 안(속)에, 내부에; 집안에 (indoors); 마음속으로

with·out [wiðáut] *prep.* …의 밖에, …없이, …이 없이는, 하지 않고; ~ doubt 의심할여지 없이/ reserve 서슴지 않고 *do* [*get*] *~* …없이 지내다 *fail ~* 꼭, 기필코 ―*ad.* 밖에[으로]; 집밖에; 표면으로

with·stand [wiðstǽnd] *vt., vi.* (*p., pp.* -**stood** [-stúd]) 거역하다

wit·less [wítlis] *a.* 지혜없는

wit·ness [wítnis] *n.* 증거 (evidence), 증언; 목격자; 증거인 [물]; (법정의)증인: bear ~ to …의 증언을 하다, 증인[증거] 이 되다 ―*vt.* 목격하다; 증명[입]하다

wit·ty [wíti] *a.* 재치있는

wives [waivz] *n.* wife의 복수

wiz·ard [wízərd] *n.* (남자)마법사

woe [wou] *n.* 비애, 고뇌, 피로

woe·ful [wóuf(ə)l] *a.* 슬픈, 애처로운, 비참한; 지독한

woke [wouk] *v.* wake의 과거

wolf [wulf] *n.* (*pl.* **wolves** [wulvz])《動》 늑대; 욕심사나운 사람; 《美俗》 여자를 쫓아다니는 사내: a lone ~ 독자적으로 행동하는 사람 ~ *call* 여자의 주의를 끌려고 부는 휘파람

wom·an [wúmən] *n.* (*pl.* **wom-**

wick・et [wíkit] n. (역의)개찰구; 매표구; 작은 문; 작은 창

wide [waid] a. 폭이 넓은(broad), 폭 …의; 광대한; 헐거운 —ad. 넓게 far and ~ 널리, 두루 ~**ly** ad. 널리, 일반적으로

wide-an・gle [⁼æŋgl] a.(寫) 광 각의; (映)와이드스크린방식의

wide-a・wake [⁼əwéik] a 아주 잠이 깬; 빈틈없는

wid・en [⁼n] vt., vi. 넓히다, 넓 어지다

wide・spread [⁼spréd] a 널리 퍼 진, 보급된, 유포된

wid・ow [wídou] n. 과부

wid・ow・er [wídouər] n. 홀아비

width [widθ, witθ] n. 넓이, 폭

wie・ner [wíːnər] n. (美) 비엔 나 소시지

wife [waif] n. (pl. **wives**) 아내, 처, 부인

wig [wig] n. 가발

wild [waild] a. 야생의; 미개한, 야만의; (바람 등이)사나운; 광 기(狂的)의(frantic); 엉뚱한

wil・der・ness [wildərnis] n. 황 야; 끝없이 널따란 곳

wild・life [wáildlàif] n., a. 야생 동물(의) **-lif・er** n. 야생동물보 호주의자

will¹ [wil, wəl, əl, l] aux. v. (p. **would**) 1 (단순미래) …일 것 이다 2 (의지미래) …하겠다 3 (의문) ~ you have another cup of tea? 차 한잔 더 드시겠습니까 4 (3인칭의 단순미래) W~ he come? 그는 올까요 4 (습관) 끝말늘)… 5 (불가피) Accidents ~ happen. 사고는 일 어나기 마련이다 6 (고집) This door ~ not open. 이 문 은 암만해도 안 열린다 7 (의 뢰·명령) W~ you pass me the salt? 그 소금 좀 집어주시 겠습니까／You ~ do it at once! 그 일을 즉각 해주게

will² [wil] n. 의지; 결의; 의도, (法) 유언(⁼against one's **~** 본의 아니게, 마음에도 없이 **at ~** 마음대로 —vt., vi. (p., pp. ~**ed**) 바라다, 원하다, …하고 싶어하다; Let him do what he ~. 그가 하고 싶은대로 하 게 하라

will・ful [英] **wil・ful** [wílf(u)l] a. 고의의; 외고집의

will・ing [wíliŋ] a. 기꺼이 …하 는 (ready (to do); (행위가) 자 의적인 ~**ly** ad. 기꺼이, 쾌히

wil・low [wílou] n. (植) 버들 ~ **pattern** (도자기에 흔한 중 국풍의)흰 바탕에 청색 무늬

Wim・ble・don [wímbld(ə)n] n. 런던 근교의 도시(국제 정구선 수권대회 개최지)

win [win] v. (p., pp. **won**) vt. 이기다 (opp. lose); 획득(쟁취) 하다; 설득하다 —vi. 승리를 얻다

winch [wintʃ] n. 윈치 권양기 (捲揚機)

wind¹ [wind] n. 바람; 숨, 호흡 a fair [contrary] ~ 순[역]풍／ ~ velocity 풍속／lose one's ~ 숨이 끊어지다 **against** the ~ 바람을 거슬러 **before** the ~ 바람을 업고

wind² [waind] v. (p., pp. **wound**) vt. 감다, 휘감다, 퇴감(기다); (꿀꿀)감돌다 ~ **off** (감긴 것을)되감다 ~ **up** (태엽을)감다

wind・break・er [wíndbrèikər] n. 스포츠용 자켓

wind・ing [wáindiŋ] a. 꾸불꾸 불한, (굽이굽이)감도는

wind・mill [wín(d)mil] n. 풍차

win・dow [wíndou] n. (창(문); 창 유리, 창틀 ~ **display** 진열창 에 진열하기

window dressing 진열창장식; 눈가림, 겉꾸밈

win-dow-shop [wíndo(u)ʃàp / -ʃɔp] vi. (사지는 않고)계열창을 기웃거리고 다니다

wind・shield [wíndʃi:ld] n. (美) (자동차의)방풍유리((美) **windscreen**): ~ **wipers** 와이퍼(방풍 유리 닦는 장치)

Wind・sor [wínzər] n. 윈저 서 쪽의 도시(영국 왕실의 원저궁 으로 유명) ~ **tie** 폭이 넓은 견 직 검정 네타이

wind-up [wáindʌp] n. 결말, 마 무리; (野球)와인드업

wind・ward [wíndwərd] a., ad. 바람불어오는 쪽의(으로)

wind・y [wíndi] a. 바람부는, 바 람이 센; 바람받이의

wine [wain] n. 포도주, 술 ~ **cellar** (지하의)포도주저장실 ~ **list** 포도주 일람표

wine-glass [⁼glæs/-glɑːs] n. 포 도주잔

wing [wiŋ] n. 날개; (건물의)익 랑, 날개 **on the ~** 비행중의, 여행중인 ~**ed** a. 속한

winged [wiŋd] a. 날개있는; 신

wink [wiŋk] n., vi., vt. 눈을 깜 박거리다(거리다) (blink); 눈짓 (하다) (at) **in a ~** 눈깜박할 사이에 **do not sleep a ~** 한 잠도 안자다 ~**er** n. (美) 마차 의)방향 지시등

win・ner [winər] n. 승리자, 수 상자

win・ter [wintər] n. 겨울 —a. 겨울(철)의

where·as [(h)wɛ(:)rǽz] *conj.* …인데도

wher·ev·er [(h)wɛ(:)révər] *conj.* 어디든지, 어디에나, 어디에 …하든 —*ad.* (口) 도대체 어디[에, 로]

wher·ry [(h)wéri] *n.* 나룻배, (英) 거룻배

whet [(h)wet] *vt.* 갈다, 자극하다

wheth·er [(h)wéðər] *conj.* …인지 어쩐지, …인지 또는 …인지; …인지 아닌지 — *or not*…인지 어떤지, …이든 아니든

which [(h)witʃ] *a.* ↑ 어느, 어느 쪽의, 어느 **2** 〔관계형용사〕 그리고 그 — *pron. sing. & pl.* 〔의문〕 어느, 어느 것, 〔관계대명사〕…하는(것, 일); 그리고 그것은

which·ev·er [(h)witʃévər] *pron., a.* 〔관계대명사〕 어느쪽이든; 어느것이든; 어느쪽을 …하더라도〔양보의 부사설을 이끎〕

while [(h)wail] *n.* 동안, 시간, 짧은 시간 — *after a* ~ 잠시 뒤에 *all the* ~ 그 동안 내내 *a long [good]* ~ 오랫동안 *for a [one]* ~ 잠시(동안) *worth* (*one's*) ~ (…할)가치가 있는 (*to do*) …그런데, 한편 — *conj.* …하는 동안에, …인데, 그런데, 한편

whim·sy [(h)wímzi] *n.* 변덕, 일시적 기분; 야릇한 생각

whine [(h)wain] *vi., vt.* 처랑하게 울다; 애처로운 소리로 말하다 — *n.* 흐느끼는[우는] 소리

whip [(h)wip] *n., vt.* 채찍질하다; (달걀을) 휘저어 거품일게 하다 — *n.* 채찍; 생(生)크림

whirl [(h)wə:rl] *vi., vt.* 빙빙 돌다[돌리다]; 현기증나다 — *n.* 회전, 소용돌이; 현기증

whirl·wind [~wind] *n.* 선풍, 회오리바람

whisk·er [(h)wískər] *n.* (보통 *pl.*) 구레나룻

whis·ky, -key [(h)wíski] *n.* 위스키

whis·per [(h)wíspər] *vi., vt.* 속삭이다, 소곤소곤 이야기하다; 졸졸 소리나다 — *n.* 속삭임, 소곤거림; 소문

whis·tle [(h)wisl] *vi.* 휘파람[피리]를 불다; (바람이)휙휙 소리내다; 기적을 불다 — *vt.* 휘파람으로 …을 불다; 휘파람으로 부르다[신호하다] — *n.* 휘파람; 기적(소리)

white [(h)wait] *a.* 흰, 백색의; (안색 등이)창백한; 백인종의 ~ *book*[*paper*] 백서(정부간행의 보고서) the *W*~ *House* 백악관(미국대통령 관저) — *n.* 백색, 백색; 흰색; (눈·달걀의)흰자

white·bait [~beit] *n.* (청어·청어 등의)새끼

white bear 백공, 북극공

white gold 백금(금과 니켈 등의 합금)

White·hall [~hɔ:l, ~~] *n.* London의 관청가; 영국정부

whit·en [(h)wáitn] *vt., vi.* 회게하다, 회어지다

white sauce (밀가루에 버터·우유를 섞어 만든)흰 소스

white·wash [(h)wáitwɔʃ, -wɔ:ʃ] *n.* 백색도료; (포도주를 마신 다음에 마시는)세리주; (美俗) 영패 — *vt.* 백색도료칠을 칠하다; (눈가림식으로)걷치레하다; 영패시키다

Whit·sun·day [(h)wítsʌndi, -sndèi] *n.* 성령강림제(부활제후 일곱번째 일요일)

Whit·sun·tide [(h)wítsntàid] *n.* 성령강림절(특히 최초의 3일간)

WHO = World Health Organization 세계보건기구

who [hu:] *pron.* **1** 〔의문〕 누구, 어느(어떤)사람: *W~ is it?* (전화에서)누구십니까 ~'*s he* 인물평론 ~'*s* 〈명사적용 **2** [hu:, u; u] 〔관계대명사〕 …하는〔한〕 사람; 그 사람은[이]

who·ev·er [hu:évər] *pron.* 누구든지; 누가 …하더라도, (口) 도대체 누가

whole [houl] *a.* 모든, 전체의, 전…; 완전한, 흠없는, 온전한: the ~ *world* 전세계/*three* ~ *days* 꼬박 사흘/the ~ *truth* 있는 그대로의 사실(진실) …한 — *n.* 전체, 전부 *as a* ~ 전체로서는; 총괄하여 *on [upon] the* ~ 전체적으로 보아, 대체로

whole·sale [hóulsèil] *a., ad.* 도매의[로] — *n.* 도매

whole·some [hóulsəm] *a.* 건강에 좋은(healthful); 건강한

whol·ly [hóul(l)i] *ad.* 전적으로, 완전히; 오로지

whom [hu:m, hum] *pron.* who의 목적격

whose [hu:z] *pron.* who의 소유격

why [(h)wai] *ad.* 〔의문〕 왜, 어째서 ; 〔관계부사〕 없는가 (the reason) ~ *I came*. 이것이 내가 온 이유는 *W~ don't you …?* …하는 것이 어때 *W~ not?* 왜 안돼; 좋고말고 *n.* (*pl.* ~s) 이유 —*int.* [wai] 어머!; 저런!; 피라고!; 저어…

wick [wik] *n.* (양초의)심지

wick·ed [wíkid] *a.* 나쁜, 사악한 (evil), 심술궂은

well-bred [△bréd] *a.* 좋은 가문에서 자란

well-done [△dán] *a.* 잘한; (고기가)잘 구워진(익은)

well-found·ed [△fáundid] *a.* 근거가 확고한

well-in·formed [△infɔ́:rmd] *a.* 박식한; 정통한

well-known [△nóun] *a.* 유명한, 잘 알려진, 주지의

well-man·nered [△mǽnərd] *a.* 예절바른, 얌전한

well-to-do [△tədú:] *a.* 유복한

wéll-wíshers' éntrance [wíʃərz] 송영객(送迎客) 입구

went [went] *v.* go의 과거

wept [wept] *v.* weep의 과거(분)

were [wə:r, wər] *v.* be의 복수·과거형 (가정법에서는 단수·복수) **as it ∼** 실상

west [west] *n.* 서(쪽); 서부(지방); (*the* W∼) 서양; (美) 미국의)서부 —*a.*, *ad.* 서쪽의(으로), 서방의(에); 서쪽으로부터(의) *the* W∼ *End* 런던의 서부지역(고급주택가·상점·극장이 많음)

west·ern [wéstərn] *a.* 서쪽의; (W∼) 서양의 —*n.* 서부사람; (美口) (소설·영화·음악 등의) 서부물 / 제도

Wést Índies (*the* ∼) 서인도

West·min·ster [wéstmìnstər] *n.* 런던시 중앙의 한 구(버킹검 궁전·국회의사당·웨스트민스터 사원 등이 있음); 영국 국회의사당 ∼ *Abbey* 웨스트민스터 사원(영국왕의 대관식이 거행되며, 또 영국왕 및 명사들의 무덤이 있는 곳)

Wést Póint (美) 육군사관학교 (New York시 북방에 있음)

Wést Virgínia 미국 동부의 주

west·ward [△wərd] *ad.* 서쪽으로의, 서쪽으로 향하는 —*ad.* 서쪽으로

wet [wet] *a.* 젖은 (*opp.* dry), 비오는; (미국의 주에서)주류판매를 허용하는 *be* ∼ *through* 흠뻑 젖어 있다 *get* ∼ (*to the skin*) (함빡)젖다 —*n.* 습기; 비; 강우 —*vt.*, *vi.* 적시다, 젖다

wgt. = (weight)

whale [hweil] *n.* (*pl.* ∼**s**, (총칭) ∼) (動) 고래

whale·boat [△bòut] *n.* 구명 보트의 일종

wharf [(h)wɔ:rf] *n.* (*pl.* **wharves** [(h)wɔ:rvz], ∼**s**) 선창, 부두

what [(h)wɑt, (h)wɔt/wɔt] *a.* 1 (의문) 무슨, 어떠한; (어떤 만큼)의: W∼ *number should I dial to call the operator?* 교환수를 부르려면 몇번을 돌려야 합니까 2 (감탄) 얼마나 (*cf.* how) 3 (관계형용사) (…하는) 바의 그것(의); (…하는)만큼의 —*pron.* 1 (의문) 무엇, 어떤 것, 무슨 일; 얼마, 어느 정도: W∼ *for*? 무엇 때문에/W∼ *is he*? 그의 직업은 무엇인가/W∼ *is the price*? 값은 얼마요/W∼ *can I do for you*? 뭣을 도와 드릴까요; 어느 상점에서 손님에게 하는 말) 2 (습탄) 무엇이라고!, 이런!, 어머나, 여봐! 3 (관계대명사) (…하는) 것(일): W∼ *I say is true.* 내가 하는 말은 정말이다 W∼ *about …*? …하는데 어때 W∼ *do you say to …*? (상대방의 의향을 물어)…은 어떻습니까 —*'s* (口) 실상, 사실

what·ev·er [(h)wɑtévər,(r)wʌt-/wɔtévə] *pron.* …하는 것은 무엇이나; (양보) 아무리 …라도; (口) (강조) 도대체 무엇이(을)? —*a.* 어떠한 …라도; (부정문의 명사 다음에) 추호의 …도; 하등의 …

wheat [(h)wi:t] *n.* (植) 밀

wheel [(h)wi:l] *n.* 바퀴, 수레바퀴; (口) 자전거: *sit behind the* ∼ 운전하다 〈차를)굴리다; 차로 나르다 —*vt.* 방향을 바꾸다; 자전거를 타다

wheel cháir 휠체어, 바퀴달린 의자

when [(h)wen] *ad.* 1 (의문) 언제: W∼ *should I check in*? 몇시에 체크인할까요 2 (관계부사) …하는 때에, 언제나 —*conj.* 1 …할 때에, …할 때는, 언제나 2 …하자 그때에; …에도 불구하고 —*pron.* 1 (의문) 언제: *Till* ∼ *can you stay*? 언제까지 머물 수 있습니까 2 (관계대명사)바로 그때 —*n.* 때: *the* ∼ *and the where* 때와 장소

when·ev·er [(h)wenévər] *conj.* 언제든지 …할 때마다 —*ad.* (口) 도대체 언제 (wher.의 강조형)

where [(h)wɛər] *ad.* 1 (의문) 어디에(서, 로); 어느 점에서: W∼ *can I get my baggage*? 수하물은 어디서 찾을 수 있습니까 2 (관계부사) …하는 곳; 그리고 거기서 —*conj.* …하는 곳에(에서, 으로): *Go* ∼ *you like.* 가고 싶은 곳으로 가거라 —*pron.* 1 (의문) 어디 W∼ *are you from*? 부터어 오셨소; 국적(출신지)은 어디입니까/W∼ *from*? 어디서 왔소; W∼ *to*? 어디로 2 (관계대명사) …하는 곳; 그리고 거기서 —*n.* 장소

we [wi:] pron. 우리는[가]

weak [wi:k] a. 약한 (opp. strong); 병약[연약]한; 우유부단[연한]한; 서투른 ((in)); 물을 너무 탄, 묽은, 싱거운: a ~ point 약점 *the* ~*er sex* 여성 ~**·ly** a., ad. 약하게(된); 병약하게

weak·en [wí:k(ə)n] vt., vi. 약하게 하다[되다]; (차·술 등을) 묽게 하다

weald [wi:ld] n. (the W~) (영국 남부의) 삼림 지방

wealth [welθ] n. 부(富), 재산; 부유; 풍부 ~**·y** a. 부유[풍부]한

weap·on [wépən] n. 무기; 흉기

wear [wɛər] v. (p. **wore**, pp. **worn**) vt. 입고 있다, 몸에 걸치고 있다, 나타내다; 닳게 하다, 지치게 하다 ((out)): ~ a hat 모자를 쓰고 있다 ─ vi. 사용에 견디다; 마멸 (소모)되다; 지치 다; (때가) 경과하다: ~ *out* 닳 게 하다, 마멸시키다; 지치게 하 다 ─ *well* 오래 가다, 내 구력 이 있다 ─ n. (美) 의복; 착 용(물); 해어짐; 마멸; 오래 감

wea·ry [wí(:)ri] a. 지친; 진력나 (*of*); 싫증나는 (tedious) ─vt., vi. 지치(게)하다 (tire); 싫증나 (게하)다; (美) 동경하다 ((*for*))

weath·er [wéðər] n. 날씨, 일기; 기상: fine [wet] ~ 맑은 [비오 는] 날씨/How is the ~? 날씨 는 어떤가 ─ *permitting* 날 씨만 좋다면

weath·er-beat·en [-bì:tn] a. 비바람을 맞은; (얼굴이) 햇볕에 탄

weath·er·bound [-bàund] a. 날씨가 나빠서 출항 못하는

wéather chàrt 기상도

wéather·cock [-kàk/-kɔ̀k] n. 풍향계, 변덕스러운 사람

wéather fòrecast 일기 예보

wéather·proof [-prù:f] a. 비바람에 견디는

weave [wi:v] vt., vi. (p. **wove**, pp. **wov·en, wove**) 짜다; 뜨다 ─ n. 짜기, 짜는 법

web [web] n. 거미집[줄]

wed [wed] vt., vi. 결혼하다; (어 버이가)결혼시키다 ((*to*))

wed·ding [wédiŋ] n. 결혼식: silver [golden, diamond] ~ 은 [금·다이아몬드]혼식/a ~ ring 결혼반지/a ~ breakfast 결혼 피

wedge [wedʒ] n. 쐐기 ─ vt. 쐐기로 고정하다

Wednes·day [wénzdi, -dei] n. 수요일

weed [wi:d] n. 잡초; (俗) 담배; (俗) 마리화나

week [wi:k] n. 주(일); 7일간

week·day [-dèi] n. 주일, 평일

week·end [-ènd, -´ə] n. 주말, 주말휴가 ~**·er** n. 주말여행자

week·ly [wí:kli] ad. a. 매주(의) ─ n. 주간지

weep [wi:p] vi., vt. (p., pp. **wept**) 울다, 눈물을 흘리다, 슬퍼하다 ((*for*))

weigh [wei] vt., vi. (무게를)재 다, 저울에 달다; 무게가 …이 다; 압박하다; 고찰하다: How much does the baggage ~? 그 수하물의 무게는 얼마입니 까/It ~s 20 pounds. 그것은 무 게가 20 파운드이다

weight [weit] n. 무게, 중량, 체중; 중력; (킬로)추; 무거운 짐 (burden), 압박; 중요, 중대성 ~ *allowance* [*limit*] 제한 중량

wéight-lìft·ing [-lìftiŋ] n. 역도

weird [wiərd] a. 괴상한, 무시무시한; 별난, 기묘한

wel·come [wélkəm] *int.* 어서 오시오 ─ n. (사람이)환영받는; (서술용법을) 마음대로 쓸 수 있는(에도 좋은((*to, to do*)) ─ *vt.* 반가운, 마침 잘된: You are ~. 어서 오십시오; 천만에요, 별 말씀 아닙니다 ─ *vt.* 환영 *bid a person* ~ 남을 환영하다 ─ vt. 환영하다; 반가이 맞다

Wélcome télevision 텔레비전 서비스 (런던에서 관광객 적용의 그의 연예·행사 등을 안내함)

wel·fare [wélfɛər] n. 행복, 복리 ~ *state* 복지 국가

well[1] [wel] n. 우물, 샘; 원천 ─ vi., vt. 솟아(오르)다

well[2] ad. (**better, best**) 잘, 훌륭하게, 만족하게, 더할 나위없 이; 알맞게, 적절히; 매우 *as* ~ (1) …도 또한, 게다가 : He speaks German as ~. 그는 독 일어도 말한다 (2) …과 마찬가 지로 …도: He gave me clothes *as* ~ *as* food. 그는 내게 음식 에다가 옷도 주었다 (3) (*may* [*might*] *as well as* 하는 편이 낫다 W~ *done!* 잘했다!, 장하다! ─ *int.* 어머, 이런! 원참! 그럼, 자아 등을 나타냄 ─ a. (**better, best**) 건강한, 튼튼한; 적당한, 만족한; 좋은; 더할 나위없는, 마침 좋은, 편안한, 안락한: How are you?─Very ~, thank you. 어떻게 지내십니까─예, 감사합니다 *get* ~ (병이)낫다, 건강해지다

well-be·haved [-bihéivd] a. 품행이 좋은

well-be·ing [-bíːiŋ] n. 안녕, 복리

well-born [-bɔ́:rn] a. 태생[가문]이 좋은

WASP, Wasp [wɑsp, wɔːsp/wɔsp] =white Anglo-Saxon Protestant(미국을 지배하는)앵글로색슨계 백인 신교도

Wás·ser·mann reáction [wáːsərmən, vɑ́s-/wɔ́s-] 바세르만 반응 (매독 검사법)

waste [weist] *a.* 불모의,황폐한; 무익한, 불필요한, 폐물의: ~ gas 배기 가스 ～ basket 휴지통 ～ paper 휴지 —*vt., vi.* 낭비하다 (on); 황폐시키다; 소비시키다; 소모; 폐물; 황무지: a barren ～ 불모의 황야 go [run] to ～ 폐물이 되다, 낭비가 되다

waste·ful [wéistf(u)l] *a.* 낭비하는, 비경제적인

watch [wɑtʃ/wɔtʃ] *n.* 경계, 주의, 감시; 회중 [손목] 시계 —*vi., vt.* 경계하다, 감시하다; 대기하다(for); W～ your step. 발밑을 조심하세요.

watch·dog [⁼dɔːg/-dɔg] *n.* 집 지키는 개; 감시인

watch·ful [wɑ́tʃf(u)l/wɔ́tʃ-] *a.* 조심하는, 경계하는

watch·man [⁼mən] *n.* (*pl.* *-men* [-mən]) 경비원, 야경꾼

watch·word [⁼wəːrd] *n.* 암호, 표어

wa·ter [wɔ́ːtər, ＊wɑ́-] *n.* 물, 음료수; (때로 *pl.*) 강, 호수, 바다: May I have a glass of ～? 물 한 컵 주시겠습니까 *by* ～ 수로로, 해로로 *high* [*low*] ～ 만[간]조 ～ *mill* 물레방아 —*vt., vi.* 물을 뿌리다; 급수하다, 물을 타다; 눈물 [군침이] 나오다

wáter bèd 물침대(물을 채운 요가 있는 침대)

wáter bùffalo 물소

wáter bùs [英] (템즈강의) 수상 버스

wáter chùte 워터슈트

wáter clóset (수세식) 변소 (略: W.C.)

wa·ter·col·or, [英] **-our** [⁼kʌ̀lər] *n.* 수채화 물감; 수채화

wa·ter·fall [⁼fɔːl] *n.* 폭포

wáter glàss 물마시는 컵; (수면에서 물밑을 보는) 수중 관찰 상자

wa·ter·ing plàce 급수장; [英] 온천장; 해수욕장

wáter lìne [海] 홀수선

Wa·ter·loo [wɔ̀ːtərlúː, ⁼ˊ⁼] 워털루(벨기에 중부의 마을. 나 폴레옹이 참패한 곳)

wa·ter·mark [wɔ́ːtərmɑ̀ːrk] *n.* (종이의) 내비치는 무늬; 수위표

wa·ter·mel·on [⁼mèlən] *n.* [植] 수박

wáter pòlo 수구 (水球)

wa·ter·proof [⁼prùːf] *a.* 방수의 —*n.* 방수천[복] —*vt.* 방수하다

wa·ter·side [⁼sàid] *n.* 물가

wa·ter·tight [⁼tàit] *a.* 물이 새지 않는, 방수의

wa·ter·works [⁼wəːrks] *n. pl.* 수도, 급수설비

wa·ter·y [wɔ́ːtəri] *a.* 물의[같은]; 물기많은, 싱거운

watt [wɑt/wɔt] *n.* 와트(전력단위. 略: w)

wat·tle [wɑ́tl/wɔ́tl] *n.* 옛가지

Watts [wɑts/wɔts] *n.* 워츠지구 (로스앤젤레스의 흑인거주지역)

wave [weiv] *n.* 물결, 파동; 굽이침, 기복; (바다의) 물결무늬 광택; (머리털의) 물결 모양; (손 등을) 흔듦, 손을 흔드는 신호: a cold ～ (기상) 한파 —*vi.* 물결 들치다; 손을 흔들어 신호하다 —*vt.* 흔들다; 휘두르다; 둥이지게 하다; (머리털을) 웨이브지게 흔들어 작별하다

wave·length [⁼lèŋθ] *n.* 파장

wax [wæks] *n.* 밀초, 밀랍; 귀지: a candle ～ 양초 —*vt.* 밀랍을 칠하다; 밀랍으로 닦다

wax[2] *vi.* (달이) 차다 (*opp.* wane).

wax·work [⁼wə̀ːrk] *n.* 밀랍세공, 밀랍세공의 진열(장)

way [wei] *n.* 길 (to); 방향; 거리; 방법; 습관; 생활양식: This ～, please. 이리로 오십시오 / Look this ～, please. 예쪽을 보십시오 / One ～ [게시] 일방통행 / W～ *in* [*out*]. [게시] 입구 [출구] *all the* ～ 도중 내내; 시종; 멀리(서): I came all the ～ from Korea. 멀리 한국에서 왔나다 *by the* ～ 그런데…, 그리고 참…, *by* ～ *of* …의 경유로 (via); …으로서, …할 생각으로 *get in the* ～ 방해가 되다 *give* ～ 굴복하다 *in a* ～ 어떤 점에서는, 다소 *in one's* ～ 장기(長技)인; 제 딴에는, 나름대로 *lose one's* [*the*] ～ 길을 잃다 *on one's* ～ *to* …로 가는 도중에 *out of one's* ～ 도중에 오고부터 길을 벗어나 *take one's* ～ *to* [*toward*]…

way·bill [⁼bìl] *n.* 승객명부; (철도)화물송장

way·far·er [⁼fɛ̀ərər] *n.* 더행자

way·side [⁼sàid] *n., a.* 길가(의)

way·ward [⁼wərd] *a.* 제멋대로 구는, 변덕스러운

W.C. =*w*ater *c*loset (수세식) 변소

walkie-lookie 263 **washstand**

책하는 사람

walk·ie-look·ie [wɔ́ːkilúːki] *n.* 휴대용 텔레비전카메라

walk·ie-talk·ie [wɔ́ːkitɔ́ːki] *n.* 휴대용 무선전화기

walk·ing [wɔ́ːkiŋ] *n.* 보행, 걸음걸이; 산책 **be within distance** 걸어갈 만한 거리에 있다 「장

wálking stick 《英》 지팡이, 단

walk-up [wɔ́ːkʌp] *n.* 《美》 엘리베이터가 없는 아파트 — *a.* 엘리베이터가 없는

wall [wɔːl] *n.* 벽, 담; (보통 *pl.*) 성벽 — *vt.* 벽(담)으로 둘러싸다; (벽으로) 막다 (*up*)

wal·let [wálit, wɔ́ːl-/wɔ́l-] *n.* 지갑; 《英》 전대, 바랑

Wáll Street 월가 (New York 시 증권채소 소재지); 미국 금융계(재계) 「(나무)

wal·nut [wɔ́ːlnʌt] *n.* 《植》 호도

waltz [wɔːl(t)s] *n.* 왈츠(곡) — *vi., vt.* 왈츠를 추다

wan [wan/wɔn] *a.* 창백한

wand [wand/wɔnd] *n.* 막대기, 지광이

wan·der [wándər/wɔ́n-] *vi.* 떠돌다, 방랑하다; 길을 잃다

wane [wein] *vi.* 작아지다, 약해지다; (달이) 이지러지다 (*opp. wax*)

want [want, wɔːnt/wɔnt] *vt.* 원하다, 바라다; …하고 싶다 (*to do*); (남이 자기에게) …해주기 바라다; 필요하다; 아쉽다: You are ∼ed on the phone. 네게 전화왔네 — *vi.* 없다, 부족하다; 궁하다 (*in, for*). ∼ **결핍, 부족 (*of*); 필요, 소용; 궁핍 (*poverty*); (주로 *pl.*) 필요품 **for ∼ of** …이 없어서 **in ∼ of** …이 필요하여, …이 없어서

wánt àd 《俗》 (신문의) 3행 광고 (want column)

wan·ton [wántən/wɔ́n-] *a.* 방종한, 마음이 들뜬; 바람난

war [wɔːr] *n.* 전쟁

war·ble [wɔ́ːrbl] *vi., vt.* (새가) 지저귀다; (떨리는 목소리로)노래하다 — *n.* 지저귐; 떨리는 목소리[노래]

wár chèst (선거운동 등의)군자금, 활동자금

wár crỳ (전투의) 함성

ward [wɔːrd] *n.* 감호, 감시; (시의) 구(區); 병동, 감방

ward·robe [wɔ́ːrdròub] *n.* 옷장, 양복장

ware [wɛər] *n.* 제품, 그릇, 자기; (보통 *pl.*) 상품

ware·house [ʰhàus] *n.* 창고

war·fare [wɔ́ːrfɛ̀ər] *n.* 전쟁, 교전(상태)

war·head [wɔ́ːrhèd] *n.* (미사일 등의)탄두

warm [wɔːrm] *a.* 따뜻한 (*opp. cool*); 인정있는, 열심인, 열렬한 — *vt., vi.* 따뜻하게 하다; 따뜻해지다; 열중(케)하다, 흥분시키다; 준비 운동을 하다 **∼ up** 따뜻해지다, 친절히, 열심히

war·mon·ger [wɔ́ːrmʌ̀ŋɡər] *n.* 전쟁도발자, 주전론자

warmth [wɔːrmθ] *n.* 따뜻함, 열심, 친절; 격려

warn [wɔːrn] *vt.* 경고하다 통고(예고)하다 「의; 예고

warn·ing [wɔ́ːrniŋ] *n.* 경고, 주의

warp [wɔːrp] *n.* 휨, 비뜰림, 날실 — *vi., vt.* 휘다, 비꼬다, 곡해하다

war·rant [wɔ́ːr(ə)nt, wár-/wɔ́r-] *n.* 정당한 이유; 근거; 보증; 면허장, 위임장, 허가장, 영장 — *vt.* 보증하다; 정당화하다

war·ran·ty [wɔ́ːrənti, wár-/wɔ́r-] *n.* 근거, 정당한 이유; 보증; 담보

war·ri·or [wɔ́ːriər, wár-/wɔ́riə] *n.* 전사, 용사

War·saw [wɔ́ːrsɔː] *n.* 바르샤바 (폴란드의 수도)

war·ship [ʰʃip] *n.* 군함

war·y [wɛ́(ə)ri] *a.* 경계하는, 조심성있는 (*of*)

was [wəz, *강*wɑz, wɔz, waz] *v.* be의 제1·제3인칭 · 단수 · 과거형

wash [waʃ, wɔʃ/wɔʃ] *vt., vi.* 씻다; 깨끗이 하다; (치욕 등을) 씻다; (파물 등이) 밀려오다; 쓸려가다 (그림물감을) 열게 칠하다 **∼ oneself** 세수하다, 목욕하다/**∼ one's hands** 손을 씻다; 화장실[변소]에 가다 — *n.* 세탁, 빨래 **send to the ∼** 세탁소에 보내다 **∼ and wear** 물로 빨수 있고 구김살이 지지않는 의류 **∼·a·ble** *a.* 빨수 있는

wash-and-wear [ʰənwɛ́ər] *a.* 빨수없이 곧 입을 수 있는

wash·bowl [ʰbòul] *n.* 세면기 (《英》 washbasin)

wash·house [ʰhàus] *n.* 세탁소 (laundry)

wash·ing [wɑ́ʃiŋ, wɔ́ːʃ-/wɔ́ʃ-] *n.* 세척, 세탁; 빨래

wáshing machine 세탁기

Wash·ing·ton [wɑ́ʃiŋtən, wɔ́ːʃ-/wɔ́ʃ-] *n.* 미국 북서부의주 **∼ D.C.** 미국의 수도 **∼ day** 《美》 워싱턴 탄신일(2월22일)

wash·room [ʰrù(ː)m] *n.* 《美》 세면great, 화장실, 변소

wash·stand [ʰstænd] *n.* 세면대

vom·it [vámit/vɔ́m-] vi., vt. 하다, 게우다; 분출하다

voo·doo [vúːduː] n. 부두교 (주로 서인도 제도의 흑인들이 믿는 다신교)

vor·tex [vɔ́ːrteks] n. (pl. **~es, -ti·ces** [-tisiːz]) 소용돌이, 회오리바람

vote [vout] n. 표결, 투표; 투표권, 선거권 — vi. 투표하다 《for, against》; 투표로 결정하다

vouch [vautʃ] vi. 보증하다, 단언하다 《for》 — vt. 보증하다

vow [vau] n. 맹세, 맹세의 말 — vt., vi. 맹세하다[약속하다]

vow·el [váuəl] n. 〖음성〗 모음 (자) (cf. consonant)

voy·age [vɔ́iidʒ, +英 vɔiʤ] n. (보통 긴)항해, 항행(항공여행도 포함): go on a ~ 항해길에 오르다/a ~ round the world 세계일주 항해/on the ~ (home) 항행(귀항) 도중에/I hope you'll have a pleasant ~. 즐거운 항해가 되기를 빕니다 — vi., vt. 항해하다, 항행하다 **-ag·er** n. 항해자; 여행자

vs. = versus — (對) —

V sìgn 승리의 표시

V/STOL = vertical short takeoff and landing 수직단거리이착륙(기)

VTOL [víːtɔl] = vertical takeoff and landing 수직이착륙(기)

VTR = video tape recorder 비디오테이프 녹화기

Vul·can [válkən] n. 〖로神〗 불과 대장간의 신 (cf. Hephaestus)

vul·gar [válgər] a. 서민의; 저속한, 야비한, 천한 ~ism n. 속어; 상말 — **vul·gar·ly** ad. 천하게, 천한 모양으로; 비어

W

wad·dle [wádl/wɔ́dl] vi. 비척비척 걷다 — n. 비척비척 걸음

wade [weid] vi., vt. (강 등을)걸어서 건너다; 애써 나아가다

wa·fer [wéifər] n. 웨이퍼 (얇게 구운 과자)

waf·fle [wáfl/wɔ́fl] n. 와플 (틀에서 구운 빵과자)

waft [wɑːft, +英 wɑft] vt., vi. (공중에)떠돌(게)하다, 풍기(게)하다, 부동하다 — n. 떠도는 향기; (바람결에 흘러오는)소리

wag [wæg] vt. 흔들다; (개 등이 꼬리를) 흔들다 — vi. 흔들리다

wage [weidʒ] n. (보통 pl.)(때로 단수취급) 임금, 급료

wag·gish [wǽgiʃ] a. 우스꽝스러운, 익살맞은, 까부는

wag·on, 〔英〕wag·gon [wǽgən] n. (식당의) 음식 운반차; 〔英〕 무개화차; 〔美〕 = station wagon; 짐마차

wag·on-lit [vægɔ̃ːlíː, væg-/váːg-] F. n. (유럽 철도의) 침대차

Wai·ki·ki [wáikikiː, ⌣–́⌣] 와이키키 (호놀룰루의 해변 요양지)

wail [weil] vi., vt. 통곡하다; 비탄하다

waist [weist] n. 허리 (부분)

waist·coat [wéskət, wéistkòut/wéist-] n. 〔英〕조끼 (= vest)

wait [weit] vi. 기다리다, 대기하다 《for》; 시중들다 《on, upon》: W~ a minute, please. 잠깐만 기다려 주시오/Where should I ~ for a taxi? 어디서 택시를 기다려야 합니까/Dinner is ~ing for you. 저녁 준비가 다 됐습니다/Are you ~ed on? (점원이) 주문은 하셨습니까/~ 기다리다; (남이 올 때까지 식사 등을) 늦추다, 미루다 ~ on (upon) …의 시중을 들다; …을 모시다; (왕사람을) 방문하다 — n. 기다리기 시간

wait·er [wéitər] n. 급사, 웨이터

wait·ing [wéitiŋ] n. 기다리기; 시중들기; ~ lìst 대기인 명부: be on the ~ list 차례가 오기를 기다리고 있다

wáiting ròom 대합실

wait·ress [wéitris] n. 여급, 웨이트리스

wake [weik] v. (p. **~d, woke,** pp. **~d**) vi. (현재분사형으로) 깨어 있다; 잠이 깨다; 깨닫다 — vt. 깨우다 《up》; 고무[환기] 하다 《up》: Please ~ me up at seven. 7시에 깨워주시오

wak·en [wéikən] v. = wake

Wales [weilz] n. 웨일즈 (Great Britain의 남서부 지역)

walk [wɔːk] vi., vt. 걷다, 걸어가다, 걸리다; 산책하다: Do I have to ~ a long way to the station? 역까지 가려면 많이 걸어야 하나 ~ about ⌣늘다 ~ off 가버리다 ~ out 나다니다 — n. 걷기, 보행; 걸음걸이; 보행거리, 도정; 산책 (stroll), 산책길, 보도: go (out) for a ~ 산책나가다 take a ~ 산책하다

walk·er [wɔ́ːkər] n. 보행자,

vi·per [váipər] n. 살무사, 독사 (같은 사람)

vir·gin [və́ːrdʒin] n. 처녀, 동정 —a. 처녀의, 처음인: ~ soil 처녀지,/ ~ voyage 처녀 항해

Vir·gin·ia [vərdʒínjə] n. 미국 동부의 버지니아 주 담배

vir·tu·al [və́ːrtʃuəl, +英 -tju-] a. 사실상의, 실재의, 실질적인 ~·ly ad.

vir·tue [və́ːrtʃuː, +英 və́ːrtju:] n. 덕, 덕행; 장점; 효력 by [in] ~ of ...의 덕택(힘)으로

vir·tu·o·so [və̀ːrtʃuóusou / və̀ːrtjuózou] n. (pl. ~s, -o·si[-si]) 미술품 애호가(감정가); (예술 특히 음악의)거장 [It.]

vir·tu·ous [və́ːrtʃuəs] a. 덕있는; 정숙한

vi·rus [váirəs] n. 바이러스

vi·sa [víːzə] n. (여권 등의)사증, 비자 entrance [exit] ~ 입국[출국]비자 transit ~ 통과사증 ~ application form 비자 신청용지 —vt. 사증하다, 비자를 발급하다

vis·age [vízidʒ] n. 얼굴(생김새)

vis-a-vis [vìːzəvíː / -zɑːvíː] a., ad. 마주 바라보(대하고) (이)

vis·count [váikàunt] n. 자작(子

vi·sé [víːzei] F. n. = visa [爵]

vis·i·ble [vízəbl] a. 보이는, 명백한; 면회할 수 있는

vi·sion [víʒ(ə)n] n. 시각; 상상력; 통찰력, 직감력; 환상; 광경

vi·sion·ar·y [víʒəri / -nəri] a. 환영의(같은); 가공적인, 꿈같은

vis·it [vízit] vt., vi. 방문하다, 구경가다: ~ a friend 친구를 만나러 가다 ~ing card (방문용) 명함 ~ing fireman 귀한 손님, 돈 잘쓰는 손님 —n. 방문(담), 문안, 구경, 찰관; 체류: during my ~ to Paris 파리에 체류 중/a ~ to London 런던구경 make [pay] a person a ~ (남을)방문하다

vis·it·a·tion [vìzitéiʃ(ə)n] n. (공식)방문; 천벌

vis·i·tor [vízitər] n. 방문객 (caller), 내객, 체류객, ~s' book 숙박부; 방문객 명부 ~s' room 응접실

vi·sor, -zor [váizər] n. (모자의) 앞챙; (자동차의)차양판

vis·ta [vístə] n. (양쪽에 가로수 집들이 늘어선)전망; 예상, 추억: ~ dome (열차의)전망대 /a ~ car (coach) 전망차

vis·u·al [víʒuəl] a. 시각의; 눈에 보이는

vi·tal [váit(ə)l] a. 생명의; 활기

vi·tal·i·ty [vaitǽliti] n. 활력, 생명력, 활기, 생기, 체력, 지속력

vi·ta·min [váitəmin, +英 ví-] n. 비타민

vi·va [víːvə] It. int. 만세 —n. (pl.) 만세소리

vi·vac·i·ty [vivǽsiti, vai-] n. 쾌활, 활발, 명랑

viv·id [vívid] a. 발랄한, 쾌활한; 선명한; 눈에 선한

Vla·di·vos·tok [vlǽdivɑ́stɑk / -vɔ́stɔ̀k] n. 블라디보스톡(시베리아 동남부의 도시)

VOA = Voice of America 미국의 소리(미국정부의 대외 방송)

vo·cab·u·lar·y [voukǽbjuləri / -ləri] n. 어휘(집)

vo·cal [vóuk(ə)l] a. 목소리의 ~·ist n. 성악가

vo·ca·tion [voukéiʃ(ə)n] n. 직업, 사명, 천직, 재능; (신의)부르심

vod·ka [vɑ́dkə / vɔ́d-] n. 보드카(러시아의 화주)

vogue [voug] n. 유행; 인기: be in (out of) ~ 유행하고 있다 (하지 않다)

voice [vɔis] n.목소리, 음성; 발언(력); 의견; 발언권 with one ~ 이구동성으로, 일제히

void [vɔid] a. 빈, 공허한; 결핍된, 없는 (of); 《法》 무효의 (opp. valid) —n. 공간, 빈곳, 진공; 공허(감) [F]

voile [vɔil] n. 보일(얇은 직물)

vol-au-vent [vòulouvɑ́ː / vɔ́l-] F. 고기 파이

vol·ca·no [vɑlkéinou / vɔl-] n. (pl. ~es, ~s) 화산: an active [a dormant, an extinct] ~ 활[휴, 사]화산

Vol·ga [vɑ́lgə / vɔ́l-] n. (the ~) 볼가강 (카스피해로 흐르는 러시아의 강)

Volks·wa·gen [fóulkswɑ̀ːgən / fɔ́lks-] G. n. 폭스바겐 (독일의 대중용 소형차)

vol·ley [vɑ́li / vɔ́li] n. 일제사격; (질문 등의)연발; 《구기》 발리 (공이 땅에 닿기 전에 치기-차기)

vol·ley·ball [vɑ́libɔ̀ːl / vɔ́li-] n. 《경기》 배구

vol·plane [vɑ́lplèin / vɔ́l-] n., vi. 공중 활주(하다), 활공(하다)

vol·ume [vɑ́ljuəm / vɔ́lju(ː)m] n. 책, 서적; 부피(크기); 양, 부피

vol·un·tar·y [vɑ́ləntèri / vɔ́lənt(ə)ri] a. 자유의사의, 자발적인, 임의(자)의: ~ army 의용군

vol·un·teer [vɑ̀ləntíər / vɔ̀l-] n. 지원자; 《軍》 의용병 —vt., vi. 자진해서 하다, 자원하다

vo·lute [vəlúːt / -ljúːt] n. 소용돌이

vest [vest] n. 조끼; 《英》 속옷; 내의 ~ a life ~ 구명조끼

Ves·ta [véstə] n. 《로神》 베스타 여신 (cf. Hestia)

ves·ti·bule [véstibjùːl] n. 현관, 문간방; 《美》 (객차의)출입본

vest-pock·et [véstpákət/-pɔ́k-] a. 포켓용의, 소형의

Ve·su·vi·us [visúːviəs] n. Mount ~ 베수비오산(이탈리아 나폴리 만에 임한 활화산)

vet·er·an [vétərən] n. 베테랑; 《美》 퇴역 군인의 V~s' Day 《美》 재향군인의 날(제1차 대전의 휴전 기념일. 11월 11일)

ve·to [víːtou] n. 거부권; 금지

vex [veks] vt. 괴롭히다, 성나게 하다

vex·a·tion [vekséi(ə)n] n. 짜증스러움, 분함; 고민거리

vi·a [váiə] prep. …을 거쳐서, 경유로(by way of): ~ Siberia 시베리아 경유로. [L]

vi·at·i·cum [vaiǽtikəm, vi-] n. 여비, 여행용 급여(물); 성찬(聖餐)

vi·brate [váibreit/-´] vi., vt. 진동하다(시키다), 흔들(리)다
-bra·tor n. 진동기; 전기마사지기

vi·bra·tion [vaibréi(ə)n] n. 동

vic·ar [víkər] n. 영국교회의 교구 목사

vice [vais] n. 악덕, 죄악; 결점

vice- pref. 「부·대리」의 뜻

vice-pres·i·dent [´prézid(ə)nt] n. 부통령, 부회장, 부사장

Vi·chy wāter [víːʃi, víʃi] 비시(프랑스 Vichy산 광천 음료수)

vi·cin·i·ty [visíniti] n. 근처, 부근; 가까울 in the ~ of …의 가까이에 in this [that] ~ 이 그) 근처에

vi·cious [víʃəs] a. 나쁜, 부도덕한; 불완전한 ~circle [cycle] 악순환

vi·cis·si·tude [visísit(j)uːd/-tjuː-] n. 변천; 영고성쇠

vic·tim [víktim] n. 희생; 피해자

vic·tor [víktər] n. 승리자

Vic·to·ri·an [viktɔ́ːriən] a. 빅토리아(Victoria) 여왕(시대)의, 빅토리아왕조풍의

vic·tual [vítl] n. (보통 pl.) 음식

vict·ual·er, 《英》 **-ual·ler** [vítlər] n. 여인숙 주인, 음식 상인: a licensed ~ 주류 판매 면허자

vid·e·o [vídiòu] n. 《美》 텔레비전

video cassètte 비디오카세트

víd·e·o·càst [vídiòukǽst/-kɑ̀ːst] n. 《美》 텔레비전 방송

víd·e·o·phòne [vídiòufòun] n. 텔레비전 전화

víd·e·o·plày·er [ˌpléiər] n. 비디오레이저에 의한 텔레비전의 재영장치

víd·e·o·tàpe [vídiòutèip] n. 비디오 테이프 ~ recorder [recording] 비디오 테이프 녹화 기(녹화) (略: VTR)

vie [vai] vi. (우열을)다투다, 경쟁하다

Vi·en·na [viénə] n. 빈(오스트리아의 수도) ~ saúsage 비엔나 소시지

Vi·et·nam, Vi·et Nam [viˌetnɑ́ːm, vjèt-/vjètnǽm] n. 베트남(공식명칭은 베트남 사회주의 공화국 Socialist Republic of Vietnam; 수도 Hanoi

view [vjuː] n. 보기, 관찰; 시계(視界); 경치, 전망; 풍경화[사진]; 견해; 의도; 가망: a room with a fine ~ 조망이 좋은 방/a ~ of life 인생관/a point of ~ 관점, 견해 in ~ 보여서; 목적으로서 with a ~ to …할 목적으로 ~. vt. 보다, 바라보다; 관찰하다; 생각하다

víew-find·er [ˌfáindər] n.(寫)파인더

víew·ing ràte [ˌiŋ] (텔레비전)시청률

víew·pòint [ˌpɔ́int] n. 견지, 관점, 견해

vig·il [vídʒil] n. 불침번, 철야, 경야

vig·or, 《英》 **-our** [vígər] n. 활력, 정력; 기력, 원기; 체력

vig·or·ous [víg(ə)rəs] a. 정력왕성한, 튼튼한; 기운찬, 힘센

Vi·king [váikiŋ] n. 바이킹(8~10세기에 유럽해안을 노략질한 북유럽해적)

vile [vail] a. 비열한, 상스러운

vil·la [vílə] n. 별장

vil·lage [vílidʒ] n. 마을, 촌락 (총칭) 마을 사람 **-lag·er** n. 마을사람

vil·lain [vílən] n. 악한, 악인

vin [vɛ̃] F. n. 포도주

vine [vain] n. 덩굴식물; 포도나무

vin·e·gar [vínigər] n. 식초

vine·yard [vínjərd] n. 포도원

vi·no [víːnou] n. 《俗》 포도주

vi·o·late [váiəlèit] vt. (약속 등을)어기다, 위반하다; 모독하다

vi·o·la·tion [vàiəléi(ə)n] n. 위반, 무시; 방해

vi·o·lence [váiələns] n. 격렬, 맹렬; 폭력, 폭행, 모욕

vi·o·lent [váiələnt] a. 맹렬한; 난폭한; 폭력적인

vi·o·let [váiəlit] n. 제비꽃 보랏빛

VIP [ˌvíːàipíː] n. 《口》 중요인물, 요인, 귀하신 몸 ~ room 특별 대합실 [< very important

VAT =*value-added tax* 부가가치세에 대한; (수·양이)막대한, 대단한

VAT =*value-added tax* 부가가치세

vat [væt] *n.* 큰 통

Vat·i·can [vǽtikən] *n.* (the ~) 바티칸 궁전, 교황청

vaude·ville [vɔ́:d(ə)vil, vóud-] *n.* 보드빌, 소규모의 연예, 가벼운 희가극

vault [vɔːlt] *n.* 둥근 천장, 창공; 지하저장실; 귀중품 보관실

VD =*venereal disease* 성병

veal [viːl] *n.* 송아지 고기

veer [viər] *vi.*, *vt.* 방향을 바꾸다, 방향이 바뀌다

veg·e·ta·ble [védʒətəbl] *n.* 야채; 식물인간: green ~s 푸성귀, 신선한 야채요리

veg·e·tar·i·an [vèdʒətέ(ə)riən] *n.*, *a.* 채식주의자(의)

ve·he·ment [víːimənt] *a.* 격렬한; 열렬한, 열정적인

ve·hi·cle [víːikl] *n.* 차량, 탈것; 매개물[자]; 전달 수단[방법]

veil [veil] *n.* 베일, 너울; 피복, 장막; 핑계 — *vt.* 베일을 씌우다; 숨기다

vein [vein] *n.* 정맥; 《俗》 혈관; 기분

vel·lum [véləm] *n.* 송아지 피지 (皮紙); 모조 피지

ve·loc·i·ty [vilάs(i)ti/-lɔ́s-] *n.* 《속도》

ve·lo·drome [víːlədròum] *n.* 자전거[오토바이] 경주장

vel·vet [vélvit] *n.* 벨벳, 우단

vel·vet·een [vèlvitíːn] *n.* 면벨벳

vend [vend] *vt.*, *vi.* 행상하다

vénd·ing machine 자동판매기 (slot machine)

ven·dor, -er [véndər] *n.* 파는 사람, 판매자; 행상인

ve·neer [vəníər] *n.* (합판용)얇은 판자, 화장판; 겉치레 — *vt.* 화장판을 붙이다

ven·er·a·ble [vén(ə)rəbl] *a.* 존경할 만한; 고색창연한

ven·er·ate [vénərèit] *vt.* 존경하다, 숭배하다

ve·ne·re·al [viníː(ə)riəl/-níəri-] *a.* 성교의; 성병의: ~ disease 성병(略: V.D.)

Ve·ne·tian [viníːʃ(ə)n] *a.* 베니스의, 베니스 사람의: ~ blind 베네치안 스타일 발[차양] — *n.* 베니스 사람

Ven·e·zu·e·la [vènəzwéilə / vènəzwíː-] *n.* 베네수엘라(남미 북부의 공화국)

ven·geance [véndʒ(ə)ns] *n.* 복수

Ven·ice [vénis] *n.* 베니스(이탈리아 동북부의 항구도시)

ven·i·son [véniz(ə)n, +英 -s(ə)n, +英 -sən] *n.* 사슴 고기

ven·om [vénəm] *n.* (독사 등의) 독(액) ~·ous *a.* 독있는; 악의에 찬

vent [vent] *n.* 구멍, 새는 구멍, 통풍 구멍 — *vt.* 나갈 구멍을 내다; 내보내다

ven·ti·late [véntilèit] *vt.* 환기하다, 공기를 유통시키다 **-la·tor** *n.* 통풍기[장치, 구멍, 관]

ven·ti·la·tion [vèntiléiʃ(ə)n] *n.* 환기: ~ system 환기 장치

ven·ture [véntʃər] *n.* 모험;투기 *at a* ~ 무턱대고 — *vt.* (생명·재산 등을)걸다, 위험을 무릅쓰다; 과감하게 하다[말하다] — *vi.* 위험을 무릅쓰고 가다, 감히 나아가다 *(on, upon)*

Ve·nus [víːnəs] *n.* 《로神》 비너스 *(cf. Aphrodite)*

ve·ran·da, -dah [vərǽndə] *n.* 베란다, 툇마루

verb [vəːrb] *n.* 《문법》 동사

ver·bal [vɔ́ːrb(ə)l] *a.* 말의; 구두로 하는; 문자 그대로의

ver·dict [vɔ́ːrdikt] *n.* 평결(評決)

Ver·dun [vεərdʌ́n/―] *n.* 베르덩(프랑스 동북부의 도시. 제 1 차 대전의 격전지)

verge [vəːrdʒ] *n.* 가장자리, 경계

ver·i·fy [vérifài] *vt.* 입증하다, 증명하다; 확인하다

ver·mi·cel·li [vɔ̀ːrmiséli, +美 -tʃéli] *n.* 버미셀리, 서양국수

ver·mil·ion [vərmíljən] *n.*, *a.* (주)색(의)

ver·min [vɔ́ːrmin] *n.* 해로운 소동물, 해수(害獸); 해충; 맹수나니

Ver·mont [vərmάnt/-mɔ́nt] *n.* 미국 동북부의 주

ver·mouth [vərmúːθ/vɔ́ːrməθ] *n.* 베르무트 술

ver·nac·u·lar [vərnǽkjulər] *n.* 자기 나라말; 방언

ver·nal [vɔ́ːrn(ə)l] *a.* 봄의[같은]

Ve·ron·i·ca [virάnikə/-rɔ́n-] *n.* 그리스도상을 그린 손수건

Ver·sailles [vεərsái, +美 səːsíːl] *n.* 베르사유(파리 서부 근교의 도시. 궁전으로 유명) 《prose》

verse [vəːrs] *n.* 운문; 시 *(cf. prose)*

versed [vəːrst] *a.* 정통한

ver·sion [vɔ́ːrʒ(ə)n, -ʃ(ə)n] *n.* 번역, 번역어; 설명; 서술, 이야기

ver·sus [vɔ́ːrsəs] *prep.* (소송·경기에서) …대(對) (略: vs., v.)[L]

ver·ti·cal [vɔ́ːrtik(ə)l] *a.* 수직의, 세로의 *(cf. horizontal)*

ver·y [véri] *ad.* 매우, 대단히; 실로 — *a.* 참된, 참말의, 진실한; 그, 바로 그, 동일한, 다름이 아닌, …조차도: *at that* ~ *moment* 바로 그 순간에

ves·per [véspər] *n.* 저녁 기도; (V~) 개밥바라기

ves·sel [vésl] *n.* 그릇, 용기; 배

# V

va·cance [vakā:s] F. n. 휴가, 바캉스

va·can·cy [véik(ə)nsi] n. 공허; 빈터; 결원, 공석; 방심

va·cant [véik(ə)nt] a. 공허한, 텅 빈(empty); 사람이 살지 않는; 결원[공석]의; 한가한; 멍한: a room [seat] 빈 방[자리]; **~·ly** ad. 멍하게

va·ca·tion [veikéi(ə)n, və-/və-] n. 휴가(여행); 유의: Christmas [Easter, Whitsun] ~ 크리스마스[부활절,성령강림제] 휴가/ the summer ~ 여름휴가/ the long ~ 장기휴가/ take a ~ 휴가를 얻다/on ~ 휴가로 ~ *vi.* 《美》 휴가를 얻다 **go·~ing** 휴가로 놀러가다 **~·er, ~·ist** n.《美》휴일의 행락객

vac·ci·nate [væksi(ə)nèit] *vt.* 종두를 놓다: 예방주사를 놓다 **-na·tion** n. 예방접종; 종두: a *vaccination* certificate [card] 예방접종[종두]증명서 《왼편 어깨에 놓은 것》

vac·cine [væksi:n, -美 -] n. 두묘; 우두종

vac·u·um [vækjuəm] n.(pl.**~s, -u·a** [-juə]) 진공; 공허, 공백: a ~ cleaner 진공청소기/ a flask [bottle] 보온병/ a ~ tube 진공관

va·de me·cum [véidimí:kəm] L. 안내서, 편람

vag·a·bond [vǽɡəbɑ̀nd/-bɔ̀nd] n. 방랑자

va·gar·y [vəɡɛ́(ː)ri/ véiɡəri] n. 변덕; 기행(奇行)

va·grant [véiɡrənt] a. 방랑[유랑]하는, 떠도는 ~ n. 방랑자, 떠돌이 [(obscure)

vague [veiɡ] a. 막연한, 모호한

vain [vein] a. 무익한; 공허한 **in ~** 무익하게, 헛되이

vain·glo·ri·ous [vèinɡlɔ́:riəs] a. 자만심[허영심]이 강한

val·ance [vǽləns] n.(창문 위쪽의)짧은 커튼

val·en·tine [vǽləntàin] n. 애인; 성밸런타인 축일에 이성에게 보내는 카드[선물]: St. V~'s Day 성밸런타인축일(2월 14일)

val·et [vǽlit, vǽlei] n.(호텔의)보이

valet de place [vǽleidəplá:s] F. (유럽의)여행안내자

val·id [vǽlid] a. 근거가 확실한, 올바른;《法》 유효한 (*opp.*void)

va·lise [vəlí:s, -美 -lí:z] n. 여행 용 손가방 [유역

val·ley [vǽli] n. 골짜기, 계곡;

val·or,《英》**-our** [vǽlər] n. 용기, 용맹, 무용

val·u·a·ble [vǽljuəbl] a. 값비싼; 귀중한 ~ n. (보통 *pl.*) 귀중품: Where can I check my ~s? 귀중품은 어디다 맡길까요

val·ue [vǽlju:] n. 가치, 평가; 가격; 진의: be of ~ [no ~] 가치가 있다[없다] ~ *vt.* 평가하다;

valve [vælv] n. 밸브 [존중하다

van [væn] n. 큰 포장마차;《英》《철도》 유개화차

Van·cou·ver [vænkú:vər] n. 캐나다 서남부에 있는 항구도시

van [vein] n. 바람개비

van·guard [vǽnɡà:rd] n. 선두, 전위; 선구자

va·nil·la [vənílə] n.《植》바닐라(열매); 바닐라 엑스: ~ ice 바닐라아이스크림

van·ish [vǽniʃ] *vi.* 사라지다, 소멸하다, 없어지다

van·i·ty [vǽniti] n. 공허; 허영, 자만: a ~ case [bag] 화장도구 케이스

van·quish [vǽŋkwiʃ, -美 vǽn-] *vt., vi.* 정복하다, 이기다

van·tage [vǽntidʒ/vá:n-] n. 우월, 유리한 지위[입장]

vap·id [vǽpid] a. 김 빠진

va·por, ~·pour [véipər] n. 증기: a ~ bath 증기욕, 한증

va·que·ro [vɑːkɛ́(ː)rou/vækɛ́ə-] Sp. n. (멕시코·미국 서남부의)카우보이

var·i·a·ble [vɛ́(ː)riəbl] a. 변하기 쉬운; 변할 수 있는

var·i·ance [vɛ́(ː)riəns] n. 변화; 상이, 불화

var·i·a·tion [vɛ̀(ː)riéi(ə)n/vɛ̀ə-] n. 변화(량·도)

var·ied [vɛ́(ː)rid] a. 여러가지의, 잡다한

va·ri·e·ty [vəráiəti] n. 변화, 다양성; 종류, 다양한 것: a ~ of 여러가지의/ a ~ shop [store]《美》 잡화점 ~ show《英》 버라이어티쇼

var·i·ous [vɛ́(ː)riəs] a. 다른, 여러가지의; 다방면의

var·nish [vá:rniʃ] n. 와니스 ~ *remover*《美俗》싸구려 위스키, 진한 커피

var·y [vɛ́(ː)ri] *vt.* 바꾸다, 변경하다 ~ *vi.* 변하다, 다르다《*from*》

vase [veis, -美 -z] n. 꽃병, 병

vas·ec·to·my [væséktəmi, -美 -] n. 정관절제(수술)

vast [væst/vɑːst] a. 광대한, 거

up·on [əpán, əpɔ́ːn/ əpɔ́n] *prep.*

up·per [ʌ́pər] *a.* (더욱) 위(쪽)의, 상부의; 상급의, 상위의; 고지의; 북쪽의: the ~ berth 위쪽침대/~ deck 상갑판; (2층버스 등의) 위층/the ~ classes 상류사회 *the U~ House* 상원

up·per-class [ˈʌpərklǽs/-klɑ́ːs] *a.* 상류사회의; 상급의

up·per·most [ˈʌpərmòust] *a.* 최상의, 최고의 —*ad.* 최상으로, 최고로; 최초로

up·raise [ʌpréiz] *vt.* 들어올리다

up·right [ʌ́pràit/ˈʌ́ˈʌ́] *a.* 똑바른, 직립한; 정직한 —*n.* 직립; an ~ piano 수형(竪型) 피아노

up·rise [ʌpráiz] *vi.* (~-rose [-róuz], *pp.* -ris·en [-rízn]) 오르다, 일어서다, 기상하다

up·roar [ʌ́prɔ̀ːr] *n.* 소란, 소동

up·root [ʌprúːt, -rút] *vt.* 뿌리째 뽑다, 근절하다

up·set *v.* [ʌpsét→*n.*] (*p., pp.* -set) *vt.* 뒤엎다, 전복시키다; 당황케 하다 —*vi.* 뒤집히다, 전복하다 —*n.* [ˈʌ́ˈ/-ˈ] 전복; 혼란; 불화

up·shot [ʌ́pʃɑ̀t/-ʃɔ̀t] *n.* 결과

up·side-down [ʌ́psàid(d)áun] *a.* 거꾸로의, 뒤집힌

up·stairs [ʌ́pstɛ́ərz] *ad.* 2층으로[에]: go ~ 2층으로 올라가다 —*a.* 2층의 —*n.* 2층

up·start [ʌ́pstɑ̀ːrt] *n.* 벼락부자 [출세자]

up·stream [ʌ́pstríːm] *ad.* 상류로 —*a.* 상류로 향하는

up-to-date [ʌ́ptədéit] *a.* 최신의, 유행의, 현대적의

up·town [ʌ́ptáun] *ad.* (도시의) 외곽지대로 —*a.* 외곽지대

up·val·ue [ʌpvǽljuː] *vt.* (經) 평가를 절상하다 (*opp.* devalue)
-**u-a·tion** [ʌpvæljuéiʃən] *n.* 평가절상

up·ward [ʌ́pwərd] *a.* 상향의, 위로 향하는

up·wards [ʌ́pwərdz] *ad.* 위쪽으로, 위를 향하여; 상류로; …이상

U·ral [júːrəl/júə-] *n.* (*the* ~) 우랄산맥; (*the* ~) 우랄강의, 우랄산맥의

ur·ban [ə́ːrbən] *a.* 도시의, 도시풍의

ur·bane [əːrbéin] *a.* 도시풍의, 세련된, 우아한

urge [əːrdʒ] *vt.* 몰아대다, 재촉하다

ur·gent [ə́ːrdʒ(ə)nt] *a.* 긴급한; 끈질기게 조르는: an ~ call 지급전화/an ~ telegram 지급전보/on ~ business 긴급한 일로/*be in* ~ *need of* …이 절실히 필요하다. —**ly** *ad.* 긴급히, 절박하여 -**gen·cy** *n.* 긴급; (*pl.*) 절박한 필요; 강요

u·rine [júː(ə)rin/júərin] *n.* 요, 소변

urn [əːrn] *n.* 단지; 커피보온통

U·ru·guay [júːrəgwèi/úrugwai] *n.* 우르과이 (남미 동남부의 공화국)

us [ʌs, əs, s] *pron.* we의 목적격

U.S. = United States

U.S.A. = United States of America 미합중국

us·age [júːsidʒ, júːzidʒ] *n.* 사용법; (언어의)관용법; 관습

us·ance [júːz(ə)ns] *n.* (商) 환어음의 지불능한 기간

use [n. juːs→*v.*] *n.* 사용; 효용; 용도; 습관 *in* (*out of*) ~ 사용되어 [되지 않이]; 행하여져[폐지되어] 있는 *make* ~ *of* …을 이용하다 *(of) no* ~ 쓸모없는, 유용하지 않는 ~ 쓸모있는 —*vt.* [juːz] 쓰다; 소비하다; 다루다: a ~*d* car 중고차

used [juːst] *vi.* ~하였다, …하는 것이 습관이었다 (*to do*) …하는 것에 익숙한 *be* (*get*) ~ *to* …에 익숙한 (익숙해지다)

use·ful [júːsf(u)l] *a.* 쓸모있는

use·less [júːslis] *a.* 쓸모없는

ush·er [ʌ́ʃər] *n.* 수위, 접수원, (교회·극장 등의)안내원 —*vt.* 안내하다, 인도하다

U.S.S.R. = 러시아 연방 (Russian Federation)

Us·su·ri [uːsúːri] *n.* 우수리강(중국과의 국경을 흐르는 러시아 동부의 강)

USTS = *U*nited *S*tates *T*ravel *S*ervice 미국상무성관광국

u·su·al [júːʒuəl] *a.* 평소의, 예의 *as* ~ 평소처럼 —**ly** *ad.* 통상, 평소에는, 보통은

u·surp [juːzə́ːrp] *vt.* 빼앗다 [주]

U·tah [júːtɑː, -tɔː] *n.* 미국 서부의 주

u·ten·sil [juː(ː)téns(i)l] *n.* 용구, 도구: kitchen ~*s* 부엌세간/writing ~*s* 필기도구

u·til·i·ty [juː(ː)tíliti] *n.* 유용, 효용; (보통 *pl.*) 공익사업: a ~ room 가사실/a ~ pole 전신주 *of no* ~ 쓸모없는

u·ti·lize [júːtilàiz] *vt.* 이용하다, 활용하다, 유효하게쓰다(*make* use *of*)

ut·most [ʌ́tmòust] *a.* 가장 먼; 극한의, 최대의 —*n.* 극한, 최대한도 *to the* ~ 극도로

u·to·pi·a [juːtóupiə] *n.* 이상향

ut·ter[1] [ʌ́tər] *a.* 완전한, 순전한 —**ly** *ad.* 완전히, 순전히

ut·ter[2] [ʌ́tər] *vt.* 입밖에 내다, 말하다; (위조지폐 등을)쓰다

U-turn [júːtə̀ːrn] *n.* U턴 *No* ~ 《게시》 U턴 금지

un·num·bered [ʌnnámbərd/ ㅗㅡㅗ] *a.* 세지 않은; 무수한

un·oc·cu·pied [ʌnákjupàid/-ɔ́k-] *a.* 사람이 살지 않는

un·pack [ʌnpǽk] *vt., vi.* (짐·포장을)풀다, 풀어서 꺼내다

un·paid [ʌnpéid] *a.* 미불의,미납의;무보수의

un·pleas·ant [ʌnplézənt] *a.* 불쾌한, 싫은

un·pop·u·lar [ʌnpápjulər/-pɔ́p-] *a.* 인기없는, 평판이 나쁜

un·qual·i·fied [ʌnkwálifàid/-kwɔ́l-] *a.* 자격 없는; 적임이 아닌; 무조건의,절대적인

un·ques·tion·a·ble [ʌnkwéstʃ(ə)nəbl] *a.* 의심할 바 없는, 확실한

un·real [ʌnríː(ə)l/-ríəl] *a.* 실체 없는, 실존하는 것 같지 않은

un·rea·son·a·ble [ʌnríːz(ə)nəbl] *a.* 이성 없는; 도리에 맞지 않는

un·rest [ʌnrést] *n.* 불안; 불안

un·ri·valed [《英》-valled] [ʌnráiv(ə)ld] *a.* 무적의;비길데 없는

un·roll [ʌnróul] *vt.* (만 것을)펴다, 펴지다 — *vi.* 펴지다

un·seal [ʌnsíːl] *vt.* 개봉하다

un·sea·son·a·ble [ʌnsíːz(ə)nəbl] *a.* 철에 맞지 않는; 시기가 나쁜

un·seat [ʌnsíːt] *vt.* 낙마시키다; (국회의원의)의석을 빼앗다; 퇴직시키다

un·seem·ly [ʌnsíːmli] *a.* 꼴사나운, 어울리지 않는

un·seen [ʌnsíːn] *a.* 보이지 않는

un·self·ish [ʌnsélfiʃ] *a.* 사심 없는, 욕심없는

un·set·tled [ʌnsétld] *a.* 불안정한; 미결의; 생활이 안정되지 않은

un·ship [ʌnʃíp] *vt.* (선하·선객을)내리다; 《海》 (선구를)떼다

un·sight·ly [ʌnsáitli] *a.* 보기 흉한, 못생긴, 비사교적인

un·so·cia·ble [ʌnsóuʃəbl] *a.* 교제를 싫어하는, 비사교적인

un·so·phis·ti·cat·ed [ʌnsəfístikèitid] *a.* 단순한, 순진한

un·speak·a·ble [ʌnspíːkəbl] *a.* 형언할 수 없는, 언어도단의

un·sta·ble [ʌnstéibl] *a.* 불안정한, 변하기 쉬운

un·stead·y [ʌnstédi] *a.* 불안정한; 변하기 쉬운

un·suit·a·ble [ʌnsúːtəbl/-sjúːt-] *a.* 부적당한, 어울리지 않는

un·tie [ʌntái] *vt.* (*ppr.* **-ty·ing**) 풀다, 끄르다; 개방하다

un·til [əntíl] *prep., conj.* …까지, …에 이르기까지; I shall wait ~ three o'clock. 3시까지 기다리겠다

un·time·ly [ʌntáimli] *a.* 때아닌, 철아닌; 시기가 나쁜

un·trod·den [ʌntrádn,-trɔ́dn] *a.* 인적미답의

un·true [ʌntrúː] *a.* 진실이 아닌; 불성실한; 표준에 맞지 않는

un·used [ʌnjúːzd,→2] *a.* **1** 사용되지 않는; 신품의 **2** [ʌnjúːst] 익숙치 않은(*to*)

un·u·su·al [ʌnjúːʒuəl] *a.* 보통[정상]이 아닌, 드문

un·wea·ried [ʌnwí(ː)rid] *a.* 지치지 않은; 지칠줄 모르는, 불굴의

un·wed mother [ʌnwéd] 미혼모

un·wel·come [ʌnwélkəm] *a.* 환영받지 못하는; 귀찮은

un·well [ʌnwél] *a.* (몸이)편치 않은

un·will·ing [ʌnwíliŋ] *a.* 싫어하는, 마음내키지 않는 (*to do*)

un·wind [ʌnwáind] *v.* (*p., pp.* **-wound** [-wáund]) *vt.* 풀다, 끄르다; 되감다 — *vi.* 풀리다

un·wise [ʌnwáiz] *a.* 현명치 못한, 무분별한, 어리석은 (foolish)

un·wor·thy [ʌnwə́ːrði] *a.* 가치없는, 하찮은; …할 가치가 없는 (*of*); …로서 부끄러운 (*of*)

up [ʌp] *ad.* 위(쪽으)로; 일어나; 전적으로: dry ~ 완전히 말라다 / get ~ 기상하다 / sit ~ till late 밤늦게까지 자지 않고 있다 / It's all ~. 이젠 틀렸다. 만사끝장이다 ~ **and down** 상하로; 이리저리 ~ **to** …까지; 종사하여; …에 적합하여; …의 책임으로 — *prep.* 上‧(낮은 곳에서) …의 위로, 높은 쪽으로: travel ~ the country 내륙으로 들어가다 ~ 의 뒤의, 상행의 the ~ train 상행열차; 上·상승;고지; 오르막길; (보통 *pl.* 融)(값의)앙등; 상행열차 ~ **s and downs** (길의)기복; 상하; 영고성쇠, 부침(浮沈)

up-and-com·ing [ʌ́pəndkʌ́miŋ] *a.* 활동적인, 유망한, 장래성 있는

up·braid [ʌpbréid] *vt., vi.* 나무라다, 책망하다

up·coun·try *n., a.* [ʌ́pkʌ̀ntri] 내륙지방(의) — *ad.* [英 ㅡㅗㅗ] 내륙지방으로

up·hill [ʌ́phíl] *a.* 올라가는, 치받이의; 힘드는 — *ad.* 언덕 위로

up·hold [ʌphóuld] *vt.* (*p., pp.* **-held** [-héld]) 들어올리다; 지지하다; 원조하다

up·hol·ster [ʌphóulstər] *vt.* 실내장식하다, 가구를 장착하다

UPI, U.P.I. = United Press International 미국의 통신사

up·land [ʌ́plənd] *n.* 고지

up·lift *vt.* [ʌplíft,→] 높이다; 들

un·fair [ʌnfɛ́ər] *a.* 부정한, 불공평한(partial); 부정직한

un·faith·ful [ʌnféiθf(u)l] *a.* 불실한, 불충한, 불신의; 부정확한

un·fa·mil·iar [ʌnfəmíljər] *a.* 잘 알지 못하는; 익숙치 않은(with.to)

un·fas·ten [ʌnfǽsn/-fά:sn] *vt.* 풀다, 끄르다, 벗기다, 늦추다

un·fa·vor·a·ble, [英] **-vour-** [ʌnféiv(ə)rəbl] *a.* 계제가 나쁜, 불리한; 호의적이 아닌 ~ **balance of trade** 무역 역조

un·fit [ʌnfít] *a.* 부적당한, 걸맞지 않은(*for, to do*); 걸맞 있는

un·fold [ʌnfóuld] *vt., vi.* 열다, 펼치다, 펼쳐지다; 나타내다; 밝히다

un·for·tu·nate [ʌnfɔ́:rt∫(ə)nit] *a.* 불행한, 불운한 ~**·ly** *ad.* 재수없이, 공교롭게, 불행히도

un·found·ed [ʌnfáundid] *a.* 근거없는, 이유없는

un·friend·ly [ʌnfréndli] *a.* 우정없는, 불친절한; 형편이 나쁜

un·furl [ʌnfə́:rl] *vt., vi.* (돛·기등을)펴다, 펼쳐지다; 올리다

un·fur·nished [ʌnfə́:rni∫t] *a.* 가구가 비치 안됨 [운

un·gain·ly [ʌngéinli] *a.* 몰상스러운

un·grate·ful [ʌngréitf(u)l] *a.* 은혜를 모르는; 보람 없는; 싫은

un·hap·py [ʌnhǽpi] *a.* 불행한, 불운한; 부적절한

un·health·y [ʌnhélθi] *a.* 건강하지 않은, 허약한; 건강에 좋지 않은 [벗기다

un·hook [ʌnhúk] *vt.* 고리에서

un·i·den·ti·fied [ʌnaidéntifáid] *a.* 신원불명의, 미확인의: an ~ plane 국적불명기

u·ni·form [jú:nifɔ̀:rm] *a.* 한결같은, 동일한(*with*); 일정한; 고른 —*n.* 제복, 군복

u·ni·fy [jú:nifài] *vt.* 일로써 결합하다, 통일하다 [다

un·im·por·tant [ʌnimpɔ́:rt(ə)nt] *a.* 중요하지 않은

un·in·ter·rupt·ed [ʌnintərʌ́ptid] *a.* 중단되지 않은, 연속되는

un·ion [jú:njən] *n.* 결합, 합동; 일치; 결혼, 연합, 조합; 노동조합 *trade* ~ 노동조합 *~ shop* 유니언 숍(고용조건이 모두 노사간협정으로 정해지는 직장) *U~ Jack* (*flag*) 영국국기

u·nique [ju(:)ní:k] *a.* 단일의, 독자적인; (俗) 진기한, 홀륭한

u·ni·son [jú:nizn, -sn] *n.* 조화, 화합; (樂) 제창; 화음 *in* ~ 제창으로; 일치(조화)하여(*with*)

u·nit [jú:nit] *n.* 한 개(사람); 단위, (구성)단위: ~ *furniture* 조립식 가구

u·nite [ju(:)náit] *vt., vi.* 결합하다; 합병하다; 맺다

u·nit·ed [ju(:)náitid] *a.* 연합한, 합병한, 결합한, 일치한 *the U~ Nations* (*Headquarters*) 국제연합(본부) (略: UN) *the U~ Kingdom* 연합왕국(대브리튼과 북아일랜드를 합한 명칭) (略: U.K.) *the U~ States* (*of America*) 미합중국(略: U.S. (A.))

u·ni·ty [jú:niti] *n.* 단일성, 통일; 단계; 일치

u·ni·ver·sal [jù:nivə́:rs(ə)l] *a.* 우주의; 전세계의; 공통의; 보편적인; (일반사회의) ~**·ly** *ad.* 전반적으로, 일반적으로; 예외없이

u·ni·verse [jú:nivə̀:rs] *n.* 우주; 천지만물; 전세계; 전인류

U·ni·ver·si·ade [jù:nivə́:rsiàde] *n.* 유니버시아드(국제학생스포츠대회)

u·ni·ver·si·ty [jù:nivə́:rs(i)ti] *n.* (종합)대학

un·just [ʌndʒʌ́st] *a.* 부정한, 불공평한, 부당한

un·kind [ʌnkáind] *a.* 불친절한, 인정없는; 냉혹한

un·known [ʌnnóun] *a.* 미지의; 형언할 수 없는; 헤아릴 수 없는 *the U~ Soldier* ([英] *Warrior*) 무명용사(유럽대전시의 무명의 전사자)

un·lace [ʌnléis] *vt.* (구두·코르셋등의)끈을 풀다

un·law·ful [ʌnlɔ́:f(u)l] *a.* 불법의, 부정한, 부당한

un·less [ənlés] *conj.* 만일 ...이 아니면(*if not*), ...하지 않으면

un·like [ʌnláik] *a.* 같지(닮지) 않은 —*prep.* ...에 어울리지 않게, ...과 달리 ~**·ly** *a.* 있을 법 하지 않은; 가망 없는 [다

un·load [ʌnlóud] *vt., vi.* 짐을 풀다

un·lock [ʌnlɑ́k/-lɔ́k] *vt.* 자물쇠를 열다 (심중을)털어놓다

un·looked-for [ʌnlúktfɔ̀:r] *a.* 뜻밖의, 예상치 못한 [주다

un·loose [ʌnlú:s] *vt.* 풀다, 놓아

un·luck·y [ʌnlʌ́ki] *a.* 불행한, 불운한; 공교로운; 불길한

un·mind·ful [ʌnmáin(d)f(u)l] *a.* 관심없는; 부주의한

un·mis·tak·a·ble [ʌnmistéikəbl] *a.* 틀림없는, 명백한

un·moved [ʌnmú:vd] *a.* 확고한, 까딱 않는, 태연한

un·nat·u·ral [ʌnnǽt∫(ə)r(ə)l] *a.* 부자연한; 인도에 어긋나는; 인정없는

un·nec·es·sar·y [ʌnnésisèri/-s(ə)ri] *a.* 불필요한, 무익한

unction [ʌ́ŋk∫(ə)n] *n.*《宗》(성별식의)도유(塗油); 연고

un·cut [ʌ̀nkʌ́t] *a.* 자르지 않은; (보석이)갈지 않은

un·daunt·ed [ʌ̀ndɔ́:ntid] *a.*불굴의, 용감한, 대담한

un·de·cid·ed [ʌ̀ndisáidid] *a.* 미결정의, 결단력 없는, 막연한

un·der [ʌ́ndər] *prep.* ……아래에[를]; ……을 지고, (수술 등)받아; ……중; ……에 따라; ……동안(시대)에:~ an operation 수술 중/~ a false name 가명을 써서/U~ Construction 《게시》공사중. ——*ad.* 아래에; 못하;종속……*a.* 아래에; 종속[종속]하여

un·der·car·riage [≤kæ̀ridʒ] *n.* (자동차의)하부구조, (비행기의)기대(機臺)

un·der·clothes [≤klòuz, -klòuðz], **-cloth·ing** [≤klòuðiŋ] *n.* 속옷

un·der·dog [≤dɔ̀:g/-dɔ̀g] *n.* 패배자, 승산이 없는 선수[팀]

un·der·done [ʌ̀ndʌ́n] *a.* (주로 英) 설구워진, 반숙의(《美》rare): I want my steak ~. 스테이크는 좀 덜 구운 것으로 해주시오

un·der·es·ti·mate [≤éstimèit] *vt.* 싸게[과소] 평가하다, 줄잡다, 얕보다

un·der·feed [≤fí:d] *vt.* (*p.*, *pp.* **-fed** [-féd]) 음식[먹이]을 충분히 주지 않다

un·der·go [≤góu] *vt.* (*p.* **-went** [-wént], *pp.* **-gone** [-gɔ́:n/-gɔ́n]) 받다, 당하다; 경험하다; 견디다

un·der·grad·u·ate [≤grǽdʒuit, -grǽdʒuit] *n.*, *a.* 대학 재학생 (의) (*cf.* postgraduate)

un·der·ground [≤gráund] *a.* 지하의(에); 지하운동의, 비밀의 *the* ~ *railroad* (《英》*railway*) 지하철(도) ~ *cinema* [*film*] 전위영화

un·der·hand [≤hǽnd] *a.* 언더핸드의; 비밀의, 엉큼한

un·der·lie [≤lái] *vt.* (*p.* **-lay** [-léi], *pp.* **-lain** [-léin], *ppr.* **-ly·ing** [-láiiŋ]) ……밑에 있다; ……의 토대를 이루다, 기초가 되다

un·der·line *vt.* [≤láin → *n.*] 밑줄을 치다; 강조하다. [≤] *n.* 밑줄, 하선

un·der·most [≤mòust] *a.*, *ad.* 최하위의[로], 최저의[로]

un·der·neath [≤ní:θ] *ad.*, *prep.* (……)아래에, (……보다)낮게

un·der·pass [≤pæ̀s/-pɑ̀:s] *n.* 지하도(特)입체교차로에서 철도·도로 밑을 지나는 길)

un·der·shirt [≤∫ə̀:rt] *n.* 속옷

un·der·stand [≤stǽnd] *vt.*, *vi.* (*p.*, *pp.* **-stood** [-stúd]) 이해하다; 들어서 알고 있다; 해석하다; 추측하다: I don't ~ you 무슨 말인지 잘 모르겠소 *make oneself understood* 자기의 생각을 남에게 이해시키다

un·der·stand·ing [≤stǽndiŋ] *n.* 이해(력); 분별, (의견·감정 등의)일치, 양해 *come to an* ~ *with* ……과 양해를 보다, 의견이 일치하다 *on the* ~ *that* ……의 조건으로, ……라는 양해 아래

un·der·take [≤téik] *vt.* (*p.* **-took** [-túk], *pp.* **-tak·en** [-téik(ə)n]) 떠맡다; 착수하다

un·der·tak·ing [≤téikiŋ] *n.* 떠맡은 일; 사업; 약속 [업]

un·der·val·ue [≤vǽlju(:)] *vt.* 싸게 평가하다; 얕보다

un·der·wear [≤wɛ̀ər] *n.* 속옷

un·der·world [≤wə́:rld] *n.* 지옥; (천상에 대해)현세; 음부가

un·der·write [≤ráit] *vt.* (*p.* **-wrote** [-róut], *pp.* **-writ·ten** [-rítn]) 이래에 쓰다, 서명하다

un·de·sir·a·ble [ʌ̀ndizáiərəbl] *a.*, *n.* 바람직하지 않은(사람, 것)

un·de·vel·oped [ʌ̀ndivéləpt] *a.* 미발달의, 미개발의

un·do [ʌ̀ndú:] *vt.* (*p.* **-did** [-díd], *pp.* **-done** [-dʌ́n]) 원상태로 해놓다; 취소하다; 풀다, 끄르다

un·doubt·ed [ʌ̀ndáutid] *c.* 의심할 여지없는, 확실한, 명백한

un·dress [ʌ̀ndrés] *n.* [≤] *vt.*, *vi.* 옷을 벗기다[벗다]; 붕대[장식]를 떼다 (《美》≤) 평복

un·due [ʌ̀ndjú:/-djú:] *a.*, *vi.* 지나친; 불법의; 지불마감이 안된

un·du·late [ʌ̀ndʒuléit/-dʒə-] *vi.*, *vt.* 굽이치(게 하)다; 기복하다

un·earned income [ʌ̀nɔ́:rnd] 불로소득

un·eas·y [ʌ̀ní:zi] *a.* 불안한; 불쾌한, 거북한; 어색한

un·em·ployed [ʌ̀nimplɔ́id] *a.* 실직한; 이용되지 않는; 한가한

un·em·ploy·ment [ʌ̀nimplɔ́imənt] *n.* 실업, 실직

un·e·qual [ʌ̀ní:kw(ə)l] *a.* 같지 않은; 고르지 않은, 불평등한; 견딜 수 없는 (*to*)

un·e·quiv·o·cal [ʌ̀nikwívək(ə)l] *a.* 명확한

UNESCO [ju(:)néskou] *n.* 유네스코 = United Nations Educational, Scientific, and Cultural Organization 국제연합 교육과학 문화기구

un·e·ven [ʌ̀ní:v(ə)n] *a.* 평평하지 (고르지)않은; 불공정한; 홀수의

un·ex·pect·ed [ʌ̀nikspéktid] *a.*

tyr·an·ny [tírəni] *n.* 포학; 폭정
ty·rant [táiərənt] *n.* 폭군
Tyr·ol, Tir·ol [tírəl / tíróul], tiróul] *n.* 티롤 (오스트리아 서부와 이탈리아 북부를 포함한 알프스 지방)

U

UAE = *U*nited *A*rab *E*mirates 아랍 연합공화국
UCLA =the *U*niversity of *C*alifornia at *L*os *A*ngeles 캘리포니아 대학교 로스 앤젤레스 대학
UFO = *u*nidentified *f*lying *o*bject 미확인비행물체
U·gan·da [ju:ɡǽndə] *n.* 우간다 (아프리카 동부의 공화국)
ug·ly [ʌ́ɡli] *a.* 보기 흉한, 미운; 사악한; (날씨가)사나운, 협약한
UHF = *u*ltra*h*igh *f*requency 극초단파
U.K. = *U*nited *K*ingdom 영왕국
U·kraine [ju:kréin, -kráin, ＋光 jú:krein] *n.* 우크라이나(러시아 서남부의 공화국)
u·ku·le·le [jù:kəléili] *n.* 우쿨렐레(기타 비슷한 4현악기)
ul·cer [ʌ́lsər] *n.* 궤양
ul·te·ri·or [ʌltí(:)riər] *a.* 저쪽의, 저 멀리의; 장래의
ul·ti·mate [ʌ́ltimit] *a.* 궁극의; 근본적익; 가장
ul·ti·mo [ʌ́ltimòu] *a.* 전달의 (略: ult.) (cf. proximo) [L]
ul·tra [ʌ́ltrə] *a.* 극단의, 과격한 —*n.* 과격론자, 급진주의자
ultra- *pref.* 「초월, 극단」의 뜻
ul·tra·ma·rine [≥məríːn] *a.* 해외의, 바다 저편의; 군청색의
ul·tra·mod·ern [≥mʌ́dərn / -mɔ́d-] *a.* 초근대적인
ul·tra·sound [≥sàund] *n.* 초음파
ul·tra·vi·o·let [≥váiəlit] *a.* 자외선의 (cf. infrared)
um·ber [ʌ́mbər] *n.* 갈색, 밤색
um·brage [ʌ́mbridʒ] *n.* 불쾌
um·brel·la [ʌmbrélə] *n.* 우산
um·pire [ʌ́mpaiər] *n.* 심판원
un- [ʌn-] *pref.* 「반대, 부정, 결여」 등의 뜻
UN, U.N. = *U*nited *N*ations 국제연합, 유엔
un·a·bashed [ʌnəbǽʃt] *a.* 부끄럼을 모르는, 태연한
un·a·ble [ʌnéibl] *a.* 할 수 없는
un·ac·com·pa·nied [ʌ̀nəkʌ́mpənid] *a.* 동반자 없는; 반주없는: ～ baggage 탁송소하물
un·ac·cus·tomed [ʌ̀nəkʌ́stəmd] *a.* 익숙치 못한, 별난
un·ac·quaint·ed [ʌ̀nəkwéintid] *a.* 낯선, 잘 모르는(*with*)
un·af·fect·ed [ʌ̀nəféktid→2] *a.*

1 멋부리지 않는, 자연스러운; 성실한 **2** [(英)ˋˋˊˋˊˋ] 움직이지면(하지) 않는
u·nan·i·mous [ju(:)nǽniməs] *a.* 이의없는, 의견이 같은, 만장일치의
un·arm [ʌnáːrm] *vt.* 무장을 해제하다, 무기를 뺏다
un·a·ware [ʌ̀nəwɛ́ər] *a.* (서술용법)못알아챈, 모르는(*of*)
un·a·wares [ʌ̀nəwɛ́ərz] *ad.* 뜻밖에, 부지중에
un·bal·anced [ʌnbǽlənst] *a.* 평형을 잃은, 불균형의, 불안정한
un·bear·a·ble [ʌnbɛ́ərəbl] *a.* 참 [견딜] 수 없는
un·bend [ʌnbénd] *v.* (*p., pp.* -bent, *or* ～ed) *vt.* 똑바로 펴다; 늦추다 —*vi.* 펴지다
un·bind [ʌnbáind] *vt.* (*p., pp.* -bound) (묶·매듭을)풀다; 속박을 풀다, 해방하다
un·bos·om [ʌnbúzəm] *vt.* (비밀 등을)털어놓다
un·bro·ken [ʌnbróuk(ə)n] *a.* 부서지지 않은; (말이)길들지 않은; 미개간의
un·but·ton [ʌnbʌ́tn] *vt.* 단추를 끄르다
un·ceas·ing [ʌnsíːsiŋ] *a.* 끊임없는
un·cer·tain [ʌnsə́:rtn] *a.* 불확실한, 변덕스런; 미정의, 확신없는
un·chart·ed [ʌntʃáːrtid] *a.* 해도 (지도)에 실려 있지 않은
un·civ·il [ʌnsív(i)l] *a.* 예의모르는, 버릇없는; 야만의, 미개한
un·cle [ʌ́ŋkl] *n.* 백부, 숙부 (cf. aunt)
Uncle Sám 미국정부, 미국민
un·close [ʌnklóuz] *vt., vi.* 열다, 열리다
un·com·fort·a·ble [ʌnkʌ́mfərtəbl] *a.* 불쾌한; 불편한
un·com·mon [ʌnkámən/-kɔ́m-] *a.* 드문; 보통 아닌, 비범한
un·con·cerned [ʌ̀nkənsə́:rnd] *a.* 걱정없는; 관계없는; 무관심한
un·con·di·tion·al [ʌ̀nkəndíʃən(ə)l] *a.* 무조건의; 절대적이
un·con·scious [ʌnkánʃəs/-kɔ́n-] *a.* 무의식적인; 의식불명의
un·con·vert·i·ble [ʌ̀nkənvə́:rtibl] *a.* 바꿀 수 없는; (지폐가)태환할 수 없는 [개를 뽑다
un·cork [ʌnkɔ́ːrk] *vt.* 코르크마
un·cov·er [ʌnkʌ́vər] *vt.* 덮개(두

Turk·ish [tə́ːrkiʃ] *n.* 터키(인어)의, 터키식의 ~ **bath** 터키탕 ~ **n.** 터키어

tur·moil [táːrmɔil] *n.* 소동, 혼란

turn [təːrn] *vi., vt.* 돌리(키)다; 향하(게 하)다; 굽(히)다; 방향을 바꾸다; 뒤집다: T~ to the left at the first crossing. 맨처음 교차로에서 왼쪽으로 도시오 ~ **off** (가스·수도)를 잠그다; (전등·라디오를) 끄다; 해고하다 ~ **on** (가스·수도 등을)틀다; (라디오·전등을) 켜다 —*n.* 회전; 굽이, 굴모양이; 방향전환; 변화; 경향; 기질; 차례: It is your ~ to…. 네가 ~ 할 차례다/Take the second ~ to the left. 두번째 모퉁이에서 왼쪽으로 도시오 *by* ~ **s** 교대로 *in* ~ 차례로 *take* ~ **s** 교대하다

turn·ing [táːrniŋ] *n.* 회전(되는), 굴곡; 길모퉁이

túrning póint 분기점; 전환점, 전기(轉機)

turn·out [táːrnàut] *n.* 출석(참가자); 투표율; 집합

turn·o·ver [⁓òuvər] *n.* 전복; 접어젖힌 것; (일정 기간의) 외형

turn·pike [⁓pàik] *n.* 유료도로, 유료고속도로; 통행세징수소

tur·quoise [táːrkɔiz, -kwɔiz / táːkwɑːz] *n.* 터키석

tur·tle [táːrtl] *n.* 《動》 바다거북

tur·tle·neck [⁓nèk] *n.* (스웨터 등의) 목을 감싸는 깃

túrtle shèll 별갑

túrtle sòup 거북수프

Tut·ankh·a·men [tùːtɑːŋkɑ́ːmin/tùːtɑŋk-] *n.* 투탄카멘왕(B.C. 14세기경의 이집트왕)

tu·tor [t(j)úːtər/tjúːtə] *n.* 가정교사; 《英》(대학의) 지도교수; 《美》 강사

tux·e·do, Tux- [tʌksíːdou] *n.* (*pl.* ~**s**) 남자용 약식 야회복

TVA = *Tennessee Valley Authority* 테네시강유역 개발공사

TV dìnner 텔레비전식사(데우기만 하면 먹을 수 있는 냉동식품)

TWA = *Trans World Airlines* 트랜스월드 항공(미국의 항공회사)

tweed [twiːd] *n.* 트위드옷감

twelfth [twelfθ] *n., a.* 제12(의); 12분의 1(의)

Twelfth-day [twélfθdèi] *n.* 12월 6일·크리스마스로부터 12일째)

twelve [twelv] *n., a.* 12(의)

twen·ti·eth [twéntiiθ] *n., a.* 제20(의); 20분의 1(의)

twen·ty [twénti] *n., a.* 20(의)

twice [twais] *ad.* 두번로; 두번

twice-told [⁓tóuld] *a.* 진부한

twid·dle [twídl] *vt., vi.* 만지작거리다, 이리저리 돌리다

twig [twig] *n.* 잔(작은) 가지

twi·light [twáilàit] *n.* (해질전·해뜨기 후의)어스름

twin [twin] *n.* 쌍둥이의; 짝을 이루는 ~ *n.* 쌍둥이 중의 한 사람; (*pl.*) 쌍둥이

twín béds 싱글베드 한쌍

twine [twain] *n.* 꼰 실 —*v., vi.* 꼬다, 짜다, 얽히게 하다

twi·night [twáinàit] *a.* 《야구》 저녁때부터 밤에 걸쳐 하는 (더블헤더의)

twin·kle [twíŋkl] *vi.* (별 등이) 반짝이다, 깜박이다 —*n.* 「방

twírl [twəːrl] *vt., vi.* 빙글빙글 돌(리)다, 회전하다

twist [twist] *vt., vi.* 비틀다 꼬다, 짜다, 감다; 굽(히)다 —*n.* 비틀림, 꼬임; (*the* ~) 혼합주; 트위스트(춤)

twit [twit] *vt.* 꾸짖다, 조롱하다

twitch [twitʃ] *vt., vi.* 홱 잡아당기다; 팔짝팔짝 움직이다

twit·ter [twítər] *vi.* 지저귀다; 킬킬 웃다

two [tuː] *n., a.* 2(의)

two-dig·it [túːdìdʒit] *a.* 두자리수의(인플레이션 등이 10%가 넘는)

two·fold [túːfóuld] *a.* 이중의; 두 배의 —*ad.* 이중으로; 두배로

two-pen·ny [tʌ́pəni] *a.* 2펜스의, 싸구려의

two-piece [⁓píːs] *n., a.* 투피스(의) 옷

two-seat·er [túːsíːtər] *n.* 2인승 자동차(비행기)

two-tone [⁓tóun] *a.* 2색의, 2색을 사용한

ty·coon [taikúːn] *n.* 《美口》 실업계의 거물

ty·ing [táiiŋ] *v.* tie의 현재분사

type [taip] *n.* 형, 타입, 양식; 전형, 견본; 상징; 활자 —*vi., vt.* 타자기로 치다

type·writ·er [⁓ràitər] *n.* 타자기

ty·phoid [táifɔid] *n.* 장티푸스

ty·phoon [taifúːn] *n.* 태풍

ty·phus [táifəs] *n.* 발진티푸스

typ·i·cal [típikəl] *a.* 전형적인 (model), 대표적인; 상징적인;독특한: *be* ~ *of* …을 대표하다

typ·i·fy [típifai] *vt.* 전형화하다, 대표하다; 특징을 나타내다, 상징하다

typ·ist [táipist] *n.* 타자수

ty·pog·ra·phy [taipɑ́grəfi/-pɔ́grə-] *n.* 활판 인쇄술

true [truː] *a.* 진실[사실]인 (*opp.* false); 참된, 순수한; 정확한; 올바른; 충실[성실]한: ~ to life 실물과 똑같은 **come** ~ 사실이 되다; (예언 등이) 적중하다 **prove** ~ 사실임을 알다, 들어맞다

trúe-héart·ed [-háːrtid] *a.* 충실[성실]한

trúe-lóve [-lʌ́v] *n.* 애인

truf·fle [trʌ́fl] *n.* 송로(식용버섯의 일종)

tru·ly [trúːli] *ad.* 참으로, 정말로; 정직하게; 정확히; 충실히 *Yours* (*very*) ~ 경구 (편지를 맺는 말)

trump [trʌmp] *n.* (트럼프의) 으뜸패; 비장의 수 —*vi., vt.* 으뜸패를 쓰다; 비장의 수를 쓰다

trum·pet [trʌ́mpit] *n.* 나팔, 트럼펫 —*vi., vt.* 나팔을 불다; 나팔로 알리다; 떠벌리다

trun·cheon [trʌ́ntʃ(ə)n] *n.* 《英》 경찰봉, 곤봉; 권위 지위봉

trunk [trʌŋk] *n.* 줄기; 동체; 간선; 코끼리의 코; 여행가방, 트렁크; 《美》 (자동차 뒤쪽의) 짐칸; (*pl.*) 남자용 운동팬츠

trúnk càll 《英》 장거리전화(출) 《《美》 long-distance call): Give me a ~. 장거리 전화를 부탁합니다

trúnk líne (철도·전화의) 간선

trúnk ròad 간선도로 [본선

truss [trʌs] *n.* (건초 등의) 다발; 《建》 트러스

trust [trʌst] *n.* 신용, 신뢰, 신임 (*in*); 위탁물, 보관물; 《經》 트러스트, 기업합동 *in* ~ 위탁하여 —*vt.* 외상으로; 남의 시키는대로 —*vt., vi.* 신용하다, 신뢰하다; 맡기다; 외상판매하다; 신용대부하다; 기대하다

trúst còmpany 신탁회사

trus·tee [trʌstíː] *n.* 수탁자

trust·wor·thy [trʌ́stwəːrðì] *a.* 신용할수있는, 믿을만한

trust·y [trʌ́sti] *a.* 신용할수있는, 믿을만한

truth [truːθ] *n.* (*pl.* ~**s** [-ðz, -θs]) 진리, 사실, 진실; 성실, 충실 *in* ~ 참으로, 실제로, 사실은 *to tell the* ~ 사실은, 사실을 말하면

try [trai] *vt., vi.* 해보다, 시도하다; 괴롭히다; 심리하다 ~ *and* (*do*) 《口·명령형》...하도록 노력하다 ~ *on* 입어보다; ~ *out* 철저히 해보다 —*n.* 시도, 시험

try·ing [tráiiŋ] *a.* 쓰라린, 피로하게 느끼기 어려운; 고된

tsét·se flỳ [tsétsi] 체체파리 (남아프리카산. 수면병을 매개)

tub [tʌb] *n.* 통; 목욕통, 욕조

tube [t(j)uːb/tjuːb] *n.* 관, 통(筒); (치약 등의) 튜브; (런던의) 지하철 (《美》subway); 지하도; 진공관 [아기

túbe-bà·by [-bèibi] *n.* 시험관

tu·ber·cu·lo·sis [t(j)ubəːrkjulóusis/tjubə-] *n.* 결핵, 폐결핵

tuck [tʌk] *n.* (소매 등의) 접단; 《俗》 음식 —*vt., vi.* (소매 등을) 접어 넣다, 걷어올리다

Tu·dor [t(j)úːdər/tjúːdə] *n., a.* 튜더왕조 (양식) 의

Tues·day [t(j)úːzdi, -dei/tjúːz-] *n.* 화요일

tuft [tʌft] *n.* (머리칼 등의) 숱; 덤불, 숲

tug [tʌg] *vt., vi.* 당기다 —*n.* 힘껏 당기기; 예인선

túg·bòat [-bòut] *n.* 예인선

tu·i·tion [t(j)uíʃ(ə)n / tjuː(ː)-] *n.* 교수, 수업(료)

tu·lip [t(j)úːlip/tjúː-] *n.* 튤립

tum·ble [tʌ́mbl] *vi.* 넘어지다, 구르다; 허둥지둥 가다 [오다]; 뒹굴다; 공중제비하다 —*vt.* 굴리다, 넘어뜨리다 —*n.* 전도; 공중제비; 혼란

tum·bler [tʌ́mblər] *n.* (바닥이 평평한) 큰컵; 곡예사

tu·mor, -mour [t(j)úːmər/tjúːmə] *n.* 종기, 종양

tu·mult [t(j)úːmʌlt/tjúː-] *n.* 소요, 소동, 폭동; 격정

tu·na [túːnə] *n.* 《美》 참치

tun·dra [tʌ́ndrə, 美 túːn-] *n.* (시베리아의) 동토대, 툰드라

tune [t(j)uːn/tjuːn] *n.* 가락, 곡; 선율, 음조; 조화 *in* [*out of*] ~ (…과) 조화하여 [하지 않고] —*vt., vi.* 음조를 맞추다 [가 맞다]; 조율하다; 조화시키다 [되다]; ~ *up* 연주를 시작하다; (일 등이) 나기 시작하다

Tu·ni·si·a [t(j)uníːʃiə / tjuníːziə] *n.* 튀니지(북아프리카의 공화국)

tun·nel [tʌ́n(ə)l] *n.* 터널 —*vt., vi.* 터널을 파다; 잠행하다

tun·ny [tʌ́ni] *n.* 《英》 참치

tur·ban [tə́ːrbən] *n.* 터번

tur·bid [tə́ːrbid] *a.* 흐린

tur·bine [tə́ːrbin] *n.* 터빈

tur·bu·lent [tə́ːrbjulənt] *a.* (바람 등이) 사나운; 소란한, 난폭한

tu·reen [t(j)urːn/tə-] *n.* (뚜껑이 있는) 수프 그릇

turf [təːrf] *n.* 잔디; (*the* ~) 경마(장); 이탄(泥炭)

tur·gid [tə́ːrdʒid] *a.* 부어오른, 과장된

tur·key [tə́ːrki] *n.* 《鳥》 칠면조; 《俗》 터키

Tur·key [tə́ːrki] *n.* 터키

tri·color, 《英》**-our**[tráikʌlər/tríkələ] *n.* 《英》3색기 (프랑스의) 3색기

tri·cot[tríːkou, trí-] *n.* 트리코, 손으로 뜬 털실편물

tried[traid] *a.* 시험필의; 믿을 수 있는

tri·en·ni·al[traiéniəl] *a.* 3년째 속되는 [마다의] —*n.* 3년마다의 축제

tri·fle[tráifl] *n.* 하찮은 일 [것], 사소한 일, 소량 —*vi.* 만지작거리다

tri·fling[tráifliŋ] *a.* 얼마 안되는, 사소한; 경박한

trig·ger[trígər] *n.* (총의) 방아쇠

tri·lin·gual[trailíŋgwəl/ㅡㅡ] *a.* 3개국어를 사용하는

tril·o·gy[trílədʒi] *n.* 3부작

trim[trim] *a.* 말쑥한, 정돈된 —*n.* 정돈 —*vt.* 정돈 [손질] 하다; 전지하다: ~ hair 이발하다 / ~**·ming** *n.* 정돈, 손질; (*pl.*) (요리의 고명

Trin·i·dad and To·ba·go[trinidǽd(d)toubéigo] 트리니다드토바고 (서인도제도의 공화국)

trin·i·ty[trínəti] *n.* (the T~) 《宗》삼위일체; 3개 한벌인 것

tri·o[tríːou/tríou] *n.* 《音》3중주 [창] (곡); 3인조; 《音》3중주 [창]

trip[trip] *n.* (특히 짧은) 여행; 가벼운 발걸음; 발을 걸어 넘어 뜨리기; 실수: go on a ~ 여행을 떠나다 / make a ~ 여행하다 / a round ~ 일주여행(하다) / 《美》왕복여행: on a ~ 여행중에 —*vi.* 발길음도 가볍게 걷다; 걸려 넘어지다 (*on*, *over*); 실패하다 —*vt.* 걸려 넘어지게 하다; 실패하게 하다

tri·ple[trípl] *a.* 3배의, 3중의, 3부작의

tri·pod[tráipəd/-pɔd] *n.* 삼각

trip·per[trípər] *n.* 《英11》여행자, 행락객

tri-show[tráiʃou] *n.* (싱가포르의) 3륜차

trite[trait] *a.* 혼해빠진

tri·umph[tráiəmf] *n.* 승리 (*over*); 대승리 **in ~** 의기양양하여 —*vi.* 이기다, 성공하다 (*over*) **-um·phal** *a.* 승리의, 개선의: the **T~al Arch** 개선문

tri·um·phant[traiʌ́mfənt] *a.* 승리한, 의기양양한

triv·i·al[tríviəl] *a.* 하찮은, 사소한 「(錠劑)

tro·che[tróuki/trouʃ] *n.* 정제

trod[trad/trɔd] *v.* tread의 과거 (분사)

trod·den[trádn/trɔ́dn] *v.* tread의 과거분사

troi·ka[trɔ́ikə] *n.* 3두마차; 3두제(政體)

Tro·jan[tróudʒ(ə)n] *a.* 트로이(Troy)의, 트로이인의 —*n.* 트로이인; 용사

trol·ley, -ly[tráli/trɔ́li] *n.* 《電》트롤리(가공선에 접촉하는 전차의 봉); 《英》손수레, 광차 ≒ **bus** 트롤리버스 ≒ **car** 시내전차

troop[truːp] *n.* 떼, 무리; (*pl.*) 군대, 군세 —*vi.* 떼[열]를 지어 나아가다, 몰려가 떼다 [모이다, 떠나다] **T~ing the Colour** 《英》군기경례 분열식(6월상순에 있는 근위병사열식)

tro·phy[tróufi] *n.* 전리품, 전승기념물, 우승(기패), 트로피

trop·ic[trápik/trɔ́p-] *n.* 회귀선; (*the* ~s) 열대(지방)

trop·i·cal[trápik(ə)l/trɔ́p-] *a.* 열대(지방)의; 열대적인

trot[trat/trɔt] *vi.* 속보로 달리다 —*n.* (말의)속보; 총총걸음, 빠른 걸음

trou·ble[trʌ́bl] *n.* 고생; 근심, 곤란, 말썽; 소동; 병: without any ~ 문제없이/No ~ at all. 천만에 **get into** ~ 일이 낭패하게 되다, 문제에 빠지다 **have** ~ **with** ~ 과의 사이에 말썽이 있다; ~으로 고생하다 —*vt.* 폐를 끼치다; 어지럽히다; 난처하게 하다, 걱정시키다: May I ~ you to shut the door? 문을 닫아주시지 않겠습니까? / I'm sorry to ~ you. 폐를 끼쳐 죄송합니다 —*vi.* 수고하다; 걱정하다 —**~d** *a.* 난처한, 걱정스러운; 거친, 험악한

trou·ble·some[trʌ́blsəm] *a.* 성가신, 골치아픈, 난처한

trou·sers[tráuzərz] *n.* (*pl.*) 바지 《美口》**pants**: a pair of ~ 바지 하나

trout[traut] *n.* (*pl.* ~**s**, 《총칭》~) 《魚》송어

trou·vaille[truːvái, -vá:(ə)/trúːvail] F. *n.* 횡재한 물건

tru·ant[trúː(ə)nt] *n.* 게으름쟁이, 놀기 좋아하는, 무단결석자: play ~ 학교를 빼먹다

truce[truːs] *n.* 휴전, 정전

truck[trʌk] *n.* 《美口》트럭, 광차; 《英》무개화차; 대차(臺車) 「임

truck·age[trʌ́keidʒ] *n.* 트럭운임

trúck fàrm 《美》시장용의 채소농장

truck·le[trʌ́kl] *n.* 작은 바퀴; 바퀴달린 침대

trudge[trʌdʒ] *vi.*, *vt.* *n.* 터벅터벅 걷다[걷기]

trans·o·ce·an·ic [trænsouʃiǽnik, trænz-] *a.* 대양횡단의

tran·som [trǽnsəm] *n.* (문 위의)가로창; 《美》문위의 채광창

tran·son·ic [trænsánik/-sɔ́n-] *a.* 음속에 가까운

trans·pa·cif·ic [trænspəsífik] *a.* 태평양횡단의

trans·par·ent [trænspɛ́(ə)rənt] *a.* 투명한; 명백한

trans·plant [trænsplǽnt/-plάːnt] *vt.* 이식하다; 식민시키다

trans·port [trænspɔ́ːrt→n.] *vt.* 수송하다《수동형》황홀하게 하다 《with》—*n.* [스—] 수송; 운송선; (*pl.*) 황홀, 열중

trans·por·ta·tion [trænspərtéiʃ(ə)n/-pɔː-] *n.* 수송, 운송; 운수기관; 수송료, 운임; 《美》 여행[수송] 허가증[표]

trans·ship [trænsʃíp] *vt.* 다른 배[차]에 옮기다

Trans-Si·be·ri·an Rάilroad [trænz(s)saibí(ə)riən / træn(z)saibíə-] 시베리아 횡단철도

trans·son·ic [trænssánik/-sɔ́n-] *a.* = transonic

trans·verse [trænsvə́ːrs/trǽnzvəːs] *a.* 가로의; 가로지르는

trap¹ [træp] *n.* 함정, 책략, 속임수; (트랩사격의) 표적발사기; 《英俗》경관 —*vt.* 함정에 빠뜨리다

trap² [træp] *n.* (*pl.*) 휴대품, 수하물

trash [træʃ] *n.* 쓰레기, 폐물, 졸작: a ~ can 《美》쓰레기통 (《英》 dust bin)

trat·to·ri·a [trὰtɑːríːɑ] *It. n.* 음식점

trav·el [trǽvəl] *vi., vt.* 여행하다; (빛·소리 등이) 나아가다, 전파하다: She has ~ed all over Europe. 그녀는 유럽을 두루 여행하고 다녔다 —*n.* 여행; (*pl.*) 여행기 —**ed**, 《英》—**led** *a.* 여행에 익숙한, 견문이 넓은

trável ágency [búreau] 여행 안내소[대리점] (*cf.* Reisebüro)

trável àgent 여행안내 업자

trav·el·er, 《英》**-el·ler** [trǽvlər] *n.* 여행자(가); 순회판매원

tráveler's chèque [《英》chèque] 여행자용 수표: cash one's ~ 여행자용 수표를 현찰로바꾸다

tráveler's lètter of crédit 여행자 보증서 (여행자의 의뢰로 여행자가 해외에서 여비를 받을 수 있는 은행 발행의 보증서)

trável insùrance pólicy 여행상해보험증서

trável tràiler 여행용 이동주택

trav·erse [trǽvə(ː)rs] *vt.* 횡단

하다 —*n.* 횡단; 가로장; 횡단로

tray [trei] *n.* 쟁반, 접시; (트렁크의) 간막이 상자

treach·er·ous [trétʃ(ə)rəs] *a.* 배반하는; 믿지 못할

tread [tred] *vi., vt.* (*p.* **trod,** *pp.* **trod·den, trod**) 밟다, 짓밟다 《*on, upon*》; 걷다, 지나가다 —*n.* 밟기, 걷기; 걸음걸이; 발소리; (계단의) 디딤판

treas·ure [tréʒər] *n.* 보물; 비장의 물건; 재화; 귀중품 —*vt.* 비장하다 《*up*》; 소중히 하다; 명심하다

treas·ur·y [tréʒəri] *n.* 보고 (寶庫); 금고, 국고

treat [triːt] *vt., vi.* 다루다, 대우하다; 치료하다; 논하다; 대접하다, 한턱내다 —*n.* 대접; 즐거운 일; 위로회; 《口》한턱내기 [내 차례]: This is my ~. 이번에는 내가 낼 차례다 *stand* ~ 한턱내다

treat·ment [tríːtmənt] *n.* 대우; 처리; 치료(법)

trea·ty [tríːti] *n.* 조약; 담판, 교섭 *in* ~ *with* …과 교섭중

tree [triː] *n.* 나무, 수목 ~ *lawn* (차도와 보도 사이의) 녹지대

trem·ble [trémbl] *vi.* 떨다; 걱정하다 —*n.* 떨림, 전율

tre·men·dous [triméndəs] *a.* 무시무시한; 거대한; 《口》 어마어마한

trem·or [trémər] *n.* 떨림, 떨리는 소리; 미동

trench [trentʃ] *vt.* 도랑을 파다 —*n.* 도랑

trench còat 트렌치코트

trench·er [tréntʃər] *n.* 나무접시

trend [trend] *n.* 경향, 추세

tres·pass [tréspəs] *n.* 침입; 《法》불법침해 —*vi.* (남의 땅에)침입하다; 침해하다, 폐를 끼치다《*on, upon*》: No T~*ing!* (게시) 출입금지

Tre·vi [tréivi:] *n. la Fontana di* ~ (로마의) 트레비의 샘

tri·al [tráiəl] *n.* 시도, 시험; 시련; 《法》재판 ~ *and èrror* 시행착오

tri·an·gle [tráiæ̀ŋgl] *n.* 〖幾〗삼각형; 삼각형

tribe [traib] *n.* 종족; 패거리

trib·ute [tríbjuːt] *n.* 선물, 공물

tri·car [tráikɑːr] *n.* 〖英〗삼륜차

trick [trik] *n.* 책략, 계략; 짓궂은 장난; 요술; 비결 *play a* ~ *on a person* (남에게) 장난치다 —*vt., vi.* 속이다

trick·le [tríkl] *vi.* 뚝뚝 떨어지다, 졸졸 흐르다 —*vt.* 뚝뚝 떨어뜨리다 —*n.* (물)방울; 실개천

tract [trækt] *n.* 지역, 고장; (바다·하늘 등의) 넓이

trac·tor [træktər] *n.* 견인차, 트랙터

trade [treid] *n.* 장사, 상업, 무역; 직업; 《총칭》동업자 *by ~* 직업상, *vt., vi.* 장사(매매)하다 (*in*); 무역하다, 거래하다 (*with*); 교환하다

tráde fàir 견본시, 무역박람회

tráde jòurnal(pàper) 업계지(業界紙)

tráde-màrk *n.* 상표

tráde nàme 상품명, 상표

trád·er [tréidər] *n.* 상인; 상선

trades·man [tréidzmən] *n.* (*pl.* **-men** [-mən]) 상인

tráde únion 《英》노동조합

tráde wìnd 무역풍

tra·di·tion [trədíʃ(ə)n] *n.* 전설, 구전; 전통, 관습 **~al** *a.* 전통적인, 전통의

Tra·fál·gar Squáre [trəfǽlgər] 트라팔가 광장 (런던의 광장, 넬슨기념탑이 있음)

traf·fic [trǽfik] *n.* 교통, 왕래, 운수; 거래, 무역; 교통량 *a ~ accident* 교통사고/ *a ~ circle* 원형 교차로, 로터리/ *a ~ (control) signal* 교통신호/ *a ~ control tower* 항공관제탑/ *a ~ jam* 교통체증/ *a ~ sign* 교통표지/ *a ~ ticket* 교통위반 딱지

trag·e·dy [trǽdʒidi] *n.* 비극

trag·ic [trǽdʒik] *a.* 비극적인

trail [treil] *vt., vi.* 질질끌다; 추적하다 ~ *n.* (지나간) 자국; (황야의) 오솔길, 산길

trail·er [tréilər] *n.* 트레일러, 부속차; (영화의)예고편

tráiler bùs 트레일러 버스

tráiler còach 《美》여행용 이동주택차

train [trein] *vt., vi.* 훈련(양성)하다 ~ *n.* 열차, 기차; 《총칭》수행원; (사람·차의)행렬; (살별·새의)꼬리 *an accommodation ~* 보통열차/*an express ~* 급행열차/*a passenger ~* 객열차/*a through ~* 직행열차/*an up ~* 상행 [下행]열차/*travel by ~* 기차로 여행하다/*get into [out of] a ~*; *get on [off] a ~* 기차에 타다(에서 내리다)/*miss [catch] the ~* 기차를 놓치다 [잡아타다] *a ~ jumper* 무임 승차자 **~er** *n.* 훈련사, 조마사(調馬師).

train·ing [tréiniŋ] *n.* 훈련, 단련

train·sick [∠sik] *a.* 차멀미 하는

trait [treit/tréi(t)] *n.* (성격 등의)특성, 특색

trai·tor [tréitər] *n.* 반역자, 배반자; 매국노

tram [træm] *n.* 《英》시내전차

trám·càr [∠kɑ̀ːr] *n.* =tram

tramp [træmp] *vi., vi.* 쿵쿵 [터벅터벅] 걷다, 걸어가다; 도보여행을 하다 ~ *n.* 방랑자; 도보여행; 부정기화물선

tram·ple [trǽmpl] *vt., vi.* 짓밟다, 밟아뭉개다[짓이기다]; 우편하다

tram·po·line [trǽmpəlin, -ìːn] *n.* 《체조》트램폴린

tram·way [trǽmwei] *n.* 《英》시내전차 (선로)

trance [træns/trɑːns] *n.* 황홀경; 무아의 경지; 열중

tran·quil·iz·er, -quil·liz·er [trǽŋkwilàizər] *n.* 진정제

trans·act [trænsǽkt, trænz-, trɑːns-] *vt., vi.* 처리(거래)하다

trans·at·lan·tic [trǽnsətlǽntik/trænz-] *a.* 대서양횡단의

trans·ceiv·er [trænsíːvər] *n.* 라디오 송수신기, 트랜시버

trans·con·ti·nen·tal [trǽnzkɔ̀n-] *a.* 대륙횡단의 *a ~ bus* 대륙횡단버스

trans·fer [trænsfəː(r)→vt.] 갈아타다(표); 이동, 전임; (권리의)이전→*n.* [trænsfəːr] *vt.* 옮기다; 전임 [전학] 시키다; 양도하다 (*to*)→*vi.* 갈아타다; 이동하다; 전임하다

trans·for·ma·tion [trǽnsfərméiʃ(ə)n] *n.* 변형, 변화; 근대화

trans·gress [trænsgrés, trænz-] *vt., vi.* (한도)넘다; (법을)위반하다

tran·sient [trǽn(ʃə)nt/-ziənt] *a.* 일시적인; 덧없는; 《美》(호텔손님·국 여행자 등의) 단기체재의; *a ~ visitor* 단기체재객[관광객] ~ *n.* 《美》단기체재객

tran·sis·tor [trænzístər] *n.* 트랜지스터

tran·sit [trǽnsit, -zit] *n.* 통과, 운행; 운송; *a ~ card* 갈아탈 때에 공항에서 받아 재탑승시 보이는 카드/ *a ~ passenger* 통과여객/ *a ~ without visa* 무사증 통과

tran·si·tion [trænzíʒ(ə)n / -síʒ-(ə)n] *n.* 변천, 과도기

trans·late [trænsléit, trænz-] *vt., vi.* 번역하다 **-la·tor** *n.* 번역자 **trans·lá·tion** *n.* 번역

trans·lu·cent [trænslúːsnt, trænz-] *a.* 반투명의

trans·mi·gra·tion [trǽnsmaigréiʃ(ə)n, trænz-] *n.* 이주; 윤회, 전생(轉生)

trans·mis·sion [trænsmíʃ(ə)n, trænz-] *n.* 전달; 송신; 양도

trans·mit [trænsmít, trænz-]

top·mast [tápmæst/tɔ́pmɑːst] n. (海) 중간돛대

top·most [-moust, -məst] a. 최고의, 절정의

torch [tɔːrtʃ] n. 횃불

tore [tɔːr] v. tear²의 과거

tor·e·a·dor [tɔ́ːriədɔːr/tɔ́r-] Sp. n. 기마투우사

tor·ment [tɔ́ːrmənt →t.] n. 고민, 고통 (anguish); 고민거리 ―vt. [tɔːrmént] 괴롭히다

torn [tɔːrn] v. tear²의 과거분사

tor·na·do [tɔːrnéidou] n. 회오리바람, 선풍

To·ron·to [tərɔ́ntou] n. 토론토 (캐나다 온타리오주의 수도)

tor·rent [tɔ́ːrənt, tár-/tɔ́r-] n. 급류; 억수(같은 비); (감정 등의) 분출

tor·rid [tɔ́ːrid, tár-/tɔ́r-] a. 혹서의, 열열의 the ~ zone 열대

tor·so [tɔ́ːrsou] n. (pl. ~s, -si [-si]) 토르소 (머리·사지없는 상)

tor·te [tɔːrt] n. 케이크의 일종

tor·til·la [tɔːrtíːjə-tíːljə] n. (멕시코의 납작한) 옥수수빵

tor·toise [tɔ́ːrtəs] n. 거북 ~ **shell** 별갑

tor·ture [tɔ́ːrtʃər] n. 고문; (때로 pl.) 큰 고통, 고민 ―vt. 고문하다; (몹시) 괴롭히다

toss [tɔːs, tɑs/tɔs] vt. 던지다, 치켜들다; 동요시키다; 동전을 던져 정하다; 버무리다: ~ *ed salad* 버무린 샐러드 ―vi. 뒹굴다; 흔들리다 ―n. 던져올리기; 동요; 돈던지기 ~ *up* 동전을 던져 일을 정하다

to·tal [tóutl] a. 전체의, 총계의; 완전한 *sum* ―n. 총액, 합계, 총계 ―vt. vi. 합계하다, 도합 …이 되다 ―**ly** ad. 완전히

to·tem [tóutəm] n. 토템 (북미족민이 숭앙하는 동물이나 천연물); **a** ~ *pole* 토템폴

touch [tʌtʃ] vt., vi. 대다, 닿다; 접촉하다; (보통 부정문) (음식·일·돈 등에) 손대다; 해치다; 이르다; 관계하다; 영향을 미치다; 감동시키다; 언급하다; 기항하다 (*at*): *Don't* ~ *the exhibits.* 진열품에 손대지 마시오 ―n. 접촉, 촉감; (그림·조각의) 터치, 필치, 솜씨; …의 기미, 조금 (*of*) *in* [*out of*] ~ *with* …과 접촉하여[되지 않고] ~ **ing** a. 감동적인, 애처로운

touch-and-go [-ən(d)góu] n. 아슬아슬함; 대충

touch·down [-dàun] n. (空) 착륙

touch·y [tʌ́tʃi] a. 성급한

tough [tʌf] a. 강인한; 끈질긴; 완고한; 곤란한

tour [tuər] n. 관광여행, 짧은 여행: *go on a* ~ 여행을 떠나다 / *make a* ~ *of …* 여행하다 ~ *conductor* [*escort*] 여행단 수행원 ―vt., vi. 여행(유람)하다 ~ **ism** 관광여행(사업)

tour·ist [tú(ə)rist] n. 관광객, 여행자: **a** ~ *party* 관광단 ~ *baggage re-export form* 휴대 재수출신고서식(입국시에 지참한 고급품을 출국시에 가지고 갈 수 있도록 기입하는 서식) ~ *introduction card* (인도관광 발행의) 주류구입 특별카드 [안내소

tóurist bùreau [àgency] 관광

tóurist clàss (배·비행기의) 보통2등

tóurist hòme 민박하는 집

tóurist ìndustry 관광사업

tóurist tìcket 관광여행표, 주유(周遊)권

tour·na·ment [túərnəmənt] n. 시합, 경기; (승자만 올라가는) 선수권시합, 토너먼트

tourne·dos [tùərnədóu] F. n. 베이콘에 싼 필레고기를 구운 것

tow [tou] vt. (밧줄로) 잡아 당기다

tow·age [tóuidʒ] n. 예선(료)

to·ward [tɔːrd, tu-, təwɔ́ːrd, twɔːd] prep. …의 쪽으로, …을 향해; …경, …가량, …에 대하여: ~ *evening* 저녁 무렵에 *Here's* ~ *you.* 건강을 축하합니다 (건배할 때의 말)

tow·el [táu(ə)l] n. 수건, 타월

tówel hòrse [ràck, ràil] 수건걸이

tow·er [táuər] n. 탑, 망루; (the T~) 런던탑 the Tower of London) ―vi. 우뚝 솟다

town [taun] n. 읍, 소도시; (the ~) 읍민, 시민; (美) 군, 구, 동; (관사없이) 수도, (또는 화제가 되어 있는) 근처의 도시 ~ *hall* 시청; 공회당 *on the* ~ 흥청거려

tówn càr 타운카 (운전석과 좌석이 유리로 칸막이 된 차)

toy [tɔi] n. 장난감

trace [treis] vt. 뒤를 밟다, 추적하다; 찾아내다; 유래를 더듬다; (줄을) 긋다, 그리다; 투사하다 ―n. (발)자국; 형적; 아주 조금, 기미

track [træk] n. 지나간 자국; (pl.) 발자국, 발자취; 통로, 경로로, 트랙; (美) 철로: ~ *number* …번선 ―vt. 추적하다 (*down, to*); 찾아내다

tráck and fíeld (總称) 육상경기

tire¹ [taiər/táiə] vi., vt. 지치게(하다) (with); 싫증나(게하)다 (of) ~d a. 지친 ~less a. 지칠줄 모르는; 부단한 ~some a. 지겨운; 지루한

tire², (英) **tyre** [taiər/táiə] n. 타이어 ─vt. 타이어를 달다

tis·sue páper [tíʃu:] 박엽지

ti·tle [táitl] n. 표제, 제목, 칭호, 직함, 직위; 자격 ((to)); [영화] 자막; [경기] 선수권

títle mátch 선수권쟁탈전

Tivo·li [tívəli] n. 티볼리교외 (코펜하겐에 있는 대유원지)

TKO =technical knockout 《권투》 티케이오

TM =transcendental meditation 초월명상

TNT =trinitrotoluene 강력폭약

to prep. [tu, tə ─ad.] …으로; 에; …까지; …에게; …하게; …에 맞추어; from east ─ west 동에서 서로/wet ~ the skin 홈뼉 젖다/~ my surprise 놀랍게도/sing~ the guitar 기타에 맞추어 노래하다 / Turn ~ the left. 왼쪽으로 도시오. ─ad. [tu] 정상상태로; 꼭 닫혀 ~ and fro 이리저리

toast [toust] n. 토스트, 구운 빵; 축배; drink a ~ 축배를 들다 ─vt., vi. (빵 등을)굽다; 축배를 들다

toast·mas·ter [ﾞmæstər/ﾞmɑ́:stə] n. (연회의)사회자

to·bac·co [təbǽkou] n. 담배

to·bog·gan [təbɑ́gən/-bɔ́g-] n., vi. 토보건썰매(로 달리다)

to·day, **to-day** [tədéi] n., ad. 오늘, 오늘날, 현재; 현대

toe [tou] n. 발가락; (구두·양말 등의)발끝부분

TOEFL =test of English as a foreign language 외국인을 위한 영어시험

to·geth·er [təgéðər] ad. 함께, 계속해서 all ~ 모두 함께; 전부 합하여

toil [toil] n. 수고, 노고; 일 ─vi. 힘써 일하다

toi·let [tɔ́ilit] n. 《美》화장실, 변소; 화장(도구) ~ room 《美》 (변소가 딸린)화장실 ~ set 화장도구세트 ~ soap 화장비누

to·ken [tóuk(ə)n] n. 표시,증거; (지하철·버스 등의)토큰 in [as a] ~ of …의 표시로

told [tould] v. tell의 과거(분사)

tol·er·a·ble [tɑ́lərəbl/tɔ́l-] a. 참을 수 있는; 꽤 좋은

toll¹ [toul] n. 통행세, 고량통과

료, 나루삯; 장거리전화료

toll² vt., vi. 종을[이] 울리다 ─ n. 종소리

tóll bàr n. (통행세 징수를 위한) 차단봉, 관문

tóll càll 특별요금 장거리전화

tóll·gate [ﾞgèit] n. 통행세 징수소

tóll ròad 유료도로

tom [tɑm/tɔm] n. (동물의) 수컷, 수코양이 T~ Collins 칵테일의 일종 ─마모

to·ma·to [təméitou/-mɑ́:-] n. 토마토

tomb [tu:m] n. 무덤, 묘혈, 묘지 T~ of the Unknown Soldier 무명용사의 무덤(워싱턴 교외 Arlington 국립묘지에 있음)

tom·bo·la [tɑ́mboʊə/tɔ́m-] n. 일종의 복권

to·mor·row, to-mor·row [təmɔ́:rou, ﾞmɑ́r-/-mɔ́r-] n., ad. 내일; (가까운) 장래

ton [tʌn] n. 톤(중량단위)

tone [toun] n. 음, 음조, 가락; 말투; 풍격, 기풍; 음조; (몸의)상태; (그림·사진 등의)색조 ─v., vi. 가락을 붙이다[이 붙다]. 조화시키다[하다]

ton·ga [tɑ́ŋgə/tɔ́ŋgə] n. 통가(인도의 작은 2륜마차)

tongue [tʌŋ] n. 혀; 구변; 국어; (소 등의)혀고기, 텅; stewed ~ 텅 스튜/ mother ~ 모국어/~ twister 혀가 잘 돌지 않는어구

ton·ic [tɑ́nik/tɔ́n-] n. 강장제

to·night, to-night [tənáit ─] n., ad. 오늘밤

ton·nage [tʌ́nidʒ] n. 적재톤, 톤수; (한나라 선박의) 총톤수

too [tu:] ad. …도 또한; 너무 ─한, 대단히 ~ ... to 《do》 너무 ─해서 ─할 수 없는

took [tuk] v. take의 과거

tool [tu:l] n. 도구, 공구, 앞잡이

tooth [tu:θ] n. (pl. **teeth**) 이; (기어·톱의)이

tooth·ache [ﾞèik] n. 치통

tooth·brush [ﾞbrʌ̀ʃ] n. 칫솔

tooth·paste [ﾞpèist] n. 치약

tooth·pick [ﾞpìk] n. 이쑤시개

tóoth pówder 치마분

top¹ [tɑp/tɔp] n. 꼭대기; 상부; 표면, 정상; 수석, 상석; 결정, 극치 ─a. 최고의, 수석의 at ~ speed 전속력으로 ─vt. 돌대다; 돌대기를 차지하다

top² n. 팽이 spin a ~ 팽이를 돌리다

to·paz [tóupæz] n. 황옥

tóp bòots 승마화

tóp·coat [ﾞkòut] n. 가벼운 외투

tóp hàt 실크햇

top·ic [tɑ́pik/tɔ́p-] n. 논제, 화제

top·less [tɑ́pləs] n., a.

tick·et [tíkit] n. 표, 승차[입장]권; 정가표; ~ single) ~ 편도(차표) / a round-trip (return) ~ 왕복표 / a through ~ 직행표 / a circular ~ 유람표/an excursion ~ 할인[단체]유람표 / a concert [theater] ~ 음악회[연극] 입장권/a ~ gate [英] 개찰구/a ~ office [美] 매표소 ((英) booking office) ~ sion by ~ only. 입장권 소지자에 한해 입장허가/take a ~ 표를 사다

tícket àgency (특히 극장의)입장권취급소

tícket pórter (런던의)공인짐꾼

tick·le [tíkl] vt., vi. 간질이다, 간지럽다 - n. 간지럼

tid·al [táid(ə)l] a. 조수의, 간만이 있는

tide [taid] n. 조수; 추세, 풍조

ti·dings [táidiŋz] n. pl. 통지, 소식

ti·dy [táidi] a. 단정한, 말쑥한; (口) 상당한

tie [tai] vt., vi. (ppr. ty·ing) 매다, 묶다; 짜다 ~ up 묶다; -n. 매듭; 넥타이; 끈 달린 단화, (pl.) 인연, 기반; 성가신 놈(것);《경기》동점

T'ien An Men [tjénánmén] 천 안문(天安門)(북경에 있는 청조 왕궁의 정문)

Tien·tsin [tjéntsn, tín-] n. 천진(天津)(중국의 도시)

tie·pin [⸺pin] n. 넥타이핀

tíe tàck 넥타이핀

tie-up [⸻ʌp] n. 막다름(deadlock), 정지; (口) 협력, 제휴

tif·fin [tifin] n. (英) 점심(식사)

ti·fin [tifin] n. (英) 점심(식사)

ti·ger [táigər] n. 호랑이

ti·ger·ess [⸺ái] n. 호안녀

tight [tait] a. 단단히 맨 (opp. loose); 팽팽한; 꼭 맞는, 단정하는; 귀찮은 - ad. 단단히, 꽉 - n. (pl.) 타이츠

tight·en [táitn] vt., vi. 꽉 죄(이)다, 단단히 하다[되다]

tight·rope [⸺ròup] n. 팽팽한 밧줄

Ti·gris [táigris] n. (the ~) 티그리스강(메소포타미아 평야를 지나 페르시아만으로 흐름)

tile [tail] n. 기와, 타일 [till]

till [til] prep., conj. …까지 (until)

tim·bale [timbl/tǽmbɑ:l] F. n. 탱발 (작은 고기에 달걀·크림 등을 섞은 요리)

tim·ber [tímbər] n. 재목, 목재

tim·ber·land [⸺lænd] n. (美) 삼림지대

time [taim] n. 때, 시간, 시각; 기간; 계절; 시기, 기회; (보통 pl.) 시대; 경기; 여가; …번, 회, 배; good ~ s 호경기/have a good ~ 즐겁게 지내다/What ~ is it now? 지금 몇 시지요/have no ~ to spare 짬이 없다; 바쁘다/arrive ahead of (behind) ~ 정시보다 일찍(늦게) 도착하다 / all the ~ 그 동안 내내, (美) 언제나 at a ~ 한번에, 동시에 at ~ s 때때로, ~ limit 시한, 기한 behind the ~ s 시대에 뒤져 for a ~ 당분간 from ~ to ~ being 우선은 from ~ to ~ 이따금; 때때로; 장단이 맞게 in ~ 이윽고; 제시간에; 장단이 맞(with) keep good[bad] ~ (시계가) 꼭 맞다[맞지 않다] on ~ 시간을 어기지 않고; 분할불로

tíme bòmb 시한폭탄

tíme càpsule 타임캡슐

tíme chàrt (세계 각지의) 표준 시간표

tíme depòsit 정기예금

tíme dífference 시차

time-hon·ored [⸺] (英) -oured [⸺ ʌnərd/-ənəd] a. 옛날부터의, 유서깊은 [때맞은

tíme·ly [táimli] a. 시기적절한,

Times [taimz] n. (The ~) 타임즈지(영국의 대신문)

Tímes Squáre 타임즈스퀘어(뉴욕시에 있는 광장)

tíme·ta·ble [⸺tèibl] n. (기차·비행기 등의)시간표

tíme·work [⸺wə:rk] n. 시간제 [노동]

tíme zòne 시간대(같은 표준시를 사용하는 지대)

tim·id [tímid] a. 겁많은, 소심한

tin [tin] n. 주석; 함석; (英) (통조림의)깡통 ((美) can) - vt. 주석을 입히다; (통조림통조림하다

tinge [tindʒ] n. 색조; 기미, 색 (of) - vt. 착색하다, 물들이다

tin·kle [tíŋkl] n., vi., vt. 딸랑딸랑 (소리나(게 하)다)

tín òpener (英) 깡통따개

Tín Pàn Álley (뉴욕시의) 대중음악 관계자가 모이는 곳

tint [tint] n. 색조; 엷은 색

ti·ny [táini] a. 아주 작은

tip[1] [tip] n. 끝, 첨단 - vt. 끝을 달다(자르다)

tip[2] vt., vi. 기울(이)다; 뒤집(히) (over, up); 팁 주다; (경마 등에서)귀띔해주다 - n. 팁, 경품, 정보, 예상, 비결

tip·ple [típl] vi., vt. (술을)찔끔찔끔[상습적으로]마시다 - n. 즐겨 한 술

tip·toe [típtòu] n. 발끝

típ-ùp séat [típʌp] (극장 등의)

third-rate [⸗réit] *a.* 3등의, 삼류의, 하급의

thirst [θə:rst] *n.* 목마름; 갈망, 열망 — *vi.* 갈망하다《*for*》

thirst·y [θə́:rsti] *a.* 목마른; 갈망하는《*for*》; 건조한

thir·teen [θə́:rtí:n] *a., n.* 13(의)

thir·teenth [θə́:rtí:nθ] *n., a.* 13번째(의); 13분의 1(의)

thir·ti·eth [θə́:rtiiθ] *n., a.* 제30(의); 30분의 1(의)

thir·ty [θə́:rti] *n., a.* 30(의)

this [ðis] *a.* (*pl.* **these**)이ː~ day last week 전주의 오늘／*time* 이번에는 — *pron.* (*pl.* **these**) 이것: Hello, ~ is Mr. Brown (speaking). Who is ... please? (전화에서)여보세요, 저 브라운입니다만, 저쪽은 누구십니까／What day is ~? 오늘은 무슨 요일입니까 — *ad.* (口) 이 정도까지, 이만큼

this·tle [θísl] *n.* 《植》엉겅퀴(스코틀랜드를 대표하는 꽃)

thorn [θɔ:rn] *n.* 가시; 가시나무

thor·ough [θə́:rou] *a.* 충분한, 완전한, 철저한

thor·ough·bred [⸗brèd] *a.* 순종의; 혈통이 좋은;(때로 T~) — *n.* 순종, 순혈종의 동물

thor·ough·fare [⸗fɛ̀ər] *n.* 한길, 가로, 통행 No ~ ! 《게시》통행금지

thóroughly *ad.* 완전히

those [ðouz] *pron., a.* that의 복수

though [ðou] (口) **tho, tho'** [ðou] *conj.* …에도 불구하고; 가령 …라도 *as* ~ 마치 …처럼

thought[1] [θɔ:t] *n.* 생각, 사고(력); 사상; 배려, 마음씀

thought[2] *v.* think의 과거(분사)

thought·ful [θɔ́:tful] *a.* 생각 깊은; 동정심있는《*of*》

thought-read·ing [⸗rì:diŋ] *n.* 독심술

thou·sand [θáuzənd] *n., a.* 천(의)

Thóusand Ísland drèssing 마요네즈의 일종

thrash [θræʃ] *vt., vi.* (몽둥이 등으로)때리다; 타작하다

thread [θred] *n.* 실; 재봉실; 줄거리, 맥락

threat [θret] *n.* 위협; 징조

threat·en [θrétn] *vt., vi.* …을 위협하다; 협박하다, 위협하다 — *ing* *a.* 위협하는; (날씨가)사나와질 듯한

three [θri:] *n., a.* 3(의)

three-D, 3-D [θrí:dí:] *a.* 3차원의, 입체적인 [D＜dimensional]

three·fold [⸗fòuld] *n., a.* 3배의(로), 3겹(의)으로

three·pen·ny [θrépəni, θrí·] *a.* 3펜스의; 싸구려의

thresh·old [θréʃould, θréʃh-] *n.* 문지방, 입구; 《比》

threw [θru:] *v.* throw의 과거

thrice [θrais] *a.* 3번; 3배로

thrift [θrift] *n.* 절약 「듯한

thrift·y [θrífti] *a.* 절약하는, 느

thrill [θril] *n.* 오싹하는 느낌, 드릴; 떨림, 전율 — *vi., vt.* (기쁨·공포 등으로)오싹하(게하)다 — *er* *n.* 스릴러소설[영화, 연극] — *ing* *a.* 오싹하는, 아슬아슬한

throat [θrout] *n.* 《解》목(구멍), 통로

throne [θroun] *n.* 왕좌; 왕위

throng [θrɔ:ŋ, θrɑŋ] *n.* 군중, 인파 — *vi., vt.* 떼를 짓다

through [θru:] *prep.* …을 지나서[꿰뚫어]; …더 때에, …때문에; (장소)을 온통, 도처에; (시간)내내, 줄곧; (口)지나서, 꿰뚫어서; 시종 (口)끝나서; 완전히 — *a.* 통과하는, 직통의; 끝난; 《英》(전화 가)통용하는: You are ~. (전화에서)저쪽이 나왔습니다

through·out [⸗áut] *prep.* 내내; …을 통해서 — *ad.* 완전히, 아주; 처음부터

through ticket 직통표

through train 직행열차

throw [θrou] *vt., vi.* (*p.* **threw**, *pp.* **thrown**) 던지다, 팽개치다; (어떤 상태로)빠뜨리다 — *n.* 던지기; 던져서 닿는 곳[거리]; (주사위의)한번 던지기

thrush [θrʌʃ] *n.* 《鳥》개똥지빠귀

thrust [θrʌst] *vt., vi.* (*p., pp.* **thrust**) 찌르다, 밀다, 돌진하다; 밀어젖히고 나아가다《*through*》

thru·way, through- [θrúːwèi] *n.* 유료고속도로

thumb [θʌm] *n.* 엄지손가락 — *vi.* 책을 엄어타며 여행하다

thump [θʌmp] *n., vt., vi.* 쿵 때리기[때리다]; 쿵 부딪치다, 쿵쿵 걷다

thun·der [θʌ́ndər] *n.* 천둥, 우뢰; 우르릉소리 — *vi., vt.* 천둥치다; 우뢰같은 소리를 내다; 고함치다

thun·der·bolt [⸗bòult] *n.* 낙뢰

thun·der·cloud [⸗klàud] *n.* 뇌운(雷雲)

thun·der·storm [⸗stɔ̀:rm] *n.* 뇌우

Thurs·day [θə́:rzdi, -dei] *n.* 목요일

thus [ðʌs] *ad.* 이와 같이; 이 정도까지; 따라서

thwart [θwɔ:rt] *vt.* 방해하다, 꺾다 — *n.* (보트의 남는 방향의) 노젓는 자리

Ti·ber [táibər] *n.* (the ~) 티베르강(로마시를 지나 지중해로 흐름)

Ti·bet [tibét] *n.* 티베트

text·book [⸗bùk] *n.* 교과서
tex·tile [tékstil], -tail/-tail] *n.* (보통 *pl.*) 피륙 —*a.* 피륙의
tex·ture [tékstʃər] *n.* 피륙; 조직
Thai [tai, +美 tá(ː)i] *n.* 태국인[어] —*a.* 태국인[어]의
Thai·land [táilænd] *n.* 태국
Thames [temz] *n.* (the ~) 템즈 강(런던을 거쳐 북해로 들어감)
than [ðæn, ðən, ðn] *conj.* ~보다도 —*prep.* …보다도
thank [θæŋk] *vt.* 감사하다, 사례의 말을 하다: ~ you. 고맙습니다 / No, ~ you. 아니요, 괜찮습니다 —*n.* (*pl.*) 감사; 사례의 말 Many [Much, A thousand] ~s! 정말 고맙습니다 No, ~s! 괜찮습니다 ~ *to* …의 덕택에
thanks·giv·ing [θæŋksgíviŋ/⸗⸗⸗] *n.* (신에의)감사; (T~) 《美》감사절 T~ *Day* 《美》감사절(11월의 제4 목요일)
that [ðæt —*conj.*] *a.* (*pl.* those) 그, 저, 저편의 —*ad.* (口) 그만큼, 그렇게, 그토록 —*pron.* (*pl.* those) 그것, 저것, 그 사람[의] —*conj.* [ðæt, ðət] …라는(일) *now* (~) 이미 …이므로, …한 이상은
thatch [θætʃ] *n.* 초가지붕
thaw [θɔː] *vi.*, *vt.* (눈·얼음이)녹다; 녹이다 —*n.* 해빙
the [ðiː, ðə, (모음 앞) ði] *art.* 《정관사》그 …의, 그만큼의, 한 층 더: T~ sooner, ~ better. 빠르면 빠를수록 좋다
the·a·ter, 《英》-**tre** [θíːətər/θíːtə] *n.* 극장; 무대; (the ~) 극(문학): a movie ~ 영화관
the·a·ter·go·er, 《英》-**tre·**[⸗gòuər] *n.* 연극관객
theft [θeft] *n.* 절도, 도둑질
their [ðɛər] *pron.* they의 소유격
theirs [ðɛərz] *pron.* they의 소유 대명사
them [ðem, ðəm] *pron.* they의 목적격
theme [θíːm] *n.* 주제 (subject), 논제, 테마; 과제, 작문
them·selves [ðəmsélvz] *pron.* 그들 자신
then [ðen] *ad.* 그때(에는); 그러면 *now and* ~ 때때로 ~ *and* 그때, 그대로의
the·oc·ra·cy [θiːákrəsi/θiːók-] *n.* 신정(神政)
the·ol·o·gy [θiːálədʒi/θiːól-] *n.* 신학
the·o·ry [θíːəri/θíːə-] *n.* 이론; 학설; …론[설]; 의견
there [ðɛər] *ad.* 거기에(서), 저기에(서) (*cf.* here); 그 점에서, 《보통 there is [are]의 형태로 있다》, 《어떤 사물에 주의를 환기시킬 때 써서》저것봐, 저런

Are you ~? (전화에서)여보세요 (들립니까) T~ *you are*! 그것봐, 바로 거기야 —*int.* 자!
there·a·bout [ðɛ(ː)rəbàut], -a·**bouts** [-əbàuts] *ad.* 그 근처에, …가량
there·af·ter [ðɛ(ː)ræftər/-ɑːftə] *ad.* 그후
there·by [ðɛərbái] *ad.* 그에 의하여; 그에 대하여
there·fore [ðɛərfɔ̀ːr] *ad.* 그러므로, 그때문에
there·up·on [ðɛ(ː)rəpán/ðɛ̀ər-əpɔ́n] *ad.* 그후 곧, 그래서 바로, 게다가
ther·mom·e·ter [θərmámitər/-mɔ́m-] *n.* 온도계, 검온기
ther·mo·stat [θɔ́ːrməstæt] *n.* 자동온도조절기
the·sau·rus [θisɔ́ːrəs] *n.* (*pl.* -es, -ri [-rai]) 사전; 보고
these [ðíːz] *pron.*, *a.* this의 복수
they [ðei] *pron.* he, she, it의 복수
thick [θik] *a.* 두꺼운(*opp.* thin); 굵은; 빽빽한, 진한; 흐린;우둔한: ~ soup 진한 수프 —*n.* 덤불; 《俗》 바보; 《英俗》 코코아 —**·ly** *ad.* 짙게, 빽빽히
thick·en [θíkən] *vt.*, *vi.* 두껍게 하다[되다]; 짙게 하다[되다]
thick·et [θíkit] *n.* 덤불, 잡목숲
thief [θíːf] *n.* (*pl.* **thieves** [θíːvz])
thigh [θai] *n.* 넓적다리 [도둑
thin [θin] *a.* 엷은 (*opp.* thick); 가는; 야윈; 드문, 희박한; (거짓말이) 뻔한: ~ soup 묽은 수프/~ milk 물기많은 우유
thing [θiŋ] *n.* 물건, 일, 사물; (*pl.*) 소지품, 용구, 의류; (*pl.*) 사정, 사태; (the ~) 필요한 일, 사람, 놈, 동물: ~s American 미국의 문물
think [θiŋk] *vi.*, *vt.* (*p.*, *pp.* thought) 생각하다 ~ *much* [*little*] *of* …을 중히[경시]하다 ~ *of* …의 일을 생각하다 ~ *out* 생각해내다 ~ *over* 숙고하다 ~ *well* [*ill*] *of* …을 좋게[나쁘게] 생각하다
think·ing [θíŋkiŋ] *n.* 사고, 사색 —*a.* 생각하는, 사고[사색]력이 있는
think tank 《俗》 두뇌집단
third [θəːrd] *n.*, *a.* 제3(의), 3분의 1(의); (달의)3일; 《야구》 3루 the ~ *estate* 제3계급, (귀족·성직자와 대립하여의) 평민 *the* T~ *World* 제 3세계(개발도상국의 총칭)
third-class [⸗klǽs/-klɑ́ːs] *a.* 3등급의 —*ad.* 3등으로

—vt. 누그러뜨리다, 달래다

tem·per·a·ment [témp(ə)rəmənt] n. 기질, 성미

tem·per·ance [témp(ə)rəns] n. 자제; 절제, 중용; 금주(주의): ~ drinks 알코올이 없는 음료

tem·per·ate [témp(ə)rit] a. 절제하는; (기후가)따뜻한; 금주의

temperate zone (the ~) n. 온대

tem·per·a·ture [témp(ə)rit∫ər] n. 온도

tem·pest [témpist] n. 대폭풍우

tem·ple[¹] [témpl] n. 신전, 사원

tem·ple[²] n. 《解》관자놀이

tem·po [témpou] n. (pl. ~s, -pi [-pi:]) 《音》박자, 템포

tem·po·ral [témp(ə)rəl] a. 현세의; 덧없는

tem·po·rar·y [témp(ə)rèri/-rəri] a. 일시적인, 임시의; 덧없는

tempt [tem(p)t] vt. 유혹하다, 마음내키게 하다; 마음을 끌다

temp·ta·tion [tem(p)téi∫(ə)n] n. 유혹(물)

ten [ten] n., a. 10(의)

ten·ant [ténənt] n. (땅·집의)차용인; 소작인 —vt. (땅·집을)세로 얻다 화점

tén-cènt stóre [ténsènt] n. 싸구려

tend[¹] [tend] vt. 보살피다; 손질하다 —vi. 조심하다《on, upon》

tend[²] vi. 기울다; …하기 쉽다《to》

tend·en·cy [téndənsi] n. 경향, 추세; 버릇《to, towards》

ten·der [téndər] a. 부드러운; 민감한; 상냥한 (gentle)

ténder-héart·ed [-há:rtid] a. 다정한, 인정많은

ten·der·loin [téndərlɔ̀in] n. 《美》(소·돼지의)연한 허릿살

ten·e·ment [ténimənt] n. 가옥

tén-gál·lon hàt [-gǽlən] n. (카우보이가 쓰는)챙넓은 모자

ten·ner [ténər] n. 《口》10달러 지폐; 10파운드지폐

Ten·nes·see [tènisí:] n. 미국 동남부의 주 **~ Valley Authority** 테네시강유역 개발공사 (略: TVA)

ten·nis [ténis] n. 정구 (수)

ten·or [ténər] n. 《音》테너 (가수)

tense [tens] a. 긴장된

ten·sion [tén∫(ə)n] n. 긴장; 노력

tent [tent] n. 천막, 텐트

tenth [tenθ] n., a. 제10(의); 10분의 1(의)

term [tə:rm] n. 기간; 학기; 용어; (pl.) 표현, 말(씨); 조건; 비용; 교제관계《with》: a ~ of journey 장기여행/~s for a stay at a hotel 호텔체재비/~s cash 현찰지불 **on good [bad] ~s** 사이좋게[나쁘게] ~

insurance 정기보험

ter·mi·nal [tə́:rmin(ə)l] c. 말단의; 학기의 —n. 종점; 종착역; 학기시험

ter·mi·nate [tə́:rmineit] vt. 끝나게 하다 —vi. 끝나다《in》

ter·mi·na·tion [tə̀:rminéi∫(ə)n] n. 종료; 결말

ter·mi·nus [tə́:rminəs] n. (pl. -ni [-nai], ~es) 종점(역)

ter·race [térəs] n. 테라스; 대지 (臺地) —vt. 대지로 만들다

ter·rain [teréin, -/-] n. 지형, 지대

ter·ri·ble [térəbl] a. 무서운(horrible), 무시무시한; 《口》지독한

ter·ri·er [tériər] n. 테리어개

ter·rif·ic [tərífik] a. 무서운, 무시무시한; 《口》 엄청난

ter·ri·fy [térifài] vt. 무서워하게 하다

ter·ri·to·ri·al [tèritɔ́:riəl] a. 영토의; 토지의; 지역적인: **airspace** 영공 **~ sea [waters]** 영해

ter·ri·to·ry [tèritɔ́:ri/-əri] n. 영토지; 지역; (T~) 《美》준주(準州)

ter·ror [térər] n. 공포(horror); 무서운 사람[것]; 《俗》지긋지긋한 놈

ter·ror·ism [-rìz(ə)m] n. 폭력행위, 폭력주의

ter·ti·ar·y [tə́:r∫ièri, -∫əri,-∫əri] a. 제3의, 제3차(기)의 **~ industry** 3차산업 **~ product** 3차

tes·sel·late [tésilèit] vt. 모자이크식으로 만들다

test [test] n. 테스트, 시험; 시금석 —vt. 시험[시도]하다

tes·ta·ment [téstəmənt] n. 유언(서); 《聖》 계약: t [New] T~ 구신[약성]

tést bán treaty 핵실험

tést càse 테스트케이스 시도

tést-fire [téstfàiər] vt. 을)시험발사하다

tes·ti·fy [téstifài] vt. T (증언)하다, 증명이

tes·ti·mo·ny [téstim n. 증거; 증언, 증명

tést pilot 시험조종

tést-tube [ʻt(j)ù:b/ 험관에서 만든, 인: **~ baby** 시험관이

tet·ra·pod [tétrəpɔ́ 안용(護岸用) 4기

Tex·as [téksəs] n. 의 주

text [tekst] n. (! 역)원문, 본문; 고

tea break 와 dinner 사이의 간단한 식사): black [green] ~ 홍[녹]차/cold ~ 냉차; 《俗》 술/high [meat] ~ 고기요리가 나오는 티 / a ~ bag 《美》 1인용 봉지차

téa bréak 차마시는 시간

tea-cake [tíːkèik] *n.* 차마실 때 먹는 과자

teach [tiːtʃ] *v.* (*p., pp.* taught) *vt.* 가르치다; 훈련시키다; 《口》 혼내주다 ─ *vi.* 가르치다; 선생노릇을 하다

teach-er [tíːtʃər] *n.* 선생, 교사

tea-cup [tíːkʌp] *n.* 찻잔 ─ **ful** *n.* 찻잔 가득(의 양)

tea-house [=hàus] *n.* (동양의) 찻집, 다방

teak [tiːk] *n.* 《植》 티크나무; 티크재(조선·가구 제조용)

tea-ket-tle [tíːkètl] *n.* 주전자

team [tiːm] *n.* (경기의) 조, 팀

team-mate [=mèit] *n.* 팀의 동료, 단원

team-work [=wə̀ːrk] *n.* 공동작업, 팀 워크

téa párty 다과회

téa plánt 차나무

tea-pot [=pɒ̀t/-pɔ̀t] *n.* 차를 따르는 주전자

tear¹ [tiər] *n.* 눈물; (*pl.*) 비애; a ~ jerker 《美俗》(연극 등) 눈물을 짜게 하는 것 ~**ful** *a.* 눈물어린; 슬픈

tear² [tɛər] *vt., vi.* (*p.* tore, *pp.* torn) 째(지)다(rip); 찢어(지)다; 괴롭히다 ─ *n.* 째진데, 터진 곳; 《美》 야단법석 ~**ing** *a.* 《口》 맹렬한

tea-room [tíːrùːm] *n.* 다방, 찻집

tease [tiːz] *vt.* 괴롭히다, 놀리다; 조르다 ─ *n.* 괴롭히는 사람

éa shòp 다방

·spoon [=spùːn] *n.* 찻숟가락

ea-time [=tàim] *n.* 《英》 오후의 차마시는 시간

h-ni-cal [téknik(ə)l] *a.* 전문의; 기술[학술]의; 공업의

h-ni-cian [tekníʃən] *n.* 기술자

h-ni-col-or [téknikʌlər] *n.* 테크니컬러(천연색영화의 일종)

h-nics [tékniks] *n. sing. & pl.* 기법, 기교

h-nique [tekníːk] *n.* (예술상의)수법, 기교; 술책

h-no-crat [téknəkræt] *n.* 기술계출신간부

h-nol-o-gy [teknálədʒi/-nɔ́l-] *n.* 과학기술

li-ous [tíːdiəs, -dʒəs / -djəs] *a.* 지루한

[tiː] *n.* 《골프》 티 ─ *vt., vi.* ~ 에 티 위에 놓다 ~ **off** 《골프》 티에서 제1구를 치다

teen-age [tíːnèidʒ] *a.* 《美》 10대의 ─ **ag-er** 《美》 10대의 소년소녀

teens [tiːnz] *n. pl.* (연령의)10대

tee-ny [tíːni] *a.* 작은(tiny)

teeth [tiːθ] *n.* tooth의 복수

teethe [tiːð] *vi.* 이가 나다

TEFL [téf(ə)l] = *teaching English as a foreign language* 외국어로서의 영어교수

Te-he-ran, -ran [tèhərǽn, -rɑ́ːn, tìə-, téiə/tiɑrɑ́ːn] *n.* 테헤란(이란의 수도)

tel-e-cast [télikæ̀st/-kɑ̀ːst] *vt., vi.* (*p., pp.* -cast, -cast-ed) 텔레비전방송을 하다 ─ *n.* 텔레비전방송

tel-e-course [télikɔ̀ːrs] *n.* 《美》 텔레비전 방송교육

tel-e-fac-sim-i-le [tèlifæksíməli] *n.* 전화영화

tel-e-film [télifìlm] *n.* 텔레비전영화

tel-e-gram [téligræm] *n.* 전보; send a ~ 전보를 치다 = *form* 전보용지

tel-e-graph [téligræf/-grɑ̀ːf] *n.* 전신; 전보; 전신기; a ~ *office* 전신국/a ~ *slip* 전보용지 ─ *vi., vt.* 타전하다

tèl-e-gráph-ic tránsfer [tèligrǽfik] 전신환

tel-em-e-ter [telémitər] *n.* 원격측정기

tel-e-phone [télifòun] *n.* 전화(기); a ~ *booth* 전화실/a ~ *directory* [*book*] 전화번호부/a ~ *number* 전화번호/a ~ *operator* 전화교환수/a *public* ~ 공중전화/ *answer* the ~ *bell* 전화를 받다/*he wanted on the* ~ 전화가 걸려오다 ─ *vi., vt.* 전화를 걸다

tel-e-pho-to [télifòutou] *n.* 망원사진(의); a ~ *lens* 망원렌즈

tel-e-scope [téliskòup] *n.* 망원경

téle-tóur-ist sérvice [télitú(ː)r-ist] 관광객 전화안내 서비스

tel-e-type [télitàip] *n.* 텔레타이프 ─ *vt.* 텔레타이프로 치다

tel-e-type-writ-er [tèlitáipràit-ər] *n.* 텔레타이프

tel-e-vi-sion [télivìʒ(ə)n] *n.* 텔레비전 《略》 telly, 《美口》 TV; *watch* ~ 텔레비전을 보다

télex [téleks] *n.* 국제가입전신

tell [tel] *vt., vi.* (*p., pp.* told) 말(얘기)하다; 알리다; 말다; 분간하다; 명령하다; 효과가 있다 (*on, upon*)

tell-er [télər] *n.* 말하는 사람

tell-ing [téliŋ] *a.* 효과있는

tem-per [témpər] *n.* 기질; 기분

tak·ing [téikiŋ] *a.* 매력[애교]있는; 《口》 전염성의 / 《口》 문

tale [teil] *n.* 이야기; 고자질; 셈

tal·ent [tǽlənt] *n.* 재능, 수완 《*for*》; 《총칭》 인재; 《口》 탤런트: have a ~ for painting 그림에 소질이 있다 / a ~ show 아마추어의 노래 [장기] 자랑 **~ed** *a.* 유능한

tale-tell·er [téiltèlər] *n.* 고자장이; 이야기하는 사람

talk [tɔːk] *vi., vt.* 이야기하다, 지껄이다; 의논하다 ─ *n.* 얘기, 화제; 소문

talk·a·tive [tɔ́ːkətiv] *a.* 말을 잘 하는

talk·ee-talk·ee [tɔ́ːkiːtɔ̀ːki] *n.* 끝없는 잡담; 서투른 영어

talk·ing [tɔ́ːkiŋ] *a.* 말하는

talk show 《美》 (라디오·텔레비전의) 유명인사와의 대담프로

tall [tɔːl] *a.* 키가 큰, 높은: a ~ drink 술을 넣어서 마시는 칵테일 / a ~ hat 실크햇

tal·ly [tǽli] *n.* 부찰(符札); 証券 인수인도의 계수표 ─ *clerk* 계수계 《美》 분할물 ─ *system*

ta·ma·le [təmɑ́ːli] *n.* 타말리(옥수수로 만드는 멕시코요리)

tam·bou·rine [tæ̀mbəríːn] *n.* 《音》탬버린

tame [teim] *a.* (동물이)길든; 양순한 ─ *vt.* (동물을)길들이다

tam·pon [tǽmpɑn] *n.* 《醫》탐폰, 지혈전(止血栓)

tan [tæn] *vt., vi.* (가죽을)무두질하다; 햇볕에 태우다[타다] ─ *n., a.* 황갈색(의); 황갈색의

tan·gle [tǽŋgl] *vt., vi.* 얽히(게 하)다 ─ *n.* 얽힘; 분규

tangle·foot [-fùt] *n.* 《美俗》위스키

tan·go [tǽŋgou] *n.* (*pl.* ~**s**) 탱고(댄스의 일종); 탱고곡

tank [tæŋk] *n.* 탱크; 유조

tank·ard [tǽŋkərd] *n.* (보통 뚜껑 있는 큰) 컵 가득

tank·er [tǽŋkər] *n.* 유조선

tap[1] [tæp] *vt., vi.* 가볍게 두드리다 ─ *n.* 가볍게 두드리기, 그 소리

tap[2] *n.* 통의꼭지, 마개, 《英》수도꼭지; 술의 품질; 《美》술집; 《電》콘센트: an excellent ~ 고급술

tá·pa clòth [tɑ́ːpə] 타파천(태평양섬에서 나무껍질로 만든 천)

táp dànce 탭댄스

tape [teip] *n.* 납작한 끈; 테이프 ─ *vt.* 테이프로 묶다

tápe mèasure 줄자

ta·per [téipər] *n.* 작은 양초; 점점 가늘어지는 것 ─ *vi., vt.* 점점 가늘어지다[가늘게 하다]

tap·es·try [tǽpistri] *n.* 고블랭직

tap·hàus [tǽphàus] *n.* 대포집

tap·i·o·ca [tæ̀piːóukə] *n.* 타피오카(카사바뿌리의 녹말)

tap·room [tǽpruː(t)m] *n.* 《英》(호텔 등의)바 / 급사

tap·ster [tǽpstər] *n.* (술집의) 급사

tar [tɑːr] *n.* 타르; 《口》 선원

tar·an·tel·la [tæ̀rəntélə] *n.* 타란텔라(이탈리아의 춤·곡)

tar·dy [tɑ́ːrdi] *a.* 느린, 늦은

tar·get [tɑ́ːrgit] *n.* 과녁, 목표

tar·iff [tǽrif] *n.* 관세(율); 운임·호텔 등의 요금[운임]표

tart[1] [tɑːrt] *a.* 시큼한; 신랄한

tart[2] *n.* 타트(과일이 든 파이)

tar·tan [tɑ́ːrtn] *n.* (스코틀랜드 고지인의)체크무늬의 모직물

task [tæsk / tɑːsk] *n.* 일; 과업 ─ *vt.* 일을 맡기다; 혹사하다

Tass [tæs] *n.* (러시아)타스통신사

tas·sel [tǽsəl] *n.* 술; 서표끈

taste [teist] *vt., vi.* 맛보다; 먹다, 마시다; …의 맛이 나다: It ~s too much of pepper. 조후추맛이 너무 세다 ─ *n.* 미각, 맛; 기미; 기호 **~·ful** *a.* 아취있는, 풍류를 아는, 고상한

tast·y [téisti] *a.* 《口》맛있는

Táte Gàllery [téit] 테이트 미술관(런던의 National Gallery of British Art의 통칭

tat·ter [tǽtər] *n.* 넝마, (*pl.*) 누더기옷 ─ *vt., vi.* 갈기갈기 찢(어지)다

taught [tɔːt] *v.* teach의 과거(분사)

tav·ern [tǽvərn] *n.* 술집, 여인숙 ─ *car* 《美》(열차의)주류를 파는 칸

tax [tæks] *n.* 세(금), 조세; 무거운 부담《*on, upon*》: ~ *exemption form* 면세신고서 ─ *vt.* 과세하다

tax·a·tion [tæks(e)íʃ(ə)n] *n.* 조세

tax-free [tǽksfríː] *a.* 면세의

tax·i [tǽksi] *n.* (*pl.* ~**s**) 택시: a ~ driver 택시 운전사 ─ *vi.* (*ppr.* **táx·i·ing, táx·y·ing**) 택시로 가다; 《空》활주하다

tax·i·cab [-kæ̀b] *n.* 택시

tax·i·man [-mən] *n.* (*pl.* **-men** [-mən]) 택시 운전사

tax·i·me·ter [-mìːtər] *n.* 택시 요금요금표시기, 미터

tax·i·plane [-plèin] *n.* 전세 비행기

táxi stánd 택시 승차장

táxi strip 《空》유도로(誘導路) (taxiway) / 자

tax·pay·er [tǽkspèiər] *n.* 납세

T-bone [tíːbóun] *n.* T자 뼈가 달린 쇠고기

tea [tiː] *n.* 차, 홍차; 《英》티(lunch

T

Ta·bas·co [təbǽskou] n. 고추로 만든 매운 소스(상표명)

ta·ble [téibl] n. 식탁, 식탁; (식탁 위의)요리; 테이블에 둘러앉은 사람들; 표, 목록: a dining ~ 식탁/~ linen 식탁보, 냅킨/~ salt 식염/~ wine 식사용 포도주/~ manners 식사시의 예법/lay [set, spread] the ~ 상을 차리다 **at** ~ 식사중

táble bòard 《美》 식사 ~ **er** 식사만 하는 손님

táble chàrge 테이블차지 (클립 등에서 테이블 사용에 대하여 지불하는 요금. cover charge라고도 함)

ta·ble·cloth [-klɔ̀(ː)θ/-klɔ̀(ː)θ] n. 식탁보

table d'hôte [tǽbldóut] F.(pl. **tables d'hôte** [tǽbldóut·tá:blz-]) 정식(定食)

tab·let [tǽblit] n. 판; 서판(書板)

táble tènnis 탁구 정제

ta·ble·ware [-wɛ̀ər] n. 식탁용 식기류

tab·loid [tǽbloid] n. 정제; 타블로이드 신문

ta·boo [təbúː] n. 금기; 금지 — vt. 금기하다 — a. 금기의

ta·chograph [tǽkəgrǽf/-grɑ̀ːf] n. 자동차용 속도계

ta·chom·e·ter [təkámitər/tæk ɔ́m-] n. 회전속도계

tack [tæk] n. 압정 ~ a thumb ~ 압정 — vt. (압정으로)고정하다

tack·le [tǽkl, (海) téikl] n. 밧차그물;(海) (총칭) 선구·도구; (럭비) 태클 — vt. vi. (럭비) 태클하다

tact [tækt] n. 재치, 약삭빠름 ~ **ful** a. 재치가 있는

tac·ti·cal [tǽktik(ə)l] a. 전술의; 책략에 능한

tad [tæd] n. 《美》 어린아이, 소년

tael [teil] n. 테일, 양(중국의 중량단위, 약 27g; 중국의 예화폐단위)

taf·fe·ta [tǽfitə] n. 호박단

taf·fy [tǽfi] n. 《美》 태피(땅콩 등을 넣은 사탕과자)

tag [tæg] n. 끈 끝의 쇠붙이; 짐표. 꼬리표; 짐표(쇠붙이)를 달다; 《口》 붙어다니다: ~ a trunk 트렁크에 짐표를 달다

Ta·hi·ti [tɑːhíːti] n. 타히티섬 (남태평양상의 프랑스령)

tail [teil] n. 꼬리, 후부; (양복의) 자락; (pl.) [=] tail coat; (화폐의)뒷면 (cf. head) — vt. 꼬리를 달다; 첨부하다 **on**; (俗)

미행하다 — vi. 따라가다 **after**)

táil còat 연미복

táil ènd 꼬리부분, 말단; 끝

tail·light [-làit] n. (자동차 등의)미등(尾燈)

tai·lor [téilər] n. 신사복 짓는 사람 **cf.** dressmaker); 양복점 — vi. vt. 양복을 짓다

tai·lor-made [-méid] a. (여자 옷이)양장점에서 맞춘; 주문품의

taint [teint] n. 더럼; 부패 — vt. vi. 더럽히다, 더러워지다; 부패시키다

Tai·peh, -pei [táipéi] n. 대북 (臺北)(대만의 중심도시, 중화민국의 수도)

Tai·wan [táiwɑːn / taiwán, -wáːn] n. 대만 (臺灣)(臺灣)

Taj Ma·hal [tɑːdʒməháːl, 美 tɑːʒ-] 타지마할(인도 중부 Agra에 있는 능묘)

take [teik] v. (p. took, pp. taken) vt. 1 잡다, 쥐다; (어떤 행동을)취하다: ~ a trip 여행하다/~ a walk 산책하다/~ a rest 휴식하다 2 제거하다; 빼다 3 가지고[데려]가다: T~ an umbrella with you. 우산을 갖고 가거라 4 세 두다 5 불잡다, 점령하다 6 타다: ~ ship 승선하다 7 (시간·노력을)요하다: It ~s two hours to go there. 거기에 가려면 2시간 걸린다 8 사다: (방·집을)세들다; (신문을)구독하다 9 먹다, 마시다,복용하다: ~ a medicine 약을 먹다 10 (병에)걸리다; (불이)불다: ~ cold 감기들다/~ fire 불이 붙다 11 이해[간주]하다 12 (치수를)재다 13 (사진을)찍다 — vi. (약이)듣다, (口) (연극 등이)인기를 얻다; (사진이 잘[잘 못])찍히다; 마음에 들다 **(to)**; 시작하다 **(to)**: The medicine did not ~. 그 약은 듣지 않았다/The play ~s well. 그 연극은 인기가 대단하다 ~ **in** 받아들이다, 포함하다; 《口》 (신문 등을)구독하다; 이해하다 ~ **it easy** 마음을 편히 먹다, 개 념하지 않다 ~ **off** 제거하다, 벗다; (값 등을)할인하다; (空)

이륙하다

take-in [-ìn] n. 《口》 사기

tak·en [téik(ə)n] v. take의 과거분사

take-off [-ɔ̀ːf/-ɔ̀f] n. 《口》 흉내; (비행기의)이륙[점]

take·o·ver [-òuvər] n. 탈취, 접

sweet·bread [<bréd] n. 송아지의 지라 또는 이자의 가슴살(고급요리)
sweet·en [swi:tn] *vt., vi.* 달게 하다(되다); 유쾌하게 하다[되다]; 정화하다 ―**er** n. 감미료 [인
sweet·heart [swí:thɑ̀ːrt] n. 애
sweet·ly [swí:tli] *ad.* 달게, 맛있게; 향기롭게; 사랑스럽게
sweet·meat [swi:tmi:t] n. (보통 pl.) 사탕과자, 봉봉, 캔디
swell [swel] *vi., vt.* (p. **~ed**, pp. **swol·len**, **~ed**) 부풀다, 부풀리다, 팽창하다[시키다]; 붓다; 크게 되다[하다] ―n. 팽창, 붓기; 《俗》 대가; 명사; 멋쟁이 ―a. 《俗》 멋부린; 멋있는
swept [swept] *v.* sweep의 과거(분사)
swift [swift] *a.* 빠른 (quick), 신속한 (fast) ―*ad.* 재빨리
swig [swig] (《口》) n. 꿀꺽꿀꺽 마심 ―*vt., vi.* 꿀꺽꿀꺽 마시다
swim [swim] *vi., vt.* (p. **swam**, pp. **swum**) 헤엄치다; 뜨(게)하다; 활주하다 ―n. 수영; 대세, 시류: have a ~ 한바탕 수영하다/a ~ meet 《美》 수영대회
swim·mer [swímər] n. 수영자
swim·ming [swímiŋ] n. 수영
swímming báth 《英》 (보통 실내)수영장
swímming pòol 《美》 수영장
swímming sùit 수영복
swing [swiŋ] *v.* (p., pp. **swung**) *vi.* 흔들리다; 그네를 타다; 회전하다 ―*vt.* 흔들다; 휘두르다; 회전시키다 ―n. 흔들림, 진동; 그네; 짧은 여행; 스윙음악
swíng mùsic 스윙음악(중흥 으뜸 주부분이 되는 재즈)
Swiss [swis] n., *sing.* & pl. 스위스인 ―a. 스위스(인)의: ~ cheese 《美》 단단하고 구멍이 많은 치즈 ―**Áir Tránsport** 스위스항공
switch [switʃ] n. 《電》 스위치; 전환; 교환대 ―*vt., vi.* 스위치를 끊다[넣다] (*off, on*); 전환하다 (*over, to*): ~ a light off 등불을 끄다
switch·blade knife [switʃbléid] 날이 튀어나오는 나이프
switch·board [<bɔ̀ːrd] n. 배전반; 교환대
switch-hit·ter [<hìtər] n. 양손잡이 타자
Switz·er·land [swíts(ə)rlənd] n. 스위스
swiz·zle [swízl] n. 스위즐(럼·과즙 등으로 만드는 칵테일)
swol·len [swóul(ə)n] *v.* swell의 과거분사 ―a. 부풀은, 부은

swoon [swu:n] n. 졸도 ―*vi.* 기절[졸도]하다; 사라지다; 함박디
sword [sɔːrd] n. 칼, 검 [치
sword·fish [<fiʃ] n. 《魚》 황새
swore [swɔːr] *v.* swear의 과거
sworn [swɔːrn] *v.* swear의 과거분사 ―a. 맹세한, 언약한
swum [swʌm] *v.* swim의 과거분사
swung [swʌŋ] *v.* swing의 과거(분사)
Syd·ney [sídni] n. 시드니(오스트레일리아 동남해안의 도시)
syl·la·ble [síləbl] n. 음절; 한마디
sym·bol [símb(ə)l] n. 상징; 기호 ―**ism** n. 상징주의
sym·bol·ic [simbálik / -ɔ́l-], **-i·cal** [-ik(ə)l] a. 상징적인; …을 상징하는 (*of*); 부호[기호]의
sym·bol·ize [símb(ə)làiz] *vt.* 상징하다; 기호로 나타내다
sym·met·ric[símétrik], **-ri·cal** [-rik(ə)l] a. 대칭적인, 균형잡힌 [균형
sym·me·try [símitri] n. 대칭,
sym·pa·thet·ic [sìmpəθétik] a. 동정적인; 마음맞는
sym·pa·thize [símpəθàiz] *vi.* 동정하다; 공명하다
sym·pa·thy [símpəθi] n. 동정; 공명: a letter of ~ 조위장
sym·pho·ny [símfəni] n. 《音》 교향곡, 심포니: a ~ orchestra 교향악단
sym·po·si·um [simpóuziəm] n. (*pl.* **~s**, **-si·a** [-ziə]) 토론회
symp·tom [sím(p)təm] n. 징후
syn·chro·nize [síŋkrənàiz] *vi., vt.* 동시에 일어나(게)하다: 《영화》 동조시키다: ~d swimming 수중발레
syn·di·cal·ism [síndikəlìzəm] n. 생디칼리슴
syn·di·cate [síndikit] n. 신디케이트, 기업연합
syn·o·nym [sínənim] n. 동의어 (*cf.* antonym), 유사어
syn·thet·ic [sinθétik] a. 종합의; 합성의: ~ resin [rubber] 합성수지[고무]/~ rubies 인조루비
Syr·i·a [síriə] n. 시리아(서아시아 서부, 지중해연안의 공화국)
Syr·i·ac [síriæk] n., a. 시리아어(의)
Syr·i·an [síriən] a. 시리아(인)의 ―n. 시리아인
sy·ringe [sírindʒ, -⁀] n. 주사기; 세척기 ―*vt.* 주사[세척]하다
syr·up, sir- [sírəp, +美 sə́ː-] n. 시럽, 당밀
sys·tem [sístəm] n. 계통, 체계, 계; 조직, 제도; 방법
sys·tem·at·ic [sìstimǽtik] a. 계통적인, 조직적인

surely [ʃúərli] *ad.* 확실히: Will you come with us?—S~! 합께 가셨으니? 물론이지요

surf [səːrf] *n.* 밀려오는 파도

sur・face [sə́ːrfis] *n.* 표면, 외관 —*a.* 표면의, 외관의; 지상의; 수상의: a ~ mail 보통[선박]편 (*cf.* air mail)/~ transport 항공과 시내를 잇는 교통

surf・board [səːrfbɔ̀ːrd] *n.* 파도타기널

surf・ing [⁻iŋ] *n.* 파도타기

surf-rid・ing [⁻ràidiŋ] *n.* 파도타기

surge [səːrdʒ] *n.* 큰파도, 너울 —*vi.* 파도치다; (파도처럼)몰려오다

sur・geon [sə́ːrdʒ(ə)n] *n.* 외과의

sur・mount [sə(ː)rmáunt] *vt.* (곤란을)극복하다; …보다 높이 솟다

sur・name [sə́ːrnèim] *n.* 성 —*vt.* 성을 붙이다, 성으로 부르다

sur・pass [sə(ː)rpǽs/ sə(ː)pɑ́ːs] *vt.* …보다 낫다, 능가하다 (exceed)

sur・plus [sə́ːrpləs, -美 -plʌ̀s] *n.* 나머지, 잉여 —*a.* 과잉의

sur・prise [sə(ː)rpráiz] *vt.* 놀라게 하다 (astonish); 불시에 치다 —*n.* 놀람; 기습: What a ~! 놀랬는데 *to one's* ~ 놀랍게도

sur・pris・ing [sə(ː)rpráiziŋ] *a.* 놀랄만한, 눈부신

sur・ren・der [səréndər] *vt.* 넘겨 주다; 포기하다; 몰두하다 (*oneself to*) —*vi.* 항복하다 (yield) —*n.* 항복, 인도

sur・round [səráund] *vt.* 둘러싸다

sur・round・ing [səráundiŋ] *n.* (*pl.*) 환경, 주위 —*a.* 주위의

sur・vey [səːrvéi -ⁿ] *vt.* 바라보다 (overlook); 개관하다 —*n.* [⁻ ,- ⁻] 바라보기; 개관

sur・viv・al [sərváiv(ə)l] *n.* 살아남기, 생존(자), 잔존(물) *the ~ of the fittest* 적자생존

sur・vive [sərváiv] *vt.*, *vi.* …보다 오래 살다 (outlive); 잔존하다

sus・cep・ti・ble [səséptəbl] *a.* 느 감(민감)한; 영향받기 쉬운 (*of*); …의 여지가 있는 (*to*)

sus・pect [səspékt] *vt.*, *vi.* 의심하다; 알아채다; (…인가) 생각하다 (guess)

sus・pend [səspénd] *vt.* 매달다 (hang); 중지하다; 연기하다 *~・ers* *n. pl.* (英) 양말대님 (garters); (美) 바지멜빵

sus・pense [səspéns] *n.* 미결; 불안, 염려

sus・pen・sion [səspénʃ(ə)n] *n.* 매달기; 중지; 연기

sus・pi・cion [səspíʃ(ə)n] *n.* 의심 (doubt); 알아채기; 아주 조금

sus・pi・cious [səspíʃəs] *a.* 의심많은; 의심스러운

sus・tain [səstéin] *vt.* 버티다 (support), 지지하다; 당하다

sus・te・nance [sʌ́stinəns] *n.* 생계; 식량, 영양물 《경건》(불교)

Su・tra, su- [súːtrə] *n.* 《불교》 《經》 經

swal・low¹ [swɔ́lou/swɔ́l-] *n.* 《鳥》 제비

swal・low² *vt.*, *vi.* 삼키다; 《口》 곧이듣다 —*n.* 한모금 (의 양)

swal・low-tail [⁻tèil] *n.* 《昆》 호랑나비; 《口》 연미복

swam [swæm] *v.* swim의 과거

swamp [swɔmp/swɔmp] *n.* 늪

swan [swɑn/swɔn] *n.* 《鳥》 백조; 아름다운 것[사람]

swap [swɑp/swɔp] *n.*, *vt.*, *vi.* 《口》 교환(하다)

swa・raj [swɑːrɑ́ːdʒ] *n.* 자치, 독립(원래 인도국민당의 표어)

swarm [swɔːrm] *n.* (곤충의)떼; 군중 —*vi.* 떼를 짓다

swat [swɑt/swɔt] *vt.* 찰싹 때리다

swathe [sweið, 美 swɑːθ] *vt.* 붕대를 감다, 싸다 —*n.* 붕대

sway [swei] *vt.*, *vi.* 흔들(리다); 동요시키다[하다] —*n.* 동요, 흔들림; 지배

swear [swɛər] *vt.* (*p.* swore, *pp.* sworn) 맹세[선서]하다; 《口》 단언하다 *~ by* 신 God에 맹세하다

sweat [swet] *n.* 땀; 《口》 힘드는 일 *in a ~* 땀흘려; 《口》 불안하여 —*vi.*, *vt.* (*p.*, *pp.* sweat *or* ~・ed) 땀을 흘리다; 《口》 노동하다

sweat・er [swétər] *n.* 스웨터

Swede [swiːd] *n.* 스웨덴인

Swe・den [swíːdn] *n.* 스웨덴

Swed・ish [swíːdiʃ] *a.* 스웨덴(인)어)의 —*n.* 스웨덴어; (총칭) 스웨덴인

sweep [swiːp] *vt.*, *vi.* (*p.*, *pp.* swept) 쓸다, 청소하다; 일소하다: ~ *a room clean* 방을 깨끗이 청소하다 —*n.* 청소; 일소; 《俗》 보기싫은 놈; (보통)*pl.* 쓰레기

sweep・er [swiːpər] *n.* 청소인

sweet [swiːt] *a.* 단 (*cf.* bitter, sour); 맛있는; 향기로운; (술이)달콤한 (*opp.* dry); 《口》 아름다운, 귀여운: It smells ~. 냄새가 좋다 / *a ~ home* 즐거운 가정 —*n.* 단맛; 단것, 《주로英》 단 과자(캔디·봉봉 등); 《주로

a ~ house 《美》 여름별장/a ~ resort 피서지 /a ~ time 《英》 일광절약시간 Indian ~ (초겨울의) 푹한 날씨

sum‧mit [sʌ́mit] n. 정상; 절정 ~ **conference** [talks] 정상[수뇌]회담

sum‧mon [sʌ́mən] vt. 소집하다; (용기) 내다

sun [sʌn] n. 태양; 햇빛, 양지 — vt. 햇볕에 쬐다 — vi. 일광욕하다

sún bàth 일광욕

sun‧beam [⁃biːm] n. 햇빛

sun‧blind [⁃blàind] n. 《英》(창문의)차양

sun‧burn [⁃bə̀ːrn] n. 햇볕에 탐 — vi. (p., pp. ~ed or -burnt) 햇볕에 타다[태우다]

sun‧burnt [⁃bə̀ːrnt] a. 햇볕에 탄

sun‧dae [sʌ́ndi, -dei] n. 선디(과일을 넣은 아이스크림)

Sun‧day [sʌ́ndi, -dei] n. 일요일: a ~ school 주일학교

sun‧di‧al [sʌ́ndàiəl/⁃l] n. 해시계

sún‧dry góods [sʌ́ndri] 잡화

sun‧flow‧er [sʌ́nflàuər] n.《植》해바라기

sun‧fo‧rized [sʌ́nfəràizd] n. 방축(防縮) 가공한 것

sung [sʌŋ] v. sing의 과거(분사)

sun‧glass [⁃glæ̀s/⁃glɑ̀ːs] n. (pl.) 선글라스

sunk [sʌŋk] v. sink의 과거(분사) —a. =sunken

sunk‧en [sʌ́ŋk(ə)n] v. sink의 과거분사 —a. 가라앉은; 움푹한

sun‧kist [sʌ́nkist] n. 캘리포니아산 오렌지의 대명사

sun‧light [sʌ́nlàit] n. 햇빛

sun‧ny [sʌ́ni] a. 볕이 잘드는 ~ **side up** (한쪽만 프라이한)계란반숙

sún pàrlor 《美》일광욕실

sun‧rise [sʌ́nràiz] n. 해돋이, 일광욕실

sun‧room [⁃rùːm] n.《英》 일광욕실

sun‧set [⁃set] n. 일몰

sun‧shade [⁃ʃèid] n. 양산; 차양

sun‧shine [⁃ʃàin] n. 햇빛, 양지

sup [sʌp] v., vi. 홀짝홀짝 마시다; 저녁을 먹다: ~ out 소풍을 밖에서 먹다 ~ in 한밤, 한모금

su‧per [súːpər/s(j)úːpə] n. 단역, 임시고용인;《商》특등품 —a. 면적의; 《口》 특별고급의

super‑ pref. 「위」「초과」「초월」「이상」의 뜻

su‧perb [supə́ːrb/s(j)u(ː)⁃] a. 당당한; 훌륭한

su‧per‧ex‧press [⁃iksprés] n., a. 초특급열차(의)

su‧per‧fi‧cial [sùːpərfíʃ(ə)l/s(j)-

uː-] a. 표면[면적]의; 피상적인

su‧per‧flu‧ous [suːpə́ːrfluəs/s(j)u(ː)⁃] a. 여분의; 불필요한

su‧per‧high‧way [⁃háiwèi] n. 고속(자동차)도로

su‧per‧in‧tend [sùːp(ə)rinténd/s(j)uː⁃] vt., vi. 감독하다

su‧pe‧ri‧or [səpí(ː)riər, suː-/s(j)u(ː)píər-] a. 우수한 (opp. inferior) 《to》; 우수한 —n. 상급자 *a* Lake S~ 슈피리어호(북미 5대호의 하나)

su‧pe‧ri‧or‧i‧ty [səpìəri(ː)ʃíti, ⁃àr-/s(j)u(ː)pìəriór-] n. 우월, 우수성 ~ **complex** 우월감

su‧per‧jet [súːpərdʒèt/s(j)úː-] n. 초음속 제트기

su‧per‧la‧tive [supə́ːrlətiv, s(j)uːpə́ː-] a. 최상의, 최고의

su‧per‧man [súːpərmæ̀n/s(j)úːpə-] n. (pl. -men [⁃mèn]) 초인

su‧per‧mar‧ket [sùːpərmɑ́ːrkit /s(j)úː-] n. 《美》슈퍼마켓

su‧per‧nat‧u‧ral [sùːpərnǽtʃ(ə)rəl/s(j)uː(ː)⁃] a. 초자연의

su‧per‧pow‧er [súːpərpàuər/s(j)úː⁃] n. 초강대국(미국 또는 러시아)

su‧per‧scrip‧tion [sùːpərskrípʃ(ə)n/s(j)uː⁃] n. 겉봉, 주소성명

su‧per‧son‧ic [sùːpərsɑ́nik/s(j)úːpəsɔ́n-] a. 초음속의

su‧per‧sti‧tion [sùːpərstíʃ(ə)n/s(j)uː⁃] n. 미신 **-tious** a. 미신의; 미신을 믿는

sup‧per [sʌ́pər] n. 저녁밥, 만찬

sup‧ple [sʌ́pl] a. 나긋나긋한; 온순한 —vt., vi. 나긋나긋하게 하다[되다]

sup‧ple‧ment n. [sʌ́pləmənt → v.] 추가, 부록 —vt. [sʌ́pləmènt] 보충하다; 증보하다

sup‧ply [səplái] vt. 공급하다 —n. 공급; 비축; (pl.) 양식

sup‧port [səpɔ́ːrt] vt. 지지[유지]하다; 부양하다; 견디다 —n. 지지(자); 원조(자); 지주(支柱)

sup‧port‧er [səpɔ́ːrtər] n. 지지자, 후원자; 부양자

sup‧pose [səpóuz] vt. 가정하다; 상상하다;《명령형》...하면 어떨까;《분사형》만일 ... 이라면: I ~ so. 아마 그렇겠지

sup‧press [səprés] vt. 진압하다 (subdue); (감정 등을)억제하다

su‧preme [su(ː)príːm/s(j)u(ː)⁃] a. 최고[최상]의; 지대한, 대단한 *S~* **Court** 대법원

sure [ʃuər, 英 ʃɔː] a. 확실한, 틀림없는 ...인; 확신하는: He is ~ to come. 그는 꼭 온다./S~ thing! S~! 《美口》물론; 반드시/ Well, I'm ~! 《놀

sub·mit [səbmít] vt. (재귀형) 복종시키다(yield) ((oneself to)); 제출하다 —vi. 굴복하다((to))

sub·or·di·nate [səbɔ́ːrdi[nit-v.]] a. 하위의((to)); 종속의; 부차 —vt. [-nèit] 종속시키다

sub·poe·na [səpíːnə] n. 소환장; 소환하다

sub·scribe [səbskráib] vt., vi. 서명하다; 기부하다((to, contribute)); 예약하다((for)); 구독하다

sub·se·quent [sʌ́bsikwənt] a. (그후의) 다음에 일어나는(to)

sub·side [səbsáid] vi. (비바람 등이)가라앉다; 침전하다

sub·sist [səbsíst] vi. 살아가다((on, by)); 존재하다(exist) — 음식을 주다

sub·stance [sʌ́bstəns] n. 물질(material); 본질; 요지(gist); 실질; 내용; 자산(property)

sub·stan·tial [səbstǽnʃ(ə)l] a. 실질[내용]이 있는, 튼튼한; 사실상의; 부유한: a ~ meal 충분한 식사

sub·sti·tute [sʌ́bstit(j)uːt/-tjuːt] n. 대용품, 대리인 —vt. 대용하다

sub·ti·tle [sʌ́btàitl] n. 부제목

sub·tle [sʌ́tl] a. 미묘한(delicate); 민감한; 교묘한; 엷음한

sub·tract [səbtrǽkt] vt. 감하다, 빼다 (deduct)

sub·trop·i·cal [sʌbtrápik(ə)l/sʌ́btrɔ́p-] a. 아열대의

sub·urb [sʌ́bəːrb] n. (대로 pl.) 교외, 변두리

sub·ur·ban [səbə́ːrb(ə)n] a. 교외[변두리]의 —-ite [-àit] n. 교외거주자

sub·way [sʌ́bwèi] n. (주로英) 지하도; (美) 지하철(英 underground, tube)

suc·ceed [səksíːd] vt., vi. 잇따르다(follow); 뒤를 잇다((to)); 성공하다((in))

suc·cess [səksés] n. 성공(자)

suc·cess·ful [səksésf(u)l] a. 성공한, 번영하는; (모임으로서)이상적인 —·ly ad. 성공적으로

suc·ces·sion [səkséʃ(ə)n] n. 연속; 계승; 상속인─하는

suc·ces·sive [səksésiv] a. 연속적인

suc·ces·sor [səksésər] n. 후임자, 상속자, 계승자

such [sʌtʃ, sətʃ] a. 1 그[이]와 같은 2 (such...as 또는 such as로) ~같은 3 (that와 함께 써서) 그 정도의 —pron. 그[이]런 사람[것]; 그것, 저것(들): ~ and ~ 이러저러한 일

suck [sʌk] vt. 빨다; 핥다 —vi. 젖을 빨다 —n. 빨기

Su·dan [suːdǽn/suːdɑ́ːn] n. 수단(아프리카 동북부의 공화국)

sud·den [sʌ́dn] a. 갑작스런, 불시의 —·ly ad. 갑자기, 불시에

sue [suː/sjuː] vt., vi. 고소하다

suede [sweid] n. 스웨이드가죽[F]

Sú·ez Canál [súːez/s(j)úːez]—(the ~) 수에즈 운하

suf·fer [sʌ́fər] vt. (고통 등을)겪다; 참다(endure) —vi. 피로워하다((from))

suf·fer·ing [sʌ́f(ə)riŋ] n. (때로 pl.) 고통, 피해

suf·fice [səfáis, -féiz] vi., vt. 충분하다, 만족시키다(satisfy)

suf·fi·cient [səfíʃ(ə)nt] a. 충분한 (cf. deficient) -cien·cy [-si] n. 충분(한 양)

suf·fo·cate [sʌ́fəkèit] vt., vi. 질식(사)시키다[하다]; 숨막히다(choke)

suf·frage [sʌ́fridʒ] n. 투표(vote)

sug·ar [ʃúgər] n. 설탕: brown ~ 흑설탕/cube [lump] ~ 각설탕/~ candy (고급)캔디; 얼음사탕

súgar càne (植) 사탕수수

sug·ar·plum [-plʌ̀m] n. 캔디

sug·gest [sədʒést, 美 səgdʒést] vt. 암시하다(hint); 제의하다

sug·ges·tion [sədʒéstʃ(ə)n, 美 səgdʒés-] n. 암시; 제안

su·i·cide [súːisàid/s(j)úː(i)-] n. 자살(자): commit ~ 자살하다

suit [suːt/sjuːt] n. 의복 한벌; 청원: a dress ~ (남자의)야회복 ~ to, (...에)알맞다; (...의)마음을 끌다; 어울리다

suit·able [súːtəbl/sjúːt-] a. 적당한; 어울리는(fitting) ((for, to))

suit·case [súːtkèis / sjúːt-] n. 소형 여행가방, 슈트케이스

suite [swiːt] n. 수행원, 일행; 한 벌, 일습: a ~ of rooms (호텔·아파트의) 잇달아 붙은 방

súl·fa drùg [sʌ́lfə] 설파제

sulk·y [sʌ́lki] a. 실쭉한, 부루통한; 음산한

sul·len [sʌ́lin] a. 시무룩한; 음산한(gloomy)

sul·tan [sʌ́lt(ə)n] n. 회교군주: (the S~) 옛 터키황제

sum [sʌm] n. 합계, 총계; 총액; 개략; 금액: in ~ 요컨대 a large ~ of money/total 총계 —vt., vi. 총계하다

Su·ma·tra [suːmáːtrə] n. 수마트라(인도네시아의 섬)

sum·ma·ry [sʌ́məri] a. 적요의; 간단한, 요약한 n. 개요, 요약

sum·mer [sʌ́mər] n. 여름: ~ holidays [vacation] 여름휴가/

striking [stráikiŋ] *a.* 두드러진; 뚜렷한, 훌륭한; 파업중인

string [striŋ] *n.* 끈, 실; (악기의) 현, (활)줄; (*pl.*) 현악기(연주자); 섬유; 일련; a ~ band 현악 악단 / a ~ quartet 현악사중주(단)/a ~ tie 끈넥타이/ *vt., pp.* **strung** [strʌŋ] 실(끈)을 달다; 현을 치다(*up*); (보통 과거분사형) 긴장시키다(*up*)

strip [strip] *vt., vi.* (껍질 등을) 벗기다; 발가벗기다; 제거하다

stripe [straip] *n.* 줄(무늬); 《軍》 수장(袖章) / *vt.* 줄지게 하다

strip-tease [stríptiːz] *n.* 스트립쇼
-teas·er [-ər] *n.* 스트리퍼

strive [straiv] *vi.* (*p.* **strove** [strouv], *pp.* **striv·en** [strívn]) 노력하다; 다투다, 싸우다

stroke[1] [strouk] *n.* 치기, 찌르기; 치기; 한번 젓기; 일필; 맥박; 수완

stroke[2] *vt.* 쓰다듬다, 어루만지다

stroll [stroul] *n.* 산책 — *vi., vt.* 어슬렁거리다, 산책하다

strong [strɔːŋ/strɔŋ] *a.* 강한 (*opp.* weak); 견고한; (술이)독한; (냄새·빛 등이)강력한; (수단·방법이)강경한: a ~ wind 강풍/ ~ tea 진한 차/ ~ drink 알코올음료 **~·ly** *ad.* 강하게; 열심히

strong-room [strɔ́ːŋrùːm] *n.* 《주로 英》 금고실, 귀중품실 〖분사〗

struck [strʌk] *v.* strike의 과거분

struc·ture [strʌ́ktʃər] *n.* 구조, 구성; 조직; 건축물

strug·gle [strʌ́gl] *vi.* 몸부림치다, 싸우다, 분투하다 (*against, with*); 애쓰다 — *n.* 격투; 투쟁; 노력 **~ for existence** 생존경쟁 **~ for power** 권력투쟁

strut [strʌt] *vi., n.* 점잔빼며 걷다(걷기)

stub [stʌb] *n.* 그루터기; (열필[연필]의)끝동; 《美》 (어음쪽 등의)부본

stub·born [stʌ́bərn] *a.* 완고한 (obstinate); 힘 센 거센

stuck [stʌk] *v.* stick'의 과거분

stud [stʌd] *n.* 장식용 징[못]; 장식용 단추; 《建》 샛기둥

stu·dent [st(j)úːdənt/stjúː-] *n.* 학생, 연구가

stu·dio [st(j)úːdiòu/stjúːdiou] *n.* (*pl.* **~s**) 작업장; 스튜디오, 방송실

stu·di·ous [st(j)úːdiəs/stjúː-] *a.* 공부를 좋아하는; 공들인; 열심인

stud·y [stʌ́di] *n.* 공부; (때로 *pl.*) 연구 (*of*); 서재 — *vt., vi.* 공부 (연구)하다: ~ abroad 유학하다

stuff [stʌf] *n.* 재료, 원료 (material); 자질; 하찮은 물건; (口)직물 ~ 을 채워넣다 — *vi* 실컷 먹다

stuff·y [stʌ́fi] *a.* 통풍이 잘 안되는; 《美口》 시무룩한

stum·ble [stʌ́mbl] *vi.* (발이 걸려)비틀거리다 (*at, over*) 말을 더듬다 (*at*); 비틀거리기 《stub》

stump [stʌmp] *n.* 그루터기 (stub)

stump·y [stʌ́mpi] *a.* 땅딸막한

stun [stʌn] *vt.* 기절시키다 〖사〗

stung [stʌŋ] *v.* sting의 과거(분사)

stunt [stʌnt] *n.* (口) 묘기; 곡예비행

stu·pe·fy [st(j)úːpifài/stjúː-] *vt.* 마비시키다, 무감각하게 하다; 멍하게 하다

stu·pen·dous [st(j)uːpéndəs/stjuː-] *a.* 놀랄만한, 터무니없는

stu·pid [st(j)úːpid/stjúː-] *a.* 어리석은 (foolish), 얼빠진; 따분한

stur·dy [stəːrdi] *a.* 튼튼한, 건장한; 강한

style [stail] *n.* (행위·경기의)양식; 태도; 유행형; 문체; (예술의)양식

sub [sʌb] *n.* 《口》 기부, 예약; (야구의)보결선수; 잠수함

sub- [sʌb-, səb-] *pref.* '아래·부·다음·약(간)'의 뜻

sub·due [səbd(j)úː/-djúː] *vt.* 정복하다 (conquer), 억제하다

sub·ject [sʌ́bdʒikt → *v.*] *a.* 종속의 (*to*); …하기 쉬운 (*to*); …을 조건으로 하는: ~ to change without notice 예고없이 변경하는 수가 있는 — *ad.* …을 조건으로 하여, 을 가정해 두고 (*to*) — *n.* 《통칭》 신민; 주제; 학과; 원인; 주관 — *vt.* [səbdʒékt] 종속시키다 (*to*); 받게 하다 (a person ~ *to*); 제시[제출]하다 (*to*)

sub·jec·tive [səbdʒéktiv] *a.* 주관적인 (*opp.* objective); 주격의

sub·junc·tive [səbdʒʌ́ŋktiv] *n., a.* 가정법(의)

sub·lime [səbláim] *a.* 숭고한, 웅대한; 탁월한

sub·ma·rine [ˌsʌ̀bmərínː→] *a.* 해저의 — *n.* a boat 잠수함/ a armor 잠수복 ~s [ˌ-ˌ-/ˌ-ˌ-] 잠수함; 〖美〗 대형 샌드위치

sub·merge [səbmə́ːrdʒ] *vt.* 물속에 가라앉히다; 물에 잠기다 (*vi.* 잠수하다)

sub·mis·sion [səbmíʃən] *n.*

stopoff ~ 종점/a ~ sign 일단정지표지/No ~ is permitted on the road. 노상정차금지

stop·off [⊂tɔ:f/-ɔ(:)f] *n.* 도중하차[내리], 들르기

stor·age [stɔ́:ridʒ] *n.* 저장(창고)

store [stɔ:r] *n.* 저축, 저장; (*pl.*) 비품; (*美*) 상점 (*cf.* shop); (*pl.*) (*英*) 백화점 (*pl.*) 창고: a chain ~ 연쇄점 — *vt.* 갖추다 (*with*); 저장하다

store·house [⊂haus] *n.* 창고, 보고(寶庫)

store·keep·er [⊂ki:pər] *n.* (*美*) 가게주인(英) shopkeeper

storm [stɔ:rm] *n.* 폭풍(우) — *vi.* 폭풍이 불다

storm·y [stɔ́:rmi] *a.* 폭풍우의; 미쳐날뛰는, 격렬한(violent)

sto·ry[1] [stɔ́:ri] *n.* 적축, 저장; (구) 경력; (소설·연극 등의)줄거리; (口) 꾸며낸 이야기(tale): a detective ~ 탐정소설

sto·ry[2], (*英*) **-rey** [⊂ri] *n.* 층: eight stories high 8층건축

sto·ry·book [⊂bùk] *n.* 이야기책, 동화책

stout [staut] *a.* 튼튼한; 뚱뚱한(fat) — *n.* 흑맥주, 스타우트

stove [stouv] *n.* 난로 〔자

stow·a·way [stóuəwèi] *n.* 밀항

straight [streit] *a.* 똑바른, 정돈된; 솔직한(frank); (口) 정직한; (美) 철저히; (술 등이)물을 타지 않은 — *ad.* 똑바로; 직접; 솔직히 (*out*); 정직히: go ~ 바로 가다

straight·en [stréitn] *vt., vi.* 똑바로 하다[되다]; 정돈[정리]하다

straight·for·ward [strèitfɔ́:rwərd] *a.* 똑바른; 정직한

strain [strein] *vt.* 팽팽히 하다; 긴장시키다; 과로시키다 — *vi.* 노력하다; 잡아당기다 (*at*); 긴장; 격심한 일; 과로

strait [streit] *n.* (때로 *pl.*) 해협: the S~s of Dover 도버 해협

strange [streindʒ] *a.* 모르는, 낯선, 귀에 선; 외국의(foreign); 이상한(odd): I am ~ to this town. 이 도시는 처음이다 — **ly** *ad.* 이상하게, 별나게

stran·ger [stréindʒər] *n.* 낯선 사람, 타인; 외국인; 처음 온 사람: I am a ~ here. 여기는 처음입니다

strap [stræp] *n.* 가죽끈; 손잡이끈 — *vt.* 가죽끈으로 묶다 ~ **tag** 짐표의 위 반쪽(아래반쪽은 교환권(claim tag)으로 탑승객이 가짐)

strap·hang·er [⊂hæŋər] *n.* (口) 손잡이에 매달리는 승객

stra·te·gic [strətí:dʒik], **-gi·cal** [-dʒik(ə)l] *a.* 전략적인

strat·e·gy [strǽtidʒi] *n.* 전략

straw [strɔ:] *n.* 짚, 밀짚(모자); 빨대, 스트로

straw·ber·ry [⊂bèri-b(ə)ri] *n.* (植) 양딸기

straw·hat [⊂hæt] *n.* 밀짚모자

stray [strei] *vi.* 길을 잃다 — *a.* 길잃은 — *n.* 미아

streak [stri:k] *n.* 줄; 줄무늬(stripe); 경향(tendency)

streak·ing [⊂iŋ] *n.* 스트리킹(발가벗고 공개된 앞에서 달리기)

stream [stri:m] *n.* 흐름; 풍조; …의 흐름(*of*) — *vi., vt.* 흐르다, 흐르게 하다

stream·er [strí:mər] *n.* 기드림, 장식리본; 색테이프; (신문의)전단표제

stream·line [strí:mlàin] *n., a.* 유선형(의)

street [stri:t] *n.* 가로, …가, …로; 차도 — 한길/a side ~ 옆길 *the S~* (美) Wall Street (뉴욕시의 금융업 중심지); (英) Fleet Street (런던의 신문가); 《英》Lombard Street (런던의 금융가)

street·car [⊂kɑ:r] *n.* (美) 시내전차(英) tramcar

street·walk·er [⊂wɔ́:kər] *n.* 매춘부

strength [streŋ(k)θ] *n.* 힘; 강도

strength·en [stréŋ(k)θ(ə)n] *vt.* 강화하다; 격려하다 — *vi.* 강해지다; 기운이 나다

stren·u·ous [strénjuəs] *a.* 분투하는, 불굴의, 열심인

stress [stres] *n.* 강조, 노력, 긴장 — *vt.* 강조하다

stretch [stretʃ] *vt.* 잡아늘이다, 넓히다(extend); (口) 과장하다 — *vi.* 늘어나다; 넓어지다; 계속되다 — *n.* 늘어남; 단숨; 펴짐; 직선 코스

strew [stru:] *vt.* (*p.* ~**ed**, *pp.* ~**ed, strewn** [stru:n]) 흩뿌리다

strick·en [stríkə(ə)n] *v. strike*의 과거분사 — *a.* 얻어맞은; (병에) 걸린

strict [strikt] *a.* 엄격한; 정밀한

strict·ly [stríktli] *ad.* 엄격히; 엄밀히

stride [straid] *v.* (*p.* **strode** [stroud], *pp.* **strid·den** [strídn]) *vi.* 성큼성큼 걷다; 타고넘다 — *vt.* 타고넘다, 걸터타다 — *n.* 큰 걸음(의 폭)

strife [straif] *n.* 경쟁, 다툼

strike [straik] *v.* (*p.* **struck**, *pp.* **struck, strick·en**) *vt.* 치다, 때리다; 찌르다; 충돌시키다; 마음에 떠오르다; 이르다; 우연히 만

stereophonic 232 **stop**

스텝지방(시베리아의 대초원)
ster·e·o·phon·ic [stèriòufánik/-fɔ́n-] a. 입체음향의
ster·e·o·type [stérioutàip] n. 스테로판(인쇄); 상투어구
ster·e·o·vi·sion [stériouvìʒ(ə)n] n. 입체영상
ster·ile [stérəl/stéráil] a. 불임의; 메마른 (opp. fertile); 열매 없는 《of》; 살균한
ster·ling [stə́ːrliŋ] a. 영화(표준 가격)의 (stg.로 줄이며, 파운드 수치 다음에 붙여 씀: £500stg.)
stern¹ [stəːrn] a. 엄격한(severe), 준엄한
stern² n. 선미 (cf. bow³)
Stet·son [stétsn] n. 카우보이모
stew [stju:/stju:] vt., vi. 뭉근한 불로 끓이다 [찌다], 스튜로 하다 — n. 스튜; 《口》 걱정
stew·ard [stjú(:)ərd/stjúəd] n. 집사; 지배인; (기선·여객기 등의)급사, 스튜어드
stew·ard·ess [stjú(:)ərdis/stjúədi-] n. (기선·여객기 등의)여자 급사, 스튜어디스
St. He·le·na [sèinthəlíːnə/sèntli-] 세인트헬레나섬(나폴레옹의 유배지)
stick¹ [stik] n. 막대(기), 지팡이(cane); 막대모양의 것: a ~ of chocolate 막대초콜릿
stick² v. (p., pp. stuck) vt. 찌르다(into, through); 펄러넣다; 붙이다; (П) 난처하게 하다 — vi. 찔리다(in); 내밀다; 달라붙다 —·er n. 찌르는 사람[도구]; 《俗》 나이프; 광고삐라, 스티커; (자동차의)주차위반딱지
sticking plàster 반창고(adhesive plaster)
stick·y [stíki] a. 끈적끈적한; (날씨 등이)무더운
stiff [stif] a. 딱딱한, 뻣뻣한(rigid); 완강한; 어려운
stiff·en [stíf(ə)n] vi., vt. 딱딱하게 되다(하다); (바람 등이)강해지다
sti·fle [stáifl] vt. 질식시키다 (choke), (감정 등을)억누르다
still [stil] a. 고요한(quiet); 움직이지 않는 — ad. 아직도; (접속사적으로) 그런데도; (비교급과 함께) 더욱, 한층 — vt., vi. 조용하게 하다[되다] — n. 《詩》 정적; (영화의)스틸, 영사사진
stim·u·lant [stímjulənt] n. 자극성의 —n. 자극물; 흥분제; 술
stim·u·late [stímjulèit] vt. 자극하다; 활기띠게 하다, 격려하다
stim·u·lus [stímjuləs] n. (pl. -li [-lài]) 자극(물); 자극제, 흥분제

sting [stiŋ] vt., vi. (p., pp. stung) 찌르다; 쑤시듯이 아프(게하)다 —n. 《動》 독침; 가시; 찔린 상처
stin·gy [stíndʒi] a. 인색한
stink [stiŋk] vi. (p. stank [stæŋk], stunk, pp. stunk) 악취를 풍기다; 평판이 나쁘다 —n. 악취
stir [stəːr] vt. 휘젓다; 움직이다, 뒤섞다; 감동시키다, 선동하다 《up》 —vi. 움직이다 —n. 움직임; 활동; 평판; 대소동
stir·ring [stə́ːriŋ] a. 움직이는, 감동시키는; 활발한; 분주한
stitch [stitʃ] n. 한 바늘(금, 뜸); 형겊; 《口》 아주 조금 《of》 —vt., vi. 꿰매다
stock [stak/stɔk] n. 저장, 저축; 재고품; 주식; 줄기; 가계(家系); 가축; 수프재료: a laughing-~ 웃음거리/~ market 증권시장/The book is out of ~. 그 책은 매진되었다 —a. 재고의; 《vt.》 저장[비축]하다; 갖추다; 가축을 두다
stock càr 가축운반화차
Stock·holm [stákhòu(l)m/stɔ́khoum] n. 스톡홀름(스웨덴수도)
stock·ing [stákiŋ/stɔ́k-] n. (보통 pl.) 긴 양말 (cf. sock)
Sto·ic [stóu(ː)ik] a., n. 스토아철학의(신봉자); 극기주의자(의)
STOL [éstɔ́ːl] = short take-off and landing aircraft 단거리이착륙기
stole¹ [stoul] v. steal의 과거
stole² n. (여자용)어깨걸이
sto·len [stóul(ə)n] v. steal의 과거분사 —a. 도둑맞은
stom·ach [stʌ́mək] n. 위; 배; 식욕; 기분
stom·ach·ache [-èik] n. 복통
sto·ma·ti·tis [stòumətáitis, + stàm-] n. 구내염
stone [stoun] n. 돌, 보석 《植》씨, 핵 —a. 돌로 만든 —vt. 돌을 던지다
Stone·henge [stóunhèndʒ/ ⌐⌐] n. 환상석주군(영국에 옛 남은 유사이전의 유적)
ston·y [stóuni] a. 돌이 많은; 돌 같은; 차가운, 무표정한
stood [stud] v. stand의 과거(분사)
stool [stuːl] n. 걸상 (사)
stoop [stuːp] vi. 몸을 구부리다
stop [stap/stɔp] vt. 멈추다; 그만두다; 중지하다; 방해하다(prevent) 《a person from doing》 —vi. 멈추다; 《口》 묵다 —off 도중하차하다 —over 잠시 머무르다; 도중하차하다 —n. 중지, 정지; 역, 정류장; 체재; a bus ~ 버스정류장/the last

star *a.* 별이 총총한 *the Star-Spangled Banner* 성조기(미국국가), 미국국가

start [staːrt] *vi.* 출발하다; 시작하다 (*on*); 생기다; (공포·놀람으로)움찔하다 ─*vt.* 시작하다; 일으키다 *to ~ with* 우선 첫째로, 맨 먼저 ─*n.* 출발; 개시; 펄쩍 뛰기, 움찔하기

star·tle [stáːrtl] *vt.* 놀라게 하다

starve [staːrv] *vi.* 굶주리다(에 하)다; (口) 몹시 배고프다; 갈망하다 (*for*): I am starving. 배가 고파 죽을 지경이다

state[1] [steit] *n.* 상태; (때로 the S~) 국가; (미국·오스트레일리아의)주; (the ~)정부; 계급, 신분: *the S~ Department* (美) 국무성 *the S~s* (口) 미합중국 ─*a.* 국가의, (美) (S~) 주의: *the S~ university* 주립대학 ~**·ly** *a.* 당당한

state[2] *vt.* 진술하다; 지정하다

state·ment [stéitmənt] *n.* 진술, 성명; (商) 명세서

state·room [stéitruː(ʊ)m] *n.* (궁전 등의) 큰 홀; (기차·여객기 등의)특등실

states·man [stéitsmən] *n.* (*pl.* **-men** [-mən]) 정치가

sta·tion [stéi(ʃ)ən] *n.* 정거장, 역; 위치, 장소; 부서; 파출소...; 주둔지: a police ~ 경찰서/a fire ~ 소방서/a broadcasting [radio] ~ 방송국/a gas ~ 주유소/a ~ indicator (英) 행선지 게시판/~to-to-person (cf. person-to-person) ─*vt.* 배치하다

sta·tion·ar·y [stéi(ʃ)(ə)nèri/-əri] *a.* 정지고정된

sta·tion·er [stéi(ʃ)(ə)nər] *n.* 문방구상(인)

sta·tion·er·y [stéi(ʃ)(ə)nèri/-əri] *n.* 문방구

sta·tion·mas·ter [stéi(ʃ)(ə)nmæstər/-màːstər] *n.* (英) 역장

státion wàgon (美) (좌석을 떼어낼 수 있는) 상자형 자동차

sta·tis·tics [statístiks] *n.* (복수 취급) 통계; (단수취급) 통계학

stat·u·ar·y [stǽt(ʃ)uèri/-t∫uəri] *a.* 조상(彫像)의; (총칭) 조상 ─*a.* 조상의

stat·ue [stǽt(ʃ)uː/-tjuː] *n.* 조상, 상: *the S~ of Liberty* 자유의 여신상(뉴욕만에 있음)

stat·ure [stǽt(ʃ)ər] *n.* 신장, 키

sta·tus [stéitəs, 美 stǽt-] *n.* 지위(rank)의; 사정 *the ~ quo* 현상

stat·ute [stǽt(ʃ)uːt/-tjuːt] *n.* 성문율; 법령, 법규; 규약

staves [steivz] *n.* staff의 복수

stay [stei] *vi.* 멎다; 체재하다, 묵다; …인 채로 있다: ~ *at a hotel* 호텔에 묵다 ─*vt.* 막다; 지지하다 ~ *the course:* make a long ~ 장기체재하다

stead [sted] *n.* 대신, 대리

stead·fast [stédfæst, -fəst/-fəst] *a.* 확고한, 부동의

stead·y [stédi] *a.* 튼튼한; 확고한; 착실한 ─*ad.* 침착히 *go ~* (美口) 애인이 되다 ─*n.* 대(臺); (美口) 일정한 데이트상대 ~**·i·ly** *ad.* 단단히, 착실히

steak [steik] *n.* 두툼하게 썬 고기; 스테이크, 불고기

steal [stiːl] *v.* (*p.* **stole**, *pp.* **stolen**) *vt.* 훔치다: I had my purse stolen. 지갑을 도둑맞았다 ─*vi.* 도둑질하다; 몰래 들어가다[나오다]; (시간이)어느덧 지나다

steam [stiːm] *n.* (수)증기, 김; (口)원기: *by ~* 기선으로/*a ~ bath* 한증막/*rooms heated by ~* 증기난방이 된 방/*let off ~* 증기를 내다[로 움직이게 하다] ─*vt.* 찌다, 증발시키다

stéam·boat [-bòut] *n.* 기선

stéam èngine 증기기관

steam·er [stíːmər] *n.* 기선

steam·ship [stíːm∫ìp] *n.* 기선 (배이름 앞에서 S.S.로 줄임)

steed [stiːd] *n.* 준마, 군마

steel [stiːl] *n.* 강철 ─*a.* 강철의, 단단한

steep [stiːp] *a.* 가파른, 경사가 심한; (口) 과장한 ─*n.* 가파른 비탈; 벼랑

stee·ple [stíːpl] *n.* 뾰족탑

steer [stiər] *vt., vi.* 키를 잡다, 조종하다 (*for, toward*); (口) 전진시키다[하다]; 향하(게하)다 (*for, to*)

steer·age [stí(ə)ridʒ] *n.* 조타; 선미; 3등선실 {주: 주접}

stein [stain] *n.* (도기제의) 큰 맥주잔

stem [stem] *n.* (초목의)줄기; 잎자루; (연장의)자루 ─*vi.* 생기다, 비롯되다

sten·o·graph [sténəgræf/-gràːf] *n.* 속기용 타자기 **ste·nog·ra·pher** *n.* 속기사

Sten·o·type [sténətàip] *n.* (商標) 속기용 타자기 **ste·no·typ·ist** *n.* 속기 타자수

step [step] *n.* 걸음; 한 걸음(의 거리); 발소리; 발걸음이; (층의) 스텝; 수단, 방법; 계단: *Mind [Watch] your ~!* 발조심하시오. ─*vi.* 걷다; 나아가다; (口) 서두르다 ─*vt.* 밟다; 춤추다

steppe [step] *n.* 대초원 *the S~s*

sta·ble[1] [stéibl] *a.* 안정된, 확고한; 불굴의

sta·ble[2] *n.* 마구간; 가축우리

stack [stæk] *n.* (짚·건초 따위의) 더미, 낟가리, (기차·기선의 굴뚝); 《口》 많음 《*of*》 ─ *vt.* 쌓아올리다

sta·di·um [stéidiəm] *n.* (*pl.* **~s, -di·a** [-diə]) 운동경기장 [L]

staff [stæf/staːf] *n.* (*pl.* (1) **staves**, ~s, (2) ~s) **1** 지팡이; 지휘봉; 지주, 버팀나무 **2** 직원

stáff òfficer 참모장교

stage [steidʒ] *n.* 무대, 연단; (the ~) 연극; 배우업; 발판, 단계 ─ *vt.* 상연하다

stage·coach [´-kòutʃ] *n.* (정기) 역마차, 합승마차

stag·fla·tion [stægfléi∫(ə)n] *n.* 불황속의 물가상승, 불황 인플레이션

stag·ger [stǽgər] *vi., vt.* 비틀거리(게 하)다; 망설이(게 하)다 ─ *n.* 비틀거림

stag·nant [stǽgnənt] *a.* (물이) 괴어 있는; 침체한; 불경기의

stag·nate [stægnéit] *vi.* 괴다; 불경기가 되다

stág pàrty [stæg] 《美口》남자만의 모임

stain [stein] *vt.* 더럽히다; 착색하다 ─ *vi.* 더러워지다, 얼룩지다 ─ *ed gláss* 스테인드글라스 ─ *n.* 더러움, 얼룩; 색소, 염료 **~·less** *a.* 더럽이 없는; 녹슬지 않는: ~*less steel* 스테인레스 스틸

stair [stɛər] *n.* (계단의)한단, (보통 *pl.*) 계단

stair·case [´-kèis] *n.* 《英》계단

stair·way [´-wèi] *n.* 《美》계단

stake [steik] *n.* 말뚝, 화형기둥; 내기(돈); (*pl.*) (경마의)상금 *at* ~ 문제가 되어있는; 위태로와서 ─ *vt.* 말뚝으로 둘러싸다; 걸다

sta·lac·tite [stəlǽktait/stǽlək-tàit] *n.* 종유석

sta·lag·mite [stəlǽgmait/stǽləg-] *n.* 석순

stale [steil] *a.* 신선하지 않은; 김빠진; 곰팡내나는; 피로한

stalk[1] [stɔːk] *n.* (식물의)줄기, 잎자루

stalk[2] *vi., vt.* 활보하다; 몰래 다가가다 ─ *n.* 활보; 몰래 접근함

stall [stɔːl] *n.* (마구간의)한 구획; (교회의)성직자석; 푸줏간, 매점, 노점; 상품진열대; 《英》(극장의) 1층 앞쪽 관람석

stam·i·na [stǽminə] *n.* 정력, 스태미너

stam·mer [stǽmər] *vi.* (말을)더듬다, 더듬으며 말하다 《*out*》 ─ *n.* 말더듬이

stamp [stæmp] *n.* 도장; 상표; 우표, 인자: *a postage* ~ 우표 ─ *vt.* 날인하다; 인지[우표]를 붙이다; 짓밟다

stand [stænd] *v.* (*p., pp.* **stood**) *vi.* 서다, 일어서다; 서있다; 위치하다, 있다; (어떤 상태)이다; (온도계가)…도를 가리키다; (값이)…이다; (키가)…이다 ─ *by* 대기하다 ─ *vt.* 세우다, 일으키다; 견디다; 한턱내다: I'll ~ *you a dinner.* 저녁을 한턱 내겠소 ─ *n.* 서기, 정지; 저항; 입장, 위치; 주차장; …대; 꽂이; 관람석; 매점; *a news* ~ 신문판매대 / *a taxicab* ~ 택시승차장

stand·ard [stǽndərd] *n.* 표준(기)(旗) ─ *a.* 표준의: *the* ~ *time* 표준시 / ~ *English* 표준영어

stand·by [stǽn(d)bài] *n.* 대기, 의지가 되는 것; 지지자 ─ *a.* 예비의: ~ *passengers* 대기승객

stand·ee [stændíː] *n.* 입석자[손]님

stand-in [stǽndìn] *n.* 《영화》대역; 대용품; 《俗》유리한 입장

stand·ing [stǽndiŋ] *a.* *v.* 서있는; 상설의; 오래가는: *a* ~ *room* (극장의)입석자리 / *a* ~ *dish* 늘 같은 요리 ─ *n.* 기립, 지속(기간); 신분

stand·point [stǽn(d)pɔ̀int] *n.* 입장, 관점

stand·still [stǽn(d)stìl] *n.* 정지, 막힘 (련)

stan·za [stǽnzə] *n.* (시의)귀(節)

sta·ple[1] [stéipl] *n.* 주요산물; 주성분; 원료; 섬유 ─ *a.* 주요한 (chief): ~ *food* 주식

sta·ple[2] *n.* U자형 못; 호치키스 바늘

star [staːr] *n.* 별; 《天》항성; 별표; 인기있는 사람, 스타; (때로 *pl.*) 운세: *a film (movie)* ~ ─ 영화스타 *the S~s and Stripes* 성조기(미국국기) ─ *a.* 별의; 뛰어난 ─ *vi. ~ sapphire* 스타사파이어 《우현

star·board [stáːrbərd/-bəd] *n.*

starch [staːrtʃ] *n.* 녹말; 풀; (*pl.*) 《美》죽 ─ *vt.* 풀먹이다

star·dom [stáːrdəm] *n.* 스타의 자리, 스타들

stare [stɛər] *vt., vi.* 응시하다 《*at*》 ─ *n.* 응시

stark [staːrk] *a.* 뻣뻣해진, 경직된; 완전한, 순전한

star·light [´lait] *n.* 별빛

star·ry [stáːri] *a.* 별의; 별처럼 빛나는; 별모양의

star-span·gled [stáːrspæ̀ŋgld]

spotlight [스팥라이트] n. 스포트라이트, 각광; 《현실》현실세계의 주시; 〜·**less** a. 열광[오점]이 없는

spot-light [=làit] n. 스포트라이트

spót néws 지급[임시]뉴스

spouse [spaus, spauz/spauz] n. 배우자

spout [spaut] vi. 뿜어나오다 —vt. 분출하다; 《口》청산유수로 말하다 —n. (주전자 등의)주둥이; 홈통; 분출

sprang [spræŋ] v. spring의 과거

sprawl [sprɔːl] vi. 손발을 뻗다, 드러눕다 —vt. (손발을)큰대자로 뻗다

spray [sprei] n. 물보라; 분무기 —vt., vi. 물보라가 일다[를 날리다]; 뿜어대다

spread [spred] v. (p., pp. spread) vt. 펼치다; 바르다; 뿌리다; 유포시키다: ~ toast with butter 토스트에 버터를 바르다 —vi. 퍼지다; 미치다《over》; 유포하다《to》 —n. 퍼짐; 보급; 식탁보; 《口》맛있는 음식; 향연

spréad éagle 《紋》날개를 편 독수리(미국의 문장)

sprig [sprig] n. 어린가지; 젊은이

sprightly [spráitli] a. 쾌활한

spring [spriŋ] n. 봄; 청춘; 샘; 원천; 용수철, 태엽; 탄력 —vi., vt. (p. sprang, sprung, pp. sprung) 뛰(게 하)다; 일약 …이 되다《into》; 튀어(게)하다; 솟아나다《from》; 싹트다; 발생시키다

spring·board [spríŋbɔ̀ːrd] n. 도약판, (수영의)다이빙판

sprin·kle [spríŋkl] vt. 뿌리다《on, over》 —vi. 후두두 내리다

sprint [sprint] vi. (단거리를)속력으로 달리다 —n. 단거리경주 —·**er** n. 단거리주자

sprock·et [sprákit / sprɔ́k-] n. (자전거 등의)사슬 톱니바퀴

sprout [spraut] vi. 싹트다 —vt. 싹트게 하다 —n. 싹

spruce [spruːs] n. 《植》전나무

sprung [sprʌŋ] v. spring의 과거(분사)

spu·mo·ne [spuːmóuni, spə-] It. 달걀 흰자위와 크림으로 만든 아이스크림; 과일·호두 등을 넣은 아이스크림 《사》

spun [spʌn] v. spin의 과거

spur [spəːr] n. 박차, 자극; 능선 《a line track》(철도의)지선 —vt. 박차를 가하다; 격려하다

spurt [spəːrt] vi. 분출하다; 온힘을 쏟다 —n. (경주의 막바지 등에서의)역주

sput·nik [spútnik, spʌ́t-] n. (때

로 S〜) 《러시아의》인공위성

spy [spai] n. 스파이, 간첩 —vt., vi. 정탐하다

spy·glass [=glæs/-glɑːs] n. 소형 망원경

square [skwɛər] n. 정사각형; 네모진 광장, 시가의 네모진 구획: Trafalgar S〜 (런던의)트라팔가광장 —a. 정사각형의, 네모진; 딱벌어진; 공평한; 분명한; 《口》충분한: a dance a square dance —ad. 사각[직각]으로; 정면으로; 공평하게 —vt. 정사각형[직각]으로 하다 —vi. 직각을 이루다《with》 —·**ly** ad. 정사각형으로; 정면으로; 공평하게

squash [skwɑʃ/skwɔʃ] vt. 으깨다 —n. 찌그러진; 《口》 찍소리 못하게 하다 —vi. 으깨지다; 밀고 나아가다《into》 —n. 《英》스쿼시 (과즙을 주로 한 음료); 혼잡: a lemon 〜 레몬스쿼시

squat [skwɑt/skwɔt] vi., vt. (p., pp. 〜·**ted** or **squat**) 쭈그리고 앉(히)다 —a. 쭈그리고 앉은; 땅딸막한

squeak [skwiːk] vi., n. (쥐 등) 찍찍 우는 소리[를]; 삐걱거리다; 삐걱거리는 소리

squeeze [skwiːz] vt. n. 짜다; 쥐어짜다; (돈 등을)우려내다; 밀어넣다 —n. 쥐기; 압착; 혼잡

squib [skwib] n. 폭죽, 불꽃

squid [skwid] n. (pl. 〜**s**, 《총칭》〜) 《動》오징어 《낚시》

squint [skwint] vi. 사팔뜨기다

squire [skwaiər] n. 《英》《시골의》명사, 대지주; 숙녀를 수행하는 신사 —vt. 수행하다

squir·rel [skwə́ːrəl/skwírəl] n. 《動》다람쥐

Sri Lanka [sríːlǽŋkə] 스리랑카 (Ceylon의 신국명)

SST = supersonic transport 초음속여객기

St. [seint, sn(t)] = Saint 성(聖)
〜**Andrew's Day** 《英》《스코틀랜드의 수호성인》 앤드류의 날(11월 30일) 〜**George's Day** 《잉글랜드의 수호성인》 성조지의 날(4월 23일) 〜**Patrick's Day** 《英》《아일랜드의 수호성인》 패트릭의 날(3월 17일) 〜**Paul's (Cathedral)** (런던의)성바오로 대성당 〜**Peter's (Basilica)** (바티칸의)성베드로 대성당

stab [stæb] vt. 찌르다 —n. 찌르기; 중상모략; 《美口》시도 《試圖》

sta·bil·i·ty [stəbíliti] n. 안정, 고정; 안정성

speech [spiːtʃ] n. 말, 언어; 국어; 이야기, 담화; 연설

speed [spiːd] n. 속도, 속력; at a high ~ 고속으로 —vi., vt. (p., pp. **sped** [sped] or ~**ed**) 서두르(게)하다 —**·y** a. 빠른

speed·om·e·ter [spiːdɑ́mitər/-5miːtə] n. 속도계

speed-read·ing [spíːdriːdiŋ] n. 속독법

speed·way [spíːdwèi] n. 자동차 경주장; 《美》 고속도로

spell[1] [spel] vt., vi. (p., pp. ~**ed** or **spelt**) 철자하다; 뜻하다 ~ **out** (생략되고)정식으로 쓰다

spell[2] n. 교대; 근무시간; 한바탕(의 일); 《口》 잠시

spell·ing [spéliŋ] n. 철자(법)

spelt [spelt] v. spell¹의 과거(분사)

spend [spend] vt., vi. (p., pp. **spent**) (돈 등을)쓰다, 소비하다; (시간을)보내다

spent [spent] v. spend의 과거(분사) —a. 사용했던; 지쳐버린

sphere [sfiər] n. 구(球), 지구본; 천체; (활동)범위

Sphinx [sfiŋks] n. (pl. ~**es**, **sphin·ges** [sfíndʒiːz]) 스핑크스

spice [spais] n. 양념, 향료 —vt. 양념[향료]를 넣다 [치다]

spic·y [spáisi] a. 양념[향료]를 넣은, 매운 듯한; 흥미로운; 포미있는

spi·der [spáidər] n. (動) 거미

spike [spaik] n. 대못; (구두창에 박는)스파이크

spill [spil] v. (p., pp. ~**ed** or **spilt**) vt. (물·우유 등)엎지르다; 흘리다; (말·차에서)떨어뜨리다 (*from*) —vi. 엎질러지다

spin [spin] vt., vi. (p. **spun**, pp. **spun**) (실을)잣다; 회전시키다 (*round*). n. 회전; 질주; (차의) 한번 달리기; (가격 등의)폭락

spin·ach [spínitʃ / -idʒ], **-age** [-idʒ] n. 《植》시금치

spin·dle [spíndl] n. 굴대, 축

spine [spain] n. 척추, 척추골; 바늘, 가시(모양 돌기)

spin·ster [spínstər] n. 노처녀

spi·ral [spái(ə)rəl] a. 나선형의 —n. 나선, 《空》 나선비행

spire [spáiər] n. 뾰족탑

spir·it [spírit] n. 정신, 마음; 영혼; (때로 pl.) 원기; (pl.) 기분, 기질; (보통 pl.) 알코올술; (때로 pl.) 술 in *good* ~ **s** 기분이 좋아서 —vt. 기운나게 하다, 격려하다 (*up*); 유괴하다

spir·it·u·al [spíritʃuəl, +英 -tju-] a. 정신(상)의; 영적인; 신의 —n. 《美》 (흑인)영가, 찬송가

spit [spit] vi., vt. (p., pp. **spat** or **spit**) 침을 뱉다, 내뱉듯이 말하다 (*out*) —n. 침(뱉기)

pitch·cock [spítʃkɑ̀k/-kɔ̀k] n. 뱀장어구이

spite [spait] n. 악의; 원한 *in* ~ *of* …에도 불구하고

spit·toon [spituːn] n. 타구(唾具)

spitz (dog) [spits] n. 스피츠(개의 한 종류)

splash [splæʃ] vt. (물·진흙등을)튀기다 —vi. 튀기기; (하이풀등으로) 약간의 소다수

splash·board [splǽʃbɔ̀ːrd] n. (자동차 등의) 흙받기

splash·down [̀dàun] n. (우주선의)착수(着水)

splen·did [spléndid] a. 웅장한, 화려한; 훌륭한; 《口》 멋진

splen·dor [英] **-dour** [spléndər] n. 웅장, 훌륭함; 광채

split [split] vt., vi. (p., pp. **split**) 쪼개(지)다; 째(지)다; 분할하다; 분열시키다(되다) ~ *the bill* 계산을 분담하다 —n. 쪼개짐, 갈라지기; 파편, 분열

spoil [spoil] vt. (p., pp. ~**ed**, **spoilt**) 망치다; 응석 키우다 —vi. 나빠지다; 썩다

spoke[1] [spouk] n. (바퀴의)살

spoke[2] v. speak의 과거

spo·ken [spóuk(ə)n] v. speak의 과거분사 —a. 구두의; 구어의

spokes·man [spóuksmən] n. (pl. **-men** [-mən]) 대변인

sponge [spʌndʒ] n. 해면동물, 스폰지; a ~ *cake* 카스텔라

spon·sor [spɑ́nsər/spɔ́nsə] n. 후원자; 스폰서, 광고주 —vt. 후원하다; 스폰서가 되다

spon·ta·ne·ous [spɑntéiniəs/spɔn-] a. 자발적인; 자연스러운

spoon [spuːn] n. 숟가락, 스푼 —vt. 숟가락으로 뜨다

spoon·ful [spúːnful] n. 한숟가락(분)

sport [spɔːrt] n. 스포츠, 운동, 경기; 시합; (pl.) 운동회, 경기회; 오락, 기분풀이; a *car* ~ 스포츠카 —vi. 놀다, 갖고 놀다 (*with*)

sport·ing [spɔ́ːrtiŋ] a. 스포츠(용)의: ~ *goods* 운동구

sports·cast [spɔ́ːrtskæ̀st/-kɑ̀ːst] n. 스포츠 방송 —**·er** n. 스포츠아나운서

sports·man [spɔ́ːrtsmən] n. (pl. **-men** [-mən]) 스포츠맨, 운동가 ~**·ship** n. 스포츠맨십

spot [spɑt/spɔt] n. 점, 반점; 얼룩; 결점, 흠; 지점, 장소; 《口》 조금: a *night* ~ 나이트클럽 *on the* ~ 즉석에서 —vt. 점을

~·er n. 남국인; (S~) 《英》 남부 여러 주 사람

south-paw [sáuθpɔ̀ː] a. 왼손잡이의(선수)

south·ward [sáuθwərd] a. 남쪽의 —ad. 남쪽으로(southwards) n.

south·west [sàuθwést, 《海》sàuwést] n. 남서(부) —a., ad. 남서쪽의(으로,에)

sou·ve·nir [sùːvəníər / súːv(ə)nìə] n. 기념품, 선물; 유품

sov·er·eign [sávrin/sɔ́v-] a. 주권을 가진; 최고의 —n. 주권자, 군주; 소버린(영국 I파운드금화)

sov·er·eign·ty [sávrənti/sɔ́v-] n. 주권; 독립국

Só·vi·et Rús·sia 러시아 연방의 구칭

sov. khoz [səfkɔ́ːz, sɔːv-/sɔvkɔ́ːz] Russ. n. 소호즈 (옛소련의 국영농장) (cf. kolkhoz)

sow [sou] vt., vi. (p. ~ed, pp. sown, ~ed) (씨를)뿌리다

soy [sɔi], **soy·a** [sɔ́iə, 美 sóujə] n. 간장; ~ sauce 간장

soy·bean [sɔ́ibìːn], 《英》 **soy·a·bean** [sɔ́iə] n. 콩, 대두

spa [spɑː] n. 광천; 온천장

space [speis] n. 공간, 우주; 거리, 여지; 지면; 《컴퓨터》 공백; a ~ fiction 우주소설/a ~ shuttle 우주왕복선/a ~ writer 행수대로 고료를 받는 필자 —vi., vt. 일정한 간격을 두다

space·ship [-ʃip] n. 우주선

spa·cious [spéiʃəs] a. 넓따란

spade [speid] n. 가래; (트럼프 의스페이드; —vt. 가래로 파다

spa·ghet·ti [spəgéti] n. 스파게티 [It.]

Spain [spein] n. 스페인

span [spæn] n. 한 뼘(보통 9인치); 짧은 간격, 전장(全長) —vt. 뼘으로 재다; 재다; (강에)다리를길치다 「인 사람

Span·iard [spǽnjərd] n. 스페인

span·iel [spǽnjəl] n. 스패니얼(애완용 개의 일종)

Span·ish [spǽniʃ] n. 스페인어; (the ~) (총칭) 스페인 사람 —a. 스페인의; 스페인 사람(어)의

spar [spɑːr] n. (권투에서)스파링하다; (닭이)서로 싸우다

spare [spɛər] vt. 아끼다; 절약하다; 없이지내다; 나눠주다: Can you ~ me a few moments? 잠깐 시간을 내줄 수 있겠습니까 —a. 얼마 안되는; 여분의; 예비의 —n. 예비품

spark [spɑːrk] n. 불꽃; 섬광; 《電》 스파크 —vi. 불꽃이 튀다; 《電》 스파크[발화]하다; a ~ plug 《機》 점화 플러그 (《英》 sparking plug)

spar·kle [spɑ́ːrkl] n. 불꽃, 섬광 —vi. 불꽃이 튀다; 반짝이다

spar·row [spǽrou] n. 참새

Spar·ta [spɑ́ːrtə] n. 스파르타 (그리스 남부의 옛도시)

spasm [spǽz(ə)m] n. 경련; 발작: facial ~ 안면경련

spat [spæt] v. spit의 과거(분사)

spatch·cock [spǽtʃkɑ̀k/-kɔ̀k]. n. 잡아서 바로 구운 새

speak [spiːk] vi., vt. (p. spoke, pp. spo·ken) 말(하다), 연설하다: Who is ~ing? —This is Alice ~ing. (전화에서)누구세요 —엘리스입니다 / English (is) spoken (here). 우리 가게에서는 영어가 통합니다

speak·er [spíːkər] n. 말하는 사람; 강연자, 확성기, 스피커

speak·er·phone [⁻fòun] n. 마이크 겸용 스피커

spear [spiər] n. 창; 작살 —vt. 창(작살)으로 찌르다

spe·cial [spéʃ(ə)l] a. 특별한; 전문의: a ~ train 특별열차/a ~ delivery 《美》속달(《英》express delivery)/a ~ edition 호외(號外), 특별[임시]의신문(것], (신문)의호외; 특별[임시]열차; 《美》 특제품, 특별요리

spe·cial·ist [spéʃ(ə)list] n. 전문가

spe·ci·al·i·ty [spèʃiǽləti] n. (주로英) = specialty

spe·cial·ize [spéʃəlàiz] vt., vi. 특수화하다; 전공하다 (in)

spe·cial·ty [spéʃ(ə)lti] n. 전문; 특산물, 특제품, (식당의)자랑거리 요리; 특별사항: ~ number 특별흥행물

spe·cies [spíːʃiːz] n. sing. & pl. 종(種), 종류

spe·cif·ic [spisífik] a. 종의; 특수한; 명확한 —n. 특효약

spec·i·fy [spésəfài] vt. 특정하다; 명확히 말하다

spec·i·men [spésimin] n. 견본

speck [spek] n. 점, 오점; 홈; 소량 —vt. 점으오점을 찍다

speck·le [spékl] n., vi. 작은 반점(을 찍다)

spec·ta·cle [spéktəkl] n. 광경, 구경거리; (pl.) 안경

spec·tac·u·lar [spektǽkjulər] a. 구경거리의; 장관인

spec·ta·tor [spékteitər / spektéitə] n. 구경꾼, 관객

spec·u·late [spékjulèit] vi. 숙고하다; 추측하다 (about, upon) m

spec·u·la·tion [spèkjuléiʃ(ə)n] n. 사색; 투기

soak [souk] *vi.* 적시다; 빨아들이다 (*in, up*); 《口》 (술을) 되게 마시다 —*n.* 적시기; 《俗》 술고래

so-and-so [sóuənsòu] *n.* 아무개; 무엇: Mr. S~ 모씨

soap [soup] *n.* 비누; toilet ~ 화장비누 ~ **opera** 《美俗》주부대상의 낮의연속극 —*vt.* 비누로 씻다[를 묻히다]

soar [sɔːr] *vi.* 높이 날다, 우뚝솟다; (물가가)급등하다

sob [sab/sɔb] *vi.* 흐느껴 울다 —*n.* 흐느낌

so·ber [sóubər] *a.* 술취하지 않은; 진지한

so·bri·quet [sóubrikèi] F. *n.* 별명, 가명

so-called [sóukɔ́ːld] *a.* 소위

soc·cer [sákər/sɔ́kə] *n.* 축구

so·cia·ble [sóuʃəbl] *a.* 사교적인

so·cial [sóu(ə)l] *n.* 사회적[인]; 사교적인: ~ **dancing** 사교댄스 / ~ **disease** 성병 / ~ **evil** 사회악; 매춘 / ~ **security** 사회보장 / ~ **work** 사회사업

so·cial·ism [sóuʃəlìz(ə)m] *n.* 사회주의

so·cial·ist [sóuʃəlist] *n.* 사회주의자

so·ci·e·ty [səsáiəti] *n.* 사회; (사회의)계층; 사교계; 교제; 협회, 학회, 단체: high ~ 상류사회

so·ci·ol·o·gy [sòusiáləɡi, -ʃi-, -ʃɔ́l-] *n.* 사회학

sock [sak/sɔk] *n.* (보통 *pl.*) 짧은 양말 (*cf.* stocking)

sock·et [sákit/sɔ́kit] *n.* 구멍, 끼우는 구멍; 소켓

sod [sad/sɔd] *n.* 잔디(밭)

so·da [sóudə] *n.* 소다(수): a ~ **fountain** 소다수그릇; 《美》 소다수매점(간단한 식사도 됨) / ~ **water** 소다수, 탄산수 / a whisky and ~ 하이볼

sod·om·y [sádəmi/sɔ́d-] *n.* 남색

so·fa [sóufə] *n.* 소파, 긴의자

So·fi·a [sóufiə, sofíːə] *n.* 소피아 (불가리아의 수도)

soft [sɔːft/sɔft] *a.* 부드러운 (*opp.* hard); 조용한; 온화한; 《口》 편한: ~ **drinks** 《美口》 알코올성이 없는 음료 / a ~ **hat** 중절모 / ~ **money** 《美口》 지폐 ~ **goods** 직물류 ~ **science** 정보과학

soft-boiled [-bɔ́ild] *a.* (달걀이)반숙의 (*opp.* hard-boiled)

sof·ten [sɔ́ːfn/sɔ́fn] *vt., vi.* 부드럽게 하다[되다] (*opp.* harden)

soft-land·ing [-lǽndiŋ] *n.* 연착륙

sóft léns 소프트렌즈(플라스틱제 콘택트렌즈)

soft·ware [sɔ́ːftwɛ̀ər/sɔ́ft-] *n.* (전자계산기의)소프트웨어

So·ho [sohóu, sóuhou] *n.* (런던의) 소호가 (외국인이 경영하는 음식점이 많은 곳)

soil¹ [sɔil] *n.* 흙; 나라, 고장 토양

soil² *n.* 오점, 얼룩; 오물 —*vt.* 더럽히다 ~ 더러워지다 얼룩지다

soi·ree, -rée [swaːréi/-́-] *n.* 야회; …의 밤 [F]

so·journ [sóudʒəːrn, -́-/sɔ́dʒəːn] *vi.* 체재하다 —*n.* 《美》 체재

sol·ace [sáləs/sɔ́l-] *n.* 위안 —*vt.* 위로하다

so·lar [sóulər] *a.* 태양의

sólar hóuse 태양열주택

so·lar·i·um [souléː(ː)riəm] *n.* 일광욕실; 해시계

sold [sould] *v.* sell의 과거(분사) ~ **out** 《게시》 매진

sol·dier [sóuldʒər] *n.* (육군)군인

sole¹ [soul] *n.* 발바닥; 구두창

sole² *a.* 유일한(only), 단독의: the ~ **agent** 총 대리점 ~·**ly** *ad.* 단독으로; 다만

sol·emn [sáləm/sɔ́l-] *a.* 엄숙한 (grave); 진지한; 격식차리는

so·lem·ni·ty [səlémniti] *n.* 엄숙, 장엄; 의식, 제전

so·lic·it [səlísit] *vt., vi.* 간청하다(beg); 졸라대다; 유객하다

sol·id [sálid/sɔ́l-] *a.* 고체의; 속이찬; 단단한; 건실한; 믿을 만한; 단결된; 《美口》 친한; 《口》 꼬박의 —*n.* 고체, 고형물

So·lin·gen [zóːliŋən] *n.* 졸링겐 (칼붙이로 유명한 독일의 도시)

sol·i·taire [sálitɛ̀ər/sɔ́litɛ́ə] *n.* (반지의)외알바이 보석

sol·i·tar·y [sálitèri/sɔ́lit(ə)ri] *a.* 혼자의; 쓸쓸한(lonely)

sol·i·tude [sálit*j*ùːd/sɔ́lit*j*ùːd] *n.* 고독; 한적(한 곳)

so·lo [sóulou] *n.* (*pl.* ~**s**, **so·li** [-liː]) 《音》 독창(곡), 독주(곡)

so·lo·ist [sóulouist] *n.* 독창[독주]자

Sol·o·mon Íslands [sáləmən/sɔ́l-] (*the* ~) 솔로몬 군도

sol·u·ble [sáljubl/sɔ́l-] *a.* 용해 [해결]할 수 있는

so·lu·tion [səlúːʃ(ə)n] *n.* 용해; 용액; 해결

solve [salv/sɔlv] vt. 해명하다, 해결하다, 풀다

som·ber [英] **-bre** [sámbər/sɔ́mbə] a. 어두침침한, 음산한

som·bre·ro [sambréi̯rou/som-] n. (멕시코人이) 넙은 모자

some [sʌm, səm] a. 1 어떤, 무슨; 얼마간의, 약간의, ~ 가량 2 상당한 (俗) 굉장한, 대단한 in ~ way 좀어떻게든 ~time 잠시동안; 언제고 —pron. 어떤 사람[것]; 다소, 얼마간 —ad. 얼마간; 상당히

some·bod·y [≤bàdi, -bʌ̀di/-bədi] pron. 누군가, 어떤 사람

some·how [≤hàu] ad. 그럭저럭, 아무튼; 어쩐지

some·one [sʌ́mwʌ̀n, -wən/-wʌn] pron. = somebody

some·thing [≤θiŋ] n. 어떤 것[일], 무엇인가 (形容詞는 뒤에 옴) (of) ; 괜찮은[대단한] 일[것] ~ or other 이것저것 —ad. 얼마간, 다소

some·time [≤tàim] ad. 언젠가, 이전에 —a. 이전의

some·times [≤tàimz] ad. 때때로, 때로는

some·what [≤(h)wàt, -(h)wʌ̀t/-(h)wɔ̀t] ad. 얼마간, 다소

some·where [≤(h)wɛ̀ər] ad. 어딘가에; 대략

son [sʌn] n. 아들 (cf. daughter)

so·nar [sóunər] n. 수중음파탐지기

so·na·ta [sənɑ́:tə] n. (音) 소나타, 주명곡 [지저귐

song [sɔ(:)ŋ/sɔŋ] n. 노래; 새의

song·ster [sɔ́(:)ŋstər/sɔ́ŋ-] n. 가수; 시인; 명금

són·ic bóom [sánik-] (音) 음속비행기에 의한 충격파

son-in-law [sʌ́ninlɔ̀:] n. (pl. sons-in-law) 사위, 양자

son·net [sánit/sɔ́n-] n. 14행시, 단시

soon [su:n] ad. 머지 않아, 이내 as ~ as …하자마자 ~er or later 조만간(에)

soot [sut, 美 su:t] n. 검댕, 매연 —vt. 검댕으로 더럽히다

soothe [su:ð] vt. 달래다, 위로하다

sop [sap/sɔp] n. (우유 등에 적신) 빵조각 —vt. 담그다 (in); 빨아들이다 (up) —vi. 흠뻑 젖다

so·phis·ti·cate [səfístikèit] vt. 인·궤변을 부리다, 견강부회하다 —ed a. 순진미를 잃은

soph·o·more [sáf(ə)mɔ̀:r/sɔ́fəmɔ̀:] n. (미국의)대학(4년과정)의 2학년생

so·pran·o [səprǽnou/-prɑ́:n-] n. (pl. ~s) [音] 소프라노(가수)

Sor·bonne [sɔ:rbán, -bɔ́n/-bɔ́n] n. 소르본대학(파리대학 문과대학의 별칭)

sore [sɔ:r] a. 아픈, 슬픈; 지독한 —n. 상처; 유감

so·ror·i·ty [sərɔ́:riti] n. (美) 여대생의 클럽

sor·row [sɔ́rou/sɔ́r-] n. 슬픔 (grief); 후회; 불행 —vi. 슬퍼하다

sor·row·ful [sárouf(u)l, sɔ́:r-/sɔ́r-] a. 슬픈; 애처로운

sor·ry [sári, sɔ́:ri/sɔ́ri] a. 미안하게 생각하는, 섭섭한; I'm ~. = Sorry. 미안합니다 / I'm ~ to trouble you, but... 폐를 끼쳐 죄송합니다만

sort [sɔ:rt] n. 종류(kind); 품질 —vt. 분류하다

SOS [ésòués] n. 조난(무선)신호

souf·flé [su:fléi, ――/――] F. n. 수플레(휘저은 달걀 흰자위로 구운 요리) [(사)

sought [sɔ:t] v. seek의 과거(분

soul [soul] n. 영혼; 정신; 일간

sóul mùsic (美) 소울음악

sound [saund] a. 건전한(healthy); 튼튼한: a ~ sleep 숙면 —ad. 푹, 깊이

sound [˝] n. 소리; 기척; 소음 —vi. 소리가 나다, 울리다; (…로)들리다 —vt. 울리다; 발음하다

sóund bòx (축음기의)사운드박스 [綬]

sóund tràck 필름 가의 녹음필

soup [su:p] n. 수프, 고기 국물 eat ~ 수프를 떠먹다

soup-and-fish [sú:pənfíʃ] n. (俗) 남자용 정식야회복

sour [sáuər] a. 신; 성미까다로운 —n. 신것; (美) 산성음료

source [sɔ:rs] n. 원천; 원인

souse [saus] n. 소금에 절이기; 간국; 소금에 절인 돼지족 (머리, 귀)

south [sauθ] n. 남(쪽); 남부지방; (the S~) (美) 남부 여러주 —a., ad. 남쪽의[으로] the S~ Pole 남극

Sóuth Áfrican Repúblic 남아 공화국

South Carolína 미국남부의 주

South Chína Séa (the ~) 남지나해

Sóuth Dakóta 미국 중앙 북부

south·east [sàuθí:st, (海) sàuí:st] n. 남동 —a., ad. 남동의 [으로, 에]

south·ern [sʌ́ðərn] a. 남(쪽)의 the S~ Hemisphere 남반구 the S~ Cross (天) 남십자성

Sino- 배어들다 —vt. 가라앉히다; 낮게 하다 —n. (부엌의) 수채; 움푹 팬 곳

Sino- [sáinou-, sínou-] 「중국」을 뜻하는 연결형

sip [sip] n. 한 모금 —vt., vi. 홀짝거리다, 홀짝홀짝 마시다

si·phon [sáif(ə)n] n. (수프 등에 넣는 빵·토스트의) 작은 조각

sir [sɔːr, sər] n. 선생님 (손윗 남자에 대한 경칭) (cf. ma'am); (S~) 경(卿); (편지 첫머리의) 근계; (pl.) 귀중

si·ren [sáir(ə)n] n. 사이렌

sir·loin [sə́ːrlɔin] n. 소의 위쪽 허릿살

si·roc·co [sirákou/-rɔ́k-] n. (pl. ~s) 시로코풍(아프리카에서 이탈리아 등지로 부는 열풍)

sir·up [sírəp, 美 sə́ːr-] n. = syrup 「은 사내

sis·sy [sísi] n. 《美口》 계집애같

sis·ter [sístər] n. 자매, 누이, 여동생 (cf. brother); 수녀: a ~ city 자매도시

sit [sit] vi., vt. (p., pp. sat) 앉(히)다, 착석하다 (cf. stand, lie²); (음식이)소화가 안되다: ~ at table 식탁에 앉다

sit-down [⌐dàun] n. 연좌파업 「데모」

site [sait] n. 위치, 부지: a historic ~ 사적(史蹟)

sit·ting [sítiŋ] n. 착석; 개회; 개최

sítting ròom n. 거실

sit·u·at·ed [sítʃuèitid, 英 -tju-] a. 위치하는; ...의 처지의

sit·u·a·tion [sìtʃuéiʃ(ə)n, + 英 -tju-] n. 장소, 위치; 처지, 지위, 근무처

situátion còmedy (라디오·텔레비전의) 연속 홈코미디

six [siks] n., a. 6(의)

six·pence [⌐pəns] n. 6펜스

six·pen·ny [síkspəni, 美 -pèni-] a. 6펜스의; 싸구려의, 시시한

six·teen [síkstíːn] n., a. 16(의)

sixth [siksθ] n., a. 제6(의); 6분의 1(의)

six·ty [síksti] n., a. 60(의)

size [saiz] n. 크기, 치수; 형, 사이즈: What ~ is your hat? 당신의 모자 사이즈는 얼마입니까 —vt. 재다; 치수로 분류하다

skate [skeit] n. 스케이트화 —vi. 스케이트를 타다

skate·board [⌐bɔ̀ːrd] n. 스케이트보드 (롤러스케이트 바퀴 위에 댄 판자) ~·ing n.

skat·ing [skéitiŋ] n. 얼음지치기, 스케이팅: a ~ rink 스케이트장

skel·e·ton [skélətn] n. 골격; 해골; (건물의)뼈대; 개요

sketch [sketʃ] n. 스케치; 초안; 개요; 개관: a ~ map 약도 —vt., vi. 스케치하다; 개요를 말하다

sketch·book [⌐bùk] n. 스케치북, 사생장; 소품집

skew·er [skjúː(ə)r] n. 꼬챙이

ski [skiː] n. (pl. ~, ~s) 스키: ~ boots 스키화 / a ~ suit 스키복 —vi. 스키를 타다

skill [skil] n. 숙련, 익숙; 기능 ~ed a. 숙달된, 익숙한

skill·ful, 英 skil- [skíl(u)l] a. 익숙한, 숙달된 (at, in)

skim [skim] vt., vi. 더껑이를 걷어내다; (수면 등을)스칠듯이 날다[미끄러지다]; (책)을대충 훑어보다 —n. 더껑이 ~ milk 탈지유

skim·mer [skímər] n. 더껑이 걷는 그물국자; 《美》 (소매없는) 간단한 드레스

skin [skin] n. 피부; 가죽; 《美俗》 구두쇠; 《俗》 n. the ~ diving [diver] 스킨다이빙[다이버] —vt. ...의 가죽을 벗기다; (피부를)까다

skip [skip] vi., vt. 뛰어다니다 《about》; 뛰엄뛰엄 읽다, 빼먹다 —n. 뛰어다니기

skip·per [skípər] n. (작은 상선의)상장; (크리켓 등의)주장

skir·mish [skə́ːrmiʃ] n., vi. 작은 충돌[접전](을 벌이다)

skirt [skə:rt] n. 스커트; (옷의) 자락; 끝, 변두리; 교외 —vt. 둘러싸다, ...에 접경하다; 자락을 달다

skit [skit] n. 풍자문; 촌극

skit·tle [skítl] n. (pl.) 구주회 (九柱戲)

skull [skʌl] n. 두개(골), 머리

skunk [skʌŋk] n. 《動》 스컹크; 《俗》 영패 (零敗)시키다

sky [skai] n. (the ~) 하늘; (때로 pl.) 날씨; 기후, 풍토, 하늘의 곡: ~ diving 스카이다이빙, 하늘의 곡예낙하

sky·jack [⌐dʒæ̀k] vt. (비행기를) 공중납치하다 ~·er n.

sky·lark [⌐làːrk] n. 종달새

sky·line [⌐làin] n. (고층빌딩 등의)하늘을 배경으로 한 윤곽선

sky·scrap·er [⌐skrèipər] n. 마천루

ský sign 공중[옥상] 광고

Sky·train [⌐trèin] n. Laker Airways의 New York·London 간의 항공수송(요금이 쌈)

slab [slæb] n. 두꺼운 널빤지 석판; (빵 등의)두꺼운 조각: a ~

side·long [ˊsàidːiŋ/-lɔŋ] ad., a. 열으로(의), 비스듬히[한]
síde shòw 여흥
síde·walk [ˊsàid-] n. 《美》 보도, 인도 《英》 pavement: a café 인도상의 다방/a ~ artist 가두화가
siege [siːdʒ] n., vt. 포위(하다)
Si·er·ra Ma·dre [siérəmάːdrei, ˈmάːdri] 시에라마드레산맥(멕시코의 산맥)
Siérra Nevάd·a [ˊnivǽdə] 시에라네바다산맥(미국 California주 동부의 산맥; 스페인 남부의 산맥)
si·es·ta [siéstə] n. (스페인·중남미나라의)낮잠, 시에스타
sieve [siv] n., vt. 체(질하다)
sift [sift] vt. (체로)치다, 처서 가르다
sigh [sai] vi. 한숨쉬다; 동경하다 — vt. 한숨쉬며 말하다 — n. 한숨
sight [sait] n. 시력; 보기; 시계, 광경; 전망; (the ~s) 명소; 《口》 구경거리; 관점: long [near] ~한(근)시/the ~s of the town 그 도시의 명소/come into ~ 보이게 되다/at first ~ 첫눈에, 얼핏 보기에는 / see [do] the ~s of ...의 명소를 구경하다
sight·see·ing [ˊsàitsiːiŋ] n. 구경, 관광: go ~ 관광가다 / a ~ bus 관광버스
sight·seer [ˊsàitsiːər] n. 구경꾼, 관광객
sign [sain] n. 기호, 부호, 신호; 몸짓, 손짓; 간판; 표지 — vt., vi. 서명하다; 신호하다
sig·nal [sígn(ə)l] n. 신호, 신호기: traffic ~s 교통신호 — a. 신호(용)의; 현저한 — vi., vt. 신호하다
sig·na·ture [sígnətʃər] n. 서명: write one's ~ 서명하다
sign·board [sáinbɔ̀ːrd] n. 간판
sig·net [sígnit] n. 도장, 인장
sig·nif·i·cance [signifikəns] n. 뜻; 중요성; 의미심장함
sig·nif·i·cant [signifikənt] a. 의미심장한; 중요한
sig·ni·fy [sígnifài] vt. 뜻하다, 나타내다 — vi. 중대하다
sign·post [ˊsàinpòust] n. 광고간[판] 기둥; 도로표지
si·lence [sáiləns] n. 침묵, 무언; 정적 — vt. 침묵시키다, 조용하게 하다
si·lent [sáilənt] a. 무언의, 잠자코 있는; 말수적은; 조용한 (quiet)
sil·hou·ette [siluːét] n. 실루엣, 반면영상(半面影像)
silk [silk] n. 명주; (pl.) 견직물: raw ~ 생사 — a. 명주의: a

silk·worm [ˊsilkwəːrm] n. 누에
sil·ly [síli] a. 어리석은 (foolish)
si·lo [sáilou] n. (pl. ~s) 사일로 (마소의 사료저장소)
sil·ver [sílvər] n. 은; 은화; 은제 기구(식기); 은빛: table 은식기 / a ~ plate 《英》 은그릇이, 은빛의 / a ~ screen (영화의) 은막
sil·ver·side [ˊsàid] n. 소 허벅지의 최고급고기
sil·ver·ware [ˊwɛ̀ər] n. (총칭) 은제품, 은그릇(식기류)
sílver wédding 은혼식(결혼25주년 기념식)
sim·i·lar [símələr] a. 비슷한 (to) — ·ly ad. 마찬가지로
sim·ple [símpl] a. 단순한; 간단한, 손쉬운; 순전한
sim·plic·i·ty [simplísəti] n. 단순; 간단, 평이; 검소; 성실
sim·pli·fy [símplifài] vt. 단순화하다, 간단[평이]하게 하다
sim·ply [símpli] ad. 간단히, 쉽사리; 검소하게; 단지; 전혀; 아주
si·mul·ta·ne·ous [sàim(ə)ltéiniəs, sim(ə)l-] a. 동시의 (with): a ~ translation 동시통역
sin [sin] n. (도덕·종교적)죄(악) (cf. crime) — vi. 죄를 범하다
since [sins] conj. ...이래 2 이기 때문에 — prep. ...이래 — then 그때부터 내내 — ad. 1 그 이래 2 (지금부터)...전 (ago)
sin·cere [sinsíər] a. 충심으로의, 정직한, 성실한 — ·ly ad. 성실히: Yours ~ly 경구(편지끝맺)
sin·cer·i·ty [sinsérəti] n. 성실
sin·ew [sínjuː] n. 건(腱), 힘줄; (pl.) 근육; 체력
sin·ful [sínf(u)l] a. 죄많은
sing [siŋ] vi., vt. (p. sang, sung, pp. sung) 노래하다; 지저귀다 — ~er n. 가수 — ·ing a., n. 노래하는(하기); 지저귀는(소리)
Sin·ga·pore [síŋ(ɡ)əpɔ̀ːr/ˋ-ˋ] n. 싱가포르(말레이반도 남단의 섬나라, 그 수도)
singe [sindʒ] vt., vi. 그을(리)다, 태우다; 그을음
sin·gle [síŋɡl] a. 하나의, 단독의; 독신의; 1인용의: a ~ ticket 편도차표 / a ~ bed [room] 1인용 침대[방] — n. 편도표
síngle-dígit [ˊdídʒit] a. 한자리수의(9%까지의)
sin·gu·lar [síŋɡjulər] a. 《文》 단수의 (cf. plural); 기묘한
sin·is·ter [sínistər] a. 불길한
sink [siŋk] vi. (p. sank, sunk, pp. sunk, sunk·en) 가라앉다, 속 들어가다; 약해지다

shot² [ʃɑn] n. 탄환; (경기용)포환; 발사, 사수; 주사; 《美》주사: a glass 작은 유리 술잔

shot-gun [⁼gʌn] n. 산탄총

shót pùt 〔경기〕투포환

should [ʃud, ʃəd, ʃd, ʃt] aux. v. 《shall의 과거형》 1 〔조건·가정〕만약 …이면 2 …해야 하다, 하는것이 당연하다 3 …였겠지, 했어야 했다 〈shall + 완료형으로 비난·후회를 나타냄〉 4 〔놀람·유감 등을 나타내어〕 …하다니, …이라니

shoul·der [ʃóuldər] n. 어깨: a ~ bag (여자용) 숄더백 — vt., vi. 어깨에 메다; 떠맡다

shóulder bèlt 어깨에서 가슴으로 매는 안전벤트

shout [ʃaut] vi., vt. 외치다; 소리치다 〔at〕 — n. 외침, 큰소리: It is my ~. 《俗》내가 낼 차례다

shove [ʃʌv] vt., vi. (거칠게)밀다, 메밀다; 밀어제치다; 밀고 나아가다

shov·el [ʃʌvl] n. 삽(가득)

show [ʃou] v. (~ed, pp. shown, ~ed) vt. 보이다, 나타내다, 내보이다; (길을)가리키다; 진열하다: one's passport으로 권을 제시하다 / S~ him into the room. 방으로 안내해라 / Please ~ me the way to the Hyde Park. 하이드 파크는 어떻게 가면 됩니까 → vi. 보이다, 알다; 흥행되다 — n. 구경거리, 전람회; 연극; 겉차례: a road ~ 로드쇼 / a late ~ 《美口》(텔레비젼 등의)심야프로

show·boat [⁼bòut] n. 쇼보트, 순행연예선

show·case [⁼kèis] n. 진열장

show·er [ʃáuər] n. 소나기; 샤워: be caught in a ~ 소나기를 만나다 / take [have] a ~ 샤워를 하다 / a ~ 소나기로 젖다; …에 물을 끼얹다 — vi. 소나기가 오다

shówer bàth 샤워

show·man [ʃóumən] n. (pl. -men [-mən]) 흥행사

shown [ʃoun] v. show의 과거분사

show·room [⁼rù(:)m] n. 진열실

shów window 진열창

show·y [ʃóui] a. 화려한, 눈에 띄는

shrank [ʃræŋk] v. shrink의 과거

shred [ʃred] vt., vi. 갈기갈기 찢다(해지다)

shréd·ded whéat [ʃrédid] 시레디드 휘트 (잘게 찢은 도 유를 쳐서 조반으로 먹음)

shrewd [ʃru:d] a. 약삭빠른

shriek [ʃri:k] vt., vi. 비명을 지르다 — n. 비명; 날카로운 소리

shrill [ʃril] a. (소리가)날카로운

shrimp [ʃrimp] n. 작은새우

shrine [ʃrain] n. 사당, 성지

shrink [ʃriŋk] vi., vt. (p. shrank, shrunk [ʃrʌŋk], pp. shrunk, shrunk·en) 오그라들(게 하)다; 물러나다; 움츠리다 〔from〕

shrink·proof [⁼prù:f] a. 줄지 않는, 방축(防縮)의

shroud [ʃraud] n. 수의(壽衣); 덮는 것, (장)막 — vt. 수의를 입히다; 덮어가리다, 휘우다

shrub¹ [ʃrʌb] n. 관목

shrub² [ʃrʌb] n. 과즙에 설탕·럼술을 탄 음료

shrug [ʃrʌg] vt., vi. (어깨를)움츠리다

shrunk·en [ʃrʌ́ŋk(ə)n] v. shrink 의 과거분사 — a. 찌든

shud·der [ʃʌ́dər] vi. 몸서리치다 〔at〕— n. 몸서리

shuf·fle [ʃʌ́fl] vt., vi. 뒤섞다, (카드를) 섞어치다; 얼버무리다; 발을 질질 끌며(끌면서) 춤추다; 찍찍 걷다 — n. 뒤섞기, 섞어치기; 발을 끌(며) 춤추기

shun [ʃʌn] vt. 피하다 (avoid)

shut [ʃʌt] vt., vi. (p., pp. shut) 닫다; 닫히다; 뚜껑을 하다

shut·down [⁼dàun] n. (공장 등의)폐쇄 [(完封)

shut·out [⁼àut] n. 〔경기〕완봉

shut·ter [ʃʌ́tər] n. 셔터, 덧문 (사진기의)셔터

shút·tle bùs [ʃʌ́tl] 근거리 왕복

shut·tle·cock [ʃʌ́tlkàk/⁼kɔ̀k] n. (깃털달린) 배드민턴공

shy [ʃai] a. 수줍어하는; 겁먹은; 조심하여 …않는 〔of doing〕; 《美俗》부족한 〔of〕— vi. 꽁무니 빼다 〔at〕

Si·be·ri·a [saibí(:)riə/-bíəriə] n. 시베리아

Sic·i·ly [sísili] n. 시칠리아섬(이탈리아 반도 남단의 섬)

sick [sik] a. 《美》병든 (ill); 《主로英》메스꺼운; 동경하는 〔for〕 — **·ly** a. 병약한 — **·ness** n. 병

sick·en [sík(ə)n] vi., vt. 병나(게 하)다, 구역질나(게 하)다 〔of〕

sick·le [said] n. 열, 측면; 면; 가로; 끝; 방면; (당파의) …편, 편; 쪽: the right ~ 우측 / a ~ entrance 옆쪽입구 …편, 의

side·board [⁼bɔ̀:rd] n. 찬장

síde dìsh (주요리에)곁들인음식

síde effèct (약 등의)부작용

side·line [⁼làin] n. 옆줄; 전문외의 취급상품, 부업

shift [ʃift] vt. 옮기다; 바꾸다 — vi. 옮아가다; 변화하다; The wind ~ed to the west. 바람은 서쪽으로 바뀌었다 —n. 옮기기; 변화; 수단; 변통; 교대(자)

shil·ling [ʃíliŋ] n. 실링(영국의 구화폐단위); a ~ shocker 《英俗》선정적인 소설

Shi·loh [ʃáilou] n. 샤일로 국립공원(미국 Tennessee주 서남부에 있는 남북전쟁의 옛전장)

shim·mer [ʃímər] vi. 아른아른[희미하게] 빛나다 —n. 아른거리는[희미한] 빛 [이상

shin [ʃin] n. 정강이; 소의 정강이

shine [ʃain] v. (p., pp. shone, ~d) vi. 빛나다, 반짝이다, 비치다; 뛰어나다 —vt. 빛나게 하다; ~ one's shoes 신을 닦다 —n. 광, 청천; 햇빛; 광택

shin·y [ʃáini] a. 빛나는; 청천의

ship [ʃip] n. 배; 《美》비행기[선]; by ~ 배(편)으로, go on board a ~ 승선하다 —vt. 배에 싣다, 배로 나르다; 《일반적으로》 운송하다 —vi. 승선하다

ship Américan 미국선박 우선 사용정책

ship·ment [ʃípmənt] n. 선적

ship·ping [ʃípiŋ] n. 선적; 해운(업); 《총칭》선박(톤수)

ship's dóctor 선의(船醫)

ship·wreck [ʃíprèk] n. 난파(선); suffer ~ 난파하다

ship·yard [⌐-jɑ̀ːrd] n. 조선소

shire [ʃaiər] n. (영국의)주

shirk [ʃəːrk] vt., vi. (의무를)회피[기피]하다, 게을리하다

shirt [ʃəːrt] n. 와이셔츠; 속옷

shirt-sleeve [⌐sliːv] a. 셔츠바람의; 비공식의 [스

shirt·waist [⌐wèist] n. 블라우

shiv·er [ʃívər] vi., vi. 떨(게하)다, 전율하다 —n. 떨림, 전율

shoal [ʃoul] n. 여울; 모래톱

shock [ʃɑk/ʃɔk] n. 충돌, 격동; (마음의)충격; 충격적인 사건 —vt., vi. 충돌시키다[하다], 진동시키다; 놀라게 하다

shock·ing [ʃɑ́kiŋ/ʃɔ́k-] 《口》 a. 지독한, 오싹하게. ad. 지독히

shoe [ʃuː] n. 구두, 《英》단화 (cf. boot) —vt. (p., pp. shod [ʃɑd/ʃɔd]) 구두를 신기다

shoe-black [⌐blæ̀k] n. 구두닦이

shoe·mak·er [⌐mèikər] n. 구두장이, 신기료장수

shóe pólish 구두약

shoe·shine [⌐ʃàin] n. 구두닦이; 구두약   [거(분사)

shone [ʃoun/ʃɔn] v. shine의 과

shook [ʃuk] v. shake의 과거

shoot [ʃuːt] v. (p., pp. shot) vt. 쏘다, 발포하다; 던지다; (공을) 슈트하다 —vi. 재빨리 움직이다; 사격하다; (초목이)빼트다, 사진을 찍다 —n. 쏙, 어린 가지; 사격; 급류; a bamboo ~ 죽순

shóoting stár 유성, 별똥별

shop [ʃɑp/ʃɔp] n. 《英》 상점, 가게(cf. store); 특매품 판매장; 작업장; 제조소; 《俗》근무처; a fruit ~ 과일가게/a grocer's ~ 식료품점 ~. 물건을 사다, 장보러 가다: go shopping 장보러 가다

shop-girl [⌐gəːrl] n. 여점원

shop-keep·er [⌐kiːpər] n. 《英》가게주인; 소매상인

shop·man [⌐mən] n. (pl. -men [-mən]) 점원

shop·per [ʃɑ́pər/ʃɔ́p-] n. 물건 사는 사람

shop·ping [ʃɑ́piŋ/ʃɔ́p-] n. 물건 사기; a ~ center 상가

shópping bàg 쇼핑백, 장바구니

shore [ʃɔːr] n. 해안; go on ~ 상륙하다/a ~ dinner 바닷가에서의 하는 식사/~ excursion (배가 기항했을 때를 이용한) 하는 짧은 여행

shóre páss 임시상륙허가증

shóre patról 《美》(해군·해병대의)헌병 (略: SP)

shorn [ʃɔːrn] v. shear의 과거분사 —a. 깎인; 빼앗긴

short [ʃɔːrt] a. 짧은 (opp. long); 키가 작은; 간결한; 부족한; (술이)타지 않은: a ~ cut 지름길/a ~ drink 식전의 반주/~ manners 버릇없음/a ~ view 얕은 소견/I'm one dollar ~. 1달러 모자란다 —ad. 짧게, 부족하여, 갑자기 —n. 짧은 것, 간결; 부족; (pl.) 반바지, (운동용)팬츠 in ~ 간단히 말하면

short·age [ʃɔ́ːrtidʒ] n. 부족(액)

short·cake [ʃɔ́ːrtkèik] n. 쇼트케이크

shórt círcuit 《電》단락(短絡)

shórt cút 지름길; 아주 쉬운[간단한] 방법

short·en [ʃɔ́ːrtn] vt., vi. 짧게 하다[되다]   [속기(의)

short·hand [ʃɔ́ːrthænd] n., a.

short·ly [ʃɔ́ːrtli] ad. 멀지 않아, 간단히   [편소설

short-short [ʃɔ́ːrtʃɔ̀ːrt] n. 초단

short-sight·ed [ʃɔ́ːrtsáitid] a. 근시의; 선견지명이 없는

shórt stóry 단편소설

shórt sùbject 단편영화

shot [ʃɑt/ʃɔt] v. shoot의 과거 (분사)

shaker *hands* (*with*) (…와)악수하다
—*n.* 흔들(리)기, 진동; 동요; 떨림; 《美》진동으로 만드는 음료: a milk ~ 밀크셰이크

shak·er [ʃéikər] *n.* 흔드는(떠는) 사람(것); 《美》셰이커, 교반기: a cocktail ~ 칵테일셰이커

shake-up [-ʌp] *n.* (조직·인사 등의)대개편, 대이동

shale [ʃeil] *n.* 혈암(頁岩)

shall [ʃæl, ʃəl] *aux. v.* (p. **should**) 1 《1인칭에 써서 단순 미래》 2 《1인칭에 써서 예정·의향을 나타냄》 —할 작정(예정)이다 3 《2·3인칭에 써서 대화자의 의지를 나타냄》 …시키겠다: You ~ have this book. 이 책을 네게 주겠다 4 《의문문에서 1·3인칭에 써서 상대의 의지, 의향을 물음》 …할까요: S~ I open the window? 창문을 열까요

shal·lot [ʃəlát/-lɔ́t] *n.* 《植》골파

shal·low [ʃǽlou] *a.* 얕은; 천박한; 옅은 *n.* 얕은 곳; 여울

sham [ʃæm] *n.* 가짜, 속임수, 사기(꾼); 벼개이 —*a.* 가짜(모조)의: a ~ diamond 모조다이아

shame [ʃeim] *n.* 수치(심), 창피; 불명예(disgrace): What a ~ ! 무슨 창피냐! —*vt.* 창피를 주다

shame·ful [ʃéimf(u)l] *a.* 수치스러운

sham·poo [ʃæmpúː] *n.* 세발; 샴푸 —*vt.* (머리를) 감다

Shang·hai [ʃǽŋhái] *n.* 상하이(上海)(중국 중부 양쯔강 어귀의 도시)

shan't [ʃænt/ʃɑːnt] 《口》 shall not의 단축형

shape [ʃeip] *n.* 모양(form), 모습, 유형, 형 —*vt., vi.* 모양을 이루다, 구체화하다; 형을 뜨다

share [ʃɛər] *n.* 몫, 할당, 역할; 진력(*in*); 주(*股*) —*vt.* 분배하다(*out*); 공유하다; 분담하다(*with*) —*vi.* 분배에 한몫끼다, 참가하다(*in*)

shark [ʃɑːrk] *n.* 《魚》상어; 고리대금업자; 《美俗》명수

shark-skin [-skin] *n.* 상어가죽; 샤크스킨 (양모·무명 등의 직물의 일종)

sharp [ʃɑːrp] *a.* 날카로운; 뾰족한; 가파른; 선명한; 격렬한; (동작이) 활발한; 민감한: a curve 급커브; ~ flavor 쏘는 듯한 맛 —*ad.* 날카롭게; 빈틈없이; 정확히: five o'clock ~ 5시 정각에 —**ly** *ad.* 날카롭게; 민감하게

sharp·en [ʃɑ́ːrp(ə)n] *vt., vi.* 뾰족하게 하다; 날카롭게 하다; 날카로와지다

shat·ter [ʃǽtər] *vt., vi.* 산산조각내며부수다; 박살내다; 망가드리다

shave [ʃeiv] *vt., vi.* (p. ~**d**, *pp.* ~**d**, **shav·en** [ʃéiv(ə)n])면도하다; 깎다: *shaving* cream 면도용 크림; 면도날: You must have a ~. 면도해라

shav·er *n.* 면도기: an electric ~ 전기면도기

shawl [ʃɔːl] *n.* 솔, 어깨걸이

she [ʃiː] *pron.* (*pl.* **they**) 그녀는 [가] —*n.* 여자; 암컷

sheaf [ʃiːf] *n.* (*pl.* **sheaves** [ʃiːvz]) (곡식)다발, 《일반적으로》다발; 묶음: —*vt.* 다발로 묶다

shear [ʃiər] *vt.* (p. ~**ed**, *pp.* ~**ed, shorn**) 베다; 빼앗다(*of*) —*n.* (*pl.*) 큰 가위, 전단기

sheath [ʃiːθ] *n.* (*pl.* ~**s** [ʃiːðz, ʃiːθs]) (칼·연장의)집, 외피종, 덮개

shed[1] [ʃed] *vt., vi.* (p., pp. **shed**) (눈물 등을)흘리다; (나뭇잎 등을)떨구다; 떨어지다; 벗다

shed[2] *n.* 오두막; 헛간, 차고

sheep [ʃiːp] *n. sing. & pl.* 양

sheer [ʃiər] *a.* 순전한; 가파른; 섞인 것이 없는, 순수한: ~ nonsense 순전한 넌센스 —*ad.* 아주; 똑바로

sheet [ʃiːt] *n.* (보통 *pl.*) (침대의 시트; (종이) 한장; 퍼짐: two ~ s of paper 종이 2장/an order ~ 주문전표/ a ~ of fire 불바다 —*vt.* 깔다; 펼치다

sheik [ʃiːk] *n.* (회교국의)가장, 족장 [(빗), 잠초

shelf [ʃelf] *n.* (*pl.* **shelves**) 선반

shell [ʃel] *n.* 《조개·달걀 등의》 껍데기; 조가비; 《콩의》깍지; 외피: buttons (made) of ~ 조개단추/a nut ~ 호두껍데기 —*vt.* 껍데기를 벗기다

shell-fish [ʃélfiʃ] *n.* 조개, 갑각류

shel·ter [ʃéltər] *n.* 보호(*from*); 피난처: food, clothing and ~ 의식주/~ from the rain 비를 피함 ~ 피난처를 주다; 보호하다; —*vi.* 피난하다, 숨다

shelve [ʃelv] *vt.* 선반에 얹다

shelves [ʃelvz] *n.* shelf의 복수

shep·herd [ʃépərd] *n.* 양치기: a ~'s pie 고기·감자로 만드는 파이의 일종

sher·bet [ʃə́ːrbit] *n.* 서벗 (과즙을 넣은 빙과); 셔벗수

sher·iff [ʃérif] *n.* 《美》군보안관; 《英》 (county의 shire의)장관

sher·ry [ʃéri] *n.* 셰리주(스페인 남부산의 백포도주)

shield [ʃiːld] *n.* 방패; 보호지[물] —*vt.* 보호하다

등의)공공사업[시설]; (기차 등의) 공급; 《宗》예배(식); 손님 접대, 서비스, 시중들기; (식기 등의) 한벌; 《경주 등》서 (차례): mail ~ 우편; a table ~ 식기 한벌/a church ~ 예배식/a ~ elevator [entrance] 《美》업무용 승강기[입구]/a ~ station (자동차의)급유소; 수리소/a ~ man 수리원; 군인/Is ~ included? 서비스료 포함입니까/There is a regular air ~ between the two cities. 그두 도시 사이에는 정기공항편이 있다/at one's ~ 마음대로/the ~ area 방송[급수]구역

ser‧vi‧ette [sə̀ːrviét] n. 냅킨

ser‧vile [sə́ːrvil, -vail/-vail] a. 노예의[적인]; 노예근성의, 비굴한

ser‧vi‧tude [sə́ːrvit(j)uːd/-tjuːd] n. 노예신세, 예속; 고역, 징역

ses‧a‧me [sésəmi] n. 《植》참깨

ses‧sion [séʃ(ə)n] n. 개회, 개정; 《美‧스코》학기 in ~ 회의중

set [set] v. (p., pp. set) vt. 1 놓다, 설치하다; 대다, 붙이다; 향하게하다 2 맞추다, 조절하다: ~ a watch 시계를 맞추다 3 (…의 상태)로 하다: ~ a person at ease 남을 안심시키다 4 (남에게…을) 시키다; 과하다 5 (값을) 매기다; 평가하다; 중시하다 6 (날짜 등을)정하다 —vi. (해‧달이)지다; 엉체하다, 고정하다; (어떤 방향으로)흐르다; (옷이)어울리다 —a. 고정된; 단호한, 완고한; 예정의; 규정의; 《口》준비된: at the ~ time 정해진 시간에 —n. 한벌, 세트; 동료; 경향; 방향; 짜임; 자세; 모양; 옷입음새; 《경주》세트; 《극‧영화》무대장치: a tea ~ 찻잔 한벌/a television ~ 텔레비전 수상기

sét ménu 정식(定食)

set‧ting [sétiŋ] n. 박아넣기; 설치; 배경; 무대장치; (보석의)대(臺); (해‧달 등의)짐

set‧tle [sétl] vt. 결정하다; 해결하다; 정하다; 정주시키다; …으로; 자리잡게 하다; (마음을 갖게)가라앉히다; 《口》해치우다; (계산을)치르다 —vi. 정주하다; (날씨 등이)정해지다; (…에)마음을 붙이다; 결심하다; 청산하다

set‧tled [sétld] a. 고정된; 정주한; 단단한; 안정된

set‧tle‧ment [sétlmənt] n. 해결; 정주(지); 청산; 식민(지); 거류지; 지역복지사업(단)

set‧tler [sétlər] n. 이주자; 정주자; 식민자

sev‧en [sév(ə)n] n., a. 7(의)

sev‧en‧teen [sév(ə)ntíːn] n., a. 17(의)

sev‧enth [sév(ə)nθ] n., a. 제7(의); 7분의 1(의)

sev‧en‧ty [sév(ə)nti] n., a. 70(의)

sev‧er‧al [sév(ə)rəl] a. 몇개의, 얼마간의 —pron. 몇명[개]

se‧vere [sivíər] a. 엄한; 심한; (병 등이)위중한

se‧ver‧i‧ty [sivériti] n. 격렬, 혹독; 엄격, 엄정; 통렬

sew [sou] v. (p. ~ed, pp. sewn [soun], ~ed) vt. 꿰매다, 꿰매붙이다 (on) —vi. 바느질하다 ~ up (수동형으로) 녹초가 되다: He is absolutely ~ed up. 그는 완전히 녹초가 되어 있다

sew‧er‧age [sú(ː)ərids/sjúər-] n. 하수공사설비

sew‧ing [sóuiŋ] n. 바느질, 재봉: a ~ machine 재봉틀

sex [seks] n. 성; 성별; 성욕

sex‧ol‧o‧gy [seksɔ́lədʒi/-ɔ́l-] n. 성과학

séx‧pòt [sékspɔ̀t/-pɔ̀t] n. 《美俗》성적매력이 넘치는 여자

séx tèst (여자선수에 대한) 성검사

sex‧u‧al [sékʃu(ə)l, ~쯔 séksju-] a. 성의; 성적인

sex‧y [séksi] a. 《俗》성적매력있는, 섹시한

SF = science fiction 과학소설

shab‧by [ʃǽbi] a. 초라한, 누더기의; 비열한; 째째한

shack‧le [ʃǽkl] n. (보통 pl.) 수갑, 족쇄, 차꼬; (pl.) 속박

shade [ʃeid] n. 그늘, 음달(cf. shadow); 차양, (전등의)갓; 미묘한 차이; 색조: be dried in the ~ 응달에 말리다 —vt. 응달지게[어둡게]하다; 빛을 가리다; 가리다 —vi. (의견‧색채 등이)차차 변하다

shad‧ow [ʃǽdou] n. 그림자, (물체의)그늘(cf. shade); 붙어다니는 사람; 어둠; 유령; 허깨비; 아주 조금 —vt. …에 그림자를 던지다, 어둡게 하다; 덮다

shad‧ow‧y [ʃǽdoui] a. 그늘이 있는; 어두운; 희미한

shad‧y [ʃéidi] a. 그늘진; 《口》수상쩍은

shaft [ʃæft/ʃɑːft] n. 자루, 화살, 창; 축; 굴대

shag‧gy [ʃǽgi] a. 털많은

shake [ʃeik] v. (p. shook, pp. shak‧en [ʃéik(ə)n]) vt. 흔들다, 떨다; 동요[진동]시키다 —vi. 흔들리다; (몸‧목소리가) 떨리다 (tremble); 《美俗》악수하다 ~

sen·ate [sénit] *n.* (고대로마의) 원로원; (S~) (미국·프랑스·캐나다 등의)상원; (대학의)평의원회, 이사회 **-ator** *n.* 원로원의원; (S~) 상원의원; 평의원, 이사

send [send] *v.* (*p., pp.* sent) *vt.* 보내다; 파견하다; ~ a parcel by rail 철도편으로 소포를 부치다 —*vi.* 심부름꾼을 보내다; 편지를 부치다 **~·er** *n.* 발송인; 송신기

send-off [séndɔːf/-ɔf, ㅗㅡ] *n.* 《口》전송, 송별; 출발: give a ~ 전송하다

Sen·e·gal [sènigɔ́ːl] *n.* 세네갈 (아프리카 서부의 공화국)

sen·ior [síːnjər] *a.* 연장자인 (*opp.* junior), 손위의 (略: Sr.); 선임의; 상급의; 《美》(대학·고등학교의)최상급의: a ~ high school 고등학교 —*n.* 연장자; 선임자; 상관; 《英》상급생; 《美》최상급생

se·ñor [senjɔ́ːr] *Sp. n.* (*pl.* **-ñor·es** [-njɔ́ːreis]) …군[님] (Mr. 또는 sir에 해당); 신사

se·ño·ra [senjɔ́ːrɑː] *Sp. n.* …부인 (Mrs.에 해당); 귀부인

se·ño·ri·ta [sènjɔːríːtɑː] *Sp. n.* …양 (Miss에 해당); 따님

sen·sa·tion [senséiʃ(ə)n] *n.* 감각, 느낌; 감동; 센세이션

sen·sa·tion·al [senséiʃ(ə)n(ə)l] *a.* 세상을 떠들썩하게 하는; 선정적인

sense [sens] *n.* 감각; 느낌; 관념; 분별; 《*pl.*》제정신; 뜻; a man of ~ 지각있는 사람/common ~ 상식/the sixth ~ 제6감, 직감/He has no ~ of humor. 그는 유머를 이해하지 못한다 *in a* ~ 어떤 의미로는

sense·less [sénslis] *a.* 감각없는; 무분별한; 뜻이 없는

sen·si·bil·i·ty [sènsibíliti] *n.* 감각(력); (*pl.*) 감수성: sense and ~ 지각과 감성

sen·si·ble [sénsəbl] *a.* 지각할 수 있는; 지각있는; 알아챈 (*of*)

sen·si·tive [sénsitiv] *a.* 감수성이 강한 (*to*), 민감한; 섬세한; 《寫》감광성의: a ~ film 감광필름/be ~ to heat [cold] 더위 [추위]를 타다

sen·so·ry [sénsəri] *a.* 감각의

sen·su·al [sénʃuəl, 一ㅌ, -sjuːəl] *a.* 관능적인

sent [sent] *v.* send의 과거(분사)

sen·tence [séntəns] *n.* 《文》문장; 《法》판결 —*vt.* 판결하다

sen·ti·ment [séntimənt] *n.* 감정; 감상; (때로 *pl.*) 의견

sen·ti·men·tal [sèntimént(ə)l] *a.* 감정[감상]적인 **~·ism** *n.* 감상주의

sen·try [séntri] *n.* 파수(병), 보초 ~ **box** 초소

Se·oul [soul/soul] *n.* 서울

sep·a·rate *v.* [sépərèit —*n., a.*] *vt.* 분리시키다, 갈라놓다(*from*); 분할하다 (*into*); 구별하다 (*from*) —*vi.* 분리하다; 갈라지다 — [sépərit] (*pl.*) 세퍼레이츠 (블라우스와 스커트의 한 벌) — [sépərit] 분리한; 별개의; 단독의 **~·ly** *ad.* 따로따로; 단독으로

sep·a·ra·tion [sèpəréiʃ(ə)n] *n.* 분리, 이별(*from*); 별거 ─ 탈

Sep·tem·ber [septémbər] *n.* 9월

se·quence [síːkwəns] *n.* 연속, 속출; 연쇄; 순서; 《영화》연속된 한 장면: in ~ 차례로

se·quoi·a [sikwɔ́iə] *n.* 《植》세코이어 (California주산의 큰 나무과의 거목)

ser·e·nade [sèrinéid] *n.* 소야곡, 세레나데

se·rene [sirí:n] *a.* 청명한; 평온한, 조용한

serge [səːrdʒ] *n.* 서지 (모직옷감)

ser·geant [sɑ́ːrdʒ(ə)nt] *n.* 중사, (경찰의)경사

se·ri·al [sí(ə)riəl] *a.* 연속[덱재]되는 —*n.* 연속물, 연재소설

se·ries [sí(ə)riːz] *n. sing. & pl.* 연속; 총서; 연속물: a ~ of 일련의 *in* ~ 연속으로

se·ri·ous [sí(ə)riəs] *a.* 진지한 (grave), 진정한; 중대한; (통·상처가)위중한 (critical)

ser·mon [sə́ːrmən] *n.* 설교

ser·pent [sə́ːrp(ə)nt] *n.* 뱀

Ser·pen·tine [sə́ːrp(ə)ntàin] *n.* (*the~*) 런던의 Hyde Park에서 Kensington Gardens에 이르는 인공호수

serv·ant [sə́ːrv(ə)nt] *n.* 하인; 공무원; 고용인: a maid ~ 하녀/a man ~ 하인

serve [səːrv] *vt., vi.* …을 섬기다, 봉사하다; 도움이 되다; (목적에)맞다; 시중들다; (음)을 차려내다, (술)을 따르다; 근무하다; 다루다; 《정구 등》서브하다: ~ at table (보이가)시중들다/Dinner is ~d. 식사준비가 되었습니다/May I ~ you some tea? 차를 드시겠습니까?/All floors are ~d by elevator. 각 층마다 승강기로 갈 수 있다. —*n.* 《정구 등》서브(할 차례) **serv·er** *n.* 봉사자; 급사; 《정구 등》서버

serv·ice [sə́ːrvis] *n.* 봉사, 근무, 공무; 공헌, 유익함; (전화·전신

sec·u·lar [sékjulər] *a.* 세속적인; 현세의; 비종교적인

se·cure [sikjúər] *a.* 안전한 (*from, against*); 단단한; 확실한 (*of*) —*vt.* 안전하게 하다; 보증하다; 확보하다; (문)단속하다

se·cu·ri·ty [sikjú(ː)riti] *n.* 안전, 보호; 보증 (*against, from*); *the* S~ *Council* (유엔)의 안전보장이사회 (略: S.C.)

se·dan [sidǽn] *n.* 세단형자동차

sed·i·ment [sédimənt] *n.* 침전물, 앙금 —*vi., vt.* 침전하다[시키다]

se·duce [sid(j)úːs/-djúːs] *vt.* 꾀다, 유혹하다, (여자를)후리다

see [siː] *vt., vi.* (*p.* **saw**, *pp.* **seen**) 보다; (뜻을)알다; 경험하다; 구경하다; 만나다; 주의하다; 전송하다: Do you ~? 알겠니 / I~. 알았어, 그렇군 / S~ you again. 또 보세 / I'm very glad to~ you. 만나뵙게 되어 대단히 반갑습니다 / I'll ~ you to the gate. 대문까지 바래다 드리리요 / May I ~ you home? 댁까지 바래다 드릴까요 / *Let me ~.* 글쎄, 그런데 *Wait and ~.* 기다려라 / *you* ~ 이봐; 알다시피 / *You shall ~.* 나중에 알게 될거다

seed [siːd] *n.* (*pl.* ~**s**, ~) 씨; (총칭) 종자; 근원; 《경기》 시드 선수 —*vi.* 씨가 생기다 —*vt.* (…에)씨를 뿌리다 (*down*) 《경기》 시드되다 (우수 선수끼리 처음부터 맞붙지 않도록 대전표를 짜다)

see·ing [síːiŋ] *n.* 보기 —*conj.* …인 점에서 보면

seek [siːk] *vt., vi.* (*p., pp.* **sought**) 찾다, 탐구하다; …하려고 노력하다 (*to do*)

seem [siːm] *vi.* …인 듯하다, …같다; …한 것처럼 듣다[보이다]

seem·ing [síːmiŋ] *a.* 표면상의, 겉보기만의 —*n.* 외관, 겉보기

seen [siːn] *v.* see의 과거분사

se·er [síːər] *n.* 보는 사람; 천리안; 선지자, 예언자

see·saw [síːsɔː] *n.* 시소(판자): *a ~ game* 《match》 접전 —

see-through-mode [síːθruː-moud] *n.* 시드루모드, 비치어 보이는 패션

seg·ment [ségmənt] *n.* 부분, 조각

seg·re·gate [ségrigèit] *vt., vi.* 분리하다; 격리하다[되다]; 인종차별하다

seg·re·ga·tion [sègrigéiʃ(ə)n] *n.* 분리, 격리; 인종차별

Seil [zail] *G. n.* 자일(등산용 밧줄)

Seine [sein] *n.* (*the* ~) 센강(파리를 흐르는 강)

seize [siːz] *vt., vi.* (꽉)잡다 (grab); 《수동형》 (병·공포 등이)엄습하다 (*with*); 파악하다

sel·dom [séldəm] *ad.* 드물게, 좀처럼 아니

se·lect [silékt] *vt.* 고르다 —*a.* 고른; 정선한; 까다롭게 가리는: ~ *society* 상류사회

se·lec·tion [silékʃ(ə)n] *n.* 선택, 정선한 것; 선집

self [self] *n.* (*pl.* **selves**) 자기, 자신: *your good selves* (상용문에서)귀하, 귀사, 귀점

self-con·fi·dence [ˊkánfid(ə)ns-kɔ́n-] *n.* 자신(自信)

self-de·fense [ˊdiféns] *n.* (美) 자위; 정당방위

self-ed·u·cat·ed [ˊédʒukèitid-édju-] *a.* 독학의 「명판

self-ev·i·dent [ˊévid(ə)nt] *a.* 자

self-help [ˊhélp] *n.* 자조, 자립

self-in·ter·est [ˊínt(ə)rist] *n.* 사리, 사욕, 이기주의

self·ish [sélfiʃ] *a.* 이기적인

self-made [ˊméid] *a.* 독립독행의; 자신이 만든

self-re·spect [ˊrispékt] *n.* 자존

self-sac·ri·fice [ˊsǽkrifàis] *n.* 자기희생, 헌신

self-sat·is·fac·tion [ˊsætisfǽk-ʃ(ə)n] *n.* 자기만족

self-serv·ice [ˊsə́ːrvis] *n., a.* (식당 등의)셀프서비스(의)

self-tim·er [ˊtáimər] *n.* 《寫》 셀프타이머, 자동 셔터

sell [sel] *v.* (*p., pp.* **sold**) *vt.* 팔다: *Do you ~ stamps?* 우표 있습니까 —*vi.* 팔리다: *The book ~s well.* 그 책은 잘 팔린다

sell·er [sélər] *n.* 파는 사람; 팔리는 것; *a best ~* 가장 잘 팔리는 것[책], 베스트셀러

sell-out [sélàut] *n.* 매진; 《美俗》 만원사례

selves [selvz] *n.* self의 복수

sem·blance [sémbləns] *n.* 외관

se·mes·ter [siméstər] *n.* (2학기제 대학의)학기

sem·i·doc·u·men·ta·ry [sèmi-dàkjumént(ə)ri-dɔ̀kju-] *n.* 기록영화, 세미다큐멘터리

sem·i·fi·nal [sèmifáin(ə)l/sèmi-] *n., a.* 《경기》 준결승(의)

sem·i·for·mal [sèmifɔ́ːrm(ə)l] *a.* 반공식의

sem·i·nar [séminɑːr] *n.* (대학의)세미나; 연습; 연구과[실]

sem·i·nar·y [séminèri-n(ə)ri] *n.* 학교, 신학교

sem·i·trop·i·cal [sèmitrápik-(ə)l/-trɔ́p-] *a.* 아열대의

scut·tle¹ [skʌ́tl] n. (배의)작은 승강구; 천창; 창, 현창 : ~ 밑에 구멍을 뚫다; (배를)침몰 ―vt. 큰 낫

scut·tle² n. 석탄통 [시키다

scythe [saið] n. 큰 낫

SDR = special drawing rights (IMF의)특별 인출권

sea [si:] n. 바다, 해양; 파도; 대량, 광대무변((of)): a high ~ 거친 바다 at ~ 해상에서, 항해중; 어찌할 바를 몰라 by ~ 배로, 해로로 ~ *beef [chicken, pork]* 《美俗》고래 [다랑어, 돌고래]의 고기 put to ~ 출항[출범]하다

sea·board [ㅡbɔ̀ːrd] n. 해안, 해변

sea-borne [ㅡbɔ̀ːrn] n. 해상수송

séa brèeze 바닷바람

sea·coast [ㅡkòust] n. 해안

sea·far·ing [ㅡfɛ̀(:)riŋ] a. 선원업의, 선원의 ―n. 선원직업

séa fárming 해산물 양식

séa fóod [ㅡfùd] n. 해산식품

séa frónt 해안거리

sea·go·ing [ㅡgòuiŋ] a. 《海》 원 양항행의

seal [si:l] n. (봉함 등에 누른)도 장, 봉인, 봉함: the Great S~ 국새 *under one's hand and ~* 서명날인한 ―vt. 날인하다, 조 인하다, 검인을 찍다; 봉하다; 보증하다 *~ed book* 내용이 비 밀의 책; 불가해한 것 [해발

séa lével (표준)해면 : *above* ~

séaling wàx 봉랍

seam [si:m] n. 솔기, 이음매 ― vt. 꿰매어 잇다

sea·man [síːmən] n. (pl. -men [-mən]) 선원; 수병

séa màrk [ㅡmà:rk] n. 항로표 표지(물)

séa mìle 해리(海里)

sea·plane [ㅡplèin] n. 수상비행

sea·port [ㅡpɔ̀:rt] n. 해항, 항도

search [sə:rtʃ] vt. 찾다, 조사하다, 살피다 (seek); 훑어보다 ((after, for)); ―n. 수색, 탐색, 조사 *in ~ of* …을 찾아서

search·ing [sə́:rtʃiŋ] a. 수색하는, 음미하는; 매서운, 날카로운

search·light [ㅡlàit] n. 탐조등

séa·shore [síːʃɔ̀ːr/-ʃɔ́ː] n. 해안, 해변

sea·sick [síːsìk] a. 뱃멀미하는 **~·ness** n. 뱃멀미

sea·side [síːsàid] n. 해변, 바닷가

sea·son [síːz(ə)n] n. 계절; 때의 시기, ...기; 호기 *in ~* 제철인, 시기에 알맞아 *out of ~* 제철 이 아닌; 금렵기인 ―vt. 양념을 치다; 흥미를 돋우다 **~·a·ble** a. 철에 맞는; 시기적절한 **~·ing** n. 조미(료), 양념

séason tícket 《英》 정기(승차)

입장)권 《美》 commutation ticket)

seat [si:t] n. 좌석, 의자; 의석; (몸·옷의)엉덩이; 착석권; 장소, 소재지; ~ *assignment* 좌석지 정 *Take your ~, please.* 앉 아 주십시오 *Keep your ~.* 그 대로 계십시오 ―vt. 착석시키 다; 자리를 마련하다; (건물)은 …명분의 좌석이 있다

séat bèlt 시트벨트

Se·at·tle [siǽtl, ㅡㅡ/siǽtl] n. 미국 Washington주의 항구도시

sea·weed [síːwìːd] n. 해초

sea·wor·thy [síːwɜ̀ːrði] a. 항해 에 적합한

se·cede [sisí:d] vi. (교회 등에서) 분리하다, 탈퇴하다 《from》

se·clude [siklúːd] vt. (사람·장소 에서)떼어놓다, 가두다; 은퇴시 키다 《from》 **-clud·ed** [-id] a. 은퇴한; 외딴, 한적한

sec·ond¹ [sék(ə)nd] a. 제2의, 두 번째의, 차석의, 제2등의 *in the ~ place* 둘째로, 다음으로 *the ~ floor* 《美》 3층, 《英》 3 층 ―n. 제2위자, 2등자; (달 의)2일; (기차의)2등차; 《야구》 2루; 보조자; (권투의)세컨드

sec·ond² n. (시간의)초; 순간: *Wait a ~.* 잠깐 기다려

se·cre·cy [síːkrisi] n. 비밀

se·cret [síːkrit] a. 비밀의; 숨은; 깊숙한; 잎이 무거운 ~ *service* (국가의)첩보부[기관] ―n. 비밀, 비결 **~·ly** ad. 비밀히

sec·re·tar·y [sékrətèri/-t(ə)ri] n. 비서(관), 서기(관), 간사; the S~ of State 국무장관/the Foreign S~ 《英》 외무장관

se·cre·tion [sikríːʃ(ə)n] n. 분비, 분비물[액]; 은닉

sect [sekt] n. 분파; 종파; 학파

sec·tion [sék(ʃ)ən] n. 부분 (part); (책의)절; 과; (단체의)파; 절단, 단면, (철도의)구간; (토대 차의)한 구획; 지구: *residential ~s* 주택지구

sec·tion·al [sék(ʃ)ən(ə)l] a. 부분 의, 구분의; 한 지방의 **~·ism** n. 지방[일부]편중; 파벌주의

science fiction 공상과학소설(略: SF)

sci·en·tif·ic [sàiəntífik] *a.* 과학의, 과학적인

sci·en·tist [sáiəntist] *n.* 과학자

scis·sors [sízərz] *n. pl.* 가위

scoff [skɔːf, skaf/skɔf] *n., vi.* 비소(하다)《*at*》

scold [skould] *vt., vi.* 꾸짖다, 큰 소리하다《*at*》—*n.* 잔소리가 심한 여자

scone [skoun, +美 skan, +英 skɔn] *n.* 둥글납작한 빵자

scoop [skuːp] *n.* 국자, 큰 숟가락, 삽; 한번 푸기(분량), (口) 큰벌이; (신문의)특종—*vt.* 푸다《*up*》, 파내다; 특종을 내다

scoot·er [skúːtər] *n.* 스쿠터

scope [skoup] *n.* (능력·지식의) 범위, 여지; 식견

scorch [skɔːrtʃ] *vt., vi.* 그슬리다; 늦(게)하다; (口) 질주하다

score [skɔːr] *n.* (경기의)득점(표), 스코어; 새긴눈금; 계산; 20(명, 개); (pl.) 다수; 이유: three ~ years and ten 70세 **make a good ~** 대량득점을 하다, 크게 성공하다—*vt.* 득점하다; 눈금을 새기다; 기록하다; (美) 혹평하다—*vi.* 득점하다, 이기다; 이익을 차지하다 **~ off** (토론 등에서)…에 이기다

score·board [-bɔːrd] *n.* 득점 게시판, 스코어보드

scorn [skɔːrn] *n.* 경멸, 모욕; 웃음거리—*vt.* 경멸하다 「인

Scot [skat/skɔt] *n.* 스코틀랜드人

Scotch [skatʃ/skɔtʃ] *a.* 스코틀랜드(인·어)의—*n.* (the~) (총칭) 스코틀랜드어; 스코틀랜드어; (口) 스카치위스키(Scotch whisky)

Scot·land [skátlənd/skɔ́t-] *n.* 스코틀랜드

Scótland Yárd 런던 경찰국

scour [skauər] *vt., vi.* 닦다, 문질러 닦다, 씻어내리다

scourge [skəːrdʒ] *n.* 매, 천벌—*vt.* 매질하다; 괴롭히다

scout [skaut] *n.* 정찰병; 정찰(기); 소년단원 **the Boy S~s** 보이스카우트

scowl [skaul] *n.* 찡그린 얼굴

scram·ble [skrǽmbl] *vi.* 기어오르다; 서로 빼앗다(*for*)—*vt.* 긁어모으다 **~d egg** 계란부침

scrap [skræp] *n.* 조각, 단편; (pl.) (신문 등의)스크랩: a ~ book 스크랩북—*vt.* 쓰레기하다

scrape [skreip] *vt.* 문대다, 긁어내다; 긁어 소리내다; 긁어모으다—*vi.* 스치다, 스칠듯이 지나가다; 꾸준히 모으다—*n.* 긁기; 곤란, 곤경 **scrap·er** *n.* (구둣)흙털개

scratch [skrætʃ] *vt., vi.* 긁다, 할퀴다; (펜이)긁히다; 휘갈겨쓰다; 긁어 모으다(*up*); 명부에서 지우다—*n.* 긁기; 긁힌 상처, 생채기; 휘갈겨쓰기—*a.* 긁어모은; 잡기용의 (득점 등)핸디캡이 없는

scratch·y [skrǽtʃi] *a.* 아무렇게나 쓴, 휘갈겨쓴; 긁히는; 긁어모은

scrawl [skrɔːl] *n.* 휘갈겨쓰기

scream [skriːm] *n.* 날카로운 외침, 비명—*vi., vt.* 날카로운 소리로 외치다[말하다], 비명을 지르다 「침

screech [skriːtʃ] *n.* 날카로운 외

screen [skriːn] *n.* 칸막이, 영화, (寫) 필터—*vt.* 가리다

screw [skruː] *n.* 나사(못); 스크루, 추진기; 병마개뽑이; (나선의)회전; 바퀴; (담배 등의)한 묶음—*vt.* 나사로 죄다; 비틀다, 찡그리다—*vi.* 나사가 돌다; 비틀리다

screw·driv·er [-drài vər] *n.* 나사돌리개, 카테릴의 일종

scrib·ble [skríbl] *n.* 휘갈겨쓰기, 낙서; 휘갈겨쓴 편지—*vt., vi.* 휘갈겨쓰다, 낙서하다 **No scribbling** (게시) 낙서금지

scrim·mage [skrímidʒ], **scrum·mage** [skrʌ́m-] *n.* 난투, 격투, 싸움; (럭비) 스크럼—*vi., vt.* 격투를 벌이다, 스크럼을 짜다

script [skript] *n.* 필기(문자); (法) 원본; 각본, 대본

scrip·ture [skríptʃər] *n.* 성전(聖典), 경전; (S~) 성경

scroll [skroul] *n.* 두루마리; 소용돌이꼴 장식

scrub [skrʌb] *vt., vi.* 북북 문지르다, 닦다; (俗) 취소하다—*n.* 문질러 닦기

scrub² *n.* 덤불, 잠목림

scru·ple [skrúːpl] *n.* 양심의 가책; 망설임; 스크루플(약량의 단위, 1.296그램)—*vi., vt.* 망설이다《*to do*》, 마음이 꺼리다

scu·ba [skjúːbə/skjúː-] *n.* 스쿠버, 휴대용 잠수기(器) **~ diving** 스쿠버 다이빙

scud [skʌd] *n.* 질주, 비운(飛雲), 소나기—*vi.* 질주하다, 휙 날다

scull [skʌl] *n.* 고물노, 스컬(경주용 보트)—*vt., vi.* 고물노로 젓다 「기실

scul·ler·y [skʌ́ləri] *n.* (英) 식

sculp·tor [skʌ́lptər] *n.* 조각가

sculp·ture [skʌ́lptʃər] *n.* 조각, 조각물—*vt., vi.* 조각하다

saw¹ [sɔː] v. see의 과거

saw² n. 톱 —v. (p. **~ed**, pp. **sawn** [sɔːn]) 톱으로 켜다 —vi. 톱질하다

saw-buck [sɔ́ːbʌ̀k] n. 《美俗》 10달러 지폐

Sax·on [sǽksən] n. 색슨인; 앵글로색슨인; 영국인 —a. 색슨(인·어)의

say [sei] vt., vi. (p., pp. **said**, 3인칭·단수·현재형 **says** [sez]) 말하다; 외다, 암송하다; (《명령형》) 가령 …이라면, 말하자면: People[They] ~ that… …라는 소문이다 / *I dare* ~ 아마 …이겠지 / *I* ~./ 《美》 *S* ~./ 이봐, 잠깐, 저어 *so to* ~ 말하자면 *that is to* ~ 다시 말하자면, 즉 *to* ~ *nothing of* …은 차치하고;—n. 말함; (口) 말언 권

say·ing [séiiŋ] n. 속담, 격언, 말하기 *as the* ~ *goes[is]* 속담에 있듯이, 소위

scab [skæb] n. 딱지; 배반자

scaf·fold [skǽf(ə)ld] n. 단두대, 교수대; (건축용의)비계, 발판

scald [skɔːld] n. (열탕·김에)덴 상처 —vt. 데게 하다

scale¹ [skeil] n. 눈금, 척도; 축척; 계급; 규모 —vt. 기어오르다

scale² n. 천칭(의 접시); (pl.) 저울

scále bòard (거울 등의)뒷판

scal·lop [skɑ́ləp, skǽl-/skɔ́l-] n. 《貝》 가리비; 조개살

scalp [skælp] n. 머리가죽, 머리털이 붙은 머리가죽(북미토인의 전리품) —vt. 《美口》 머리 박피로 팔다; (입장권 등을)프리미엄을 붙여 팔다; 혹평하다

scam·per [skǽmpər] vi. 급히 도망치다; 뛰어다니다 —n. 급한 여행

scan·dal [skǽnd(ə)l] n. 스캔들, 추문; 불명예; 악평

scan·dal·ous [skǽnd(ə)ləs] a. 패씸한, 언어도단의; 중상적인

Scan·di·na·vi·a [skæ̀ndinéiviə] n. 스칸디나비아(반도)

scant·y [skǽnti] a. 얼마 안되는, 불충분한

scar [skɑːr] n. 흉터, 흔적 —vt. 흉터를 남기다, 손상하다

scar·ab [skǽrəb] n. 풍뎅이; 그 조각(고대이집트인의 부적)

scarce [skɛərs] a. 드문, 진귀한; 불충분한 《*of*》: a ~ *book* 진서

scarce·ly [skɛ́ərsli] ad. 간신히, 거의(좀처럼) …없다(않다)

scare [skɛər] vt. 놀라게 하다, 겁을 주다 —vi. 놀라다, 겁을 먹다

scare·crow [‐króu] n. 허수아비; 허깨비; 초라한 사람

scare-head [‐hèd] n. (신문의) 큰 표제

scarf [skɑːrf] n. (pl. **~s**, 《주로 英》 **scarves**) 스카프, 목도리; 넥타이

scar·let [skɑ́ːrlit] n. 진홍색, 주홍빛(옷) —a. 진홍색의 *~ fever* 《醫》 성홍열

scat [skæt] n. 스캣노래(뜻없는 가사로 노래함)

scat·ter [skǽtər] vt. 흩뿌리다; 쫓아버리다 —vi. 흩어지다

scav·eng·er [skǽvindʒər] n. 거리청소부

sce·na·ri·o [sinɛ́(:)riòu, -nɑ́ːr-/-nɑ́ːr-] n. 시나리오, 각본

scene [siːn] n. 장면, (어떤 사건의)현장; 《劇》 무대, 장면, 시인, (제…)장; 경치, 풍경(= scenery)

scen·er·y [síːnəri] n. 경치(scenery는 전경, scene은 일부의 경치); 무대면, (연극의)배경

sce·nic [síːnik] a. 경치(좋은); 무대의, 극적인; 생생하게 묘사된

sce·ni·cruis·er [síːnikrùːzər] n. 관광용 호화버스

scent [sent] n. 냄새, 향기; (짐승의)냄새자국; 후각; 《주로英》 향수 —vt., vi. 냄새맡다; 향수를 뿌리다 ~ *bottle* 향수병

Schan·ze [ʃɑ́ntsə] G. n. 스키의 점프대

sched·ule [skédʒu(ː)l/ʃédjuː] n. 표, 시간표, 예정표): *a* ~ *of prices* 정가표 / *a train* ~ 열차 시간표 —vt. (口) 예정하다

scheme [skiːm] n. 계획, 설계, 음모; 조직; 개략 —vt., vi. 계획하다; 음모를 꾸미다

schil·ling [ʃíliŋ] n. 오스트리아의 화폐단위

schol·ar [skɑ́lər/skɔ́lə] n. 학자; 학생; 학생 *~ ship* n. 학식; 장학금

scho·las·tic [skəlǽstik] a. 학교의, 교육의; 학자의; 학자연하는 (것)

school [skuːl] n. 학교 —vt. 《관 사없이》 수업; 학과: *a* ~ *board* 교육위원회 / *a* ~ *inspector* 장학사 / ~ *year* 학년

schóol dày 수업일; (pl.) 동창생, 동문

school·fel·low [‐fèlou] n. 동창생, 동문

school·ing [skúːliŋ] n. 학교교육; (통신교육의) 스쿨링; 수업료

school·mas·ter [‐mæ̀stər] n. 남자선생(교사)

school·mis·tress [‐mìstris] n. 여선생, 여자교원

schoon·er [skúːnər] n. 스쿠너선, 종범식 범선; 《美》 포장마차; 《美口》 큰 맥주잔

sci·ence [sáiəns] n. 과학; 학 술

sand [sænd] n. 모래; (pl.)사막, 모래사장; 《美俗》기운, 용기 — vt. 모래를 뿌리다[섞다]
san·dal [sǽnd(ə)l] n. 샌들신
sand-bag [⌐bæ̀g] n. 모래 부대
sand-glass [⌐glæ̀s/-glɑ̀ːs] n. 모래 시계
sand-man [⌐mǽn] n. (pl. -men [-mèn]) 잠귀신(睡魔)
sand-pa·per [⌐pèipər] n., vt. 사포(로 닦다)
sand-storm [⌐stɔ̀ːrm] n. 모래 폭풍
sand·wich [sǽn(d)witʃ/sǽn-widʒ] n. 샌드위치 — vt. 사이에 끼우다
sándwich bàr 샌드위치실
sándwich màn 샌드위치맨
sand·y [sǽndi] a. 모래(투성이)의
sane [sein] a. 제정신의; 온전한
Sàn Fràn·cís·co [sǽnfrənsískou] 미국 California주의 무역항
sang [sæŋ] v. sing의 과거
san·guine [sǽŋgwin] a. 다혈질의, 낙천적인; 혈색좋은, 피빛의
san·i·tar·y [sǽnitèri/-t(ə)ri] a. 위생(상)의 — n. 《美》공중변소
san·i·ta·tion [sæ̀nitéiʃ(ə)n] n. 공중위생; 위생설비
sank [sæŋk] v. sink의 과거
Sàn Marí·no [sænmərí:nou] 산마리노(이탈리아 중부의 나라)
San·skrit, -scrit [sǽnskrit] n., a. 범어(의)
Sán·ta Clàus [sǽntəklɔ̀ːz] 산타 클로스
San·ti·a·go [sæ̀ntiɑ́ːgou] n. 산티아고(칠레의 수도)
San·tos [sǽntəs] n. 산토스(브라질 남부의 세계 제1의 커피 수출항)
São Pau·lo [sauŋpáulu:] 상파울로(브라질 남부의 도시)
sap [sæp] n. 수액; 원기, 활기
sa·pi·ent [séipiənt] a. 유식한 체하는
sap·ling [sǽpliŋ] n. 어린나무, 묘목; 풋내기
sap·phire [sǽfaiər] n. 《鑛》사파이어(색)
Sar·a·cen [sǽrəsn] n., a. 사라센(의), 아랍인(의)
sar·casm [sɑ́ːrkæz(ə)m] n. 풍자, 비꼼
sar·cas·tic [sɑːrkǽstik] a. 풍자적인, 비꼬는, 빈정대는
sar·dine [sɑːrdíːn] n. (pl. -s, (총칭) ~) 《魚》 정어리
sar·do·nyx [sɑ́ːrd(ə)niks] n. 《鑛》 줄무늬 마노
sa·ri [sɑ́ːri:] n. 사리(인도여자가 몸에 걸치는 천)
sa·rong [sərɔ́(ː)ŋ] n. 사롱(말레이인이 허리에 두르는 천)
SAS = Scandinavian Airlines System 스칸디나비아항공회사
sash [sæʃ] n. 어깨띠; 장식띠; 창틀; a ~ window 내리닫이창
sat [sæt] v. sit의 과거(분사)
Sa·tan [séit(ə)n] n. 마왕, 사탄
satch·el [sǽtʃ(ə)l] n. 작은 가방
sat·el·lite [sǽt(ə)làit] n. 위성; 인공위성; 위성국(도시)
sat·in [sǽtin] n. 수자(繻子), 새틴
sat·ire [sǽtaiər] n. 풍자, 비꼼; 풍자시; 풍자문학
sat·is·fac·tion [sæ̀tisfǽkʃ(ə)n] n. 만족(시키는 것), 변제; 배상
sat·is·fac·to·ry [sæ̀tisfǽktəri] a. 만족스러운, 더할 나위없는, 충분한
sat·is·fy [sǽtisfài] vt. 만족시키다; 채우다; (의무를)이행하다, 변제하다; 납득시키다 — vi. 만족을 주다
sat·u·rate [sǽtʃərèit] vt. 담그다, 흠뻑 적시다; (편견 등에)젖게 하다 (with)
Sat·ur·day [sǽtərdi] n. 토요일
sauce [sɔːs] n. 소스; 흥미를 돋구는 것; 《혹》 설탕조림; 《俗》 건방짐 — vt. 소스를 치다; 《俗》 건방진 말을 하다
sauce-boat [⌐bòut] n. 배모양의 소스그릇
sau·cer [sɔ́ːsər] n. 받침접시
sau·cy [sɔ́ːsi] a. 뻔뻔스러운, 건방진, 까불거리는
Sa·u·di A·ra·bi·a [sɑːúːdiəréibiə] 사우디아라비아(아라비아반도에 있는 왕국)
sau·er·kraut [sáuərkràut] n. 소금에 절인 양배추
sau·na [sáunə] Fin. n. 한증탕, 사우나탕
sau·sage [sɔ́ːsidʒ/sɔ́-] n. 소시지
sau·té [soutéi/⌐] F. n. 소테
sav·age [sǽvidʒ] a. 야만의; 흉폭한, 흉폭한, 잔인한 — n. 야만인, 잔인한 사람
sav·a·rin [sǽvərin] n. 사바린(럼술을 스며들게 한 과자)
save [seiv] vt. 구해주다, 구조하다(from); 저축하다; 절약하다, 덜다 — 금양륙본점기
Sáv·ile Ròw [sǽvil] 런던의 고급양복점
sávings bànk 저축은행
sav·ior, -iour 《英》 [séivjər] n. 구조자[구제자]; 구세주
sa·vor, 《英》 -vour [séivər] n. 맛, 풍미; 가미(of)
sa·vor·y, 《英》 -vour·y [séiv(ə)ri] a. 맛좋은; 짭짤한 — n. (식전·식후의)짭짤한 요리

run·a·bout [ránəbàut] n. 소형 자동차; 소형 모터보트
run·a·way [⌐əwèi] n. 도망자, 탈주(병) a. 도망[탈주]한; (경주에)낙승한
rún·ci·ble spòon [ránsəbl] 《오르되브르용》세가닥 스푼
rung [rʌŋ] v. ring² 의 과거(분사)
run·ner [ránər] n. 달리는 사람, 경주자
run·ning [rániŋ] a. 달리는, 흐르는; 연속되는 ~ **board** (자동차 양쪽의) 발판 ~ **commentary** 실황방송 ~ **mate** 《美》(특히) 부통령후보 n. 달리기, 경주
run·way [ránwèi] n. 경주로, 통로; 차도, 활주로; 《불링》어프로치
ru·pee [ru:píː] n. 루피(인도의 화폐단위); 루피은화
ru·ral [rú(ə)rəl] a. 시골[전원]의
rush [rʌʃ] vi. 돌진하다; 경솔하다 (to); (생각이)갑자기 떠오르다 —vt. 급히 이루[오게]하

다; 시급히 하다 —n. 돌진; 돌격 v(for) (charge), 급격한 증가 [발달]; 굉장한 주문; 《美》 난투
rúsh hòur 러시아워
rusk [rʌsk] n. 러스크(얇은 빵에 버터·설탕을 발라 구운 것)
Russian [ráʃən] a. 러시아(친·어)의 : Russian Federation [ráʃən fèdəréiʃən] 러시아 연방
rust [rʌst] n. 녹 —vi., vt. 녹슬(게하다), 무디어지(게하다)
rus·tic [rástik] a. 시골(풍)의, 소박한, 검소한 **-ti·cate** vi., vt. 시골로 가다; 시골사람이 되[하]다
rus·tle [rásl] vi., vt. 살랑살랑[바삭 바삭]소리내다[나게하다]
rust·proof [rástprùːf] a. 녹슬지 않는
rust·y [rásti] a. 녹슨, 구식의; (쓰지 않아)못쓰게 된
ruth·less [rúːθlis] a. 무자비한
rye [rai] n. 《植》 호밀; 《英》(俗) 호밀위스키: ~ **bread** 검은 빵

S

Sab·bath [sǽbəθ] n. 안식일
SABENA n. 벨기에의 항공회사
sa·ber, 《英》**-bre** [séibər] n. (기병의)군도; 기병 —— 《가죽》
sa·ble [séibl] n. 《動》 검은담비
sab·ot [sǽbout, -⌐] n. (프랑스 농민의)나막신, 나무창신
sa·chet [sæʃéi/⌐⌐] n. 향료 쌈지
sack [sæk] n. (즈크)부대; (여자·어린이의)헐렁한 상의; 《美俗》침대 ~ **suit** = lounge suit 신사복
sack·cloth [⌐klɔ̀ːθ/⌐klɔ̀θ] n. 즈크, 부대를 삼베
sac·ra·ment [sǽkrəmənt] n. 《宗》 성례(聖禮), 성사(聖事); (the S~) 성찬; 성체
sa·cred [séikrid] a. 신성한, (신에게)바친, (사당이)…을 모신 ~ **cow** (인도의)성우
sac·ri·fice [sǽkrifàis] n. 희생, 제물; 《商》 투매(投賣) —vt., vi. 제물로 바치다; 투매하다
sac·ri·lege [sǽkrilidʒ] n. 신성 모독; 교회도둑
sad [sæd] a. 슬픈; (색이)칙칙한; (口) 지독한 **~·ness** n. 슬픔
sad·dle [sǽdl] n. (말·자전거의)안장; (양의)등심고기
sad·ism [sǽdiz(ə)m] n. 사디즘 **-ist** n. 사디스트
sa·fa·ri [səfɑ́ːri] n. 사냥여행
safári pàrk (놓아기르는)자연동물원

safe [seif] a. 안전한; 확실한 — n. 금고 **~·ly** ad. 안전히, 흐실히
safe-con·duct [⌐kɑ́ndʌkt/⌐kɔ́n-] n. (전시의)여행[통행]권
safe·guard [⌐gɑ̀ːrd] n. 보호(물)
safe-keep·ing [⌐kíːpiŋ] n. 보관, 보호
safe·ty [séifti] n. 안전, 무사
sáfety bèlt 안전벨트
sáfety ísle, zòne 《도로의)안전지대
sáfety màtch 안전성냥
sáfety pìn 안전핀
sáfety ràzor 안전면도기
sáfety válve 안전판(瓣)
sag [sæg] vi. 처지다, 휘다; 하락하다; 맥빠지다 —n. 처짐, 꺼짐
sa·ga [sɑ́ːgə] n. 북유럽전설; 무용담 ─ 한; 기민한
sa·ga·cious [səgéiʃ(ə)s] a. 현명한
sa·gac·i·ty [səgǽsiti] n. 현명, 영리(함)
sage [seidʒ] a. 현명한 (wise); (반어) 점잔빼는 —n. 현인, 철인; 《植》유식물체하는 사람
Sa·ghal·ien [sǽgəliːn] n. = Sakhalien
Sa·ha·ra [səhɛ́ərə/-hɑ́ːrə] n. (the ~) 사하라사막(아프리카 북부의 대사막)
sa·hib [sɑ́ː(h)ib] n. (S~) (인도에서)귀인이나 고관에 대한 존칭
said [sed] v. say의 과거(분사)
sail [seil] n. 돛; 범선; 《총칭》

sailboat 　　　　　　　　210　　　　　　　　**sanctuary**

배; 범주(帆走), 뱃놀이 — *vi.* 범주(항해)하다; 위세롭게 걷다
sail-boat [⁻bòut] *n.* 《美》범선
sail-ing [séiliŋ] *n.* 범주, 항해, 출범 ~ **permit** 출국허가
sáiling bòat 《英》범선
sail-or [séilər] *n.* 선원, 수병 **good** [**bad, poor**] ~ 뱃멀미 안하는[하는] 사람
saint [seint] *n.* 성인, 성도; (S-) 성…
Sàint Ber·nárd [⁻bərnɑ́ːrd] 세인트 버너드 개
Saint-Mo·ritz [⁻mɔ́ːrits] *n.* 생모리츠(스위스 동부의 휴양지)
sake [seik] *n.* 이유, 이익, 목적 **for God's [goodness', heaven's, mercy's]** ~ 제발, 부디 **for the** ~ **of** …을 위해
Sa·kha·lin [sǽkəlìːn] *n.* 사할린
sal·a·ble [séiləbl] *a.* 팔만한; (값이) 적당한
sal·ad [sǽləd] *n.* 샐러드; 생드용 야채 ~ **dressing** 샐러드용 드레싱
sa·la·mi [səláːmi] *n. pl.* (*sing.* **-me** [-mei]) 살라미소시지 [It.]
sal·a·ried [sǽlərid] *a.* 봉급을 받는: a ~ **man** 월급생활자
sal·a·ry [sǽləri] *n.* 봉급, 급료
sale [seil] *n.* 판매(상태); 특매 **bargain** ~ 바겐세일 **(goods) for** [**on**] ~ 매물
sales·girl [séilzgə̀ːrl] *n.* 여점원
sales·man [séilzmən] *n.* (*pl.* **-men** [-mən]) 점원, 판매원; 《美》외판원
Sális·bùr·y stéak [sɔ́ːlzbèri] 햄버그의 일종
salle à manger [sælɑ̀ːmɑ̃ːʒéi] F. 끽다실, 식당방
salle [sæl] F. *n.* 방, 홀
salle d'at·tente [sældætɑ̃ːt] F. (역의)대합실
sal·low [sǽlou] *a.* (얼굴 등이) 누르스름한, 혈색이 나쁜
sal·ly [sǽli] *n.* 소풍; 재담
salm·on [sǽmən] *n.* (*pl.* **-s**, (*총칭*) ~) 《魚》 연어; 연어살빛
sálmon tròut [⁻træ̀ut] *n.* 송어
sa·lon [səlɑ́n/sǽlɔ̃ːŋ] F. *n.* 객실, 응접실; 사교초대회; 상류사회 **the S-** 《美》 파리 미술 전람회
sa·loon [səlúːn] *n.* (호텔·여객선의) 큰 홀, 담화실; (기차의)식당, 특별객차, 전망차;《英》고급술집: a **dancing** ~ 댄스홀 **refreshment** ~ 음료실 ~ **carriage** [**car·riage**] 특별객차 ~ **passenger** 1등선객 ~ **cabin** 1등선실 **sleeping** ~ 침대차
SALT = **S**trategic **A**rms **L**imitation **T**alks 전략무기제한회담

salt [sɔːlt] *n.* 소금, 식염; 자극; 재치, 경구 — *a.* 소금에(절인)것의 — *vt.* 간하다, 소금에 절이다
salt·cel·lar [⁻sèlər] *n.* 소금그릇
sált-frée díet [⁻fríː] 무염식품
sált hórse 《俗》《海》소금에 절인 쇠고기
salt·wa·ter [⁻wɔ́ːtər] *a.* 소금물의
salt·y [sɔ́ːlti] *a.* 소금기있는, 짠; 신랄한, 재치가 넘치는
sal·u·ta·tion [sæ̀ljuːtéiʃ(ə)n] *n.* 인사(말)
sa·lute [səlúːt] *vt., vi.* 인사하다, 경례하다; 맞이하다, 경례 — *n.* 인사, 경례;《軍》거수경례
sal·vage [sǽlvidʒ] *n.* 해난구조; 구조료; 구조작업; 구제 ~ **boat** 해난구조선 ~ **ships** 화재구조대
sal·va·tion [sælvéiʃ(ə)n] *n.* 구조, 구제, 구조자(물); 《宗》 구원 **the S- Army** 구세군
salve [sæv/sɑːv] *n.* 연고, 고약;《비유적》위안, 위로 《**for**》 — *vt.* (고통등)눅이다, 완화하다
sal·ver [sǽlvər] *n.* (금속제)쟁반
Sam [sæm] *n.* 남자이름 **stand** ~《俗》술값을 떠맡다 **Uncle** ~ 미국의; 미국정부
Sa·mar·i·tan [səmǽritən] *a.* 사마리아(인)의; 인정많은 사람
sam·ba [sǽmbə] *n.* 삼바(아프리카 기원의 브라질의 경쾌한 춤)
same [seim] *a.* (보통 **the** ~) 같은, 동일한, 동종의《**as**》;《보통 **the same …as** 는 「동종의 것」, **the same** …**that** 는 「동일물」을 가리킴》 **at the** ~ **time** 동시에; 그러나 **much [about] the** ~ 거의 같은 — *pron.* (**the** ~) 동일한(물)
Sa·mo·a [səmóuə] *n.* 사모아(남태평양의 군도)
sam·o·var [sǽməvɑ̀ːr/sǽmouvɑ́ːr] *n.* 사모바르(러시아의 찻주전자) [Russ.]
sam·pan [sǽmpæn] *n.* 삼판(중국의 작은배)
sam·ple [sǽmpl/sɑ́ːm-] *n.* 견본; 시작(試作)《**of**》 — *vt.* 견본을 뽑다, 시식[시음]하다: a ~ **card** 견본카드
san·a·to·ri·um [sæ̀nətɔ́ːriəm] *n.* (*pl.* **-s**, **-ri·a** [-riə]) (특히 결핵)요양소; (고원의)요양지
sanc·ti·fy [sǽŋktifài] *vt.* 축성(祝聖)하다; 신에게 바치다
sanc·tion [sǽŋk(ə)n] *n.* 인가; 제재
sanc·tu·ar·y [sǽŋktʃuèri/-tʃuəri] *n.* 성소, 신전; (교회의)성

Roger (pl. ~s) 《美》 로데오(카우보이의 기술경연대회) (cf. bronco)

Rog·er [rádʒər/ródʒ-] int. 알았다, 오버.

rogue [roug] n. 악한

ROK =Republic of Korea 대한민국

role, rôle [roul] n. (배우의)역(part), 역할, 임무 역

roll [roul] vi. 구르다; (배가)좌우로 흔들리다 (cf. pitch); 굴러치다; 울리다; 굴리다; 빙글빙글 돌리다; 좌우로 흔들다; 말다; 회전; 좌우로 흔들리기; 굽이; 울림; 명부; 로울러

róll càll n. 점호, 출석부르기

roll·er [róulər] n. 로울러, 압연기·땅고르는 롤러 ~ **coaster** 제트코스터 ~ **skate** 롤러스케이트구두

roll·ing [róuliŋ] a. 구르는, 회전하는; 요동치는; (배가)좌우로 흔들리는; 울려퍼지는 ~ 회전; 좌우로 흔들리기; 굽이치는

rólling stòck (총칭) 차량

Rolls-Royce [róulzrɔ́is] n. 롤스로이스(영국의 자동차(회사))

Ro·man [róumən] a. 로마(인)의; 가톨릭교의 —n. 로마인

ro·mance [rəmǽns] n. 중세기사 이야기, 소설, 로맨스

ro·man·tic [rəmǽntik, rou-] a. 공상적인; 낭만주의의

Rome [roum] n. 로마(이탈리아의 수도); 옛로마시, 로마제국; (로마)가톨릭교

roof [ru:f] n. 지붕; 천장 ~ **garden** 옥상정원

rook·ie [rúki] n. 《俗》 (군대의) 신병; 신참자; 《野구》 신인

room [ru(:)m] n. 방; (pl.) 하숙 《추상명사로서》, 장소, 공간(space), 여지 《for, to do》 : a ~ to let 셋방/R~ for standing only 좌석만은 **make ~ for** …을 위해 자리를 비우다 **R~s for rent** 《美》 셋방있음 — vi. 묵다, 동숙하다: a ~ing house 하숙집

róom chàrge 방값

róom clèrk 《美》(호텔의)객실담당원

room·ette [ru:mét, rum-] n. (침대차의)독방

róom màid 방당번 하녀

róom ràte 방값

róom sèrvice 룸 서비스(식사 등을 방으로 날라줌)

roost [ru:st] n. (새가 앉는)횃, 《美》 잠자리, 휴식처

roost·er [rústər] n. 《美》 수탉

root [ru:t] n. 뿌리; 기초, 본질, (pl.) 조상, (사람의)근본

rope [roup] n. 밧줄, 새끼; (pl.) 비결 — vt. 밧줄로 묶다; 새끼를 꼬다

rope·way [⸺wei] n. 공중삭도

rópe-dànc·ing [⸺dǽnsiŋ/-dɑ̀:ns-] n. 줄타기

rópe làdder 줄사다리

ro·sa·ry [róuzəri] n. 장미원, 로사리오, 염주

rose¹ [rouz] n. 《植》 장미; 장미빛

rose² v. rise의 과거

ro·sette [ro(u)zét] n. 장미꽃장식 《리본 장미형 장식》

róse wàter 장미향수

ros·in [rázin/rɔ́z-] n. 송진

ros·y [róuzi] a. 장미빛의; 유망한

rot [rat/rɔt] vi. 썩다, 부패하다; 《俗》 빗대다 — vt. 썩이다; 《俗》 놀리다. n. 부패; 《英俗》 허튼 소리

ro·ta·ry [róutəri] a. 회전하는 — n. 로터리, 환상교차로

Rótary Clùb (the ~) 로터리 클럽(국제봉사단체)

ro·tate [róuteit/⸺⸺] vi., vt. 회전하다(시키다); 순환하(게하)다

ro·ta·tion [routéi(ə)n] n. 회전; (지구의)자전; 《農》 윤작

ROTC =Reserve Officers' Training Corps 미육군장교단

rot·gut [rɑ́tgʌ̀t/rɔ́t-] n. 《俗》 싸구려 위스키

rot·ten [rátn/rɔ́tn] a. 썩은; 《俗》 천한; 불쾌한

Rótten Ròw 런던의 Hyde Park의 승마도로

rouge [ru:ʒ] n. 루즈

rough [rʌf] a. 거칠은 (opp. smooth); (바다·날씨가)사나운, 난폭한; 무례한; (음이)귀에 거슬리는; 개략적인 — ad. 거칠게, 대충, 개략적으로 — vt. 거칠게 하다; (음이) 난폭하게 다루다; 개략을 쓰다 — **·ly** ad. 거칠게; 개략적으로

rou·lette [ru:lét] n. 룰렛

Rou·ma·ni·a [ru:méiniə] n. = Rumania

round [raund] a. 둥근; 토실토실한 (plump), 일주하는; (목소리가)낭랑한; 완전한: a ~ **table** 원탁 — n. 원형; 일주; 범위; (일의)반복, 한 시합; 《音》 윤창: The next ~ is on me. 다음 차례는 내가 한턱낸다 — ad. 돌아서, 둥글게; 일주하여; 둘레가 …인 — prep. …둘레의, …을 돌아; …주위에: a **tour** ~ **the world** 세계일주여행

round·a·bout [ráundəbàut] n. 우회로; 《英》 회전목마; 《英》 환상교차로, 로터리

round·house [⸺hàus] n. 《美》

round-the-clock [ráðəklák / -klɔk] a. 24시간 연속의
róund (tríp) tícket 《美》 왕복 승차권 《英》 return ticket
róund tríp 《美》 왕복여행
rouse [rauz] vt. 깨우다 (waken); 분기시키다; 화나게 하다 —vi. 깨다; 분기하다
rout [raut] n., vt. 패주[궤주(潰走)]시키다; 패배시키다
route [ru:t] n. 길 (way), 항로
rou·tine [ru:tí:n] n. 일과, 관례 —a. 일상의, 틀에 박힌
rove [rouv] vi., vt. 헤매다, 편력하다 **roving ambassador** 《美》 순회대사
rov·er [-ər] n. 배회[편력]자
row¹ [rou] n. 열, 줄; 가로(街路)
row² vt. 젓다 ~ a boat 배를 젓다, 경조(競漕)하다 《with》
roy·al [rɔ́iəl] a. 왕[여왕]의; 왕다운, 고귀한, 장엄한 a ~ palace 왕궁 **His [Her] R~ Highness** 전하[비전하] (略: H.R.H.) ~**ty** n. 왕위, 왕족
Róyal Áscot 《英》 애스컷 경마 (런던 서쪽 Berkshire에 있는 Ascot 경마장에서 매년 6월에 열리는 경마)
róyal bóx (극장 등의)왕실용 좌석, 특별석
Róyal Dútch Áirlines 네덜란드 공항
róyal jélly 로열젤리
roy·al·ty [rɔ́iəlti, +美 rɔ́:jəl-] n. 왕위, 왕권; (왕의)존업성, (광산·특허권)사용료, 인세(印稅), 상연료
RP = Republic of the Philippines 필리핀공화국
R-rated film [á:rréitid] 《美》 연령제한영화 R [= restricted]
RSC = referee stop contest 《권투》 심판경기중단
R.S.V.P. Répondez, s'il vous plaît. (F=Please reply.)
rub [rab] vt., vi. 문지르다, 마찰하다; 마찰되다
rub·ber¹ [rábər] n. 고무, 고무지우개, (보통 pl.) 고무신
rub·ber-neck¹ [rábərnèk] n. 호기심에 찬무거운, 관광객 —vi. 구경하려고 목을 빼다
rub·bish [rábiʃ] n. 쓰레기, 폐물
ru·ble [rú:bl] n. 루블 (러시아의 화폐단위); 루블 화폐[지폐]
ru·by [rú:bi] n. 《鐵》 루비, 홍옥; 진홍색; 적포도주
ruck·sack [ráksæk, rúk-] n. 배낭, 룩색 [G]
rud·der [rádər] n. 키; 《空》 방향타
rud·dy [rádi] a. (얼굴 등이)붉은, 불그레한 (reddish), 혈색이 좋은
rude [ru:d] a. 버릇없는; 무식한; 미개한, 천연의; 소박한
ru·di·ment [rú:dimənt] n. (pl.) 초보, 기본, 기초
ruf·fi·an [ráfiən, -fjən] n. 악한, 깡패
ruf·fle [ráfl] vt. 어지럽히다, 화나게 하다 —vi. 주름지다, 화내다
rug [rag] n. 깔개, 융단; 《英》 무릎덮개
Rug·by [rágbi] n. 럭비
Rúgby Schóol 영국의 유명한 public school
rug·ged [rágid] a. 울퉁불퉁한, 세련되지 못한
rug·ger [rágər] n. 《英口》 Rugby [by
Ruhr [ruər] n. (the ~) 루르강, 루르 지방(독일의 산업중심지)
ru·in [rú:in/ruin] n. 몰락 (downfall), 파멸; (pl.) 폐허; 파멸의 원인 —vt. 파멸[몰락]시키다
rule [ru:l] n. 규칙, 관례; (개인의)습관; 지배; 자 —vt., vi. 통치하다 (govern); 지배하다
rul·er [rú:lər] n. 지배자; 자
rul·ing [rú:liŋ] a. 지배하는; 유력한
rum [rám] n. 럼술
Ru·ma·ni·a, Rou- [ru:méiniə] 루마니아(유럽의 공화국)
rum·ba [rámbə] n. 룸바(원래 쿠바 원주민의 춤)
rum·ble [rámbl] vi. (천동 등이) 우르르 울리다; (차가)덜거덕 지나가다 —n. 우르르, 덜거덕(하는 소리)
ru·mi·nate [rú:minèit] vi., vt. 반추하다; 묵상하다
rum·mage [rámidʒ] vt., vi. (세관원이 배 안을)샅샅이 뒤지다
rúmmage sàle 잡동사니 자선시
ru·mor, -mour [rú:mər] n. 소문, 풍문 —vt. 소문내다
rump [rámp] n. (동물의)엉덩이, 《俗》 (소의)엉덩이살
run [rán] v. (p. ran, pp. run) vi. 달리다; 도망치다; (탈것이)운행하다; 운행하다; 흐르다; 새다; (기계가)운전하다; (연극이)계속 상연하다; 영업하다; 통용되다 ··· 라 씌 있다 (read) —vt. 달리게 하다; 운전하다, (차·배를)나리게 하다, (경주를)하다; 부딪다; 흐르다; 경영하다 ~ **in** 《俗》 (남의 집에)들르다 ~ **out of** ···을 다 써버리다 ~ **through** 탕진하다 ~ **up** (값이)오르다 —n. 달리기; 주로; 도망; 노정(路程); (급한)여행; 연속; 유출; 유행, 주문쇄도《on》; 출입의 자유《of》; (스타킹의)전선; 《空》 활주 **have a long ~** 장기흥

rind [raind] n. (과일 등의)껍질
ring[1] [riŋ] n. 고리; 반지; 경기장 —vt. 둘러싸다; 반지를 끼다 —vi. 둥글게 되다
ring[2] v. (p. rang, pp. rung) vi. (종·벨이)울리다; (소리가)울려 퍼지다 —vt. (종·벨)을울리다, 울려서 부르다, 큰소리로 말하다 ~ **off** (전화를) 끊다 ~ **up** (전화로)불러내다: Please ~ up for the servant. 벨을 울려서 하인을 불러주십시오 —n. 울려퍼지는 (목)소리, 벨소리
ring·side [ríŋsàid] n. 링사이드 (의 좌석)
rink [riŋk] n. 스케이트장
rinse [rins] vt. 헹구다, 부시다 —n. 헹구기
Ri·o de ja·nei·ro [rí:oudəʒə-níː(ɾ)rou/-nàiə-] n. 리우데자네이루 (브라질의 전 수도)
ri·ot [ráiət] n. 폭동; 전도업는 환락 —vi. 폭동을 일으키다; 술마시며 떠들다
riot police 기동경찰
rip [rip] vt. 찢다, 째다; 잘라내다
ripe [raip] a. 익은; 원숙한
rip·en [ráipən] vi., vt. 익다, 익히다; 성숙하게하[시키]다
rip·ple [rípl] n. (머리칼의)웨이브, 잔물결(의)
rise [raiz] v. (p. rose, pp. ris·en) vi. 뜨다, 오르다; 일어나다[서다]; 증대하다, 등귀하다; (물이)불다; 부풀다; 나오다 (above); 출세하다 (from); 향상하다 (to); 우뚝 솟다; 반란을 일으키다. 울리다, 높이다 —n. 상승, 오르막, 증대; 출세; 등귀; 기원
ris·ing [ráiziŋ] a. (때)오르는; 증대(증가)하는; 향상하는, 신진[신흥]의; 치받이의 —n. 뜨기; 상승; 기상, 기립
risk [risk] n. 위험(danger), 모험 **at the ~ of** ...을 걸고
risk·y [ríski] a. 위험한, 모험적이다
ri·sot·to [risɔ́:tou/-sɔ́t-] n. 쌀을 넣은 스튜 (이탈리아 요리)
ris·sole [risóul] n. 고기만두[F]
rite [rait] n. 의식, 관습
rit·u·al [rítʃuəl/rítju-] a. (종교적)의식의, 예식의; 관습의 —n. 의식, 예배식
ri·val [ráivəl] n. 경쟁자, 호적수, 라이벌 —a. 경쟁[대항]하는 —vi., vt. 경쟁[대항]하다
riv·er [rívər] n. 강
riv·er·side [⌐sàid] n., a. 강가(의)
riv·et [rívit] n., vt. 리벳(으로 고정하다), 대갈못(을 박다)
Ri·vi·er·a [rìvié(ː)rə/-ɛ̀ərə] n. (the ~) 리비에라 지방

riv·u·let [rívjulit] n. 개울
road [roud] n. 도로, 길; (도시의)...로; (정도); 철도; 진로; 수단 ((to)): a ~ map 도로지도
road·house[⌐hàus]n.(pl.-hous·es [-hàuziz]) 길가의 여관
road show 로드쇼
road·side [⌐sàid] n. 길가, 노변
road·stead [⌐stèd] n. (海) 알 바다의 정박소
road·ster [⌐stər] n. 2, 3인승
road·way [⌐wèi] n. (美) 도로, 차도; (철도의)선로
road·work [⌐wə̀ːrk] n. (권투 선수의)뛰기연습
roar [rɔːr] vi. 짖다, 포효하다; (사람이)고함치다; 울리다 —n. 짖는 소리, 포효; 노호;울림;폭소
roast [roust] vt. (고기를)굽다; (콩을)볶다 —vi. 구워지다 —a. 구운, 볶은: ~ beef 불고기 —n. (美) 불고기(용 고기); (쇠고기의) 로스 —er n. 불고기 기구; 통째로 굽는 돼지새끼
rob [rab/rɔb] vt. 강탈하다, 훔치다 (a person of) ~**ber**n. 도둑(burglar), 강도
robe [roub] n. (길고 헐거운)상의; (때로 pl.) 예복; (pl.) 의복
ro·bot [róubət/-bɔt] n. 로봇, 인조인간; 자동교통신호기
ro·bot·ics [roubátiks/-bɔ́t-] n. 로봇공학
ro·bust [rou(b)ʌ́st, 美 róubəst] a. 강건한, 건장한 튼튼한, 억센
rock[1] [rak/rɔk] n. 바위, 돌 **a ~ garden** 석가산, 암석정원 **on the ~s** 좌초하여; 돈에 궁하여; 온더락
rock[2] vt. 진동시키다; 흔들다 ~ 흔들리다, 동요하다 ~**ing chair** 흔들의자 ~**n.** 코른롤, 록음악
rock candy (美) 얼음사탕
rock·climb·ing [⌐klàimiŋ] n. 록클라이밍
Rock·e·fel·ler Center [rákifèlər/rɔ́k-] 록펠러 센터 (뉴욕시의 한 지구)
rock·et [rákit/rɔ́k-] n. 로켓, 봉화, 화전
rock 'n' roll [rákənròul] n. 로큰롤
rock·y [ráki/rɔ́ki] a. 바위 깎은, 바위가 많은 **the R~ Mountains (the Rockies)** 로키산맥
ro·co·co [rəkóukou] n. 로코코식; 로코코건축 —a. 로코코식의
rod [rad/rɔd] n. (낚시)대; 작은 가지; 회초리
rode [roud] v. ride의 과거
ro·de·o [róudiòu, roudéiou] n.

re·volt [rivóult] *vi.* 반항하다, 반란을 일으키다; 역겨워지다 — *vt.* 혐오감을 갖게 하다; 오싹하게 하다 — *n.* 반항(심), 반란(rebellion); 혐오감

rev·o·lu·tion [rèvəlú:ʃ(ə)n] *n.* 혁명; 회전; 《天》 공전

rev·o·lu·tion·ar·y [rèvəlú:ʃ(ə)nèri/-əri] *a.* 혁명의, 혁명적인; 회전하는 ∘ the R~ War 미국독립전쟁

re·volve [riválv-vɔ́lv] *vi.* 회전하다 《round, about》; 숙고하다

-volv·er *n.* (회전식)연발권총

re·vue [rivjú:] *n.* 시사풍자연극; 간단한 음악극; 레뷔 《F》

re·ward [riwɔ́:rd] *n.* 보수; 보상, 현상금 *in ~ for* …의 보상으로서 — *vt.* 보답하다(repay), 보상하다

Rey·kja·vik [réikjəvìːk] *n.* 레이캬비크(아이슬란드의 수도)

rhap·so·dy [rǽpsədi] *n.* 《音》광상곡, 랩소디 《수사학》

rhet·o·ric [rétərik] *n.* 수사법, 수사학

rheu·ma·tism [rú:mətiz(ə)m] *n.* 류머티즘(관절염증)

Rhine [rain] *n.* (*the* ~) 라인강 (스위스·독일을 거쳐 북해로 흐름) ∘ ~ **land** [-lænd] *n.* 라인강 서쪽지방

Rhine·land [-lænd] *n.* 라인지방

rhine·stone [-stòun] *n.* 모조 다이아몬드

Rhode Island [roudáilənd] *n.* 미국 동북부의 주

Rho·de·sia [roudí:dʒ(i)ə/-ʒjə, -ʒ(i)ə] *n.* 로디지아(아프리카 동남부의 국가)

rhyme, rime [raim] *n.* (시의) 운(韻); 운이 같은 말(to); 압운시 — *vi., vt.* 운문[시]을 짓다; 운을 밟다

rhythm [ríð(ə)m] *n.* 율동; 운율

rhyth·mic [ríðmik], **-mi·cal** [-ik(ə)l] *a.* 율동적인; 리듬있는

rib [rib] *n.* 《解》 늑골; (살이 붙은)갈비; (우산의)살

rib·bon [ríbən] *n.* 리본; 장식용 끈 ~ *development* 간선도로 연변의)대상(帶狀)시가 발전

rice [rais] *n.* 《植》 벼; 쌀

rich [ritʃ] *a.* 부유한(wealthy), 부자의, (…이)풍부한(*in*); (땅이)비옥한(fertile); 값비싼(costly), 사치스러운; (음식이)기름진; 성량이 있는: a ~ oilman 석유부자／~ soil 옥토／~ food 기름진 음식

Rich·mond [rítʃmənd] *n.* 미국 Virginia주의 수도

Richter scale [ríktər] 리히터 지진계 [진도계급]

rid [rid] *vt.* (*p., pp.* **rid** *or* **~·ded**) 면하게 하다, 자유롭게 하다 《*of*》; 제거하다 *get* [*be*] *~ of*／*~ oneself of* …을 면하다, 제거하다, 쫓아버리다

rid·dle [rídl] *n.* 수수께끼

ride [raid] *vi., vt.* (*p.* **rode**, *pp.* **rid·den** [rídn]) *vi.* (말·차에)타다 《*on, in*》; 뜨다(float): *~ on a train* 기차로 가다／*in a car* 차로 가다／*easy* [*hard*] (말·배 등이)타기가 안락하다불편하다 — *vt.* (말·차를)타다; 타다; (파도에)뜨다 — *n.* (말·차를) 타기, 태우기; 말[차]·배여행: *a train ~* 기차여행

rid·er [ráidər] *n.* 타는 사람

ridge [ridʒ] *n.* (산의)등성이; 용 마루

rid·i·cule [rídikjùːl] *n.* 조소, 비웃음 — *vt.* 비웃다, 조소하다

ri·dic·u·lous [ridíkjuləs] *a.* 우스꽝스러운, 어이없는, 터무니 없는

ri·fle [ráifl] *n.* 라이플총, 소총

rig [rig] *vt., vi.* 《海》 (배를)의장하다; 《空》 (기계를)장비하다; 준비하다 — *n.* 삭구(索具), 의장

rig·ging [rígiŋ] *n.* 《海》 삭구

right [rait] *a.* 1 올바른 (*opp.* wrong); 정확한, 진실한; 적절한; 건전한: Am I ~ *on the road?* 이 길을 가면 됩니까 2 오른쪽의 (*opp.* left) 3 똑바른; 직각의 *all ~* 좋다 (O.K.). 들림한 *That's ~.* 맞았어 — *ad.* 1 똑바로; 바로; 바르게, 정당하게,적절히; 즉시 2 오른쪽에 ~ *away* [*off, now*] 《美口》즉시 — *n.* 1 옳바름; 정의 (justice), 공정; 권리; 정편 2 오른쪽; 《軍·야구》 우익; (R~) 우파, 보수당: *keep to the* ~ 우측통행하다 *vt.* 똑바로 하다; 바로잡다, 고치다 — *vi.* (배가) 평형을 회복하다 ~·*ly ad.* 올바로, 정확히, 공정하게 〔각의

right-an·gled [ráitǽŋgld] *a.* 직

right·eous [ráitʃəs] *a.* 올바른, 정의의, 공정한

right·ful [ráitfəl] *a.* 올바른, 의로운; 합법적인

right-to-life [-təláif] *a.* 임신중절반대의

rig·id [rídʒid] *a.* 빳빳한(stiff), 엄격한(rigorous)

rig·or, 《英》**-our** [rígər] *n.* 엄함, 엄격; (때로 *pl.*) (추위 등의) 혹독

rig·or·ous [ríg(ə)rəs] *a.* 엄격한

rill [ril] *n.* 시내, 실개천

rim [rim] *n.* 가장자리, 테

rime [raim] *n., vt.* =rhyme

res·tau·rant [réstərənt / -t(ə)rɔ̀:(ŋ)] n. 레스토랑, 식당

rest house (행락지의) 휴게소

rest·less [réstlis] a. 안정이 안 된, 불안한 (uneasy); 잠이 오지 않는 《복구, 부활》

res·to·ra·tion [rèstəréi(ə)n] n. 회복; 부흥

re·stor·a·tive [ristɔ́:rətiv / -stɔ́r-] a. 원기를 회복시키는 — n. 강장제, 각성제

re·store [ristɔ́:r] vt. 원상으로 복구시키다, 되돌리다; 수선하다; (건강·의식을)회복시키다

re·strain [ristréin] vt. 제지[억제]하다《from》; 감금하다

re·straint [ristréint] n. 억제; 구속; 제한; 자제(自制)

re·strict [ristríkt] vt. 제한하다 ~ed a. 제한된; 특정한; a ~ed hotel 백인전용호텔 / the ~ed area 출입금지구역 **-stric·tion** n. 제한, 구속; 속박

rest room 휴게실, 《美》 화장실

rest stop 휴식정차

re·sult [rizʌ́lt] n. 결과, 성적 — vi. (결과로서)일어나다, 생기다 《from》; …로 끝나다 《in》

re·sume [rizúːm / -z(j)úːm] vt. 다시 차지하다[시작하다]

ré·su·mé [rèzuméi / rézjuː] n. 요약; 이력서 [F]

res·ur·rec·tion [rèzərék(ə)n] n. 부활; (the R~)(예수의)부활

re·tail [ríːteil -vt.] n. 소매(opp. wholesale) — a. 소매의: a ~ dealer 소매상 — ad. 소매로 — vt. [英 riːtéil] 소매하다; (소문을)퍼뜨리다

re·tain [ritéin] vt. 보류하다; 유지[보유]하다; 기억하다; 고용하다 《복하다

re·tal·i·ate [ritǽlieit] vi., vt. 보복

re·ten·tion [riténʃ(ə)n] n. 보류, 보존; 기억

ret·i·cence [rétisəns] n. 침묵

ret·i·nue [rétinjuː] n. 수행원

re·tire [ritáiər] vi. 물러나다; 은 퇴하다 — vt. 은퇴[퇴직]시키다; 후퇴시키다

re·tired [ritáiərd] a. 은퇴한

re·tir·ee [ritàiəríː] n. 은퇴자, 퇴직자

re·tort [ritɔ́:rt] vi., vt. 말대꾸하다; 되갚음하다 — n. 말대꾸

re·treat [ritríːt] n. 후퇴; 은퇴; 은거; 피난처; 수용소: a mountain ~ 산장 / a summer ~ 피서지 — vi. 후퇴하다, 은퇴하다

re·trieve [ritríːv] vt. 되찾다, 회복하다; (사냥개가 새를)물어오다 — n. 회복

ret·ro·grade [rétrəgreid] vi. 후 퇴되다, 퇴보[퇴화]하다

ret·ro·rock·et [rétrou(ə)ràkit / -rɔ̀k-] n. 역추진 로켓

ret·ro·spect [rétrəspèkt] n. 회고, 추억, 회상

re·turn [ritə́:rn] vi. 돌아가[오]다《to》 — vt. 돌려주다, 되돌리다[대답하다] n. 귀환, 복귀; 보답; 보답; 대답; (pl.) 보고서, (때로 pl.) 수입: Many happy ~s (of the day)! (생일·축제일의 축하인사) 만복이 깃들기를 바랍니다

return card 왕복엽서

return game [match] 설욕전, 리턴매치

return ticket 《美》왕복표 《英》round-trip ticket

return trip 《美》왕복여행 《英》round trip)

re·u·nite [rìːjuːnáit] vi. 재회하다, 다시 합동하다, 화합하다

Reu·ters [rɔ́itərz] n. (영국의)로이터 통신사

re·val·u·a·tion [riːvæljuéi(ə)n] n. 평가절상, 재평가

re·veal [riv íːl] vt. 나타내다, 폭로하다; 알리다; (신이)계시하다

rev·el [rév(ə)l] n. 술잔치

rev·e·la·tion [rèvilé i(ə)n] n. 발각; 폭로; (宗) (신의)계시; (the R~) (聖) 계시록 (略: Rev.)

re·venge [rivéndʒ] n. 복수(에는); 복수심; 《재치 또는 수동형으로》 복수하다

rev·e·nue [révinjuː] n. (국가의) 세입; 소득, 수입: a ~ cutter (밀수입)감시선 / a ~ stamp 수입인지 《하다

re·vere [rivíər] vt. 경외 [존경]

rev·er·ence [révərəns] n. 존경, 경외(심); (공손한)절

rev·er·end [révərənd] a. 존경할; (the R~) …님 《성직자에 대한 존칭》 (略: Rev., Revd.)

re·verse [rivə́:rs] vt. 거꾸로 하다, 뒤집다; 역전시키다 — vi. 되돌아가다, 거꾸로 하다 — n. 반대; 뒷면; 불행 — a. 반대[역]의, 뒷면의

re·vert [rivə́:rt] vi. 복귀하다

re·view [rivjúː] vt. 복습하다, 재고하다; 음미하다; 평론하다 — vi. 비평하다; 열병하다 — n. 복습; 음미; 평론; 검열, 노열 《판

re·vise [riváiz] vt. 교정[교열]하다: the R~d Version 개역성서

re·vi·sion [riv íʒ(ə)n] n. 개정

re·viv·al [riváiv(ə)l] n. 부활, 부흥; 재상연; (the R~) 문예부흥

re·vive [riváiv] vi., vt. 부활하다

re·pub·li·can [ripʌ́blikən] *a.* 공화국의, 공화정체의; (R~) 《美》 공화당의 —*n.* 공화주의자; (R~) 공화당원 (*cf.* Democrat) **the R~ Party** 《美》 공화당 **~ism** *n.* 공화정[정체]론

re·pulse [ripʌ́ls] *vt.* 격퇴하다; 거절하다; 반박하다

rep·u·ta·ble [répjutəbl] *a.* 평판이 좋은, 존경할 만한

rep·u·ta·tion [rèpjutéiʃ(ə)n] *n.* 평판, 명성 (fame): of worldwide ~ 세계적으로 유명한

re·pute [ripjúːt] *n.* 명성

re·quest [rikwést] *n.* 요구; 수요 (demand) **by** ~ 부탁을 받아 **on** ~ 신청하는 대로 —*vt.* 원하다 (ask), 간청하다 (entreat): ~ **to be permitted** 허가를 바라다

requést stòp 수시정류장(손을 들면 서는)

req·ui·em [rékwiəm, ríːkwi-] *n.* 《가톨릭》 진혼미사곡

re·quire [rikwáiər] *vt., vi.* 필요하다; 명하다; 요구[청구]하다

req·ui·site [rékwizit] *a.* 필요한 —*n.* 필요한 것

res·cue [réskjuː] *n., vt.* 구출(하다)

re·search [risə́ːrt] *n., vt.* 탐색(하다); 연구(하다), 조사(하다)

re·sem·blance [rizémbləns] *n.* 유사; 비슷한 얼굴

re·sem·ble [rizémbl] *vt.* 비슷하다

re·sent [rizént] *vt.* 분개하다

res·er·va·tion [rèzərvéiʃ(ə)n] *n.* (방·좌석·표 등의)예약; (권리의)보류; 제한: Did you make a ~? 예약하셨읍니까?

re·serve [rizə́ːrv] *vt.* 따로 두다; 《주로 英》 (좌석을) 예약하다 (book); 보류하다: All seats ~*d* 《게시》 전좌석 예약필 —*n.* 비축; 보류; 제한, 예비(군); 보결

res·er·voir [rézərvwàːr] *n.* 저장소, 저수지, 저수조

re·side [rizáid] *vi.* 살다, 거주하다 (공무원이)주재하다

res·i·dence [rézid(ə)ns] *n.* 거주; 주재; 주소, 주택; 거주기간: an official ~ 공관, 관저

res·i·dent [rézid(ə)nt] *a.* 거주 [주재]하는; ~ **aliens** 거주외국인/a ~ **minister** 변리공사 —*n.* 거주자, 거류민; 외국주재관: foreign ~s 거류외국인/summer ~s 피서객

res·i·due [rézidjuː] *n.* 잔여, 잔금

re·sign [rizáin] *vt.* (지위·권리 등을)버리다, 사직하다; 단념하다; 《재귀 또는 수동형》 몸을 맡기다 —*vi.* 사직하다; 포기하다; 따르다

res·ig·na·tion [rèzignéiʃ(ə)n] *n.* 사직; 양위; 포기; 단념

res·in [rézin] *n.* 수지(樹脂); 송진, 합성수지: ~ 수지로 처리하다

re·sist [rizíst] *vt., vi.* 저항하다; …의 작용에 견디다; 참다

re·sist·ance [rizístəns] *n.* 저항, 반항, (때로 R~) (제2차대전중의) 레지스탕스, 저항운동

res·o·lute [rézəlùːt] *a.* 각오가 굳은; 단호한

res·o·lu·tion [rèzəlúːʃ(ə)n] *n.* 결의, 결심; 결단; 해결; 분석

re·solve [rizʌ́lv -zɔ́lv] *vt., vi.* 결심하다; (문제를)해결하다; (화합물을)분해하다 **be ~d to** (*do*) …할 결심을 하다 —*n.* 결심, 결의 《항; 공명

res·o·nance [réz(ə)nəns] *n.* 반향

re·sort [rizɔ́ːrt] *n.* 유원지, 행락지; 휴양지; 의뢰; 수단: a **health ~** 휴양지/a **holiday ~** 휴일의 행락지/a **summer** [**winter**] **~** 피서[한]지 —*vi.* 자주 가다; 의지하다, (어떤 수단에)호소하다 (*to*)

re·sound [rizáund] *vi.* 반향하다; (명성·사전 등이)널리 알려지다

re·source [riːsɔ́ːrs, 美 ríː-] *n.* (*pl.*) 자원, 재력; (만일의 경우) 의지하는 수단; 재치; 오락

re·spect [rispékt] *n.* 경의, 존경 (*for*); (*pl.*) 전갈 (regards), 인사 (*to*); 주의; 관계; 점, 세목: **in every** ~ 모든 점에서 —*vt.* 존중하다; 고려하다; 관계하다

re·spect·a·ble [rispéktəbl] *a.* 존경할 만한; 훌륭한; 상당한

re·spect·ful [rispéktf(u)l] *a.* 공손한, 정중한

re·spec·tive [rispéktiv] *a.* 각자의, 각각의 **~·ly** *ad.* 각각

res·pi·ra·tion [rèspiréiʃ(ə)n] *n.* 호흡

res·pi·ra·tor [réspirèitər] *n.* 호흡기, 마스크; 방독마스크

res·pite [réspit / -páit] *n.* 연기; 일시적 중지; 휴식

re·spond [rispʌ́nd / -spɔ́nd] *vi.* 대답하다 (answer), 응하다 (*to*)

re·sponse [rispʌ́ns / -spɔ́ns] *n.* 응답, 응수; 반응

re·spon·si·ble [rispʌ́nsəbl / spɔ́n-] *a.* 책임있는; 믿을 만한 **-bil·i·ty** *n.* 책임, 의무; 부담

rest[1] [rest] *n.* 휴양; 안락; 수면, 영면: **the day of ~** 안식일 (Sabbath), 일요일/ **take a ~** 잠깐 쉬다 —*vi.* 휴식[휴게]하다, 안식하다; 기대다; 의지하다 —*vt.* 쉬게 하다; 그대로 두다; 놓다

rest[2] *n.* 잔여, 나머지; 그밖의 것

rést àrea (고속도로 중도 등에

re·mon·strance [rimάnstrəns/-mɔ́n-] n. 항의; 충고

re·mon·strate [rimάnstreit] vi. 항의하다

re·morse [rimɔ́:rs] n. 후회, 양심의 가책

re·mote [rimóut] a. 먼 (distant); 외딴; 근소한 ~ **control** 원격조종

re·mov·al [rimú:v(ə)l] n. 이동; 이전; 제거; 해임

re·move [rimú:v] vt. 옮기다; 운반하다; 벗다; 제거하다 —vi. 이동하다, 떠나다; 이사하다 (move)

ren·ais·sance [renəzάːns/rənéis(ə)ns] n. 부흥; (R~) 르네상스, 문예부흥

re·nas·cence [rinǽsns] n. 부활, 부흥; (R~) = Renaissance

Re·nault [rənóu] n. 르노(프랑스의 자동차)

rend [rend] (p., pp. rent) vt. 잡아뺏다; 쪼개다; 쥐어뜯다 —vi. 쪼개지다, 분열하다

ren·der [réndər] vt. …으로 하다; 보답하다; 제출(앙보)하다; 연주(상연)하다; 번역하다; 나타내다: ~ **thanks** 답례하다

ren·dez·vous [rά:ndivù:/rɔ́n-] n. (pl. ~s [-vù:z]) 집회, 면회(약속); 랑데부; (군대·함대의) 지정집합지 [F]

re·new [rinjú:] vt. 새롭게 하다; 갱생시키다

re·nounce [rináuns] vt., vi. 포기하다; 부인하다

re·nown [rináun] n. 명성, 명망

rent[1] [rent] n. 땔세; 집세; 사용료 For ~ 《美》《게시》 셋집 [방]있음 — vt. 임대(임차)하다 —vi. 임대되다 R~ **it here-Leave it there** 렌터카의 아무데나 두고가는 제도

rent[2] *a rent* 의 과거(분사)

rent-a-car [réntəkὰ:r] n. 렌터카(업)

rent·al [rént(ə)l] n. 땔세[집세·사용료] 수입 —a. 임대하는: **a ~ car** 렌터카 /**a ~ library** 《美》유료대출도서관 [분사]

re·paid [ri(:)péid] v. repay의 과거

re·pair [ripέər] vt. 수리하다 (mend); 치료하다; 정정하다; 보상하다 —n. 수리; 회복; 보상 **under ~s** 수리중

re·past [ripǽst/-pάːst] n. 식사

re·pay [ripéi] vt. (p., pp. **-paid**) (금전을)갚다; 보답하다: ~ **a visit** 이쪽 답례로서 방문하다

re·peat [ripí:t] vt. 되풀이하다; 암송하다; 복사

re·pel [ripél] vt. 몰아내다; 거절하다; 불쾌감을 주다

re·pent [ripént] vt., vi. 후회하다 (regret); 회개하다

rep·er·toire [répərtwὰ:r] n. 상연목록, 레퍼토리 [F]

rep·er·to·ry [répərtɔ̀:ri/-t(ə)ri] 레퍼토리 극장(전속극단이 단기공연하는 극장)

rep·e·ti·tion [rèpití(ə)n] n. 반복; 암송(문); [音] 반복연주

re·place [ripléis] vt. 제자리에 도로 놓다; 복직시키다; 대신하다

re·ply [riplái] vi. 대답을답하다; 응수하다 —vt. …라고 대답하다 —n. 대답, 회답: **a ~ card** 왕복엽서

ré·pon·dez s'il vous plaît [reipɔ:ʔdeislvu:pleiʔ] F. 회답 바랍니다 (略: R.S.V.P.)

re·port [ripɔ́:rt] vt., vi. 보고(통지)하다; 공표하다; (남의 말을) 전하다; 탐방기사를 쓰다; 고발하다 —n. 보고, 통지표 신문기사; 소문; (pl.) 의사록; 폭음, 총성

re·port·age [ripɔ́:rtidʒ] n. 르포르타주, 현지보고 [F]

re·port·er [ripɔ́:rtər] n. 보고자; 보도기자; 의사[판결] 기록자

re·pose [ripóuz] vi. 쉬다 (rest); 자다; 눕다 (lie); 놓여있다 —vt. 재우다; 쉬게 하다 —n. 휴식; 안면; 정지; 침착

re·pos·i·to·ry [ripázitɔ̀:ri/-pɔ́z-] n. 저장소[실], 매점

rep·re·sent [rèprizént] vt 표현[설명]하다; 묘사하다; 상징하다; 대표하다

rep·re·sen·ta·tion [rèprizentéi(ə)n] n. 표현, 묘사; 설명, 주장; 상연; (의회) 대표단

rep·re·sen·ta·tive [rèprizéntətiv] a. 대표적인, 대리의 표현하는 —n. 대표(자), 대리인; 국회의원; 《美》 하원의원: **the House of R~** 《美》 하원

re·press [riprés] vt. (폭동 등을) 진압하다; (감정 등을) 억제(억압)하다

rep·ri·mand [réprimænd/-mὰːnd] n., vt. 견책(하다), 징계(하다); 비난(하다)

re·print [n. rí:print —v.] 재판(再版) —vt. 二二 재판하다

re·proach [riróutʃ] vt. 비난하다, 꾸짖다 —n. 비난, 질책

re·pro·duce [ri:prəd(j)ú:s/-djú:s] vt., vi. 재생[재현]하다; 복사하다 [비슷, 꾸중

-dúc·tion n. 재생, 재현; 복사

re·proof [riprú:f] n. 힐책 견책

rep·tile [réptil, -tail/réptail] n., a. 파충류의(동물)

re·pub·lic [ripʌ́blik] n. 공화정체, 공화국 (cf. monarchy)

reg·u·lar [régjulər] a. 규칙적인; 질서있는; 정기적인; 정식의: a ~ holiday 정기휴일/ ~ service 정기항로, 정기발착(등)

reg·u·late [régjuleit] vt. 조절하다(adjust); 규제하다; 통제하다 **-la·tion** n. 조정; 규제; 법규

re·hears·al [rihə́ːrs(ə)l] n. 〔연극·음악 등의〕시연(試演) public ~ 〖劇〗공개시연

re·hearse [rihə́ːrs] vt., vi. 시연하다; (상세히)얘기하다

Reich [raik/G raiç] n. 독일국

reign [rein] n. 통치; 군림; 치세; 지배력 —vi. 통치하다 《over》; 크게 유행하다

rein [rein] n. (보통 pl.)고삐; (때로 pl.)제어 —vt. (말에)고삐를 달다 《to》; 제어하다

re·in·force [rìːinfɔ́ːrs] vt. 보강하다; 증원하다

Reise·bü·ro [ráizəbjùrou] G. n. 여행안내소

re·it·er·ate [ri(ː)ítərèit] vt. 되풀이하다, 반복하다

re·ject [ridʒékt] vt. 거절하다, 물리치다 (refuse); (음식을)토하다

re·joice [ridʒɔ́is] vt. 기쁘게 [즐겁게] 하다 —vi. 기뻐하다, 즐기다; 축하하다

re·late [riléit] vt. 말하다, 얘기하다 (narrate); 관계[관련]시키다, 결부시키다 《to, with》 —vi. 관계하다

re·la·tion [riléiʃ(ə)n] n. 관계; 친척(관계); 진술, 이야기 ~·ship n. 친척(관계); 관계, 관련

rel·a·tive [rélətiv] a. 관계[관련] 있는 《to》; 상대적인 —n. 친척

re·lax [rilǽks] vt., vi. 긴장을 풀(게하)다; 느슨하게하다[되다] (loosen) **-·á·tion** n. 긴장을 풀기; 휴양; 기분전환

re·lay n. [ríːlei/riléi-] n. 2 (v. 1 교대] 2 〖美 ríːlei〗(방송의)중계; (R~)〖美〗(중계용)통신위성: ~ broadcast 중계방송 / ~ race 계주 / ~ station 중계국 — v. [riléi] vt. 교대로 보내다; 교대시키다 —vi. 중계방송하다

re·lease [riléis] vt. 놓아주다; 면제하다; 〖영화〗개봉하다 —n. 해방; 석방; 구출, 구제; 면제, 발사; 〖영화〗개봉; 첫공개

re·li·a·ble [riláiəbl] a. 믿을 수 있는; 확실한: ~ sources 믿을 만한 소식통

re·li·ance [riláiəns] n. 신뢰

rel·ic [rélik] n. 유물; 유적; (pl.) 기념품, 유품

re·lief[1] [rilíːf] n. 경감; 안심; 구조; 위안, 기분전환; 교대(자)

re·lief[2] n. 양각(彫刻); 〖회화〗돋아오르듯이 그리기 high [low] ~ 높은[낮은] 양각

relief fund 구제기금

re·lieve [rilíːv] vt. (근심·고통 등을) 없애다, 안심시키다 《of, from》; 구조하다; 교대하다; 해임하다

re·li·gion [rilídʒ(ə)n] n. 종교; 신앙; (the R~) 신교

re·li·gious [rilídʒəs] a. 종교(상)의; 종교적인; 독실한

rel·ish [réliʃ] n. 맛, 풍미 (flavor); 조미료; 흥미로운 것; 식욕; 기호, 흥미 —vt. 맛보다; 좋아하다; 맛을 내다 —vi. …한 맛이 나다 《of》; 기미가 있다

re·luc·tant [rilʌ́ktənt] a. 마음내키지 않는; 다루기 힘든

re·ly [rilái] vi. 신뢰하다 《on, upon》

re·main [riméin] vi. 남다; 존속하다; 머무르다; 여전히 …이다

re·main·der [riméindər] n. 나머지; 잔류자; (pl.) 유적; 잔품

re·mains [riméinz] n. pl. 나머지; 생존자; 유물, 유적

re·mand [rimǽnd/-máːnd] vt. 소환; 반송

re·mark [rimɑ́ːrk] n. 주의; 단평(comment); 소견; 알아채다; 인정하다; 말하다 —vi. 소견[전해]을 말하다, 비평하다

re·mark·a·ble [rimɑ́ːrkəbl] a. 주목할 만한; 현저한; 비범한

re·mar·riage [rìːmǽridʒ] n. 재혼

rem·e·dy [rémidi] n. 치료; 구제책 《for》; 배상 —vt. 치료하다(cure); 교정[구제]하다

re·mem·ber [rimémbər] vt. 상기하다; 기억하다; 팁을 주다; (인사로)…에게 안부를 전하다 《to》 R~ me to …에게 안부전해 주십시오 —vi. 상기[기억]하다

re·mem·brance [rimémbr(ə)ns] n. 기억(력); 추억; (기념품, 비); (pl.) 안부전하는 말 (regards) R~ Day 〖英〗휴전기념일(11월 11일)

re·mind [rimáind] vt. 상기시키다; 일깨우다 **~·er** n. 상기시키는 사람[것]; 주의, 조언

rem·i·nis·cence [rèminísns] n. 회상, 추억; (pl.) 회고록

re·mit [rimít] vt. (죄를)용서하다; 연기하다; 송금하다 —vi. 송금하다; 경감하다, 그만두다

re·mit·tance [rimít(ə)ns] n. 송금 ~ man 본국으로부터의 송금으로 외국에서 사는 사람

rem·nant [rémnənt] n. 나머지;

reef [ri:f] *n.* 암초; 광맥

reek [rik] *n.* 김; 연기; 악취 —*vi.* 김(연기)이 나다; 악취를 풍기다

reel¹ [ri:l] *n.* 얼레, 감는 틀

reel² [ri:l] *n.* 비틀거림; 현기증 —*vi.* 비틀비틀 걷다; 현기증 나다

re·en·ter [ri:éntər/ri:-] *vt.* 다시 넣다; 재기입하다 —*vi.* 다시 들어가다

re·en·try [ri:éntri] *n.* 재입국

re·es·tab·lish [ri:istǽbliʃ/ri:-] *vt.* 재확립하다; 부흥하다

re·fec·tion [rifékʃ(ə)n] *n.* 음식에 의한)원기회복; 간단한 식사

re·fec·to·ry [rifékt(ə)ri] *n.* (사원·대학 등의) <s>-da</s> 식당

re·fer [rifə́:r] *vt.* …로 돌아가다; 위탁하다; 조회하다 —*vi.* 참조하다 《to》; a book about ⁓계하다 《to》

ref·er·ee [rèfərí:] *n.* 중재인; 심판관 —*vt.*, *vi.* 중재[심판]하다

ref·er·ence [réf(ə)rəns] *n.* 조회; 소개장; 신원보증인; 언급; 관계; 참조; ⁓ a book 참고서

ref·er·en·dum [rèfəréndəm] *n.* (*pl.* ⁓**s**, **-da** [-də]) 국민투표

re·fill *vt.* [ri:fíl/⌐⌐ /⌐—⌐] 다시 채우다 —*n.* [⌐⌐] 충전(물)

re·fine [rifáin] *vt.* 정제하다; 세련하다 —*vi.* 순수해지다; 세련되다

re·fined [rifáind] *a.* 정제한, 세련된, 품위있는

re·fine·ment [rifáinmənt] *n.* 정제, 세련, 고상; 정밀; 개량

re·flect [riflékt] *vt.* (거울이) 상을)비추다; 반사하다; (빛유 적)) 반영하다; 숙고하다 《on, upon》

re·flec·tion, -flex·ion [riflékʃ(ə)n] *n.* 반사; 반향; 영상; 숙고; 비난

re·flec·tive [rifléktiv] *a.* 반사[반영]하는; 생각이 깊은

re·flex [ri:fleks] *a.* 반사식의; 내향적인: a ⁓ camera 반사식 카메라 —*n.* 반사(광); 영상; 반영

re·form [rifɔ́:rm] *vt., vi.* 개량[개혁]하다 —*n.* 개량, 혁신: a ⁓ school 소년원

ref·or·ma·tion [rèfərméiʃ(ə)n] *n.* 개혁; 개량; 혁신, 개정; (the R⁓) 종교개혁

re·fract [rifrǽkt] *vt.* 굴절시키다

re·frain¹ [rifréin] *vi.* 삼가다, 참다 《*from*》

re·frain² *n.* (노래·시의)후렴

re·fresh [rifréʃ] *vt.* 상쾌하게[기운나게] 하다 —*vi.* 원기를 회복하다; 음식을 먹다

re·fresh·ment [⌐mənt] *n.* 원기

회복; (보통 *pl.*)음식물: a ⁓ car 식당차 R⁓**s** provided (게시) 다과가 준비되어 있습니다

re·frig·er·a·tor [rifrídʒərèitər] *n.* 냉각장치; 냉장고

ref·uge [réfjuːdʒ] *n.* 보호, 피난; 피난처; (가로의)안전지대 *wild-life* ⁓ **s** 조수보호구

re·fund [riːfʌ́nd → ⌐⌐] 변제(금), 상환(물) —*vi., vt.* [riː⌐⌐] 변제하다; 상환하다; 환불하다 —**·a·ble** *a.* 환불이 가능한

re·fus·al [rifjú:z(ə)l], *n.* 거절

re·fuse¹ [rifjúːz] *vt., vi.* 거절[사절]하다

ref·use² [réfjuːs] *n.* 쓰레기, 폐물 (rubbish) —*a.* 시시한, 폐물의

re·fute [rifjúːt] *vt.* 반박하다

re·gain [rigéin] *vt.* 되찾다 회복하다

re·gal [ríːɡ(ə)l] *a.* 왕의; 당당한

re·gal·i·ty [riːɡǽliti] *n.* 왕위; (보통 *pl.*)왕권; 왕국

re·gard [riɡáːrd] *vt.* 주의 관심 《to, for》; 존경(respect); (*pl.*) 인사: Give my (best) ⁓**s** to …에게 안부 전해주시오/ have a ⁓ for …을 존경하다 —*vt.* 응시하다; 고찰하다(consider); 존경하다; (…로)간주하다 《as》

re·gard·ing [riɡáːrdiŋ] *prep.* …에 대해서(말해서), …에 관해서는

re·gard·less [riɡáːrdlis] *a.* 관심없는, 개의치 않는 《*of*》

re·gat·ta [riɡǽtə] *n.* 레가타, 보트[요트] 레이스

re·gen·er·ate [ridʒénərèit] *vt., vi.* 재생[갱신]하다; (宗) 개심시키다하다

re·gime, ré·gime [riʒíːm/rei-] *n.* 제도, 정체(政體)

reg·i·ment [rédʒ(i)mənt] *n.* 연대; (대로 *pl.*) 다수 《*of*》

re·gion [ríːdʒ(ə)n] *n.* 지방 범위

reg·is·ter [rédʒistər] *n.* 기록, 등록; 자동기록기, 금전등록기; 기록부: a cash ⁓ 금전등록기/ a ⁓ card 숙박부의 일종: —*vt.* 기록하다(record); 등기로 부치다: a ⁓ *ed* mail [英 *post*] 등기우편/ ⁓ a luggage on railway [英] (물표를 받고)수하물로 부치다 —*vi.* [美] 투숙부에(기입)하다: ⁓ at a hotel [美]호텔에 투숙하다

reg·is·tra·tion [rèdʒistréiʃ(ə)n] *n.* 기입, 등록, 등기; 기록

re·gret [riɡrét] *n.* 유감, 후회 《*at*》; (때로 *pl.*) 《美》 초대의 사절(장): send ⁓**s** 사절장을 내다/ express one's ⁓ for …을 사과하다 —*vt.* 유감으로 ∝지다

re·cess [risés] *n.* 휴게; 《美》(대학·법정의)휴가; (*pl.*) 후미진 곳: at ~ 휴게중에/go into ~ 휴회하다

re·ces·sion [riséʃ(ə)n] *n.* 퇴거, 후퇴; 경기후퇴, 불황

rec·i·pe [résipi:] *n.* 조리법; 방법

re·cip·i·ent [risípiənt] *a.* 수취한, 받아들이는 —*n.* 수납자

re·cip·ro·cal [risíprək(ə)l] *a.* 상호적인 (mutual)

re·cit·al [risáitəl] *n.* 독주(회), 독창(회), 리사이틀, 암송, 설화

rec·i·ta·tion [rèsitéiʃ(ə)n] *n.* 암송; 암송문; 《美》학과의 복송

re·cite [risáit] *vt., vi.* 암송하다; 이야기하다

reck·less [réklis] *a.* 무모한: ~ driving 무모한 운전

reck·on [rék(ə)n] *vt., vi.* 계산하다 (count) 《*up*》; …로 간주하다 (regard); 의지하다 《*upon*》: ~ up the bill 계산서를 합계하다

reck·on·ing [rék(ə)niŋ] *n.* 계산; 청산; (술집 등의)계산서

re·claim [rikléim] *vt.* 교화하다

re·cline [rikláin] *vi., vt.* 기대(게 하) 다 《*upon, on*》; 드러눕다; 의지하다: a *reclining* chair 등 의자의 각도가 변하는 의자

rec·og·ni·tion [rèkəgníʃ(ə)n] *n.* 승인, 인정, 인식

rec·og·nize [rékəgnàiz] *vt.* 인정하다; 알아보다; 감사하다

re·coil [rikɔ́il] *vi.* 되튀다, 후퇴하다; 위축하다

rec·ol·lect [rèkəlékt] *vt.* 상기하다; 회상하다

re·col·lect [ri:kəlékt/ri:-] *vt.* 다시 모으다; (마음을)가다듬다

rec·ol·lec·tion [rèkəlékʃ(ə)n] *n.* 회상, 기억; (*pl.*) 추억

rec·om·mend [rèkəménd] *vt.* 추천하다; 권하다; 말기다: Will you please ~ me a good hotel? 좋은 호텔을 가르쳐 주십시오

rec·om·men·da·tion [rèkəmendéiʃ(ə)n] *n.* 추천; 추천장; 권고

rec·om·pense [rékəmpèns] *vt.* 보답[보상]하다 —*n.* 보수; 보상

rec·on·cile (rékənsàil) *vt.* 화해시키다; 조화시키다; 단념시키다

re·con·nais·sance [rikɔ́nis(ə)ns/-kɔ́n-] *n.* 정찰; 정찰대

re·con·struct [rì:kənstrʌ́kt/ri:-] *vt.* 재건하다, 부흥하다 —**struc·tion** *n.* 재건

rec·ord *n.* [rékərd/-kɔːd/→ *v.*] 기록, 이력; 최고기록; 음반: a ~ film 기록영화 / a ~ holder 기록보유자 —*vt.* [rikɔ́ːrd] 기록하다 —**er** *n.* 기록자; 기록기; 녹음기

re·count [rikáunt] *vt.* 자세히 애기하다

re·cov·er [rikʌ́vər] *vt., vi.* 되찾다; 회복하다: ~ *one's* health 건강을 회복하다

re·cov·er·y [rikʌ́v(ə)ri] *n.* 회복

re·cre·ate [rékrièit] *vt., vi.* 휴양시키다(하다), 기분전환시키다

rec·re·a·tion [rèkriéiʃ(ə)n] *n.* 휴양; 레크리에이션: a ~ ground 유원지 / a ~ room 오락실

re·cre·a·tion [rì:kriéiʃ(ə)n/ri:-] *n.* 개조

re·cruit [rikrúːt] *vt., vi.* 신병을 모집하다(입대시키다); 기운나게 하다, (건강)회복하다 —*n.* 신병; 신입생

rec·tan·gu·lar [rektǽŋgjulər] *a.* 직각사각형의; 직각의

rec·tor [réktər] *n.* 목사; 교장

re·cur [rikɔ́ːr] *vi.* 회상하다 《*to*》; 재현되다; 되돌이되다

re·cy·cle [ri:sáikl] *vt.* (물자를) 재생이용하다

red [red] *a.* 붉은; 격렬한; (R~) 공산주의의: ~ *pepper* 고추 *R~ flag* 붉은기 / *R~ Guards* 홍위병 / ~ *light* 적신호 (정지신호) / ~-*light district* 《美》홍등가 *R~ Square* (모스크바의)붉은 광장 *the ~ cross* 성조지 십자장(영국 국장) *the R~ Cross Society* 적십자사 —*n.* 적색; (R~) 공산주의자; 《美俗》1센트동전

red·cap [ˈkæːp] *n.* (역의)짐꾼

red-car·pet [ˈkɑ́:rpit] *a.* (환영의)정중한, 성대한

red·den [rédn] *vt., vi.* 붉게 하다(되다); (얼굴을)붉히(게하)다

re·deem [ridíːm] *vt.* (담보를) 되사다, (저당물을)찾다; 회복하다 (recover)

re·demp·tion [ridémpʃ(ə)n] *n.* 되사기, 회복; (신의)구원

red-hot [rédhát/-hɔ́t] *a.* (뉴스 등이)최신의

red-let·ter [rédlétər] *a.* 붉은 글자의: a ~ *day* 축제일

re·dress *n.* [ri:dres, ridrés/-drés/→ *v.*] 배상; 구제 —*v.* [ridrés] 고치다; 배상[구제]하다

Réd Séa (the ~) 홍해(아프리카와 아라비아반도 사이의 바다)

réd tíde 적조(赤潮)

re·duce [rid(j)úːs/-djúːs] *vt.* 줄이다, (비용 등을)삭감하다, 약하게 하다; (어떤 상태로)빠뜨리다: at ~ *d prices* 할인가격으로

re·duc·tion [ridʌ́kʃ(ə)n] *n.* 축소; 할인; 경감; 환원: at a ~ of 10% 1할 할인하여

reed [riːd] *n.* 《植》갈대

rat·tle [rǽtl] vi., vt. 덜컹거리(게하)다; 재잘거리다

rat·tle·snake [-snèik] n. 방울뱀

rav·age [rǽvidʒ] n. 황폐, 파괴 —vt. 황폐시키다, 파괴하다

rav·ish [rǽviʃ] vt. 빼앗아가다, 강탈하다; 황홀케 하다

raw [rɔː] a. 날것의; 가공하지 않은; 미숙한: ~ meat 날고기/~ eat fish ~ 생선을 날로 먹다

ray [rei] n. 광선

ray·on [réian/-ɔn] n. 레이온

ra·zor [réizər] n. 면도칼

R.C. =Red Cross 적십자; Roman Catholic 가톨릭 (교회)의

RCA =Radio Corporation of America 미국의 전기제품 메이커

reach [riːtʃ] vt. 닿다; 도달하다; 손을 뻗어 잡다 —vi. (손[발]을 뻗다 (out, for); (목적을 달성하고 애쓰다; 이르다 —n. 손을 뻗기; (손이) 닿는 거리

re·act [riːǽkt] vi. 반응하다

read [riːd] vi., vt. (p., pp. read [red]) 읽다; 독서하다; 낭독하다; …라고 씌어 있다; …로 해석되다 ~ between the lines 말 속의 숨은 뜻을 알다 ~**a·ble** a. 읽어서 재미있는

read·er [ríːdər] n. 독자; 독본

read·i·ly [rédili] ad. 기꺼이; 쉽사리

read·ing [ríːdiŋ] n. 독서; 읽을거리

read·y [rédi] a. 준비가 된; 지체없이 …하는; 신속한; 곧 놓을 수 있는: R~ [Are you ~?] Go! (경주에서)준비!, 땅!/Dinner is ~. 식사준비가 되었습니다/~ money 현금

read·y-made [-méid] a. 기성품의

read·y-to-wear [-təwɛ́ər] a. (美) =ready-made

re·al [ríːəl, ríː(:)əl] a. 실재하는; 진짜인: ~ gold 순금/~ silk 본견/the ~ thing 진짜; 절품/~ estate 부동산 —ad. (美) 참으로, 대단히

re·al·ism [ríː(ː)əlìz(ə)m] n. 현실주의; (문학·예술) 사실주의

re·al·is·tic [ríː(ː)əlístik] a. 현실주의의; 사실적인

re·al·i·ty [riː(ː)ǽliti] n. 진실; 현실

re·al·i·za·tion [rìː(ː)əlizéi(ʃ)ən/-əlai-] n. 실현, 현실화; 현금화

re·al·ize [ríː(ː)əlàiz] vt. 깨닫다, 터득하다; 실현하다; 현금화하다

re·al·ly [ríː(ː)əli] ad. 전적으로; 정말로: R~? 정말입니까?

realm [relm] n. 왕국; 국토; 영역 (sphere); (학문의)부문

reap [riːp] vt., vi. 거둬들이다; 얻다

re·ap·pear [rìːəpíər/rìː-] vi. 다시 나타나다, 재생하다

rear[1] [riər] n. 뒤쪽, 배후: (英俗) (남자용)변소 —a. 뒤쪽의

rear[2] vt. 올리다 (raise); 세우다; 기르다; 재배하다 (cultivate)

re·ar·ma·ment [rìːɑ́ːrməmənt/ rìː-] n. 재군비, 재무장

rea·son [ríːz(ə)n] n. 이유, 동기; 원인; 이성; 도리 by ~ of … 라는 이유로 —vt., vi. 논하다; 추론하다

rea·son·a·ble [ríːz(ə)nəbl] a. 이성있는, (요구 등이)합당한

rea·son·a·bly [ríːz(ə)nəbli] ad. 정당하게, 합리적으로; 합당하게

rea·son·ing [ríːz(ə)niŋ] n. 추리; 증명, 논증 [하다; 안심시키다

re·as·sure [rìːəʃúər] vt. 재보증

re·bate [ríːbeit, ribéit] n. 할인, 환불, 레베이트

reb·el [rébl —v.] n. 반역자, 반란자 —a. 반역의 —vt. [ribél] 반역하다 [반란 반역

re·bel·lion [ribéljən] n. 반역,

re·bel·lious [ribéljəs] a. 반역의, 반항적인

re·bound [ribáund —vt.] n. 되튀다 (from) —n. [ríːbaund, ribáund] 되튀기; 반동

re·build [rìːbíld/rìː-] vt. (p., pp. -built) 재건하다; 개축하다

re·buke [ribjúːk] vt. 꾸짖다 (scold), 비난하다 —n. 질책, 징계

re·call [rikɔ́ːl →n.] vt. 소환하다; 회복시키다; 상기하다[시키다] (recollect); 철회하다: an order ~ed 취소된 명령. [+美 ríːkɔːl] 소환; 회상 회복; 철회; 리콜

re·cede [risíːd] vi. 물러가다; 쑥 들어가다; 가치가 떨어지다

re·ceipt [risíːt] n. 수령, 영수증: a ~ stamp 수입인지 —vt. 영수증을 주다

re·ceive [risíːv] vt., vi. 수령하다; 받다; 맞이하다: ~ a guest 손님을 맞이하다/favorably ~ 호의적

re·ceiv·er [risíːvər] n. 수령인; 수용인; 수화기, 수신기 수상기

re·cent [ríːsnt] a. 요즈음의, 근래의 —**ly** ad. 최근, 요즈음

re·cep·tion [risép(ʃ)ən] n. 수리; 접대; 환영회; ~ room 응접실, 대기실/a ~ clerk (美) (호텔의)예약[접수]계원/ a ~ day 면회일/give a ~ 환영회를 열다/hold a ~ 환영회를 열다 ~**ist** n. 접수[접대]원

rain-coat [⁼kòut] *n.* 레인코트, 비옷
rain-drop [⁼dràp/-dròp] *n.* 빗방울
rain-fall [⁼fɔ̀:l] *n.* 강우; 우량
Rai-nier [reiníəɾ, ⁼⁼] *n.* **Mount ~** 레이니어산(워싱턴주 서부의 산, 근처는 국립공원)
rain-proof [réinprù:f] *a.* 방수의
rain-storm [⁼stɔ̀:rm] *n.* 폭풍우
ráin wàter 빗물
rain-wear [⁼wὲəɾ] *n.* 우비
rain-y [réini] *a.* 비오는; 비가 올 듯한: a ~ day 우천; 역경[however]의 때: the ~ season 우기
raise [reiz] *vt.* (들어)올리다 (lift); 일으키다; 세우다; 재배하다; 기르다; 출세[승진]시키다; 향상시키다; (임금·가격 등을)올리다 (명성·온도·소리를)높이다 ~ *one's hat* 모자를 들어 인사하다; 올리다, 높이기; 높직한 곳, 동귀(고)
rai-sin [réizn] *n.* (보통 *pl.*) 건포도: ~ *bread* 건포도빵
rai·son d'ê·tre [réizən dé̀tr] *F.* 존재이유
rake [reik] *n.* 쇠스랑, 갈퀴 — *vt., vi.* 쇠스랑으로 긁다[긁어 모으다]; 삼살이 뒤지다
ral·ly [rǽli] *vt., vi.* 다시 모으다[모이다]; 회복하다, (정력 등을) 집중하다 — *n.* 재집결; 대회; 자동차경주; 《정구》연타야 치고받기
ram [ræm] *n.* 숫양 — *vt.* 때려박다
ram·ble [rǽmbl] *n.* 어슬렁거리기, 산책 — *vi.* 어슬렁거리다
ram·e·kin, -quin [rǽm(ə)kin] *n.* 라미킨(치즈에 달걀·빵부스러기를 섞어 만든 요리)
ramp [ræmp] *n.* 램프(고속도로 진입구 등의 연결용 경사로);(비행기의)트랩: a ~ *bus* 공항에서 승객을 나르는 버스
ram·page [rǽmpeidʒ/⁼⁼ ⁼] → 1) 《俗》미쳐날뛰다. [⁼⁼] 미쳐날뛰다
ram·pant [rǽmpənt] *a.* 맹렬한, 미쳐날뛰는; (병이)만연하는, (초목이)우거진
ram·part [rǽmpɑ:rt, -pərt] *n.* 성벽; 방어물
ran [ræn] *v.* run의 과거
ranch [ræntʃ/rɑ:ntʃ] *n.* 《美》목장; 농장
ran·dom [rǽndəm] *n.* (다음 숙어로만) *at ~* 되는 대로, 마구잡이의 — *a.* [추측] 마구잡이의
ràndom sámpling 임의[무작위] 추출
rang [ræŋ] *v.* ring²의 과거
range [reindʒ] *vt.* 정렬시키다; 분류하다; 조준하다(*on*); 돌아다니다 — *vi.* 정렬하다; 평행이

다, (산·숲 등이)잇대어 있다; 한 패가 되다; …의 편에 서다; 돌아다니다; (범위가) 미치다 (*over*) — *n.* 열, 줄; 사정; 범위; 사격장; (요리용)레인지
rang·er [réindʒəɾ] *n.* 돌아다니는 사람; (삼림 등의)감시인
Ran·goon [rængú:n] *n.* 랭군(미얀마의 수도)
rank [ræŋk] *n.* 열(列); (*pl.*) 사병; 계급, 등급; 신분; 높은 지위 — *vt.* 정렬시키다; 분류하다; 등급을 매기다 — *vi.* 정렬하다; (어떤)지위에 있다
ran·som [rǽnsəm] *n.* 몸값(배상금)을 내고 구해내기)
rap [ræp] *vt., vi.* 탕탕(톡톡) 두드리다 (tap) (*at, on*) — *n.* 탕 탕 두드리기[는 소리]
rape [reip] *n.* 강탈; 강간 — *vt.* 강탈[강간]하다
rap·id [rǽpid] *a.* 빠른 (quick), 신속한: a ~ *train* 쾌속열차 — *n.* (보통 *pl.*) 여울 [급속
ra·pid·i·ty [rəpídəti] *n.* 급속;
rapt [ræpt] *a.* 넋나간, 몰두한
rap·ture [rǽptʃəɾ] *n.* 황홀상태, 환희: *in* ~ 황홀해져서
rare¹ [rɛəɾ] *a.* 드문, 진기한; 멋있는; (口) 아주 재미있는 ~ **ly** *ad.* 드물게, 좀처럼…않는
rare² *a.* (고기 등이)설익은 (underdone) [깡패
ras·cal [rǽsk(ə)l/rɑ́:s-] *n.* 악한,
rash [ræʃ] *a.* 무모한 (reckless); 성급한 [등의)잎은 조각
rash·er [rǽʃəɾ] *n.* (베이컨·햄
rat [ræt] *n.* 《動》쥐 (*cf.* mouse); 《俗》배반자
rat·a·fi·a [rætəfí:ə/-fíə], **rat-a-fee** [-fí:] *n.* (버찌씨 등으로 맛을 낸)과실주
rate [reit] *n.* 비율 (proportion), 율; 가격 (price); 시세; 속도: the ~ *of exchange* 환시세 — *vt.* 어림잡다; 평가하다
rath·er [rǽðəɾ/rɑ́:ðə] *ad.* 오히려, 좀; 얼마간: It is ~ *cold today.* 오늘은 좀 춥다 I feel ~ *tired.* 좀 피곤하다 *I'd*[*had, would*] ~ *than...* …보다 오히려 …하고 싶다
Raths·kel·ler [rɑ́:tskèləɾ] *G. n.* (지하층의)음식점, 술집
rat·i·fy [rǽtifài] *vt.* 비준하다
rat·i·fi·cá·tion *n.* 비준
ra·ti·o [réiʃiòu] *n.* 《數》비, 비율
ra·tion [rǽʃ(ə)n, réi-] *n.* 정액, 정량; (*pl.*) 식량
ra·tion·al [rǽʃən(ə)l] *a.* 이성적인; 분별있는, 합리적으로
ra·tion·ale [rǽʃənǽl, -náːli / -ʃiənáːl] *n.* 이론적 근거 [L]

quiz [kwiz] n. (pl. ~zes) 질문, 퀴즈 — vt. 질문하다
quoin [k(w)ɔin] n. 【建】(건물의)모퉁이; (방)구석; 귀돌; 쐐기
quo·ta·tion [kwoutéi∫(ə)n] n. 인용; 인용문[구, 어]; 【商】시세
quote [kwout] vt., vi. 인용하다

R

rab·bi [rǽbai] n. 《유대교》 랍비(유대의 율법박사), 선생
rab·bit [rǽbit] n. 집토끼; 《美》(일반적으로)토끼(가죽): Welsh ~ 녹인 치즈를 얹은 크래커 / ~ food 푸성귀
rac·coon [rækún/rək-] n. 너구리의 일종
race[1] [reis] n. 경주, 경쟁; 《경마》경마(회); (사건 등의)진행; 인생 행로; 급류: a ~ cup 우승컵 / a ~ ground 경주[경마]장 / a ~ stand (경주 경마 등의)관객석 — vt., vi. 경주[경쟁]시키다; 질주하다; 무리
race[2] n. 인종, 민족, 종족; (동식물의)종족, 무리
race horse 경마말
rac·er [réisər] n. 경주자
race track 경마[경주]장
ra·cial [réi∫(ə)l] a. 인종의[종족의]
rac·ing [réisiŋ] n. 경주; 경마: a ~ car 경주용 자동차
rack [ræk] n. …걸이; 선반, 그물선반; 고문(대); 심한 고통 — vt. 선반에 얹다; 괴롭히다
rack·et [rǽkit] n. 라켓
rack·et·eer [rækitíər] n. 《美俗》 갈취자 — vi. 갈취하다 (blackmail)
ra·con·teur [rækɑntə́ːr/-kɔn-] F. n. 담화가
ra·dar [réidɑːr/-də] n. 레이더
ra·di·al [réidiəl] a. 광선의; 방사상(放射狀)의 「광휘; 방사
ra·di·ance [réidiəns] n. 빛남,
ra·di·ant [réidiənt] a. 빛나는, 밝은; 방사하는
ra·di·ate [réidièit] vi., vt. (빛·열을)방사하다; 발산하다
ra·di·a·tion [rèidiéi∫(ə)n] n. 방사, 방사선; 방사열; 발산
ra·di·a·tor [réidièitər] n. 방열기, 라디에이터; 냉각[난방]장치
rad·i·cal [rǽdik(ə)l] a. 근본적인; 철저한; 급진적인, 과격한 — n. 급진당원, 과격론자 // ~ism n. 급진주의 「수
ra·dii [réidiai] n. radius의 pl.
ra·di·o [réidiòu] n. 라디오(방송); 무선전신(전화); 수신기; a national ~ 국영방송 / a por·ta·ble ~ 휴대용 라디오 / a control 무선조종/a ~ receiver [set] 라디오 수신기 / a ~ sta·tion (라디오)방송국 R~ City New York의 환락가 — vi., vt. 방송하다; 무전으로 신호하다
ra·di·o·ac·tive [⊲ǽktiv/réi-] a. 방사성의
ra·di·o·broad·cast [⊲brɔ́ːdkæst/-kɑːst] vt., vi. (p., pp. -cast 또는 -ed) 라디오방송(하다)
ra·di·o·graph [⊲græf/-grɑːf] n. 뢴트겐사진
ra·di·o·i·so·tope [⊲áisətòup] n. 방사성동위원소
ra·di·o·sonde [⊲sὰnd/-sɔnd] n. 라디오존데
ra·di·um [réidiəm, -djəm] n. 【化】 라듐(방사성원소)
ra·di·us [réidiəs] n. (pl. -di·i, ~·es) 반경; 방사선; (활동)범위
raf·fle [rǽfl] n. 추첨식 판매
raft [ræft/rɑːft] n. 뗏목 — vt., vi. 뗏목을 짜다; 뗏목으로 나르다[가다]
rag [ræg] n. 넝마; (pl.) 누더기옷; 단편: a ~ fair 중고품시장
rage [reidʒ] n. 격노; 격정, 맹렬; 일시적 대유행; 갈망, 열망 — vi. 격노하다; 맹위를 떨치다
rag·ged [rǽgid] a. 누덕누덕한, 누더기옷을 입은 「외투
rag·lan [rǽglən] n. 라글란형
ra·gout [rægúː/-⊲] F. n. 고기·야채의 프랑스식 스튜
rag·time [rǽgtàim] n. 《美》 랙타임, 재즈음악[곡]
raid [reid] n., vt., vi. 침공(하다) (into); (경찰 등의)일제단속(하다) (on, upon): an air ~ 공습
rail [reil] n. 가로장; 난간; 레일
rail·road [réilròud] n. 《美》철도(선로)(《英》 railway); ~ fare [tariff] 철도운임[운임표] / a ~ man 철도원 / a ~ com·part·ment (열차의)칸막이 객실
rail·rov·er tick·et [réilròuvər⊲] 열차특별할인권(싼 요금으로 일정기간 영국철도로 어디에나 여행할 수 있음) 「railroad
rail·way [réilwèi] n. 《英》 =
rain [rein] n. 비, 강우; (pl.) (the ~) 우기: It looks like ~. 비가 올것 같다/in case of ~ 비가 올 경우는 ~ **or shine** 비가 오나 개나 — vi. 비가 오다
rain·bow [⊲bòu] n. 무지개
rain check 우천 순연예[입장]권

Quai d'Or·say [keidɔːrséi] F. 프랑스외무성(소재지)

quail [kweil] n. 《鳥》 메추라기

quaint [kweint] a. 예스런, 별난

quake [kweik] vi. 흔들리다, 진동하다; 떨다 —n. 흔들림, 떨림; 지진

Quak·er [kwéikər] n. 퀘이커 교도

qual·i·fi·ca·tion [kwàləfikéiʃ(ə)n/kwɔ́l-] n. 자격부여(for); 자격증명서; 수정; 조건

qual·i·fied [kwálifàid/kwɔ́l-] a. 자격(면허) 있는, 적임의 (for)

qual·i·fy [kwálifài/kwɔ́l-] vt. 자격을 주다; 적임으로 하다 (as); 제한하다 —vi. 자격을 얻다

qual·i·ta·tive [kwálitèitiv, + 英 kwɔ́litə-] a. 질적인

qual·i·ty [kwáliti/kwɔ́l-] n. 성질, 품질; 우량, 질점; 특질, 기능; (the ~) 상류사회 사람들

qualm [kwa:m] n. 현기 [구토]증

quan·ti·ta·tive [kwántitèitiv, + 英 kwɔ́ntitə-] a. 양적인

quan·ti·ty [kwántiti/kwɔ́n-] n. 양; 수량; (때로 pl.) 다량, 다수; in large *quantities* 대량으로

quar·an·tine [kwɔ́ːrəntìːn, kwár-/kwɔ́r-] n. 검역; 검역정선(기간), 격리 —vt. (배)을 검역하다, 격리하다

quar·rel [kwɔ́ːral, kwár-/kwɔ́r-] n. 싸움, 말다툼; 불화 —vi. 싸움[말다툼]하다 (with)

quar·ry [kwɔ́ri, kwáːri/kwɔ́ri] n. 채석장 —vt. (돌을)떠내다

quart [kwɔːrt] n. 쿼트(1/4갤런, 약 1.14리터)

quar·ter [kwɔ́ːrtər] n. 4분의 1; 15분; 방위, 구역, ...가; (pl.) 숙소, 거처; 《美》 25센트은화 (1/4불): a business ~ 상업지구 —vt. 4등분하다; 숙박시키다

quar·ter·back [⸗bǽk] n. 《미식축구》 쿼터백 《후강판

quar·ter·deck [⸗dèk] n. 《海》 후갑판

quar·ter·ly [⸗li] a., ad. 연 4회의로, 4계절의 —n. 계간지

quar·ter·mas·ter [⸗mæ̀stər] n. 《海》 조타수

quar·tet, 《英》 -tette [kwɔːrtét] n.

Quar·tier La·tin [kɑrtjelatɛ̃] F 카르티에라탱(파리의 학생가)

quar·to [kwɔ́ːrtou] n. 4절판

qua·ver [kwéivər] vi. (목소리 등이)떨리다 —vt. 떨리는 소리로 노래[말]하다 (out) —n. 떨리는 목소리

quay [kiː] n. 부두, 암벽

Que·bec [kwibék] n. 캐나다 동부의 주

queen [kwiːn] n. 여왕; 왕비 ~

mother 대비 Q~ of Grace 성모마리아

queer [kwiər] a. 별난, 《口》 수상한; 《美俗》 부정한

quench [kwentʃ] vt. (불)을끄다, (갈증을) 풀다; (욕망)을억누르다

que·nelle [kənél] F. n. 고기완자

quest [kwest] n. 탐색, 탐구 —vi. 찾다, 추구하다

ques·tion [kwéstʃ(ə)n] n. 질문, 의문; 문제; 논제, 현안 ~ a housing ~ 주택문제 *beyond* [*out of*]~ 의심할 나위없이, 확실히; 문제가 안되는 —vt., vi. 질문하다; 의심을 품다

question màrk 물음표(?)

ques·tion·naire [kwèstʃənéər, + 英 ⸗tjənéə] F. n. 질문서

queue [kjuː] n. 변발, 길게늘어뜨린 머리; 《英》 줄 —vi. 줄을 서다 (*up*)

quick [kwik] a. 빠른, 신속한; 성급한; 이해가 빠른, 민감한 ~ reference 속견표 —ad. 빨리, 급히 (quickly) —·ly ad. 빨리, 급히

quick·en [kwík(ə)n] vt., vi. 빨리하다, 빨라지다; 활기띠(게)하다

quick-lunch [⸗lʌ̀ntʃ] n. 《美》 간이식당

quick·step [⸗stèp] n. 속보; 《댄스》 퀵스텝

quick-tem·pered [⸗témpərd] a. 화를 잘 내는

quid¹ [kwid] n. (씹는 담배의)한 입

quid² [⸗] 《英俗》 1파운드금화

qui·es·cent [kwaiésənt] a. 조용한, 움직이지[활동하지]않는

qui·et [kwáiət] a. 조용한; 온화한, 차분한, 침착한; (빛깔·복장이)수수한 —n. 정적; 휴식; 평화 —vt., vi. 조용하게 하[되]다; 달래다; 녹이다

quill [kwil] n. 깃털; 깃펜

quilt [kwilt] n. 이불

quin·tet, 《英》 -tette [kwintét] n. 5중주[창](곡); 5인조

quit [kwit] vt., vi. (p., pp. ~ted or 《美》quit) 떠나다 (leave); 버리다; 그치다 (stop); 사직하다 —a. 자유로운, 면제된 (*of*)

quite [kwait] ad. 전적으로, 완전히 (completely); 거의; 확실히 (...이나); 《口》 《very 대신에》 상당히, 대단히 Q~ *right*. 좋소, 옳소

Qui·to [kíːtou] n. 키토(남미 에콰도르의 수도)

quits [kwits] a. 피장파장의

quit·tance [kwít(ə)ns] n. 면제, 사면(*from*); 보상; 영수(증)

quiv·er [kwívər] vi., vt. 떨(게)하다; 흔들(리)다 —n. 떨림

pump² n. (보통 pl.) 펌프스(굽이 없는 단화)

pump·kin [pʌ́mpkin, +美 pʌ́ŋkin] n. 《植》 호박

punch¹ [pʌntʃ] n. 편치, 구멍뚫는 가위; (주먹의 한방); (차장이 벨달린 편치(차장이 검표를 알림)—vt. (표 등에) 구멍을 뚫다 《in, out》; 한대 먹이다

punch² n. 펀치(술에 우유·레몬 등을 탄 음료); 프루트 펀치

punc·tu·al [pʌ́ŋktʃu(ə)l, +美 -tjuəl] a. 시간을 엄수하는

punc·tu·a·tion [pʌ̀ŋktjuéi(ə)n/-tʃu-] n. 구두점(찍기); 구두법

punc·ture [pʌ́ŋktʃər] n. 찌름, 구멍(을 뚫기); 펑크—vt. 찌르다, 구멍을 뚫다; 펑크내다—vi. (바퀴가)펑크나다

pun·ish [pʌ́niʃ] vt. 벌주다; 《口》 혼내주다

pun·ish·ment [pʌ́niʃmənt] n. 벌, 형벌

pu·pil [pjúːp(i)l] n. 생도, 학생; 《解》 눈동자

pup·pet [pʌ́pit] n. 꼭두각시; a ~ show 《晨》 인형극 **-peteér** n. 인형조종사

pup·py [pʌ́pi] n. 강아지

pur·chase [pə́ːrtʃəs] vt. 사다; 획득하다—n. 구매(물); 획득(물)

pure [pjuər] a. 순수(순결)한; 완전한

pu·rée [pjuəréi] F. n. 퓨레(고기와 야채를 삶아 채로 거른 수프)

purge [pəːrdʒ] vt. (심신을)깨끗이 하다; 추방(숙청)하다—n. 정화; 추방

pu·ri·fy [pjú(ə)rifai] vt. 순수하게 하다; 깨끗이 하다(of, from)

Pu·ri·tan [pjú(ə)rit(ə)n] n. 청교도; (p~) 근엄한 사람—a. 청교도의; (p~) 엄격한 ~**ism** n. 청교주의

pu·ri·ty [pjú(ə)riti] n. 순수; 순결

pur·ple [pə́ːrpl] n. 자주빛(의); 제왕의 ~의 자주빛; 왕위

pur·pose [pə́ːrpəs] n. 목적, 의도; 의지 on ~ 일부러 to the ~ 적절히; 요령있게 —vt. …하려고 생각하다

purse [pəːrs] n. 지갑; 돈, 자금

—vt., vi. (입 등을)오므리다, 오므라들다

purs·er [pə́ːrsər] n. (여객선·여객기의)사무장

pur·su·ant [pərsúːənt/-s-ú(ː)-] a. 응하는, 따르는—ad. 따라 《to》

pur·sue [pərsúː/-sjúː] vt., vi. 추적(추구)하다; 수행(종사)하다

pur·suit [pərsúːt/-sjúːt] n. 추적; 추구; 속행

pur·vey [pə(ː)rvéi] vt., vi. 《英》 (식량을)조달하다, 남품하다

pus [pʌs] n. 고름

push [puʃ] vt., vi. 밀다, 찌르다; 강요하다; 밀고 나아가다—n. 밀기, 찌르기

púsh bùtton 누름단추

púsh·càrt [ˊkàːrt] n. 미는 손수레

puss [pus] n. 《애칭어》 그양이; 《英》 산토끼; 소녀

puss·y [púsi] n. 《兒語》 고양이

put [put] vt. (p., pp. put) 놓다, 두다; 대다; (어떤 상태로)하다; (어떤 방향으로)향하게 하다—vi. (배 등이)향하다 《fer, to》; 《美口》 급히 물러가다 ~ **aside** 치우다; 저축하다 ~ **away** 치우다; 《俗》 (음식을)먹어치우다 ~ **down** 적어두다 ~ **in** 들이끼우다; 제출하다; 입항하다 ~ **into** 끼우다; …에 입항하다 ~ **off** (옷을)벗다; 연기하다; 출발하다 ~ **on** 입다; (속력을)더하다 ~ **together** 조립하다, 합계하다 ~ **up with** …을 참다(endure)

putt [pʌt] n., vt., vi. 《골프》 퍼트 (하다); 《짜다》 하는

put-up [pútʌp] a. 《美口》 미리 (짜낸)의; 음모의

puz·zle [pʌ́zl] vt., vi. 당혹시키다 (하다), 생각해내다—n. 수수께끼, 난문

PX = *post exchange* 《軍》 매점

pyg·my [pígmi] n. 난쟁이; (P~) 피그미 — a. 난쟁이의

py·ja·mas [pədʒáːməz +美 dʒǽm-] n. pl. 《英》=pajamas

py·lon [páilən/-lən] n. (비행장 의)목표탑 〔미드

pyr·a·mid [pírəmid] n. 피라 **Pyr·e·nees** [pírəniːz/ˋ---] n. pl. (the ~) 피레네산맥(프랑스와 스페인의 국경에 있음)

Q

QEA = *Qantas Empire Airways* (Ltd.) 콴타스 항공(회사)(오스트레일리아의 항공회사)

quad·ran·gle [kwɑ́drǽŋgl, kwɔ́d-] n. 사각형; 안뜰

qua·drille [kwədríl] n. 카드리유(4명이 추는 춤, 그 곡)

quad·ru·ped [kwɑ́drupèd/kwɔ́d-] n. 《動》 네발짐승—a. 네발이 있는

proverb 증명하다 —vi. …임을 알다: He ~d to be an American. 그가 미국인임이 판명되었다

prov·erb [právərb/próvəb] n. 속담; 소문난 것

pro·vide [prəváid] vt., vi. 준비[대비]하다; 공급하다, 주다

pro·vid·ed [prəváidid] conj. 《provided that》 만약 …하면; …하는 조건으로

prov·i·dence [právid(ə)ns/prɔ́v-] n. 신의 뜻, 섭리; (P~) 신

prov·i·dent [právid(ə)nt/prɔ́v-] a. 선견지명이 있는, 조심성있는, 검소한

pro·vid·ing [prəváidiŋ] conj. = provided

prov·ince [právins/próv-] n. 주(州), 도; (pl.) (the ~) 지방, 시골; 범위

pro·vin·cial [prəvínʃ(ə)l] a. 지방[시골]의 —n. 지방인

pro·vi·sion [prəvíʒ(ə)n] n. 준비, 설비; (pl.) 식량; (法) 조항: make ~ against accidents 만일의 사고에 대비하다

prov·o·ca·tion [pràvəkéiʃ(ə)n] n. 약올림; 울화, 부아; 도전, 자극

pro·voc·a·tive [prəvákətiv/-vɔ́k-] a. 화나게 하는, 도발적인; 자극하는; 흥미를 끄는

pro·voke [prəvóuk] vt. 화나게 하다, 도발하다; 자극하다; 《~ amusement》 즐겁게 하다/ ~ a laughter 웃음을 자아내다

prow·ess [práuis] n. 무용(武勇); 용맹

prox·i·mo [práksimou/prɔ́ks-] a. 내달의(略: prox.) [L]

pru·dence [prúːd(ə)ns] n. 신중; 분별; 약삭빠름

pru·dent [prúːd(ə)nt] a. 신중한, 분별있는; 약삭빠른

prune [pruːn] n. 말린 오얏

pry [prai] vi. 유심히 보다; 꼬치꼬치 캐다 —vt. 들추어내다

P.S. = postscript 추신

psalm [sɑːm, 美 sɑːlm] n. 찬송가; (the P~s) (시편의) 시편

pseu·do·nym [súːdənim/(p)sjúːdə-] n. 익명, 필명

PST = Pacific standard time

psy·che·del·ic [sàikədélik] a. 황홀케 하는; 황홀을 자아내는; 사이키델릭조의 —n. LSD, 마약

psy·chol·o·gy [saikálədʒi/-kɔ́l-] n. 심리학

P.T.A. = Parent-Teacher Association 사친회

P.T.O., p.t.o. = please turn over 뒷면에 계속

pub [pʌb] n. 《英俗》 술집 (public house 의 단축형)

pub·lic [páblik] a. 공공의, 일반의, 공중의 (cf. private): a ~ comfort station [convenience] 《美俗》 공중변소/ a ~ holiday 공휴일 / a ~ house 《英》 여관/ a ~ library 공공도서관/ a ~ opinion 여론/ a ~ school 《美》 공립학교; 《英》 사립학교 n. 사회, 공중; 《英俗》 술집 in ~ 공공연히 《~ly ad. 공공연히

pub·li·ca·tion [pàblikéiʃ(ə)n] n. 발표, 공포; 발행, 출판(물): a monthly [weekly] ~ 월간[주간] 출판물

public hearing 공청회

pub·lic·i·ty [pʌblísiti] n. 명성, 공표, 선전

pub·lic-spir·it·ed [pábliksːpírìtid] a. 공공심이 있는

pub·lish [pábliʃ] vt. 발표[공포]하다; 출판하다

pud·ding [púdiŋ] n. 푸딩

pud·dle [pʌ́dl] n. 물웅덩이; 흙반죽 —vt. 진흙투성이로 하다; 반죽하다

pueb·lo [pwéblou] n. (pl. ~s) (북미원주민의)부락; (라틴아메리카의)마을 [Sp.]

Puer·to Ri·co [pwèərtəríːkou] 푸에르토리코(구명 Port Rico)

puff [pʌf] n. 훅[한번] 불기; (화장용)퍼프; 슈크림: have a ~ at a pipe 한대 피우다 —vi., vt. 훅 불다; 숨을 헉헉거리다; 부풀다, 부풀리다: ~ out a candle 양초를 불어서 끄다

púff bòx [pwéblou] (화장품) 상자

Pu·lit·zer Prize [pjúːlitsər] 퓰리처상(미국의 신문·문예상)

pull [pul] vt., vi. 끌다, 잡아당기다; 따다; 배를 젓다, 끌고 가다, (담배를)피우다 ~ off (口) 성공하다. ~ on 당기기; 한번 젓기; (俗) 연줄

pull·back [púlbæk] n. (병력의) 철수

Pull·man [púlmən] n. (pl. ~s) 풀맨식 차량(Pullman car 라고도 하며, 침대차 또는 특등차)

pull-out [²áut] n. = pullback

pull·o·ver [²óuvər] n. 풀오버 (머리부터 입는 스웨터)

pulp [pʌlp] n. 과육; 펄프

pul·pit [púlpit, 美 pʌ́l-] n. 설교단; (the ~) (총칭) 성직자; 《口》 (俗) 조종석

pulse¹ [pʌls] n. 맥박, 고동 —vi. 맥박치다

pulse² n. 콩류; 콩 (beans)

pu·ma [pjúːmə] n. (動) 퓨마

pump¹ [pʌmp] n. 펌프 —vt., vi.

~ rain 이 구름을 보니까 비가 올 것 같다

prom·is·ing [prámisiŋ/ prɔ́m-] a. 가망있는, 유망한: a ~ youth 장래성있는 청년

pro·mote [prəmóut] vt. 전진[촉진]시키다, 승진시키다; 장려하다

pro·mo·tion [prəmóu∫(ə)n] n. 권장, 장려, 주선; 발기(發起)

prompt [prampt/ prɔm(p)t] a. 신속한(quick); 즉석의: a reply 즉답/ ~ cash 맞돈 —vt. 자극[고무]하다 **~·ly** ad. 신속히, 즉석에서

prone [proun] a. 엎드린; 경사진; …의 경향이 있는 (to, to do)

pro·nounce [prənáuns] vt., vi. 발음하다, 선언[단언]하다

pro·nun·ci·a·tion [prənʌnsiéi∫(ə)n] n. 발음(법)

proof [pru:f] n. 증명; 증거; 시험 (알코올의 표준강도); ~ spirit 표준알코올음료. —a. 견디는

-proof suf. "…이 통하지 않는 [내…]"의 뜻: fireproof, waterproof

prop [prap/ prɔp] n. 버팀; 지지자; 후원자 —vt. 버티다 《up》

prop·a·gan·da [pràpəgǽndə / prɔ̀p-] n. 선전

prop·a·gate [prápəgèit] vt. 번식시키다; 보급시키다, 선전하다

pro·pane [próupein] n. 《化》 프로판: ~ gas 프로판가스

pro·pel [prəpél] vt. 밀다, 추진하다

pro·pel·ler [prəpélər] n. 추진기, 프로펠러; 추진자

prop·er [prápər/ prɔ́pə] a. 적당한, 올바른; 예의바른, 독특한 (to): a ~ dinner 정식만찬 / a ~ measure to take 적절한 조치 **~·ly** ad. 적절히, 올바로; 본래

prop·er·ty [prápərti/ prɔ́p-] n. 재산, 소유(물); 성질

proph·e·cy [práfisi/ prɔ́f-] n. 예언

proph·et [práfit/ prɔ́f-] n. 예언자

pro·po·nent [prəpóunənt] n. 제의[제안]자, 지지자

pro·por·tion [prəpɔ́r∫(ə)n] n. 비율; 균형, 평형, 조화; 몫, 부분; (pl.) 크기, 넓이 —vt. 균형잡히게 하다, 비례[조화]시키다; 할당하다 in ~ to …에 비례하여

pro·por·tion·al [-∂l] a. 비례하는: ~ representation 비례대표제

pro·pos·al [prəpóuz(ə)l] n. 신청, 청혼; 《美》 입찰

pro·pose [prəpóuz] vt. 신청하다; 제의[제출]하다; 꾀하다 —vi. 제안하다; 청혼하다

prop·o·si·tion [pràpəzí∫(ə)n / prɔ̀p-] n. 주장하다, 제의, 제안

pro·pri·e·tor [prəpráiətər] n. 소유자, 임자 (owner)

pro·pri·e·ty [prəpráiəti] n. 적당; (pl.) 예의범절: with ~ 예법에 맞게

prose [prouz] n. 산문 (cf. verse)

pros·e·cute [prásikjù:t/ prɔ́s-] vt., vi. 수행하다; 기소하다

Pro·sit [próusit] L. int. 건배

pros·pect [práspekt/ prɔ́s-] n. 전망; 경치; (보통 pl.) 가망: command a fine ~ 경치가 좋다 / have a good ~ 장래가 유망하다

pro·spec·tive [prəspéktiv] a. 미래의, 장래의; 예상된

pros·per [práspər/ prɔ́s-] vi., vt. 번영하다[시키다], 성공하다[시키다]

pros·per·i·ty [prɔspérəti/ prɔs-] n. 번영, 성공

pros·per·ous [prɔ́spərəs/ prɔ́s-] a. 번영하는, 성공한; 행운의

pros·ti·tute [prástit(j)ù:t / prɔ́s-] n. 매춘부 —vt. 매춘시키다

pros·trate [prástreit / prɔstréit –a.] 《재귀동료》(자기 몸을)엎드리게 하다; 넘어뜨리다, 쓰러뜨리다; 굴복시키다 —a. [英 prɔ́streit] 엎드린, 부복한; 굴복한; 지친

pro·tect [prətékt] vt. 보호하다, 방어하다 《from, against》

pro·tec·tion [prəték∫(ə)n] n. 보호, 방어 《from, agains。》; 보호자[물]; 통행권; 《美》 관세중명서 —**ism** n. 보호무역주의

pro·tec·tive [prətéktiv] a. 보호하는, 보호무역(정책)의

pro·tec·tor [prətéktər] n. 보호자[물]; 《야구》 가슴받이

pro·test [prətést→n.] vi., vt. 장하다; 항의하다, 이의를 신청하다 《against, about》 —n. [próutest] 항의(서), 이의

Prot·es·tant [prátist(ə)nt/ prɔ́t-] n. (기독교의)신교도 《cf. Catholic》

pro·to·col [próutəkòl/ –kɔ̀l] n. 의정서; 외교의정서, 의전(儀典)

pro·trude [proutrú:d] vi., vt. 돌출하다[시키다], 내밀(게하)다

proud [praud] a. 자랑하는, 롬내는 《of》; 거만한; 자존심있는: I am ~ of you! 장하구나 **~·ly** ad. 자랑하여, 거만히, 뽐내며

prove [pru:v] vt. (p. **~d**, pp. **~d**, **prov·en** [prú:v(ə)n] /美/ –) vt. 입증 [증명]하다; 실험하다, 시험해보다: ~ one's identity 신원을

cil《英》추밀원 —n.《미》옥외변소 /정식
prix fixe [príːfíks] F. 균일가격
prize [praiz] n. 상, 상품: the first ~ 1등상/a ~ cup [medal] 우승컵[메달]/ the Nobel ~s 노벨상
prize·man [´-mən] n.(pl. -men [-mən]) 수상자
pro [prou] n.(pl. ~s)《口》직업선수 [< professional]
prob·a·bil·i·ty [pràbəbíliti/pròb-] n. 있음직함, 가망, (pl.) 일기예보
prob·a·ble [prábəbl/prɔ́b-] a. 있음직한: It is ~ that he will come. 그는 올 것같다 **-bly** ad. 아마: Probably not. 아마 그렇지는 않겠지 /문제
prob·lem [prábləm/prɔ́b-] n. 절
próblem chíld 문제아
pro·ce·dure [prəsíːdʒər] n. 절차, 수속; 조치
pro·ceed [prəsíːd] vi. 나아가다; 계속하다 (with); 착수하다 (to)
proc·ess [práses/próus-] n. 진행, 과정; 방법: ~ butter 가공버터
pro·ces·sion [prəséʃ(ə)n] n. 행렬, 행렬: in ~ 행렬을 지어
pro·claim [prəkléim] vt. 선언[포고]하다; 저절로 나타내다
proc·la·ma·tion [pràkləméi-ʃ(ə)n/prɔ̀k-] n. 선언, 포고, 공포
pro·cure [proukjúər/prəkjúə] vt. 입수하다 (obtain); 초래하다
prod·i·gal [prádig(ə)l/prɔ́d-] a. 방탕한; 낭비하는: play the ~ 난봉피우다 —n. 낭비가
pro·duce [prəd(j)úːs/-djúːs] vt. 생산[제조]하다; (표 등을)제출하다; (연극을)상연하다: ~ a ticket 표를 내보이다 / ~ a play 극을 상연하다
pro·duc·er [prəd(j)úːsər/-djúː-sə] n. 생산[제작]자; 프로듀서;《英》연출자
prod·uct [prádəkt/prɔ́d-] n. 산물, 생산품; 제작품; 결과
pro·duc·tion [prədʌ́kʃ(ə)n] n. 생산(물); 제작, 영화제작(소)
pro·duc·tive [prədʌ́ktiv] a. 생산적인; 풍부한; …을 낳는 (of)
pro·fane [prəféin] a. 신을 모독하는

문외인적 **P ~ Football Hall of Fame** 프로미식축구 영예전당(Ohio주 Canton에 있음) —n. 전문가, 숙련자
pro·fes·sor [prəfésər] n. 대학교수(직함으로서 Prof.로 줄임): a ~'s chair 강좌
pro·file [próufail/-fíːl] n. 옆얼굴, (조각의)측면; 스케치
prof·it [práfit/prɔ́f-] n. 이익 —vt. 이익이 되다 —vi. 도움이 되다; 이익을 얻다 (by)
prof·it·a·ble [práfitəbl/prɔ́f-] a. 유익한, 유리한
pro·found [prəfáund] a. 심원한; 깊은
pro·fuse [prəfjúːs] a. 아낌없는, 사치스러운 (in, of); 풍부한
pro·gram,《英》**-gramme** [próugræm] n. 프로그램; 예정, 계획(서): What is the ~ for tomorrow? 내일의 예정은 어떻게 되어 있니/a crowded ~ 꽉찬 예정/a music 음악프로/a picture 동시상영의 단편영화 —vt. 프로그램을 작성하다 **~·mer** n. 기획자, 프로그램 작성자
prog·ress [prágres→v.] 전진 (advance); 진보, 발달 —vi. [prəgrés] 전진하다; 진보[향상]하다
pro·gres·sive [prəgrésiv] a. 전진하는; 진보적인 —n. 진보론자
pro·hib·it [prouhíbit] vt. 금하다: Smoking is ~ed. 금연
pro·hi·bi·tion [pròuhibíʃ(ə)n] n. 금지(령)
proj·ect v.[prədʒékt→n.] vt. 돌출하다;(빛·그림자를)던지다; 계획하다 —vi. 돌출하다 —n. [prádʒekt/prɔ́-] 계획 (plan), 설계
pro·jec·tion [prədʒékʃ(ə)n] n. 투사; 발사; 돌기, 돌출(물); 계획
pro·le·tar·i·at [pròulətɛ́(ə)riət] n. 무산계급
pro·logue, -log [próulɔːg, -lɔg] n. 서막, (연극의)개막사 (cf. epilogue) /하다
pro·long [prəlɔ́ːŋ/-lɔ́ŋ] vt. 연장
prom·e·nade [pràminéid/prɔ̀minɑ́ːd] n. 산책;《미》(대학의)무도회/a ~ concert 야외음악회/a ~ deck 유객선의 산책갑판 —vi., vt. 산책하다
prom·i·nent [prámin(ə)nt/prɔ́m-] a. 돌출한; 약진의; 걸출한
prom·ise [prámis/prɔ́m-] n. 약속; 가망: make [keep, break] a ~ 약속을 하다 [지키다, 어기다] —vt., vi. 약속하다 (to) (…이) 가망이 있다: The clouds

pressman

집해 있는 지구; a ~ conference 기자회견 ~ *campaign* (신문)지상 캠페인 ~ *corps*(신문)기자단

press·man [∠mən] *n.*(*pl.* **-men** [-mən]) 인쇄공; 신문기자

pres·sure [preʃər] *n.* 압력, 압박, 강제; 곤궁; 분주: a ~ cabin 밀폐실/a ~ group 압력단체

pres·tige [prestíːʒ, 美 préstidʒ] *n.* 위신, 위엄, 명성

pre·sum·a·ble [prizúːməbl/-z(j)uːm-] *a.* 가정할 수 있는, 있을 법한

pre·sume [prizúːm/-z(j)úːm] *vt.* 추정(推定)하다: You are Mr. Brown, I ~. 브라운씨지요.

pre·sump·tion [prizʌm(p)ʃ(ə)n] *n.* 가정, 추정; 가망; 주제넘음, 뻔뻔스러움

pre·teen [priːtíːn] *a., n.* 13세 미만의(어린이)

pre·tend [priténd] *vt.* …체하다 (affect), 가장하다(*to do, that*): ~ *ignorance* 모른체하다

pre·tense, 《英》 **-tence** [priténs, 美 priːtens] *n.* 구실; 구실; 구실; 구실; 구실; 구실: the false ~ 사기

pre·ten·tious [priténʃəs] *a.* 잘 난체하는, 뽐내는

pre·text [príːtekst] *n.* 구실; 변명

pret·ty [príti] *a.* 예쁜, 귀여운; 《俗》 꽤: a ~ *sum of money* 꽤 많은 돈; I am ~ *well.* 저는 꽤 잘있습니다. — *ad.* 상당히; 잘 잘있습니다. — *n.* 《英》 장신구

Pret·zel [prétsəl] 《G.》 *n.* 프레첼 (매듭 모양의 짭짤한 비스킷)

pre·vail [privéil] *vi.* 유행하다; 우세하다; 설득하다

prev·a·lent [prév(ə)lənt] *a.* 유행하는

pre·vent [privént] *vt.* 방해하다, …앞으로 하다 (hinder) (*from*)

pre·ven·tion [privén(ʃ)ən] *n.* 방지, 방해, 예방

pre·ven·tive [privéntiv] *a.* 예방의, 방해하는 — *n.* 예방법

pre·view [príːvjuː, 美 ∠∠] *n.* 《영화》 시사; 예고편

pre·vi·ous [príːviəs] *a.* 먼저의, 전의(*of*): a ~ *engagement* [appointment] 선약 — *ad.* 전에: ~ *ly ad.* 미리, 전에는

pre·war [príːwɔ́ːr] *a.* 전쟁전의

prey [prei] *n.* 먹이 — *vi.* 먹이로 삼다 (*on, upon*)

price [prais] *n.* 값, 가격; 물가: a fixed ~ 정가/a reduced ~ 할인가격/a special ~ 특가/a ~ *tag* 정가표/*What is the* ~? 얼마입니까

price list 정가표

prick [prik] *vt., vi.* 콕콕 쩌르다 [쑤시다] — *n.* 가시, 바늘; 동통

pride [praid] *n.* 자만; 자존심; 자랑 (*in*) — *vt.* 자랑하다

priest [priːst] *n.* 성직자, 승려, 사제(司祭), 목사

pri·ma don·na [príːmədánə/-dɔ́nə] *It.* 프리마돈나 (오페라 등의 주역 여자가수)

pri·ma·ry [práiməri, 美 -mèri] *a.* 최초의; 근본의; 초보의; 제 1 위의: ~ *colors* 원색/a ~ *school* 《英》 초등학교 — *n.* 《宗》 대주교

prime [praim] *a.* 최초의; 드뭄가는; 일류의; 근본의: ~ *ribs of beef* 최고급 갈비살/*the* ~ *minister* 국무총리, 수상 — *n.* 최초; 전성기; 최고급품 (*of*)

prim·er [prímər, 美 prímər] *n.* 입문(서), 첫걸음

prime time 《라디오·TV》 골든 아워(시청률이 높은 시간)

prim·i·tive [prímitiv] *a.* 원시의; 초기의, 근본의

prim·rose [prímrouz] *n.* 앵초

prince [prins] *n.* 왕자, 세자; (영국 이외 나라의) 공작 *P~ Consort* 여왕의 남편 *the* ~ *of the royal* 왕태자 *the P~ of Wales* 영국황태자의 칭호

prin·cess [prínses/-∠, ∠-] *n.* 공주, 왕자비

prin·ci·pal [prínsip(ə)l] *a.* 첫째의; 주요한 — *n.* …장(교장 등)

prin·ci·ple [prínsipl] *n.* 원리, 주의 — *in* ~ 원칙적으로

print [print] *n.* (눌린)자국; 인쇄(물), 프린트, 판화; 《寫》 양화 — *vt., vi.* 자국을 내다; 인쇄하다; 출판[발행]하다; 《寫》 양화하다 — *ed matter* 인쇄물

print·ing [príntiŋ] *n.* 인쇄(업), 《寫》 인화

pri·or [práiər] *a.* 앞(서)의

pri·or·i·ty [praióriti/-ór-] *n.* 앞[먼저]임 (*to*); 우선(권)

pri·o·ry [práiəri] *n.* 수도원

prism [príz(ə)m] *n.* 프리즘

pris·on [prízn] *n.* 교도소; 감옥

pris·on·er [príz(ə)nər] *n.* 죄수

pri·va·cy [práivəsi, 美 prív-] *n.* 비밀, 사생활, 프라이버시

pri·vate [práivit] *a.* 사유의, 개인의, 민간의 (*cf.* public): a ~ *eye* (*detective*) 《俗》 사립탐정/a ~ *room* 개인방/a ~ *letter* 사신/a ~ *business* 사용/a ~ *school* 사립학교

priv·i·lege [prívilidʒ] *n.* 특권, 특전 — *vt.* 특권[특전]을 주다

priv·y [prívi] *a.* 기밀에 관여하는 (*to*); 개인용의 *P~ Coun-*

pre·fab·ri·cate [priːfæbrikèit] vt. 규격품을 조립하여 만들다: a ~d house 조립식주택

pref·ace [préfis] n. 서문; 도입부 —vt. 서문을 쓰다

pre·fec·ture [príːfektʃər, +英 -tjuə] n. 도(청); (도)지사직

pre·fer [prifə́ːr] vt. (오히려 …쪽을)좋아하다 《to, rather than》

pref·er·a·ble [préf(ə)rəbl] a. 더욱 좋은(탐탁한)

pref·er·ence [préf(ə)rəns] n. 선택, 편애 《for》; 좋아하는 것 : I have no particular ~. 특히 가리는 것은 없습니다/have a ~ for … 쪽을 좋아하다

preg·nant [prégnənt] a. 임신한; 상상력이 풍부한; …에 찬

pre·his·tor·ic [prìːhistɔ́(ː)rik, -tɑ́r/-tɔ́r-] a. 유사이전의

prej·u·dice [prédʒudis] n. 편견, 선입관 —vt. 편견을 갖게 하다

prel·ate [prélit] n. 고위성직자

pre·lim·i·nar·y [prilímənèri, -nəri] a. 예비적인, 서문의 —n. (보통 pl.) 예비행위(시험); 예선

prel·ude [préljuːd, +英 príːluːd] n. 《樂》 전주곡; 서막; 서두 《to, of》 —vt., vi. 서막(전주곡)이 되다; 서두를 말하다

pre·ma·ture [prìːmətʃ(j)úər, prèmətjúər] a. 올된

pre·mier [primíər/prémiə] n. 국무총리 (prime minister); 수상 —a. 제1의, 최초의

pre·miere, pre·mière [primíər/prémiɛə] F. n. 《劇》 첫날; 초연;(영화의)특별개봉; 주연 여배우 [F]

prem·ise [n. prémis; v. -v.] 《論》 전제 —vt. vi. (primáiz, prémis) 전제하다, 전제로서 삼다

pre·mi·um [príːmiəm] n. 상금, 보험료; 수수료; 덤; 할증료, 프리미엄: at a ~ 프리미엄이 붙어

pre·oc·cu·pa·tion [pri(ː)ɑ̀kjupéi(ʃ)ən/-ɔ̀k-] n. 선취; 몰두

pre·oc·cu·py [pri(ː)ɑ́kjupài/-ɔ́k-] vt. (마음을)빼앗다; 선취하다

pre·paid [priːpéid/△△] n. prepay 의 과거(분사) —a. 선불의

prep·a·ra·tion [prèpəréi(ʃ)ən] n. 준비, 예습; (…에 대한)각오: in ~ 준비중

pre·par·a·to·ry [pripǽrətɔ̀(ː)ri, -t(ə)ri] a. 준비의, 예비의

prepáratory schóol 《美》 (대학진학을 위한) 사립 고등학교; 《英》(public school 진학용의) 사립초등학교

pre·pare [pripɛ́ər] vt., vi. 준비하다 《for》; 예습하다; 각오시키다(하다) 《to do, for》: ~ for the worst 만일에 대비하다

pre·pay [priːpéi/△△] vt. (p., pp. -paid) 선불하다

pre·pos·ter·ous [pripɑ́st(ə)rəs/-pɔ́s-] a. 터무니없는, 엄청난; 어리석은

pres·age [présidʒ→v.] n. 전조, 예감 《of》 —vt. [+priséidʒ] 예언하다, 예감하다

Pres·by·te·ri·an [prèzbitíː(ː)riən] a. 장로교의. —n. 장로교신도 ~ **Chúrch** 장로교회

pre·scribe [priskráib] vt., vi. 규정하다, 명령하다; 처방하다

pre·scrip·tion [priskríp(ʃ)ən] n. 규정, 명령; 《醫》 처방(전)

pres·ence [préz(ə)ns] n. 존재, 출석; (남의)면전: Your ~ is requested. 《의례적》 참석해주시기 바라나이다

pres·ent¹ [préz(ə)nt] a. 있는, 출석한 (cf. absent); 현재의; 지금의 —n. 현재 **for the ~** 당분간, 지금으로서는

pres·ent² n. 선물 (gift)

pre·sent³ [prizént] vt. 소개하다 (introduce); 나타나다; 선물하다; 제출하다; 《劇》 상연하다

pres·en·ta·tion [prèze(ə)ntéi(ʃ)ən] n. 제출; 증정(품); 소개; 표시; (연극의)상연

pres·ent-day [préz(ə)ntdéi] a. 현대의, 오늘날의

pres·ent·ly [préz(ə)ntli] ad. 이윽고, 곧 (soon), 나중에

pres·er·va·tion [prèzərvéi(ʃ)ən] n. 보존, 저장; 예방, 방부

pre·serve [prizə́ːrv] vt. 보존하다; 보호(유지)하다 —n. (보통 pl.) 설탕절임, 잼통; 금렵지

pre·side [prizáid] vi. 사회하다 《over, at》; (식탁에서)주인역을 하다

pres·i·dent [préz(ə)dənt] n. (P~) 대통령; 의장, 회장; 총장; 사장, 회장

pres·i·den·tial [prèzidén(ʃ)(ə)l] a. president 의: a ~ election 대통령선거 / ~ veto 대통령의 법안서명거부권

press [pres] vt. 누르다, 밀어내다; 다리미질하다; 밀다; 압박하다; 강조(강요)하다; 괴롭히다 —vi. 밀다, 압박하다; 서두르다 《on, to, forward》; 강요하다 《for》: Time ~es. 시간이 촉박하다 —n. 누르기, 압박; 혼잡; 촉박; 압박기; 인쇄(기); 출판사; (the ~) 《총칭》 출판물, 신문; (P~) 기자(신문을)은 a daily ~ 일간지 / Associated P~ AP통신사 / a ~ center 신문사가 밀

po·tent [póut(ə)nt] *a.* 힘센; (약이)효험있는

po·ten·tial [pɑtén∫(ə)l] *a.* 가능성있는; 잠재적인 —*n.* 가능

pot·herb [pát(h)ə:rb/ pɔ́thə:b] *n.* (삶아 먹는)야채

pot·house [páthàus/ -] *n.* (英) 술집 (pub, beer house)

pot luck [pátlʌ̀k/ pɔ́tlʌ̀k] *n.* 있는 재료로 만든 음식

Po·to·mac [pətóumək] *n.* (the ~) Washington D.C.를 관류하는 강

Pots·dam [pátsdæm/ pɔ́tsdæm] *n.* 포츠담(베를린 서남쪽의 도시, 포츠담 회의 개최지)

pot·ter [pátər/ pɔ́tə] *n.* 도공(陶工), 도기장이) —*y* [-təri] *n.* 도기제조(소); 도기

pouch [paut∫] *n.* 작은 주머니; 담배쌈지 —*vt., vi.* 주머니에 넣다; (俗) 탑을 주다

poul·try [póultri] *n.* 가금(家禽)

pound [paund] *n.* 파운드(영국의 화폐단위, 100펜스; 略: £); 파운드(영국의 중량단위. 453.6그램)(略: lb)

póund área 파운드 지역

pound·cake [páundkèik] *n.* 파운드과자

pour [pɔ:r] *vt.* 붓다, 따르다 —*vi.* 흘러나오다; 역수같이 쏟아지다 —*n.* 유출; 억수같은 비

pour·boire [púərbwà:r] F. *n.* 팁 (tip)

pousse-café [pùːskæféi] F. *n.* 커피 뒤에 나오는 리큐어술

pout [paut] *vi., vt.* 입을 뾰족 내밀다, 뿌루퉁하다

pov·er·ty [pávərti/ pɔ́v-] *n.* 가난; 결핍 《*of*》

POW = *p*risoner *o*f *w*ar 포로

pow·der [páudər] *n.* 가루, 분말, 분; 화약: talcum ~ 활석파우더 /(화장용)/ tooth ~ 치마분/a ~ puff 퍼프(화장용)/a ~ room 화장실; (여자용)화장실 —*vt., vi.* 가루로 (되게)하다(뿌리다); 가루가 되다; 분을 바르다

pow·er [páuər] *n.* 힘; 능력; 세력, 권력 《*over*》; 강대국; 전력 (電力) —*a* elite 권력엘리트

pow·er·ful [páuərf(u)l] *a.* 강력한; 세력있는

pow·er·house [⁀hàus] *n.* 《소》 발전소

pówer plànt 발전소

pox [pɑks/ pɔks] *n.* 마마

PPM = *p*art *p*er *m*illion 백만분의 1

PR = *p*ublic *r*elations 홍보활동

prac·ti·cal [præ̀ktik(ə)l] *a.* 실제적인; 실용적인 ~·ly [실용]적으로; 사실상

prac·tice, 《英》-tise [præ̀ktis] *n.* 습관, 관례; 실행; 연습; (의사, 변호사 등의)업무: be in ~ 연습[개업]하고 있다 *in* ~ 실제로는 —*vt., vi.* 실행하다 (의사·변호사 등)업으로 삼다; 연습하다, 실습하다

prac·ti·tion·er [præktí∫(ə)nər] *n.* 개업의사; 변호사

prag·ma·tism [præ̀gmətìz(ə)m] *n.* 실용주의 **-tist** *n.*

Prague [preig, prɑːg] *n.* 프라하 (체코슬로바키아의 수도)

prai·rie [préʃ(:)ri] *n.* 대초원

praise [preiz] *vt.* 칭찬하다, (신을)찬송하다 —*n.* 칭찬, 찬송

pra·line [práːliːn] *n.* 토두·편도를 넣은 사탕과자

prate [preit] *vi., vt.* 재잘거리다, 수다떨다 —*n.* 수다

prawn [prɔːn] *n.* 참새우: ~ cocktail 새우 칵테일

pray [prei] *vi., vi.* 기도하다; 간청하다, 《생략적》 부디

prayer[1] [préər] *n.* 기원, 기도(문); 기도식: a ~ book 기도서

pray·er[2] [préiər] *n.* 기도자

preach [priːt∫] *vt., vi.* 설교하다, 전도하다 《*to*》

pre·car·i·ous [prikɛ́(:)riəs] *a.* 불안정한; 남에게 의존하는

pre·cau·tion [prikɔ́ːʃ(ə)n] *n.* 조심, 경계 《*against*》; 예방책

pre·cede [pri(:)síːd] *vt., vi.* 앞서다; 선행하다 **-ced·ing** *a.* 앞의, 앞서의

prec·e·dent [présid(ə)nt] *n.* 전례, (法) 판례 —*a.* 앞선, 전의 (preceding)

pre·cept [priːsept] *n.* 교훈, 훈시, 계율; 격언(maxim)

pre·cinct [príːsiŋkt] *n.* 구내; 경계; (pl.) 근교

pre·cious [pré∫əs] *a.* 귀중한, 값비싼; 소중한; (口) 순수한: a ~ stone 보석/~ metals 귀금속 —*ad.* (口) 대단히

prec·i·pice [présipis] *n.* 절벽

pre·cip·i·tate *vt.* [prisípitèit/ -] 곤두박이치게 하다; 빠뜨리다; 촉진하다 —*a.* [prisípitit] 곤두박이의;조급한; 경솔한

pre·cise [prisáis] *a.* 정확한 (exact); 정밀한; 꼼꼼한

pre·ci·sion [prisíʒ(ə)n] *n.* 정확

pred·e·ces·sor [prédisèsər, -ⁿ-/ priːdisèsə] *n.* 전임자, 선배; 먼저것

pre·dict [pridíkt] *vt., vi.* 예언하다

pre·dic·tion [pridík(ə)n] *n.* 예언

pre·fab [príːfæb] *a., n.* 조립식의(주택)

por·nog·ra·phy [pɔːrnágrəfi/-nɔ́g-] n. 춘화; 호색[에로]문학

porn·y [pɔ́ːrni] a. 포르노식의

por·ridge [pɔ́ːridʒ/pɔ́r-] n. 《英》죽(《美》starches)

por·ring·er [pɔ́rindʒər/pɔ́r-] n. (죽·수프용) 운두높은 접시

Por·sche [pɔ́rʃe] G. n. 포르셰(독일의 자동차의 하나)

port[1] [pɔːrt] n. 항구(도시) ~ of call 기항지 ~ of entry 통관항, 상륙지

port[2] n. 《海》좌현

port[3] n. 포트와인(port wine)

port·a·ble [pɔ́ːrtəbl] a. 휴대할 수 있는, 휴대용의

por·tal [pɔ́ːrt(ə)l] n. (도시 등의) 입구, 정문

por·ter[1] [pɔ́ːrtər] n. 문지기

por·ter[2] n. 운반인; (역의) 포터; 《英》흑맥주 **~·age** n. 운송료, 포터의 팁

por·ter·house [pɔ́ːrtərhàus] n. 《美》선술집, 간이요리집; 최고급의 대형 비프스테이크

por·tion [pɔ́ːrʃ(ə)n] n. 일부; 몫 —vt. 분해[분할]하다 (out)

port·man·teau [pɔːrtmǽntou] n. (pl. ~s, ~x [-z]) 《英》여행가방

por·trait [pɔ́ːrtrit] n. 초상화, (얼굴) 그림[사진]

por·tray [pɔːrtréi] vt. 그리다

Port Said 포트사이드 (이집트의 항구)

Ports·mouth [pɔ́ːrtsməθ] n. 미 New Hampshire 주의 군항; 영국 Hampshire 주의 군항

Por·tu·gal [pɔ́ːrtjug(ə)l/-tju-] n. 포르투갈

Por·tu·guese [pɔ̀ːrtʃugíːz/-tju-] a. 포르투갈(인·어)의 —n. 포르투갈인(어)

pose [pouz] n. 자세, 포즈 —vi. vt. 어떤 자세[태도]를 취하(게하)다; ~의 포즈를 취하다: Will you ~ for me? 사진을 찍게 포즈를 취해주실까요

Po·sei·don [pousáid(ə)n, +美 pə-] n. 《그神》포세이돈(바다의 신)(cf. Neptune)

po·si·tion [pəzíʃ(ə)n] n. 위치; 자세; 지위; 직; 형세

pos·i·tive [pázitiv/pɔ́z-] a. 명확한; 단호한; 확신한; 적극적인; 《哲》실증적인; 《寫》양화의

pos·sess [pəzés] vt. 소유하다; 《보통 수동태》(귀신 등이) 들다

pos·ses·sion [pəzéʃ(ə)n] n. 소유 (물); 점령; (pl.) 재산

pos·ses·sive [pəzésiv] a. 소유의

pos·si·bil·i·ty [pàsibíliti/pɔ̀s-] n. 가능성; 가능한 일

pos·si·ble [pásəbl/pɔ́s-] a. 가능한; 있을 수 있는; 《口》사리를 아는: as quickly as ~ 가급적 빨리

post[1] [poust] n. 기둥 —vt. (벽보를 기둥 등에)붙이다 (up); 게시[고지]하다: P~ no bills. 《게시》벽보를 붙이지 마시오

post[2] n. 《英》우편(물); 우체국; 우체통 by (the) ~ 우편으로 —vt. 《英》우송하다: ~ a letter 편지를 부치다(《美》mail)

post[3] n. 부서; 지위; 직위

post·age [póustidʒ] n. 우편요금: ~ a stamp 우표

post·al [póust(ə)l] a. 우편의: ~ card 《美》관제엽서 (cf. postcard) ~ matter 우편물 ~ a (money) order 우편환

post·box [póustbàks·bɔ̀ks] n. 《英》우체통(《美》mailbox)

post·boy [póustbɔ̀i] n. 《英》우체부

post·card [póustkàːrd] n. 《美》사제엽서: ~ picture ~ 그림엽서

post·code [póustkòud] n. 《英》우편번호(《美》zip code)

post·er [póustər] n. 포스터

pos·ter·i·ty [pastériti/pɔs-] n. 자손 (descendant)

pos·tern [póustəːrn, +美 pás-] n. 뒷문: a ~ door 뒷문

post·man [póustmən] n. (pl. -men [-mən]) 《英》우체부

post·mark [póustmàːrk] n. 소인

post office [póust-] n. 《英》우편국, 《美》우편국: a ~ box 사서함(略: P.O.B.)

post·pone [poust(t)póun] vt. 연기하다 (put off), 뒤로 미루다

post·script [póus(t)skript] n. (편지의) 추신(略: P.S.)

pos·ture [pástʃər/pɔ́s-] n. 자세, 사태 —vi. vt. 자세를 취하(게하)다

post·war [póustwɔ́ːr] a. 전후의

pot [pat/pɔt] n. 단지, 항아리, 《俗》(노름의)큰 돈; 《俗》장구 통배: a tea ~ 차주전자 a coffee ~ 커피 주전자 a liquor ~ 술단지 야채 수프 / a pie 고기파이 / ~ roast 불고기

po·ta·ble [póutəbl] a.음료에 적합한

po·tage [poutáːʒ/pɔ-] F. n. 포타주 (진한 수프) (cf. consommé)

po·ta·to [pətéitou] n. (pl. ~es) 감자: a sweet ~ 고구마/~ chips 얇게 썬감자튀김

pot·boy [pátbɔ̀i/pɔ́t-] n. 술집의 급사

office [station] 《英》경찰서/ a ~ officer 경관

po·lice·man [pálismæn/pɔ́l-] n. (pl. **-men** [-mæn]) 경관

po·lice·wom·an [⌃wùmən] n. (pl. **-wom·en**) 여자경관

pol·i·cy[páləsi/pɔ́l-] n. 정책; 방침; 정책수립후

pol·i·cy·mak·er [⌃méikər] n. 정책수립자

pol·ish [páliʃ/pɔ́l-] vt. 닦다, 광내다; 세련하다 —vi. 광이 나다, 세련되다 —n. 광내기; 광택; 닦는 약; shoe ~ 구두약

Pol·ish [póuliʃ] a. 폴란드(인·어)의 —n. 폴란드 말

po·lite [pəláit] a. 정중한, 예의바른 (courteous); 고상한

po·lit·i·cal [pəlítikəl] a. 정치(상)의; 국사의: ~ circles 정계

pol·i·ti·cian [pàlitíʃ(ə)n/pɔ̀l-] n. 정치가; 《나쁜 뜻으로》정치꾼

pol·i·tics [pálitìks/pɔ́l-] n. 정치(학); 정책; 정강

pol·ka [póu(l)kə/póul-, pɔ́l-] n. 폴카(원래 Bohemia의 경쾌한 춤, 그 곡)

poll [poul] n. 투표(수); (pl.) 투표소; Gallup ~ 갤럽여론조사 —vt., vi. 투표하다; (표를)얻다

pol·lu·tant [pəlú:tənt/pəl(j)ú:-] n. 오염물질

pol·lute [pəlú:t, -ljú:t] vt.더럽히다, 오염시키다

pol·lut·er [pəlú:tər] n. 오염원, 오염자

pol·lu·tion [pəlú:ʃ(ə)n/-l(j)ú:-] n. 오염, 타락: air ~ 대기오염

po·lo [póulou] n.폴로(마상구기 (球技)의 일종); 수구: a ~ shirt 폴로셔츠

po·lo·naise [pàlənéiz, pòul-/ pɔ̀l-] n. 폴로네즈(Poland의 완만한 춤, 그 곡)

pol·y·eth·y·lene [pàliéθilìn/pɔ̀li-] n.폴리에틸렌(합성수지)

pol·y·glot [páliglàt/pɔ́liglɔ̀t] n. 수개국어를 하는 사람

pol·y·graph [páligræf/ pɔ́li-gra:f] n. 거짓말탐지기

Pol·y·ne·sia [pàliní:ʒə, -ʃə/pɔ̀l-, -zjə] n.폴리네시아 제도

pol·y·tech·nic [pàlitéknik/pɔ̀li-] a.종합기술의 —n. 기술학교

po·made [pouméid, -má:d/pou-má:d] n. 머릿기름, 포마드

póm·meled hórse [pámld, + 美 pʌ́m-] (《체조》안마

pomp [pamp/pɔmp] n. 장관,화려, (pl.) 허식 - 당당한; 화려한

Pom·pe·ii [pampéii:, -pei(j)i:] n. 폼페이(베수비오산록에 있는 이탈리아의 폐허)

pom·pous [pámpəs/pɔ́m-] a. 거만한, 젠체하는; 화려한, 호화로운; 허풍떠는

pon·cho [pántʃou/pɔ́n-] n. 폰초(남미 원주민의 외투)

pond [pand/pɔnd] n. 연못: *the Round P~* 런던의 Kensington 공원에 있는 원형연못

pon·der [pándər/pɔ́n-] vt., vi. 심사숙고하다(*on, over*)

pon·der·ous [pándərəs/pɔ́n-] a. 묵직한, 육중한

Pon·ti·ac [pántiæk] n. 미국의 GM 사제의 자동차

po·ny [póuni] n. 작은 말, 《美俗》자습서; (口) 작은 술잔; 《英俗》 25파운드

poo·dle [pú:dl] n. 푸들개

pool[1] [pu:l] n. 물웅덩이; 풀; a motor ~ 모터풀

pool[2] n. 《카드놀이》 건 돈; 일종의 당구; (俗) 물건 두는 곳

poor [puər] a. 가난한; 불쌍한; 빈약한; 메마른; 서투른,

poor·ly [púərli] ad. 가난하게, 불완전하게; 서투르게 —a. (口) 《서술적》 기분이 좋지 않은

pop[1] [pap/pɔp] n. 펑 소리나다 (터지다); 갑자기 나타나다 —vt. 펑하고 울리다 —n. 펑; 《口》 탄산수 —a. 펑, 총소리; 갑자기

pop[2] [pap/pɔp] a. 통속적인, 대중적인; 젊은이들의, 젊은이에게 인기있는 —n. 대중음악[문학]; 팝아트

pop·corn [⌃kɔ̀:rn] n. 팝콘

pope [poup] n. (때로 P~) 로마교황

Pop·eye [pápái/pɔ́p-] n. 뽀빠이(미국의 만화주인공) [포플러

pop·lar [páplər/pɔ́p-] n. 《植》

pop·o·ver [pápòuvər/pɔ́p-] n. 살짝 구운 파이

pop·py [pápi/pɔ́pi] n. 양귀비

pop·u·lar [pápjulər/pɔ́p-] a. 일반대중의, 대중적; 인기있는, 유행하는: ~ opinion 여론/a ~ song 유행가

pop·u·lar·i·ty [pàpjulǽriti/pɔ̀p-] n. 인기; 대중성, 통속성

pop·u·la·tion [pàpjuléiʃ(ə)n/pɔ̀p-] n. 인구; 인원수;(일정지역의)전체주민

pop·u·lous [pápjuləs/pɔ́p-] a. 인구가 조밀한 [꽃)

porce·lain [pɔ́:rslin] n. 자기(제품)

porch [pɔ:rtʃ] n. (건물에서 돌출한)현관; (美) 베란다

pork [pɔ:rk] n. 돼지고기: a ~ chop 돼지갈비

porn [pɔ:rn] n., a. 포르노(의), 포르노 영화작가 [=porn]

por·no [pɔ́:rnou] n., a. (pl. ~s)

plow, 《英》 plough [plau] *n.* 쟁기 — *vt., vi.* 갈다, 경작하다; 갈다

pluck [plʌk] *vt.* 잡아뽑다, 뜯다; 빼앗다 — *vi.* 잡아당기다(*at*) — *n.* 잡아뽑기; (소 등의)내장

plug [plʌg] *n.* 마개, 충전물; 《電》플러그; 《口》팔다 남은 물건; 《美俗》(라디오·TV에 끼우는) 짧은 광고방송; a ~ hat 실크햇 — *vt.* 마개를 하다; 메우다

plum [plʌm] *n.* 《植》서양오얏, 건포도; a ~ pudding [cake] 건포도가 든 푸딩[케이크]

plume [pluːm] *n.* (큰) 깃털; 깃털장식 — *vt.* 깃털로 장식하다; 자랑하다

plump¹ [plʌmp] *a.* 포동포동한, 복신한

plump² *vi., vi.* 쿵하고 떨어지다 [떨어뜨리다]; 쑥 말하다 — *n.* 노골적인; 퉁명스러운 — *ad.* 쿵하고; 솔직히 — *하다*

plun·der [plʌ́ndər] *vt.* 약탈하다

plunge [plʌndʒ] *vt., vi.* 찌르다, 뛰어들다(*into*); (어떤 상태로) 빠뜨리다; 돌진하다; 《俗》큰 도박을 하다 — *n.* 돌입; 뛰어들기

plu·ral [plúə(r)əl] *n., a.* 복수(의)

plus [plʌs] *a.* 《數·電》양(陽)의 — *prep.* …을 더하여 — *n.* 양부호(+); 양수

Plu·to [plúːtou] *n.* 《그.로神》 Hades; 《天》 명왕성

plu·to·ni·um [pluːtóuniəm] *n.* 플루토늄(방사성금속원소)

ply [plai] *vi., vi.* (배·차가)다니다, 부지런히 하다(사용하다)

Plym·outh [pliməθ] *n.* 영국 서남부의 군항도시; 미국 Massachusetts의 도시(1620년 메이플라워호의 청교도가 상륙했음; 미국 크라이슬러사제의 자동차

p.m., P.M. [piːém] = *post meridiem* 오후 (*cf.* a.m., A.M.)

pneu·mo·ni·a [n(j)uːmóuniə, -njə/njuː] *n.* 폐렴

P.O., p.o. = *post office* 우체국; *P.O. Box* 사서함

poach [pout∫] *vt.* (달걀을 깨뜨려)끓는 물에 삶다: a ~ *ed egg* (그릇에)삶은 달걀

POB = *Post Office Box* 사서함

pock·et [pákit/pɔ́k-] *n.* 호주머니; 소지금; (당구대의)포켓; 《空》에어포켓 — *vt.* 호주머니에 넣다; 착복하다 — *a.* 호주머니에 들어가는; 소형의: a ~ *notebook* 수첩/the ~ *edition* 포켓판

pock·et·book [⁓bùk] *n.* 지갑, 《주로 英》수첩

pócket càlculator 휴대용 전자계산기 「돈

pock·et·mon·ey [⁓mʌ̀ni] *n.* 용

pock·et-size(d) [⁓sàiz(d)] *a.* 포켓에 넣을 수 있는; 소형의

P.O.D. = *pay on delivery* 현품인환불기(引換拂)

pod [pad/pɔd] *n.* (완두콩 등의) 깍지, 꼬투리 — *vi., vt.* 꼬투리가 생기다[를 까다]

podg·y [pádʒi/pɔ́dʒi] *a.* 《俗》 땅딸막한

po·em [póuem, -im] *n.* 시: a lyric [prose] ~ 서정[산문]시

po·et [póuet, -it] *n.* 시인 the P~s' Corner 런던의 Westminster Abbey의 한 구획(유명한 시인의 묘·기념비가 있음)

po·et·ess [póuetis] *n.* 여류시인

po·et·ic [pouétik], **-i·cal** [-ik(ə)l] *a.* 시의, 시적의 「《詩》시

po·et·ry [póuitri] *n.* 《총칭》시;

poi [pɔi, póui] *n.* (하와이의)타로토란 요리

point [pɔint] *n.* (뾰족한)끝, 첨단; 갑(岬); 점; 《數》소수점; 지점; 요점; 득점: at all ~s 모든 점에서/a ~ constable 《英》 교통순경/~ duty 《英》교통정리 — *vt.* 끝을 달다, 뾰족하게 하다; 강조하다; 향하게 하다; 지적하다 — *vi.* 가리키다; 향하다

point·er [pɔ́intər] *n.* 포인터(사냥개); (시계 등의)바늘; 지침

poise [pɔiz] *vt.* 평형시키다 — *vi.* 균형잡히다 — *n.* 균형, 자세

poi·son [pɔ́iz(ə)n] *n.* 독(약) — *vt.* 독을 타다 — **~ing** *n.* 중독 **~ous** *a.* 유독한: ~ous *gas* 독가스

poke [pouk] *vt., vi.* (손가락·막대기로)찌르다, (불을)헤집다(*up*); 찾아다니다 — *n.* 찌르기; 《口》느림보

pok·er [póukər] *n.* 《美》포커(카드놀이의 일종); 「굴

póker fàce 《美》무표정한 얼

Po·land [póulənd] *n.* 폴란드

po·lar [póulər] *a.* 극지의; 《理》극(極)의: the ~ *route* [*flight*] 《空》북극항로/~ *circles* 극권/a ~ *bear* 북극곰/~ *lights* 극광 the P~ *Sea* 북(남)극해

Po·lar·is [pouléəris] *n.* 《天》북극성; 폴라리스미사일

Pó·lar·oid Càmera [póulərɔ̀id] 《상표명》폴라로이드카메라(10초 정도로 현상·인화됨)

pole¹ [poul] *n.* 막대, 장대

pole² [poul] *n.* 《天·地》 극(極); 《理》 극

Pole [poul] *n.* 폴란드인

po·lice [pəliːs] *n.* (the ~) 경찰; 《총칭》경관: a ~ *box* [*stand*] 파출소/~ *offense* 경범죄/a ~

plane [plein] n. 평면; 수준; 비행기; a passenger ~ 여객기/ by ~ 비행기로 —a. 평평한

plán·et [plǽnit] n. 《天》 혹성

plan·e·tar·i·um [plæ̀nitɛ́(ə)riəm] n. (pl. ~s, -i·a [-iə]) 《天》 성좌투영기

pláne trèe 《植》 플라타너스

plank [plæŋk] n. 두꺼운 판자

plánned ecónomy 계획경제

plant [plænt / plɑːnt] n. 식물; 설비; 공장; 《俗》 사기: ~ export 플랜트 수출 / a ~ pot 화분 / ~ tour 산업관광여행 —vt. 심다; 앉게 하다; 배치하다; 건설하다; 식민하다 —**er** n. 재배자; 농장주; 식민

plan·ta·tion [plæntéi(ə)n, plɑː-] n. 대농장; 《史》 식민(지)

plas·ter [plǽstər / plɑ́ːs-] n. 회반죽; 《醫》 고약 —vt. 회반죽(고약)을 바르다

plas·tic [plǽstik] a. 조형하는, 소조(塑造)할 수 있는; 유연한: the ~ arts 조형미술 / a figure 소상 —n. 플라스틱

plate [pleit] n. 판, 문패; 《총칭》 금속제 기물; (도자기) 접시; 《寫》 감광판: a soup ~ 수프 접시 / a ~ of beef and vegetables 쇠고기와 야채의 모듬요리 / a ~ lunch 모듬런치

pla·teau [plætóu, ‐´‐] n. (pl. ~s, ~x [-z]) 고원, 대지(臺地)

plat·form [plǽtfɔːrm] n. 단, 플랫폼; 《美》 객차의 승강구; a ~ ticket 《英》 (역의)입장권

plat·i·num [plǽtinəm] n. 백금

Pla·ton·ic [plətɑ́nik / -tɔ́n-] a. 플라톤 (Plato) (철학)의; (p~) 정신적인, 관념적인: ~ love 정신적 연애

pla·toon [plətúːn] n. 한 집단

plat·ter [plǽtər] n. 큰 접시

plau·dit [plɔ́ːdit] n. (보통 pl.) 박수갈채, 칭찬

plau·si·ble [plɔ́ːzəbl] a. 그럴듯한; 구변 좋은

play [plei] vi. 놀다; 경기하다 (in) ...하다.(놀이를)하다; (장난을)치다; 승부(내기)를 하다; 연주하다; 상연되다; ...의 역을 하다; ...답게 행동하다: ~ cards 카드놀이를 하다 / ~ Hamlet 햄릿역을 하다 / Will you please ~ Chopin? 쇼팽을 연주해주지 않겠어요 —n. 놀이; 경기; 연극; 노름; 활동: It is 'our ~. 네차 례다

pláy·bill [‐bìl] n. 연극광고

play·boy [‐bɔ́i] n. 한량, 난봉꾼: P~ Club 미국의 나이트클럽의 체인

pláy·day [‐dèi] n. 휴일

pláy·er [pléiər] n. 경기자, 선수; 연주자

pláy·fel·low [‐fèlou] n. 놀이친구

pláy·go·er [‐gòuər] n. 연극을 좋아하는 사람

pláy·ground [‐gràund] n. 운동장

pláy·house [‐hàus] n. 극장

pláying càrd (트럼프)카드

pláy·mate [‐mèit] n. 놀이친구

pláy·off [‐ɔ̀ːf] n. (무승부·동점인 경우의)결승전

pláy·thing [‐θìŋ] n. 장난감

pláy·time [‐tàim] n. 노는 시간; 휴뢰 시간

pláy·wright [‐ràit] n. 극작가

pla·za [plɑ́ːzə, plǽ-] n. 《Sp.》 (스페인 도시의)광장, 시장

plea [pliː] n. 변명; 탄원

plead [pliːd] vi., vt. (p., pp. ~ed or 《口·方》 pled) 변명(항변)하다 (for); 탄원하다

pleas·ant [pléz(ə)nt] a. 유쾌한; 싹싹한, 정다운: a ~ weather 좋은 날씨

pleas·ant·ry [pléz(ə)ntri] n. 기분 좋음, 즐거움; 농담

please [pliːz] vt. 기쁘게 하다, 만족시키다; 마음에 들다; 부디 —vi. 기뻐하다, 마음에 들다 as you ~ 좋으실 대로 하라 if you ~ 부디, 좋으시다면 —《축》 종한

pleased [pliːzd] a. 기뻐하는, 만족한

pleas·ing [plíːziŋ] a. 기분좋은, 상냥한, 싹싹한

pleas·ure [pléʒər] n. 기쁨, 즐거움, 유쾌 (delight); 오락: a ~ trip 유람여행 for ~ 오락으로 with ~ 기꺼이; (대답으로)알았읍니다

pléasure bòat 유람선

pléasure gròund 유원지

pleat [pliːt] n., vt. 주름(잡다)

pled [pled] v. (口·方) plead의 과거(분사)

pledge [pledʒ] n. 담보, 저당물; 보증; 서약; (the ~) 금주의 맹세 —vt. 저당잡히다; 맹세하다; (건강을 위해서)축배를 들다

plen·ti·ful [pléntif(u)l] a. 많은

plen·ty [plénti] n. 많음, 풍부 (abundance) in ~ 충분히, 풍부히 —a. (口) 많은 —ad. (口) 충분히

pli·a·ble [pláiəbl] a. 낭창낭창한; 온순한

plight [plait] n. 상태 (condition); 곤경

PLO = *Palestine Liberation Organization* 팔레스타인해방기구

plod [plɑd / plɔd] vi., vt. 터벅터벅 걷다; 꾸준히 일(공부)하다

plot [plɑt / plɔt] n. 지역; (연극 등

the P~ Fathers 《美史》 1620년 미국에 건너온 청교도들
pill [pil] n. 환약; 경구피임약
pil·lar [pílər] n. 기둥; 초석
pillar box 《英》 우편함
pil·low [pílou] n. 베개; 쿠션
pi·lot [páilət] n. (비행기) 조종사; 수로안내인: a ~ boat 수로안내선/ a ~ number (전화 등의)대표번호 —vt. 조종하다; 수로안내를 하다
pi·men·to [piméntou] n. 피멘토(고추의 일종)
pin [pin] n. 핀; 바늘; (pl.) 《口》 다리: ~ money 용돈 —vt. (핀으로)고정시키다 (up, to); 억누르다
pinch [pintʃ] vt., vi. 꼬집다; 따다 (out); 곤궁하다 —n. 꼬집기; 한줌; 위기, 펀치
pine [pain] n. 소나무
pine·ap·ple [⌐æpl] n. 《植》 파인애플
ping-pong [píŋpɑŋ/-pɔŋ] n. 탁구, 핑퐁
pink [piŋk] n. 《植》 패랭이꽃; 핑크색, 분홍색 —a. 분홍색의: a ~ lady 칵테일의 일종
pin·na·cle [pínəkl] n. 《建》 작은 뾰족탑; 높은 봉우리; 정점
pint [paint] n. 파인트(액량단위): a ~ of beer 맥주 한 잔
pin·up girl [pínʌp] (벽에 붙여 둘만한)미인(사진)
pi·o·neer [pàiəníər] n. 개척자, 선구자
pi·ous [páiəs] a. 경건한
pipe [paip] n. 관, 도관, 파이프, 담뱃대; 피리: a water ~ 수도관 / a ~ organ 파이프오르간 —vi., vt. (피리를)불다; 관으로 나르다
pipe·line [⌐làin] n. 송유관; 정보루트
pip·er [páipər] n. 피리부는 사람
pique [pi:k] n. 화, 불쾌 —vt. 화나게 하다; (호기심)을 자극하다
pi·rate [páiərit] n. 해적; 저작권침해자 —vi., vt. 해적질하다; 저작권을 침해하다: a ~d edition 해적판
Pi·sa [pízɑ] n. 피사(이탈리아 서북부의 도시. 사탑으로 유명)
pis·tol [pístəl] n. 권총 (~gun) —vt. 권총으로 쏘다 「톤
pis·ton [pístən] n. 《機》 피스
pit [pit] n. 구덩이, 함정; 얹은 자국; 《英》 탄광
pitch[1] [pitʃ] n. 피치(원유·석유 등을 증류하고 남는 찌꺼기)
pitch[2] vt. 던지다; (천막 등)을 치다; 던지다; 《야구》 투수를 보다; (배가)상하로 흔들리다

(cf. roll); 야영하다 —n. 투구; 상하로 흔들림; 던짐; 정도; 기울기; 《音》 높이; 《보트레이스》 피치
pitch·er[1] [pítʃər] n. 《야구》 투수
pitch·er[2] n. 물주전자, 쿠션
pitch·man [⌐mæn] n. (pl. ~men [-mən]) 《美》 노점상인
pit·e·ous [pítiəs] a. 불쌍한
pith [piθ] n. 《解》 (척)수; 진수
pit·i·ful [pítifəl] a. 인정많은; 불쌍한
pit·i·less [pítilis] a. 무자비한
Pitts·burgh [pítsbə:rg] n. 미국 Pennsylvania 주의 철강도시;
pit·y [píti] n. 연민, 동정 —vt., vi. 불쌍히 여기다
piv·ot [pívət] n. 《機》 회전축; 요점 —vi. 회전하다 (upon)
piz·za [píːtsə] n. 피자파이 [It.]
piz·ze·ri·a [pìːtsəríːə] n. 피자전문 음식점 [It.]
plac·ard [plækɑːrd] n. 삐라, 포스터 —vt. 삐라를 붙이다/ 로 광고하다
place [pleis] n. 장소; 위치; 좌석; 주소; 지위; 직; 일장; 임무: a market ~ 장터/ a native ~ 출생지/ a ~ card 좌석표/ find a ~ 좌석을 찾아내다/ book ~s at the theater 극장의 좌석을 예약하다/ in ~ 적소에; 적당한 in ~ of ···대신에 out of~ 적절치 않은 —vt. 두다; (직위 등에)앉히다 —vt. ~ment n. 두기, 배치
plac·id [plǽsid] a. 고요한 (calm), 차분한 (serene)
plague [pleig] n. 역병(疫病); 《the》 페스트; 천재(天災); 《口》 난처한 일 —vt. 괴롭히다
plaice [pleis] n. 《魚》 가자미의 일종
plaid [plæd] n. 바둑판무늬(의 천), 바둑판무늬의 어깨걸이
plain [plein] a. 명백한; 간소한; 솔직한: ~ clothes 평상복/ ~ English 쉬운 영어/ a ~ meal 검소한 식사/ a ~ sailing 순조로운 항해 to be ~ with you 솔직히 말하면 ~ly 알기 쉽게; 분명히 —n. 평원, 들판
plain·tive [pléintiv] a. 구슬픈, 애처로운, 푸념하는
plait [pleit/plæt] n. 변발; 맥각 (麥角) —vt. 주름잡다; 엮다
plan [plæn] n. 계획, 고안; 설계도, (시가) 등의)지도 —vi., vt. 계획(설계)하다; 《美》 바라다 (to do): ~ one's vacation 휴가계획을 짜다

Phil·ip·pine [fílipi:n] *a.* 필리핀(인)의 **the ~ Islands** 필리핀 군도 — *n.* (the ~s) 필리핀군도 (공화국)

phi·los·o·pher [filásəfər/-lɔ́s-əfə] *n.* 철학자; 현인

phil·o·soph·ic [filəsáfik/-sɔ́f-], **-i·cal** [-ik(ə)l] *a.* 철학적인; 냉정한

phi·los·o·phy [filásəfi/-lɔ́s-] *n.* 철학; 원리

phoe·nix [fí:niks] *n.* 불사조

phon [fan/fɔn] *n.* 《理》 폰(음의 세기의 단위)

phone [foun] *n.* 《口》 전화(기) (telephone): **a ~ booth** 전화실/ **a ~ number** 전화번호/ **You are wanted on the ~.** 전화왔어요. — *vt., vi.* 전화를 걸다

pho·net·ic [founétik] *a.* 음성의

pho·no·graph [fóunəgræf/-gra:f] *n.* 축음기

pho·to [fóutou] *n.* (pl. ~s) 《口》 = photograph

phóto fínish 사진판정; 아슬아슬한 접전

pho·to·graph [fóutəgræf/-gra:f] *n., vi., vt.* 사진(을 찍다) **-tog·ra·pher** *n.* 사진사

phrase [freiz] *n.* 구; 숙어

phys·i·cal [fízik(ə)l] *a.* 물질의 (material); 신체의; 물리학의: **a ~ examination** 신체검사 **~·ly** *ad.* 신체적으로; 물리적으로 **the ~ly handicapped** (총칭) 신체장애자 — *n.* 신체검사

phy·si·cian [fizíʃ(ə)n] *n.* 의사

phys·ics [fíziks] *n.* 물리학

phys·i·ol·o·gy [fiziálədʒi/-ɔ́l-] *n.* 생리학

phy·sique [fizí:k] *n.* 체격

pi·an·ist [pí:ənist/piən-] *n.* 피아니스트

pi·an·o [piænou] *n.* (pl. ~s) 피아노

pi·a·no·la [piənóulə] *n.* 자동피아노, 피아놀라

pi·as·ter, 《英》 **-tre** [piǽstər] *n.* 중동제국의 화폐단위

pi·az·za [piǽzə/-ædzə] *n.* (도시의) 광장, 《英》 회랑; 《美》 베란다

Pic·ca·dil·ly [pikədíli] *n.* 런던의 대가 **~ Circus** 피커딜리광장(런던의 번화가)

pic·co·lo [píkəlòu] *n.* (pl. ~s) 《音》 피콜로(고음의 피리) [It.]

pick [pik] *vt.* 뜯다, 파다; (꽃·과일) 따다 《흔히 off》; (이를) 쑤시다; 고르다; 줍다; 소매치기하다: **~ up a taxi** 택시를 잡다 **~ing** *n.* 후비는 것, 쪼개짐; 선택(권); 장물류

pick·a·back [ǽəbæk] *ad.* 《俗》 어깨[등]에 지고[타고]

pick·ax, -axe [ǽ-æks] *n.* 곡괭이

Pick·el [pík(ə)l] *G. n.* 등산용 피켈

pick·et [píkit] *n.* 말뚝; 감시원 — *vt.* 울타리를 두르다

pick·le [píkl] *n.* (소금물 등)절이는 국물, 간물; (때로 *pl.*) 절인 것; 《口》 난처한 입장

pick·pock·et [píkpàkit/-ɔ̀k-] *n.* 소매치기

pick·up [píkʌp] *n.* (전축의)픽업; 가속; 알코올음료, 커피; 《美 俗》 우연히 만난 사람; (자동차의)편승차; 즉석요리; 소형트럭: 든; 우연히 알게 된

pick-úp sérvice (각 호텔에서) 손님을 태워 운행하는 송영(送迎)서비스

pic·nic [píknik] *n.* 피크닉 돼지 의 어깨살 — *vi.* (p., pp. -nicked, *ppr.* -nick·ing) 소풍가다

pic·to·ri·al [piktɔ́:riəl] *a.* 그림의[에 든] — *n.* 그림신문[잡지]

pic·ture [píktʃər] *n.* 그림; 사진; (*pl.*) 영화/a ~ gallery 미술관, 화랑/a ~ book 그림책/a (post) card 그림엽서/May I take your ~? 사진 찍어도 좋습니까 — *vt.* 그리다; 상상하다

pic·tur·esque [pìktʃərésk] *a.* 그림같이 아름다운

pie [pai] *n.* 파이: **a meat ~** 고기파이

piece [pi:s] *n.* 한 조각 (bit); 일부분 《*of*》; 화폐; 작품: **a ~ of paper** 종이 한장

píece góods 피륙, 목목

pier [piər] *n.* 잔교, 부두

pierce [piərs] *vt., vi.* 꿰뚫다, 관통하다 《*into, through*》; 뼈에 스며드는 듯하다 **pierc·ing** *a.* 꿰뚫는; 뼈에 스미는(통한)

Pi·er·rot [pì(:)əróu/pìərɔ́u] *n.* 피에로, 어릿광대

pi·e·ty [páiəti] *n.* 공경, 경건, 효심

pig [pig] *n.* 돼지(고기); 《口》 욕 심쟁이

pi·geon [pídʒin] *n.* 비둘기; 《俗》 잘 속는 사람 — *vt.* 《俗》 속이다

píggy bánk [pígi] 돼지저금통

pig·ment [pígmənt] *n.* 그림물감

pig·my [pígmi] *n., a.* = pygmy

pike [paik] *n.* (끝이 뾰족한)창

pike² [paik] *n.* 《魚》 곤들매기

pike³ [paik] *n.* 통행료장수소; 유료도로; 통행료 (toll)

pi·lau, pi·law [piláu, piláu] *n.* 필라우(고기와 쌀로 만든 요리)

pile [pail] *n.* 퇴적; 《口》 큰 돈, 재산; 《理》 원자로 — *vt.* 쌓아올리다 《*up, on*》

pil·grim [pílgrim] *n.* 순례자

per·plex [pərpléks] vt. 당혹[난처]하게 하다 ~**-i·ty** n. 당혹
per·ry [péri] n. 《英》배술
per·se·cute [pə́ːrsikjùːt] vt. (특히 종교적이유로)박해하다 —**cú·tion** n. 박해
per·se·ver·ance [pə̀ːrsivíər(ə)rəns/-viər-] n. 인내, 불굴의 노력
Per·sia [pə́ːrʒə, -ʃə/-ʃə] n. 페르시아(현재의 Iran)
Per·sian [pə́ːrʒ(ə)n, -ʃ(ə)n/-ʃ(ə)n] n., a. 페르시아(인)(의): a ~ carpet [rug] 페르시아산 융단/a ~ cat 페르시아고양이
per·sim·mon [pəːrsímən] n. 《植》감(나무)
per·sist [pəːrsíst, + ɡ -zíst] vi. 고집하다, 주장하다; 지속하다 ~**-ent** a. 고집하는; 끊임없는
per·son [pə́ːrs(ə)n] n. 사람; 신체; 자태; 인품: a ~ to ~ call 화의)지명통화
per·son·age [pə́ːrs(ə)nidʒ] n. 사람, (극 등의)인물; 명사, 저명인사
per·son·al [pə́ːrs(ə)n(ə)l] a. 개인의, 본인(직접)의; 신체의; 사적인: a ~ letter 친서 / ~ ornaments 장신구 / a ~ shopper 《美》(백화점 등의) 쇼핑상담원 —n. 《美》(신문의 인사란 ~**·ly** ad. 스스로; 개인적으로
pérsonal belóngings 소지품
pérsonal chéck 개인용 수표
pérsonal efféct 여행용 소지품; 개인소지품(출국시 세관에 신고할 수 있음)
per·son·al·i·ty [pə̀ːrs(ə)nǽləti] n. 개성; 인격; 인물; 명사 《원
per·son·nel [pə̀ːrs(ə)nél] n. 전근법; 환경; 전망 —a. 인력의
per·spec·tive [pərspéktiv] n. 원근법; 환경; 전망 —a. 원근법의
per·spire [pərspáiər] vi., vt. 땀나다; 발산(증발)하다
per·suade [pərswéid] vt. 설득하다 《a person to》, 권유하여 ···시키다; 납득시키다
per·sua·sion [pərswéiʒ(ə)n] n. 설득, 권유; 확신; 신앙
per·sua·sive [pərswéisiv] a. 납득시키(는, 설득력 있는
per·tain [pəːrtéin] vi. 관계가 있다, 알맞다 ~**·ing** a. 관계있는, 속하는
per·ti·nent [pə́ːrtinənt] a. (당면한 일에)관계있는, 적절한 《to》
Pe·ru [pərúː] n. 페루(남미의 공화국) ~**·vi·an** a. n. 페루의(인)
pe·ruse [pərúːz] vt. 숙독[통독]하다, 읽다(read)
per·vade [pə(ː)rvéid] vt. 전면에 [널리] 퍼지다
per·verse [pə(ː)rvə́ːrs] a. 심술궂은, 비뚤어진; 사악한
per·vert [pə(ː)rvə́ːrt→n̩.pə́ːrvə(ː)rt] vt. 왜곡하다; 곡해하다 —n. [pə́ːrvə(ː)rt] 배교자(背敎者), 타락자
pe·se·ta [pəséi(i)tə] n. 페세타(스페인의 화폐단위); 페스타은화
pe·so [péisou] n. (pl. ~s) 페소 (중남미제국의 화폐단위); 페소 은화
pes·si·mism [pésimìz(ə)m] n. 비관(주의) 《opp. optimism》 -**mist** n. 비관주의자
pest [pest] n. 페스트, 흑사병
pet [pet] n. 애완동물; 마음에 드는 것: ~ food 애완동물용 음식 —a. 애완하는: a ~ name 애칭 / a ~ shop 애완동물점 —vt. 귀여워하다
pet·al [pétl] n. 꽃잎, 화판
pe·tit four [pətifɔ́ːr, péti/ pətíːfúə] F. 작은 비스킷
pe·ti·tion [pitíʃ(ə)n] n. 탄원(서) —vt. 탄원하다; 기원하다
pet·ro·chem·i·cal [pètroukémik(ə)l] a. 석유화학의(약품) ~ **complex** 석유화학 콤비나트
pet·rol [pétrəl] n. 《英》휘발유 《《美》gasoline》 [석유
pe·tro·le·um [pitróuliəm] n.
pet·ti·coat [pétikòut] n. 페티코트(스커트 속에 입는 속옷)
pet·ty [péti] a. 작은, 사소한 (trifling); 인색한; 하급의: ~ expenses 잡비 / ~ cash 잔돈
pew [pjuː] n. (교회의 벤치형)좌석, 가족전용좌석 (family ~)
pfen·nig [(p)féniɡ] n. (pl. ~s, -**ni·ge** [-niɡə]) 페니히(독일의 화폐단위); 페니의돈전

PG-rated film [píːdʒíːrèitid] 요(要)부모동반 영화 [PG<parental guidance]
phan·tom [fǽntəm] n. 유령; 환영, 환상
Phar·aoh [fɛ́(ː)rou] n. 파라오(고대이집트국왕의 칭호)
phar·ma·cy [fɑ́ːrməsi] n. 약학; 약국 -**cist** n. 약제사
phase [feiz] n. 상(相); 국면, 형세
pheas·ant [féznt] n. 꿩
phe·nom·e·non [fináminàn/-nóminən] n. (pl. -**na** [-nə], ~s) 현상(現象)
Phil·a·del·phi·a [filədélfiə] n. 미국 Pennsylvania 주의 주도
phi·lan·der [filǽndər] vi. 장난으로 사랑하다, 희롱하다
phil·har·mon·ic [filhɑːrmǽnik, filər-/-hɑːmɔ́nik] a. 음악애호의: a ~ orchestra 교향악단 —n. (음악협회 주최의)음악회

pending 늘어진; 미결[미정]의 — n. = pendant

pend·ing [péndiŋ] a. 현안의 — prep. …중의, …동안

pen·du·lum [péndʒuləm/-dju-] n. 추; 샹들리에

pen·e·trate [pénitrèit] vi., vt. 관통하다; 침투하다 **-trat·ing** a. 꿰뚫는, 날카로운 **-trat·ing**

pen·guin [péŋgwin] n. (鳥) 펭귄

pen·hold·er [pénhòuldər] n. 펜대; 펜걸이

pen·i·cil·lin [pènisílin] n. (藥) 페니실린

pen·in·su·la [pinínsulə/-sju-] n. 반도; (the P~) = Iberia

pen·i·tent [pénitənt] a., n. 회개한(회오한) (사람)

pen·knife [pénnàif] n. (pl. **pen·knives** [-nàivz]) 주머니칼

pén náme 필명 〔승기

pén·nant [pénənt] n. 《美》우

pen·ni·less [pénilis] a. 무일푼의

Penn·syl·va·ni·a [pènsilvéinjə] n. 미국 동부의 주

pen·ny [péni] n. (pl. **pen·nies** (갯수), **pence** (가격)) 페니(영국의 청동화. 1/100 파운드(略. p.)); 잔돈; 《美俗》1 센트

pen·ny-in-the-slot [-inðəsɑ̀t/-slɔ̀t] n. 《英》자동판매기

pén pál [-pæl] 펜팔, 편지친구

pén póint 《美》펜촉

pen·sion [pénʃ(ə)n] n. 연금 **pen·si·on** [pɑ̃:nsiɑ̀n/pɑ̀:nsjɔ̀ːŋ] F. n. 하숙집; 기숙사 — **rate** 비교적 싼 숙박료

pen·sive [pénsiv] a. 생각[명상]에 잠긴, 시름에 잠긴

pen·ta·gon [péntəgɑ̀n/-gən] n. 5각형; (the P~) 미국국방성

Pen·te·cost [péntikɔ̀st, -kɑ̀st/-kɔ̀st] n. 성령강림제; 오순절

pent·house [pénthàus] n. 우상 전물(정원 따위가 있는)

pe·o·ny [pí:əni/píəni] n. 작약 **tree** ~

peo·ple [pí:pl] n. 민족; 국민, 민중; 사람들; 가족

pep [pep] n. 《美俗》원기, 활기

pep·per [pépər] n. 후추 — **y** a. 신랄한

pep·per·mint [pépərmìnt] n. (植) 박하 〔서; ~당

per [pər, pəːr] prep. …에 의해 **per cáp·i·ta** [pər kǽpitə] 1인 당(의) [L]

per·ceive [pərsíːv] vt. 알아채다, 감지하다; 알다, 이해하다

per·cent, per cent [pərsént] n. 퍼센트, 백분율(기호: %)

per·cent·age [pərséntidʒ] n. 백분율; 비율, 율; 수수료

per·cep·ti·ble [pərséptəbl] a. 지각(감지)할 수 있는

per·cep·tion [pərsép(ə)n] n. 지각(작용); 감지

perch [pəːrt∫] n. 횃대 — vi., vt. (새가) 앉다(에 앉다); 걸터앉다

per·co·la·tor [pɔ́ːrkəlèitər] n. 여과식 커피끓이개

per·cus·sion [pərkʌ́∫(ə)n] n. 충돌; (악단의) 타악기부

per·fect a. [pɔ́ːrfikt] 완전한 (complete); 전적인 — vt. [pərfékt] 완전하게 하다

pérfect gáme 《야구》완전시합 (상대 팀을 한 명도 출루시키지 않은 경기)

per·fec·tion [pərfék∫(ə)n] n. 완성; 완전

per·fo·rate [pɔ́ːrfərèit] vt. 구멍을 뚫다; 줄구멍을 내다

per·form [pərfɔ́ːrm] vt., vi. 수행(실행)하다; 연기[연주]하다

per·form·ance [pərfɔ́ːrməns] n. 실행; 일; 연주, 흥행(물)

per·fume n. [pɔ́ːrfju:m, +美 -̀-] n. 향수 — vt. [pə(ː)-rfjúːm] 향수를 뿌리다

per·fum·er·y [pə(ː)rfjúːnəri] n. 향수류; 향수판매점

per·go·la [pɔ́ːrgələ] n. 정자

per·haps [pərhǽps, (口) ɔ(ə)-ǽps] ad. 아마; 어쩌면

per·il [péril] n. 위험 (danger) — vt. 위태롭게 하다

per·il·ous [périləs] a. 위험한

pe·ri·od [pí(ː)riəd] n. 기간; 시대

pe·ri·od·ic [pìː(ː)riɑ́dik/-rió-] a. 주기적인; 정기의 a ~ **wind** 계절풍

pe·ri·od·i·cal [pìː(ː)riɑ́dik(ə)l/-rió-] a. 주기적인 — n. 정기간행물

per·ish [péri∫] vi. 망하다, 죽다

perm [pəːrm] n., vt. 파마 (하다) [permanent 의 단축형]

per·ma·nent [pɔ́ːrmənənt] a. 영원한 (opp. temporary); 상설의: a ~ **address** 본적/~ **wave** (여자의) 파마

per·mis·sion [pə(ː)rmíʃ(ə)n] n. 허가, 면허: without ~ 무단히

per·mit vt., vi. [pəːrmít → n.] 허락하다 (allow); 받아들이는 (of): It ~s of no delay. 한시도 지체할 수 없다 **weather ~ting** 날씨만 좋으면 — n. [pɔ́ːrmit, +美 pərmít] 허가(증), 면허장

per·pen·dic·u·lar [pɔ̀ːr-pən-díkjulər] a. 수직의; 곧추 선 둥한 — n. 수직선; 《英》서서 먹기[마시기]

per·pet·u·al [pərpét∫uəl] a. 영원한 (permanent); 끊임없는

patriot 179 pendent

-məni] n. 세습재산, 가독(家督)
pa·tri·ot [péitriət] n. 애국자
-ót·ic a. 애국심이 강한 ~ism n. 애국심
pa·trol [pətróul] n. 순찰; 순찰인, 순경 —vt., vi. 순찰하다
~·man n. 《美》 순찰경관
pa·tron [péitrən] n. 보호자; 단골 ~·ize vt. 보호하다; 단골로 삼다
pat·ter [pǽtər] vi., vt., n. 종알거리다(거리는 말)
pat·tern [pǽtərn] n. 모범(of); 모형(for); 무늬; (웃갑)견본 — vt. 본떠서 만들다
pat·ty [pǽti] n. 패티(작은 파이)
pause [pɔːz] n. 휴지; 멈춤; 단락 —vi. 중지하다; 주저하다
pave [peiv] vt. (길을)포장하다
~·ment n. 포장도로; 《英》 인도; 《美》 포도
pa·vil·ion [pəvíljən] n. 대형천막; 천막집
paw [pɔː] n. (개 등의)발
pawn [pɔːn] n. 담보, 저당물; a ~ ticket 전당표 —vt. 저당잡히다
pay [pei] vt., vi. (p., pp. paid) 지불하다; 변제하다; 이익을 주다 — down 맞돈을 치르다 — n. 지불; 급료, 보수 —·ée n. 수취인, 피지불인; —·er n. 지불인 ~·ment n. 지불(액)
páy-dày [⊲dèi] n. 봉급날
páy-láter plàn 분할불
páy·màs·ter [⊲mǽstər/⊲mɑ̀stə] n. 경리 담당자
páy stàtion 공중전화
pay-toi·let [⊲tɔ́ilit] n. 유료변소
páy-TV [⊲tíːvíː/⊲⊲⊲] n. 유료 텔레비전
pea [piː] n. 《植》 완두콩
peace [piːs] n. 평화; a ~ conference 평화회담 at ~ 평화롭게 in ~ 편안히
Péace Còrps 《美》 평화봉사단
péace·ful [⊲fəl] a. 평화로운, 태평한; 평온한; 평화적인
péace-kèep·ing [⊲kìːpiŋ] n. (국제분쟁지구의)평화유지 forces (UN의)평화유지군
peach [piːtʃ] n. 복숭아(나무); 멋진 사람(것): a ~ brandy 복숭아브랜디
pea·cock [píːkàk/⊲kɔ̀k] n. 《pl. ~s, 《총칭》 ~》 공작(새)
peak [piːk] n. 산꼭대기; 절정; (모자의)앞챙
peal [piːl] n. (종·대포 등의)울림 —vi., vt. 울려퍼지(게하)다
pea·nut [píːnʌ̀t] n. 땅콩
pear [pɛər] n. 서양배(나무)
pearl [pəːrl] n. 진주

Péarl Hárbor 진주만(하와이의 오아후섬에 있는 군항)
peas·ant [pézənt] n. 소작인
pea-soup·er [píːsúːpər] n. 《英俗》 (런던의)노란 농무(濃霧)
peat [piːt] n. 이탄(泥炭)
peb·ble [pébl] n. 자갈
pêche Mel·ba [piːtʃmélbə, péʃ-/péiʃ-] F. 피치멜바 (아이스크림과 복숭아에 나무딸기시럽을 탄 디저트)
peck [pek] vt., vi. 부리로 쪼다 — n. 쪼기
pe·cul·iar [pikjúːljər] a. 독특한(to); 이상한 ~·ly ad. 특히; 이상하게
pe·cu·li·ar·i·ty [pikjùːliǽriti] n. 특색, 특성; 독특함; (pl.) 버릇
ped·al [pédl] n., vi., vt. (자전거 등의)페달(을 밟다)
ped·ant [péd(ə)nt] n. 유식한체 하는 사람 [부장수
ped·dler [pédlər] n. 행상인, 도
ped·es·tal [pédist(ə)l] n. (흉상의)대좌; 기초; a ~ table 받침 탁자
pe·des·tri·an [pidéstriən] a. 도보의; a ~ crossing 횡단보도 — n. 보행자; 도보여행자
pe·di·a·tri·cian [pìːdiətríʃ(ə)n, + 美 pèdi-] n. 소아과의사
pe·di·cab [pédikǽb] n. (동남아의)3륜자전거(택시)
ped·i·cure [pédikjùər] n. 페디큐어(발톱의 미용술)
peel [piːl] n. (과일)껍질 —vt., vi. 껍질을 벗기다(이 벗겨지다)
peep [piːp] vi. 엿보다 (at, into), 나타나다 (out) — n. 엿보기
peer [piər] n. 《英》 귀족; 동료
péer·age [⊲riʤ] n. 《英》 귀족(계급)
peer·less [píərlis] a. 비길데없는, 무쌍의 [운
pee·vish [píːviʃ] a. (성미)까다로운
peg [peg] n. 나무못; 말뚝; 마개 —vt. 나무못을 박다
Pe·king [píːkíŋ] n. 북경(北京)
pel·i·can [pélikən] n. 《鳥》 펠리칸
pel·let [pélit] n. 작은 공(알)약
pem·mi·can [pémikən] n. 《美》 페미칸(말린 쇠고기를 빻아 지방·과일 등을 섞어 굳힌 식품)
pen¹ [pen] n., vt. 펜(으로 쓰다); a ball-point ~ 볼펜
pen² [pen] n. (가축의)우리
pen·al·ty [pén(ə)lti] n. 형벌; 벌금
pence [pens] n. penny 의 복수
pen·cil [pénsl] n., vt. 연필(로 쓰다)
pend·ant [péndənt] n. 펜던트
pend·ent [péndənt] a. 아래로

part·ner [páːrtnər] *n.* 동료; 배우자; (춤 등의)상대자; 짝

part·ly [páːrtli] *ad.* 부분적으로

par·tridge [páːrtridʒ] *n.* 《美》《鳥》 자고·메추라기 무리

part-time [páːrttàim, ―́―́] *a.* 시간제의 (*cf.* full-time) **-tim·er** *n.* 시간제 근무자

par·ty [páːrti] *n.* 모임; 당파, 정당; 대, 일행: a birthday ~ 생일파티 / a garden ~ 원유회 / the Democratic P~ 민주당

pass[1] [pæs/paːs] *vi.* ~이 지나다, 통과하다(시키다); 나아가다; (세월이)가다; 변화하다 (*to, into*); 통용하다; 끝나다, 죽다 (*away*); (시험에)합격하다, 합격시키다: Please ~ me the butter. 버터를 이리 주십시오 ~ *by* 통과하다; 지나치다 ~ *over* 넘다, 통과하다 ~ *through* 빠져나가다 — *n.* 무료입장(승차)권; 여권; 산길; 오솔길

pass[2] *n.* 산길; 오솔길

pass·a·ble [pǽsəbl/páːs-] *a.* 통행[합격]할 수 있는

pas·sage [pǽsidʒ] *n.* 통행, 통과; 통로; 통행[도항]권, 해상; 도로; 복도: a money ~ 송금액, 운임; 통행료 / No ~ this way. 《게시》 이 길 통행금지 *make a* ~ 항해하다 *take* ~ *in* ~을 타고 도항하다

pass·a·ge·way [~wèi] *n.* 통로

pass·book [pǽsbùk/páːs-] *n.* (은행)통장

pas·sen·ger [pǽsindʒər] *n.* 승객, 여객: a ~ agent 《美》 승객계원 / a ~ boat 여객선 / a ~ car 객차, 승용차 / a ~ jet 제트여객기 / a ~ train 여객열차 / ~ *manifest* [*list*] 승객명부

pass·er-by [pǽsərbái/páːs-] *n.* (*pl.* **pass·ers-by**) 통행인

pas·sim·e·ter [pǽsimitər/pǽs-] *n.* 승차권 자동판매기

pass·ing [pǽsiŋ/páːs-] *a.* 통과하는; 지나가는; 현재의 — *n.* 통과; 경과

pas·sion [pǽʃ(ə)n] *n.* 열정, 격정; 열심 (*for*) *P*~ *Sunday* 예수 수난주일(사순절의 제5 일요일) *P*~ *Week* 수난주간(사순절의 제5 주)

pas·sion·ate [pǽʃ(ə)nit] *a.* 정열적인; 성을 잘 내는

pas·sive [pǽsiv] *a.* 수동적인

pass·key [pǽski] *n.* 곁쇠

Pass·o·ver [pǽsòuvər/páːs-] *n.* 유월절(逾越節)

pass·port [pǽspɔːrt/páːspɔːrt] *n.* 여권

past [pæst/paːst] *a.* 과거의 — *n.* (보통 *the* ~) 과거; 경력 — *prep.* ~을 지나; …이 미치지 않는; ~ midnight 자정이 지나 / half ~ six 6시 반 — *ad.* 지나서

pas·ta [páːstə] *n.* 파스타(계란을 푼 밀가루로 만든 이탈리아 요리)

paste [peist] *n.* 풀; 반죽: liver ~ 리버페이스트 / bean ~ 된장 — *vt.* 풀로 붙이다

paste·board [⊂bɔ̀ːrd] *n.* 합지, 판지; 《俗》 (기차)표 [(화)

pas·tel [pæstél, ―́―] *n.* 파스텔

pas·time [pǽstàim/páːs-] *n.* 기분전환, 심심풀이; 오락

pas·tor [pǽstər/páːs-] *n.* 목사

pas·to·ral [pǽst(ə)rəl/páːs-] *a.* 전원(생활)의, 시골의; 목자의; 양치기의

pas·tra·mi [pəstráːmi] *n.* (양념을 많이 한) 소의 훈제 어깨살·고기파이

pas·try [péistri] *n.* 반죽과자

pas·ture [pǽstʃər/páːs-] *n.* 목장; 목초 — *vt., vi.* 放牧하다

past·y [péisti, pǽsti, páːsti] *n.* 고기파이

PA system 확성장치 [< *public-address*]

pat [pæt] *n.* 가볍게 두드리기; (버터의)한 덩어리 — *vt., vi.* 가볍게 두드리다

PATA = *Pacific Area Travel Association* 태평양지역관광협회

patch [pætʃ] *n.* (수선·보호를 위한)조각; 안대; 반점; 한 구획: a ~ pocket 바깥에 붙인 주머니 — *vt.* 조각을 대다, 수선하다

pâ·té [paːtéi/―́―] F. *n.* (고기)파이; 페이스트

pat·ent [pǽt(ə)nt, +英 péit-] *n.* 특허(권) — *a.* (전매)특허의: ~ leather 에나멜가죽; (*pl.*) 에나멜 구두 — *vt.* 특허를 받다

pa·ter·nal [pətə́ːrn(ə)l] *a.* 아버지(로서)의; 아버지쪽의 (*cf.* maternal)

path [pæθ/paːθ] *n.* (*pl.* ~**s** [pæθs, pæðz/paːðz]) 소도; 통로

pa·thet·ic [pəθétik] *a.* 애처로운

pa·thos [péiθɑs, -ɔːs/-ɔs] *n.* 연민을 자아내는 힘; 비애; 《예술》 정념(情念)

path·way [pǽθwèi/páːθ-] *n.* 보도

pa·tience [péiʃ(ə)ns] *n.* 인내

pa·tient [péiʃ(ə)nt] *a.* 참을성있는 — *n.* 환자

pa·ti·o [páːtiou, péi-] Sp. *n.* 스페인식 주택의 안뜰

pa·tri·arch [péitriɑ̀ːrk] *n.* 족장, 가장

pat·ri·mo·ny [pǽtrimòuni/

(골프에서)기준타수, 파
pa・rab・o・la [pəræbələ] n. 포물선
par・a・chute [pǽrəʃùːt] n., vi. 낙하산(으로 강하하다)
pa・rade [pəréid] n. 행렬, 시위 행진; 과시; (the ~)…가(街) on ~ 총출연하여 ―vt. 행진시키다(하다); 과시하다
par・a・dise [pǽrədàis] n. 낙원, 천국; (P~) 에덴 동산
par・a・dox [pǽrədàks/-dɔks] n. 역설
par・af・fin, -fine [pǽrəfin] n. 파라핀; (英) 등유
par・a・graph [pǽrəgræf, +英 -gràːf] n. 절; 단편기사
Par・a・guay [pǽrəgwài, -gwèi] n. 파라과이 (남미 중부의 공화국)
par・al・lel [pǽrəlèl] a. 평행의 (to, with); 유사한 ―n. 평행선; 상사(물); 위도선 ―vt. 평행하다; 비교하다 (with); 필적하다
párallel bárs (체조) 평행봉
pa・ral・y・sis [pəræləsis] n. 마비
par・a・lyze, (英) -lyse [pǽrəlàiz] vt. 마비시키다; 무능하게 만들다
par・a・mount [pǽrəmàunt] a. 최고의 ―n. 최고권위자; 군주
par・a・pet [pǽrəpit] n. 난간
par・a・phrase [pǽrəfrèiz] n., vt. 알기 쉽게 바꾸어 말하기(말하다), 의역(하다)
par・a・site [pǽrəsàit] n. 기식자, 식객; 기생물(충)
par・a・sol [pǽrəsɔ̀ːl, -sàl/ -sɔ̀l] n. 파라솔
par・a・vi・on[paravjɔ̃] F. 항공편 「으로
par・boil [pá:rbɔ̀il] vt. 반숙하다
par・cel [pá:rsl] n. 소포; (화물의) 한 뭉치: ~ paper 포장지/ a ~ post 소포우편/a ~s room (美) 수화물보관소
parch [pa:rtʃ] vt., vi. (바싹)말리다, 마르다; 볶다, 눋다
par・don [pá:rdn] n. 용서: ask for ~ 용서를 빌다 / I beg your ~/P~ me. 미안합니다; 실례지만 다시 말씀해 주십시오 ―vt. 용서하다
pare [pɛər] vt. (과일 등의)껍질을 벗기다, (손톱을)깎다
par・ent [pɛ́(ː)rənt] n. 어버이; 근원
pa・ren・the・sis [pərénθisis] n. (pl. **-ses** [-sìːz]) (보통 pl.) (둥근)괄호; 『문법』 삽입구
par・fait [pɑːrféi] n. 파르페 (아이스크림에 과일 등을 섞은 것)
Par・is [pǽris] n. 파리
par・ish [pǽriʃ] n. 교구(敎區)
Pa・ri・sian [pərìʒən, +英 -rìːʒ-

ən] a. 파리(사람·풍)의 ―n. 파리사람
park [pɑːrk] n. 공원; 광장; 운동장; (英) 사냥터; 주차장: a baseball ~ 야구장/a car 주차장/a national ~ 국립공원 *the P~* = Hyde Park *P~ Avenue* 뉴욕 맨해턴의 패션으로 유명한 호화로운 거리 ―vt., vi. (자동차를)주차하다: a ~*ing lot* [*place*] 주차장
par・ka [pá:rkə] n. 두건달린 상의
park・way [pá:rkwèi] n. (美) 공원도로; 자동차전용도로
Par・lia・ment [pá:rləmənt] n. (영국의)국회
par・lor, (英) -lour [pá:rlər] n. 거실, 응접실; (호텔의)담화실: *a beauty* ~ 미장원/*a car* (美) 특등객차/*a game* 실내오락/*a tea* ~ 다방
par・lor・maid, (英) -lour- [pá:rlərmèid] n. 시녀, 하녀
pa・ro・chi・al [pəróukiəl] a. 교구의
par・o・dy [pǽrədi] n. 풍자시문
pár pláy (골프) 표준타수 경기
par・quet [pɑːrkéi/―] n. 조각나무쪽모의 마루; (美) (극장의) 무대 앞 특등좌석
par・rot [pǽrət] n. 앵무새
pars・ley [pá:rsli] n. 《植》 파셀리
par・son [pá:rsn] n. (교구의)목사
part [pa:rt] n. 부분, 요소; (책의) 권; (pl.) 지역; 임무; (배우의)역; 쪽 *take* ~ *in* …에 참가하다 ―vt., vi. 나누다, 나뉘다, 헤어지다 (*from, with*)
par・take [pɑːrtéik] vi. (p. **-took** [-túk], pp. **-tak・en** [-téikən]) 참가하다; …한 기미가 있다 (*of*)
Par・the・non [pá:rθinàn/ -nən] n. (아테네의)파르테논 신전
par・tial [pá:rʃ(ə)l] a. 일부분의, 불완전한; 편애하는; 불공평한
par・tic・i・pate [pɑːrtísipèit] vt. 참가하다 (*in*)
par・ti・cle [pá:rtikl] n. 분자, 입자; 극소
par・ti-col・ored, (英) -col・oured [pá:rtikʌ́lərd] a. 잡색의
par・tic・u・lar [pərtíkjulər] a. 특별한; 독자적인; 까다로운; 상세한; (*pl.*) 상세 *in* ~ 특히 ~**ly** ad. 특히; 상세히
part・ing [pá:rtiŋ] n. 이별; 분리; 가르마; 이별의
par・ti・san, -ti・zan [pá:rtizən/ pàtizǽn] n. 열성당원; (軍) 유격대원 ―a. 당파심이 강한
par・ti・tion [pɑːrtíʃ(ə)n] n. 간막

Pakistan əz, +英 -dʒæm-] *n. pl.* 파자마; (회교도의)헐렁한 바지

Pa·ki·stan [pækistǽn, pà:kistǻ:n] *n.* 파키스탄

PAL = *Philippine Air Lines* 필리핀 항공

pal [pæl] *n., vi.* 《口》친구(가 되다)

pal·ace [pǽlis] *n.* 궁전; 대저택: a ~ car《英》(철도의)특별차

pal·an·quin, -keen [pælənki:n] *n.* (동양의)가마; 탈것

pal·ate [pǽlit] *n.* 구개; 미각

pa·la·tial [pəléiʃ(ə)l] *a.* 궁전의 [같은]; 장엄한

pa·lazzo [pəlɑ́:tsou/pɑ:-] It. *n.* 궁전 *P~ Chigi* [kí:dʒi] 키지 궁전(이탈리아 외무성)

pale [peil] *a.* 창백한; 엷은: a ~ moon 어스름달 —*vi., vt.* 창백하게 되다[하다]; 엷어지다(게하다)

Pal·es·tine [pǽlistàin] *n.* 팔레스타인(지중해 동쪽의 지방); 《聖》성지

pal·ette [pǽlit] *n.* 팔레트

pal·let [pǽlit] *n.* 짚이불

Pall Mall [pélmél, pælmǽl] 많은 클럽이 있는 런던의 거리

palm¹ [pɑ:m] *n.* 손바닥

palm² [pɑ:m] *n.* 《植》종려(나, 가지); *(the ~)* 승리: ~ oil 야자유 *P~ Sunday*《聖》부활절 전의 일요일

Pálm Bèach 미국 Florida 주의 피한지

palm·er [pá:mər] *n.* 순례자

pal·pa·ble [pǽlpəbl] *a.* 만져서 알 수 있는; 명백한

pal·pi·tate [pǽlpitèit] *vi.* 맥박뛰다, (심장이)고동치다, 두근거리다

pal·sy [pɔ́:lzi] *n.* 수족마비(상태), 중풍

Pa·mirs [pəmíərz] *n. pl. (the ~)* 파미르 고원(중앙아시아의 대산맥)

pam·pas [pǽmpəz] *n. pl.* (남미의)대초원

pam·phlet [pǽmflit] *n.* 팜플렛, 소책자; 시사논평

pan [pæn] *n.* 남비; (저울 등의)접시

pan·a·ce·a [pæ̀nəsí(:)ə] *n.* 만병통치약; 모든 문제의 해결책

Pan·a·ma [pǽnəmà:/-ʼ-] *n.* 파나마(중미의 공화국); 그 수도; 파나마모자 *the ~ Canal* 파나마운하

Pan-A·mer·i·can [pæ̀nəmérikən] *a.* 전미(全美)[범미]의: *~ Games* 전미대회(북미·중미·남미 제국이 참가하여 4년에 한번 올림픽대회 전년에 열림)

pan·cake [pǽnkèik] *n.* 팬케이크(일종의 핫케이크)

pan·da [pǽndə] *n.* 판다(리 말라야산맥지방에 사는 곰의 일종); (티베트산의)자이언트판다

pane [pein] *n.* (한 장의) 창유리

pan·el [pǽn(ə)l] *n.* 《建》패널(판); 화판; 패널화: ~ *heating* (마루·벽에서의) 방사난방; ~ *lighting* 패널조명 ~ *díscussion* 공개토론회

pang [pæŋ] *n.* 고통, 격통

pan·ic [pǽnik] *n.* 공황; 당황

pan·o·ra·ma [pæ̀nərǽmə/-rɑ́:mə] *n.* 파노라마, 전경

pan·sy [pǽnzi] *n.*《植》패지꽃

pant [pænt] *vi., vt.* 헐떡이다; 갈망하다 —*n.* 헐떡임

pan·ta·loon [pæ̀ntəlú:n] *n.* 늙은 광대; *(pl.)* 바지

pant·dress [pǽntdrès] *n.* 바지식으로 된 원피스

Pan·the·on [pǽnθiən, pænθí:ən] *n.* (로마의)판신전, 판테온; *(the p~)* (한 나라 위인들의) 신전

pan·ther [pǽnθər] *n. (pl. ~s, (총칭) ~)*《動》표범

pan·ties [pǽntiz] *n. pl.* (여자·아동용)짧은 드로즈

pan·to·graph [pǽntougræ̀f, 英 -grɑ̀:f] *n.* 축도기(縮圖器); 《電》집전기(集電器)

pan·to·mime [pǽntəmàir] *n.* 무언극

pan·try [pǽntri] *n.* 식료품실

pants [pænts] *n. pl.*《美口》바지;《英》팬츠

pant·skirt [pǽntskə̀:rt] *n.* 바지식 스커트

pant·suit [-sùːt] *n.* 바지와 상의로 된 여성복

pán·ty hòse [pǽnti] 팬티스타킹

pap [pæp] *n.* (유아·환자용)맑은 죽

pa·pa [pɑ́:pə/pəpɑ́:] *n.*《兒》아빠

pa·pa·cy [péipəsi] *n.* 로마교황의 직(위); 교황제도

pa·pal [péip(ə)l] *a.* 로마교황의

pa·pa·ya [pəpɑ́:jə, -páiə] *n.*《植》파파야(열매)

pa·per [péipər] *n.* 종이; *(pl.)* 서류, 증명서; 신문; 지폐; 신문(지): a sheet of ~ 종이 한 장/a daily ~ 일간지/an evening ~ 석간지

pa·per·back [ʼbæk] *n.* 종이 표지의 염가본

pa·per·board [ʼbɔ̀:rd] *n.* 판지

pa·per·boy [ʼbɔ̀i] *n.* 신문팔이[배달]소년

pa·pri·ka [pæprí:kə, pə-ʼ-] *n.* 고추; 고추로 만든 향신료

pa·py·rus [pəpáiərəs] *n. (pl. -py·ri* [-rai])《植》파피루스

par [pɑ:r] *n.* 동등, 동위 동가;

owl [aul] n. 《鳥》 올빼미
own [oun] a. 《소유격 뒤에 강조어로서 쓴》 자기자신의, 그것 자체의; 특유한 —vt., vi. 소유하다; 자인하다
own·er [óunər] n. 임자, 소유자, 《英俗》 선장, 선주 ⇒ **driver**
own·er-driv·en [⌐-drívən] a. 소유자가 운전하는: an ~ car 개인용(자가용)차
ox [aks/ɔks] n. (pl. **~·en** [áksən]) 수소(cf. cow)
Ox·bridge [áksbridʒ/ɔ́ks-] n. 《英》 Oxford와 Cambridge의 두 대학; 전통있는 일류대학

Ox·ford [áksfərd/ɔ́ks-] n. 영국 남부 Thames 강 상류의 도시; 옥스퍼드대학 (Cambridge 대학과 쌍벽을 이루는 대학): ~ shoes (옥외용의) 끈달린 단화
ox·y·gen [áksidʒ(ə)n/ɔ́ksi-] n. 《化》 산소
oys·ter [ɔ́istər] n. 《貝》 굴; 《俗》 말이 없는 사람: an ~ cracker (굴 수프에 곁들이는) 짭짤한 크래커／an ~ knife 굴까는 칼／an ~ saloon [house] 굴요리점
o·zone [óuzoun, -⌐] n. 오존
o·zon·er [óuzənər] n. 《美俗》 자동차를 탄 채 구경하는 영화관(drive-in theater)

P

PAA = Pan American World Airways (미국의 항공회사)
pace [peis] n. 걸음, 한 발짝; 보조; 속도 —vi. 천천히 걷다
pace·mak·er [⌐-mèikər] n. 보조 조정자, 페이스메이커
pa·cif·ic [pəsífik] a. 평화로운; (P~) 태평양의: the P~ (Ocean) 태평양／the P~ Coast Ports 태평양항로중 샌프란시스코·로스엔젤레스쪽으로 가는 항로／the P~ Northwest 태평양항로중 시애틀·밴쿠버로 가는 항로／the P~ States 미국 태평양안의 여러 주
pack [pæk] n. 꾸러미, 짐; 떼 —vt., vi. 짐을 꾸리다, 포장하다; 채워넣다 —**ing** n. 포장; 채워넣는 것: a ~ing case 포장용 상자
pack·age [pǽkidʒ] n. 꾸러미, 소포; 포장; (포장용)상자
páckage déal 일괄거래, 일괄제 공품
páckage stòre 《美》 주류소매
páckage tòur 일괄여행(여비·숙박비·식대 등이 전부 포함된)
pack·et [pǽkit] n. 소포; (편지 등의)다발: a ~ boat 우편[정기]선 〔수송기〕
~~pack·plane~~ [pǽkplèin] n. 화물
pack·sack [pǽksæk] n. 《여행용》 배낭
pact [pækt] n. 약속; 계약, 조약
pad [pæd] n. 받침대, 심, 속에 쓰는 메모장; 발침대, 스탬프대: a writing ~ 메모장／a launching ~ 로켓발사대 —vt. 속을 채워넣다
pad·dle [pǽdl] n. (카누용) 노
pad·dock [pǽdək] n. 작은 목장; (경마장의) 패독

pád·dy fìeld [pǽdi] 논
pad·lock [pǽdlàk/-lɔ̀k] n., vt. 맹꽁이자물쇠(를 채우다)
pa·gan [péigən] n., a. 이교도(의)
page¹ [peidʒ] n. 페이지 〔의〕
page² [peidʒ] n. (호텔 등의)급사, 보이 —vt., vi. (호텔 등에서) 보이에게 사람을 부르게 하다: (보이가) 사람을 부르다: Paging Mr. Smith! 《보이가 부르는 소리》 스미스씨를 찾습니다.
pag·eant [pǽdʒ(ə)nt] n. 야외극; (화려한)행렬
páge·boy [⌐bòi] n. = page²
pa·go·da [pəgóudə] n. (동양의) 탑
paid [peid] v. pay의 과거(분)사 —a. 유급의; 지불필의
pail [peil] n. 들통, 양동이
pain [pein] n. 고통; 노력: take ~s 애쓰다 —vi., vt. 아프다; 고통을 주다
pain·ful [-fəl] a. 아픈, 고통스러운; 피로운, 힘드는
pain·kill·er [⌐kìlər] n. 《口》 진통제
pains·tak·ing [péinztèikiŋ] a. 노고를 아끼지 않는 —n. 애씀
paint [peint] n. 그림물감, 도료, 페인트 —vt., vi. 페인트[그림물감]을 칠하다: Wet [《英》 Fresh] P~! 《게시》 칠주의 —**er** n. 화가; 페인트공 —**ing** n. 회화; 회화, 유화
páint·brush [⌐brʌ̀ʃ] n. 화필
pair [pɛər] n. (pl. ~**s**, 《수사 뒤에서는 때로》 ~) 한 쌍[벌]; 부부 —vt., vi. 한 쌍[벌]으로 하다[이 되다]; 《俗》 결혼시키다〔하다〕
pais·ley [péizli] n. 페이즐리직(무늬가 정교한 모직물)
pa·ja·mas, 《英》 **py-** [pədʒɑ́m-

oven /ˈʌvn/ n. 가마, 솥 [겹장

o·ver [óuvər] prep. …위의(에); …을 넘어; …이상; …을능가하여; (시간) …중, …동안; …에 대하여 —ad. 전면에; 저쪽에; 이쪽에; 넘어서; 넘쳐; 끝나서, 지나서; …이상; 되풀이하여 ～ **here [there]** 이쪽[저쪽]으로

o·ver·all [óuvərɔ̀ːl] n. (힐렁한) 상의; (pl.) 작업복바지 —a. 전면적인; 총…

o·ver·bear [ˋbέər] vt. vi. (p. **-bore** [-bɔ́ːr], pp. **-borne** [-bɔ́ːrn]) 압도하다

o·ver·board [ˋbɔ̀ːrd] ad. (배에서)물속으로

o·ver·cast vt., vi. [ˋkǽst/káːst →ˋ] (p., pp. **-cast**) 구름으로 뒤덮다, 어둡게 하다 —a. [ˋ—ˋ] 흐린

o·ver·coat [ˋkòut] n. 외투

o·ver·come [ˋkʌ́m] vt., vi. (p. **-came** [-kéim], pp. **-come**) 이기다, 극복[정복]하다

o·ver·crowd [ˋkráud] vt. 혼잡하게 하다

o·ver·do [ˋdúː] vt., vi. (p. **-did** [-díd], pp. **-done** [-dʌ́n]) 지나치게 하다, 과장하다; 너무 삶다 [굽다]

o·ver·due [òu̇vərd(j)úː/-djúː] a. (지불)기한이 지난; 연착된

o·ver·flight [ˋflàit] n. (항공기 등의)영공[상공] 통과

o·ver·flow vi., vt. [ˋflóu →ˋ] (p., pp. **-flowed**, pp. **-flown** [-flóun]) 넘쳐(게)하다 —n. [ˋ—ˋ] 홍수; 배수로[구]

o·ver·grow [ˋgróu, ˋ—ˋ] vt., vi. (p. **-grew** [-grúː], pp. **-grown** [-gróun]) 우거지다; 너무 자라다

o·ver·hang [ˋhǽŋ] vi., vt. (p., pp. **-hung** [-hʌ́ŋ]) 돌출하다; 임박하다

o·ver·haul vt. [ˋhɔ́ːl →ˋ] (수리 등을 위해)분해검사하다; (배 등이)앞지르다 —n. [ˋ—ˋ] 분해검사

o·ver·head ad. [ˋhéd →ˋ] 머리위로(하늘에) —a. [ˋ—ˋ] 머리위의, 고가(高架)의

o·ver·hear [ˋhíər] vt. (p., pp. **-heard** [-hɔ́ːrd]) 엿듣다, 엿듣다

o·ver·heat [ˋhíːt] vt., vi. 과열시키다

o·ver·land [ˋlǽnd] a., ad. 육상의(에서), 육로의(에서) **the ～ route** 《美》대륙횡단도로 또는 《英》영국에서 지중해를 거쳐 인도양에 이르는 항로

o·ver·lap vi., vt. [ˋlǽp →ˋ] n. 겹쳐지다, 겹쳐지다 —n. 중복; [영화] 오버랩

o·ver·look [ˋlúk] vt. 바라보다; (못보고)빠뜨리다; 감독하다

o·ver·night [óuvərnáit] ad. 하룻밤(에); 밤새도록 —a. 밤사이의; 하룻밤(밖의)의: an ～ **trip** 일박여행 ～ **bag [case]** 짧은 여행용 가방

o·ver·pass [ˋpǽs/-pɑ́ːs →ˋ] n. (p., pp. **-ed** or **-past** [-pǽst/-pɑ́ːst]) 건너가다; (못보고)빠뜨리다; 초월하다 —n. [ˋ—ˋ] 육교

o·ver·pow·er [ˋpáuər] vt. 이기다, 압도하다

o·ver·rule [ˋrúːl] vt. 지배하다; 번복하다

o·ver·seas [ˋsíːz], 《英》 **-sea** [-síː] a. 해외의, 외국의: **the ～ broadcast** 대외방송 ～ **call [telegram]** 해외전보[전신] —ad. 해외로(에), 외국으로(에): **go** ～ 해외로 가다

o·ver·see [ˋsíː] vt. (p. **-saw** [-sɔ́ː], pp. **-seen** [-síːn]) 감독하다

o·ver·shoe [ˋʃùː] n. (보통 pl.) 방수용 덧신

o·ver·sight [ˋsàit] n. (못보고)빠뜨림, 실수; 감독 [형(의)

o·ver·size [ˋsáiz] n., a. 특대

o·ver·stay [ˋstéi] vt. 너무 오래 머무르다

o·ver·step [ˋstép] vt. 밟고 넘어가다, (한계)넘다

o·vert [ouvɔ́ːrt, ˋ—] a. 명백한

o·ver·take [òuvərtéik] vt. (p. **-took** [-túk], pp. **-tak·en** [-téik(ə)n]) 따라잡다; 갑자기 엄습하다 **No overtaking.** 《게시》추월금지

o·ver-the-road [ˋðəróud] a. 도시간의, 주(州) 사이의

o·ver·throw [ˋθróu →ˋ] n. (p. **-threw** [-θrúː], pp. **-thrown** [-θróun]) 뒤엎다, 넘어뜨리다 (upset) —n. [ˋ—ˋ] 타도

o·ver·time [ˋtàim] n. 잔업시간 —a., ad. 규정시간 외의(로)

o·ver·ture [óuvərtʃər, -tjùər, +英 -tjuə] n. 제의,제안; 서곡

o·ver·turn vt. [ˋtɔ́ːrn →ˋ] 뒤엎다, 뒤집히다 —n. [ˋ—ˋ] 전복 [양초치는(일)

o·ver·weight [ˋwèit] n., a. 중량초과의, 과중한(일)

o·ver·whelm [ˋ(h)wélm] vt. 압도하다; 꺾다

o·ver·wrought [ˋrɔ́ːt] a. 과로의, 지나치게 긴장한[공들인]

owe [ou] vt. 빚이 있다; 덕택이다

ow·ing [óuiŋ] a. 빚이 있는, 불해야 할 ～ **to** …로 인하

●**owing**

or·na·ment *n.* [ɔ́:rnəmənt→ -,] 장식(decoration). 장식품 —*vt.* [ɔ́:rnəment] 장식하다

or·phan [ɔ́:rf(ə)n] *n.* 고아

or·phan·age [ɔ́:rf(ə)nidʒ] *n.* 고아원

or·tho·dox [ɔ́:rθədàks/-dɔ̀ks] *a.* 정교(正敎)의; 정통적인 **the O~ Church** 그리스 정교회 **~·y** *n.* 정교, 정통회

Os·car [ɔ́skər] *n.* 《美》오스카(아카데미상으로서 주는 상)

os·ten·ta·tious [àstentéiʃəs/ɔ̀s-] *a.* 허세부리는, 허식적인

Ost·po·li·tik [ɔ́:stpouli:ti:k] *n.* (서독의)동방정책

os·trich [ɔ́:stritʃ, ɑ́s-/ɔ́s-] *n.* [鳥] 타조

oth·er [ʌ́ðər] *a.* 다른, 딴의, 별개의 **the ~ day** 요전날 — *pron.* [《복수어 s를 붙임》] 다른 사람[것] **one after the ~** 번갈아 **some time or ~** 언젠가 —*ad.* 그밖의 달리

oth·er·wise [ʌ́ðərwàiz] *ad.* 다른 방법으로, 그렇지 않으면

Ot·ta·wa [átəwə/ɔ́t-] *n.* 오타와(캐나다의 수도)

ot·ter [átər/ɔ́t-] *n.* (*pl.* **~s**, 《총칭》~)《動》 수달피

Ot·to·man [átəmən/ɔ́t-] *a.* 터키제국[인]의 —*n.* (*pl.* **~s**) 터키인; (o~) 긴 의자의 일종

ought [ɔ:t] *aux. v.* **1** 《의무·당연》 ... 해야 한다, 함이 마땅하다 **2** 《소망》: You ~ *to* come with us. 꼭 우리와 함께 가십시다 **3** ...일 것이다, 에 틀림없다 He ~ *to have* arrived there. 벌써 거기 도착했을 것이다

ounce [auns] *n.* 온스(무게의 단위. 1/16(금형에서는 1/12) pound (略: oz.); 소량

our [auər] *pron.* we의 소유격

ours [auərz] *pron.* we의 소유대명사

out [aut] *ad.* 밖으로[에], 부재로 (opp. in); 알아다르로; 세상에 나서; 없이; 벗어나 ~, 밖의; (멀리) 떨어져; 출판되어 *That's* ~. 《口》그건 못쓴다

out·board [<bɔ́:rd] *a., ad.* 선외의; 선외에 **an ~ motor** 선외모터

out·break [<brèik] *n.* 돌발 (out-burst), 발발

out·build·ing [<bìldiŋ] *n.* 헛간 (barn), 별채

out·burst [<bə̀:rst] *n.* 폭발; 돌발

out·cast [<kæ̀st/-kɑ̀:st] *a., n.* 추방된(사람), 집없는(사람)

out·come [<kʌ̀m] *n.* 결과, 경과

out·cry [<krài] *n.* 고함; 비명

out·door [<dɔ́:r] *a.* 옥외의

out·doors [<dɔ́:rz] *ad.* 옥외에서

out·er [áutər] *a.* 바깥쪽의 (opp. inner); ~ **garments** 겉옷, 외투

out·field [<fì:ld] *n.* 《야구·크리켓》외야

out·fit [<fìt] *n.* (여행)용품; 도구 —*vt.* 채비해주다 **~·ter** *n.* 장신구상; 여행용품상

out·flow [<flòu] *n.* 유출

out·go *vt.* [<góu →⌃], (*p.* **-went** [-wént], *pp.* **-gone** [-gɔ́:n/-gɔ́n]) 능가하다; 보다 멀리 가다 —*n.* [⌃≤] (*pl.* **-es**) 지출, 경비

out·grow *vt.* [<gróu] (*p.* **-grew** [-grú:], *pp.* **-grown** [-gróun])...보다 크게 자라다

out·house [<hàus] *n.* 별채, 헛간; 《美》옥외변소

out·ing [áutiŋ] *n.* 외출, 소풍, 산보

out·land [<lænd] *n.* 벽지, 변경 **~·ish** *a.* 이국풍의

out·law [<lɔ̀:] *n.* 무법자, 상습범

out·lay *vt.* [<léi →⌃], (*p.*, *pp.* **-laid** [-léid]) 소비하다 —*n.* [⌃≤] 지출

out·let [<lèt] *n.* 출구; 판로; 개요

out·line [<làin] *n.* 윤곽, 약도; 대요

out·look [<lùk] *n.* 전망; 전진

out-of-date [<ǝvdéit] *a.* 시대에 뒤진

out-of-town·er [<ǝvtáunǝr] *n.* 《美口》타향사람

out·port [<pɔ̀:rt] *n.* 외항; 출항지

out·pour·ing [<pɔ̀:riŋ] *n.* 유출

out·put [<pùt] *n.* 《經》산출

out·rage [<rèidʒ] *n.* 폭행 —*vt.* 폭행하다, 범하다, 분개시키다

out·run [<rʌ́n] *vt.* (*p.* **-ran** [-rǽn], *pp.* **-run**) 앞지르다; 도망치다

out·set [<sèt] *n.* 최초, 시초

out·side [<sáid, ⌃≤, ≤⌃] *n.* 바깥쪽 (opp. inside); 외관; 《英》(버스 등의)옥상좌석(의 손님) —*a.* 옥외의; 옥외의 —*ad.* 밖에, 옥외에서로; —*prep.* ...의 밖에[에서, 으로]; 《美口》...을 제외하고 **-sid·er** *n.* 국외자

out·skirts [<skǝ̀:rts] *n. pl.* 교외

out·stand·ing [<stǽndiŋ] *a.* 현저한; 미불의

out·stay [<stéi] *vt.* ...보다 오래 머무르다

out·ward [<wǝrd] *a.* 외부의; 밖으로 향하는 —*n.* 외부; 풍채 —*ad.* 밖[으로], 해외[국외]에[로] (outwards)

out·ward-bound [<báund] *a.* 외국행의 **~n.** 외국항로선

out·wear [<wɛ́ǝr] *vt.* (*p.* **-wore** [-wɔ́:r], *pp.* **-worn** [-wɔ́:rn])...보다 오래가다; 입어서 해뜨리다

o·val [óuv(ǝ)l] *a.* 계란형[타원형]의

직공, 기계운전자; 전화교환수; 경영자

op·er·et·ta [ὰpərétə/ɔ̀p-] n. 오페레타, 소희가극

o·pi·ate [óupiət, -èit] n. 아편제, 마취제. —a. 아편의, 마취의

o·pin·ion [əpínjən] n. 의견, 견해, 의향 (pl.) 소신: public ~ 여론/in my ~ 내 생각에는

o·pi·um [óupiəm] n. 아편

op·po·nent [əpóunənt] a. 반대의. —n. 반대자, 상대편

op·por·tune [àpərt(j)ú:n, ⊃—⊃ / ɔ̀pətjuːn] a. 적절한; 시기에 알맞는

op·por·tun·ism [àpərt(j)ú:niz(ə)m/ɔ̀pətjuːn-] n. 기회주의 **-ist** n. 기회주의자

op·por·tu·ni·ty [àpərt(j)ú:niti/ɔ̀pətjú:-] n. 기회, 호기(好機)

op·pose [əpóuz] vt. 반대하다; 대항하다 (resist)

op·po·site [ápəzit/ɔ́p-] a. 맞은 [반대]편의 (to, with). —n. 정반대의 사람[것].

op·po·si·tion [ὰpəzíʃ(ə)n / ɔ̀p-] n. 반대, 대립; 적대

op·press [əprés] vt. 압박하다 ~**ing** a. 답답한

op·pres·sion [əpréʃ(ə)n] n. 압박

op·pres·sive [əprésiv] a. 압박하는

op·tic [ɑ́ptik/ɔ́p-] a. 눈의, 시각의. —n. (英) 술을 재는 컵

op·ti·cal [ɑ́ptik(ə)l/ɔ́p-] a. 눈의, 시각의; 광학적인

op·ti·cian [ɑptíʃ(ə)n/ɔp-] n. 안경상, 광학기구상

op·ti·mism [ɑ́ptimìz(ə)m/ɔ́p-] n. 낙천주의 (opp. pessimism) **-mist** n. 낙천주의자

op·tion [ɑ́p(ə)n/ɔ́p-] n. 선택(권), 임의의 ~**al** a. 임의의

o·pus [óupəs] n. (pl. **o·pe·ra** [óupərə]) 작품 (op.로 줄여 작품번호를 나타냄)

or [ɔːr, ər] conj. 1 또는, 혹은 2 또는 3 그렇지 않으면 (否)

or·a·cle [ɔ́rəkl/ɔ́r-] n. 신탁(神託)

o·ral [ɔ́:rəl] a. 구두의; 경구의 ~ **contraceptive** 경구피임약

or·ange [ɔ́rindʒ/ɔ́r-] n. (植) 오렌지, 귤(나무)–n. ~ **stick** 매니큐어용오렌지스틱 ~ 오렌 지색의

or·ange·ade [ɔ̀:rindʒéid/ɔ̀r-] n. 오렌지에이드

o·rang-u·tan, -ou·tang [ɔ:ræŋutæn/-uːtæn] n. 오랑우탄

o·ra·tion [ɔreíʃ(ə)n] n. 연설

or·a·tor [ɔ́:rətər/ɔ́rətə] n. 연설자, 웅변가

or·a·to·ri·o [ɔ̀:rətɔ́:riou/ɔ̀rə-] n. (音) 오라토리오, 성담곡

or·a·to·ry [ɔ́:rətɔ̀:ri/ɔ́rət(ə)ri] n. 기도소, 작은 예배당

orb [ɔːrb] n. 구(球); 천체

or·bit [ɔ́:rbit] n. (天) 궤도; 활동범위 ~**er** n. 인공위성

or·chard [ɔ́:rtʃərd] n. 과수원

or·ches·tra [ɔ́:rkistrə] n. 오케스트라, 관현악(단)

or·chid [ɔ́:rkid] n. (植) 난초

or·der [ɔ́:rdər] n. 순서; 질서; 정돈; 명령; 주문; 등급; 계급; (宗) 교식; 훈위; 급별 ① 기둥양식: the Corinthian ~ 코린트양식/the O~ of the Garter 가터훈위/a mail ~ 통신판매/money [postal] ~ 우편환/an ~ blank [form] 주문용지 **be on ~** 주문해 두고 있다 **in (good) ~** 정연하게 **give an ~ for ~** 을 주문하다 **made to ~** 마춘 (cf. ready-made)—vt. 명령하다; 주문하다; 정돈하다: ~ home 귀국을 명하다

or·der·ly [ɔ́:rdərli] a. 질서정연한, 질서를 지키는: an ~ **bin** (英) (길가의) 쓰레기통

or·di·nance [ɔ́:rdinəns] n. 법령; (宗) 의식

or·di·nar·y [ɔ́:rdinèri / -d(i)n(ə)ri] a. 보통의; 평범한 —n. 보통, 통례; (美) 여관; (英) 정식; 정식을 파는 식당

Or·e·gon [ɔ́:rigən, -gàn, ὰr-/ɔ́rig(ə)n, -gən] n. 미국 태평양안 북부의 주

or·gan [ɔ́:rgən] n. (音) 오르간; 기관(器官) ~**ist** n. 오르간주자

or·gan·ic [ɔ:rgǽnik] a. 기관의; 유기적인

or·gan·ism [ɔ́:rgənìz(ə)m] n. 유기체, 생물; 유기적 조직체

or·gan·i·za·tion [ɔ̀:rgənizéiʃ(ə)n/-nai-] n. 조직, 구성; 단체

or·gan·ize [ɔ́:rgənàiz] vt. 조직하다

or·gy [ɔ́:rdʒi] n. 떠들썩한 술잔치; 난잡한 파티

O·ri·ent [ɔ́:riənt] n. (the ~) 동양 (cf. Occident); (동양성의)고급보석—a. 동양의

o·ri·en·tate [ɔ́:riəntèit] vt. 일정한 방향으로 놓다; 적응시키다; 신인을 교육하다

or·i·gin [ɔ́:ridʒin, ὰri-/ɔ́ri-] n. 시초, 발단; 기원

o·rig·i·nal [ərídʒin(ə)l] a. 시초의, 본래의; 독창적인 —n. 원형, 원본 **~·ly** ad. 원래

o·rig·i·nal·i·ty [ərìdʒinǽliti] n. 독창력, 창의

o·rig·i·nate [ərídʒənèit] vt. 시작하다[되다]; 생기(게하)다, 발명하다

Orly airport [ɔ́:rli] (파리의) 오를리공항

~ box (극장의)정원의 관람석/ an ~ picture 옴니버스영화/ an ~ train (英) 역마다 서는 완행열차

om·nip·o·tent [amnípət(ə)nt/ɔm-] *a.* 전능의

on [ɔn, ən, n, +美 an] *prep.* …위에; …가까이에, …로 향해서; …에 근거하여; …과 동시에; …에 대하여[관하여]: ~ Sunday 일요일에/ ~ arriving 도착하자 마자 —*ad.* 위에; 몸에 지녀, 앞으로; 계속해서

on-board [ánbɔ̀:rd/ɔ̀n-] *a.* 기내 [선내]에 비치된

once [wʌns] *ad.* 한번, 1회; 일찍 기; 일단; 1배: ~ a week 1주 1회/ ~ and again 재삼재사 / *in a way* [*while*] 이따금 ~ *more* / ~ *again* 다시 한번 —*conj.* 일단 …하면 —*n.* 한번, 1회 *at ~* 즉시; 동시에 *for this ~* 이번만 —*a.* 이전의

one [wʌn] *a.* 하나의; 동일한; 어떤; 한쪽의; (the ~) 유일한 —*n.* 1; 하나; 동일, 일치 (일반적으로) 사람; (어떤)것 *any ~* 누구든 *every ~* 아무나, 모두 *no ~* 아무도 …않다 *some ~* 누군가

one-man [´-mæ̀n] *a.* 한 사람만의: a ~ *stage play* 원맨쇼

one-night·er [´-náitər] *n.* 하룻 밤만의 공연 (one-night stand)

one-seat·er [´-sí:tər] *n.* 단좌기 (單座機); 단좌차

one·self [wansélf] *pron.* (oneself의 재귀형) 자기자신(에, 을, 이); (강조) 스스로 *by ~* 혼자서, 독력으로 *for ~* 스스로; 자 신을 위해 *in ~* 그자체로서 ~ *저절로*

one-sid·ed [wánsáidid] *a.* 한쪽 만의; 일방적

one-way [´-wéi] *a.* 일방통행의; (美) (표)편도의: a ~ *street* 일방통행로 —*n.* 편도표

on·ion [ʌ́njən] *n.* (植) 양파

on-line [ánlàin/ɔ́n-] *a.* 중앙처리 컴퓨터에 직결된 ~ *system* 온 라인시스템(자료가 중앙컴퓨터 로 곧장 보내어진 다음 처리된 정보가 즉시 되돌아오는 방식)

on·look·er [ánlùkər, ɔ́:n-/ɔ́n-] *n.* 구경꾼, 방관자

on·ly [óunli] *a.* 단 하나[한 사 람]의; 무쌍의 —*ad.* 다만, 오직, …뿐 —*conj.* 다만 …뿐; …을 제외하고는

on·set [ánsèt, ɔ́:n-] *n.* 습격

On·tar·i·o [antέ(:)riou/ɔntέər-] *n.* 캐나다남부의 주; 온테리오주.

on·to [ántu, ɔ́:n-, -tə/ɔ́n-] *prep.* …위에[로]

on·ward [ánwərd, ɔ́:n-/ɔ́n-] *a.* 전진하는 —*ad.* 앞으로 (onwards)

on·yx [ániks/ɔ́n-] *n.* 줄무늬마노

OOC = Olympic Organizing Committee 올림픽조직위원회

ooze [uz] *vi., vt.* 스며나오(게하) 다 —*n.* 해감; 스며나오기

o·pal [óup(ə)l] *n.* (鑛) 오팔

o·paque [oupéik] *a.* 불투명한; 광택없는; 불명확한; 부련도성의

óp árt [áp / ɔ́p] 광학적 미술 [< optical art]

OPEC = Organization of Petroleum Exporting Countries 석유수출국기구

o·pen [óup(ə)n] *a.* 열린, 덮개[울] 없는, 펼친; 공개적인; 솔직한; (가게·회·극장의)개점[공연]중 인; 얼어붙지 않는: an ~ *place* 광장 —*vt.* 열다 (*opp.* shut), 펼치다; 개방[공개]하다; 시작[개 업]하다 —*vi.* 열리다, 갈라지[벌 어지]다; 시작되다 ~ *on* …이 바라보이다 ~ *out* 열다, 전개 하다, 털어놓다 ~ (*the*) ~ 빈 터, 광장; 옥외 —*·ly ad.* 공공 연히

o·pen-air [´-έər] *a.* 옥외의

ópen cár 오픈카

ópen chéck ((英) **chéque**) 보통수표 (*cf.* crossed check)

open-door [´-dɔ́:r] *a.* 문호개방 의 "개"; 개시장

o·pen·er [óup(ə)nər] *n.* 깡통따 개

ópen gáme 오픈게임

o·pen-heart·ed [´-há:rtid] *a.* 솔 직한; 친절한, 너그러운

o·pen·ing [óup(ə)niŋ] *n.* 시작; 최초, 구멍 —*a.* 처음[시작]의

ópen márket operátion (각국 중앙은행의)공개시장조작(정책)

o·pen-mind·ed [´-máindid] *a.* 마음이 넓은, 허심탄회한

ópen pórt 자유항; 부동항

ópen séa 공해

o·pen·work [´-wɜ̀:rk] *n.* 투명 조각(나무)

op·er·a¹ [áp(ə)rə/ɔ́p-] *n.* 오페라, 가극: a grand [comic] ~ 대[경,희]가극/ a serious [tragic] ~ 비가극(*an* ~ *bouffe*희가 극/ ~ *glasses* 오페라글라스/ an ~ *hat* 접을 수 있는 실크 햇/ an ~ *house* 가극장

o·pe·ra² *n.* opus의 복수

op·er·ate [ápəreit/ɔ́p-] *vi.* (기 계 등이) 작동하다; 작용하다 (*upon*) —*vt.* 운전하다; 관리 하다

op·er·a·tion [àpəréi(ə)n/ɔ̀p-] *n.* 작용; 운전; 경영; 시행; 수술

op·er·a·tor [ápəreitər/ɔ́p-]

of·fen·sive [əfénsiv] *a.* 불쾌한; 무례한; 공격의 —*n.* 공격

of·fer [5:fər, áf-/5fə] *vt.* 제의(제출)하다 (propose) —*vi.* (희생물을)바치다 —*n.* 신청; 제안

of·fer·ing [5:fəriŋ, áf-/5fə] *n.* 헌납, 헌금; 신청

off·hand [5:fhænd/5(:)f-] *a., ad.* 즉석의(에서); 되는대로(의)

off-hour [5:fáuər/5(:)f-] *n.* 휴식한 시간, 영업시간

of·fice [5:fis, áf-/5f-] *n.* 사무소, 회사; 직무; 임직; 관직; 관공서, 《英》성, 국; (*pl.*) 진력; (종교적)의식: a branch ~ 지점, 지사 / the head (main) ~ 본점, 본사 / ~ hours 영업시간

of·fice·hold·er [⁻hòuldər] *n.* 공무원, 관리

of·fi·cer [5:fisər, áf-/5f-] *n.* 공무원 (official); 임원; 장교; (상선의)고급선원

of·fi·cial [əfí(ə)l] *a.* 공무상의, 공무원의; 공식적인 (formal): an ~ residence 관저, 관사 —*n.* 공무원; 임원, 직원 **~·ly** *ad.* 공식적으로; 업무상

of·fi·ci·ate [əfí(ièit] *vi.* 직무를 수행하다; 사회하다 (*at*)

off·ing [5:fiŋ] *n.* 철이 아닌(아니게)

off-sea·son [5:fsí:zn/5f-, 5:f-] *n., a., ad.* 철이 아닌(아니게, 아니게)

off·set [5:fsèt /5(:)f-] *vt.* /5(:)f-] *vt.* 분파, (산의)지맥; 벌충 —*vt.* 《美》(*p., pp.* **-set**) 벌충하다

off·shore [5:fʃɔ:r/5(:)f-] *a., ad.* 앞바다의(에) ; 을; 결과

off·spring [5:fspriŋ/5(:)f-] *n.* 자손

off-the-rec·ord [⁻ðərékərd] *a.* 비공식의, 비공개의

of·ten [5:fn/5(:)fn] *ad.* 종종

o·gle [óugl] *n., vi.* 추파(를 던지다)

oh [ou] *int.* 오오, 이런 (부의 주

O·hi·o [ouháiou] *n.* 미국 동북

oil [ɔil] *n.* 기름; 석유: lamp ~ 등유 / an ~ painting 유화 / an ~ well 유정 —*vt.* 기름을 치다 (바르다)

oil color 유화(물감)

oil field 유전

oil màjors 국제석유자본(Exxon, Texaco, Gulf, Mobil, Standard Oil of California (이상 미국계), British Petroleum (영국), Royal Dutch Shell (영-네덜란드계)의 7대회)

oil shàle 유모혈암(油母頁岩)

oil·y [5ili] *a.* 기름투성이의; 구변좋은

oint·ment [5intmənt] *n.* 연고

OK, O.K. [óukéi] 《美口》 *a., ad.* 좋았어, 오케이 —*vt.* (*p., pp.* **~'d, ~'ing**) 동의(승인)하다 —*n.* (*pl.* **~'s**) 승인, 오케 —*ad.* =OK

o·kay, o·key [óukéi] *a., ad., vt.* =OK

O·khotsk [oukátsk/-kótsk] *n.* ~의 오호츠크해

O·kla·ho·ma [òukləhóumə] *n.* 미국 중남부의 주

old [ould] *a.* (**~·er, ~·est**; (손위 관계를 나타낼 때) **eld·er, eld·est**) **1** 늙은, 노령의 (*opp.* young): ~ age 노년(기) / the ~ man 《俗》영감 **2** …살의 **3** 오래된, 옛날의; 낡은 **4** 다년[출 신]의: an ~ boy 《英口》졸업생, 동창생 / an ~ country (특히 영국의) 이민의: ~ **5** 해묵은, 옛부터의; ~ friends 오랜 친구 **6** 노련한; 상습적인 **7** 《口》(남을 부를 때 친밀감을 넣어): ~ boy (chap, man) 〜 사람 / O~ Glory 《美》성조기 / the O~ South (남북전쟁전의)남부 제주 the O~ Vic (세익스피어극장으로서 유명한)템즈강 남안의 극장 〜 옛날: 노 인 *of ~* 옛날의(은)

old-fash·ioned [⁻fǽ(ə)nd] *a.* 유행에 뒤진, 구식의 —*n.* 칵테일 일잔의 일종 〜 에스레몬 한

old·ish [óuldi(] *a.* 늙수그레한

old-tim·er [⁻táimər] *n.* 《口》고참자; 구식사람 〜 구식의

old-world [⁻wə́:rld] *a.* 고대의, 구세계의

Old Wòrld (the ~) 구세계

ol·ive [áliv/5liv] *n.* 《植》올리브(열매); 〜 올리브(색)의: ~ oil 올리브기름

O·lym·pi·a [oulímpiə] *n.* 올림피아(그리스 서부의 평원, 고대 Olympic Games가 열린곳)

O·lym·pi·ad [oulímpiæd] *n.* 국제올림픽대회

O·lym·pic [oulímpik] *a.* 올림피아의: ~ flame 올림픽대회의 성화 / the ~ **Gàmes** 국제 올림픽대회

O·lym·pus [oulímpəs] *a.* 올림포스산(희랍신화의 12신의 거처)

om·e·let, -lette [ám(ə)it/5m-let] *n.* 오믈렛

o·men [óumən, +英-men] *n.* 전조; 예감

om·i·nous [ámin əs/5m-] *a.* 불길한, 재수없는

o·mis·sion [oumí((ə)n] *n.* 생략

o·mit [oumít] *vt.* 생략하다; …을 빠뜨리다

om·ni·bus [ámnibəs/5m-] *n.* 버스 —*a.* 여럿을 포함하는: an

obliging 은혜를 베풀다: I am much ~d (to you). 대단히 고맙습니다.

o·blig·ing [əbláidʒiŋ] *a.* 친절한

ob·lique [əblíːk] *a.* 기운; 간접적인, 완곡한

ob·liv·i·on [əblíviən] *n.* 망각

ob·liv·i·ous [əblíviəs] *a.* 잘 잊는

ob·long [ábləːŋ/ɔ́blɔŋ] *n., a.* 장방형(의) (*cf.* square)

ob·nox·ious [əbnákʃəs/-nɔ́k-] *a.* 불쾌한, 싫은, 미운

ob·scene [əbsíːn] *a.* 음란한

ob·scure [əbskjúər] *a.* 선명치 않은, 어두침침한 (dim); 모호한 (vague) —*vt.* 어둡게[모호하게] 하다

ob·scu·ri·ty [əbskjúəriti] *n.* 어두움, 불분명

ob·se·quies [ábsikwiz/ɔ́b-] *n.* 장례식

ob·serv·ance [əbzə́ːrvəns] *n.* 준수, 준법; 의식; 관습

ob·serv·ant [əbzə́ːrvənt] *a.* 관찰력이 날카로운, 주의깊은; 준수하는

ob·ser·va·tion [àbzə(ː)rvéiʃ(ə)n/ɔ̀b-] *n.* 관찰(력), 관측; 주시: an ~ car 전망차

ob·serv·a·to·ry [əbzə́ːrvətɔ̀ːri/-t(ə)ri] *n.* 천문대; 전망대

ob·serve [əbzə́ːrv] *vt., vi.* 준수하다 (keep); (의식을)지행하다; 관찰[관측]하다; 알아채다

ob·serv·er [əbzə́ːrvər] *n.* 관찰자; 감시자; (회의의) 옵서버

ob·so·lete [àbsəlíːt/ɔ́b-] *a.* 스러진, 시대에 뒤진 (out-of-date)

ob·sta·cle [ábstəkl/ɔ́b-] *n.* 장애(물), 방해

ob·sti·na·cy [ábstinəsi/ɔ́b-] *n.* 고집(력)

ob·sti·nate [ábstinət/ɔ́b-] *a.* 고집센, 완고한

ob·struct [əbstrʌ́kt] *vt., vi.* 방해하다, 막다 **-struc·tion** *n.*

ob·tain [əbtéin] *vt.* 입수하다

ob·verse [ábvəːrs/ɔ́b-] *n.* (화폐·메달의)표면 (*cf.* reverse)

ob·vi·ous [ábviəs/ɔ́b-] *a.* 분명한, 명백한 (evident).

o·ca·ri·na [àkəríːnə/ɔ̀-] *n.* 오카리나(오지로 만든 피리)

oc·ca·sion [əkéiʒ(ə)n] *n.* 경우, 기회 (*for*); 원인 (cause); on this ~ 이 기회에 ~ly *ad.* 가끔

oc·ca·sion·al [əkéiʒ(ə)l] *a.* 때때로의; 우연한 **~·ly** *ad.* 가끔

Oc·ci·dent [áksidənt/ɔ́k-] *n.* 서양 (*cf.* Orient); (o~) 서쪽

oc·cu·pant [ákjupənt/ɔ́k-] *n.* 점유(者)[者]; 거주자

oc·cu·pa·tion [àkjupéiʃ(ə)n/ɔ̀k-] *n.* 점유, 거주; 직업

oc·cu·pa·tion·al [-əl] *a.* 직업의 **~ disease** 직업병

oc·cu·py [ákjupài/ɔ́k-] *vt.* 점령하다; 점유하다; 차지하다 **be occupied in [with] …**에 종사하고 있다; …로 바쁘다

oc·cur [əkə́ːr] *vi.* (일이)일어나다 (happen); (생각이)떠오르다

oc·cur·rence [əkə́ːr(ə)ns/əkʌ́r-] *n.* 발생, 사건

o·cean [óuʃ(ə)n] *n.* 대양; (pl.) 많음: an ~ flight 대양비행/ an ~ liner 원양정기선

o·cean-go·ing [óuʃ(ə)ngòuiŋ] *a.* 원양항행의

O·ce·an·i·a [òuʃiǽniə, -áːn-, -éin-/-áːni-] *n.* 대양주

o·ce·an·ic [òuʃiǽnik] *a.* 대양의

o'clock [əklák/əklɔ́k] *ad.* …시

oct- [akt-/ɔkt-], **oc·ta-** [áktə-/ɔ́ktə-] *pref.* '8」의 뜻

oc·tane [áktein/ɔ́k-] *n.* (化) 옥탄: ~ number 옥탄가

oc·tave [áktiv, -tiv/ɔ́ktiv] *n.* (音) 옥타브 (8도) [*n.* 10월

Oc·to·ber [aktóubər/ɔktóubə]

oc·to·pus [áktəpəs/ɔ́k-] *n.* (pl. **~·es, -to·pi** [-pài]) (動) 문어

oc·u·lar [ákjulər/ɔ́kjulə] *a.* 눈의

oc·u·list [ákjulist/ɔ́k-] *n.* 안과의사

odd [ad/ɔd] *a.* 홀수의 (*cf.* even); 한쪽만의; 여분의; 괴상한 (queer): fifty ~ years 50여년/ an ~ month (31일 있는)큰달/ an ~ size 특별한 크기

odds [adz/ɔdz] *n. pl.* (어떤 숙어에서는 단수취급) 차이; 핸디캡; 승산; 가망

ode [oud] *n.* 송가(頌歌)

o·di·ous [óudiəs] *a.* 밉살스러운; 추악한

o·dor, -dour [óudər] *n.* 냄새; 향기 (aroma); 기미

of [ʌv, əv, v, +美 ɑv, +英 ɔv] *prep.* …의; …을; …로부터; …에 대한; …때문에, …라는

off [ɔːf/ɔːf] *ad.* 1 떨어져서, 떠나서, 멀리 2 (…에 대칭하여) 해버려, 벗어서 3 (완료·중지) 쪽의; 비번의; (an ~ season 비철/ an ~ day 비번날 —*prep.* …에서 떨어지어, …을 벗어나; (海) …의 앞바다에

of·fal [ɔ́ːf(ə)l, áf-/ɔ́f-] *n.* 찌꺼기 고기; 쓰레기

off-Broad·way [ɔ̀ːfbrɔ́ːdwèi/ɔ̀f-, ɔ̀f-] *n., a.* 브로드웨이 이외의 소극장에서 상연하는 연극(의)

of·fend [əfénd] *vi.* 죄를 범하다; 어기다 (*against*) —*vt.* 화나게 하다

of·fense, (英) **-fence** [əféns] *n.*

복숭아씨핵으로 맛을 낸 리큐어술 [F]

noz·zle [názl/nɔ́zl] *n.* (관·통 등의)주둥이, 노즐

nt. = net weight 정미중량

nu·ance [n(j)úːɑns, -́/njúː-, -́] *F. n.* 색조; 뉘앙스

nu·cle·ar [n(j)úːkliər/njúː-] *a.* 《理》원자핵의: a ~ reactor 원자로/a ~ ship 원자력선/~ family 핵가족/~ power plant 원자력 발전소

nu·cle·us [n(j)úːkliəs/njúː-] *n.* (*pl.* **-cle·i** [-kliài], **~·es**) 핵, 심

nude [n(j)uːd/njuːd] *a.* 발가벗은, 나체의 ― *n.* 나체화 [상]

nud·ist [n(j)úːdist/njúː-] *n.* 나체주의자

nug·get [nʌ́git] *n.* 천연의 금괴; (*pl.*) 《美俗》귀중품, 금전

nui·sance [n(j)úːsns/njúː-] *n.* 귀찮은 것; (남에게)폐가 되는 일; 싫은 사람: public ~ 공해

null [nʌl] *a.* 무효의, 무의한

nul·li·fy [nʌ́ləfài] *vt.* 무효화하다

numb [nʌm] *a.* 감각을 잃은

num·ber [nʌ́mbər] *n.* 수; 숫자; 번호; 제~번, 번지; 다수 (*of*): a phone ~ 전화번호/a room ~ 방번호 **a** ~ **of** 다수의/약간의 *Wrong* ~! (전화에서)잘못 걸었습니다 ― *vt.* 번호를 매기다; 세다 **~·less** *a.* 무수한; 번호없는

number plate (차의)번호판

nu·mer·al [n(j)úːmərəl / njuː-] *a.* 수의 ― *n.* 숫자

nu·mer·i·cal [n(j)uːmérik(ə)l/njuː-] *a.* 수의

nu·mer·ous [n(j)úːm(ə)rəs/njúː-] *a.* 다수의

nun [nʌn] *n.* 수녀, 여승

nun·ner·y [nʌ́nəri] *n.* 수녀원

nup·tial [nʌ́pʃ(ə)l] *a.* (보통 *pl.*) 결혼식의 ― *n.* 결혼(식)의

Nu·rem·berg [n(j)úːrəmbəːrg/njúə-] 뉘른베르크(독일의도시)

nurse [nəːrs] *n.* 유모; 보모; 간호원[인]; 보육자, 양성소: a wet ~ 유모/a dry ~ 보모 ― *vt.* 애를 보다; 간호하다

nurse·maid [-́mèid] *n.* 애보는 여자

nurs·er·y [nə́ːrs(ə)ri] *n.* 육아실, 어린이방; 묘포, 양어장: a ~ rhyme [song] 보육요, 동요/a ~ school 보육원/a ~ tale 동화

núrs·ing hòme [nə́ːrsiŋ] 《美》(병자·노인 등의)요양소 《英》작은 사설병원

nurs·ling [nə́ːrsliŋ] *n.* 젖먹이

nur·tur·ance [nə́ːrtʃərəns] *n.* 간호(활동), 양호

nur·ture [nə́ːrtʃər] *n.* 양육; 영양물 ― *vt.* 양육하다

nut [nʌt] *n.* 견과(호두·밤 등); (基工) 너트

nut·crack·er [nʌ́tkrækər] *n.* (보통 *pl.*) 호두까는 기구

nu·tri·ment [n(j)úːtrimənt/njúː-] *n.* 영양물, 자양물

nu·tri·tion [n(j)uːtríʃ(ə)n/njuː-] *n.* 영양물, 음식물

nu·tri·tious [n(j)uːtríʃəs/njuː-] *a.* 영양이 되는, 영양이 있는

NWA = *N*orth*w*est *A*ir Lines 노스웨스트 항공

ny·lon [náilɑn/-lɔn] *n.* 나일론 (합성섬유); (*pl.*) 나일론양말

nymph [nimf] *n.* 님프, 여자요정

O

O, oh [ou] *int.* 오오, 어머나, 이런

oak [ouk] *n.*《植》떡갈나무(재목)

oak·en [óuk(ə)n] *a.* 오크로 만든

oar [ɔːr] *n.* 노 (*cf.* scull); 노젓는 사람 ― *vt.* *vi.* (노)로젓다

oars·man [ɔ́ːrzmən] *n.* (*pl.* **-men** [-mən]) 노젓는 사람

OAS = *O*rganization of *A*merican States 미주기구

o·a·sis [ouéisis, +美 óuə-] *n.* (*pl.* **-ses** [-siːz]) 오아시스(사막의 녹지대); 위안의 장소

oat [out] *n.* (보통 *pl.*) 귀리

oath [ouθ] *n.* (*pl.* **~s** [-z, ouðs]) 맹세, 선서

oat·meal [óutmiːl] *n.* 오트밀

o·be·di·ent [əbíːdiənt] *a.* 유순한, 고분고분한 **-ence** *n.* 복종, 순종

o·bei·sance [oubéis(ə)ns, +美 oubíː-] *n.* 절, 경례; 복종

ob·e·lisk [ábilisk/ɔ́b-] *n.* (이집트의)오벨리스크

o·bey [əbéi] *vt.*, *vi.* 복종하다

ob·ject[1] [ɑ́bdʒikt/ɔ́b-] *n.* 물체, 사물; 대상, 목적, 목적어

ob·ject[2] [əbdʒékt] *vi.*, *vt.* 반대하다(항의)하다 **-jec·tion** *n.* 반대, 이의

ob·jec·tive [əbdʒéktiv] *a.* 객관적인 ― *n.* 목적, 목표

objet d'art [ɔːbʒeidɑ́ːr] *F.* (소) 미술품

ob·la·tion [obléiʃ(ə)n] *n.* 헌납

ob·li·ga·tion [àbligéiʃ(ə)n/ɔ̀b-] *n.* 의무 (*of* duty), 책임; 은혜

o·blige [əbláidʒ] *vt.* 할 수 없이 ··· 하게 하다, 강제하다 (compel);

noon·day [núːndèi] n. 정오, 대낮
nor [nɔːr, nər] conj. …도 …않다
Nor·dic [nɔ́ːrdik] n., a. 북유럽인(의)
norm [nɔːrm] n. 표준; 노르마
nor·mal [nɔ́ːrm(ə)l] a. 표준의, 정상의 (opp. abnormal) —n. 정상; 표준 ~·ize vt. 정상화[표준화]하다
Nor·man [nɔ́ːrmən] n. 노르만 민족[어](의) —n. 노르만인[어]
Nor·man·dy [nɔ́ːrməndi] n. 영국해협에 면한 프랑스 서북지방
Norse [nɔːrs] a. 노르웨이인(인·어)의 —n. 노르웨이인[어]
north [nɔːrθ] n. 북; 북부(지방); (the N～) 미국의 북부 여러 주 —ad. 북으로[에] —a. 북의, 북부의: the N～ Pole 북극
North Càr·o·lí·na [-kærəláinə] 미국 동남부의 주
North Dakó·ta [-dəkóutə] n. 미국 중북부의 주
north·east [nɔ̀ːrθíːst, (海) nɔːr-íːst] n. 동북(부, 지방) —a., ad. 동북부의
north·ern [nɔ́ːrðərn] a. 북의; 북부의: ~ lights 북극광 N～ Hemisphere 북반구 N～ Ireland 북아일랜드. —er n. 북부인; (N～) 《美》 북부 여러주 사람
north·land [nɔ́ːrθlənd] n. 북부지방; (N～) 스칸디나비아반도
North·man [nɔ́ːrθmən] n. (pl. -men [-mən]) 북유럽인
north·ward [nɔ́ːrθwərd] a. 북으로 향하는 —ad. 북쪽으로 —n. 북쪽
north·west [nɔ̀ːrθwést, (海) nɔːrwést] n. 서북(부) —a., ad. 서북부의[으로], 서북의
Nor·way [nɔ́ːrwei] n. 노르웨이
Nor·we·gian [nɔːrwíːdʒ(ə)n] a. 노르웨이(인)의 —n. 노르웨이인
nose [nouz] n. 코, 후각; 선수 ; 후 각 —vt., vi. (냄새를)맡다, 찾다
nose·bleed [⸗blìːd] n. 코피가 남
no·show [nòuʃóu] n. (비행기 좌석 등을)예약해놓고 나타나지 않는 사람
nos·tal·gia [nɑstǽldʒ(i)ə/nɔs-] n. 향수
nos·tril [nɑ́strəl/nɔ́s-] n. 콧구멍
nos·y [nóuzi] a. 캐기 좋아하는
not [nɑt, nt, n/ nɔt, nt, n] ad. …아니다, …않다 ~ at all 결코, 아니다 《①》 천만에요
no·ta·ble [nóutəbl] a. 주목할 만한, 저명한 —n. 저명인사, 명사
notch [nɑtʃ/nɔtʃ] n. (V자형의) 새긴 금; 《美》 협곡

note [nout] n. 비망록, 메모; (pl.) 초고; 주석; (간단한)보고서; 짧은 편지; 지폐; 주의; 부호: a man of ~ 명사 / a ~ paper 편지지 make a ~ of / take ~s of …을 적어두다 —vt. 적 어두다 《down》; 주의하다
note·book [⸗bùk] n. 공책, 노트
not·ed [nóutid] a. 유명[저명]한
note·wor·thy [⸗wə̀ːrði] a. 주목할 만한
noth·ing [nʌ́θiŋ] n. 1 아무것[일]도 …아니[않음] 2 무모한 일; 하찮은 일[사람] for ~ 무료로; 이유없이
no·tice [nóutis] n. 주의, 주목; 통지; 경고, 공고, 게시 give ~ 통지하다 take ~ of …에 주의하다 till further ~ 추후 통지가 있을 때까지 —vt. 알아채 다, 주의[주목]하다; 통고하다 ~·a·ble a. 두드러진
no·ti·fy [nóutifài] vt. 통지하다
no·tion [nóuʃ(ə)n] n. 개념(idea), 관념, 의견, 견해; (pl.) 《美》 방물, 잡화 : a store 잡화점 ~·al a. 관념상의; 추상적인
no·to·ri·ous [noutɔ́ːriəs] a. (나쁜 뜻으로) 유명한, 악명높은
Notre Dame [nòutrədǽm/-] 성모마리아/(파리)노트르담성당
not·with·stand·ing [nɑ̀twiθ·stǽndiŋ/nɔ̀t-] prep. …에도 불구하고 그.그럼에도 불구하고
nou·gat [núːgɑː, +美 núːgət] n. 누가(호두·설탕 등으로 만든 과자)
nought [nɔːt] n. =naught (나)
nour·ish [nə́ːriʃ/nʌ́r-] vt. 기르다, 영양분을 주다 ~·ment n. 영양(물)
nov·el [nɑ́v(ə)l/nɔ́v-] a. 새로운 (new); 신기한 —n. (장편)소설 **-ette** [nɑ̀v(ə)lét/nɔ̀v-] n. 단편소설 **~·ist** n. 소설가
nov·el·ty [nɑ́v(ə)lti/nɔ́v-] n. 신기함; 신기한 것[일]; 장난(장식구)품: a ~ shop 선물[장식구]점
No·vem·ber [no(u)vémbər] n. 11월 (略: Nov.)
nov·ice [nɑ́vis/nɔ́v-] n. 초심자
now [nau] ad. 1 지금, 현재 2 그런데, 그래서 come ~ 자, 어서 (every) ~ and then / (again) 때때로 —conj. …이므로, ~ 이상은 —n. 지금, 목하 from ~ (on) 금후
now·a·days [náuədèiz] ad. 오늘날에는
no·where [nóu(h)wɛ̀ər] ad. 아무데도 …없다
nox·ious [nɑ́kʃəs/nɔ́kʃəs] a. 유독한(poisonous), 해로운
no·yau [nwɑː/-] n. 브랜디에

시민 the ~ Times 미국의 대표적 일간지

Nèw Zéa·land [⊃zíːlənd] 뉴질랜드

next [nekst] *a.* 다음의; 이웃의 《to》: ~ day[week] 다음 날[내주]/ a ~ door 옆집 —*ad.* 다음에; 이웃에 —*prep.* …다음에; …옆에[의]

Ni·ág·a·ra Fálls [naiǽg(ə)rə] (the ~) 나이아가라폭포

nice [nais] *a.* 좋은; 훌륭한

Nice [niːs] *n.* 니스(지중해안에 있는 프랑스의 피서지)

nick·el [níkl] *n.* 《化》 니켈;《美》 5센트백동전 [애칭

nick·name [níknèim] *n.* 별명;

nic·o·tine [níkətiːn] *n.* 《化》 니코틴

niece [niːs] *n.* 질녀(*cf.* nephew)

Ni·ge·ri·a [naidʒí(ː)riə] *n.* 아프리카 서부의 공화국

night [nait] *n.* 밤; 야음: a ~ letter 야간간송전보(요금이 쌈)/ a ~ suit 파자마 / a ~ train 밤차 **at** ~ 야간에 ~ **and day** 밤낮으로

níght clùb 나이트클럽 [gown

night·dress [⊃drès] *n.* = night-

night·gown [⊃gàun] *n.* 잠옷

night·in·gale [náitiŋgèil] *n.* 나이팅게일(밤에 우는 새)

níght làtch 야간자물쇠(안에서는 손잡이로, 밖에서는 열쇠로 열림)

night·ly [náitli] *a.* 밤마다의 —*ad.* 밤마다

night·spot [náitspɒt·spɒt] *n.* 《美口》 나이트클럽

níght wàtch 야경

Nile [nail] *n.* (the ~) 나일강

nim·ble [nímbl] *a.* 날쌘, 재빠른; 재치있는; 약삭빠른

nine [nain] *n.*, *a.* 9(의)

nine·teen [náintíːn] *n.*, *a.* 19(의)

nine·ty [náinti] *n.*, *a.* 90(의)

ninth [nainθ] *n.*, *a.* 제9(의); 9분의 1(의)

nip¹ [nip] *vt.*, *vi.* 꼬집다, 집다, 물다; 따다 —*n.* 꼬집기, 집기

nip² [nip] *n.* (위스키 등의) 한잔[모금] —*vt.*, *vi.* 조금씩 마시다(sip)

nip·per [nípər] *n.* 집는 사람[것], 따는 사람; (*pl.*) 못뽑이; 《英口》

nip·ple [nípl] *n.* 젖꼭지 [소년

nip·py [nípi] *a.* 《口》 살을 에는 듯한

NITOUR = National and International Tourist Bureau 인도네시아의 국영 여행사

ni·tro·gen [náitrədʒən] *n.* 《化》 질소

no [nou] *a.* 없는, 조금[하나, 한 사람]도 없는; 결코 …아닌 아니오 (*opp.* yes); 조금도 …아니다 —*n.* (*pl.* ~**es**) 아니(라는 말), 부정

No., no. [nʌ́mbər] (*pl.* **Nos., nos.**) =number [<L *numero*]

No·bél Príze [noubél] 노벨상

no·bil·i·ty [noubíliti] *n.* 고결함; 고귀한 신분; (the ~) (총칭) 귀족

no·ble [nóubl] *a.* 고귀한, 고상한, 귀족의: a ~ art 권투/ ~ metals 귀금속 —*n.* 귀족

no·ble·man [⊃mən] *n.* (*pl.* -**men** [-mən]) 귀족

no·bod·y [nóubʌdi, -bàdi, -bədi, -bədi, -bɔdi] *pron.* 아무도 …않 다 —*n.* 무명인, 하찮은 사람

noc·turne [nɒ́ktəːrn/nɔ́k-] *n.* 《音》 야상곡, 녹턴

nod [nɒd/nɔd] *vi.*, *vt.* 끄덕이다, 목례하다 —*n.* 끄덕임, 목례

No·el [nouél] *n.* 크리스마스

noise [nɔiz] *n.* 소음, 소란, 소리: Hold your ~! 입닥쳐 —*vt.* (소문을)퍼뜨리다 《abroad》

noise·less [nɔ́izlis] *a.* 소리없는

nóise pollútion 소음공해

nois·y [nɔ́izi] *a.* 시끄러운

no·mad [nóuməd/-məd] *n.* 유목민, 방랑자

nom·i·nal [nɒ́min(ə)l/nɔ́m-] *a.* 이름의[뿐의]

nom·i·nate [nɒ́minèit/nɔ́m-] *vt.* 지명하다; 추천하다

non-fic·tion [nɒ̀nfík(ə)n/nɔ̀n-] *n.* 논픽션

non·me·tal·lic [nɒ̀nmətǽlik/nɔ̀n-] *a.* 비금속의

non-pro·fes·sion·al [nɒ̀nprəféʃən(ə)l/nɔ̀n-] *a.* 비직업적의

non·re·sist·ant [nɒ̀nrizístənt/nɔ̀n-] *a.* 무저항(주의)의[자]

non·sense [nɒ́nsens/nɔ́ns] *n.* 헛소리, 어리석은 생각(짓)

non·stop [nɒ́nstɒp/nɔ́nstɔ́p] *a.*, *ad.* 무착륙으로, 직행의[으로]

noo·dle [núːdl] *n.* 국수 [로]

nook [nuk] *n.* 구석: in every ~ and corner 샅샅이

noon [nuːn] *n.* 정오; 전성기: high ~ 대낮/ ~ recess 점심시간

ne·go·ti·ate [nigóuʃièit] vi. 교섭[협상]하다 —vt. 협정하다

ne·go·ti·a·tion [nigòuʃiéiʃ(ə)n] n. 교섭, 협상, 상담(商談) *under~* 교섭중

Ne·gro, ne- [ní:grou] n. (pl. ~es) 흑인 —a. 흑인(계)의: a ~ spiritual 흑인영가

Ne·groid, ne- [ní:grɔid] n., a. 흑인종(의)

neigh·bor,《英》-bour [néibər] n. 이웃사람; 동료 —vt., vi. 이웃하다

neigh·bor·hood,《英》-bour- [néibərhùd] n. 이웃; 《총칭》이웃사람들

nei·ther [ní:ðər/náiðə] ad. 《nor 와 함께, 양쪽을 부정》…도 아니고 …도 아니다: 《문장 끝에 두어, 앞에 나온 부정어를 강조하여》…도 결코 …않다; 《부정·조건문의 귀결로》…도 또한 …아니다[않다]: N~ he nor I can speak French. 그도 나도 불어는 못한다. —a. (둘중)어느쪽도 …아닌[않는] —pron. (둘중)어느쪽도 …않다[아니다] —conj. 또 …않다

ne·o·lith·ic [nì:oulíθik] a. 신석기시대의

ne·on [ní:an/-ən] n. 《化》네온

néon sígn (광고용)네온 사인

Ne·pal [nipɔ́:l] n. 네팔왕국

neph·ew [néfju:, 《英》névju(:)] n. 조카 (cf. niece)

Nep·tune [népt/ju:n/-tju:n] n. 《로神》넵튠 (cf. Poseidon); 《天》 해왕성

nerve [nə:rv] n. 《解》신경; 힘줄, 건; 용기; 자신: ~ center 신경중추 —vt. 용기를 불어넣다

~**less** a. 힘없는

nerv·ous [nɔ́:rvəs] a. 신경질의, 신경의

nest [nest] n. 둥지 —vi. 둥지를 짓다, 깃들이다 —vt. 둥지에 넣다

n'est-ce pas [nespá] F. 그렇지 않습니까? (=isn't it?)

nes·tle [nésl] vi. 깃들다; 편안히 자리잡다

net[1] [net] n. 그물, 네트 —vt. 그물로 잡다; 그물을 치다

net[2] a. 정미(正昧)의, 순익의 (cf. gross): ~ profit [gain] 순익/~ weight 정미중량 —n. 정미; 순익; 정가(正價)

Neth·er·lands [néðərləndz] n. *(the ~)* 네덜란드 (Holland)

net·work [nétwə̀:rk] n. 그물세공, 그물모양; 《방송》망: a ~ of railroads 철도망

neu·ro·sis [n(j)u(:)róusis / nju(ə)r-] n. 노이로제, 신경증

neu·tral [n(j)ú:trəl/njú:-] a. 중립의; 공평한; 분명치 않은 —n. 중립국(민), 《외위》중립자

neu·tral·ize [n(j)ú:trəlàiz/njú:-] vt. 중립시키다; 무효로 하다

nev·er [névər] ad. 결코[한번도] …않다: 조금도 …않다: 《口》설마 *Well, I ~!* 설마!

nev·er·the·less [nèvərðəlés] ad., conj. 그럼에도 불구하고

new [n(j)u:/nju:] a. 새로운; 처음의; 신식의 — *look* 새 최신형(복장) —ad. 새로이 —**ly** ad. 새로이, 최근에

Nèw Chína Néws Àgency 신화사(중국의 기관통신사)

new·com·er [-kʌ̀mər] n. 신창자

Nèw Délhi [-déli] 뉴델리(인도의 수도)

Nèw Éngland 뉴 잉글랜드(미국 동북부의 해안지방)

new-fash·ioned [-fǽʃ(ə)nd] a. 신식의, 신유행의

Nèw Guín·ea [-gíni] 뉴기니 (오스트레일리아 북쪽의 섬)

Nèw Hámp·shire [-hǽmpʃiər, -ʃə] 뉴 미국 동북부의 주

Nèw Jér·sey [-dʒə́:rzi] 미국 동부의 주

new·ly·wed [n(j)ú:liwèd/njú:-] n. 《美口》 신혼자

Nèw Metropólitan Ópera Hóuse 뉴욕시에 있는 오페라 극장

Nèw México 미국 서남부의 주

Nèw Ór·le·ans [-ɔ́:rli:ənz] 미국 Louisiana 주의 항구도시

news [n(j)u:z/nju:z] n. 보도, 소식, 정보, 뉴스; 색다른 일: ~ *source* 취재원 *the N~ Week* 미국의 뉴스 주간지

néws àgency 통신사

néws àgent 《英》 신문[잡지] 판매인 「[배달원]

news·boy [-bɔ̀i] n. 신문팔이

news·cast [n(j)ú:zkæ̀st/njú:zkɑ̀:st] n., vi., vt. 뉴스 방송 (하다) ~**er** n. 뉴스방송자

Nèw Scótland Yárd 런던 경시청 「=news agent

news·deal·er [-dì:lər] n. 《美》

news·pa·per [n(j)ú:zpèipər/njú:s-] n. 신문(지)

news·reel [n(j)ú:zrì:l/njú:zri:l] n. 뉴스영화

news·stand [n(j)ú:zstæ̀nd/njú:z-] n. 신문잡지 판매점

Néw Téstament *(the ~)* 신약 성서

Néw Yéar 정초; 설날, 원단

Nèw Yórk 뉴욕 (New York City 라고도 함); 미국 동북부의 주(약자: N.Y.) —**er** 뉴욕

nationalize 164 **negligible**

국적; 국민성: What is your ~? 어느 나라 분이십니까?/ the ~ of a ship 선적(船籍)

na·tion·al·ize [nǽʃənəlàiz] vt. 독립국(민)으로 하다; 국유化 영화하다

National Léague (the ~) 미국 2대 프로야구연맹의 하나(cf. American League)

nátional mónument 《美》 정부지정의 사적, 천연기념물

nátional párk 국립공원

na·tive [néitiv] a. 출생(고국, 토박이)의, 토착의 (native-born) 타고난; ~인산의: one's ~ land 고향/ a ~ Londoner 런던토박이/ a ~ speaker of French 프랑스어를 모국어로 하는 사람 —n. 토박이, …태생의 사람 (《of》) 원산의 동물(식물)

NATO [néitou] n. = North Atlantic Treaty Organization 북대서양조약기구

nat·ty [nǽti] a. 말쑥한

nat·u·ral [nǽt(ʃ)(u)rəl] a. 자연의; 타고난, 본래의; 당연한

nat·u·ral·ist [nǽt(ʃ)(u)rəlist] n. 박물학자, 자연주의자

nat·u·ral·ize [nǽt(ʃ)(u)rəlàiz] vt., vi. 귀화시키다(하다)

na·ture [néitʃər] n. 자연, 자연계, 자연현상; 성질(이 …한 사람) by ~ 날 때부터

nau·sea [nɔ́:zə, -siə/-sjə, -ʃiə] n. 욕지기; 뱃멀미 (seasickness); 혐오: feel ~ 욕지기가 나다

nau·ti·cal [nɔ́:tik(ə)l] a. 항해의, 선박(선원)의

náutical míle 해리(海里)

na·val [néiv(ə)l] a. 해군의 ~ battle 해전/a ~ power 해군국

nával acádemy 해군사관학교

nave [neiv] n. 《建》 (교회의) 본당

na·vel [néiv(ə)l] n. 배꼽

nav·i·ga·ble [nǽvigəbl] a. 항행할 수 있는

nav·i·gate [nǽvigèit] vi., vt. 항행(항해)하다; (배·비행기)를 조종하다 **-gá·tion** n. 항해, 항행

nav·i·ga·tor [nǽvigèitər] n. 항해자, (비행기의)조종사

na·vy [néivi] n. 해군: ~ blue 짙은 남색 ~ cut (파이프용의) 잘게 썬 담배

Naz·a·reth [nǽzəriθ] n. 나사렛 (Palestine 북부의 그리스도 출생지)

Na·zi [nɑ́:tsi] n. 나치당원 —a. 나치당의

N.B., n.b. = nota bene [nóutəbí:ni] (L=note well) 주의하라

NBC = National Broadcasting Company (미국)내셔널방송회사

NCNA = New China News Agency 新華社(通信)

Ne·a·pol·i·tan [nì(:)əpɑ́lit(ə)n / -pɔ́l-] a. 나폴리(식)의 —n. 나폴리사람

near [niər] ad. 가까이에 (opp. far); ① 거의 ~ by 바로 곁에 —prep. …근처에. ~ 가까운; 친밀한: a ~ miss 지근 (至近)彈; (비행기 등의)이 상접근; 애석한 일 —a.

near·by [níərbái] a. 가까이의

Néar Éast (the ~) 근동 (터키·발칸제국 등지)

near·ly [níərli] ad. 거의 (almost); 가까스로; 정밀히

neat [ni:t] a. 단정한, 말쑥한(tidy); 교묘한; (술이)물을 타지 않은

Ne·bras·ka [nibrǽskə] n. 미국 중부의 주

nec·es·sar·i·ly [nèsisérili, ㅡ-ㅡ--/nésis(ə)rili] ad. 반드시, 필연적으로

nec·es·sar·y [nèsisèri/-s(ə)ri] a. 필요한; 필연적인 —n. (pl.) 필수품: daily necessaries 일용품 [요로 하다

ne·ces·si·tate [nisésitèit] vt. 필

ne·ces·si·ty [nisésiti] n. 필요; 필연; 필수품

neck [nek] n. 목, 옷깃; 해협

neck·er·chief [nékərtʃif] n. 목도리(수건), 네커치프

neck·lace [néklis] n. 목걸이

neck·piece [nékpi:s] n. 털목도리

neck·tie [néktai] n. 넥타이 (tie)

neck·wear [nékwɛər] n. 칼라·넥타이류

need [ni:d] n. 필요; 필요물; 욕구 in ~ of …이 필요하여 in (great) ~ (몹시)곤궁하여 —vt. 1 필요로 하다 2 …해야 하다 —aux. v. …할 필요가 있다

need·ful [ní:df(u)l] a. 필요한

nee·dle [ní:dl] n. 바늘(모양의 것)

need·less [ní:dlis] a. 불필요한

needs [ni:dz] ad. 꼭, 반드시

need·y [ní:di] a. 가난한, 빈곤한

ne·ga·tion [nigéiʃ(ə)n] n. 부정

neg·a·tive [négətiv] a. 부정의; 반대하는; 《電》음화의 —n. 부정, 《寫》음화, 네가

négative growth 마이너스 성장

neg·lect [niglékt] v. 게을리하다; 무시하다 —n. 태만; 무시 ~·ful a. 태만한

neg·li·gee [nèglizéi / néglizei] n. 네글리제(여자의 침실옷 등)

neg·li·gent [néglid3(ə)nt] a. 태만한

neg·li·gi·ble [néglid3əbl] a. 무시해도 좋은, 하찮은

muss [mʌs] vt. 《美口》 어지르다 《up》 —n. 난잡

Mus·sul·man [mʌ́slmən] n.(pl. ~s) 회교도

must [mʌst, məst] aux. v. 《무변화》 1 …해야 하다 2 …을 틀림없이 하다 3 꼭 …해야만 하다 4 반드시 …하다 5 공교롭게도 …했다 —n. 절대필요한 것 —n. 필요한 것, 필수적인 것

mus·tache [mʌ́stæʃ, məstǽʃ/ məstáʃ, mus-] n. 코밑수염

Mus·tang [mʌ́stæŋ] n. 미국 Ford 사제의 자동차

mus·tard [mʌ́stərd] n. 겨자; English [French] ~ 물킨[초된] 겨자/ a pot 겨자단지

mus·ter [mʌ́stər] n. 소집, 검호 —vt. 소집하다 —vi. 집합하다

mus·ty [mʌ́sti] a. 곰팡이가 편, 곰팡내나는

mute [mjuːt] a. 무언[무음]의; 벙어리의 —n. 벙어리; 약음기

mu·ti·late [mjúːtəleit] vt. (손·발 등을)절단하다, 불구로 [불완전하게] 만들다

mu·ti·ny [mjúːtini] n. 폭동,

《軍》 항명, 하극상

mut·ter [mʌ́tər] n. 중얼거림, 불평 —vt., vi. 중얼거리다, 불평하다 《against, at》

mut·ton [mʌ́tn] n. 양고기

mut·ton-chop [⊣tʃɑ̀p/-tʃɔ̀p] n. 양고기 조각

mu·tu·al [mjúːtʃuəl] a. 상호의; 공동 [공통]의

muu-muu [múːmùː] n. 품이 넉넉한 하와이의 드레스

muz·zle [mʌ́zl] n. (동물의)주둥이, 입마개, 총구 —vt. 함구령을 내리다

MVP = most valuable player 최우수선수

my [mai] pron. I의 소유격 —int. 《口》 저런!, 어머나!

myr·i·ad [míriəd] n., a. 1만(의)

my·self [maisélf] pron. 나 자신

mys·te·ri·ous [mistí(ː)riəs] a. 신비로운, 불가사의한

mys·ter·y [míst(ə)ri] n. 신비, 불가사의; a ~ play 기적극 / a ~ story 추리[괴기, 탐정]소설

myth [miθ] n. 신화, 꾸민 이야기

my·thol·o·gy [miθɑ́lədʒi/-θɔ́l-] n. 《총칭》 신화

N

N.A. = North America 북미

nail [neil] n. 손톱, 못; a ~ clipper 손톱깎이 ~ polish (remover) 매니큐어(제거 액) —vt. 못을 박다

Nai·ro·bi [nairóubi/nài(ə)-] n. 나이로비(케냐의 수도) the ~ National Park 나이로비의 방사 (放飼)로 유명한 국립공원

na·ïve, na·ive [naːíːv, +英 naiíːv] a. 소박한, 천진난만한 [F]

na·ked [néikid] a. 알몸의, 노출된; 적나라한

name [neim] n. 이름, 명칭; 명사 —vt. 이름짓다

name·less [néimlis] a. 무명의 (unknown); 익명의

name·ly [néimli] ad. 즉, 문패

name·plate [néimplèit] n. 명찰,

Na·mib·i·a [nəmíbiə] n. 나미비아(South West Africa 의 구칭)

Nan·king [nænkíŋ] n. 남경(南京)

nap [næp] n. 선잠, 낮잠: have [take] a ~ 낮잠자다 —vi. 졸다; 방심하다

nap·kin [nǽpkin] n. 냅킨

Na·ples [néiplz] n. 나폴리(이탈리 남부의 항구시)

nar·cis·sus [nɑːrsísəs] n. (pl. ~es, -ci·si [-sai]) 《植》 수선화

nar·rate [næréit, +英 ⊣⊢] vt., vi. 이야기하다, 서술하다

nar·ra·tion [næréi∫(ə)n] n. 서술; 이야기

nar·ra·tive [nǽrətiv] n. 이야기 —a. 이야기(체)의, 설화의

nar·ra·tor, -rat·er [næréitər/-⊣⊢] n. 《fem. -tress》[-tris] 이야기하는 사람, 담화자

nar·row [nǽrou] a. 좁은, 가는; 옹졸한 (narrow-minded) —n. (pl.) 해협, 좁은 길

nárrow gáuge 《철도》 협궤

NASA [nǽsə, néisə] n. = National Aeronautics and Space Administration 미국항공우주국

na·sal [néiz(ə)l] a. 코(콧소리)의

nas·ty [nǽsti/náːs-] a. 불쾌한

na·tal [néit(ə)l] a. 출생[탄생]의

na·tion [néi∫(ə)n] n. 국민, 국가

na·tion·al [nǽ∫ən(ə)l] a. 국민 [국가]의; 전국적인; 국립[국유]의: the ~ railways 국유철도 / ~ customs 민족적 관습 ~·ism n. 국가주의 ~·ist n. 국가주의자

nátional ánthem 국가(國歌)

nátional flág 국기 「(州兵)

Nátional Guard (미국의) 주병

nátional hóliday 국경일

na·tion·al·i·ty [næ̀∫ənǽliti] n.

mousse [muːs] n. 무스(거품이 나게 한 크림)
mousse·line [muːsliːn/⌐⌐] F. n. 모슬린천;《美》캘리코(calico);무슬린요리
mous·tache, mus- [məstǽʃ, mʌs-/məstάːʃ, mǽstæʃ] n. (때로 pl.) 코밑수염
mouth [mauθ] n. (pl. ~s [mauðz]) 입; 출[입]구; 말투, 억양; 입 [with] a German ~ 독일말투로
móuth órgan 하모니카
móuth·piece [⌐piːts] n. (악기·관 등의)주둥이;《口》송화구
mov·a·ble [múːvəbl] a. 움직일 수 있는;동산의 —n. 움직일 수 있는 것;(보통 pl.) 동산
move [muːv] vt, vi. 움직이다; 옮기다, 이동하다: M~ on! 움직이지 말아, 전진하라 —n. 움직임, 운동, 이동
move·ment [múːvmənt] n. 운동; 동, 동작; (pl.) 태도; 운전;《音》악장, 박자
mov·ie [múːvi] n. (보통 pl.)《美口》영화: a ~ fan 영화팬/a ~ 영화관
móvie théater 영화관
mov·ing [múːviŋ] a. 움직이는; 감동적인: a ~ picture 영화/a ~ staircase 에스컬레이터
mow [mou] v. (p. ~ed, pp. ~ed, mown) vt. (풀 등을) 베다, 횝쓸어버리다 ⟨down⟩
MPG, m.p.g = miles per gallon 1갤런당 주행마일
mph, m.p.h. = miles per hour 시속 …마일
Mr. [místər] (pl. Messrs. [mésərz]) ⇨Mister
MRA = moral re-armament 도덕 재무장(운동)
Mrs. [mísiz] (pl. Mmes. [meidάːm/méidæm]) ⇨Mistress
Ms. [miz] n. 미즈(기혼·미혼과 관계없이 여성에게 쓰는 경칭)
MSA = Mutual Security Act 상호안전보장법
Mt. = mount'; mountain
much [mʌtʃ] a. (more, most) 많은, 대량의 (cf. many): How ~ is it? 얼마입니까 —n. 많음, 다량 —ad. (more, most) 대단히; 훨씬; 거의
mud [mʌd] n. 진흙, 하찮은 것
mud·dle [mʌ́dl] vt., vi. 혼란시키다; (계획을)망쳐놓다 —n. 혼란
mud·dy [mʌ́di] a. 진흙의 (로); 진흙 투성이의 —vt. 진흙으로 더럽히다

muf·fin [mʌ́fin] n. 즉석에서 구운 작은 빵
muf·fle [mʌ́fl] vt. 싸다; 덮다
muf·fler [mʌ́flər] n. 머플러, 목도리; (자동차 등의)소음장치
mug [mʌɡ] n. 원통형 컵, 조끼; 조끼 한잔의 양
mu·lat·to [mj(j)uːlǽtou, mə-/mjuː-] n. (pl. ~s) 흑인과 백인의 혼혈아
mule [mjuːl] n. 노새; 고집장이
multi- [mʌ́lti-] pref. 「많은」의 뜻: ~-colored 갖가지 빛깔의/~-language tour (버스 등의)수개 국어로 안내하는 여행/~-lingual 수개 국어의
mul·ti·na·tion·al [ʌ̀ltənǽʃ(ə)n(ə)l] a. 다국적의(기업)
mul·ti·ple [mʌ́ltipl] a. 다양한, 복합의: ~ telegrams 동문전보
múltiple shóp 《英》 연쇄점 《美》 chain store
mul·ti·ply [mʌ́ltiplài] vi., vt. 늘다, 증가하다[시키다]
mul·ti·ra·cial [mʌ̀ltiréiʃ(⌐)l] a. 여러 종족의, 다민족으로 된
mul·ti·tude [mʌ́ltit(j)uːd/⌐tjuːd] n. 군중
mul·ti·ver·si·ty [mʌ̀ltivə́ːrsiti] n. 매머드 대학교
mum·ble [mʌ́mbl] vi., vt. 중얼거리다, 우물우물 씹다 —n. 중얼거리는 말
mum·mer·y [mʌ́məri] n. 무언극
mum·my [mʌ́mi] n. 미라
Mu·nich [mjúːnik] n. 뮌헨(독일의 도시, 맥주로 유명)
mu·nic·i·pal [mju(ː)nísip(ə)l] a. 시(市)의, 자치 도시의; 시영의
mur·der [mɔ́ːrdər] n. 살해 —vt. 죽이다 —**er** n. 살인자
mur·mur [mɔ́ːrmər] n. 소곤거림, 살랑거림; 불평 —vi., vt. 소곤거리다; 불평하다, 구시렁거리다 ⟨at, against⟩
mus·cle [mʌ́sl] n. 근육, 완력
mus·cu·lar [mʌ́skjulər] a. 근육의; 근육이 발달한(brawny)
muse [mjuːz] vi. 명상에 잠기다
mu·se·um [mju(ː)zíːəm/-zíəm] n. 박물관: a ~ piece 진품
músh·room [mʌ́ʃrū(ː)m] n. 버섯: a ~ town 신흥도시
mu·sic [mjúːzik] n. 음악
mu·si·cal [mjúːzik(ə)l] a. 음악의 —n. 음악 극, 뮤지컬
músic 《英》**músical box** 자동주악기
músic háll 음악당;《英》 연예장
mu·si·cian [mjuː(ː)zíʃ(ə)n] n. 음악가, 악사
mus·ket [mʌ́skit] n. 소총
musk·mel·on [mʌ́skmèlən] n. 《植》 사향참외
mus·lin [mʌ́zlin] n. 모슬린

morning-after pill 161 **mouse**

시간(교환수에게 부탁해 두면 아침의 그 시간에 전화로 깨워 줌) / a ~ coat 모닝코트 / a ~ dress (여자의)실내복/a ~ paper 조간신문/a ~ performance (연극의)주간공연

mórn·ing-áft·er pill [ɔ̀æftɑ́:f.] n. 사후 경구피임약

Mo·roc·co [mərákou/-rɔ́k-] n. 모로코(아프리카 서북부의왕국) 모르핀

mor·phine [mɔ́:rfi:n] n. 《化》 모르핀

Morse códe [mɔ́:rs] 모스 부호

mor·sel [mɔ́:rs(ə)l] n. (음식의) 한입, 조각; 소량 —vt. 조금씩 분배하다; 작게 나누다

mor·tal [mɔ́:rt(ə)l] a. 죽어야할 운명인, 치명적인; 《口》 대단한 —n. 죽게 마련인것, 인간 —·ly ad. 《口》 대단히

mor·tal·i·ty [mɔːrtǽləti] n. 죽을 운명; 《총칭》 인류; 사망자수, 사망률

mor·tar [mɔ́:rtər] n. 회반죽, 모르타르

mort·gage [mɔ́:rgidʒ] n. 저당(잡히기); 저당권(증서) —vt. 저당하다; 헌신하다

mor·ti·fy [mɔ́:rtifài] vt. (욕정을)억제하다, 극복하다; 굴욕을 주다 ~·ing a. 약오르는, 분하게 짝없는

mo·sa·ic [mouzéiik] n., a. 모자이크(의), 조각마무세공(의)

Mos·cow [máskou/mɔ́s-] n. 모스크바(러시아의 수도)

Mo·ses [móuziz, 美-zis] n. 《聖》 모세

Mos·lem [mázləm/mɔ́z-] n. (pl. ~s, 《총칭》 ~) 회교도 —a. 회교도의

mosque [mask/mɔsk] n. 회교사원: the M~ of El Azhar 아즈하르사원(카이로에 있는 회교문화의 대중심)/the M~ of Mohammed Ali 모하메트알리사원 (카이로에 있음)

mos·qui·to [məskí:tou] n. (pl. ~(e)s) 모기

moss [mɔ:s/mɔs] n. 《植》 이끼

most [moust] 《many, much의 최상급》 a. 가장 많은 《opp. least》; 가장 큰; 대부분의 —n. 최대(수량), 대부분 at ~ 많아야, 기껏 —ad. 가장(많이); 매우; 《口》 거의 ~·ly ad. 주로, 대개

mo·tel [moutél] n. 《美》 모텔

moth [mɔ:θ, maθ/mɔθ] n. 나방; 좀

moth·er [mʌ́ðər] n. 어머니

móther cóuntry 모국

Móther's Dáy 《美》 어머니날 (5월의 제2일요일)

móther tóngue 모국어

mo·tif [moutí:f] n. 《작품의》동기, 주제 [F]

mo·tion [móu(ə)n] n. 운동, 운전; 동작; 《국회에서의》동의

mótion picture 《美》 영화

mo·tive [móutiv] a. 운동을 일으키는 힘이 되는 —n. 동기, 목적; 《작품의》주제

mo·tor [móutər] n. 모터, 발동기; 자동차: a ~ guide 도로안내 / a ~ pool 모터풀 —vi., vt. 자동차로 가다(나르다): go ~ing 드라이브하다 / ~ a person to 남을 …로 차로 보내다

mo·tor·boat [<bòut] n. 모터보트

mo·tor·bus [<bʌ̀s] n. 버스

mo·tor·cab [<kæ̀b] n. 택시

mo·tor·cade [<kèid] n. 자동차행렬

mo·tor·car [<kɑ̀:r] n. 《英》 자동차(《美》 automobile)

mo·tor·cy·cle [<sàikl] n. 오토바이

mótor hóme 모터홈 (자동차 여행용의)이동주택차

mótor hotél (도시의 대규모)모터 차운전자

mo·tor·ist [móutərist] n. 자동차운전자 [truck

mótor lórry 《英》 = motor

mo·tor·man [móutərmən] n. (pl. -men [-mən]) 운전사

mótor trúck 《美》 화물자동차(《英》 motor lorry)

mo·tor·way [móutərwèi] n. 자동차도로; 고속도로

mot·to [mátou/mɔ́t-] n. (pl. ~(e)s) 표어; 격언

Mou·lin Rouge [mu:læprú:ʒ] 빨간 풍차(파리의 카바레)

mound [maund] n. 작은 언덕

mount¹ [maunt] n. 산(略: Mt.)

mount² vt., vi. 오르다(climb); (말에)타다; (연극을)상연하다

moun·tain [máunt(i)n] n. 산, (pl.) 산맥: ~ sickness 고산병

móuntain cháin [ránge] 산맥

moun·tain·eer [màuntiníər] n. 등산가 [(cougar)

móuntain líon 《美》 퓨마

moun·tain·ous [máuntinəs] a. 산이 많은

Mount·ie [máunti] n. 《캐나다의》기마경관

mourn [mɔːrn] vi., vt. 슬퍼하다; 애도하다 [에 잠긴

mourn·ful [mɔ́:rnf(u)l] a. 슬픔

mourn·ing [mɔ́:rniŋ] n. 슬픔, 애도; 상중(喪中)

mouse [maus] n. (pl. mice) 《動》 생쥐 (cf. rat)

momentary 160 **morning**

(특정한)때;중요성: Wait [Just] a ~. 잠간 기다려 주시오 at this ~ 현재, 지금 for a ~ 한때, 잠시동안 One ~./ Half a ~. 잠간 기다려

mo·men·ta·ry [móuməntèri/ -t(ə)ri] *a.* 순간의

mo·men·tous [mouméntəs] *a.* 중대한

Mon·a·co [mánəkòu/mɔ́n-] *n.* 모나코(남유럽의 공국, 그 수도)

mon·arch [mánərk/mɔ́n-] *n.* 군주. **~·y** *n.* 군주국; 군주정체, 군주정치

mon·as·ter·y [mánəstèri/mɔ́nəst(ə)ri] *n.* 수도원

mo·nas·tic [mənǽstik] *a.* 수도원의; 금욕적인

Mon·day [mʌ́ndi, -dei] *n.* 월요일

mon·e·tar·y [mánitèri, mán-/mʌ́nit(ə)ri] *a.* 화폐의, 금전의: a ~ unit 화폐단위

mon·ey [mʌ́ni] *n.* 금전, 화폐, 통화: hard ~ 경화/soft ~ 지폐(美)(change)

mon·ey·bag [-bæ̀g] *n.* 지갑

mon·ey-chang·er [-tʃèindʒər] *n.* 환전상; 금전출납인; 금융업자

móney òrder (우편)환: a telegraphic ~

mon·grel [mʌ́ŋgrəl, +美 mɑ́ŋ-] *n.*(동물); 트기 (고,주의 의미)

mo·ni·tion [mouníʃ(ə)n] *n.* 권고; 경계

mon·i·tor [mánitər/mɔ́n-] *n.* 훈계자, 평론가; (통신) 모니터

monk [mʌŋk] *n.* 수도사, 승려

mon·key [mʌ́ŋki] *n.* 원숭이; 장난꾸러기: ~ meat (美) 통조림한 쇠고기/ a ~ suit (俗) 제복; 야회복 — *vi.* 장난치다

mon·o·cle [mánəkl/mɔ́n-] *n.* 외알안경

mon·o·ki·ni [mɔ̀nəkí:ni/mɔ̀n-] *n.* 토플리스수영복

mon·o·logue, -log [mánəlɔ̀:g/mɔ́nəlɔ̀g] *n.* (劇) 독백; 1인극

mo·nop·o·lize [mənɑ́pəlàiz/-nɔ́p-] *vt.* 전매권을 얻다; 독점하다

mo·nop·o·ly [mənɑ́pəli/-nɔ́p-] *n.* 전매(권), 독점(권); 전매품

mon·o·rail [mɑ́nouèil/mɔ́n-] *n.* 단궤(單軌)철도, 모노레일

mo·not·o·nous [mənɑ́tənəs, -nɔ́t-] *a.* 단조로운; 지루한

mo·not·o·ny [mənɑ́təni/-nɔ́t-] *n.* 단조로움; 지루함

mon·sieur [məsjə́ːr/] *F. n.* (*pl. mes·sieurs*): = Mr.

mon·soon [mɑnsú:n] *n.* (인도양의)계절풍; (인도양의)우기

mon·ster [mɑ́nstər/mɔ́n-] *n.* 괴

물 — *a.* 거대한

mon·strous [mɑ́nstrəs/mɔ́n-] *a.* 기괴한; 거대한, 괴물같은

mon·tage [mɑntɑ́ːʒ/mɔn-] *n.* (영화·사진) 몽타주

Mont Blanc [mɔːŋblɑ́ːŋ/F mɔ̃blɑ̃] 몽블랑(알프스의 최고봉)

Mon·te Car·lo [mɑ̀ntikɑ́ːrlou/mɔ̀n-] 몬테카를로(모나코의 한 지)

Mon·te·vi·de·o [mɑ̀ntivídiou, -vídiòu/mɔ̀n-] 몬테비데오(남미 우루과이의 수도)

month [mʌnθ] *n.* (한)달: this day ~ 내달(지난달)의 오늘

month·ly [mʌ́nθli] *a.* 매달의, 월 1회의 — *ad.* 매달 — *n.* 월간지

Mont·mar·tre [mɔːŋmɑ́ːrtr/] 몽마르트르(파리 북부의 언덕 지구, 예술의 중심지, 카페·나이트클럽으로 유명함)

Mont·par·nasse [mɔ̀:ŋpɑrnɑ́s] 몽파르나스(파리 서남부의 고지대, 카페 등이 많음)

Mont·re·al [mɑ̀ntrió:l/mɔ̀n-] *n.* 캐나다의 상공업도시

mon·u·ment [mɑ́njumənt/mɔ́n-] *n.* 기념비; 기념물: a natural ~ 천연기념물

mon·u·men·tal [mɑ̀njuméntl/mɔ̀n-] *a.* 기념의; 불후의: a ~ inscription 비문(碑文)

mood [muːd] *n.* 기분

mood·y [múːdi] *a.* 변덕스러운, 뚱한; 울적한

moon [muːn] *n.* 달 — *v.* 멍하니보내다

moon·beam [-bìːm] *n.* 달빛

moon·light [-lài̇t] *n.* 달빛 — *a.* 달빛의; 달밤의

moon·shine [-ʃàin] *n.* 달빛; 허황된 생각; (美) 밀조 위스키 — *a.* 달빛의; 허황된

moor[1] [muər] *n.* (英) 탁야; 사냥터

moor[2] *vt.,vi.* 정박하다, 계류하다

mop [mɑp] *n.* 자루걸레, 몸 — *vt.* (몸으로) 청소하다

mo·ped [móupɛd] *n.* 모터 달린 자전거

mop-up [mɑ́pʌ̀p/mɔ́p-] *n.* 소탕

mor·al [mɔ́ːrəl, mɑ́r-/mɔ́r-] *a.* 도덕(상)의; 교훈적인 — *n.* 교훈

mo·ral·i·ty [mɔrǽliti, mɑ-/mɔ-/mɔːrǽl-] *n.* 도덕, 덕성

mor·bid [mɔ́ːrbid] *a.* 불건전한, 병적인; 병의; (美) 소름끼치는

more [mɔːr] (many, much의 비교급) *a.* 더욱 많은[큰] (*opp.* less) — *ad.* 더욱 더[이크게], 한층; 게다가 — *n.* 더 많은 양

more·o·ver [mɔːróuvər] *ad.* 더우기, 게다가

Mor·mon [mɔ́ːrmən] *n.* 모르몬교도

morn·ing [mɔ́ːrniŋ] *n.* 아침, 오전: a ~ call 아침 방문; 기상

missile [mísil/-sail] n. 미사일(무기); 날아가는 무기

mis·sion [míʃ(ə)n] n. 사절(단); 포교; 사명; a ~ school 미션스쿨, 전도학교/ on a special ~ 특별임무를 띠고

mis·sion·ar·y [míʃ(ə)nèri/-nəri] a. 포교의 — n. 선교사

Mis·sis·sip·pi [mìsisípi] n. 미국 남부의 주; (the ~) 미국 중부의 큰 강

Mis·sou·ri [mizú(:)ri] n. 미국 중서부의 주; (the ~) 미주리강

mist [mist] n. 안개

mis·take [mistéik] vt., vi. (p. -took, pp. -taken) 잘못하다, 오해하다 — n. 잘못, 실수; 오해

mis·ter [místər] n.(Mr.) …씨; (호칭) 여보세요

mis·tress [místris] n. 여주인, 주부; (Mrs.) ···부인; 여선생

mis·trust [mistrʌ́st/∠∠] vt. 신용하지 않다 — n. 불신, 의혹

mist·y [místi] a. 안개낀; 흐릿한

mis·un·der·stand [misʌndərstǽnd] vt.(p., pp. -stood) 오해하다

mis·use vt. [misjúːz/∠∠ →n.] (말 등을)오용[남용]하다 — n. [misjúːs/∠∠] 오용, 남용

mit·i·gate [mítigèit] vt. 완화하다, 누그러뜨리다, 달래다, 진정시키다

mitt [mit] n. 1 《야구》 미트 2 = mitten

mit·ten [mítn] n. 벙어리장갑

mix [miks] vt. (p., pp. -ed or mixt [mikst]) vt. 섞다, 혼합하다 (in, with)— vi. 섞이다; 교제하다; 어울리다 (with); a ~ed train 혼합열차 — **er** n. 믹서; 《口》 사교가

mix·ture [míkstʃər] n. 혼합(물), (여러 커피 등의)조합(調合)

miz·zen [mízn] n. (海) 뒷돛

miz·zle [mízl] n. (英) 가랑비 (가 내리기)

moan (moun) n. 신음(소리) — vi., vt. 신음하다

mob [mab/mɔb] n. 폭도, 군중

mo·bile [móub(i)l/-bail] a. 움직이는, 변덕스러운; a ~ home (트레일러식)이동주택 — oil 자동차용 휘발유

mo·bi·lize [móubəlàiz] vt., vi. 동원하다[되다]

mob·ster [mábstər/mɔ́b-] n. 폭한

mo·cha [móukə] n. 모카커피

mock [mak/mɔk] vt., vi. 비웃다 《at》; 무효로 하다

mock·er·y [mákəri/mɔ́k-] n. 비웃음(거리); 가짜

mod [mad/mɔd] a. (복식·예술이) 자유분방한, 전위적인 — n. 옷차림이 자유분방한 사람

mode [moud] n. 양식(manner); 형; 유행 in [out of] ~ 유행하여[에 뒤져]

mod·el [mádl/mɔ́dl] n. 모형; 모범; (그림·조각의) 모델, 마네킹; a ~ change (자동차 등의)모델 체인지; 모범의, 전형적인; a ~ plane 모형비행기 — vt. vi. (…의)모형을 만들다; 설계하다

mod·er·ate [mádərit/mɔ́d-/→n.] a. 온건한, 적당한; 보통의; a ~ price 알맞은 값 — n. 온화한 사람 — vt. vi. [-rèit] 완화하다, 누그러지다

mod·ern [mádərn/mɔ́d-] a. 현대의, 근대의; ~ jazz 모던재즈/~ times 현대 — n. 현대인

mod·ern·ize [mádərnàiz/mɔ́d-] vt. vi. 현대화하다

mod·est [mádist/mɔ́d-] a. 겸손한; 얌전한; 적당한

mod·es·ty [mádisti/mɔ́d-] n. 겸손; 얌전함

mod·i·fy [mádifài/mɔ́d-] vt. 변경(수정)하다; 한정하다

mod·u·late [mádʒulèit/mɔ́dju-] vt. 조절[조정]하다; 변조하다

mo·gul [mougʌl] n. 중요인물

mo·hair [móuhɛər] n. 모헤어직

Mo·ham·med·an [mouhǽmid(ə)n] a. 마호메트(Mohammed)의, 회교의 — n. 회교도

moil [mɔil] vi. 애쓰다, 부지런히 일하다

moist [moist] a. 축축한, 습한 (damp); ~ colors 수채화 용감

mois·ture [móistʃər] n. 습기

mo·las·ses [məlǽsiz] n. 당밀

mold¹, 《英》 **mould** [mould] n. 틀, 주형(鑄型); 모양; 성격 — vt. 틀에 넣어 만들다 — **ing** n. 주조(물)

mold², 《英》 **mould** n. 곰팡이

mole¹ [moul] n. 《動》 두더지

mole² n. 검정 사마귀, 점

mole³ n. 방파제(jetty)

mol·e·cule [málikjùːl/mɔ́l-] n. 분자; 미분자

mole·hill [móulhìl] n. 두더지둑

mo·lest [məlést/mou-] vt. 괴롭히다, 애먹이다; 방해하다; 치근거리다

mol·ten [móult(ə)n] v. melt의 과거분사 — a. 녹은, 주조한

mo·ment [móumənt] n. 순간

mim·ic [mímik] *a.* 모방[모의]의 —*n.* 잘게 다진 고기

mince [mins] *vt.* 잘게 다지다 —*n.* 잘게 다진 고기

mince·meat [≤mìːt] *n.* 과일 소기·향료 등을 섞은 파이 재료

mind [maind] *n.* 마음, 정신 (*cf.* body); 이지; 기억; 생각, 의지 —*vi., vt.* 주의하다 | 괘념하다: M~ your eye! 《俗》 조심해 / Never ~! 걱정말아 / Would you ~ 《doing》…해도 좋겠습니까

mind-ex·pand·ing [≤ikspǽndiŋ] *a.* 환각을 일으키는

mine[1] [main] *pron.* 1의 소유대명사

mine[2] *n.* 광산, 보고(寶庫) —*vt., vi.* 갱도를 파다, 채굴[채광]하다

min·er [máinər] *n.* 갱부

min·er·al [mín(ə)rəl] *n.* 광물, 광석; 《英》 (*pl.*) 탄산수, 청량음료 —*a.* 광물의

míneral óil 광유(鑛油)

míneral wáter 광천수

Mi·ner·va [minə́ːrvə] *n.* 《로神》 미네르바 (*cf.* Athena)

mi·ne·stro·ne [mìnəstróuni] *It. n.* 야채를 넣은 고기수프

min·gle [míŋgl] *vi., vt.* 섞(이)다

min·i [míni] *n.* 미니스커트 [드레스]; 소형의 것; 미니 카 — *a.* 미니의

min·i·a·ture [mín(i)ətʃər] *n.* 축소[모]형 —*a.* 세밀화의, 소형의: a ~ railway train 꼬마철도[기차] —*vt.* 축소하다

min·i·cab [mínikæ̀b] *n.* 《英》 소형택시

min·i·mum [mínəməm] *n.* (*pl.* **-ma** [-mə], **~s**) 최소 《*opp.* maximum》 — *a.* 최소[최저]의: ~ *wage* 최저임금

min·ing [máiniŋ] *n.* 광산업

min·i·skirt [míniskə̀ːrt] *n.* 미니스커트

min·is·ter [mínəstər] *n.* 장관; 공사; 목사

min·is·try [mínistri] *n.* 장관직; 부, 내각

mink [miŋk] *n.* (*pl.* **~s**, 《총칭》 **~**) 《動》 밍크(모피)

Min·ne·so·ta [mìnəsóutə] *n.* 미국 중북부의 주

mi·nor [máinər] *a.* 작은 쪽의 《*opp.* major》; 중요하지 않은 — *n.* 미성년자

mi·nor·i·ty [mainɔ́(ː)rəti, minɔ́ːr /mainɔ́r, mi-] *n.* 소수 《*opp.* majority》

min·ster [mínstər] *n.* 《英》 대성당

min·strel[1] [mint] *n.* 음유 시인

mint[2] *n.* 조폐국; 막대한 양 —*vt.* (화폐를)주조하다

mi·nus [máinəs] *a.* 《數》 음의, 을 뺀 —*n.* 음호(-); 음수 —*prep.* …을 잃고

min·ute[1] [mínit] *n.* 분; 순간; (*pl.*) 의사록: a ~ steak 얇은 스테이크 / Wait a ~. 잠깐 기다려 / *in a* ~ 즉시, 곧 / *to the* ~ 정확히(제시간에)

mi·nute[2] [main(j)úːt, mi-/-jú:t] *a.* 미세한

mir·a·cle [mírəkl] *n.* 기적 경이

mi·rac·u·lous [mirǽkjuləs] *a.* 기적적인, 불가사의한

Mi·rage [mirɑ́ːʒ] *n.* 《프랑스製》 미라주 전투기 [F]

Mi·rán·da rúle [mirǽndə] 《美》 묵비권

mire [maiər] *n.* 진창, 수렁

mir·ror [mírər] *n.* 거울 —*vt.* 비추다, 반사하다

mirth [məːrθ] *n.* 환락, 환희

mis·ap·ply [mìsəplái] *v.* 오용하다

mis·ap·pre·hend [mìsæprihénd] *vt.* 오해하다

mis·be·have [mìsbihéiv] *vi.* 버릇없이 굴다. 부정을 저지르다

mis·be·lief [mìsbilíːf] *n.* 이교신앙, 그릇된 신앙

mis·car·ry [mìskǽri] *v.* 실패하다; (편지 등이)배달되지 않다

mis·cel·la·ne·ous [mìsiléiniəs] *a.* 잡다한

mis·chance [mistʃǽns / tʃɑ́ːns] *n.* 불행, 재난

mis·chief [místʃif] *n.* (못된)장난

mis·chie·vous [místʃivəs] *a.* 해로운; 장난이 심한

mis·con·duct [mìskɑ́ndʌkt / -kɔ́n- / →*v.*] 비행; 간통 —*vt.* [mìskəndʌ́kt] 잘못하다, 간통하게 하다 [범죄]

mis·deed [mìsdíːd] *n.* 나쁜 짓, 구두쇠

mi·ser [máizər] *n.* 구두쇠

mis·er·a·ble [míz(ə)rəbl] *a.* 비참한, 딱한; 초라한

mis·er·y [míz(ə)ri] *n.* 고민, 불행; 비참한 [것](사람)

mis·fit [mìsfít, ≤≤] *n.* 맞지 않는 옷

mis·for·tune [misfɔ́ːrtʃ(ə)n] *n.* 불행, 불운; 재난

mis·judge [mìsdʒʌ́dʒ] *vt., vi.* 판단하여 그르치다

mis·lead [mìslíːd] *vt.* (*p., pp.* **-led** [-léd]) 오도하다, 그르치게 하다

mis·read [mìsríːd] *vt.* (*p., pp.* **-read** [-réd]) 잘못 읽다 / 《俗》

miss[1] [mis] *n.* (M~) …양; 아가씨

miss[2] *vt.* …하지[있지] 못하다: (기차를)놓치다; 만나지 못하다; 빠뜨리다; (…이) 없음을 가슴아파하다: ~ *the train* 기차를 놓치다 / How I ~ed you. 네가 없으

하철; (m~) 지하철 [F]
me·trop·o·lis [mətrápəlis/-trɔ́p-] n. 수도(capital);중심지;(the M~) 런던
met·ro·pol·i·tan [mètrəpáli-t(ə)n/-pɔ́l-] a., n. 수도(의)
meu·nière [mənjɛ́ər] F. a. 밀가루에 버물려 버터로 구운, 뫼니에르의
Mex·i·can [méksikən] a. 멕시코(인)의 —n. 멕시코인
Mex·i·co [méksikòu] n. 멕시코
México City 멕시코 수도
mez·za·nine [mézənìn, ˌ—ˈ—, +옷 metsə-] n.《建》중이층(中二層);무대에 가까운 2층좌석
mez·zo·so·pran·o [métsousəprǽnou, -práːn-/médzousəpráːn-] n.《音》메조소프라노(가수)
Mi·am·i [maiǽmi, -ámi] n. 미국 Florida주의 피서지
Mich·i·gan [míʃigən] n. 미국 중북부의 주;(the ~) 미시간호
micro- [maikrə] pref. 「작은」의 뜻: a ~bus 소형버스
mi·crobe [máikroub] n. 미생물
Mi·cro·ne·sia [màikrəníːʒə, -ʃə] n. 미크로네시아(대양주의 군도)
mi·cro·phone [máikrəfòun] n. 마이크로폰
mi·cro·scope [máikrəskòup]n. 현미경 **-scop·ic** [ˌ—ˈ—] a. 극미의
mi·cro·wave [máikrouwèiv] n.《무전》초단파
mícrowave óven 마이크로레인지
mid [mid] a. 한복판의(중간의)
mid·day [míddèi] n., a. 정오(의)
mid·dle [mídl] n., a. 한복판의; 중앙(의) **—·teen** 15세정도[의]
míddle-áged [ˈ—ˈ—ˈd] a. 중년의
Míddle América 중미; 미국의 중간층(중도·중류의 미국인의 총칭)
míddle cláss 중류사회
mid·dle·man [ˈ—mæ̀n] n. (pl. -men [-mèn]) 중간상인, 중개인
mid·dling [mídliŋ] a. 중간급의, 보통의 (口語) 상당히, 꽤 —n. (pl.) 중급품
mid·i [mídi] n. 미디 스커트 [드레스] —a. 미디의
mid·land [mídlənd] a., n. 중부지방의, 중부
mid·most [mídmòust] a., ad. 한복판의[에] (중의)
mid·night [mídnàit] n., a. 한밤의
mid·sea [mídsíː] n. 외양(外洋)
midst [midst] n. 한복판
mid·sum·mer [mídsʌ̀mər/+美 ˌ—ˈ—] n. 한여름
mid·town [mídtàun] n. 상업구와 주택지구의 중간지구

mid·way a., ad. [mídwéi→ˌ—ˈ—]중도의[에] (halfway) —n. [ˈ—ˈ—]《美》(박람회 등의)오락장
mid·win·ter [mídwìntər] n. 한겨울
might[mait] aux. v.《may의 과거》 1《가능성》…일지도 모르다 2《허가》: M~ I ask your name? 실례지만 성함은 3《부탁》…해 주시지 않겠읍니까 4《가정》(만약 …라면) …할 수 있었을텐데
might[mait] n. 힘, 지각(知力), 완력
might·y [máiti] a. 힘센, 강대[거대]한 —ad.《美口》대단히
mi·grant [máigrənt] a. 이주하는 —n. 철새; 이주자
mi·grate [máigreit, +美 ˈ—ˈ—] vi. 이주하다
mike [maik] n.《俗》마이크로폰
Mi·lan [milǽn, mílən] n. 밀라노(이탈리아 북부의 도시)
mild [maild] a. 온순한; 온화한; (맛이)얀한
mile [mail] n. 마일 (1760야드)
mile·age [máilidʒ] n. 마일수; (마일계산의)운임; a ~ ticket 마일제 회수권
mile·stone [ˈ—stòun] n. 이정표
mil·i·tant [mílit(ə)nt] a. 투쟁적인 —n. 투사
mil·i·ta·rism [mílitərìz(ə)m,] n. 군국주의
mil·i·tar·y [mílitèri/-t(ə)ri] a. 군대(군인)의,육군의 (cf. naval); 군사상의 (cf. civil) —n. (the ~)《集》군대
mílitary acádemy 육군사관학교
mílitary sérvice (특히 육군의) 병역, 군복무
mi·li·tia [milíʃə] n. 민병
milk [milk] n. 젖, 우유: a ~ bar 밀크바(우유·샌드위치 등을 파는 가게)/~ shake 밀크 셰이크/~ train《俗》이른 아침의 근거리 열차/~ from the cow 갓짠 우유
milk·man [ˈ—mæ̀n/-mən] n.(pl. -men [-mèn]) 우유장수(배달인)
milk·y [mílki] a. 젖같은, 유백색의 **the M~ Way** 은하수
milky [mílki] ㅇ 낮추잘는
mill [mil] n. 물방앗간, 제분소; 제작소 **—·er** n. 제분업자
mil·i·bar [mílibɑ̀ːr] n.《기상》밀리바 (1/1000바) [장수
mil·li·ner [mílinər] n. 여자모자
mil·lion [míljən] n., a. 100만(의)
mil·lion·aire [mìljənɛ́ər] n. 백만장자
Mil·wau·kee [milwɔ́ːki] n.미국 Wisconsin주 Michigan호반의 도시(맥주 산지)

me·men·to [miméntou] n. (pl. ~(e)s) 유물, 기념물
mem·o [mémou] n. (pl. ~s)《口》=memorandum
mem·oir [mémwɑːr] n. 전기(傳記); (pl.) 회고록; 연구논문
mem·o·ra·ble [mémərəbl] a. 기억할 만한, 현저한
mem·o·ran·dum [mèmərǽndəm] n. (pl. ~s, -da [-də]) 각서, 메모(memo)
me·mo·ri·al [məmɔ́ːriəl] a. 기념의 — n. 기념물[비]; (pl.) 기록: a ~ park《美》묘지
M~ Day《美》 현충일 (5월30일)
mem·o·rize [méməràiz] vt. 기억하다; 암기하다
mem·o·ry [méməri] n. 기억(력); 추억; 기념 in ~ of …을 기념하여 to the ~ of …의 영전에 바쳐
men [men] n. man의 복수
men·ace [ménəs] vt. 협박하다 (threaten) — n. 위협, 협박
mé·nage [meinɑ́ːʒ] F. n. 가사, 가족
mend [mend] vt., vi. 수리하다 (repair); 고치다, 고쳐지다
men·tal [mént(ə)l] a. 마음의, 정신의, 지적인
men·tal·i·ty [mentǽliti] n. 지성, 지력
men·thol [ménθoul, -θɑl/-θɔl]《化》멘톨, 박하뇌
men·tion [ménʃ(ə)n] vt. …에 대해 얘기하다, 언급하다: Don't ~ it. 천만에요. — n. 언급
men·u [ménjuː, méi-/ménjuː] n. 식단(표), 요리 [F]; ~ turistico [turístiko]《이탈리아》관광객용 메뉴
mer·can·tile [mɑ́ːrkəntìːl, -tàil/mɔ́ːkəntail] a. 상업의
mer·ce·nary [mɑ́ːrsənèri/-n(ə)ri] a. 돈이 목적인; 돈으로 고용된
mer·cer [mɑ́ːrsər] n.《英》포목상,《英》비단장수
mer·chan·dise [mɑ́ːrtʃəndàiz] n. (총칭) 상품; No ~ can be returned. 반품사절
mer·chant [mɑ́ːrtʃənt] n. 상인, 《특히》무역상
merci [mɛrsí] F. int. 고맙습니다
mer·ci·ful [mɑ́ːrsif(u)l] a. 자비로운
mer·ci·less [mɑ́ːrsilis] a. 무자비한
mer·cu·ry [mɑ́ːrkjuri] n. 수은, 수은주; (M~) 미국 Ford 사제의 자동차;《로神》메르쿠리우스, 머큐리(cf.Hermes)
mer·cy [mɑ́ːrsi] n. 자비, 연민의 정
mércy kílling 안락사

mere [miər] a. 순전한, 단지 …의
mere·ly [míərli] ad. 단지 다만
merge [mɑːrdʒ] vt., vi. 합병하다
me·rid·i·an [mərídiən] n., a. 정오의, 자오선(의)
me·ringue [mərǽŋ] n. 더랭(계란과 설탕을 섞어 만든 과자) [F]
me·ri·no [məríːnou] n. (pl. ~s) 메리노양(양털, 모직물)
mer·it [mérit] n. 가치; 장점 — vt. 가치가 있다
mer·maid [mɑ́ːrmèid] n. (여자) 인어; 《美》여자수영선수
mer·ri·ly [mérili] ad. 즐겁게, 명랑하게
mer·ry [méri] a. 유쾌한, 명랑한
mer·ry-go-round [-́gouràund] n. 회전목마
mer·ry-mak·ing [-́mèikiŋ] n. 환락, 동제(冬祭) 놀기
mesh [meʃ] n. 그물코; (pl.) 그물
Mes·o·po·ta·mi·a [mèsəpətéimiə] n. 메소포타미아(서남아시아의 한 지방)
mess [mes] n. 뒤범벅; 혼란; 회식 자, 식사; 함께 식사하는 한 무리: a ~ sack/a ~ hall 식당 — vt. 혼란시키다 — vi. 빈둥빈둥 지내다 (about, around); 회식하다 ~ ·y a. 지저분한
mes·sage [mésidʒ] n. 통신, 전갈: leave a ~ 전달을 부탁하고 가다
mes·sen·ger [mésindʒər] n. 심부름꾼, 배달인
Mes·si·ah [məsáiə] n. 구세주
mes·sieurs [mésərz] F. n. monsieur의 복수
met [met] v. meet 의 과거 (분사)
met·al [mét(ə)l] n. 금속; (pl.)《英》레일, 궤도
me·tal·lic [metǽlik] a. 금속의
met·al·lur·gy [métələːrdʒi] n. 야금학(冶金學) [세공
met·al·work [-́wɜːrk] n. 금속
met·a·phor [métəfər] n. 은유 (隱喩)
me·te·or [míːtiər, -tjər] n. 유성; 운석, 별똥
me·te·or·ite [míːtiəràit], -or·o·lite [-ərəlàit] n. 운석
me·te·or·o·log·i·cal [mìːtiərəlɑ́dʒik(ə)l/-lɔ́dʒ-] a. 기상(학)의: ~ report 일기예보/a ~ satellite 기상위성
me·te·or·ol·o·gy [mìːtiə-ɑ́lədʒi/-rɔ́l-] n. 기상학
me·ter [míːtər] n. 계량기
me·ter [míːtər] n.《英》-tre 미터
meth·od [méθəd] n. 방법, 순서
Méth·od·ism [méθədìzə(ə)m] n.《宗》감리교(파)
Me·tro [métrou] n. (파리의 지하철)

MC = *master of ceremonies* 사회자

Mc·Kin·ley [məkínli] *n.* Mount ~ Alaska에 있는 북미의 최고봉

MCT = *minimum connecting time* 최저 연결 소요시간

me [mi:, mi] *pron.* I의 목적격

mead [mi:d] *n.* 벌꿀술

mead·ow [médou] *n.* 목초지

mea·ger, 《英》**-gre** [míːgər] *a.* 마른, 빈약한

meal [mi:l] *n.* 식사: a square ~ 정식식사

meal·time [⁻tàim] *n.* 식사시간

mean[1] [mi:n] *vt.* (*p., pp.* **meant** [ment]) 뜻하다; …할 작정이다

mean[2] *a.* 비천한; 열등한; 인색한

mean[3] *n., a.* 중간(의), 평균(의)

mean·ing [míːniŋ] *n.* 의미, 의의 —*a.* 의미심장한 **~·ful** *a.* 의미심장한 **~·less** *a.* 무의미한

means [mi:nz] *n. pl.* 수단, 자금력: by no ~ 결코 …하지

mean·time [míːntàim], **-while** [-(h)wàil] *n., ad.* 그동안에

mea·sles [míːzlz] *n. pl.* 홍역

meas·ure [méʒər] *n.* 치수, 크기, 양, 분수; 재는 도구; 측정, 표준; 한도; 수단, 조치 *beyond* [*above, out of*] ~ 엄청나게, 지나치게 —*vt., vi.* (…의)치수[크기, 양]를 재다, 측정하다

meat [mi:t] *n.* (식용)고기

meat·ball [⁻bɔ̀:l] *n.* 미트볼

Mec·ca [mékə] *n.* 메카 (Mohammed의 탄생지); 동경의 땅, 성지 「공, 기능공

me·chan·ic [məkǽnik] *n.* 기계

me·chan·i·cal [mikǽnik(ə)l] *a.* 기계의 — ***pencil*** 샤프펜슬

mech·a·nism [mékənìz(ə)m] *n.* 기계(장치); 기구

mech·a·nize [mékənàiz] *vt.* 기계화하다

med·al [médl] *n.* 훈장, 기장

me·dal·lion [midǽljən] *n.* 큰 메달; 원형 장식품

médal pláy 《골프》 타수경기 (합계타수로 겨루는 경기)

med·dle [médl] *vi.* 간섭하다 (*in*). 만지작거리다 「복수

me·di·a [míːdiə] *n.* medium의

me·di·an [míːdiən] *a.* 중앙의, 중간의: ~ *strip* 중앙분리대

me·di·ate [míːdièit] *vi.* 사이에 서다, 중재[조정]하다 **-a·tion** *n.* 중재, (조정)

med·i·cal [médik(ə)l] *a.* 의학[의약]의; 내과의 (*cf.* surgical): a ~ *examination* 건강진단

Med·i·care [médikɛ̀ər] *n.* 《美》 노인의료보장제도

med·i·cine [méd(i)s(i)n] *n.* (내복)약, 약제; 의학; 내과

me·di·eval, -ae·val [mìːdiíːv(ə)l/mèd-] *a.* 중세(의)의

Me·di·na [midíːnə] *n.* 메디나 (아라비아의 도시. Mohammed의 무덤이 있음)

me·di·o·cre [míːdiòukər] *a.* 보통의, 평범한

med·i·tate [médìtèit] *vi.* 숙고하다, 명상하다

Med·i·ter·ra·ne·an [mèditəréiniən] *a.* 지중해의 —*n.* 지중해 (the ~ Sea)

me·di·um [míːdiəm] *n.* (*pl.* **-s, -a** [-diə]) 매개물; 수단: *mass media* 보도기관, 매스미디어(*cf.* ~ *of circulation* 통화) 중간(보통)의; (비프 스테이크 등) 알맞게 구운 (*cf.* well-done, rare): ~ *rare* 날것에 가까운

med·ley [médli] *n.* 잡동사니; 혼성곡: a ~ *race* 혼합경주

meek [mi:k] *a.* 온순한, 얌전한

meer·schaum [míərʃəm, +美 -ʃɔ̀:m] *n.* 해포석(海泡石)(파이프)

meet [mi:t] *vt., vi.* (*p., pp.* **met**) 만나다; 마주치다; (길·강 등이) 합치다; (눈·귀에) 들어오다; 마중 나가다 —*n.* 집회; 국회; 집합자

meet·ing [míːtiŋ] *n.* 집합, 모임

méeting hòuse 교회당

meg·a·lop·o·lis [mègəlápəlis / -lɔ́p-] *n.* 거대도시 「가폰

még·a·phone [mégəfòun] *n.* 메

Me·kong [méːkɔ́ŋ] *n.* 메콩강 (태국·라오스·베트남을 흐르는 강)

mel·an·chol·y [mélənkàli / -kɔ̀li] *n.* 우울 —*a.* 우울한; 서글픈 **-chol·ic** *a.* 우울한

Mel·a·ne·sia [mèləníːʒə / -ʃiə] *n.* 멜라네시아 (대양주의 군도)

Mél·ba tòast [mélbə] 《美》 바삭바삭 구운 얇은 토스트

Mel·bourne [mélbərn] *n.* 멜버른 (오스트레일리아의 도시)

mel·low [mélou] *a.* 익은, 달콤한

me·lo·di·ous [milóudiəs] *a.* 선율이 아름다운, 음악적인

mel·o·dra·ma [mélədràːmə, +美 -drǣmə] *n.* 멜로드라마, 통속극

mel·o·dy [mélədi] *n.* 아름다운 곡조, 듣기 좋은 (목)소리

mel·on [mélən] *n.* (植) 멜론

melt [melt] *vt., vi.* (*p., pp.* ~ **-ed, mol·ten**) 녹(이)다; (감정이)누그러지(게하)다; 《英俗》 낭비하다; 현찰로 바꾸다

mélt·ing pòt [⁻iŋ] 도가니; 인종이 뒤섞인 나라

mem·ber [mémbər] *n.* 일원, 회원; 사원; (국회)의원 **~·ship** *n.*

mas·ca·ra [mæskǽrə / ·ká:rə] n. 마스카라 (속눈썹먹)

mas·cot [mǽskət] n. 마스코트

mas·cu·line [mǽskjulin], +英 má:s-] a. 남성의; 남자다운

mash [mæʃ] vt. 짓이기다; 〜ed potatoes 매시드 포테이토

mask [mæsk/mɑ:sk] n. 가면, 마스크 —vt., vi. 가면을 쓰다

ma·son [méisən] n. 석공

mas·quer·ade [mæskəréid] n. 가장무도회; 가장 —vi. 가장하다, 가장무도회에 나가다

mass[1] [mæs] n. 덩어리(of); 집단; 다량; 다수; (the 〜) 대부분; the 〜es 대중/〜 game 매스게임 —vt., vi. 모으다, 모이다

mass[2] [mæs / mɑ:s] n. 《宗》 미사; 미사곡: a 〜 book 미사서

Mas·sa·chu·setts [mæ̀sətʃú:sets] n. 미국 동북부의 주

mas·sa·cre [mǽsəkər] n., vt. 대학살(하다)

mas·sage [məsɑ́:ʒ / mǽsɑ:ʒ] n., vt. 안마(하다)

máss communicátion 매스컴

mas·sive [mǽsiv] a. 육중한; 크고 무거운(massy)

máss média 대중[매스컴]매체

máss prodúction 대량생산

mast [mæst/mɑ:st] n. 돛대

mas·ter [mǽstər/mɑ́:stər] n. 주인; 고용주; (남자)선생; 대가 (of) —a. 주요한, 으뜸가는: a key 맞쇠 —slave manipulator 매직핸드 —vt. 복종시키다, 억제하다; 습득하다 —ful a. 권세를 부리는, 거만한

mas·ter·piece [-pìts] n. 결작

máster's degrée 석사학위

mas·ter·y [mǽstəri / mɑ́:s-] n. 지배; 정통(of)

mat [mæt] n. 돗자리, 매트; 신발 닦개, 깔개 —vt. 돗자리를 깔다

mat·a·dor [mǽtədɔ̀:r] n. 투우사

match[1] [mætʃ] n. 성냥

match[2] n. (경쟁) 상대; 잘 어울리는 짝, (쌍의)한짝 《for》; 시합, 경쟁 —vt., vi. 짝짓다, 경쟁시키다; 필적하다

mátch play 〈골프〉 득점경기 (이긴 홀수로 겨루는 경기)

mate [meit] n. 배우자; 동료; 〈미〉 항해사 —vt., vi. 짝짓다, 짝이 되다; 동료가 되(게하)다

ma·ter [méitər] n. 《英口》 어머니

ma·te·ri·al [mətí(:)riəl] a. 물질의; 육체적인 —n. 재료, 원료; raw 〜 원재료

ma·te·ri·al·ize [mətí(:)riəlàiz] vt., vi. 구체화하다, 실현하다

ma·ter·nal [mətə́:rnəl] a. 어머니의, 어머니다운 《cf. paternal》

math [mæθ] n. 《口》 수학

math·e·mat·ics [mæ̀θəmǽtiks] n. 수학

mat·i·née, -nee [mæ̀tənéi, ←—] n. 마티네 《주간흥행》

mat·ri·mo·ny [mǽtrimòuni / -m(ə)ni] n. 결혼, 혼인; 결혼생활

ma·tron [méitrən] n. 기혼부인; 수간호원, 보모

mat·ter [mǽtər] n. 물질 물체, 일, 사건, 문제: What's the 〜 (with you)? 무슨 일이야 —vi. 중요하다

Mat·ter·horn [mǽtərhɔ̀:rn] n. 마테호른 《스위스·이탈리아 국경에 있는 알프스의 고산》

mat·tress [mǽtris] n. (침대의) 매트리스

ma·ture [mətjúər/-tʃúər] a. 성숙한; 숙고한 —vi. vt. 익(게하)다

ma·tu·ri·ty [mətjú(:)riti / -tʃú-] n. 성숙, 완성

Mau·i [máui] n. 마우이섬 (하와 이군도의 한 섬)

Mau·na Lo·a [máunəlóuə, mɔ́:nə-] n. 하와이의 활화산

mau·so·le·um [mɔ̀:səlí(:)əm] n. (pl. -s, -a [-li(:)ə]) 영묘, 靈廟

max·im [mǽksim] n. 격언

max·i·mum [mǽksiməm] n., a. (pl. -ma, -s) 최고(의), 최대(한)(의) 《opp. minimum》

max·i·skirt [mǽksiskɔ̀:rt] n. 긴치마

may [mei] aux. v. (p. might) 1 《가능성》 …일지도 모르다 2 《허가·부탁》 …해도 좋다 (부정은 must not) 3 《용인》 …라 해도 좋다 4 《기원》 바라건대 …이기를 5 《목적》 …하기 위해 …할 수 있도록 6 《양보》 비록 …일지라도 7 《가능》 할 수 있다

May n. 5월

Ma·ya [mɑ́:jə, mɑ́:jɑ:] n. 마야사람 (haps)

may·be [méibi(:)] ad. 아마(per-

Máy Dày 노동절, 메이데이

May·day [méidèi] n. 조난신호

May·flow·er [méiflàuər] n. (the 〜) 메이플라워호 (1620년에 청교도가 미국으로 타고온 배)

may·on·naise [mèiənéiz] n. 마요네즈(소스) [F]

may·or [méiər, mɛ́ər] n. 시장

May·pole, may- [méipòul] n. 노동절에 세우는 꽃장식 기둥

maze [meiz] n. 미로(迷路), 미궁; 복잡하게 얽히고설킨 것

ma·zur·ka, -zour- [məzə́:rkə] n. 마주르카 (폴란드의 활발한 무곡)

manse [mæns] *n.* 목사관

man·serv·ant [mænsə̀rvənt] *n.* (*pl.* **men·serv·ants**) 하인

man·sion [mǽn(ʃ)ən] *n.* 큰 저택

mánsion hóuse [英] 저택; (*the* M~ H~) 런던시장 관저

man·slaugh·ter [mǽnslɔ̀:tər] *n.* 살인; 《法》 고살

man·tel·piece [mǽntlpi:s] *n.* 벽난로의 선반

man·til·la [mæntílə] *n.* (스페인 여자가 머리에 쓰는)솔

man·tle [mǽntl] *n.* 외투, 망토

man·u·al [mǽnjuəl] *a.* 손의, 수공의: a sign ~ 자필서명 — *n.* 안내서

man·u·fac·to·ry [mæ̀njufǽktəri] *n.* 공장(factory)

man·u·fac·ture [mæ̀njufǽktʃər] *vt.* 제조하다 — *n.* 제조, 제조공업;제품: of foreign [home] ~ 외국제[국산]의

ma·nure [mənjúər/-njúə] *n.* 비료, 거름 — *vt.* 시비하다

man·u·script [mǽnjuskrìpt] *n.* 사본, 원고(略: MS)

man·y [méni] *a.* (**more, most**) (수가) 많은 (*opp.* few) (*cf.* much) — *n.* 다수, 많은 사람 [수]

map [mæp] *n.* 지도 (*cf.* chart, atlas): a ~ of a road] ~ 용의[도로]지도 — *vt.* …의 지도를 그리다

ma·ple [méipl] *n.* 단풍나무: ~ leaf 단풍잎 (캐나다의 표장)

mar [mɑ:r] *vt.* 손상하다

mar·a·thon [mǽrəθàn/-θ(ə)n] *n.* 마라톤 (경주)

mar·ble [mɑ́:rbl] *n.* 대리석, (*pl.*) 대리석 조각물 — *a.* 대리석의

March *n.* 3월

march [mɑ:rtʃ] *n.* 행진; 보조; 《音》행진곡 — *vt., vi.* 행진시키 [하]다

mar·chion·ess [mɑ́:rʃ(ə)nis, 美 mɑ̀:rʃənés] *n.* 후작부인

mare [mɛər] *n.* 암말

mar·ga·rine [mɑ́:rdʒəri(:)n/ -màdʒərí:n] *n.* 마가린

mar·gin [mɑ́:rdʒin] *n.* 가장자리; 한계; 난외; 여유; 〖商〗증거금

Ma·ri·á·na Islands [mὲ(ə)riǽnə] (*the ~*) 마리아나군도

ma·ri·jua·na, -hua·na [mɑ̀:ri-(h)wɑ́:nə, mæ-] *n.* 마리화나, 대마초

ma·ri·na [mərí:nə] *n.* (요트·모터보트용)계선장

ma·rine [mərí:n] *a.* 바다[해상] 의: ~ plants 해초 ~ supplies 항해용품 — *n.* (집합적) (한 나라의)선박; 해병(대원); 해운업

mar·i·ner [mǽrinər] *n.* 선원: a

master ~ (상선의)선장

mar·i·o·nette [mæ̀riənét] *n.* 꼭두각시(인형)

mar·i·tal [mǽritl] *a.* 결혼의, 부

mar·i·time [mǽritəm] *a.* 바다의, 해사(海事)의; 항해[해운]의; 해변의

mark¹ [mɑ:rk] *n.* 표, 자국;기호;목표,표적;특징;성적 — *vt.* 표를 하다;(기호로)나타내다 — *ed a.* 기호가 있는; 저명한

mark² *n.* 마르크(독일 화폐단위)

mar·ket [mɑ́:rkit] *n.* 장, 시장: a ~ day 장이 서는날 ~ a place ~ 시장터; 상업중심지/come on the ~ 시판되다 — *vt., vi.* 시장에서 매매되다[하다], 시장에 나오다 [내놓다]

mar·ket·ing [~iŋ] *n.* 시장에서의 매매, 장보기; 마케팅 (제조에서 판매까지의 전체 과정) / ~ research 시장조사분석

mar·ma·lade [mɑ́:rməlèid] *n.* 마말레이드(쨈의 일종)

mar·quee [mɑ:rkí:] *n.* (현관의)차양;[英] (오락용)큰 천막

mar·que·try [mɑ́:rkitri] *n.* 상감(쪽매)세공

mar·quis [mɑ́:rkwis] *n.* 후작

mar·riage [mǽridʒ] *n.* 결혼(식)

mar·ron gla·cé [mærɔ̃:glæséi/ ---] *F.* 시럽에 절인 밤

mar·ron·nier [mæ̀rənjéi] *F. n.* 〖植〗마로니에

mar·row [mǽrou] *n.* 〖解〗수(髓), 골수; 정수; 힘, 활력 *pith and ~* 정수 [기타]

mar·ry [mǽri] *vt.* 결혼하다

Mars [mɑ:rz] *n.* 〖로神〗군신 (*cf.* Ares)

Mar·sa·la [mɑ:rsɑ́:lə] *n.* 마르살라 백포도주 [It.]

Mar·seil·laise [mɑ̀:rsəléiz, -séiéiz] *F. n.* (*La* ~) 라마르세예즈(프랑스의 국가)

Mar·seilles [mɑ:rséilz] *n.* 마르세이유(지중해안의 프랑스도시)

marsh [mɑ:rʃ] *n.* 소택지, 습지

mar·shal [mɑ́:rʃ(ə)l] *n.* 육군원수; [美] 연방보안관

mar·tial [mɑ́:rʃ(ə)l] *a.* 전쟁의

mártial láw 계엄령

mar·ti·ni [mɑ:rtí:ni] *n.* 마티니 (칵테일의 일종)

mar·tyr [mɑ́:rtər] *n.* 순교자

mar·vel [mɑ́:rv(ə)l] *n.* 놀라운[불가사의한] 것 — *vi.* 놀라다, 이상히 여기다

mar·vel·ous, -lous [mɑ́:rv(ə)ləs] *a.* 놀라운, 불가사의한

Mar·y [mέ(ə)ri] *n.* 〖聖〗마리아

Mar·y·land [mérilənd] *n.* 미국 동부의 주

make-believe +간접목적+직접목적》…에게 ~을 만들어주다 (5) 《make+명사=명사의 뜻을 지닌 동사》(어떤 행위를)하다; ~ **out** 작성하다; 깨닫다, 해독하다, 뜻을 알아보다 ~ **up** 조제하다; 꾸며내다; 화장하다 《(**劇**) 분장》의 한 (*cf.* make-up) ~ **up to** 《口》 …에 접근하다, 수작걸다 —n. 만듦새, 구조; 해격; 형식, 형; 제작, …제

make-be·lieve [méikbilìːv] n. 가장, …인 체하기 [자

mak·er [méikər] n. 제작자, 제조

make·shift [méikʃift] n. 임시변통(의)

make-up [méikʌp] n. 만들기, 제조(법), 제작(품); 분장

mak·ing [méikiŋ] n.조립;분장

Ma·lac·ca [məlǽkə] n. 말라카 《말레이시아 연방의 주, 그 수도》

mal·a·dy [mǽlədi] n. 질병

ma·lar·i·a [məlɛ́(ə)riə] n. 《醫》말라리아

Ma·lay [məléi, +美 méilei] n. 말레이[어] —a. 말레이(인·어)의

Ma·lay·sia [məléiʒə, -ʃə/ -ziə] n. 말레이시아; 말레이시아 연방

male [meil] n., a. 남성(의), 수컷(의) (*opp.* female)

mal·ice [mǽlis] n. 악의, 적의

ma·li·cious [məlíʃəs] a. 악의[적의]를 품은

ma·lig·nant [məlígnənt] a. 악의있는; (병이)악성의 (*opp.* benignant)

mall [mɔːl] n. 나뭇그늘이 있는 산책길, (the M~) 런던의 St. James 공원의 산책길

mal·let [mǽlit] n. 나무망치; (크리켓 등의)타구망치

mal·nu·tri·tion [mæ̀ln(j)uː(ː)tríʃ(ə)n/-nju(ː)-] n. 영양불량[실조]

mal·o·dor·ous [mælóudərəs] a. 악취나는

malt [mɔːlt] n. 엿기름, 맥아: ~ liquor 맥주 《맥주 등》

Mal·ta [mɔ́ːltə] n. 말타 《지중해의 섬나라》

mal·treat [mæltríːt] vt. 학대하다, 혹사하다 [담보

mam·bo [máːmbou/ mǽm-] n.

ma·ma [máːmə/məmáː] n. 《兒語》엄마

mam·mal [mǽm(ə)l] n. 포유동물

mam·moth [mǽməθ] n. 매머드 —a. 거대한

man [mæn] n. (pl. **men**) 남자; 어른, 인간, 사람 **no ~'s land** 무인지대

man·age [mǽnidʒ] vt., vi. 다루다, 경영[관리]하다, 처리하다, …하다 (*to do*); 그럭저럭 ...하다 (*to do*); 먹을[마실] 수 있다 **-ag·er** n.

지배인

man·age·ment [mǽnidʒmənt] n. 취급; 경영, 지배, 관리

ma·ña·na [mənjáːnə] Sp. n., ad. 내일, 일간 *hasta* ~ 내일 또 만나시다

Man·ches·ter [mǽntʃèstər/ -tʃə] n. 잉글랜드의 방적공업도시

man·da·rin [mǽndərin] n. 《중국의》관리; (M~) 중국의 표준어

man·date [mǽndeit] n. 명령; 위임; 위임통치(령) —vt. …의 통치를 위임하다

man·da·to·ry [mǽndətɔ̀ːri/ -t(ə)-ri] a. 명령의; 위임[위탁]의

man·do·lin [mǽnd(ə)lìn] n. 《樂》만돌린

mane [mein] n. (말)갈기

ma·nège [mænéːʒ/ mænéiʒ] F. n. 마술; 마술학교

ma·neu·ver [《英》-noeu·vre [mənúːvər] n. 기동작전 (pl.) 《기동연습》

man·ful [mǽnf(u)l] a. 남자다운

man·go [mǽŋgou] n. (pl. -(**e**)**s**) 망고나무[열매]

man·go·steen [mǽŋgousìːn] n. 망고스틴나무[열매]

Man·hat·tan [mænhǽt(ə)n] n. 뉴욕시의 주요 상업지구;칵테일의 일종

man·hole [mǽnhòul] n. 맨홀

man·hood [mǽnhud] n. 성년; 남자다움

ma·ni·a [méiniə] n. …광 (*for*)

ma·ni·ac [méiniæ̀k] a. 미친 n. 미치광이

man·i·cure [mǽnikjùər] n., vt. 매니큐어(를 하다)

man·i·fest [mǽnifèst] a. 명백한 —vt. 명백히 하다, 증명하다

man·i·fes·to [mǽniféstou] n. (pl. **-es**) 선언, 성명

man·i·fold [mǽnifòuld] a. 가지각색의

Ma·ni·la [mənílə] n. 마닐라 《필리핀의 수도》

man·kind [mǽnkáind→ʌ] n. 1 인류 2 [ʌʌ] 《총칭》 남성

man·ly [mǽnli] a. 남자다운

man-made [mǽnmèid] a. 인조의, 인공의

man·ne·quin [mǽnikin] n. 마네킹 《인형》

man·ner [mǽnər] n. 방법, 방식; 태도; (pl.) 예절범절; 풍습, 습관: *bad* ~s 버릇없음;' *table* ~s 식사 예법/ *Where are your* ~s? 《어른이 아이에게》 돼 먹지 못했구나 **-ism** n. 매너리즘

man·or [mǽnər] n. 장원(莊園)

man·pow·er [mǽnpàuər] n. 인력, 유효총인원

Mad·a·gas·car [mædəgǽskər] n. 마다가스카르(아프리카 동남쪽에 있는 섬. 공화국)

mad·am [mǽdəm] n., (pl. ~**s**, **mes·dames** [meidá:m, -dǽm/méidæm]) 마님, 부인

mad·den [mǽdn] vt., vi. 미치(게 하)다; 격분하(게 하)다

made [meid] v. make의 과거(분사) —a. 만든; ~ **dish** 모듬요리/a ~ **gravy** 여러가지 재료로 만든 고깃국물

Ma·dei·ra [mədíərə/-díərə] n. 마데이라섬의 백포도주

ma·de·moi·selle [mædəməzél] F. n. (pl. **mes·de·moi·selles** [mèidə-]) …양 《영어의 Miss에 해당》

made-to-or·der [méidtuɔ́ːrdər] a. 주문하여 만든, 맞춤의

made-up [méidʌ́p] a. 꾸며낸; 화장한

mad·house [mǽdhàus] n. 정신병원

Mad·i·son [mǽdisn] n. 미국의 제4대 대통령; ~ **Avenue** 매디슨가(뉴욕시에 있는 광고업의 중심가; 광고업계, 매스컴); ~ **Square Garden** 뉴욕시 8번가에 있는 스포츠 센터

mad·man [mǽdmæn] n. (pl. **-men** [-mən]) 미치광이

Ma·don·na [mədɑ́nə/-dɔ́n-] n. 성모마리아; 마리아의 그림[상]

Ma·drid [mədríd] n. 마드리드 (스페인의 수도)

mad·ri·gal [mǽdrig(ə)l] n. 마드리갈; 짧은 사랑의 노래

Ma·fi·a [má:fiə/ma:fí:ə] n. 마피아단《국제범죄 비밀조직》

ma·fi·o·so [mà:fi:óusou] n. (pl. **-si** [-si:]) 마피아단원

mag·a·zine [mǽgəzìːn, ˌ-ˈ-] n. 잡지; 필름통

Ma·gel·lan [mədʒélən/-gél-] n. 마젤란(포르투갈의 항해가) the **Strait of ~** 마젤란해협

mag·got [mǽgət] n. 구더기; 변덕, 공상

mag·ic [mǽdʒik] n., a. 마법(의), 마술(의); 매력있는

Mágic Márker 매직펜(상표명)

mag·is·trate [mǽdʒistrèit, -trit] n. (행정·사법 겸직의)장관, 치안판사

mag·nan·i·mous [mægnǽniməs] a. 도량이 넓은, 관대한, 너그러운

mag·net [mǽgnit] n. 자석

mag·net·ic [mægnétik] a. 자석의, 자기의; 매력있는

magnétic tápe 자기(磁氣) 테이프 **~ recorder** 테이프 레코더

mag·nif·i·cent [mægnífisnt] a. 장엄한. 당당한; (俗) 멋진

mag·ni·fy [mǽgnifài] vt. 확대하다; 과장하다 **-fi·er** n. 확대경 [렌즈]

mag·ni·tude [mǽgnit(j)ùːd/-tjùːd] n. 크기, 중요성

Ma·ha·ya·na [mà:həjá:nə] n. 대승불교 (cf. Hinayana)

ma·hog·a·ny [məhɑ́gəni/-hɔ́g-] n. [植] 마호가니(재목, 색)

maid [meid] n. 소녀; 처녀; 하녀

maid·en [méidn] n. 소녀, 처녀 —a. (여자나)미혼의; 처음의: a ~ **voyage** 처녀항해

maid·ser·vant [méidsə̀ːrvənt] n. 하녀

mail [meil] n. (주로 美) 우편(물)(《英》 post): a ~ **cart** 우편차/a ~ **chute** 우편낙하 장치 **air ~** 항공우편 **by ~** 《美》 우편으로 **~ order** 통신판매 —vt. 우편에 넣다, 우송하다

mail·box [ˈ-bàks/-bɔ̀ks] n. 《美》 우체통, 우편함 (《英》 letter box)

mail·man [ˈ-mæ̀n] n. (pl. **-men** [-mèn]) 《美》 우체집배인 (《英》 postman)

mail·plane [ˈ-plèin] n. 우편기

máil tráin 우편열차

main [mein] a. 주요한: the ~ **line** 《철도》 간선/a ~ **office** 본사/a ~ **table** 주빈식탁

main·land [méinlænd] n. (섬·반도와 구별하여)본토; 대륙

Máin Stréet 《美》 번화가

main·tain [meintéin] vt. 유지하다; 부양하다; 주장하다

main·te·nance [méintənəns] n. 지속; 유지, 보존; 생계

maî·tre d'hô·tel [méitrdoutél] F. 호텔지배인, 급사장

maize [meiz] n. 《英》 옥수수

ma·jes·tic [mədʒéstik] a. 위엄 있는, 당당한

ma·jes·ty [mǽdʒisti] n. 위엄; 존엄; 주권; (M~) 폐하

ma·jor [méidʒər] a. 큰 쪽의; 주요한 (opp. minor); 손위[고참]의; 성년의 ~ **league** 《美》 《야구》 메이저리그 —n. 《軍》 육군소령; 《法》 성년자; 《美》 전공과목 —vi. 전공하다 《in》

ma·jor·i·ty [mədʒɔ́(ː)riti, -dʒɑ́r-/-dʒɔ́r-] n. 대다수, 대부분; 과반수 (opp. minority)

make [meik] vt. (p., pp. **made**) 1 만들다; 행하다; 하다; (합계) …이 되다 2 《특수구문》 (1) 《make+목적어+보어》 …을 ~로 하다 (2) 《make+목적어+to부정사》 …에게 ~시키다 (3) 《make+목적어+과거분사》 …을 ~시키다 (4) 《make

low·land [lóulənd, +美 -lænd] n. (흔히 pl.) 저지(低地); (the L~s) 스코틀랜드 동남부의 저지지방

low·ly [lóuli] a. (신분이) 낮은; 겸손한 ─ad. 천하게, 겸손해 하며

lów prófile 저자세

loy·al [lɔ́i(ə)l] a. 충성스러운, 성실한, 충실한. ~**ist** n. 충신

loy·al·ty [lɔ́i(ə)lti] n. 충성, 충실

LPG = liquefied petroleum gas 액화석유가스

LP record LP판 장시간 레코드 [< long-playing]

LSD [élesdíː] n. 환각제의 일종

LT = letter telegram 서신전보

Ltd., ltd. = Limited

lu·bri·cant [lúːbrikənt, lák-] a. 매끄럽게 하는 ─ n. 윤활제[유]

luck [lʌk] n. 운; 행운 in (out of, off) ~ 운좋게[나쁘게]

luck·y [láki] a. 행운의

Luft·han·sa [lúfthænzə] n. 루프트한자 항공사(독일의 항공회사)

lug·gage [lágid3] n. (英) 수하물 수하물(《美) baggage) [소

lúggage óffice (英) 수하물취급

lúggage ván (英) 수하물차(간)

lug·ger [lágər] n. 4각돛의 범선

lull [lʌl] n. (폭풍 등의)잠시 잠잠함, 소강(小康) ─ vt. 달래다, 재우다 ─ vi. 잠잠해지다, 누그러지다

lull·a·by [láləbài] n. 자장가

lum·ber [lámbər] n. 잡동사니; 재목; (美) 제재 ─ vi., vt. (장소를)잡동사니로 막다

lum·ber·yard [─jɑ̀ːrd] n. (美·캐나다) 재목저장소

lu·mi·nous [lúːminəs] a. 빛을 내는, 밝은

lump [lʌmp] n. 덩어리; 혹, 종기 (on); two ~s of sugar 각설 탕 2개 ─ **sum** n. 총액, 총계 ─ vt., vi. 한덩어리로 하다[되다]; 육중하게 가다

lu·nar [lúːnər] a. 달의

lu·na·tic [lúːnətik] a. 미친(듯한)

─ n. 미치광이, 정신병자

lunch [lʌntʃ] n. 점심; 가벼운 식사; a ~ box 도시락 ─ vi., vt. 점심을 먹다[제공하다]

lunch·eon [lántʃ(ə)n] n. 점심, 오찬; a ~ party 오찬회

lunch·eon·ette [lʌ̀ntʃ(ə)nét] n. 간이식당

lun·che·te·ri·a [lʌ̀ntʃitíri(ə)] n. 《美) (셀프서비스의) 간이식당

lúnch·room [lʌ́ntʃrùː]m n. 간이식당

lung [lʌŋ] n. 《解) 폐(장)

lure [luər/ljuə, luə] vt. 후리다; 유혹하다(entice)

lurk [ləːrk] vi. 숨다, 잠복하다

lust [lʌst] n. 색욕; 욕욕

lus·ter, -tre [lástər] n. 광택, 윤; 광휘; 영예

lus·trous [lástrəs] a. 윤나는

lust·y [lásti] a.건강한, 기운 찬

Lu·ther·an [lúːθərən/ljúː-] a. 루터(Luther)파의 ─ n. 루터교 신자

Lux·em·burg [láksəmbə̀ːrg] n. 룩셈부르크(독일·프랑스·벨기에에 둘러싸인 대공국, 그 수도)

lux·u·ri·ant [lʌgʒú(ː)riənt, lʌksú(ː)-/ lʌgzjúə-] a. 무성한; 풍부한; 화려한

lux·u·ri·ous [lʌgʒú(ː)riəs, lʌksú(ː)-/ lʌgzjúə-] a. 사치스러운, 호화로운, 화려한

lux·u·ry [lák(ʃ)(ə)ri] n. 사치(품)

lv. = leave (cf. arr.)

ly·cée [liːséi/─´] F. n. (프랑스의)국립고등학교

ly·ing [láiiŋ] v. lie¹·²의 현재분사 [하다

lynch [lintʃ] vt. 사형(私刑)을 가

ly·on·naise [làiənéiz] a. 《美) 리용식의 (감자 등을 잘게 썬 양파와 함께 튀긴)

lyre [laiər] n. (고대 그리스의) 수금(竪琴); (the ~) 서정시

lyr·ic [lírik] n. 서정시(= ~ poem) ─ a. 서정(시)의, 서정적인 the ~ drama 가극(歌劇)

M

ma'am [mæm, mɑːm, məm] n. 부인에 대한 경칭 (cf. sir)

Ma·cao [məkáu] n. 마카오(중국 동남부의 포르투갈(식)민지)

mac·a·ro·ni [mæ̀kəróuni] n.마카로니(이탈리아식 국수)

mac·é·doine [mæ̀seidwɑ́ːn] F. n. 과일·야채를 섞은 젤리요리

mac·er·ate [mǽsərèit] vt., vi. (물에)담가 부드럽게 하다[되다]

ma·chine [məʃíːn] n. 기계; 자동차; 비행기; 기관

machine gùn 기관총

ma·chin·er·y [məʃíːnəri] n. (총칭) 기계류, 장치; 기구; 기관

Mách númber [mɑːk] 마하수 (음속을 1로 한 속도의 단위)

mack·er·el [mǽk(ə)r(ə)l] n. (pl. ~**s**, (총칭) ~) 《魚) 고등어

mad [mæd] a. 미친(crazy), 미친 듯한 (with); 열중한; 《흘口) 격노한 (at, about)

Lòng Ísland 미국 New York 주 동남부의 섬

lon·gi·tude [lándʒitjùːd/lóndʒitjùːd] n. 경도 (cf. latitude)

look [luk] vi. 보다. 주시하다 《at》 《(으로)보이다 (appear), (…한)표정을 하다; 주의《조사》하다; 기대하다: ~ alike 꼭 닮다／L~ here! 【英】이봐, 여보 — vt. 눈짓해서, 눈짓하여 시키다 ~ after 을 돌보다, 살피다; 찾다 ~ back 을 돌아보다 ~ for 을 찾다; 기대하다 ~ into 을 조사하다 ~ like …처럼 보이다 ~ out 밖을 보다; 바라보다 ~ up 《口》 찾다, 조사하다; 방문하다 — n. 보기, 모양, 외관; (때로 pl.) 용모

look·er-on [lùkərán/lùkərɔ́n] n. (pl. -ers-on) 구경꾼

look·ing glass [lúkiŋɡlæs/-ɡlɑːs] 거울

look·out [lúkàut] n. 감시(인); 전망; 전도, 가망; 임무

loom [luːm] n. 직조기, 베틀

loop [luːp] n. (실 등의)고, 만곡, 곡선; (자궁내)피임고리 — vt., vi. 고로 만들다, 고가 되다

lóop line 환상선(環狀線)

loose [luːs] a. 느슨한; 풀린; 부정확한; 단정치 못한; 헐거운 (opp. tight): ~ coins 잔돈／~ bowels 설사／cut ~ 끊어서 풀다; 《口》탈선행위를 하다／get ~ 도망치다 — vt., vi. 풀다; 느슨해지다

loose-leaf [ˈ-líːf] a. (장부가)낱장을 끼웠다 빼었다 할 수 있는

loos·en [lúːsn] vt., vi. 느슨하게 하다[되다]

lord [lɔːrd] n. 군주, 영주; 【英】귀족; 【英】 상원의원; 남편 (聃); 《my Lord [milɔ́ːrd]로》 각하; 《the L~》 하나님, 신; 《our L~》 주님, 예수 the House of L~s 【영국상원】 L~ Mayor (영국 대도시의)시장 the L~'s day 주일(일요일) the L~'s Prayer 주의 기도 the L~'s Supper 성찬식 —ˈly a. 귀족다운, 엄위있는

lord·ly [lɔ́ːrdli] a. 귀족다운, 당당한

Lor·e·lei [lɔ́ːrəlài] n. 로렐라이 (라인강의 전설의 마녀)

lor·ry [lɔ́ːri, lári/lɔ́ri] n. 【英】화차, 화물자동차; 무개화차

Los An·ge·les [lɔːsǽndʒələs, -liːz, ǽŋɡələs] n. 미국 California 주의 도시

lose [luːz] v. (p., pp. **lost**) vt. 잃다, 잃게 하다 (opp. gain): (싸움에)지다 (opp. win); 낭비하다; (시계가) 늦게 가다 (opp. gain): ~ one's way 길을 잃다／~ one's train 기차를 놓치다 — vi. 손해보다; 실패하다

los·er [lúːzər] n. 실패자, 분실자

loss [lɔːs/lɔs] n. 손실, 손해, 손실액; 실태: ~ leader 손을 끌기 위해(밑지고) 파는 상품 at a ~ 어쩔할 바를 몰라

lost [lɔːst/lɔst] v. lose 의 과거(분사) — a. 잃은, 손해본, 패배한; 길잃은; 열중한 (in) (the) ~ and found 분실물취급소

lot [lat/lɔt] n. 제비(뽑기); 운, 운명; 《口》 많음, 다량; 《口》 놈 ~ of / ~s of 많은

lo·tion [lóu(ə)n] n. 로션, 화장수

lot·ter·y [látəri/lɔ́t-] n. 복권, 추첨

lo·tus [lóutəs] n. 〔植〕 연(蓮)

loud [laud] a. (목소리가 큰; 시끄러운; 《口》 화려한; 《口》 주제넘은 —ad. 큰소리로

loud-speak·er [láudspìːkər / ˈ-ˌ-] n. 확성기

Lou·i·si·an·a [luːìːziǽnə/luːìːzi-] n. 미국 남부의 주

lounge [laundʒ] vi. 한가로이 걷기; (호텔 등의)휴게(오락)실; 긴 의자 ~ car 특등차 ~ suit 【英】 신사복 —vi. 한가로이 거닐다 《about》

louse [laus] n. (pl. **lice**) 【蟲】이

lout [laut] n. 무뚝한 사람, 시골 뜨기

Lou·vre [lúːvr, -vər] n. 《the ~》 루브르박물관(파리에 있음)

lov·a·ble [lʌ́vəbl] a. 사랑스러운

love [lʌv] n. 사랑, 애정; 연애; 애호; 사랑하는 것, (여자의)애인: a ~ affair 연애, 정사／a ~ letter 연애편지／a ~ seat 2인용 의자／a ~ song 연가／a ~ story 사랑이야기 my ~ 여보 —vt., vi. 사랑하다; 좋아하다

love·ly [lʌ́vli] a. 사랑스러운, 사랑스러; 《口》 멋진, 훌륭한

lóve mátch 연애결혼 (love marriage)

lov·er [lʌ́vər] n. (남자의)애인; (pl.) 애인들; 애호자

lov·ing [lʌ́viŋ] a. 사랑하는

low [lou] a. 낮은 (opp. high); 적음의; 기운 없는; 저질의; 값싼: ~ ebb [tide] 쌀물／a ~ gear 저속기어 —ad. 낮게; 작은 목소리로; 싸게

low·er [lóuər] a. 《low 의 비교급》 하급의; 열등한; 하층의: ~ orders 하층계급 L~ Chamber [House] 하원 —vt. 내리다, 낮게하다; (기운 등)꺾다; (목소리를)낮추다 —vi. 내려가다; 하락하다, 싸지다: ~ the sails 돛을 내리다／~ a lifeboat 구명보트를 내리다

live-out [lívaut] *a.* 통근제의 (*opp.* live-in)
Liv·er·pool [lívərpùːl] *n.* 영국 Lancashire주의 항구도시
liv·er·y [lívəri] *n.* (하인·운전수·조합원 등의)제복
lives [laivz] *n.* life의 복수
liv·id [lívid] *a.* 납빛의
liv·ing [lívin] *a.* 살아 있는; 현존하는; 활기있는: ~ cost 생계비/~ standard 생활수준 — *n.* 생존, 생활; 생계
living room 《英》 거실
liz·ard [lízərd] *n.*《動》 도마뱀
Lloyd's [lɔidz] *n.* 로이드조합(런던에 있으며, 선박의 등록·해상 보험 등을 취급함)
LNG =*liquefied natural gas* 액화천연가스
loach [loutʃ] *n.*《魚》미꾸라지
load [loud] *n.* 짐, 적하(cargo); 부담(burden), 고생; (*pl.*) 《口》 많음 — *vt., vi.* 짐을 싣다
loaf[1] [louf] *n.* (*pl.* **loaves** [louvz]) 빵(설탕) 한 덩어리: meat ~ 미트로프(다진 고기를 식빵처럼 굽게 한)
loaf[2] *vi.* 빈둥거리다(*about*)
loam [loum] *n.* 양토(壤土), 옥토
loan [loun] *n.* 대부(금), 대여(물), 공채 on ~ 차용중으로 — *vt., vi.* 《主로 美》 빌려주다
lóan òffice 금융회사; 전당포
lóan wòrd 외래[차용]어
loathe [louð] *vt.* 싫어하다, 미워하다(hate)
lob·by [lábi/lɔ́bi] *n.* 로비
lob·by·ist [‑ist] *n.* 원외[의회] 공작원
lobe [loub] *n.* 귓볼
lob·ster [lábstər/lɔ́b‑] *n.* 왕새우
lo·cal [lóukəl] *a.* 지방의, 국부적인: ~ call 시내전화/ ~ color 지방색/ a ~ express 《美》 준급행열차/ a ~ line 지방선(체)/ a ~ government 지방자치 단(체)/ a ~ train (역마다 서는)보통[완행]열차 — **time** 지방시간 — *n.* 지방인, 지방열차
lo·cal·i·ty [loukǽliti] *n.* 위치, 산지, 장소
lo·cal·ize [lóukəlàiz] *vt.* 한 지방 [국부]에 한정하다; 지방화하다
lo·cate [lóukeit, ‑́‑] *vt.* 두다; (장소를)찾아내다나 (spot) — *vi.*《美》 거주하다, 정착하다
lo·ca·tion [loukéiʃ(ə)n] *n.* 위치, 소재; 《영화》 로케이션
lock [lak/lɔk] *n.* 자물쇠, (운하 등의)수문 **under ~ and key** 자물쇠를 잠그고 **on [off] the** ~ 자물쇠를 걸고[걸지 않고] — *vt., vi.* 자물쇠를 잠그다(가 잠기다); 가두다
lock·er [lákər/lɔ́k‑] *n.* 로커
lock·et [lákit/lɔ́k‑] *n.* 로켓
lock·out [lákàut/lɔ́k‑] *n.* (경영자측의)공장폐쇄
lock·up [lákʌ̀p/lɔ́k‑] *n.* 유치장
lo·co·mo·tion [lòukəmóuʃ(ə)n] *n.* 이동, 운동; 이동 기관
lo·co·mo·tive [lòukəmóutiv/⌐‑‑́‑] *n.* 기관차
lo·cust [lóukəst] *n.*《蟲》메뚜기; 《美》매미
lodge [ladʒ/lɔdʒ] *vi.* 묵다, 기숙 [하숙]하다: ~ **at a hotel** 호텔에 숙박하다/ ~ **with the Browns** 브라운씨댁에 하숙하다 — *vt.* 숙박시키다; (금전을)맡기다 — *n.* 오두막; 수위실
lodg·er [ládʒər/lɔ́dʒə] *n.* 숙박인, 하숙인
lodg·ing [ládʒiŋ/lɔ́dʒ‑] *n.* 숙박, 숙소; (*pl.*) 하숙
lódging hòuse 하숙집
loft [lɔːft/laft] *n.* 다락방; (마굿간 등의)2층
lof·ty [lɔ́ːfti/láfti] *a.* 아주 높은; 고상한
log [lɔːɡ, lɑɡ/lɔɡ] *n.* 통나무; 항해[항공]일지, 여행일지: a **cabin [house]** 통나무집
loge [louʒ] *n.* 특별관람석
log·ic [ládʒik/lɔ́dʒ‑] *n.* 논리학
log·i·cal [ládʒik(ə)l/lɔ́dʒ‑] *a.* 논리적인; 편연적인
loin [lɔin] *n.* (보통 *pl.*) 허리; (돼지소 등의)허리고기
loi·ter [lɔ́itər] *vi.* 어슬렁거 날다; 빈둥거리며 세월을 보내다 (*away*)
Lon·don [lʌ́nd(ə)n] *n.* 영국의 수도: ~ **broil** 얇은 비프스테이크이/ a ~ **particular** 《口》 (런던 특유의)짙은 안개
London Brìdge 런던교
lone·ly [lóunli] *a.* 고독한, 외로운; 외딴, 쓸쓸한 — *ly*
lone·some [lóunsəm] *a.* =lonely
long[1] [lɔːŋ/lɔŋ] *a.* (*opp.* short), 장기의; a ~ **run** 장기흥행 — *ad.* 오래동안; ...부터 줄곧:**How ~ will you be away?** 얼마나 있다가 오실 겁니까/ **S** ~ . 《口》 안녕 또 만나세
long[2] *vi.* 갈망하다 (*for, to do*)
Lóng Bèach 미국 Los Angeles 남쪽의 도시·해수욕장
long-dis·tance [‑dístəns] *a.* 장거리의; 장거리에 걸친: a ~ **call [bus]** 장거리전화[버스]
long·ing [lɔ́ːŋiŋ/lɔ́ŋ‑] *n.* 갈망, 동경 — *a.* 동경하는

limp¹ [limp] *n., vi.* 절뚝거리다(거리다)
(공항 등의)여객종영용 소형버스; 3~5인승 상자형자동차; 리무진안내소

limp¹ [limp] *n., vi.* 절뚝거리[거리다]

limp² *a.* 유연한, 나긋나긋한

Lin·coln [líŋkən] *n.* 미국 제16대 대통령; 미국 Ford 사계의 자동차 ★ *Memorial* 링컨 기념관 ★ *Center for the Performing Arts* 링컨센터 (뉴욕시의 예술센터)

lin·den [líndən] *n.* 《植》 보리수

line¹ [lain] *n.* 선, 줄; 실, 밧줄, 전선(전화)선; 경계; 주름; (때로 *pl.*) 외형, 윤곽; 열; 항로, 노선; (the ~) 적도; 진로, 방침: a local ~ (전화의)시내선/a trunk (~) main) ~ 간선철도/a branch ~ 지선/an air ~ 항공로/the European ~ 유럽항로/under the ~ 적도 직하에/L~'s busy. 《美》(전화에서) 통화중 《英》 The number's engaged.)/ Hold the ~, please. (전화끊지말고 기다리세요. — *vt.* 선을 긋다; 줄세우다 ─ *vi.* 늘어서다, 줄서다

line² *vt.* (옷에)안을 대다

lin·e·age [líniid͡ʒ] *n.* 혈통, 계통

lin·en [línin] *n.* 린넨제(제품)

lin·er [láinər] *n.* (대양항로 등의)정기선; 정기항공기

lines·man [láinzmən] *n.* (*pl.* -men [-mən]) 《경기》 선심

lin·ger [líŋɡər] *vt., vi.* 오래 끌다, 꾸물거리다

lin·ge·rie [lɑ̀ːnʒəréi, lǽnʒəri / lǽnʒərì] *n.* (여자용)속옷 [F]

lin·guist [líŋɡwist] *n.* 어학에 능통한 사람; 언어학자

lin·i·ment [línimənt] *n.* 도포약

lin·ing [láiniŋ] *n.* 안대기, 안감

link [liŋk] *n.* (쇠사슬의)고리, 연결하는 사람[물]: cuff ~ s 커프스단추 ─ *vt., vi.* 연결하다; (팔을)끼다

links [liŋks] *n. pl.* 골프장

li·on [láiən] *n.* 《動》 사자; 용맹한 사람; 《英》(주.) 명소: see the ~ s 명소를 구경하다 *L~'s Club* 라이온즈클럽(국제적 봉사단체)

li·on·ess [láiənis] *n.* 암사자

li·on·heart·ed [ˋhɑ̀ːrtid] *a.* 용맹한

li·on·ize, 《英》 **-ise** [láiənàiz] *vt.* 《英》(명소를)구경하다, 안내하다

lip [lip] *n.* 입술; (*pl.*) 말뿐인; 《美俗》 수다스러운

lip·stick [lípstik] *n.* 입술연지

li·queur [likə́ːr/-kjúə] *n.* 리큐어술 [F]

liq·uid [líkwid] *a.* 액체의, 유동하는 ─ *n.* 액체

liq·uor [líkər] *n.* 알코올음료, 증류주; be in ~ 《俗》술에 취해있다/ take [have] a ~ *up* 《俗》 동료와 한잔하다 *spirituous* ~ 증류주.

li·ra [líːrə] *n.* (*pl.* ~s, li·re [-rei/-ri]) 리라(이탈리아의 화폐단위)

Lis·bon [lízbən] *n.* 리스본(포르투갈의 수도)

list [list] *n.* 명부, 목록, 일람표: on the ~ 표에 실려/the ~ price 표기가격 ─ *vt.* 명부에 기입하다; 목록을 작성하다

lis·ten [lísn] *vi., vt.* 듣다, 경청하다 (*to*) ~ *in* 《전화》도청하다; 《라디오》청취하다

lis·ten·er [lísnər] *n.* 경청자; 청취자

lis·ten·er·in [ˋin] *n.* (*pl.* **-ers-in**) 라디오청취자

lit [lit] *v.* light³의 과거(분사)

li·ter, 《英》 **-tre** [líːtər] *n.* 리터

lit·er·al [lítərəl] *a.* 문자(상)의, 글자대로의

lit·er·ar·y [lítərèri/lít(ə)rəri] *a.* 문학(상)의, 문학적인

lit·er·a·ture [lít(ə)rət͡ʃər,-t͡ʃùər / -rit͡ʃə] *n.* 문학; 인쇄물

lith·og·ra·phy [liθɑ́ɡrəfi/-θɔ́ɡ-] *n.* 석판인쇄(술)

lit·ter [lítər] *n.* 흐트러진 쓰레기; 가마, 들것 ─ *vt., vi.* 잠자리에 짚을 깔다; 어질러놓다 (*up*)

lit·ter·bug [ˋbʌ̀ɡ] *n.* 휴지[쓰레기]를 마구 버리는 사람

lit·tle [lítl] *a.* (**less** 또는 **les·ser**, **least**) 작은; 어린; 귀여운; 짧은; 약간의 (*a little* 「조금 있다」, *little* 「거의 없다」): a ~ while 잠시동안 ─ *ad.* (**less, least**)《а를 붙여》 조금은(…하다); 《а를 붙이지 않고》 거의(…않다): a ~ more 좀더 ~. 조금; 잠시; 짧은 거리 *for a* ~ 잠시동안 ~ *by* ~ 조금씩

lit·ur·gy [lítə(ː)rd͡ʒi] *n.* 예배식; (*the* ~) 기도문

liv·a·ble [lívəbl] *a.* 살기 좋은

live¹ [liv] *vi.* 살다, 산다 (*in, at*); 살아 있다; 생활하다: Where do you ~? 댁은 어디입니까 ─ *vt.* (…한 생활을)보내다 ~ *on* [*upon*] …을 먹고 살다; …으로 생계를 세우다

live² [laiv] *a.* 살아 있는; 활기있는, 활동적인 *broadcast* 생방송 [live-out]

live-in [lívin] *a.* 입주제의 (*opp.*

live·li·hood [láivlihùd] *n.* 생계

live·ly [láivli] *a.* 기운찬, 활발한

외 수영장

lie[1] [lai] *vi., vt.* (*p., pp.* **—d**, *ppr.* **ly·ing**) 거짓말하다, 속이다 — *n.* 거짓말: tell a ~ 거짓말을 하다

lie[2] *vi.* (*p.* **lay,** *p.* **lain,** *ppr.* **ly·ing**) (드러눕다) (*down*), 엎드리다; 정박하다; 야영하다; 존재하다; 위치하다 ~ **down** (드러) 눕다 ~ **in** …에 있다 ~ **over** 연기되다 ~ **to** (이물을 바람불어오는 쪽으로 향하고)정선하다

Liech·ten·stein [líktənstàin] *n.* 리히텐시타인공국(오스트리아와 스위스 사이의 국가)

lied [li:d/ G lit] G. *n.* 《音》 가곡

lieu·ten·ant [lu:ténənt/《육군》 leftén-,《해군》 letén-] *n.*《軍》위관;《美》육군중위, 해군중위: a ~ governor《美》부지사

life [laif] *n.* (*pl.* **lives**) 목숨; 생애; 생활; 인생; 《총칭》생물

life belt 구명대

life·boat [-bòut] *n.* 구조정

life bùoy 구명부대

life expéctancy 예상[평균]여명

life·guard [-gà:rd] *n.*《美》(해수욕장의)인명구조원

Life Guárd《英》근위병

life insúrance [《英》 assúrance] 생명보험

life jàcket [vèst] 구명자켓

life·less [-lis] *a.* 생명[기운]없는

life line 구명밧줄 [의

life·long [-lɔ̀(:)ŋ/-lɔ̀ŋ] *a.* 한평생

life nèt (소방용)인명구조망

life óffice 생명보험회사

life presérver《美》구명구

life·sav·ing [-sèiviŋ] *a., n.* 인명구조의

life·style [-stàil] *n.* (개인의 취향에 맞는)생활방식[양식]

life-sup·port sýstem [-səpɔ̀:rt] 생명유지장치

life·time [-tàim] *n.* 일생, 평생

life·work [-wɔ́:rk] *n.* 평생의 일, 필생의 사업

lift [lift] *vt.* 올리다; 들어올리다;《口》훔치다 — *vi.* 올라가다, (구름 등이) 걷히다 — *n.* 올리기; 승진;《英》승강기[《美》elevator] **~ off** 이륙, 상승

lift·man [-mən] *n.* (*pl.* **-men** [-mən])《英》승강기 운전원

lift trick 소형 승반차

light[1] [lait] *n.* 빛; 등불; 햇빛; 낮; (담뱃)불 —*a.* 밝은; 빛나는 —*vi., vt.* (*p., pp.* **—ed** *or* **lit**) 불이 붙다, 불을 밝히다[붙이다]; 비추다

light[2] *a.* 가벼운 (*opp.* heavy); 경장(經裝)의, 경쾌한: ~ industries 경공업

light[3] *vi.* (*p., pp.* **—ed** *or* **lit**) (말차에서)내리다

light·en[1] [láitn] *vt., vi.* 밝히다, 밝아지다, 빛나다 [다]

light·en[2] *vt., vi.* 가볍게 타다[되

light·er[1] [láitər] *n.* 라이터: snap on a ~ 라이터를 켜다

light·er[2] *n.* 거룻배

light·house [láithàus] *n.* 등대

light·ing [láitiŋ] *n.* 조명(법)

light·mind·ed [láitmáindid] *a.* 경솔한, 변덕스러운

light·ning [láitniŋ] *n.* 번개, 전광 ~ **condúctor[ròd]** 피뢰침

light·ship [láitʃip] *n.* 등대선

like [laik] *vt.* 좋아하다, …하고 싶다 (*to do*) **if you** ~ 좋으시다면 **should [would]** ~ …하고 싶은데요 **I'd** ~ **you to meet Mr. A.** A 씨를 소개합니다 — *n.* (보통 *pl.*) 기호(嗜好)

like[2] *a.* 1 같은(=alike), 비슷한 2 …할 듯한: It looks ~ rain. 비가 올 것 같다 **feel** ~ (**doing**) …하고 싶은 생각이 들다 —*ad.* …처럼, …닮은 [사람], 닮은 것 —**ness** *n.* 유사; 초상, 사진

like·li·hood [láiklihùd] *n.* 있을 법함, 가망

like·ly [láikli] *a.* 있을 법한, …(*to do*) It is ~ to rain. 비가 올 것 같다 —*ad.* (때로 very, most 를 붙여) 아마 [드리로

like·wise [láikwàiz] *ad.* 마찬가지

lik·ing [láikiŋ] *n.* 좋아함 (*for*): have a ~ **for** …을 좋아하다 **to** one's ~ …의 마음에 들어

li·lac [láilək] *n.* 《植》라일락

lil·y [líli] *n.* 《植》 백합: a ~ **of the valley** 은방울꽃

Li·ma [líːmə] *n.* 리마(페루의 수도) [지

limb [lim] *n.* 팔다리, 날개; 큰 가

lime[1] [laim] *n.* 석회; (새잡는)끈끈이

lime[2] *n.* 라임(레몬 비슷한 과실): ~ juice 라임주스

lime·light [-làit] *n.* 석회등·예전에 흔히 무대조명에 쓰였음)

lim·it [límit] *n.* 한계(선), 한도 (*to*); (*pl.*) 범위, 경계: off [on] **~s** 출입금지[자유] — *vt.* 제한 [한정]하다

lim·i·ta·tion [lìmitéiʃ(ə)n] *n.* 제한, 한정

lim·it·ed [límitid] *a.* 한정된 ~ **cómpany**《英》유한책임회사 ~ **express (tràin)**《美》특급열차

lim·ou·sine [límuzìːn, ⌐-⌐] *n.*

less [les] *a., ad.* 《little의 비교급》…보다 작은[작게] (*opp.* more);…보다 적은[적게]; 더 못한[적게]: in ~ than a month 한 달이 지나기 전에 / *no [nothing]* ~ *than* 꼭 [적어도] …만큼,…과 마찬가지로; 다름 아닌, …만큼의〈중요한〉/ *none the ~/not the ~/no ~* 그럼에도 불구하고 / *still [much]* ~ 《부정어구 뒤에서》하물며 …아닌 —*n.* 보다 작은 수〈양, 액수〉—*prep.* …이 없는, …만큼 모자라는

less·en [lésn] *vt., vi.* 작게[적게] 하다[되다], 줄이다, 줄다

less·er [lésər] *a.* 보다 작은[적은], 약간[군소]의

les·son [lésn] *n.* 학과; (교과서의) 과; (*pl.*) 교훈 —*vt.* 가르치다

lest [lest] *conj.* 《보통 should 와 함께》 …하지 않도록

let [let] *v. (p., pp. let) vt.* …시키다; (집·땅을) 세놓다; 새놓다[나가게 하다; a house to ~ 셋집 / *vi.* 세놓이다: The apartment ~ s for $100 a week. 이 방의 셋세는 1주 100달러다 / —*aux. v.* 《권유·명령·허가·가정》: *L*~ *us [L*~'s*] go.* 갑시다 / *L*~ *him wait.* 기다려라 해라 / *L*~ [*Leave*] *me alone.* 혼자 내게 해줘 / *L*~ *me see.* 저어, 가만 있자 / ~ *out* 내다, 발하다 ~ *up* 미 등이)그치다

le·thal [líːθ(ə)l] *a.* 치명적인 ~ *dose* 치사량

let·ter [létər] *n.* 글자; 편지; …장〈狀〉; (*pl.*) 학문, 문학; 자구

létter bix *n.* 우편함

let·ter-card [‐kàːrd] *n.* 《英》 봉함엽서, 우편서간

létter cárrier 《美》 우편집배인

let·ter·head [‐hèd] *n.* 레터헤드 (편지지 위에 인쇄된 수신·회사명; 레터헤드가 있는 편지지

let·ter·ing [létəriŋ] *n.* 문자 새 김, 레터링

létter páper 편지지

let·tuce [létis] *n.* 《植》상치

let·up [létÀp] *n.* 《口》 정지, 중지

lev·el [lévl] *n.* 수평, 평면, 평지; 높이; 수준, 정확: *above sea* ~ 해발 / *a* ~ *flight* 수평비행 —*a.* 수평의, 평평한; (…과)같은 높이의, 동등한; 한결 같은; 공평한 ~ *crossing* 《英》 평면교차 —*vt.* 수평으로 하다, 고르다; (총 등을)겨누다; (비난 등을) 퍼붓다 《*at, against*》; 평평하게 하다, 뒤엎다 —*vi.* 겨냥하다, 조준하다 《*at*》 —*ad.* 수평

으로, 대등하게, 레벨

lev·er [lévər, líːvər/líːvə] *n.* 지레

lev·y [lévi] *n., vt., vi.* 징세(하다), 소집(하다)

lex·i·con [léksikən] *n.* 사전

Lex·ing·ton [léksiŋtən] *n.* 미국 Massachusetts주의 도시(독립전쟁의 첫전투가 벌어졌음)

LGM = *little green man* (공상적인)녹색의 소우주인

li·a·bil·i·ty [làiəbíliti] *n.* 경향 《*to*》; 책임, 의무 《*for*》; 부담

li·a·ble [láiəbl] *a.* …하기 쉬운 《*to do*》; 책임있는 《*for*》; …을 받아야 할

li·ai·son [líːəzən, liːéizan/liːéizɔːŋ] *n.* 연락(원), 접촉; 밀통; 《음성》 연성

li·ar [láiər] *n.* 거짓말쟁이

Lib [lib] *n.* (때로 l~) 우먼립, 여성해방운동

li·bel [láib(ə)l] *n.* 중상(문), 모욕 —*vt.* 중상하다 ~·ous *a.* 중상적인

lib·er·al [líb(ə)rəl] *a.* 자유로운 (free); 마음이 후한(generous); 풍부한(abundant); 관대한; (정치상의)자유주의의 *the L~ Party* 《英》 자유당 —*n.* (L~) 자유당원 ~·ism *n.* 자유주의 ~·ist *n. a.* 자유주의의(자).

lib·er·ate [líbəreit] *vt.* 자유롭게 하다

Li·be·ri·a [laibí(ː)riə] *n.* 리베리아 아프리카 서부의 공화국)

lib·er·ty [líbərti] *n.* 자유(freedom); 제멋대로 굶, 실례; (*pl.*) 특권 *at* ~ 한가하여; 자유로와 *the L~ Bell* 《美》 자유의 종 *L~ Island* 뉴욕항 입구의 섬 (자유의 여신상이 있음)

li·brar·i·an [laibré(ː)riən/‐brέər‐] *n.* 도서관원, 사서

li·brar·y [láibrèri/‐brəri] *n.* 도서관[실]; 장서; 서재

Lib·y·a [líbiə] *n.* 리비아(아프리카 북부의 공화국)

lice [lais] *n.* louse 의 복수

li·cense, ‐cence [láis(ə)ns] *n.* 허가, 인가, 특허; 방허장(증); a driver's ~ 운전면허증 / a ~ *plate* 자동차의 번호판 —*vt.* 면허[인가]하다 ~*d house* 주류판매 면허점

li·cen·see, ‐cee [làisənsíː] *n.* 면허를 받은 사람

lick [lik] *vt., vi.* 핥다; 《口》 때리다, 패배시키다; 서두르다, (한번) 핥기, 소량; 《美口》 한바탕의 일

lid [lid] *n.* 뚜껑; 눈까풀(eyelid)

Li·do [líːdou] *n.* 리도(이탈리아 베니스 근처의 행락지); (l~) 옥

leap year —vt. 뛰어넘다 —n. 도약
léap yèar 윤년
Lear·jet [líərdʒèt] n. 자가용 소형 제트기
learn [ləːrn] vt., vi. (p., pp. **~ed** or **learnt** [ləːrnt]) 배우다; 알다, 알아내다; 외다 ~ **by heart** 암기하다
learn·ed [ləːrnid] a. 학식있는
learn·ing [ləːrniŋ] n. 배우기; 학문, 학식
lease [liːs] n. (땅·집의)임대계약, 차용기간 —vt. 임대(임대차)하다
leash [liːʃ] n. (개 매는)가죽끈
least [liːst] a., ad. 《little의 최상급》가장 작은[작게], 가장 적은[적게] (opp. most) —n. 최소 **at (the) ~** 적어도, 하다못해 **not in the ~** 조금도 …않는 **[어도**
léast·wàys [‑wèiz] ad. 《口》 적
leath·er [léðər] n. 가죽(제품)
leath·er·ette [lèðərét] n. 모조가죽(제품)
leave¹ [liːv] vt., vi. (p., pp. **left**) 떠나다, 출발하다; 방치하다; 남기다, 잊고 가다; 맡기다 **To be left till called for.** (우체국유치/L~) 외투는 보관소에 맡겨 주십시오
leave² n. 허락, 허가 **(to do)** 휴가, 작별 **by [with] your ~** 실례지만 **on ~** 휴가로 **take (one's) ~ (of)** (…에게)작별인사를 하다
leav·en [lévn] n. 효모, 발효소 —vt. 발효시키다
leaves [liːvz] n. leaf의 복수
Leb·a·non [lébənən] n. 레바논(지중해 동쪽의 공화국)
Leb·a·nese [lèbəníːz] a. 레바논의(사람)
lec·tern [léktərn] n. (교회의)성서대
lec·ture [léktʃər] n. 강의, 강연; 훈계 —vi., vt. 강의(강연)하다; 훈계하다 **-tur·er** n.
led [led] v. lead¹의 과거(분사)
ledge [ledʒ] n. 선반; 바위너설
lee [liː] n. 《海》바람불어가는 쪽
leek [liːk] n. 《植》 부추 **[끼**
lees [liːz] n. pl. (포도주 등의)찌
lee·ward [líːwərd, 《海》 lúərd] n. 《海》바람불어가는 쪽의 (으로)
left¹ [left] a. ad. 왼쪽의[으로] (opp. right) —n. 왼쪽(의); 《야구》 좌익(수); (보통 the L~) 혁신파, 좌익파
left² v. leave¹의 과거(분사)
léft-hánd [léfthǽnd] a. 왼손의, 왼쪽의 ~**ed** a. 왼손잡이의 (《美俗》 southpaw)

---

léft wíng 좌파, 좌익; 좌익수
leg [leg] n. 다리 (cf. foot); 《여장의》 한 구간: **a ~ show** 《口》 각선미를 보여주는 쇼
leg·a·cy [légəsi] n. 유산; 유증
le·gal [líːg(ə)l] a. 법률(상)의; 법정의; 법정의 —**tender** 법정화폐
le·ga·tion [ligéiʃ(ə)n] n. 사절파견, (총칭) 공사관원, 공사관
leg·end [lédʒ(ə)nd] n. 전설; (메달 등의)명(銘)(motto)
le·gion [líːdʒ(ə)n] n. 군단; 다수 **the L~ of Honor** (F. **la Légion d'Honneur**) 레종도뇌르 훈장(프랑스 국가에 공로가 있는 사람에게 수여됨)
leg·is·la·tion [lèdʒisléiʃ(ə)n] n. 입법; (총칭) 법률, 법령
leg·is·la·tor [lédʒisleitər] n. 입법자, 입법부의원
leg·is·la·ture [lédʒisleitʃər] n. 입법부, 의회
le·git·i·mate a. [lidʒítimit] —v. [‑mèit] 합법의, 적법(정당)한 —vt. [‑mèit] 합법화하다, 정당화하다
leg·man [légmæn] n. (pl. -men [‑mèn]) 취재기자; 배달인
leg·ume [légjuːm] n. 콩류
Le Hà·vre [lə háːvr, ‑vər] 르 아브르(프랑스 센강어귀의 항구도시)
lei [léi] n. 레이(하와이의 화환)
Léi Dày 하와이의 5월 1일
leisure [líːʒər, léʒə] n. 여가 **at ~** 한가하여 —a. 한가한
Le·man [lémən] n. (the ~) 레만호(스위스의 호수)
lemon [lémən] n. 레몬(나무); 레몬색 ~ **squash** 레몬스쿼시 (《英》 lemonade) **[페이드**
lem·on·ade [lèmənéid] n. 레모
Le Monde [ləmɔ́ːd] 르몽드(파리에서 발행되는 신문)
lend [lend] vt., vi. (p., pp. **lent**) 빌려(꾸어)주다; 주다
length [leŋθ] n. 길이; 기간; 정도 **at ~** 간신히; 상세히
length·en [léŋ(k)θ(ə)n] vt., vi. 길게 하다(되다), 연장하다
length·y [léŋ(k)θi] a. 길다란
Len·in·grad [léninɡræd, ‑grɑːd] n. 레닌그라드(러시아 서북부의 도시, 현재는 러시아제국의 수도)
lens [lenz] n. 렌즈, (눈의)수정체
Lent [lent] n. 사순절(四旬節)(Ash Wednesday부터 Easter까지의 40일간)
lent [lent] v. lend의 과거(분사)
leop·ard [lépərd] n. 《動》 표범
Les·bi·an [lézbiən] a. (여자의) 동성애의 —n. (l~) 동성연애자 (여자)

lathe [leið] *n.* 선반(旋盤)

Lat·in [lǽtin] *a.* 라틴(계)의; 라틴어(사람)의 ~ **America** 라틴 아메리카 (멕시코 이남 언어가 쓰이는 중·남미 각국의 총칭) ~ **Church** 가톨릭교회 the ~ **Quarter** 라틴구(파리의 학생가) —*n.* 라틴어, 라틴사람

lat·i·tude [lǽtitjùːd/-tjùːd] *n.* 위도 (cf. longitude). (*pl.*) 지역

lat·ter [lǽtər] *a.* 《late의 비교급》 나중의, 후기의; (둘 중) 후자의; 근래의 the ~ 후자 (cf. the former) / the ~ half 후반 / the ~ part of the week 주말에 가까운 무렵 ~**·ly** *ad.* 요즈음

lat·tice [lǽtis] *n.* 창살, 격자

laud [lɔːd] *vt.* 찬송하다 —*n.* 칭찬; 찬송가(hymn)

laugh [læf/lɑːf] *vi.* 웃다, 비웃다 (*at*); 재미있어 하다 —*vt.* 웃으며 ...하다 —*n.* 웃음(소리)

laugh-in [⁀in] *n.* 웃기는 프로 [쇼]

laugh·ter [lǽftər/lɑ́ːf-] *n.* 웃음

launch [lɔːntʃ, lɑːntʃ] *vt., vi.* 진수시키다; 착수하다, (사교계 등에) 진출시키다(보내다), ...하기 시작하다 —*n.* 진수(식); 론치 (합선 적재 보트)

laun·der [lɔ́ːndər, lɑ́ːn-] *vt., vi.* 세탁하다; 세탁이 되다

Laun·dro·mat [lɔ́ːndrəmæt, lɑ́ːn-] *n.* 셀프 서비스 세탁소 (자동 세탁기가 있음)

laun·dry [lɔ́ːndri, lɑ́ːn-] *n.* 세탁소, 세탁; 세탁물

lau·rel [lɔ́ːrəl, lɑ́-/lɔ́-] *n.* 《植》 월계수; 월계관; 영예

la·va [lɑ́ːvə, 美 lǽ-] *n.* 용암, 화산암

lav·a·to·ry [lǽvətɔ̀ːri/-təri] *n.* 《주로 美》 세면소, 화장실

lav·en·der [lǽvindər] *n.* 《植》 라벤더; 엷은 보라색

lav·ish [lǽviʃ] *a.* 아끼지 않는 —*vt.* 낭비벌어; 낭비하다

law [lɔː] *n.* 법률; 법(칙)

law·ful [⁀f(u)l] *a.* 합법적인; 법정의; 적당한

law·less [⁀lis] *a.* 무법(불법)의

lawn [lɔːn] *n.* 잔디; ~ **tennis** 정구 / **a** ~ **party** 《英》 원유회

law·yer [lɔ́ːjər] *n.* 변호사; 법률가(학자)

lax [læks] *a.* 느슨해진, 헐거운; (못할)

lay¹ [lei] *vt.* (*p., pp.* **laid**) 놓이다, 놓다(place), 눕다(set); 터놓다, 가라앉히다(calm); (망상을)하다; (돈을)걸다(wager); 《보어와 함께》 (어떤 상태로)두다; ~ **a scheme** 계획을 세우다 ~ **down**, 넣다, (술을)담그다; 주장하다; (돈을)걸다; (글을)쓰다 (*on*) ~ **out** 펼치다; 설계하다; 투자하다

lay² *a.* 속인의; 아마추어의

lay³ *v.* **lie²**의 과거

lay·er [léiər] *n.* 층, 겹; 칠; 놓는(깔는)사람; 《園》 휘묻이

láyer càke 《美》 레이어케이크 (카스텔라 사이에 크림 등을 넣은 것)

lay·man [léimən] *n.* (*pl.* -**men** [-mən]) 속인; 아마추어

lay·off [léiɔ̀f] *n.* 《美》 휴직

lay·out [léiàut] *n.* 설계(법); 《책·신문의》레이아웃

la·zy [léizi] *a.* 게으른, 나태한

la·zy·bones [⁀bòunz] *n.* 《口》 게으름뱅이

lázy éyes 약시, 시력박약

lb. [paund] (*pl.* **lbs.**) *libra* (*e*) (L = pound) 파운드(무게의 단위)

LC, L/C = letter of credit 신용장

L-driv·er [éldràivər] *n.* 《英》 임시면허 운전자 [L<learner]

lead¹ [liːd] *vt., vi.* (*p., pp.* **led**) 이끌다, 안내하다; 지도하다; 선두에 서다; ...할 마음이 내키게 하다 (*to do*); (길 등이) ...로 통하다 (*to*); (생활을)보내다 —*n.* 선도, 지도, 리드; 《신문기사의》 도입문

lead² [led] *n.* 납

Lead·en·hall [lédnhɔ̀ːl] *n.* (런던의)육류시장

lead·er [líːdər] *n.* 지도자, 《英》 지휘자; 논설 ~**·ship** *n.* 지도자의 지위(임무); 지휘, 통솔력

lead·ing [líːdiŋ] *n.* 지도, 통솔 —*a.* 지도(안내)하는; 주요한; **a** ~ **article** 《英》 사설, 논설

leaf [liːf] *n.* (*pl.* **leaves**) 잎; (책의)한 장; (금·은 등의)박

leaf·let [liːflit] *n.* 낱장 인쇄물, 접어넣는 인쇄물; 《園》 작은 잎

leaf·y [líːfi] *a.* 잎이 무성한

league¹ [liːg] *n.* 연맹, 동맹 the L- of Nations 국제연맹 —*vi., vt.* 동맹하다(시키다)

league² [liːg] *n.* 리그 (거리의 단위, 영미에서는 약 3마일)

léague mátch 리그전

leak [liːk] *n.* 누출구; 누수, 누출 가스(증기), 누전 —*vi.* 새다

lean¹ [liːn] *v.* (*p., pp.* -**ed** or 《英》 **leant** [lent]) *vi.* 기울다 (incline); 기대다; 의지하다; 구부리다 —*vt.* 기대게(기울게)하다 —*n.* 기울기

lean² [liːn] *a.* 여윈 (opp. fat); 불모의 —*n.* (기름없는)살코기

leap [liːp] *v.* (*p., pp.* **leapt** [liːpt, lept] or ~**ed**) 뛰다, 도약하다

lan·ac [lænæk] n. 레이다 착륙장치

Lan·ca·shire [læŋkəʃər, -ʃiər] n. 잉글랜드 서북부의 공업도시

lance [læns/lɑːns] n. 창 —vt. 창으로 찌르다

land [lænd] n. 땅, 육지; 토지; 나라, 국토 by ~ 육로로 ~ ar·rangement 여행업자가 하는 방문지에서의 모든 서비스 또는 그 수배 the L~ of the Rose [Shamrock, Thistle] 잉글랜드[아일랜드, 스코틀랜드] —vt., vi. 상륙시키다[하다]; 착륙시키다[하다], 하차[하선] 시키다[하다]

land·ed [lændid] a. 지주의

land·ing [lændiŋ] n. 상륙, 착륙, 하차; 선창; (계단의)층계참

lánding càrd 입국카드

lánding field = airport

lánding strip 활주로

land·la·dy [lænd‚leidi] n. 여자 집주인; (여관·하숙의)여주인

land·lord [lænd‚lɔːrd] n. 집주인; (여관·하숙의)주인; 지주

land·mark [lænd‚mɑːrk] n. 경계표; 육지의 목표; 획기적 사건

land·own·er [lænd‚ounər] n. 토지소유자, 지주

land·scape [lænd‚skeip] n. 경치, 풍경(화); 전망

land·slide [lænd‚slaid], (英) **-slip** [-slip] n. 산사태

lands·man [lændzmən] n.(pl. **-men** [-mən]) 육상생활자; 풋내기 선원

land·ward [lændwərd] a. 육지쪽의 —ad. 육지쪽으로; 해안을 향해

lane [lein] n. 좁은 길, 골목길; (美) (중앙차로)차선, 경주로; 항로; (불량의)레인

lan·guage [læŋgwidʒ] n. 언어

lánguage láboratory 어학실습실(LL)

lan·guid [læŋgwid] a. 활기없는, 나른한

lan·guish [læŋgwiʃ] vi. 나른하다

lan·tern [læntərn] n. 초롱

lap, [læp] n. 무릎; 겹침; (경기장의)일주 —vt. 싸다 (round), 감다 (about, around); 겹치다

La Paz [ləpɑːs/lɑːpæz] 라파스 (볼리비아의 수도)

láp bèlt (자동차의)좌석 [안전]벨트

la·pel [ləpél] n. (상의의)접은 깃

lap·i·dar·y [læpidèri/-dəri] n. 보석세공인[감정가]

lapse [læps] n. (시간의)경과; 타락 ((into)); 잘못 —vi. 경과하다; 빠지다 ((into)); 타락하다

lard [lɑːrd] n. 돼지기름, 라드

large [lɑːrdʒ] a. 큰; 넓은; 다수[다량]의 **at ~** 상세히, 전체로서 **in (the) ~** 대규모로 **-ly** ad. 주로; 아낌없이

large-scale [‹skéil] a. 대구모의

lark¹ [lɑːrk] n. ((鳥)) 종달새

lark² n. ((口)) 장난; 농담

la·ser [léizər] n. 레이저(두도방출의 의한 광증폭)

lash [læʃ] n. 채찍(질); 속눈썹 —vt., vi. 채찍질하다

lass [læs] n. 소녀, 처녀 (cf lad)

last¹ [læst/lɑːst] a. ((late의 최상급)) 최후의 (opp. first) 지난번의 (cf. next); 최신의; 가장…할 것 같지 않은; 궁극의 최악의: ~ month [year] 전달[작년]/ ~ Monday 지난 월요일에 / for the ~ two years 지난 2년간 ~ **heave** 마지막 안간힘 ~ **lap** 마지막 코스 [단계] —ad. ((late의 최상급)) 최후로, 지난, 최근에 **since we met** ~ 지난번에 만난 후로 ~ **of all** 마지막으로 ~ 에 마지막 사람[것]; 임종, 죽음; 최후 **at** ~ 마침내 **to** [**till**] **the** ~ 끝까지, 죽을 때까지 —**ly** ad. 다지막으로, 결국

last² vi. 계속되다; (오래)가다

last·ing [læstiŋ/lɑːs-] a. 계속[영속]하는, 내구력있는

lást nàme (surname)

Las Ve·gas [læsvéigəs] 라스베가스 (미국 Nevada 주의 타락지)

latch [lætʃ] n. (문의)빗장, 걸쇠 —vt. 빗장을 걸다

late [leit] a. (later or lat·ter, lat·est or last) 늦은 (opp. early), 지각한; 최근의; (the ~) 고 …: ~ spring 늦은 봄 / the ~ fee (전보 등의)시간외 특별요금 / I was ~ for the train. 기차 시간에 늦었다/ It's getting ~. 밤이 깊어간다 **of** ~ 요즈음 (lately) —ad. (lat·er, lat·est or last) 늦게; 늦게까지: **arrive an hour** ~ 1시간 늦게 도착하다 **-ly** ad. 요즈음, 최근

lat·er [léitər] ((late의 비교급)) a. 더 늦은, 보다 나중의 —ad. 후에, 나중에 (later on : one hour ~ 1시간 후에

Lat·er·an [lætərən] n. (the ~) (로마의)라테란 성당; 라테란궁 (vt.의 Lateran 은 박물관)

lat·est [léitist] a. ((late의 최상급)) 가장 늦은; 최근[최신]의: **the** ~ **fashion** 최신유행의 / **the** ~ **news** 최신뉴스

Eastman사의 카메라 이름)
Koh·i·noor [kóuinúər/⌐–⌐] *n.* 로이누르(영국왕실 소장의 ుండే 산 큰 다이아몬드); (k~) 극상품
kol·khoz [kɔlxɔ́ːz/kɔlhóːz]*Russ. n.* 콜호스(엣소련의 집단농장)
Ko·ran [kourǽn/kɔː-] *n.* (the ~) 코란(회교의 경전)
Ko·re·a [kouríːə/kəríə] *n.* 한국
-re·an *a.* 한국(어)의 —*n.* 한국인; 한국어
Kow·loon [káulúːn] *n.* 구룡(九龍)(홍콩섬 건너편 대륙쪽의 도시)
Krem·lin [krémlin] *n.* (the ~) 크레믈린궁전; 러시아정부
kro·ne [króunə] *n.* (*pl.* **kro·ner** [-nər]) 크로네 (덴마크·노르웨이의 화폐단위); 크로네은화
Kua·la Lum·pur [kwáːləlùmpúər] 쿠알라룸푸르(말레이시아의 수도)
Ku Klux Klan [kjúːklʌ́kskláen] 3K단(미국의 백인비밀결사)
Küm·mel [kím(ə)l/kúm-, kím-] *G. n.* 퀴멜슈
Kú·ril Islands [kúːril/kuríːl] (*the* ~) 쿠릴열도
Ku·wait, -weit [kuwéit, +美 -wáit] *n.* 쿠웨이트(아라비아반도의 입헌군주국)
Kwang·tung [kwǽntúŋ/kwæntáŋ] *n.* (중국의) 광동성(廣東省)
ky·at [kiːɑ́ːt] *n.* 키아트(미얀마의 화폐단위)

L

la·bel [léibl] *n.* 레테르, 라벨 —*vt.* 라벨을 붙이다; 분류하다
la·bor, 《英》 **-bour** [léibər] *n.* 노동, 수고; (총칭) 노동자; (L~) 노동당 ~ **union** 《美》 노동조합(《英》 trade union) **L~ Day** 《美》 노동절(9월의 첫째 월요일) **the L~ Party** 《英》 노동당 —*vi.* 노동하다; 애쓰다 —*vt.* 자세히 논하다 ~**·er** *n.* 노동자
lab·o·ra·to·ry [lǽbərətɔ̀ːri/ləbɔ́rət(ə)ri] *n.* 실험실; 연구실;는; 근무하
la·bo·ri·ous [ləbɔ́ːriəs] *a.* 힘든는; 근면한
lab·y·rinth [lǽbərinθ] *n.* 미궁
lace [leis] *n.* 레이스; 끈 —*vt., vi.* 끈으로 묶다(죄다); 레이스로 장식하다; (커피 등에) 가미하다
lack [lǽk] *vt., vi.* ...이 없다, 모자라다 (*in*) —*n.* 결핍, 부족
lac·quer [lǽkər] *n.* 옻, 래커; 옻칠 —*vt.* 옻칠하다
la·crosse [ləkrɔ́ːs/-krɔ́s] *n.* 라크로스(하키 비슷한 구기, 캐나다의 국기(國技)) 「온」
lac·tic [lǽktik] *a.* 젖의 **~ acid** 젖산
lac·y [léisi] *a.* 레이스 모양의
lad [lǽd] *n.* 젊은이, 소년 (*cf.* lass)
lad·der [lǽdər] *n.* 사닥다리; (스타킹의) 전선(run)
lade [leid] *vt.* (*p.* **lad·ed**, *pp.* **lad·en, lad·ed**) 적재하다
la·dy [léidi] *n.* 숙녀, 귀부인; (L~) 《英》 Sir 또는 Lord의 경칭을 받는 귀족의 부인 또는 영양에 대한 경칭; (*pl.*) 《호칭》 숙녀여러분 (*cf. gentlemen*): Ladies and Gentlemen! (신사 숙녀 여러분) ~ **doctor** 여의사 **L~ Day** 성모마리아의 축일(3월 25일) ~ **first** 여성 우선 **la-**
dies' room [lounge] 숙녀용 화장실 **the first ~** 《美》 대통령부인 **Our L~** 성모마리아
la·dy-kill·er [-kìlər] *n.* 《俗》 여자를 잘 호리는 사내
la·dy·ship [-ʃip] *n.* 숙녀(귀부인)의 신분; 《英》 마님, 아가씨
lag [lǽg] *vi.* 늦어지다 (*behind*), 꾸물대다 —*n.* 지연, 지체(량)
la·ger [láːgər] *n.* 저장맥주(ale보다 약함) (*cf.* draft beer)
la·goon [ləgúːn] *n.* 초호(礁湖)(환초에 둘러싸인 바다); 개펄
La Guar·dia [ləɡwɑ́ːrdiə, +美 -gɑ́r-] 뉴욕시의 공항
laid [leid] *v.* lay[1]의 과거(분사)
lain [lein] *v.* lie[1]의 과거분사
lake [leik] *n.* 호수 **the Great L~s** (미국과 캐나다 사이의) 5대호 **the L~ Country [District]** (영국 서북부의)호수지방
La·ma·ism [láːmaiz(ə)m] *n.* 라마교
lamb [lǽm] *n.* 새끼양(의 고기, 가죽); **the L~** (*of God*) 예수
lam·bre·quin [lǽmbərkin, -brə-] *n.* (창문 등의) 드림장식
lame [leim] *a.* 절름발이의(crippled), 불완전한, 빈약한 —*vt.* 절름발이로 만들다; 불완전하게 하다
la·mé [lɑːméi] *F. n.* 라메, 금란
la·ment [ləmént] *vi., vt.* 슬퍼하다, 애도하다 (*for, over*) —*n.* 비탄
lam·en·ta·ble [lǽməntəbl] *a.* 슬픈, 애통해할
lam·i·nate *vt., vi.* [lǽminèit-→.] 박편으로 하다[되다] —*a.* [-nit] 박편의
lamp [lǽmp] *n.* 등불, 램프: an electric ~ 전등

kin·der·gar·ten [kíndərgà:rtn] n. 유치원

kind-heart·ed [káindhá:rtid] a. 친절한, 상냥한, 인정많은

kin·dle [kíndl] vt. 태우다, 불붙이다; 밝게 하다 —vi. 불붙다

kind·ly [káindli] a. 친절한, 인정많은; 온화한 —ad. 친절히; 부디

kind·ness [káindnis] n. 친절

kin·dred [kíndrid] n. 혈연, 친척; 동류 —a. 같은 친족(종류)의

ki·net·ic [kainétik, kin-] a. 《理》 운동의, (예술의)동적인

king [kiŋ] n. 왕, 국왕

king·dom [kíŋdəm] n. 왕국

king·ly [kíŋli] a. 왕의, 왕다운

king-size [kíŋsàiz] a. 킹사이즈의, 특대의

King·ston [kíŋstən, kíŋztən] n. 킹스턴 (자메이카의 수도)

kink·y [kíŋki] a. 배배꼬인, 머리털이; 꼬불꼬불한; 별난

ki·osk [kiásk/-ɔ́sk] n. (터키의)정자; 키오스크식의 간이건물(매점·음악당 등)

kip·per [kípər] n. (훈제)청어

kirk [kə:rk] n. 《스코·北英》 교회

Kirsch·was·ser [kíərʃvà:sər] G. n. 앵두술

kiss [kis] n., vt., vi. 키스(하다)

kit [kit] n. 여행가방; (기술자의) 연장상자; 외출준비; 통

kitch·en [kítʃən] n. 부엌, 주방

kítchen cábinet 《美》 (대통령 등의)사설 고문단

kitch·en·et, -ette [kìtʃinét] n. 《美》 (아파트 등의) 작은 부엌

kítchen gárden 채소밭 〔식모

kítch·en·maid [kítʃinmèid] n. 부엌

kítchen stùff 요리재료

kite [kait] n. 연; 《鳥》 솔개

kit·ten [kítn] n. 새끼고양이; 말팔량이

kit·ty [kíti] n. 《兒語》 새끼고양

ki·wi [kí:wi(:)] n. 《鳥》 키위, 무익조 〔경련

klax·on [klǽksn] n. (자동차의)

kleen·ex [klí:neks] n. 클리넥스 (티슈페이퍼의 일종)

KLM *Koninklijke Luchtvaat Maatschappij* (Du. = Royal Dutch Airlines) 네덜란드왕실 항공

knack [næk] n. 기교; 비결, 요령 《*of, for, in*》

knap·sack [nǽpsæ̀k] n. 배낭

knave [neiv] n. 악한, 건달; (트럼프의)잭

knead [ni:d] vt. 반죽하다; 안마하다

knee [ni:] n. 무릎 〔하다

kneel [ni:l] vi. (*p., pp.* **knelt**

[nelt]) 무릎꿇다, 굴복하다

knell [nel] n. 조종(弔鐘) (소리) —vi. 조종이 울리다 〔거

knew [n(j)u:/nju:] v. know의 과

knick·er·bock·ers [níkərtbàk-ərz/níkəbɔ̀kəz] n. pl. (헐렁한) 반바지

knife [naif] n. (pl. **knives**) 나이프, 주머니칼, 식칼 —vt. 나이프로 자르다(찌르다)

knight [nait] n. 기사, 나이트작위의 사람; (귀부인을 수행해주는) 용사 **~·hood** [-hùd] n. 기사(도); 나이트작위

knit [nit] vt., vi. (*p., pp.* **~ ted** *or* **knit**) 뜨다, 짜다; 뜨개질하다

knives [naivz] n. knife의 복수

knob [nɑb/nɔb] n. (문 등의)손잡이; 혹, 마디; 《美》 둥근 언덕

knock [nɑk/nɔk] vt., vi. 때리다; 노크하다; 부딪(치)다; 《口》 깜짝 놀라게 하다; 《美俗》 헐뜯다; (엔진이)노킹하다 **~ down** 때려눕히다; 뒤엎다 **~ out** 두들겨 내쫓다; 《권투》 녹아웃시키다; 《야구》 (투수의 공을) 마구 때려 물러나게 하다 —n. 타격; 문을 두드리기 《야구》 녹: There is a ~ at the door. 누가 찾아왔군

knock·a·bout [-əbàut] a. (옷 등이)질긴, 오락의, 난폭한 —n. 《美》 소형 요트

knock-down [-dàun] a. 때려눕히는; (자동차 등)녹다운식의

knock·er [-ər] n. (현관의)노커

knock·ing [-iŋ] n. 노킹(내연기관이 폭발음을 내는 일)

knock-out [-àut] a. 녹 아웃시키는; 철저한 —n. 《권투》 녹 아웃 (略: K.O.); 《美》 멋있는 것(사람)

knot [nɑt/nɔt] n. 매듭; 혹, 마디; 노트(배의 속도 단위) —vt. 매다, 매듭짓다

know [nou] vt., vi. (*p.* **knew**, *pp.* **known**) 알고 있다, 인정하고 있다; 이해하고 있다; …과 식별하다 《*a thing from*》; 아는 사이이다

know-all [nóuɔ̀:l] n. 박식한 사람 〔식; 능력

know-how [nóuhàu] n. 《口》 지

know·ing [nóuiŋ] a. 알고 있는; 빈틈없는; 아는 체 하는 **~·ly** ad. 일부러; 아는 체 하고

knowl·edge [nɑ́lidʒ/nɔ́l-] n. 지식; 학문; 이해

known [noun] v. know의 과거분사 a. 알려진

knuck·le [nʌ́kl] n. 손가락마디

K.O., k.o. = knockout

Ko·dak [kóudæk] n. 코닥(미국

Ka·u·a·i [kəuái] *n.* 하와이제도 트만주 (네팔의 수도)「의 섬
kay·ak [káiæk] *n.* 카약(에스키모인의 가죽배), 그 비슷한 것은 배(스포츠용)
kay·o [kéióu] *n., vt.* (권투에서) 녹아웃(시키)다
keel [kiːl] *n.* (배·비행기의)용골
keen [kiːn] *a.* 예리한; 격렬한; 예민한; 열심인; 《口》 열중한
keep [kiːp] *v.* (*p., pp.* **kept**) *vt.* 1 ~(보존)하다, 말다: You may ~ the book. 그 책은 가져도 됩니다/ I won't ~ you waiting. 오래 끌지는 않겠습니다 3 기르다, 치다; 경영하다, (상품을)다루다 4 (장부에)적다, 기입하다: a diary 일기를 쓰다 5 (명을·약속 등을)지키다: a promise 약속을 지키다 6 삼가다 —*vi.* 1 줄곧 …이다; 계속 …하다 2 (어떤 장소에)머물다: ~ at home 집에 있다 K~ **left** (게시) 좌측통행 —*n.* 보유, 관리; 생활비
keep·er [kíːpər] *n.* 보호자; 지키는 사람; 관리인, 소유주, 임자
kéep·ing ròom 《美》 거실
keep·sake [kíːpsèik] *n.* 기념품
keg [keg] *n.* 작은 통
ken [ken] *n.* 시계; 시야
Ken·ne·dy [kénidi], **John F.** (1917-63) 미국 제35대 대통령 (1961-63) ~ **International Airport** New York시 Long Island에 있는 국제공항 ~ **Space Center** 케네디 우주센터(Florida주 Merritt 섬에 있는 NASA의 로켓 발사기지)
ken·nel [kén(ə)l] *n.* 개집
Kent [kent] *n.* 잉글랜드 동남부의 주
Ken·tuck·y [kəntʌ́ki/ken-] *n.* 미국 중부의 주 ~ **oyster** 돼지대장 튀김
Ken·ya [kénjə, kíːn-] *n.* 케냐 (동아프리카의 공화국)
kept [kept] *v.* keep의 과거 (분사)
ker·chief, -mis [kə́ːrmis] *n.* (네덜란드 등의) 명절 대목장; 《美》 피크닉, 바자
ker·nel [kə́ːrn(ə)l] *n.* (과일의)인(仁), 과립; 핵심, 골자
ker·o·sene [kérəsìːn, -́-̀] *n.* 등유
ketch·up [kétʃəp] *n.* 케첩
ket·tle [kétl] *n.* 주전자
key [kiː] *n.* 열쇠, 관문; 단서 《*to*》; (타자기·피아노 등의) 키, 전; (비밀을 푸는) 열쇠; 《音》 음조: a ~ station (라디오·텔레비전의) 모국(母局) —*a.* 주요한, 중요한 —*vt.* 열쇠를 잠그다; (악기 따위를) 맞추다
key·board [<́ːbɔːrd] *n.* 건반
key·hole [<́ːhòul] *n.* 열쇠구멍
kéy mòney 《英》 (세드는 사람이 내는)보증금, 권리금
key·note [<́ːnòut] *n.* 《樂》 주음; 기본정책(방침); (연설 등의)기조, 주안점
kéy pùncher 키펀처
kéy rìng 열쇠를 꿰는 고리「이
key·smith [kíːsmìθ] *n.* 열쇠장
KGB (옛 소련의)국가안보위원회
kha·ki [káːki, kǽki] *a.* 카키색의 —*n.* 카키색; 군복
Khar·toum, -tum [kɑːrtúːm] *n.* 카르툼(수단의 수도)
kick [kik] *vt., vi.* 차다; 되차는다 ~ **off** 차버리다; 《축구》 킥오프하다 —*n.* 차기; 《俗》 반항; 《축구》 킥; (*the* ~) 《美俗》 해고; 《英俗》 6펜스
kick-off [kikɔ́(ː)f/∠́∠] *n.* 《축구》 킥오프; 《口》 시작, 발단
kid¹ [kid] *n.* 새끼염소(가죽); 《口》 어린이, 젊은이 「하다
kid² [kid] *vt., vi.* 《俗》 놀리다, 농담
kid·dy [kídi] *n.* 새끼염소; 어린이
kid·nap [kídnæp] *vt.* 유괴하다
kid·ney [kídni] *n.* 콩팥; 기질
Kiel [kiːl] *n.* 킬(독일 서북부의 항구도시)
Ki·lau·e·a [kìːləuéiə] *n.* 하와이 Mauna Loa 화산의 측화산
Kil·i·man·ja·ro [kìliməndʒɑ́ːrou/-mən-] *n.* 킬리만자로(탄자니아 북부의 아프리카 최고봉)
kill [kil] *vt.* 죽이다; (애정 등을) 소멸시키다; (시간을) 보내다; 《俗》 녹채하다: ~ **time** 시간을 보내다
kill·joy [<́dʒɔ̀i] *n.* 흥을 깨는 사람
kiln [kil(n)] *n.* 가마, 노(爐)
kilo- [kí(ː)lou-] *pref.* 「천」의 뜻
kilt [kilt] *n.* 킬트(스코틀랜드 고지인 남자용 짧은 치마)
kin [kin] *n.* 《집합적》 친척; 혈족관계; 동족 —*a.* 동류(의) 친척인
kind¹ [kaind] *a.* 친절한, 상냥한, 유쾌한: It's ~ of you to say so. 그렇게 말씀해주시니 고맙습니다 / Thank you. You are very ~. (상대방의 호의에 대해)이거 정말 감사합니다
kind² [kaind] *n.* 종류(sort); 동류: two ~s of cheese 두 종류의 치즈 / He is a ~ of fool. 바보같은 녀석이다 ~ **of** 《부사적》 얼마간, 약간

joy ride 《美口》 장난삼아 하는 드라이브
ju·bi·lant [dʒúːbilənt] a. 기쁨에 넘친
ju·bi·lee [dʒúːbiliː] n. 50년제; 기념제 **the diamond (golden, silver) ~** 60(50, 25)년제
Ju·da·ism [dʒúːdei(ə)m/-dei-] n. 유대교; 유대식; 유대주의
judge [dʒʌdʒ] n. 재판관; 심판관; 감정가; 심사원 —vt., vi. 재판하다; 심판(심판)하다
judg·ment, 《英》judge- [dʒʌdʒmənt] n. 재판, 판결(등); 판단, 심판, 감정 the (Last) J~ 최후의 심판
ju·di·cial [dʒuː(ː)díʃ(ə)l] a. 재판의; 공정한
ju·di·cious [dʒuː(ː)díʃəs] a. 사려 분별이 있는, 현명한
jug [dʒʌg] n. 주전자; 조끼
jug·gle [dʒʌ́gl] vi., vt. 요술을 하다; 속이다 —n. 요술; 사기 **-gler** n. 요술사, 사기꾼
Ju·go·sla·vi·a [jùːgouslɑ́ːviə] n. =Yugoslavia
juice [dʒuːs] n. 주스; 과즙, 수액; 《美俗》휘발유: fruit ~ 과즙 / orange ~ 오렌지주스
juic·er [dʒúːsər] n. 주서
juic·y [dʒúːsi] a. 즙이 많은
juke·box [dʒúːkbɑ̀ks/-bɔ̀ks] n. 《美俗》(동전을 넣는)자동전축
ju·lep [dʒúːlip] n. 《美》 줄립(위스키에 향료를 탄 음료)
ju·li·enne [dʒùːlién] n. 채소 야채를 넣은 고기수프
Ju·ly [dʒuː(ː)lái] n. 7월
jum·ble [dʒʌ́mbl] vt., vi. 뒤범벅이 되(게하)다 —n. 뒤범벅: a ~ sale 《英》중고품 판매(장)
jum·bo [dʒʌ́mbou] a. 거대한, 특대의 —n. 《口》 코끼리; 거인, 거대하고 볼품없는 것
júmbo jét 점보여객기
jump [dʒʌmp] vi. 뛰다, 도약하다; 폭등하다 —vt. 뛰어넘(게하)다; 움찔하게 하다; 탈선하다; 《美俗》 갑자기 뛰어오르다, 뛰어내리다; 도망가다: ~ the queue

《英》 줄 앞쪽으로 새치기하다 —n. 도약, 뛰기; 약진; (높이뛰기는)짧은 여행: a ~ seat (자동차 등의)접게 된 좌석
jump·er¹ [dʒʌ́mpər] n. 도약자; 《英》(객차의)검찰계원
jump·er² n. 작업용 상의, 잠바; (여자용) 헐거운 옷
junc·tion [dʒʌ́ŋk(ə)n] n. 접합(점); 합류점; (철도의)연락역
junc·ture [dʒʌ́ŋktʃər] n. (중대한)시기, 위기; 결합(점), 이음매
June [dʒuːn] n. 6월
Jung·frau [júŋfrau] n. (**the ~**) 융프라우(알프스산맥의 산)
jun·gle [dʒʌ́ŋgl] n. 밀림, 정글
jun·ior [dʒúːnjər] a. 연소한, 손아래의 (younger) (略: Jr.) (cf. senior) 하급의: a college 《美》 초급 대학 / a high school 《美》 연소자; 후배; 《美》 (4년제 대학의)3학년생; (아버지와 이름이 같은)아들
junk¹ [dʒʌŋk] n. 폐품; 《美俗》 마약
junk² n. 정크(중국의 돛을 단 범선)
junk·ie [dʒʌ́ŋki] n. 《口》마약 밀매자(상용자)
Ju·no [dʒúːnou] n. 《로神》주노 (Jupiter의 아내) (cf. Hera)
Ju·pi·ter [dʒúːpitər] n. 《로神》주피터(신들의 왕) (cf. Zeus)
ju·ry [dʒú(ː)ri] n. 배심원
just [dʒʌst] a. 올바른, 공평한; 정당한; 정확한 —ad. 꼭; 방금; 약간; (명령문과 함께) n 《口》 참으로, 전적으로; ~ then 바로 그때 / J~ a minute. 잠깐 기다려 주세요 / ~ now 방금 ~**ly** ad. 올바르게; 정확히
jus·tice [dʒʌ́stis] n. 정의; 공정; 정당; 재판; 재판관
jus·ti·fy [dʒʌ́stifài] vt. 정당화하다, 변명하다; 용인하다
jut [dʒʌt] n. 돌출(부) —vi. 돌출하다
jute [dʒuːt] n. 황마, 주트 | 내리는
ju·ve·nile [dʒúːvinàil, -美-n(i)l] a. 연소한, 소년(소녀)의: ~ delinquency 소년비행

K

KAL =*K*orean *A*ir *L*ines 대한 항공
ka·lei·do·scope [kəláidəskòup] n. 만화경
Kam·chat·ka [kæmtʃǽtkə] n. 캄차카반도
Kam·pu·che·a [kæmputʃíə] n. 캄푸치아(구칭 Cambodia)
kan·ga·roo [kæ̀ŋgərúː] n. (pl. ~**s**, 《총칭》 ~) 《動》 캥거루

Kan·sas [kǽnzəs] n. 미국 중부의 주
ka·o·li·ang [káuliáŋ] n. 고량 (高粱)
ka·pok [kéipɑk, kǽ-/pɔk] n. 케이폭 솜
Kas·bah [kǽzbɑː, -bə] n. 카스바(알제리의 원주민 거주지역)
Kash·mir [kæʃmíər] n. 카시미르(인도북부의 주)
Kat·man·du [kɑ̀tmɑːndúː] n. 카

jazz [dʒæz] *n.* 재즈
jeal·ous [dʒéləs] *a.* 질투심많은
jeal·ous·y [dʒéləsi] *n.* 질투
jean [dʒi:n, +英 dʒein] *n.* 질긴 능직 무명; (*pl.*) 작업바지
jeep [dʒi:p] *n.* 지프
jeep·ney [dʒí:pni] *n.* (필리핀의) 지프를 개조한 합승택시
jeer [dʒiər] *vt., vi.* 비웃다
Je·ho·vah [dʒihóuvə] *n.* 여호와 (구약성서의 신의 이름)
jel·ly [dʒéli] *n.* 젤리, 한천
jel·ly·fish [⁻fìʃ] *n.* 해파리
Jer·i·cho [dʒérikòu] *n.* (聖) 예리코(팔레스티나의 옛도시); **Go to ～!** 꺼져버려!
jerk [dʒə:rk] *n.* 갑자기 잡아당기기; (역도) 용상 — *vt.* 휙 잡아당기다(움직이다)
jer·sey [dʒə́:rzi] *n.* 몸에 꼭 끼는 스웨터, 털실로 짠 자켓
Je·ru·sa·lem [dʒərúːsələm] *n.* 예루살렘(이스라엘의 수도)
jest [dʒest] *n.* 농담, 익살
Jes·u·it [dʒéʒuit/dʒéʒju-] *n.* 예수회의 회원
Je·sus [dʒíːzəs] *n.* 예수 (그리스도)
jet [dʒet] *n.* 분출, 분사; 분출구; a ～ plane (liner) 제트기(여객기) /～ stream 제트기류
je·ton [dʒétn] *F. n.* 프랑스의 전화용 동전
jet-pro·pelled [⁻proupéld] *a.* 분사추진식의
jet·sam [dʒétsəm] *n.* 투하(조난시 배를 가볍게 하기 위해 바다에 던진 화물)
jet·ti·son [dʒétisən] *n.* 투하(投荷) — *vt.* 바다에 던지다
jet·ty [dʒéti] *n.* 방파제; 선창; 부두
Jew [dʒu:] *n.* 유대인 ～·**ish** *a.* 유대인의(같은)
jew·el [dʒú(:)əl] *n.* 보석 (gem)
jew·el·ry, (英) -el·ler·y [dʒú(:)əlri] *n.* (집합적) 보석; 보석세공
Jew·ish [dʒú(:)iʃ] *a.* 유대인의
jib [dʒib] *n.* 지브(선수의 삼각돛)
jin·gle [dʒíŋɡl] *n.* 딸랑딸랑하는 소리 ~ **bell** 썰매의 종(소리) — *vi., vt.* 딸랑딸랑 울리(게하)다
jinx [dʒiŋks] *n.* (美俗) 재수없는 것, 징크스
jit·ney [dʒítni] *n.* (美俗) 5센트 백통화; 요금이 싼 소형버스
jit·ter·bug [dʒítərbʌ̀ɡ] *n.* (口) 스윙음악; 지르박

job [dʒab/dʒɔb] *n.* 일 **on the ～** (俗) 일을 하고 —*vi., vt.* 삯(품팔이)일을 하다
job·less [⁻lis] *a.* 일자리가 없는, 실직한 ~·**ness** *n.* 실직자 (수)
jock·ey [dʒáki/dʒɔ́ki] *n.* 경마기

joc·u·lar [dʒákjulər/dʒɔ́kjulə] *a.* 익살맞은, 우스꽝스러운
joc·und [dʒákənd/dʒɔ́k-] *a.* 명랑(쾌활)한 (gay)
jo·cun·di·ty [dʒoukʌ́nditi] *n.* 명랑, 쾌활한
jog [dʒaɡ/dʒɔɡ] *vt.* 흔들다, 살짝 밀다 —*vi.* 터벅터벅 걷다; 천천히 달리다, 조깅하다
jog·ging [⁻iŋ] *n.* 조깅(천천히 달리기)
Jo·han·nes·burg [dʒohǽnisbə̀:rɡ, -há:n-] *n.* 요하네스부르그(남아공화국의 도시)
john [dʒan/dʒɔn] *n.* 전통적인 영국인; 영국인 (*cf.* Uncle Sam)
join [dʒɔin] *vt., vi.* 결합하다, 함께하다(되다); 가입(入)하다(되다)
joint [dʒɔint] *n.* 접합점(선, 면), 이음매; (解) 관절; (植) 마디; (美俗) 무허가 술집, 도박장; (俗) 마리화나 궐련 —*a.* 공통의; 공동의, 연합한 **~ passport** (부부 또는 부부와 아이의) 공동여권 **~ recital** 공동독주회 —*vt.* 접합하다; 관절에서 끊다
joint stock 합자, 주식(조직)
joint venture 합작회사
joke [dʒouk] *n.* 농담 (jest), 익살 —*vi., vt.* 농담하다, 놀리다
jok·er [dʒóukər] *n.* 농담하는 사람; (俗) 사나이, 녀석; (카드놀이) 조커
jol·ly [dʒáli/dʒɔ́li] *a.* 유쾌한; 즐거운, 멋진: ~ **good** (英) = very good (英口) 해병
jolly boat 함선의 소형보트
Jor·dan [dʒɔ́:rdn] *n.* 요르단; 시아 서쪽의 왕국
jos·tle [dʒásl/dʒɔ́sl] *vt., vi.* 밀다, 찌르다, 밀치다 닥치락하다 —*n.* 밀치락 닥치락하기, 혼잡
jour·nal [dʒə́:rn(ə)l] *n.* 일기 (diary), 일지; (海) 항해일지; 신문, 잡지
jour·nal·ism [dʒə́:rn(ə)lìz(ə)m] *n.* 저널리즘, 신문·잡지업(계)
jour·nal·ist [dʒə́:rn(ə)list] *n.* 신문·잡지기자(기고가)
jour·ney [dʒə́:rni] *n.* 여행; 여정 (旅程): break the ~ 도중하차하다 / go on a ~ 여행을 떠나다 / take (make) a ~ 여행하다 / I wish you a pleasant ~. 즐거운 여행이 되기를 빕니다 —*vi.* 여행하다
Jove [dʒouv] *n.* [로神] = Jupiter
jo·vi·al [dʒóuviəl] *a.* 유쾌한, 명랑한
jowl [dʒaul, +英 dʒoul] *n.* 턱, (특히) 아래턱
joy [dʒɔi] *n.* 기쁨, 환희 **~·ful, ~·ous** *a.* 기쁜, 즐거운

Is·ra·el [ízriəl, -rei-] n. 이스라엘(인) -i·te [-àit] n. 이스라엘인(의)
is·sue [íʃuː/ísjuː, íʃu] n. 유출, (배출구; (어음 등의)발행; 논쟁(점); 자손 at ~ 논쟁중의 ~vi. 나오다; 유래하다, 생기다, …이 되다(*in*) ~vt. 내다; 발행하다 *issuing authority* (passport 등의) 발급기관
Is·tan·bul [ìstɑːnbúːl, -tɑːm-/-tæn-, -tæn-] n. 이스탄불(터키의 도시)
isth·mus [ísməs] n.(pl. ~·es, -mi [-mai]) 지협(地峽)
it [it] pron. (pl. **they, them**) 1 그것은(이), 그것을(에) 2 날씨·시간 등을 나타내는 비인칭 동사의 주어 3 형식주어; 형식 목적어
IT = *Inclusive Tour* 포괄여행 (어느 일정한 조건을 갖춘으로써 특별할인 항공운임 (IT 운임)으로 갈 수 있는 것)
ITA = *independent television authority* 《英》 민간텔레비전 협회
Ital·ian [itæljən] a. 이탈리아(인)의 ~n. 이탈리아인(어)
It·a·ly [ítəli] n. 이탈리아
itch [itʃ] n. 가려움 ~vi. 가렵다, 근질근질하다
i·tem [áitəm, -təm] n. 개조, 조항, 세목, 항목
i·tin·er·ar·y [aitínərèri/-rəri] n. 여행일정; 여행기, 여행안내 ~a. 순회하는; 여행의
its [its] pron. 그것의 소유격
it·self [itsélf] pron. (pl. **themselves**) 그 자체 "[인
I·van [áivən] n. 전형적 러시아
i·vo·ry [áiv(ə)ri] n. 상아; 상아 제품 ~*Coast* 상아해안(아프리카 서해안의 공화국, 프랑스명 Côte d'Ivoire) ~*tower* 상아탑
i·vy [áivi] n. (植) 담쟁이 덩굴 *the I~ League* 《美》 동부의 전통있는 대학(의)
I. W. W. = *Industrial Workers of the World* 세계산업노동자 조합
Iz·ves·tia [izvéstjə, 美-tʲə] n. 이즈베스차 (러시아 정부 기관지)

J

jab [dʒæb] vi., vt. 찌르다; (권투) 잽을 치다 ~n. 찌르기, 잽
jack [dʒæk] n. (일반적으로) 남자; (때로 J~)선원, 수병; 《海》 함(선)수기; 잭; 《트럼프》 잭 *the Union J~* 영국국기. 잭으로 들어올리다
jack·et [dʒækit] n. 자켓 (짧은 상의); 덮개
jack·knife [dʒæknàif] n. (pl. **-knives** [-nàivz]) 잭나이프
Jac·o·bin [dʒækəbin] n. 자코뱅당원, 과격혁명가
jade [dʒeid] n. 비취, 옥
jag·uar [dʒǽgwɑːr/-gjuə, -gwɑ] n. 《動》 아메리카표범
jai alai [hàiəlái/⌒⌒] 하이알라이(멕시코의 구기)
jail, 《英》 **gaol** [dʒeil] n. 감옥, 형무소 ~vt. 투옥하다 "[공
JAL = *Japan Air Lines* 일본항
ja·lop·y [dʒəlɔ́pi/-lɔ́pi] n. 《美口》 털털이 자동차(비행기)
jam[1] [dʒæm] vt. 밀어(쑤셔) 넣다, 끼이다
jam[2] n. 잼
Ja·mai·ca [dʒəméikə] n. 자메이카 (서인도 제도 중의 한 나라. 수도 Kingston)
jam·bo·ree [dʒæmbərí:] n. 《美口》 스카우트대회; 《美口》 떠들썩한 소동
jam-packed [dʒǽmpǽkt] a. 《美》 빽빽이 들어찬, 초만원의
jam sèssion 즉흥재즈연주회
jan·i·tor [dʒænitər] n. 문지기, 수위; (美) (가옥 등의)관리인
Jan·u·ar·y [dʒǽnjuèri/-əri] n. 1월
Ja·pan n. 일본
ja·pan [dʒəpǽn] n. 옻; 칠기
Jap·a·nese [dʒæpəní:z] a. 일본의, 일본인(어)의 ~n. *sing.* & *pl.* 일본인(어)
ja·pon·i·ca [dʒəpɑ́nikə/-pɔ́n-] n. 《植》 동백나무
jar[1] [dʒɑːr] n. 삐걱거리는 소리; 충격 (shock); 불화 ~vi., vt. 삐걱거리(게 하)다; 진동하다(시키다)
jar[2] n. (아가리가 넓은) 병, 단지
jas·mine, -min [dʒǽsmin, 美 dʒǽz-] n. 《植》 재스민
jas·per [dʒǽspər] n. 벽옥
jaunt [dʒɔ:nt, 美 dʒɑ:nt] n., vi. 소풍(가다), 놀이(가다)
jaun·ty [dʒɔ́:nti, 美 dʒɑ́:n-] a. 경쾌한, 쾌활한; 멋진
Ja·va [dʒɑ́:və] n. 자바
Jav·a·nese [dʒæ̀vəní:z/dʒɑ̀:v-] a. 자바의, 자바인(어)의 ~n. *sing.* & *pl.* 자바인; 자바어
jáv·elin thrów (경기) 투창
jaw [dʒɔː] n. 턱 pl.(구) (바이스 등의) 무는 부분; 《俗》 씨끄럽게 지껄임
jaw·break·er [⌒brèikər] n. (口) 발음하기 어려운 말
jay·walk·er [dʒéiwɔ̀:kər] n. 무

in·vade [invéid] *vt.* 침입하다, 침략하다, 침해하다

in·va·lid[1] [ínvalid/-lǐ(:)d] *n.* 병자 —*a.* 병약한; 환자용의

in·val·id[2] [invǽlid] *a.* 무효의

in·val·u·a·ble [invǽljuəbl] *a.* 매우 귀중한

in·var·i·a·ble [invé(:)riəbl/-vɛ́ər-] *a.* 불변의; 《數》상수의 -**bly** *ad.* 변함없이

in·va·sion [invéiʒ(ə)n] *n.* 침입, 침략

in·vent [invént] *vt.* 발명하다, 고안[안출]하다; 날조하다

in·ven·tion [invén(ʃ)(ə)n] *n.* 발명(품), 신안; 꾸며낸 이야기

in·ven·tive [invéntiv] *a.* 발명자의 (재간이 있는)

in·ven·tor [invéntər] *n.* 발명자

in·vert [invə́:rt] *vt.* 거꾸로 하다

in·vest [invést] *vt.* 입히다; 투자하다, 포위하다 —*vi.* 투자하다

in·ves·ti·gate [invéstigèit] *vt., vi.* 조사[연구]하다 -**gá·tion** *n.* 조사, 연구, 심사

in·vest·ment [invés(t)mənt] *n.* 투자(액), 투자물; 포위

invéstment trùst 투자신탁

in·vin·ci·ble [invínsəbl] *a.* 이길[정복할] 수 없는, 무적의

in·vis·i·ble [invízəbl] *a.* 눈에 보이지 않는

in·vi·ta·tion [invitéi(ʃ)(ə)n] *n.* 초대(장), 유혹

invitátion càrd 초대장

in·vite [inváit] *vt.* 초대하다 (*to*); 권하다; 부탁하다, 유혹하다

in·vit·ing [inváitiŋ] *a.* 마음을 끄는; 유혹적인

in·voice [ínvɔis] *n.* 《商》 송장 —*vt.* 송장을 작성하다

in·voke [invóuk] *vt.* (신의 가호를) 빌다; (법률에)호소하다

in·volve [inválv/-vɔ́lv] *vt.* 끌어넣다 (*in*); 수반[포함]하다

in·ward [ínwərd] *a.* 안의, 내부의; 마음속의 —*ad.* 내부로, 마음속으로 —*n.* 내부; (*pl.*) 《英》 창자(에)

IOC = *I*nternational *O*lympic *C*ommittee 국제올림픽위원회

I.o.n.a. [aióunə] *n.* 이오나아일랜드)

I·on·ic [aiánik/-ɔ́nik] *a.* 이오니아(인)의; 《建》이오니아식의(기둥에 세로홈이 있고, 꼭대기 부분에 소용돌이 무늬가 있음); 우아하고 정서적인

IOU, I.O.U. [áiòujú:] *n.* 차용증서 [< *I o*we *y*ou]

I·o·wa [áiəwə, 英 áiouə] *n.* 미 중서부의 주

IQ = *i*ntelligence *q*uotient 지능지수

I·ran [irǽn, iráːn/iráːn] *n.* 이란

I·ra·ni·an [iréiniən] *a.* 이란의 —*n.* 이란인[어]

I·raq [iráːk] *n.* 이라크

I·ra·qi [iráːki] *a.* 이라크(인·어)의 —*n.* 이라크인; 이라크어

IRC = *I*nternational *R*ed *C*ross 국제적십자

Ire·land [áiərlənd] *n.* 아일랜드

I·rish [ái(ə)riʃ] *a.* 아일랜드(인·어)의 —*n.* 아일랜드어; (the~) 아일랜드국민

I·rish·man [ái(ə)riʃmən] *n.* (*pl.* -**men** [-mən]) 아일랜드인

i·ron [áiərn] *n.* 철; 철기; 다리미; (*pl.*) 족쇄, 수갑 —*a.* 철(제)의; 쇠같은 *the I~ Age* 철기시대 —*vt.* 다리미질하다

i·ron·ic [airánik/-rɔ́n-], **-i·cal** [-ik(ə)l] *a.* 비꼬는, 반어의

íron lúng 철폐(鐵肺)

íron mán 《美俗》달러

i·ron·mon·ger [áiərnmʌ̀ŋgər] *n.* 《英》철물상

i·ron·ware [‹wɛ̀ər] *n.* 철물, 철기

i·ron·works [‹wə̀:rks] *n. sing.* & *pl.* 철공소, 제철소 —종자

i·ro·ny [ái(ə)rəni] *n.* 비꼼, 반어, 풍자

Ir·ra·tion·al [irǽʃən(ə)l] *a.* 불합리한; 이성없는

Ir·ra·wad·dy [ìrəwádi/-wɔ́di] *n.* (the ~) 이라와디 (미얀마의 강)

ir·reg·u·lar [irégjulər] *a.* 불규칙한, 변칙적인

ir·rel·e·vant [iréləvənt] *a.* 부적절한, 엉뚱한

ir·re·sist·i·ble [irizístəbl] *a.* 저항할 수 없는; 억누를 수 없는

ir·res·o·lute [irézəlùːt] *a.* 결단력없는, 우유부단한

ir·re·spon·si·ble [irispánsəbl/-spɔ́n-] *a.* 책임없는; 무책임한

ir·re·spon·sive [irispánsiv/-spɔ́n-] *a.* 대답[반응]없는

ir·ri·gate [írigèit] *vt.* 관개하다; 《醫》 관주(세척)하다 **ir·ri·gá·tion** *n.* 관개

ir·ri·ta·ble [írətəbl] *a.* 화를 잘 내는, 성급한; 자극에 민감한

ir·ri·tate [írətèit] *vt.* 짜증나게 [성나게]하다; 아리게 하다 《혁》

is [iz] *vi.* be의 3인칭·단수·현재

Is·lam [íslam, íz-, islάːm, izlάːm] *n.* 회교, 마호메트 **~·ism** *n.* 회교 **~·ite** [-àit] *n.* 회교도

is·land [áilənd] *n.* 섬; (도로의) 안전지대

isle [ail] *n.* 《詩》섬, 작은 섬

i·so·late [áisəlèit] *vt.* 분리[고립]시키다; 격리하다 **-lá·tion** *n.* 분리, 격리, 교통차단, 고립

i·so·tope [áisə(u)tòup] *n.* 동위원소

intercom   134   **intuition**

i:dʒiit] *a.* 대학간의
in·ter·com [íntərkàm/-kòm] *n.* 기내[선내] 통화장치
in·ter·con·ti·nen·tal [ìntə(ː)rkàntinéntl/íntənkɔ̀n-] *a.* 대륙간의
in·ter·course [íntə(ː)rkɔ̀ːrs] *n.* 교제, 교류, 교통; 성교
in·ter·de·pend [ìntə(ː)rdipénd] *vi.* 서로 의존하다
in·ter·est·ed [íntə(ː)rèstid] *a.* 흥미를 가진(*in*); (이해)관계 있는
in·ter·est·ing [íntə(ː)rèstiŋ/-ist-] *a.* 재미있는, 흥미있는
ínterest ràte 이자율
in·ter·fere [ìntərfíər] *vi.* 간섭하다; 방해하다 **-ference** *n.* 간섭, 방해
in·ter·im [íntərim] *n.* 짬, 잠시 —*a.* 일시의, 잠정적인
in·te·ri·or [intíəriər] *a.* 내부의 (*opp.* exterior); 내륙의; 국내의 —*n.* 내부, 실내; 내륙지방; 내정
in·ter·ject [ìntə(ː)rdʒékt] *vt.* (말을)갑자기 끼워넣다
in·ter·lace [ìntə(ː)rléis] *vt., vi.* 섞어 짜여지다, 교차시키다 [하다]
In·ter·lak·en [íntə(ː)rlàːkən] *n.* 인터라켄 《스위스 중부의 요양지, 알프스 등산철도의 시발군》
in·ter·med·dle [ìntə(ː)rmédl] *vi.* 간섭하다 《*in, with*》
in·ter·me·di·ate [ìntə(ː)rmíːdiit/-djət] *a.* 중간의 —*n.* 중간물, 매개물; 중형차
in·ter·min·gle [ìntə(ː)rmíŋgl] *vt., vi.* 섞이다, 혼합하다
in·ter·mis·sion [ìntə(ː)rmíʃ(ə)n] *n.* 중지, 휴식시간; 중지, 중단
in·tern¹ [íntə(ː)rn] *vt.* 억류하다
in·tern² [íntə(ː)rn] *n.* 수련의사, 인턴 —*vi.* 병원에서 연수하다
in·ter·nal [íntəː(r)nəl] *a.* 안의 (*opp.* external); 내면적인; 국내의
in·ter·na·tion·al [ìntə(ː)rnǽʃən(ə)l] *a.* 국제적인, 국가간의: ~ conference 국제회의 / ~ driver's license [driving permit] 국제운전면허 / I~ Date Line 날짜변경선 / the (I~)인터내셔널, 국제노동자동맹
in·ter·phone [íntərfòun] *n.* 구내전화, 인터폰
In·ter·pol [íntə(ː)rpàl/-pɔ̀l] *n.* 국제경찰, 국제형사기구
in·ter·pose [ìntə(ː)rpóuz] *vt.* 사이에 끼워넣다 —*vi.* 중재하다

in·ter·pret [intə́ː(r)prit] *vt., vi.* 통역하다; 설명[해석]하다; 연출[연주]하다 —**er** *n.* 통역(자)
in·ter·pre·ta·tion [intə̀ː(r)pritéiʃ(ə)n] *n.* 통역; 해석; 연출, 연주
in·ter·re·la·tion [ìntə(ː)riléiʃ(ə)n] *n.* 상호관계
in·ter·ro·gate [intérəgèit] *vt., vi.* 질문[심문]하다, 취조하다
in·ter·rupt [ìntərʌ́pt] *vt., vi.* 가로막다; 방해[참견]하다 **-ruption** *n.* 중단, 방해, 중지
in·ter·sect [ìntə(ː)rsékt] *vt., vi.* 가로지르다, 교차하다 **-section** *n.* 절단, 교차
in·ter·state [ìntə(ː)rstéit] *a.* 각주 사이의
in·ter·trib·al [ìntə(ː)rtráib(ə)l] 다른 종족간의
in·ter·ur·ban [ìntəráːrbən] *a.* 도시간의: an ~ railway 도시간 연락철도 —*n.* 《美》도시간 연락철도선[열차]
in·ter·val [íntə(ː)rv(ə)l] *n.* 간격, 차이, 격차; 휴게시간
in·ter·vene [ìntə(ː)rvíːn] *vi.* 사이에 끼어들다[일어나다]; 조정하다, 간섭[방해]하다
in·ter·view [íntə(ː)rvjùː] *n.* 회견; (신문기자와의)방문(기) —*vt.* 회견하다, 방문하다
in·ti·mate [íntimit] *a.* 친한; 정통한: an ~ friend 친한 친구
in·to [íntuː, íntu, íntə] *prep.* …속으로, …으로(되다, 되다)
in·tol·er·a·ble [intálərəbl/-tɔ́l-] *a.* 참을[견딜]수 없는
in·to·na·tion [ìntə(u)néiʃ(ə)n] *n.* 음율(吟唱); 억양, 음조
in to·to [intóutou] *L.* 전부, 모두 《in all》
In·tour·ist [intúərist] *n.* (러시아의)외국인 관광국
in·tox·i·cate [intáksikèit/-tɔ́k-] *vt.* 취하게 하다; 도취시키다
in·trep·id [intrépid] *a.* 용맹한
in·tri·cate [íntrikit] *a.* 뒤얽힌
in·trigue [intríːg] *n.* 음모 (plot); 내통 —*vt.* 음모를 꾀하다; 내통하다 —*vi.* 음모를 꾸미다
in·tro·duce [ìntrəd(j)úːs/-djúːs] *vt.* 소개하다《*to*》; 수입[들여오]다, 도입하다《*into*》; 안내하다: May I ~ Miss Jones to you? 존즈양을 소개합니다
in·tro·duc·tion [ìntrədʌ́kʃ(ə)n] *n.* 소개; 채용; 수입, 도입; 삽입; 서문, 초보, 입문(서); (音) 서곡: a letter of ~ 소개장
in·trude [intrúːd] *vt.* 강요하다 —*vi.* 침입하다, 밀고 들어가다
in·tu·i·tion [ìnt(j)uː(ː)íʃ(ə)n/-tjuː-] *n.* 직관(력), 직각(력)

in·spire [inspáiər] vt. (사상·감정을) 불어넣다 (*with*); 영감을 주다; 고무하다; (숨을)들이쉬다

in·stall [inst5:l] vt. 임명하다; 자리에 앉히다; 장치[설치]하다

in·stall·ment, 《英》 **-stal-** [inst5:lmənt]n. 분할불(금)

installment plan 《美》 분할불 (《英》 hire-purchase)

in·stance [instəns] n. 보기, 실례; 청구, 의뢰 *for* ~ 예를 들면 (for example)

in·stant [instənt] *a*. 즉각[즉시]의; 이 달의 (略: inst.); 긴급한; the 13th *inst*. 이 달 13일/ ~ food 인스턴트식품/ *on the* ~ 즉시 (instantly)

in·stead [instéd] *ad*. (그)대신, ~에 대신에 (*of*)

in·step [instep] n. 발등, 구두등

in·stinct [instiŋ(k)t]n. 본능; 천성

in·stinc·tive [instíŋ(k)tiv] *a*. 본능적인, 직각적인

in·sti·tute [institj)ù:t/-tjù:t] vt. 제정[설립]하다; 임명하다 ―*n*. 협회, 학회, 연구소, 회관

in·sti·tu·tion [institjú:ʃ(ə)n /-tjú:-] *n*. 설립; 제도, 규정, 관습; 학회, 협회, 공공조직[건물]

in·struct [instrʌ́kt] vt. 가르치다, 교육하다; 지시하다 ―**structor** *n*. 교사; 《美》 (대학)강사

in·struc·tion [instrʌ́kʃ(ə)n] n. 교수; 교육; (pl.) 지시, 명령

in·struc·tion·al tele·vision [ㄴㅡ(ㅇ)l] 《美》 교육용 폐회로 텔레비전

in·struc·tive [instrʌ́ktiv] *a*. 교육[교훈]적인, 유익한

in·stru·ment [instrumənt] n. 기구, 기기; 악기; 알짜이, 수단이 되는 것, 쓸모있는 것 ~ **board** 계기 반 ~ **flying** 계기 비행

in·stru·men·tal [instrumént(ə)l] *a*. 기구의[기기의]; 《音》악기의; 수단이 되는, 쓸모 있는

in·suf·fi·cient [insəfíʃ(ə)nt] *a*. 부족한, 불충분한

in·su·lar [insjulər] *a*. 섬(나라)의, 섬나라근성의

in·su·late [insjulèit] vt. 분리하다, 고립시키다; 절연하다 ―**la·tion** n. 분리, 고립; 절연(재)

in·su·lin [insjulin, -sə-] n. 《藥》 인슐린(당뇨병약)

in·sult [v. insʌ́lt, n. ㅡ] vt., n. 모욕(하다), 창피(를 주다)

in·su·per·a·ble [insú:p(ə)rəbl/ -sjú:-] *a*. 극복하기 어려운

in·sur·ance [inʃú(:)rəns] n. 보험(금)

in·sure [inʃúər] vt. 보험을 걸다; 보증하다

in·sur·rec·tion [insərékʃ(ə)n] n. 폭동, 반란

in·tact [intækt] *a*. 손대지 않은, 그대로인; 완전한

in·take [intéik] n. (물·공기의) 흡입구, 흡입량

in·tan·gi·ble [intǽndʒəbl] *a*. 만질 수 없는; 실체가 없는, 무형의

in·te·gral [íntigrəl] *a*. (전체의 일부로서이)완전한, 완전부분의

in·te·grate [íntigrèit] vt. (부분을)전체에 결합하다, 완전하게 하다; 《美》 인종차별을 없애다; an ~d circuit 집적회로

in·teg·ri·ty [intégriti] n. 고결, 성실; 완전(무결)

in·tel·lect [íntilekt] n. 지성, 지력, 이지; 《총칭》지식인, 인텔리

in·tel·lec·tu·al [intiléktʃuəl, 英 -tjuːəl] *a*. 지력(知力)의, 지적인 ―n. 지식인, 인텔리

in·tel·li·gence [intélidʒ(ə)ns] n. 지력, 이지; 지성; 총명; 통보, 정보 ~ **office** 정보국 ~ **quotient** 지능지수(略: IQ)

in·tel·li·gent·si·a, -zi·a[intèlidʒéntsiə, -gén-] n. pl. 지식계급, 인텔리겐차 (Russ.)

in·tel·li·gi·ble [intélidʒəbl] *a*. 이해할 수 있는, 알기 쉬운

In·tel·sat [íntelsæt] n. 국제상업통신위성 (<*International Telecommunications Satellite Consortium*)

in·tend [inténd] vt. ... 할 작정이다 (*to do*); 꾀하다

in·tend·ed [inténdid] *a*. 작정한, 고의적으로한; ~ address 체재 예정 주소/ ~ length of stay 예정 체재기간 ―n. 《俗》약혼자

in·tense [inténs] *a*. 격렬[강렬]한; 열렬한; 정열적인

in·ten·si·fy [inténsifài] vt., vi. 강화하다[되다], 증대하다

in·ten·si·ty [inténsiti] n. 강렬, 열렬, 강도

in·ten·sive [inténsiv] *a*. 강렬[철저]한; 집중적인; 집약적인

in·tent [intént] n. 의지, 의향

in·ten·tion [inténʃ(ə)n] n. 의지[의도]; 의도, 목적 ~ **al** *a*. 고의의 (계획적인)

in·ter·act [intərǽkt] vt. 상호 작용하다

in·ter·cept [intə(:)rsépt] vt. 도중에서 잡다[빼앗다]; 차단하다

in·ter·ces·sion [intərséʃ(ə)n] n. 중재, 조정

in·ter·change vt., vi. [intə(:)rtʃéindʒ ―n.] 교환하다, 교대시키다[하다]; [ㅡㅡㄴ] 교체, 교대; 《美》 입체교차로, 인터체인지

in·ter·col·le·gi·ate[intə(:)rkəl-

in·laid [ínléid] v. inlay의 과거(분사) —a. 끼워넣은, 상감한

in·land [ínlənd -lænd, ad.] 내지방의, 국내의 (domestic); ~ commerce 국내무역 / a sea 내해 —n., ad. [-lænd, -lænd] 내륙지방(으로), 국내(에)

in·lay v. [inléi →]. (p., pp. -laid) 끼워넣다, 상감하다 [△-] 상감

in·let [ínlet, +英 -lit] n. (작은) 만; 입구

in·mate [ínmeit] n. 거주자, 동거인, 수용자

in·most [ínmoust] a. 가장 안쪽의(깊은); (innermost); 마음속의

inn [in] n. 여인숙, 여관 (hotel); 주막, 선술집

in·ner [ínər] a. 안(쪽)의, 내부의 (opp. outer)

in·ning [íniŋ] n. 《영국에서는 단·복수형 innings》 《야구의》회

inn·keep·er [ínki:pər] n. 여인숙 주인

in·no·cent [ínəsnt] a. 무죄의, 결백한 (of); 순진한; 무해의

in·noc·u·ous [inákjuəs/inɔ́k-] a. 해(독)가 없는

in·no·vate [ínouveit] vi. 혁신(쇄신)하다 **-va·tion** n. 쇄신, 혁신, 신기축

in·nu·mer·a·ble [inj(j)ú:m(ə)rəbl/injú:-] a. 셀 수 없이 많은, 무수한

in·oc·u·late [inákjuleit/inɔ́k-] vt. 접종하다; (사상 등을)주입하다 **-la·tion** n.

in·op·er·a·tive [ináp(ə)rətiv, -rei-/inɔ́p(ə)rə-] a. 무효의, 작용하지 않는 [기(물)의

in·or·gan·ic [inɔːrgǽnik] a. 무기물

in·os·cu·la·tion [inàskjuléiʃ(ə)n/inɔ̀s-] n. 접합, 결합, 합체

in·pa·tient [ínpèiʃ(ə)nt] n. 입원환자

in·put [ínput] n. 입력; 투입

in·quest [ínkwest] n. (법정의) 심리, 심문; 검시

in·quire [inkwáiər] vt., vi. 묻다, 문의하다, 조사하다 (into)

in·quir·y [inkwáiri, ínkwəri-kwəri-] n. 문의, 질문; 조사, 탐구 ~ **office** 안내소

in·qui·si·tion [ìnkwizíʃ(ə)n] n. 조사; 심문; (the I~)종교재판(소)

in·quis·i·tive [inkwízitiv] a. 알고 싶어하는, 호기심이 강한, 캐묻기 좋아하는

in·road [ínroud] n. 침입; 침해

in·sane [inséin] a. 미친

in·san·i·ty [insǽniti] n. 광기

in·sa·ti·a·ble [inséiʃ(i)əb] a. 만족할줄 모르는, 탐욕스러운

in·scribe [inskráib] vt. 새기다, 파다; 쓰다; 명심하다

in·scrip·tion [inskríp(ə)n] n. 묘비명, 비문; (책의)헌정사

in·scru·ta·ble [inskrú:təbl] a. 헤아릴 수 없는, 불가해한

in·sect [ínsekt] n. 곤충

in·sec·ti·cide [inséktisàid] n. 살충제

in·se·cure [ìnsikjúər] a. 안전치 못한, 불안정한

in·sen·si·ble [insénsəbl] a. 감각이 없는, 인사불성의; 둔감동을[무신경의], 둔한 (dull)

in·sen·si·tive [insénsitiv] a. 무감각의 (to); 둔감한 (dull)

in·sep·a·ra·ble [insép(ə)rəbl] a. 분리할 수 없는

in·sert [insə́:rt] vt. 삽입하다, 꽃다, 끼우다

in·set vt. [insét →n.] (p., pp.-set) 끼워넣다 —n. [△-] 삽입물

in·shore [ínʃɔ́:r] a. 해안에 가까운, 해안으로 향하는

in·side [ínsáid] n. 안쪽 (opp. outside), 내부, 내면; (때로 pl.) 《口》배 —a. 안쪽의, 내부의 내면의 —ad., prep. (…의)안쪽에(으로), 내면(내부)에(으로) **-sid·er** n. 내부사람; 소식통

ínside tráck 안쪽 경주로; 유리한 지위(처지)

in·sid·i·ous [insídiəs] a. 음흉한; (병 등이)잠행하는

in·sight [ínsàit] n. 통찰력, 식견

in·sig·nif·i·cant [ìnsignífikənt] a. 무의미한; 하찮은

in·sin·u·ate [insínjueit] vt. 서서히 들어가다, 넌지시 비치다

in·sip·id [insípid] a. 맛없는

in·sist [insíst] vi., vt. 역설 강조(하다); 고집하다 (on, upon that)

in·sis·tent [insíst(ə)nt] a. 주장(고집)하는, 강요하는, 끈덕진

in·sole [ínsòul] n. 구두의 안창

in·so·lent [ínsələnt] a. 거만한, 무례한

in·sol·u·ble [insáljubl/-sɔ́l-] a. 녹지않는; 해결(설명)할 수 없는

in·sol·vent [insálv(ə)nt/-sɔ́l-] n. 지불불능의(사람), 파산한(자)

in·som·ni·a [insámniə/-sɔ́m-] n. 불면(증)

in·spect [inspékt] vt. 검사(조사)하다; 시찰하다

in·spec·tion [inspék(ə)n] n. 검열: customs ~ 세관검사

in·spec·tor [inspéktər] n. 검사자(관), 검열관; (경찰의)경감

in·spi·ra·tion [ìnspəréiʃ(ə)n] n. 영감, 인스피레이션; 격려

ínfant schòol 《英》 유치원(5세에서 7세까지의)
in·féct [infékt] *vt.* 전염시키다
in·féc·tious [infékʃəs] *a.* 전염성의
in·fér [infəːr] *vt.* 추리[추측]하다; 뜻하다
ín·fer·ence [ínf(ə)rəns] *n.* 추리, 추측, 결론
in·fé·ri·or [infí(:)riər] *a.* 하급의 (*opp.* superior), 보다 못한 《to》; 하위의 ─ *n.* 아랫사람
in·fe·ri·ór·i·ty [infì(:)ríːriti, -áːr-/-fìəriːr-] *n.* 하위; 열등 ─ *complex* 열등감
in·fést [infést] *vt.* (병·해충·해적 등이)들끓다[횡행]하다
in·fi·del [ínfid(ə)l] *a., n.* 신앙심 없는(사람), 이교도의
ín·field [ínfiːld] *n.* 《야구·크리켓》 내야
in·fíght·ing [ínfàitiŋ] *n.* 《권투》 접근공격전(戰); (정당 등의)내부항쟁, 파쟁
in·fi·nite [ínfinit] *a.* 무한의, 막대한; 무수한
in·fír·ma·ry [infəːrməri] *n.* 병원, (학교·공장의)부속진료소
in·fláme [infléim] *vi., vt.* 불타오르(게하)다, 격앙하다[시키다]
in·flám·ma·ble [infléməbl] *a.* 가연성의, 흥분 잘하는, 다혈질의
in·fláte [infléit] *vt., vi.* 부풀리다; (통화를)팽창시키다; 의기양양케 하다; 뽐냉하다
in·flá·tion [infléi(ə)n] *n.* 통화 팽창, 인플레 (*opp.* deflation)
in·fléct [inflékt] *vt.* (안으로)구부리다 ─ **fléc·tion** *n.* 만곡, 굴곡
in·fléx·i·ble [infléksəbl] *a.* 구부릴 수 없는, 불굴의, 확고부동한
in·flíct [inflíkt] *vt.* (고통·타격 등을)주다, (형벌을)과하다
ín·flight [ínflàit] *a.* 비행중의, 기상 (機上)의
ín·flow [ínflòu] *n.* 유입(물)
ín·flu·ence [ínfluəns] *n.* 영향, 감화(력) 《on, upon》; 세력; 작용
in·flu·én·tial [ìnfluénʃ(ə)l] *a.* 영향을 미치는; 세력있는, 유력한
in·flu·en·za [ìnfluénzə] *n.* 《醫》 유행성 감기, 독감
in·fórm [infɔːrm] *vt.* 알리다, 고하다, (생명을)불어넣다; 기운나게[활기]하다 《with》 ─ *vi.* 밀고[고발]하다 《against》
in·fór·mal [infɔːrm(ə)l] *a.* 비공식의, 격식없는; 구어의
in·fórm·ant [infɔːrmənt] *n.* 통지(통보)자, 밀고자
in·for·mát·ics [ìnfərmǽtiks] *n.* 정보과학 (information science)
in·for·má·tion [ìnfərméi(ə)n] *n.* 통지; 정보; 안내소 ~ **desk** 접수처, 안내소 ~ **office** (역 등의) 안내소
infórmed sòurces 소식통
in·fra·red [ìnfrəréd/───] *a.* 적외선의 (*cf.* ultraviolet)
in·fré·quent [infríːkwənt] *a.* 드문, 어쩌다가 있는 「넣다
in·fúse [infjúːz] *vt.* 붓다, 따라
in·gé·nious [indʒíːnjəs] *a.* 발명의 재간이 있는, 솜씨있는; 교묘한
in·ge·nú·i·ty [ìndʒin(j)úːiti/-nju(ː)-] *n.* 발명의 재간; 창의
in·gen·u·ous [indʒénjuəs] *a.* 솔직한, 본래무구의; 순진한 「분
in·gré·di·ent [ingríːdiənt] *n.* 성
ín·gress [íŋgres] *n.* 들어가기, 진입; 입장권(權)
in·háb·it [inhǽbit] *vt.* 거주하다, (…에)살다 (dwell in) ~·**ant** *n.* 주민, 거주자
in·hále [inhéil] *vt.* 흡입하다
in·hér·ent [inhí(:)r(ə)nt/-hìər-] *a.* 고유의, 본래부터 가진, 선천적인
in·hér·it [inhérit] *vt.* (재산·작위 등을)계승하다; 이어받다 ~·**ance** *n.* 상속, 계승; 유산; 유전
in·hib·it [inhíbit] *vt.* 금(제)하다; 방해[억제]하다
in·húme [inhjúːm] *vt.* 매장하다
in·í·tial [iní(ə)l] *a.* 최초의, 어두(語頭)의: ~ **payment** 착수금 ─ *n.* 머리글자 ─ *vt.* 가조인하다
in·í·ti·ate [iníʃièit ─ *a.*, ─ *n.* -ʃiət] *vt.* 시작[창시]하다; 입회시키다; 초보를 가르치다, 비법을 전수하다 ─ *a.* [-ʃiit, -ʃièit] 초보를 배운(사람), 비법을 전수받은(사람)
in·i·ti·a·tive [iníʃiətiv, -ʃə-] *a.* 처음의, 초보의, 창시의 ─ *n.* 제일보, 발기; 주도; 진취의 기상; 《정치》 발의의 권 **take the ~** 솔선하다; 주도권을 제압하다
in·jéct [indʒékt] *vt.* 주사하다 《into》, 주입하여 채우다; 끼워넣다 ─ **jéc·tion** *n.* 주사
in·ju·di·cious [ìndʒuːdíʃəs] *a.* 지각없는, 무분별한
ín·jure [índʒər] *vt.* 해치다, 상처 입히다 (hurt), 손상하다
in·jú·ri·ous [indʒú(ː)riəs] *a.* 해로운 (harmful) 《to》; 중상하는
ín·ju·ry [índʒ(ə)ri] *n.* 해 (harm), 손해, 상처
in·jús·tice [indʒʌ́stis] *n.* 부정행위, 불공평
ink [iŋk] *n.* 잉크 ─ *vt.* 잉크로

in·de·scrib·a·ble [indiskráibəbl] *a.* 형언할 수 없는

in·de·ter·mi·nate [indítə́:rm(i)nit] *a.* 확정되지 않은, 막연한

in·dex [índeks] *n.* (pl. ~·es, -di·ces [-si:z]) 지표; 색인; 지수

In·di·a [índiə] *n.* 인도 ~ **ink** 먹 ~ **rubber** 탄성고무, 고무지우개

In·di·an [índiən] *a.* 인도(인)의; 아메리칸인디언의; 《美》옥수수로 만든 ~ **pudding** 《美》옥수수가루·우유·당밀로 만든 푸딩 —*n.* 인도인; 아메리칸인디언 (Amerindian) 『부의 주

In·di·an·a [indiǽnə] *n.* 미국 중

Índian córn 《英》옥수수

Índian Ócean (the ~) 인도양

Índian wéed 담배

in·di·cate [índikèit] *vt.* 지시하다 ~·**ca·tor** [-ə] *n.* 지시자[기]

in·di·ca·tion [indikéiʃ(ə)n] *n.* 지시; 징조

in·di·ci·a [indíʃiə/-siə] *n. pl.* 《美》(요금별납우편 등의)증인(증표)

in·dict [indáit] *vt.* 기소하다 ~·**ment** *n.*

In·dies [índiz, -di:z] *n. pl.* (the ~) 인도제국; 인도제도

in·dif·fer·ence [indíf(ə)rəns] *n.* 무관심, 냉담, 무감각

in·dif·fer·ent [indíf(ə)rənt] *a.* 무관심한, 냉담한; 아무래도 좋은

in·di·ges·tion [indidʒést(ə)n, +美 -dai-] *n.* 소화불량

in·dig·nant [indígnənt] *a.* 화난, 분개한 ~·**na·tion** *n.* 분개

in·dig·ni·ty [indígniti] *n.* 모욕, 경멸

in·di·rect [indirékt, -dai-] *a.* 간접의 (*opp.* direct); 에두르는

in·dis·cern·i·ble [indizə́:rnəbl, -só:r-] *a.* 식별할 수 없는

in·dis·creet [indiskrí:t] *a.* 무분별한, 무모한, 경솔한

in·dis·pen·sa·ble [indispénsəb(ə)l] *a.* 불가결한 (*to, for*); 불가피하다

in·dis·pose [indispóuz] *vt.* 싫증나게 하다, 단념시키다

in·dis·po·si·tion [indispəzíʃ(ə)n] *n.* 불쾌, 소기분; 싫증

in·dis·tinct [indistíŋkt] *a.* 흐릿한, 불분명한

in·di·vid·u·al [indivídʒuəl, +英 -djuəl] *a.* 개개[단독]의; 독자적인; 개인의 *n.* 개체, 개인; 《口》인간 ~·**ism** *n.* 개인[이기]주의

in·di·vid·u·al·ize [indivídʒuəlàiz, +英 -vídju-] *vt.* 개별화하다, 개성을 주다

in·di·vis·i·ble [indivízəbl] *a.* 분할할 수 없는, 불가분의

In·do-Chi·na [indo(u)tʃáinə] *n.* 인도지나

in·do·lent [índələnt] *a.* 나태한

In·do·ne·sia [indou(n)í:ʒə, -ʒə, +美 -zjə] *n.* 인도네시아

in·door [índɔ:r] *a.* 옥내의, 실내의 (*opp.* outdoor)

in·doors [índɔ:rz] *ad.* 실내에

in·du·bi·ta·ble [ind(j)ú:bitəbl/-djú-] *a.* 의심할 수 없는, 확실한

in·duce [ind(j)ú:s/-djú:s] *vt.* 설득하여 ~시키다, 권유하다 (*to do*); 일으키다, 생기게 하다

in·dulge [indʌ́ldʒ] *vt.* 탐닉시키다; 방종하게 하다 —*vi.* 탐닉하다 (*in*)

in·dul·gent [indʌ́ldʒ(ə)nt] *a.* 방종케 하는, 관대한 『스칸

In·dus [índəs] *n.* (the ~) 인더

in·dus·tri·al [indʌ́striəl] *a.* 산업의, 공업의 ~ **design** 공업디자인/~ **union** 산업별노동조합 ~ **effluent** 공장 배수[폐수] *1* ~ **Revolution** 산업혁명 ~ **waste water** 공장폐수 ~·**ism** *n.* 제조업; 산업노동주의

in·dus·tri·al·ize [indʌ́striəlàiz] *vt.* 산업[공업]화하다 『근면한

in·dus·tri·ous [indʌ́striəs] *a.*

in·dus·try [índəstri] *n.* 산업, 공업; 근면

in·ed·i·ble [inédibl] *a.* 먹을 수 없는

in·ef·fec·tive [iniféktiv] *a.* 효과없는; 무능한

in·ef·fi·cient [inifíʃ(ə)nt] *a.* 쓸모없는; 무능한, 비능률적인

in·ept [inépt] *a.* 부적당한

in·eq·ui·ta·ble [inékwitəbl] *a.* 불공평한, 불공정한

in·es·ti·ma·ble [inéstiməbl] *a.* 헤아릴 수 없이 큰

in·ev·i·ta·ble [inévitəbl] *a.* 피면[할 수 없는, 필연적인

in·ex·act [inigzǽkt] *a.* 부정확한

in·ex·cus·a·ble [inikskjú:zəbl] *a.* 변명[용서]할 수 없는

in·ex·pe·ri·ence [inikspí(ə)riəns] *n.* 무경험, 미숙, 익숙지 못함

in·ex·plic·it [iniksplísit] *a.* 분명치 않은, 설명이 불충분한

in·ex·tin·guish·a·ble [inikstíŋgwiʃəbl] *a.* 지울 수 없는, 억누를 수 없는

in·fal·li·ble [infǽləbl] *a.* 오류 없는, 확실한

in·fa·mous [ínfəməs] *a.* 악명높은; 불명예의; 《口》지독한

in·fant [ínfənt] *n., a.* 소아(의), 유아(의); 유치(한) -**fan·cy** *n.* 유년(시대) -**fan·tile** *a.* 유아의

asmuch as로) …이므로

in·au·gu·ral [inɔ́ːɡjurəl] a. 취임(식)의, 개시의 —n. 취임연설

in·au·gu·rate [inɔ́ːɡjurèit] vt. 취임[개업]식을 거행하다; 개시하다

in·au·gu·ra·tion [inɔ̀ːɡjuréiʃ(ə)n] n. 개시; 취임(식); 개업 I~ Day (美) 대통령취임일

in·aus·pi·cious [ìnɔːspíʃəs] a. 불길한, 재수없는, 불운한

in·board [ínbɔːrd] a., ad. 배안의[에]

in·born [ínbɔ́ːrn] a. 타고난

in·bound [ínbáund] a. 본국으로 돌아가는, 귀항의

In·ca [íŋkə] N. 잉카인(남미안데스산중에 살았던 종족. 고도의 문명을 가졌음)

in·can·des·cent [ìnkændésnt, +뜻 -kən-] a. 백열(광)의

in·ca·pa·ble [inkéipəbl] a. 할수 없는 (of); 무능한, 쓸모 없는

in·car·na·tion [ìnkɑːrnéiʃ(ə)n] n. 〔宗〕 육체화, 화신(化身)

in·cense [ínsens] n. 향(료), 향기; 아첨 —vt. 분향하다

in·cen·tive [inséntiv] a. 자극적인, 고무적인 —n. 자극, 유인(誘因)

in·ces·sant [insésnt] a. 끊임없는, 부단한

inch [ínʧ] n. 인치(1/12피트)

in·ci·dence [ínsid(ə)ns] n. 낙하; (사건의)영향, 범위 n; (병·범죄 등의)이병률, 발생률

in·ci·dent [ínsid(ə)nt] n. 사건

in·ci·den·tal [ìnsidént(ə)l] a. 부수적인, 우연한; …에 따르게 마련인(to): ~ expenses 임시비

in·cli·na·tion [ìnklinéiʃ(ə)n] n. 기울기, 경사; 경향; 기호

in·cline [inkláin →n.] vi. 기울(이)다 (slant), 경사하다 —n. [⟨, -´] 경사, 구배, 언덕

in·clude [inklúːd] vt. 포함[포괄]하다 (comprise), 셈에 넣다: All charges ~d 요금 일체를 포함하여 含, 포괄

in·clu·sion [inklúːʒ(ə)n] n. 포함

in·clu·sive [inklúːsiv] a. …을 포함하여 (of) ~ terms 식비 기타 일체를 포함하는 숙박료

in·cog·ni·zant [inkɑ́ɡnizənt, -kɑ́ni-/-kɔ́ɡni-] a. 인식못하는

in·com·bus·ti·ble [ìnkəmbʌ́stəbl] a. 불연성의(물질)

in·come [ínkʌm] n. 수입, 소득 ~-tax clearance certification 소득세지불증명서(인도에서 3개월이상 체재하거나 그 경우, 출국시에 세무서에서 교부받아야 함)

in·com·pe·tent [inkɑ́mpit(ə)nt/-kɔ́m-] a. 무능한, 적임이 아닌

in·com·plete [ìnkəmplíːt] a. 불완전한, 미비한, 미완성의

in·com·pre·hen·si·ble [ìnkɑ̀mprihénsəbl/-kɔ̀m-] a. 상상[생각]도 못할

in·con·ceiv·a·ble [ìnkənsíːvəbl] a. 생각조차도 못할

in·con·gru·ous [inkɑ́ŋɡruəs/-kɔ́ŋ-] a. 일치되어 않는

in·con·sist·ent [ìnkənsíst(ə)nt] a. 일치되지 않는 《with》; 모순된

in·con·ven·i·ence [ìnkənvíːnjəns] n., vt. 불편[폐](을 끼치다)

in·con·ven·ient [ìnkənvíːnjənt] a. 불편한, 폐가 되는

in·con·vert·i·ble [ìnkənvə́ːrtəbl] a. 바꿀 [태환할] 수 없는

in·cor·po·rate [inkɔ́ːrpərèit →a.] vt. 합동[연합]하다; 법인조직으로 하다; 가입[시키]다 —a. [-rit] 합동한; 법인조직의 **-rat·ed** a. 합동한; 법인조직의, 《美》유한책임의(略: Inc.)

in·cor·po·ra·tion [inkɔ̀ːrpəréiʃ(ə)n] n. 합동; 법인, 회사

in·cor·rect [ìnkərékt] a. 부정확한, 잘못된; 타당하지 않은

in·crease vt., vi. [inkríːs →n.] 늘(리)다, 증대[증가]하다 —n. [⟨--] 증가, 증대 (opp. decrease)

in·creas·ing·ly [inkríːsiŋli] ad. 증가하여, 더욱 더

in·cred·i·ble [inkrédəbl] a. 믿기 어려운, 신용할 수 없는

in·cur [inkə́ːr] vt. (손해·불행 등)초래하다, 입다, 당하다

in·cur·a·ble [inkjúːrəbl] a. 불치의

in·cur·sion [inkə́ːrʒ(ə)n, -ʃ(ə)n] n. 습격, 침입

in·debt·ed [indétid] a. 빚[부채]이 있는; 은혜를 입은 《to》

in·de·cent [indíːsnt] a. 꼴사나운; 상스러운, 음탕한

in·deed [indíːd] ad. 실로, 참으로; (강의적) 전적으로; (양보) 과연 —int. 설마, 정말

in·de·fin·a·ble [ìndifáinəbl] a. 설명하기 어려운, 막연한

in·def·i·nite [indéfinit] a. 불명확한; 부정(不定)의, 하게 없는

in·dent [indént] vt., vi. 톱니모양으로 만들다; 《印》행의 처음 자리를 들이다

in·den·ture [indénʧər] n. (2통이 된)계약서

in·de·pend·ence [ìndipéndəns] n. 독립, 자립(할 수 있는 수입) the I~ Day 미국독립 기념일 (7월 4일)

in·de·pend·ent [ìndipéndənt] a.

im·pel [impél] *vt.* 추진시키다, 재촉하다

im·pend·ing [impéndiŋ] *a.* 머리 위에 걸린; 절박한

im·per·a·tive [impérətiv] *a.* 명령적인[피할 수 없는, 긴급한

im·per·fect [impə́:rfikt] *a.* 불완전한, 미완성의

im·pe·ri·al [impí(:)riəl] *a.* 제국의, 황제의 ~**ism** *n.* 제국주의

im·pe·ri·ous [impí(:)riəs] *a.* 거만한; 긴급한, 중대한

im·per·me·a·ble [impə́:rmiəbl] *a.* 스며들지 않는, 불침투성의

im·per·son·al [impə́:rsn(ə)l] *a.* 비개인적인; 비인격적인

im·per·son·ate [impə́:rsəneit] *vt.* 인격화하다; 체현(體現)하다; 대표하다, …의 역을 하다

im·per·ti·nent [impə́:rtinent] *a.* 부적당한; 건방진

im·pet·u·ous [impétʃuəs/-tju-] *a.* 맹렬[격렬]한; 성급한, 충동적인

im·pi·e·ty [impáiəti] *n.* 불신앙

im·pi·ous [ímpiəs] *a.* 신앙심없는; 사악한

im·ple·ment [ímplimənt] *n.* 도구, 기구

im·pli·cate [ímplikèit] *vt.* 얽히게 하다, 관계[연루]시키다; 포함하다

im·plic·it [implísit] *a.* 암암리의

im·plied [impláid] *a.* 암시된, 무묵적인

im·plore [implɔ́:r] *vt., vi.* 간청[애원]하다

im·ply [implái] *vt.* 암시하다; 넌지시 비치다; 의미하다

im·po·lite [impəláit] *a.* 무례한

im·port [impɔ́:rt → *n.*] 수입하다 (*opp.* export); 의미하다 ~ [─] *n.* 수입, (보통 *pl.*) 수입품

im·por·tance [impɔ́:rt(ə)ns] *n.* 중요(성), 유력, 관록; 거만

im·por·tant [impɔ́:rt(ə)nt] *a.* 중요한, 중대한 (*to*); 젠체하는

im·por·ta·tion [impɔ:rtéiʃ(ə)n] *n.* 수입, 수입품, 외래품

im·pose [impóuz] *vt.* 부과하다, 강요하다 ─ *vi.* 속이다

im·pos·si·ble [impásəbl/-pɔ́s-] *a.* 불가능한; 있을 수 없는

im·post [ímpoust] *n.* 부과금, 세금

im·po·tent [ímpət(ə)nt] *a.* 무(기)력한, 허약한

im·pov·er·ish [impávəriʃ/-pɔ́v-] *vt.* 가난하게[메마르게] 하다, 빈약하게 하다

im·preg·nate [imprégneit] *vt.* 임신시키다; 충만[포화]시키다 (*with*); 스며들게 하다

im·press [imprés → *n.*] 누르다, 찍다 (*upon*); 인상[감명]을 주다; 감동시키다 ─ *n.* [─] 날인, 각인; 흔적

im·pres·sion [impréʃ(ə)n] *n.* 인상, 감명; 날인; 흔적, (印)[몇]쇄

im·pres·sive [imprésiv] *a.* 강한 인상을 주는, 감동적인

im·print [imprínt → *n.*] 찍다 (*on*); 흔적; 인상; (책을)판권란 ~ [─] *n.* 날인; 흔적; 인상; (책의)판권란

im·pris·on [imprízn] *vt.* 투옥하다, 감금하다

im·prob·a·ble [imprábəbl/-prɔ́b-] *a.* 있을 성싶지 않은

im·promp·tu [imprámpt(j)u:/-prɔ́mptju:-] *ad., a.* 즉석에서(의) ─ *n.* 즉흥시[연설]; 즉흥곡

im·prop·er [imprápər/-prɔ́p-] *a.* 부적당한; 타당치 않은

im·prove [imprú:v] *vt.* 개선[개량]하다; 이용하다 ─ *vi.* 진보하다 ~·**ment** *n.* 개량; 진보

im·prov·i·dent [imprávid(ə)nt/-próv-] *a.* 선견지명이 없는

im·pro·vi·sa·tion [imprəvizéiʃ(ə)n/imprəvai-] *n.* 즉흥적으로 만들기

im·pru·dent [imprú:d(ə)nt] *a.* 경솔한, 무분별한

im·pu·dent [ímpjud(ə)nt] *a.* 뻔뻔스러운, 염치없는 「진력

im·pulse [ímpʌls] *n.* 충동, 추

im·pu·ni·ty [impjú:niti] *n.* 벌[해]을 면하기

im·pure [impjúər] *a.* 불순한, 불순물이 섞인; 부도덕한

im·pute [impjú:t] *vt.* (죄 등을) 남에게돌리다, 전가하다

in [in] *prep.* 1 《장소·범위》…안에, …에 있어서 2 《상태·환경·행동》…의 상태에서: ~ good health 건강하여 3 …을 입고 4 《during》…중에, …동안에, …지나면 5 《째료·표현양식》…으로: ~ this way[manner] 이 방법[이런 식]으로 6 《제한》…의 점에서는 ─ *ad.* 안으로[에]: He is ~. 집에 계십니다

in- [in-] *pref.* 《l 앞에서는 il-; b, m, p 앞에서는 im-; r 앞에서는 ir-》 1 「무·불」의 뜻: *inactive* 2 「안에」의 뜻: *inhale*

in·a·bil·i·ty [inəbíliti] *n.* 무능, 무력

in·ac·cu·rate [inǽkjurit] *a.* 부정확한, 정밀하지 않은

in·ac·tive [inǽktiv] *a.* 활동하지 않는

in·ad·e·quate [inǽdikwit] *a.* 부적당[불충분]한, 무력한 「없는

in·apt [inǽpt] *a.* 부적당한; 솜씨

in·as·much [inəzmʌ́tʃ] *ad.* [in-

il- [il.] *pref.* ⇨in-
ill [il] *a.* (**worse, worst**) 병든 ((美) sick); 나쁜; 악의있는 *fall* [*be taken*] ~ 병에 걸리다
— *ad.* 나쁘게, 서투르게
ill-bred [ilbréd] *a.* 본데없이 자란, 버릇없는 (*cf.* well-bred)
il·le·gal [ilí:g(ə)l] *a.* 불법의, 위법의 (*opp.* legal)
il·le·git·i·mate [ìlidʒítimit] *a.* 불법[위법]의; 서출의
ill-hu·mored, (英) -moured [íl(h)júːmərd/-hjúː-] *a.* 기분이 언짢은
il·lic·it [ilísit] *a.* 불법의
Il·li·nois [ìlinɔ́i, +美 -nɔ́iz] *n.* 미국 중서부의 주
il·lit·er·ate [ilít(ə)rit] *a.* 문맹의
ill·ness [ílnis] *n.* 병
ill-tem·pered [íltémpərd] *a.* 심술궂은
ill-treat [ìltríːt] *vt.* 학대하다
il·lu·mi·nate [ilúːmineit, +美 iljúː-] *vt.* 비추다, 조명하다; 전기장식을 하다; 계몽하다
il·lu·mi·na·tion [ilùːminéiʃ(ə)n, +美 iljùː-] *n.* 조명; 계몽
il·lu·sion [ilúːʒ(ə)n] *n.* 환영
il·lus·trate [íləstrèit, +美 iɫʌ́streit] *vt.* (실례를 들어)설명하다, 도해하다, 삽화를 넣다
il·lus·tra·tion [ìləstréiʃ(ə)n] *n.* 실례(實例); 삽화, 도해
ILO, I.L.O. = *International Labor Organization* 국제노동기구
ILS = *Instrument Landing System* 계기착륙 유도장치
im- [im-] *pref.* (b, m, p 앞에 올 때): *immoral* ⇨ moral
im·age [ímidʒ] *n.* 상; 우상; 아주 닮은 사람[것]; 영상
im·age·ry [ímidʒ(ə)ri] *n.* 심상, 조상
im·ag·in·a·ble [imǽdʒ(i)nəbl] *a.* 상상[생각]할 수 있는
im·ag·i·nary [imǽdʒinèri/-n(ə)ri] *a.* 상상의, 상상적인
im·ag·i·na·tion [imæ̀dʒinéiʃ(ə)n] *n.* 상상(력); 창조력
im·ag·i·na·tive [imǽdʒinətiv, +美 -nèitiv] *a.* 상상의, 상상력이 풍부한
im·ag·ine [imǽdʒin] *vt., vi.* 상상하다, 마음에 그리다, 추측[생각]하다
im·bal·ance [imbǽləns] *n.* 불균형
IMF, I.M.F. = *International Monetary Fund* 국제통화기금
im·i·tate [ímitèit] *vt.* 모방하다, 흉내내다; 본보다
im·i·ta·tion [ìmitéiʃ(ə)n] *n.* 모방, 모조(품)
im·mac·u·late [imǽkjulit] *a.*

오점[흠]없는, 무결의
im·ma·te·ri·al [ìmət(í:)riəl] *a.* 비물질적인; 중요하지 않은
im·ma·ture [ìmətjúər/-tʃúə] *a.* 미숙한, 미완성의
im·meas·ur·a·ble [imèʒ(ə)rəbl] *a.* 무한한, 광대무변한
im·me·di·ate [imíːdiit] *a.* 직접적인; 즉시의: an ~ reply 즉답/~ cash 맞돈/~ payment 즉시불 ~·ly *ad.* 직접으로; 《접속사적으로》 …하자마자
im·med·i·ca·ble [imédikəbl] *a.* 불치의, 돌이킬 수 없는
im·mense [iméns] *a.* 광대한, 거대한, 무한한; (俗) 굉장한
im·merse [imáːrs] *vt.* 잠그다, 가라앉히다; 몰두하다; 빠뜨리다
im·mi·grant [ímigrənt] *n.* (외국에서 오는)이민; ~하는
im·mi·grate [ímigrèit] *vi.* (외국에서) 이주하다 [시키다] (*opp.* emigrate)
im·mi·gra·tion [ìmigréiʃ(ə)n] *n.* 이주; 이민 ~ *office* 입국관리 사무소
im·mi·nent [íminənt] *a.* 절박[임박]한, 위급한
im·mo·bile [imóub(i)l, -biːl, +英 -bail] *a.* 움직이기 힘든; 정지한
im·mod·er·ate [imɑ́d(ə)rit/imɔ́d-] *a.* 절제없는, 지나친
im·mod·est [imɑ́dist/imɔ́d-] *a.* 얌전치 못한, 상스러운; 뻔뻔스러운
im·mor·al [imɔ́ːr(ə)l/imʌ́r-] *a.* 부도덕한, 문란한, 품행이 나쁜
im·mor·tal [imɔ́ːrt(ə)l] *a.* 불사의; 불멸의
im·mov·a·ble [imúːvəbl] *a.* 부동의, 확고한; 고정[정지]한
im·mune [imjúːn] *a.* 면역(성)의; (과세등)면제된
im·mu·ni·ty [<ti] *n.* 면역(성), (의무)면제
im·pact [ímpækt] *n.* 충격, 충돌
im·pair [impɛ́ər] *vt.* 해치다, 훼손하다, 줄이다
im·pal·pa·ble [impǽlpəbl] *a.* 미세한, 감지할 수 없는
im·part [impɑ́ːrt] *vt.* 나누어주다; 전하다, 알리다
im·par·tial [impɑ́ːrʃ(ə)l] *a.* 공평한
im·pa·tient [impéiʃ(ə)nt] *a.* 참을 수 없는 (*of*), 안달하는
im·pe·cu·ni·ous [ìmpikjúːniəs] *a.* 돈이 없는, 가난한
im·pede [impíːd] *vt.* 방해하다, 난처하게 하다, 반항하다
im·ped·i·men·ta [impèdiméntə, impèd-] *n. pl.* 여행용 수화물

ib., ibid. = ibidem
I·be·ri·a [aibí(:)riə] n. 이베리아 반도(스페인·포르투갈이 있음)
i·bi·dem [íbədèm] L. ad. 같은 책[곳]에(略: ib, ibid.)
-ible [-ibl, -əbl] suf. "…할 수 있는, …되는, …하기 쉬운"의 뜻 ⇒able
I.B.M. = International Business Machines
IBRD = International Bank for Reconstruction and Development 국제부흥개발은행
IC = integrated circuit 집적회로
ICAO = International Civil Aviation Organization (유엔)국제민간항공기구
ICBM = inter continental ballistic missile 대륙간탄도탄
ice [ais] n. 얼음; 《美》 빙과, 《英》 아이스크림; 당의; 《俗》 다이아몬드 —vt. 얼리다; 얼음으로 차게 하다; (과자에)당의를 입히다: ~d coffee 아이스커피 —vi. 얼다
ice bàg 얼음주머니
ice·berg [-bə̀:rg] n. 빙산
ice·boat [-bòut] n. 쇄빙선; 빙상요트
ice-bound [-bàund] a. 갇힌
ice·box [-bɑ̀ks/-bɔ̀ks] n. 냉장고
ice·break·er [-brèikər] n. 쇄빙선
ice càp (고산·극지의)만년설
ice crèam 아이스크림
ice cùbe (냉장고에서 만드는)각 얼음
ice·fall [-fɔ̀:l] n. 아이스폴, 빙폭
ice fìeld 빙원
ice-free [-fríː] a. 얼음이 얼지 않는: an ~ port 부동항
ice hòckey 아이스하키
ice·house [-hàus] n. (pl. **-hous·es** [-hàuziz]) 빙고, 얼음창고
Ice·land [áislənd] n. 아이슬란드
ìce pàck 아이스팩; 부빙군(浮氷群); 《美》 얼음주머니
ice rìnk (실내)스케이트장
ice shòw 아이스쇼
ice skàte 스케이트화
ice tòngs 얼음집게
ice yàcht 빙상요트
ich·thy·ol·o·gy [ìkθiɑ́lədʒi/-ɔ́l-] n. 어류학
i·ci·cle [áisikl] n. 고드름
ic·ing [áisiŋ] n. (과자의)당의
ICJ = International Court of Justice 국제사법재판소
i·con·o·clasm [aikɑ́nəklæ̀z(ə)m/-kɔ́n-] n. 우상파괴
i·con·o·scope [aikɑ́nəskòup/-kɔ́n-] n. 《텔레비전》 아이코노스코프
i·cy [áisi] a. 얼음투성이의, 얼음이 언, 차가운; 냉정한

I·da·ho [áidəhòu] n. 미국 서북부의 주
ID card 신분증명서 [<Identity]
i·de·a [aidí:ə/-díə] n. 생각, 관념; 계획, 아이디어
i·de·al [aidí:əl/-díəl] a. 이상의, 이상적; 관념의[적] —n. 이상
i·dem [áidem] L. pron. 같은 저자[책]의
i·den·ti·cal [aidéntik(ə)l] a. 동일한; 일치하는(with)
i·den·ti·fi·ca·tion [aidèntifikéiʃ(ə)n] n. 신원 확인; 동일시, 동정; 증명서: an ~ plate 등록번호판/ an ~ tag 물표/ Have you any ~ ? 신원을 증명할 만한 것을 갖고 계십니까
i·den·ti·fy [aidéntifài] vt. (신원을)확인하다; 동일하다고 간주하다
i·den·ti·ty [aidéntiti] n. 동일함, 신원 establish a person's ~ 신원을 밝히다
i·de·ol·o·gy [àidiɑ́lədʒi, idi-/-ɔ́l-] n. 관념론; 공론; 이데올로기
id·i·om [ídiəm] n. 관용어법[구]; (한 민족의)언어; 사투리
id·i·o·syn·cra·sy [ìdiəsíŋkrəsi] n. 특질, 특징, 성벽; 특이성
id·i·ot [ídiət] n. 백치; 《口》 바보
i·dle [áidl] a. 게으른(lazy); 할일 없는; 헛된 —vi., vt. 게으름 피우다, 헛되이하다
-dler [áidlər] n. 게으름쟁이
i·dol [áidl] n. 우상
i·dol·a·try [aidɑ́lətri/-ɔ́l-] n. 우상숭배
IDP = international driving permit 국제운전면허증
i.e. = id est [ídést] (L=that is) 즉, 다시 말하면
if [if] conj. (가정·조건) 만일 …이면; 가령 …라도 (even if), …인지 어떤지; …때는 언제나 as …마찬; 같이 —as it were not / it had not been for 만약 …이 없다면[없었다면]
IFTA = International Federation of Travel Agents 국제여행업자연맹
ig·loo, -lu [íglu:] n. (에스키모의)얼음집
ig·ni·tion [igníʃ(ə)n] n. 점화, 발화
ig·no·ble [ignóubl] a. 태생이 비천한; 상스러운
ig·no·rance [ígnərəns] n. 무식, 무지, 모름 《of》
ig·no·rant [ígnərənt] a. 무식한[의]; 모르는
ig·nore [ignɔ́:r] vt. 무시하다, 돌보지 않는다, 채념하다
i·gua·na [igwɑ́:nə] n. 이구아나 (큰 도마뱀)

hun·dred [hándrəd, -drid] n. 100, 100개[명] —a. 100의, 다수

hung [hʌŋ] v. hang의 과거(분사) —a. 결정되지 않은, 미정의; (배심원의)의견이 갈린

Hun·gar·i·an [hʌŋgɛ́(ə)riən] a. 헝가리의, 헝가리 사람[어]의 —n. 헝가리인[어]

Hun·ga·ry [hʌ́ŋgəri] n. 헝가리

hun·ger [hʌ́ŋgər] n. 굶주림, 배고픔, 갈망 —vi., vt. 굶주리(게 하)다; 갈망하다

húnger strike 단식투쟁[파업]

hun·gry [hʌ́ŋgri] a. 굶주린, 배고픈; 갈망하는

hunt [hʌnt] vt., vi. 사냥하다; 몰아내다(out); 찾다(after, for) —n. 사냥; 수렵지역, 탐색, 추적

hunt·er [hʌ́ntər] n. 사냥꾼[개]

hunt·ing [hʌ́ntiŋ] n. 사냥, 수렵: a ~ cap 사냥모자

hur·dle [hə́ːrdl] n. 장애물, 허들, (pl.) 장애물경주

hurl [həːrl] vt., vi. 힘껏 던지다

Hu·ron [hjúː(ə)rən] n. (the ~) 휴런호(북미 5대호의 하나)

hur·rah [hurɑ́ː], **hur·ray** [huréi] int. 만세, 후레이! —vt., vi. 환성을 지르다

hur·ri·cane [həː́rikèin/hʌ́rikən, -kéin] n. 허리케인(서반구의 계절폭풍우); ~ **deck** 여객선의 최상갑판

hur·ry [həːri, hʌ́ri/hʌ́ri] n. 서두름 in a ~ 서둘러서 —vt. 서둘게 하다(hasten); 재촉하다 —vi. 서두르다, 허둥대다: H~ up! 서둘러라!

hurt [həːrt] vt., vi. (p., pp. **hurt**) 상처를 입히다(injure), 아프게하다; 해치다 —n. 상처; 고통; 해 ~**ful** a. 해로운

hus·band [hʌ́zbənd] n. 남편(cf. wife) —vt. 절약하다 ~**age** n. 선박관리 수수료

hush [hʌʃ] vt. 조용하게 하다, 침묵시키다 —vi. 침묵하다, 조용해지다 —n. 고요, 침묵 —int. [ʃ, hʌʃ] 쉿, 조용히!

hush-hush [hʌ́ʃhʌ́ʃ] a. 내밀한, 극비의

húsh mòney 입막음 돈, 무마비

husk [hʌsk] n. 겉껍질; (美) 옥수수껍질 —vt. 껍질을 벗기다

husk·y [hʌ́ski] a. 쉰 목소리의

Hus·ky [hʌ́ski] n. 에스키모개

hus·tle [hʌ́sl] vt., vi. 《美俗》 수단을 가리지 않고 돈벌이하다, 노름하다; 기운차게 하다

hus·tler [hʌ́slər] n. 《美口》 노름꾼; 수완가, 《俗》 사기꾼

hut [hʌt] n. 오두막집

hütte [hýtə] G. n. 산막, 휘테

Hwang Ho [hwɛ́ŋhóu, +美 hwɑ́ːŋ-] 황하(黃河)

hy·brid [háibrid] n., a. 잡종(의), 혼혈아(의)

Hýde Párk [háid] 하이드 파크(런던 최대의 공원)

hy·drant [háidrənt] n. (대로의) 소화전

hy·drau·lic [haidrɔ́ːlik] a. 수력(수압)의 —n. a ~ **press** 수압기

hy·dro [háidrou] n. 수력발전소, 수력전기; 《口》 수상비행기

hy·dro·air·plane [háidrou(u)ɛ́ərplèin] n. 수상비행기

hy·dro·e·lec·tric [hàidrou(u)iléktrik/hái-] a. 수력전기의

hy·dro·foil [háidro(u)fɔ̀il] n. 수중익선

hy·dro·gen [háidridʒ(ə)n] n. 《化》수소

hy·dro·pho·bi·a [hàidrəfóubiə] n. 《醫》 공수병, 광견병

hy·dro·plane [háidro(u)plèin] n. 수상비행기, 수중익선

hy·dro·plan·ing [háidro(u)plèiniŋ] n. 하이드로플레이닝(빗길을 고속으로 달리는 차의 바퀴가 노면에서 뜨는 현상)

hy·giene [háidʒiːn, +美 -dʒiin] n. 위생(학), 건강법

hymn [him] n. 찬송가

hym·nal [hímnəl] n. 찬송가집

hy·per·son·ic [hàipərsánik/háipəsɔ́n-] a. 초음속의

hy·phen [háifən] n. 하이픈 —vt., vi. 하이픈으로 잇다

hy·poc·ri·sy [hipákrisi/-pɔ́k-] n. 위선

hyp·o·crite [hípəkrit] n. 위선자

hy·po·der·mic [hàipoudə́ːrmik] a. 피하의: ~ **injection** 피하주사

hy·poth·ec [haipáθik/-pɔ́θek] n. 저당권

hy·poth·e·sis [haipáθisis/-pɔ́θ-] n. (pl. **-ses** [-siːz]) 가설, 가정

hys·ter·ic [histérik] a. 히스테리의 —n. 히스테리환자

I

I [ai] pron. (pl. **we**) 나는, 내가

IAC = International Apprentices Competition 국제기능올림픽

IATA = International Air Transport Association 국제

house agent 124 hunch

[háuziz]) 가옥, 주택; 가정; 여관; 극장(《총칭》청중, 의회; 《총칭》 국회의원; 가축うり; 상점, 회사 the H~ of Commons [Lords] 《英》하[상]원 the H~ of Representatives 하원, 민의원 ~ doctor (호텔 등과 특약을 맺고 있는)단골의사 —vt.[hauz] 집을 주다; 숙박시키다

hóuse àgent 《英》복덕방
house·boat [´bòut] n. 지붕있는 배; (침실 있는)요트
hóuse dòg 집지키는 개
house·hold [´hòuld] n. 가족; 세대; 《英》왕실 —a. 가족의, 한 집안의
house·keep·er [´kì:pər] n. 주부, 가정부
house·maid [´mèid] n. 하녀
house·moth·er [´m`ʌðər] n. 사감(舍監)
hóuse òrgan 사보(社報)
hóuse pàrty (별장 등에서 수일 간에 걸친)파티, 그 손님들
house·phone [´fòun] n. (호텔 등의)구내전화; 내선전화
house·top [´tàp/-tɔ`p] n. 지붕
house·wife [´wàif/-z] n. (pl. -wives [´wàivz]) 1 주부 2 [hʌ́zif, pl. -ivz] 반짇고리
house·work [´wə`:rk] n. 가사
hous·ing [háuziŋ] n. 집에 수용하기; 주택공급
hóusing pròblem 주택문제
Hous·ton [hjú:stən] n. 미국 Texas주의 도시
hove [houv] v. heave의 과거분
hov·er [hʌ́vər, háv-/hɔ́və, hʌ́v-] vi. 하늘을 날다; 배회하다
hov·er·craft [´kræ`ft/´krà:ft] n. 호버크라프트(고압공기로 기체를 띄워서 달리는 탈것)
hov·er·fer·ry [hʌ́vəɾfèri/hɔ́v-] n. 《英》호버크라프트 연락선
how [hau] ad. 어떤 방법[상태]으로; 얼마만큼, 얼마나; (감탄사적으로 의문·놀람 등을 나타내) 뭐라고; (감탄사) 정말, 아니 (cf. what): H~ do you like it? 어떻습니까, 마음에 드십니까 H~? 《美》뭐라고요《英》 What? 《美》어떻게 해서 H~ about...?《...하면》어떻게 H~ are you? 안녕하십니까 H~ do you do? 처음뵙겠습니다; 안녕하십니까 H~ much?(값은)얼마입니까 —n. 방법
how·ev·er [hauévər] conj. 그러나, 하지만(but, though) —ad. 제아무리 ...라도; 《俗》도대체 어째서
howl [haul] vi. (개 등이)길게 짖다; (사람이)신음하다, 울부짖다 —vt. 울부짖으며 말하다 —n. 짖는(신음) 소리

how-to [háutú:] a. 입문적인, 실용안내의
Hoyle [hɔil] n. 카드놀이책
huck·le·ber·ry [hʌ́klbèri, +異·b(ə)ri] n. 《植》허클베리
huck·ster [hʌ́kstər] n. 도부장수, 행상인
hud·dle [hʌ́dl] vi. 떼를 짓다, 복닥거리다 —vt. 아무렇게나 모으다 —n. 아무렇게나 모은 것; 난잡; 군중
Hud·son [hʌ́dsn] n. (the ~) New York주 동부의 강
hue [hju:] n. 빛깔, 색조
hug [hʌg] vt. (정답게)껴안다; (견해를)품다 —n. 껴안기, 포옹
huge [hju:dʒ] a. 거대한, 막대한
hu·la(-hu·la) [hú:lə(hú:lə)] n. (하와이의)훌라댄스, 그 노래
hull¹ [hʌl] n. 껍질, 깍지; 덮개
hull² n. 선체; (수상기의)동체
hul·lo, -loa [hʌlóu/hʌ́lóu] int. 《주로 英》아아, 이봐; 여보세요
hum [hʌm] vi., vt. (입을 다물고) 흥하다; 콧노래를 부르다; (벌 등이)윙윙거리다 —n. 윙윙거리는 소리, (라디오 등의)낮은 잡음; 《俗》사기, 협잡
hu·man [hjú:mən] a. 인간의, 인간으로서의 —n. 인간 ~ relations 대인관계 ~ rights 인권
hu·mane [hju:méin] a. 인정많은, 자비로운; 우아한
hu·man·ism [hjú:mənìz(ə)m] n. 인도주의, 인문주의
hu·man·i·ty [hju:mǽniti] n. 인간성; 인정; 인류
hum·ble [hʌ́mbl] a. 겸손한, 겸허한; (신분 등이)비천한, (의식 주가)검소한
hum·bug [hʌ́mbʌ̀g] n. 엉터리, 사기꾼 —int. 바보같은
hu·mid [hjú:mid] a. 습기가 있는
hu·mil·i·ate [hju:mílièit] vt. 굴욕(창피)을 주다
hu·mil·i·ty [hju:míliti] n. 겸손, 겸양
hum·ming [hʌ́miŋ] a., n. 윙윙거리는(소리); 《俗》 힘있는(의)
hum·ming·bird [´bə`:rd] n. 《鳥》 벌새(미국산)
hu·mor, -mour [hjú:mər] n. 유머, 익살, 해학; 기질, 성미; (일시적)기분
hu·mor·ist [(h)jú:mərist] n. 해학가, 유머작가
hu·mor·ous [(h)jú:mərəs] a. 유머가 넘치는, 익살스러운, 웃기는
hump [hʌmp] n. (등의)혹, (둥근) 언덕
hunch [hʌntʃ] n. (등의)혹, 육봉;

hood·wink [húdwiŋk] *vt.* 속이다; 눈가리하다
hoof [hu:f, 美 huf] *n.* (*pl.* **~s**, **-er** *n.*《俗》땜쟁이
hook [huk] *n.* 갈고리; 걸이; 훅; 낚시;《권투》훅 — *vt.* 갈고리로 걸다, 훅으로 고정시키다 [되다]; 낚시로 낚다
hoo·li·gan [hú:liɡən] *n.* 깡패
hoop [hu:p, 美 hup] *n.* 테, 굴렁쇠—*vt.* 테를 두르다
hoop·la [hú:plà:] *n.* 《美俗》열광, 화려한 선전
hoot [hu:t] *vi.*, *vt.*, *n.* (부엉이가)부엉부엉 울다(우는 소리); 야유하다[하는 소리](at);《英》(기적 등이)울리다[울리는 소리]
hop [hap/hɔp] *vi.* 깡충 뛰다;《口》(비행기가)이륙하다 —*n.* 한발로 뛰기; 도약;《口》댄스 파티: ~, step, and jump 3단도
hope [houp] *n.* 희망, 기대, 기대되는 사람[것], 의지 — *vi.*, *vt.* 희망[기대]하다 **~·less** *a.* 절망적인
hope·ful [hóupf(u)l] *a.* 희망에 부푼; 유망한 *be ~ of* [*about*] ...을 기대하다
hope·less [=lis] *a.* 희망없는, 절망적인; 가망없는
hop·per [hápər/hɔ́pə] *n.* 《俗》호텔의 보이
ho·ri·zon [həráizn] *n.* 지평선, 수평선; 시야; 범위, 한계
hor·i·zon·tal [hɔ̀:rizánt(ə)l, hɑ̀ri-/hɔ̀rizɔ́n-] *a.* 수평의 (*cf.* vertical); 가로의; 수평[지평]선의
horizóntal bár《체조》철봉
horn [hɔ:rn] *n.* 각적, 경적;《普》 호른
hor·o·scope [hɔ́:rəskòup, hɑ́r-/hɔ́r-] *n.* 별점; 천궁도
hor·ri·ble [hɔ́:rəbl, hɑ́r-/hɔ́r-] *a.* 무서운;《俗》지독한, 불쾌한
hor·rid [hɔ́:rid, hɑ́r-/hɔ́r-] *a.* 무서운, 지긋지긋한;《口》지독한
hor·ror [hɔ́:rər, hɑ́r-/hɔ́r-] *n.* 공포 (terror), 전율; 증오, 혐오;《口》몸서리나도록 싫은 것
hors d'oeu·vre [ɔ:rdɔ́:rvr/ɔ̀:rdə́:-] *n.* 오르도브르, 전채(前菜) [F]
horse [hɔ:rs] *n.* (*pl.* **hors·es**, 총칭) ~) 말; 수말; (총칭)기병(대); (체조용)목마
horse·back [=bæk] *n.* 말등
horse·man [=mən] *n.* (*pl.* **-men** [-mən]) 기수, 마술가, 기병
hórse ópera《美俗》서부극
horse·pow·er [=pàuər] *n.*《機》마력(略: h.p.)
hórse ràce 경마
horse·shoe [hɔ́:rʃju:, hɔ́:rsʃju:] *n.* 편자
ho·san·na [houzǽnə] *n.* 호산나

(주를 찬송하는 말)
hose [houz] *n.* **1** (*pl.* **hos·es**) 호스 **2**《~》긴 양말
hos·pice [háspis/hɔ́s-] *n.* 여행자 숙박소; 수용소
hos·pi·ta·ble [háspitəbl/hɔ́s-] *a.* 친절히 접대하는 (*to*)
hos·pi·tal [háspit(ə)l/hɔ́s-] *n.* 병원; 양육원
hos·pi·tal·i·ty [hàspitǽliti/hɔ̀s-] *n.* 환대, 후대
Host [houst] *n.*《宗》성찬용 빵
host[houst] *n.* 주인(역) (*cf.* guest); (여관의)주인
host[²] *n.* 많음, 다수 (*of*)
hos·tage [hástidʒ/hɔ́s-] *n.* 인질, 볼모; 저당, 담보
hos·tel [hást(ə)l/hɔ́s-] *n.* 여인숙;《英》기숙사
host·ess [hóustis] *n.* (손님을 접대하는)여주인; (여관의)안주인; 스튜어디스 (air hostess); (술집의)호스티스
hos·tile [hást(ə)l/hɔ́stail] *a.* 적개심을 품은, 적대[반대]하는
hos·til·i·ty [hastíliti/hɔs-] *n.* 적개심
hot [hat/hɔt] *a.* 뜨거운, 더운 (*opp.* cold); 새로운; 격렬한; 열렬한; (재즈음악이)흥분시키는: ~ *air*《俗》허풍 / ~ *news* 최신뉴스 / ~ *temper* 성마름 ~ *and* ~ 갓 구워낸 채
hot-blood·ed [=blʌ́did] *a.* 혈기왕성한; 성급한
hót dòg 핫도그
ho·tel [houtél/(h)ou-] *n.* 여관, 호텔 ~ *charge* 호텔요금 ~ *directory* 호텔의 시설 등의 안내서 ~ *register* 숙박부
hot·house [=hàus] *n.* 온실, (俗)터키탕, 매춘굴
Hót Líne (우발전쟁 방지용)미·소 직통전화, 핫라인
hót mòney 국제금을 시장에서 이윤이 높은 곳으로 이동하는 단기자금
hót pòt 감자 사이에 고기를 끼운 찜요리
hót spòt 분쟁지역; 전기님자; 음란한 나이트클럽, 매춘굴
hót spring 온천(spa)
Hot·ten·tot [hátntàt/hɔ́tntɔt] *n.*, *a.* 호텐토트인[어]인
hound [haund] *n.* 사냥개
hour [auər] *n.* 1.시각, 시간; 시각(…의)기회; 시대: Office ~*s are from* 9 *to* 4. 집무시간은 9시부터 4시까지입니다 / *keep good* [*early*] ~*s* 일찍 자고 일찍 일어나다
house [haus→*v.*] *n.* (*pl.* **hous·es**

hold² 다;《美》남을 세워놓고 강탈하다 ~ **with** …과 견해를 같이하다, 찬성하다 ~ 잡기, 쥐기, 파악; 지배력, 위력《on, of》 **take** ~ **of** …을 붙잡다, 입수[지배]하다 **have a** ~ **on [over]** …에 대해 세력이 있다 **keep** ~ **on** …을 잡고 놓지 않다

hold² n.《海》화물창: ~ **baggage** 화물창의 수화물(승선중에는 꺼내올 수 없음)《cf. cabin baggage》

hold·all [⁴ɔːl] n. 여행용 잡낭

hold·er [hóuldər] n. 소유자; 자루; (펜)대; 그릇

hold·up [hóuldʌp] n.《美口》노상강도질; (진행의)정지, 정체

hole [houl] n. 구멍; (짐승의)굴; 곤경; 결함, 손실 ~ **in one**《골프》홀인원

hol·i·day [hálədèi/ hɔ́l-] n. 휴일, 축제일; (pl.) 휴가 ~ **camps** 청년남녀를 위한 간이숙박시설이 있는 곳

hol·i·day·mak·er [⁴mèikər] n. 휴일의 행락객

Hol·land [hálənd/ hɔ́l-] n. 네덜란드(the Netherlands)

hol·low [hálou/ hɔ́l-] a. 움푹한 곳[낌]; 구멍; 골짜기 —a. 속이 빈; 음폭한; 공허한; 허울뿐인 —ad. 공허하게; 《口》 철저히 —vt. 우벼내다, 속이 비게 하다《out》

Hol·ly·wood [⁴wùd] n. 미국 California주의 영화제작지

holm [houm] n. 강변의 저지, (호수내의)작은 섬

hol·o·caust [hálɔkɔ̀ːst/ hɔ́l-] n. (불로 인한)전멸, 대학살, 대파괴

ho·ly [hóuli] a. 신성한(sacred), 경건한 **H~ Communion** 성찬식, 영성체 **the H~ Bible** 성경 **the H~ City** 성도 **the H~ See** 로마 교황청 **the H~ Spirit** 성령

hom·age [hámidʒ/ hɔ́m-] n. 존경, 경의; (봉건시대의)신하의 예; 충성; 복종; 경배 **at** ~ 마음대로; 정통하여 —a. 자기 집의, 가정의; 자국[본국]의 (cf. abroad), 국산의; 국내의: a town 자기 주소 **H~ address** 주소 **H~ office**《英》내무성 ~ **stretch**(경주에서최후의 직선 코스) —ad. 자기 집에; 본국[고향]으로, 본국에, 본국에 바라 **see [take] a person** ~ 남을 집까지 바래다주다

home·bod·y [⁴bádi/ bɔ́di] n. 《美》가정 위주의 사람

hóme grōund 본거지

home·land [⁴lænd] n. 자기 나라

home·ly [hóumli] a. 검소한; 소박한; 흔히 있는;《美》못생긴

home·made [⁴méid] a. 손수[집에서]만든, 국산의

hom·er [hóumər] n.《野球》홈런 —vi. 홈런을 치다

home·sick [⁴sìk] a. 향수에 젖은

home·spun [⁴spʌ̀n] a. 수직의

home·stead [-stèd, -stìd] n. (토지·건물을 포함한)주택, (건물을 포함한)농장;《美》(이민에게 이양되는)자작농장

home·ward [⁴wərd] a. 귀로의 —ad. 귀로에

home·work [⁴wə̀rk] n. 가정에서 하는 일; 숙제, 예습, 복습

ho·mo [hóumou] n. 동성연애(사람)

ho·mo·ge·ne·ous [hòumoudʒíːniəs] a. 동종[동질]의

ho·mo·sex·u·al [hòumosékʃuəl/-sjuəl] a., n. 동성애의(사람)

Hon·du·ras [handjúː(ə)rəs/ hondjúə-] n. 온두라스(중미의 나라)

hon·est [ánist/ ɔ́n-] a. 정직한, 성실한; 불순물이 없는〔성실

hon·es·ty [ánisti/ ɔ́n-] n. 정직, 귀여운 신사

hon·ey [hʌ́ni] n. 꿀; 호칭 귀여운 신사

hon·ey·bee [⁴bìː] n. 꿀벌

hon·ey·comb [⁴kòum] n. (꿀)벌집; 벌집처럼 생긴 것

hon·ey·moon [⁴mùːn] n. 밀월, 신혼 첫달; 신혼여행 ~·er n. 신혼여행자

hon·ey·suck·le [⁴sʌ̀kl] n. 인동덩굴

Hong Kong [háŋkáŋ/ hɔ́ŋkɔ́ŋ] n. 홍콩

hon·kie, -key [háŋki/ hɔ́ŋ-] n.《경멸어》백인, 흰둥이

honk·y-tonk [hɔ́ːŋkitɔ̀ːŋk, háŋkitɑ̀ŋk/ hɔ́ŋkitɔ̀ŋk] n.《美俗》저속한 카바레[술집]; 매춘굴

Hon·o·lu·lu [hànəlúːluː/ hɔ̀n-] n. 미국 Hawaii주의 수도

hon·or, -our [ánər/ ɔ́nə] n. 명예; 체면; 자존심; 존경; 경례; 고위; (H~) 각하;《大學의》우등; (pl.) 의례(儀禮) **in** ~ **of** …에게 경의를 표하여, …의 기념으로 —vt. 존경하다; 명예를 주다

hon·or·a·ble, -our-《英》[ánərəbl/ ɔ́n-] a. 존경할 만한; 명예로운〔감투상

hónorable méntion 선외 가작,

hónor guàrd 의장대

hónor sỳstem《美》(학교시험·교도소작업에서의)무감독제도

hood [hud] n. 두건; 포장; 덮개

hood·lum [húːdləm] n.《美俗》깡패

high·ness [háinis] *n.* 높음, 높이; 고위; 고가; (H~) 전하
high profile 고자세
hire-pur·chase 《英》 분할불 (《美》 installment plan)
high rise 《美口》 고층빌딩
high road [⁻róud] *n.* 공로, 대로
high-speed [⁻spíːd] *a.* 고속의
high-spir·it·ed [⁻spíritid] *a.* 원기왕성한, 의기충천한
high·way [háiwèi] *n.* 공로, 대로; 큰 길거리
hi·jack [háidʒæk] *vt.* 《美口》 (수송중인 화물 등을)강탈하다; (배·비행기를)납치하다
hike [haik] *n.* 도보여행 **go on a ~** 하이킹 가다 ― *vi.* 도보여행하다 **hík·er** *n.* 하이커
hik·ing [háikiŋ] *n.* 하이킹
hill [hil] *n.* 작은 산, 언덕; 丘(傾)
hill·side [hílsàid] *n.* 언덕의 사면, 산허리
hill·top [híltàp/-tɔ̀p] *n.* 언덕 꼭대기
him [him] *pron.* he 의 목적격
Him·a·la·yas [hìməléi(i)əz] *n. pl.* (the ~) 히말라야산맥
him·self [himsélf] *pron.* 그 자신
Hi·na·ya·na [hìːnɑːjáːnə] *n.* 소승불교 (*cf.* Mahayana)
hind [haind] *a.* 뒤(쪽)의
hin·der[1] [híndər] *vt.* 방해하다 (obstruct), 가로막다
hin·der[2] [háindər] *a.* 뒤의, 뒤쪽 [뒷부분]의
Hin·di [híndi:, -⁻⁻] *a.* 북인도의; 힌디어의 ― *n.* 힌디어
Hin·doo, -du [híndu:, -⁻⁻] *n.* 힌두족; 힌두신자 ― *a.* 힌두교의 **~·ism** *n.* 힌두교
hin·drance [híndrəns] *n.* 획책(물), 방해
hinge [hindʒ] *n.* 경첩; 사북, 요점 **off the ~s** 정상상태가 아닌 ― *vt.* 경첩을 달다 ― *vi.* 경첩으로 돌다
hint [hint] *n.* 암시, 힌트 ― *vt.*, *vi.* 암시하다, 넌지시 비치다
hin·ter·land [híntərlænd] *n.* 오지(奥地)
hip[1] [hip] *n.* 엉덩이, 허리
hip[2] *int.* 만세!(응원의 선창)
hip[3] *n.* 스탠재스의 곁
hip·pie [hípi] *n.* 히피족
hip·po·drome [hípədròum] *n.* (고대 그리스·로마의) 경기장; 서커스; 《英俗》 연예장
hip·po·pot·a·mus [hìpəpɔ́təməs/-pɔ̀t-] *n.* 하마 (口 hippo)
hire [háiər] *vt.* 고용하다, 세내다; 임대하다 (*out*) ― *n.* 임차; 고용; 임대료, 세, 사용료; 임금 *his* [hiz] *pron.* **1** he 의 소유격 **2** 소유대명사

hiss [his] *vi.*, *vt.* 쉿하고 말하다 [소리내다] ― *n.* 쉿하는 소리
his·tor·ic [histɔ́ːrik, -tár-/-tɔ́r-] *a.* 역사상 유명한
his·tor·i·cal [histɔ́ːrik(ə)l/-tɔ́r-] *a.* 역사(학)상의; 역사에 근거한
his·to·ry [hístəri] *n.* 역사, 연혁, 경력, 유래
hit [hit] *v.* (*p.*, *pp.* **hit**) *vt.* 치다, 때리다(beat), 맞히다; 타격을 주다; 멋지게 말하다 ― *vi.* 치다, …을 보고 치다 (*at*); 부딪치다 (*against*) 멋지게 알아맞히다 ― **on** [**upon**] … 과 마주치다, 문득 생각해내다 ― *n.* 타격; 명중(탄); 대성공; 《야구》 안타; a ~ song 히트송
hit-and-run [hítnrʌ́n] *a.* 《야구》 히트앤드런의; (사람을 치고)뺑소니치는
hitch [hit]] *vt.*, *vi.* 홱 움직이다; (고리로)걸다; (말을)매다 ― *n.* 홱 당김, 급정지; 장애, 지장
hitch·hike [⁻hàik] *vi.* 《美口》 자동차를 얻어타고 여행하다
hith·er·to [híðərtúː] *ad.* 지금까지
hive [haiv] *n.* 꿀벌통; 꿀벌떼; 와 글와글하는 장소 ― *vt.*, *vi.* 벌통에 들어가다[넣다]; 저축하다
hoard [hɔːrd] *n.* 저장(물), 사재기 ― *vt.*, *vi.* 저장하다, 사재기 하다 **~·ing** *n.* 저장; 매점매석, 사재기
hoarse [hɔːrs] *a.* 쉰 목소리의
hoar·y [hɔ́ːri] *a.* 서리같이 하얀, 흰; 백발의; 고대의
hob·by [hábi/hɔ́bi] *n.* 취미
hock·ey [háki/hɔ́ki] *n.* 하키
ho·cus-po·cus [hóukəspóukəs] *n.* 요술, 묘기, 속임수 ― *vt.*, *vi.* 속이다; 요술부리다
hodge·podge [hádʒpàdʒ/ hɔ́dʒpɔ̀dʒ] *n.* 잡탕; 뒤범벅
hoe [hou] *n.* 괭이 호미 ― *vt.*, *vi.* 괭이질하다, 제초하다
hog [hag, hɔːg/hɔg] *n.* 돼지, 거세한 수퇘지; 욕심쟁이; 《美俗》 대형오토바이
hoi pol·loi *pl.* (때로 the ~) 민중, 대중 [Gk.]
hoist [hɔist] *vt.* (돛·기를)올리다 (raise), (자축기로) 들어올리다 ― *n.* 끌어[감아]올리기
hold[1] [hould] *v.* (*p.*, *pp.* **held**) *vt.* 잡다, 쥐다; 유지하다; 견디다, 수용력이 있다; (마음속에)품다, 생각하다; (모임을)개최하다 ― *vi.* 견디다; (상태가)변하지 않다; 지속되다; H~ the line. 전화를 끊지 말고 기다려 주십시오!/ H~ hard! 기다려, 멈춰라!/ H~ it! 《口》 그대로 ~ **over** 넘기다, 연장하다 ~ **up** 제시하다; 정지시키

He·pha·es·tus [hifǽstəs] n. 《그神》 헤파이스토스(불과 대장장이의 신) (cf. Vulcan)

hep·ta- [heptə-] pref. 「7」의 뜻

her [hə:r] pron. **1.** she의 소유격 **2** she의 목적격

He·ra [hí(ə)rə] n. 《그神》 헤라 (Zeus의 아내, 하늘의 여왕) (cf. Juno)

her·ald [hér(ə)ld] n. 전령; 선구(자); 의전관(儀典官); 보도자 — vt. 알리다; 예고하다 ~ry n. 문장(紋章)학

herb [(h)ə:rb/hə:rb] n. 풀, 초본; 약용[식용・향료]식물

Her·cu·les [hə́:rkjuli:z] n. 《그神》 헤르큘레스; 천하 장사

herd [hə:rd] n. 《소・돼지의》떼; 《경멸적》 군중, 대중 — vt. 모으다, 지키다 — vi. 떼를 짓다

here [hiər] ad. 여기에로, 에서 (cf. there); 이점[세상]에서: H~ we go! 자 하자/ H~ you are. (원하시는 것이) 있습니다: 그것봐/ H~'s a health to you! 당신의 건강을 위해 건배! H~! 《대답에 네》 — **and there** 여기저기에, 도처에

here·af·ter [hiəræftər/-áːftə] ad. 금후 n. 내세

here·by [hìərbái] ad. 이것에 의하여

he·red·i·tar·y [hirédǝtèri/-t(ə)ri] a. 세습의, 대대의, 유전적인

he·red·i·ty [hirédəti] n. 유전

her·e·sy [hérəsi] n. 이단, 이교

her·it·a·ble [héritəbl] a. 상속할 수 있는; 유전하는

her·it·age [héritidʒ] n. 세습[상속]재산, 유산; 유전

her·mit [hə́:rmit] n. 은둔자

her·ni·a [hə́:rniə] n. (pl. **~s, -ni·ae** [-niːì]) 탈장, 헤르니아

he·ro [híːrou] n. (pl. **~es**) 영웅, 위인; (소설・연극의)주인공 (fem. heroine) ~ **sandwich** 《美俗》 커다란 샌드위치

he·ro·ic [hiróuik] a. 영웅적인

her·o·in [hérouin] n. 헤로인(일종의 마약부)

her·o·ine [hérouin] n. 여걸, 여주인공

her·o·ism [hérouiz(ə)m] n. 영웅적 행위[자질]; 용감무쌍

her·ring [hériŋ] n. 청어

hers [hə:rz] pron. she의 소유대명사

her·self [hə(:)rsélf] pron. 그녀 자신

hertz [hə:rts] n. (pl. **~es**) 헤르츠(진동수의 단위, Hz.)

hes·i·tate [hézitèit] vi. 주저하다, 망설이다 《*to* do》: 더듬다 **-tá·tion** n. 주저, 망설임

Hes·ti·a [héstiə] n. 《그神》 헤스티아(아궁이의 여신) (cf. Vesta)

hew [hju:] vt., vi. (p. **~ed**, pp. **~ed** or **hewn**) (도끼 등으로) 자르다, 베어넘기다, 잘게 썰다

hex- [heks], **hexa-** [heksə-] pref. 「6」의 뜻

hey [hei] int. 야아, 이런, 여봐

H.H. = His [Her] Highness 전하

hi [hai] int. 여어, 이봐 『하

hi·bis·cus [haibískəs] n. 《植》 하이비스커스

hic·cup, -cough [híkʌp] n., vi. 딸꾹질(을 하다)

hick·o·ry [híkəri] n. 히코리(북미산 호도과의 나무; 그 재목)

hide[1] [haid] v. (p. **hid** [hid], pp. **hid·den** [hidn], **hid**) vt. 숨기다, 비밀로 하다 — vi.숨다

hide[2] n. (짐승의)가죽 — vt. (가죽을) 벗기다; 《口》 매질하다

hid·e·ous [hídiəs] a. 무서운 (horrible), 무시무시한; 싫은

hi·er·ar·chy [háiərà:rki] n. (성직자의)계급조직; 계급; 단계

hi·er·o·glyph [háiərəglìf] n. 상형문자

hi-fi [háifái] n., a. 하이파이(의); 고충실도(의)

high [hai] a. 높은 (opp. low); 고지의; 고귀한, 품위있는; 고급의; 값비싼; 고도의, 강력한; 한창인 — **life** 상류생활 — **noon** 정오, 한낮 ~ **school** 고등학교 ~ **seas** 공해; 외양 (外洋) ~ **society** 상류사회 ~ **tea** 《英》 고기요리가 딸린 오후의 차: 높이; 비싸게; 크게; 세게; play ~ 큰 도박을 하다. n. 높은 곳; 하늘; 《商》 고가(高價)

high·ball [‹bɔ:l] n. 《美》 하이볼(소다수를 섞은 위스키)

high·born [‹bɔ:rn] a. 고귀한 가문에서 태어난

high·bred [‹brèd] a. 명문태생의; 교양있는, 고상한

high·brow [‹bràu] n. 《口》 지식인; 지식인인 체하는 사람

High Church (the ~) 교회교파 (교회의 권위와 의식을 중시하는 영국국교회의 한 파)

high·er-up [háiərʌ̀p] n. 상관 (上司), 상관

high hat 실크햇의

high·jack [‹dʒæk] vt. = hijack

high jump 《경기》 높이뛰기

high·land [‹lənd] n. 고지; (the H~s) 스코틀랜드 고지지방

high·ly [háili] ad. 높이, 대단히 speak **think** ~ **of** ~ 을 격 찬[크게 존중]하다

hea‧then [híːð(ə)n] n. 이교도, 사교도 —a.이교도(의)

heat-stroke [híːtstròuk] n. 일사병

heave [hiːv] v. (p., pp. ~d, or 《海》 **hove**) vt. (무거운 것을) 들어올리다(lift); 부풀리다 (숨을)쉬다 —vi. 올라가다, (상하로)파도치다, 기록하다, 토하다; 노력하다 n. 정성하다

heav‧en [hév(ə)n] n. (때로 pl.) 하늘; 천국; 신 H~ knows! 신만이 안다; 맹세코 the seventh ~ 제7천국, 극락 Thank ~! 고마워라

heav‧en‧ly [hév(ə)nli] a. 하늘의; 거룩한; 하늘이 준; 《口》 신나는: ~ body 천체

heav‧y [hévi] a. 무거운 (opp. light²); 당당한(oppressive); 소란된; 격렬한; 우울[음산]한; (음식이)소화가 잘 안되는; (술이) 독한: a ~ breakfast 토스트와 커피 외에 여러가지가 나오는 조반/~ industries 중공업/a ~ smoker 담배 골초/~ traffic 혼잡한 교통량

He‧bra‧ism [híːbriìz(ə)m/-brei‧iz(ə)m] n. 히브리사상; 유대교

He‧brew [híːbruː] n., a. 히브리[이스라엘·유대]사람(의); 히브리어(의)

hec‧tare [héktɑr, +英-tɑːr] n. 헥타르(100아르, 1만㎡)

hedge [hedʒ] n. 산울타리

he‧don‧ism [híːdounìz(ə)m] n. 쾌락주의

heed [hiːd] n. 주의, 조심, 유의 —vt., vi. 조심하다

heel¹ [hiːl] n. 뒤꿈치; (말 등의)

heel² vt., vi. (배가)기울다(over); 기울이다 —n. (배의)경사 (도)

he‧gem‧o‧ny [hiːdʒéməni/hédʒɪmòuni/hédʒém‧] n. 패권, 주도권

He‧gi‧ra [hidʒáirə/hédʒírə] n. 마호메트의 도주; 회교기원

Hei‧del‧berg [háid(ə)lbə̀rg] n. 하이델베르크(서독의 도시, 유명한 대학으로 유명)

height [hait] n. 높이, 고도; 고지; 절정

height‧en [háitn] vt., vi. 높이다, 높아지다; 늘(리)다, 강화하다

heir [ɛər] n. 《法》 상속인

held [held] v. hold 의 과거(분사)

hel‧i‧cop‧ter [hélikὰptər/-kɔ̀ptə] n. 헬리콥터

hel‧i‧pad [hélipæd] n. 헬리콥터 발착장

hel‧i‧port [hélipɔːrt] n. 헬리콥터 발착장

hell [hel] n. 지옥; 저승 ~ bomb 《美俗》 수소폭탄 Go to ~! 빌어먹을!, 꺼져라!

Hel‧len‧ic [helíːnik, +美 helén-] a. 그리스(인·어)의

Hel‧len‧ism [hélinìz(ə)m] n. 그리스어풍; 희랍문화

hel‧lo [helóu, ㅡㅡ, hə-] int. 이봐; 어머; 《전화》 여보세요: a ~ girl 《美口》 전화교환양 say ~ to 《美口》 …에게 안부 전하다

helm [helm] n. 키, 타륜

hel‧met [hélmit] n. 헬멧(모자)

helms‧man [hélmzmən] n. (pl. **-men** [-mən]) 키잡이, 조타수

help [help] vt., vi. 돕다, 거들다 (assist); 도움이 되다; 조장하다; 시중들다; (병을)고치다; 피하다: May I ~ you? 어서 오십시오 (점원의 말)/May I ~ you to some more vegetables? 야채 좀 더 드릴까요 / Can I ~ you with your baggage? 짐을 들어드릴까요 / I can't ~ it. 어쩔 수 없다 cannot ~ but ... / cannot ~ing ...하지 않을 수 없다 ~ oneself to ... 을 마음대로 들다[집어먹다] —n. 도움; 구제; (음식의)시중; 《美》 하인 H~ wanted. 《광고》 사람을 구함

help‧ful [hélpf(u)l] a. 도움이 되는, 유용한

help‧ing [hélpiŋ] n. 조력; 음식한 그릇: another ~ 두 그릇째

help‧less [hélplis] a. 도움[의지]가 없는; 무력한

Hel‧sin‧ki [hélsiŋki, ㅡㅡ] n. 헬싱키(핀란드의 수도) ~ Accords [Agreements]헬싱키협정(1975년 전유럽 안전보장협력회의에서 동서간 긴장 완화를 합의)

Hel‧ve‧tian [helvíːʃən, -ʃiən] a. 스위스인(의)

hem [hem] n. (천·옷 등의)가장자리, 옷단; 변두리

he-man [híːmæn] n. (pl. **-men** [-mèn]) 사나이다운 사내

hem‧i‧sphere [hémisfər] n. (하늘·지구의)반구; 반구체

hem‧or‧rhage [hémərɪdʒ] n. 출혈

hemp [hemp] n. 삼, 대마

hen [hen] n. 암닭, (새의)암컷

hence [hens] ad. 그 까닭에; 금후, 지금부터

hence‧forth [hénsfɔ́ːrθ] ad. 금후, 이후

Hen‧ley [hénli] n. Thames강변의 지명; 헨리 보트레이스

hen párty 여성만의 모임(cf. stag party)

hep [hep] a. 《美俗》 잘 아는 — int. 재즈연주중에 지르는 소리

hate [heit] vt. 미워[싫어]하다 (opp. love). ~ 증오.

ha·tred [héitrid] n. 증오, 미움

haugh·ty [hɔ́ːti] a. 거만한

haul [hɔːl] vt., vi. 세게 끌다, 잡아당기다; n. 세게 끌기; 운송; 수송; 운반거리 ~**·age** [ˊidʒ] n. 운반비

haunt [hɔːnt, +美 haːnt] vt., vi. 자주 가다; 출몰하다; 붙어다니다: a ~ed house 유령의 집

haute cou·ture [óutkuːtjúə] F. (특히 파리의)고급양장점

Ha·van·a [həvǽnə] n. 쿠바의 수도; 아바나엽련련

have [hæv, həv, əv, v] vt. (p., pp. had), 3인칭·단수·현재형 (he, she, it) has)) 1 가지다, 소유하다, …이 있다 2 경험하다: a good time 재미있게 시간을 보내다 3 입수하다, 얻다; 먹다 마시다 4 (have to do) …해야 하다 (cf. have got to) 5 《과거분사 또는 부정사와 함께》 …시키다, 당케 받다, …당하게 하다 (get): ~ one's hair cut 머리를 깎다/~ him do it 그에게 그것을 시키다 ~ **on** 입고 있다 —aux. v. (p. had) 《과거분사와 함께 완료형을 만듦》: I ~ read it. 그것을 다 읽었다

ha·ven [héiv(ə)n] n. 항구; 피난처

have-not [hǽvnɑ́t/-nɔ́t] n. (보통 pl.) 무산자, 가진 것이 없는 나라

hav·er·sack [hǽvərsæ̀k] n. (군인·여행자용의)배낭

hav·oc [hǽvək] n. 파괴, 황폐

Ha·wai·i [həwáːiː, -wáːjə, -wɑ́ː-jə/hɑːwɑ́(i)i] n. 하와이주; 하와이섬 —**wai·ian** a. 하와이의, 하와이말(의) —n. 하와이사람 [말]

hawk [hɔːk] n. 《鳥》 매; 매과의 사람, 강경론자

haw·ser [hɔ́ːzər] n. 《海》 굵은 밧줄

haw·thorn [hɔ́ːθɔːrn] n. 산사나무

hay [hei] n. 건초, 꼴

haz·ard [hǽzərd] n. 위험, 모험; 운에 맡기고 해보기; at [by] ~ 운에 맡기고; 아무렇게나

haze [heiz] n. 아지랑이, 안개 — vi. 흐릿해지다

ha·zy [héizi] a. 아지랑이가 낀, 흐릿한 「폭탄

H-bomb [éitʃbɑ́m/-bɔ́m] n. 수소

he [hiː, iː, hi, i] pron. (pl. they) 그는[가]. —n. 남자, 수컷

head [hed] n. 머리, 머리 두뇌; 정상, 상단, 원천; 한 사람, 1인분; (신문 등의) 표제; 화폐의 표면 (cf. tail): $10 a ~ = 1인당 10달러/a ~ office 본사, 본점 ~ **first** 곤두박이로, **lose one's** ~ 당황하다 —vt., vi. 이끌다, 앞장서다, 진행하다

head·ache [ˊèik] n. 두통

head·hunt·er [ˊhʌ̀ntər] n. 목을 베는 야만인종

head·light [ˊlàit] n. 헤드라이트

head·long [ˊlɔ̀(ː)ŋ/-lɔ̀ŋ] ad., a. 곤두박이로[의], 무모하게[한]

head·mas·ter [ˊmǽstər/-mɑ́ːs-tə] n. 교장

head·quar·ters [ˊkwɔ̀ːrtərz] n. pl. 《때로 단수취급》 본부, 사령부

head·way [ˊwèi] n. 전진; 《海》 진행속도; 진보

head·wind [ˊwìnd] n. 역풍

heal [hiːl] vt. 고치다(cure), 회복시키다 — vi. 낫다

health [helθ] n. 건강; a ~ certificate 건강증명서 **drink (to) a person's** ~ 남의 건강을 위해 건배하다 ~**·y** a. 건강한; 건전한; 위생적인

health·ful [hélθf(u)l] a. 건강에 좋은; 건전한

heap [hiːp] n. 쌓아올린 것, 퇴적 a ~ [~s] of 많은 —vt. 쌓아 올리다 (up)

hear [hiər] v. (p., pp. **heard** [həːrd]) vt. 듣다, 들리다; 청강하다 ~ **from** …로부터 소식이 있다

hear·ing [hí(ː)riŋ] n. 청력; 청력

heart [hɑːrt] n. 심장; 마음, 가슴 속; (애)정; 원기; 중심(부); (식물의)고갱이; 오지; 《of》 핵심, 본질, 하트型; 《카드놀이》 하트(패): ~ **failure** 심장마비/ **a broken** ~ 실의, 실연 **at** ~ 내심은 **by** ~ 암기하여 **give [lose] one's** ~ **to** …을 사모하다 ~ **and soul** 전심전력으로 **lose** ~ 낙심하다 **take** ~ 기운이 나다

héart attáck 심장마비

heart·en [hɑ́ːrtn] vt. 격려하다 (encourage), 기운나게하다 (up)

hearth [hɑːrθ] n. 노상(爐床); 노변, 가정

heart·i·ly [hɑ́ːrtili] ad. 진심으로; 마음껏, 실컷

heart·y [hɑ́ːrti] a. 진심어린, 친절한; 기운찬; 영양있는, 풍부한

heat [hiːt] n. 열; 더위; 매운 맛, 열렬; 단숨, 일겨; (짐승의암내): ~ **exhaustion** 일사병 **at a** ~ 단숨에 —vt., vi. 가열하다, 《주로 수동태》 격분시키다 ~**ed** a. 가열한; 흥분한

heat·er [hiːtər] n. 가열기, 난방장치, 히터

heath [hiːθ] n. 《植》 히스; 히스

hand·y [hǽndi] *a.* 편리한, 다루기 쉬운; 곰 쓰이는; 솜씨 있는

hang [hæŋ] *v.* (*p.*, *pp.* **hung** 《2의 뜻으로는》 **~ed**) *vt.* **1** 걸다 (*on*, *to*), 매달다 **2** 목을 매다, 교살하다 **3** (벽지 등을) 바르다; (벽 등이 등으로)장식하다 (*with*) — *vi.* 걸리다, 매달리다, 늘어지다 **~ about** 어슬렁거리다 **~ on** [*upon*] …에 매달리다 (*to*); …에 의지하다, 나름이다; 《口》전화를 끊지 않고 있다(들다) **~ over** …에 걸리다, 뛰어나와 있다; 박두하다 **~ up** 걸다, 매달다; 수화기를 놓다, 전화를 끊다; 보류하다

háng·dog [hǽŋdɔ̀(ː)g] *n.* 격남고

hang·er [hǽŋər] *n.* 거는(매다는) 사람; 거는 것; 옷걸이

hang·er·on [hǽŋərán/-ɔ́n] *n.* (*pl.* **-ers-on**) 식객; 측근자

háng glíder 행글라이더

hang·over [hǽŋòuvər] *n.* 숙취; 《美口》잔존물

han·ker [hǽŋkər] *vi.* 갈망하다

Ha·noi [hǽnɔ́i/hæ-] *n.* 하노이 (베트남의 수도)

hap·haz·ard [hǽphæ̀zərd] *n.* 우연

hap·pen [hǽpən] *vi.* (사건이) 일어나다, 생기다(*occur*); 우연히 …하다, 때마침 …이다 **~ upon** 우연히 …을 만나다

hap·pen·ing [hǽpəniŋ] *n.* 우발사, 사건

hap·py [hǽpi] *a.* 행복한; 기쁜; 적절한 **-pi·ly** *ad.* 행복하게; 재수좋게 **-pi·ness** *n.* 행복; 적절

har·ass [hǽrəs, 美 hərǽs] *vt.* 괴롭히다

har·bor, 《英》**-bour** [háːrbər] *n.* 항구, 정박소; 피난처 — *vt.* 숨겨주다; (악의를)품다 — *vi.* 정박하다

har·bor·age, 《英》**-bour-** [háːrbəridʒ] *n.* 피난(처), 정박(소)

hárbor dúes 입항세

hard [haːrd] *a.* 단단한 (*opp.* soft); 어려운(*difficult*) (*opp.* easy); 강한; 혹독한(*severe*) **~ luck** 《俗》 times 불경기 **be ~ up** (*for money*) (돈에) 쪼들리고 있다 — *ad.* 단단히, 격렬히, 열심히; 간신히, 겨우

hard-boiled [-bɔ́ild] *a.* (달걀을)완숙한; 비정한, 냉정한

hárd cásh 경화, 현금

hard-core [-kɔ̀ːr] *a.* 중핵의; 만성실업의, (포르노가)노골적인

hard·en [háːrdn] *vt.*, *vi.* 단단하게 하다(되다); 냉혹(냉정)하게 하다(되다)

hárd hát 안전모자, 헬멧; 건설노무자

hard-line [-láin] *a.* 강경노선의

hard·ly [háːrdli] *ad.* 거의 …않다(*scarcely*), 겨우, 간신히; 애써

hard·ness [háːrdnis] *n.* 견고; 냉정; 곤란

hárd séll 강압적 판매(술), 강매

hárd·ship [-ʃip] *n.* 고난

hárd·stand [-stænd] *n.* (비행장의) 비행기 대기장

hard·ware [-wɛ̀ər] *n.* 철물; (전자계산기의)기계적 설비

har·dy [háːrdi] *a.* 대담한 용감한

hare [hɛər] *n.* 토끼 (*cf.* rabbit)

har·em [hɛ́(ː)rəm] *n.* (회교국의) 후궁(에 사는 처첩들)

har·i·cot [hǽrikòu] *n.* 강낭콩; 강낭콩이 든 양고기스튜 [F]

Har·lem [háːrləm] *n.* 뉴욕시의 흑인가

harm [haːrm] *n.* 해, 손해 **do ~ to** …에 해가 되다 — *vt.* 해치다, 손상하다

har·mo·ni·ous [haːrmóuniəs] *a.* 조화를 이룬; 화목한

har·mo·nize [háːrmənàiz] *vt.*, *vi.* 조화시키다[되다]

har·mo·ny [háːrməni] *n.* 조화, 일치

har·ness [háːrnis] *n.* 마구(馬具)

harp [haːrp] *n.* 하프(악기)

harp·si·chord [háːrpsikɔ̀ːrd] *n.* 하프시코드 (건반악기)

Hárrow Schóol [hǽrou] 영국의 유명한 public school

har·ry [hǽri] *vt.* 약탈하다; 피롭히다

harsh [haːrʃ] *a.* 거친, 거칠거칠한; 가혹한, 무정한

Har·vard [háːrvərd] *n.* 미국에 가장 오래된 대학

har·vest [háːrvist] *n.* 수확(기); 수확물; 보수 — *vt.*, *vi.* 수확하다

has [hæz, həz, əz, z] *v.*, *aux. v.* have 의 3인칭 단수 현재형

hash [hæʃ] *n.* 잘게 썬 고기요리 — *vt.* 잘게 썰다

hash·ish, hash·eesh [hǽʃiːʃ] *n.* 인도대마초로 만드는 마취제

haste [heist] *n.* 서두름; 성급함 **in ~** 서둘러서 《*in haste*》 **make ~** 서두르다

has·ten [héisn] *vt.* 재촉하다 — *vi.* 서두르다

hast·y [héisti] *a.* 신속한 「cap」

hat [hæt] *n.* (테있는)모자 (*cf.*

hatch[1] [hætʃ] *n.* 격자문; 《海》 승강구, 해치 **~·way** [-wèi] *n.* 《海》 갑판의 승강구

hatch[2] *vt.* 부화시키다[하다], 꾸미다 — *n.* 한 배의 병아리

hatch·et [hǽtʃit] *n.* 손도끼

《英》 ~ an hour; 《美》 a ~ hour 반 시간 쯤 — *ad.* 절반은, 반쯤 — *as much [many] again as* …의 1배 반

half-baked [∠béikt] *a.* 설구워진
half-blood [∠blʌ́d] *n.* 배[씨]다른 형제[자매]; 잡종, 혼혈아
hálf bóot 반장화
half-bred [∠brid] *a.* 혼혈아
half brother 배[씨]다른 형제
half dóllar 50센트 은화
half-hearted [∠há́:rtid] *a.* 마음이 내키지 않는
half-holiday [hǽladei, -hól-] *n.* 반공일
half-hour [∠áuər] *n.*, *a.* 반시간(30분)(의) — *ly ad.* 30분마다
half-mast [mǽst/-má́:st] *n.* 반기의 위치(조의·조난의 신호)
half-penny [héip(ə)ni] *n.* *pl.* **-pence** [-p(ə)ns], **-pennies** 반페니(어치, 동전) — *a.* 반페니의
half sister 배[씨]다른 자매
half·way [∠wéi] *ad.* 중간쯤; 거의 완전하게 — *a.* 중간의; 불완전한
hall [hɔːl] *n.* 회관, 공회당; 홀; 대청, 현관(의 마루방), 낭하 *the H— of Fame* (야구·미식축구의) 명예 전당(기념관)
hall·mark [há́:lmà:rk] *n.* (금은) 순도검증각인, 품질증명; 특징
hal·lo, -loa, -loo [həlóu] *int.* 이봐, 여보세요 — *vi.*, *vt.* 이봐하고[큰 소리로]부르다
Hal·low·een, -e'en [hǽloui:n, +ㅡ hál-] *n.* 만성절의 전야(10월 31일)
hal·lu·cin·o·gen·ic [həl(j)uːsinǽdʒénik] *a.* 환각성의 — *n.* 환각제
hall·way [hó́:lwèi] *n.* 《美》 현관, 복도
halt [hɔːlt] *n.* 정지, 휴지 — *vi.* 멈추(게)하다, 휴지하(게)하다
halves [hævz/ hɑːvz] *n.* *half* 의 복수
ham [hæm] *n.* 《美俗》과장하는 배우; 아마추어무선가; — *and eggs* 햄에그
Ham·burg [hǽmbəːrg] *n.* 함부르크(서독 엘베강 하류의 도시)
ham·burg·er [hǽmbəːrgər] *n.* **1** 《美》= Hamburger steak **2** 햄버거 샌드위치
Hámburg stéak 햄버그스테이크
ham·mer [hǽmər] *n.* 해머, (큰) 망치 — *vt.*, *vi.* 망치로 치다; 단련하다; 마구 때리다
hámmer thrów 《경기》 투해머
ham·mock [hǽmək] *n.* 해먹
Hám·mond ór·gan [hǽmənd] 해먼드오르간
hand [hænd] *n.* 손; 앞발; 손모양의 것, (시계의) 바늘, 손잡이, (바나나의) 송이; (때로 *pl.*) 보호, 소유, 관리, 지배; 일손, 직공, 고용인, 선원; 솜씨, 기량, 숙련; 필적, 필치; 쪽; 방향, 방면, 약손; 박수 *a good [poor] ~ at* …을 잘[잘못]함 *at first* ~ 직접(으로) *at* ~ (손)가까이에 *by* ~ 손으로 *come to* ~ 입수되다 ~ *in* ~ 서로 손을 잡고; 협력하여 *H—s off!* 《게시》 대내지 마시오! *H—s up!* 손들어! *off* ~ 즉석에서 *on all* ~ *s* 각 방면에(서) *on* ~ 소지하고, 수중에 있어; 《美》 출석하여 *on the one* ~ 한편에서는 *on the other* ~ 다른 편에서는, 이에 반하여 *out of* ~ 끝나서, 당장 — *vt.* 넘겨주다, 전하다(*to*); 손으로 거들다 ~ *down* (*to*) (후세에)전하다 ~ *in* 넘겨주다; 제출하다 ~ *on* 넘겨주다; (차례로)돌리다 ~ *over* 넘겨주다; 양도하다

hand·bag [hǽn(d)bæ̀g] *n.* 핸드백, 손가방
hand bággage (총칭) 《美》 수하물, 광고지
hand·bill [hǽn(d)bìl] *n.* 삐라, 안내서; 여행 안내
hand·book [hǽn(d)bùk] *n.* 편람; 안내서; 여행안내 ; 《美》 레
hand·cart [hǽn(d)kà:rt] *n.* 손수레
hand·cuff [hǽn(d)kʌ̀f] *n.*, *vt.* (보통 *pl.*) 수갑(을 채우다)
hand·ful [hǽn(d)fùl] *n.* 한줌, 한움큼; 소량; 소수 *(of)*
hánd grenáde 수류탄
hand·i·cap [hǽndikæ̀p] *n.* 핸디캡; 불리한 조건 — *vt.* 핸디캡을 붙이다
hand·i·craft [hǽndikræ̀ft/-krá́:ft] *n.* 수공예, 수공업; 손재주
hand·i·work [hǽndiwə̀:rk] *n.* 수세공품; 제작, 공작
hand·ker·chief [hǽŋkərtʃif, -tʃi:f] *n.* (*pl.* ~s) 손수건; 목도리
han·dle [hǽndl] *n.* 핸들, 손잡이; 구실, 기회 — *vt.* 다루다, 손을 대다, 만지다; 매매하다; (남을) 대우하다 *H—* *with care.* 취급주의
hand·made [hǽn(d)méid] *a.* 《세의 》
hand-me-down [hǽn(d)midàun] *n.*, *a.* 헌옷(의); 헌옷(의)
hand·rail [hǽndrèil] *n.* (계단·뱃전의)난간
hand·shake [hǽndʃèik] *n.* 악수
hand·some [hǽnsəm] *a.* 잘 생긴, 미남인; 상당한
hand·work [hǽndwə̀:rk] *n.* 수공예(품) — *n.* 필적, 육필
hand·writ·ing [hǽndràitiŋ]

Guin·ea [gíni] n. 기니(아프리카 서부해안에 면한 공화국, 수도 Conakry)

Gúinness Bóok of Wórld Récords [gínis] n. 기네스북(세계기록을 망라한 책)

guise [gaiz] n. 외관, 겉보기, 옷차림; 가장 under [in] the ~ of …을 가장하여

gui·tar [gitá:r] n. 기타

gulf [gʌlf] n. 만(灣); the G~ Stream 멕시코만류

gull [gʌl] n. 갈매기(seagull)

gul·ly [gʌ́li] n. 협곡; 도랑

gum [gʌm] n. 고무(나무); 눈물; 《美》껌

gum·my [gʌ́mi] a. 고무질의

gum·shoe [gʌ́mʃù:, +美 ∠∠] n. 《美》고무신; 형사

gun [gʌn] n. 대포, 소총, 라이플 총; 《美口》권총

gun·fire [⊴faiər] n. 포화

gun·man [⊴mən] n. (pl. -men [-mən]) 총을 가진 사람, 총잡이; 총솜씨가 뛰어난 사람

gun·ner [gʌ́nər] n. 포수

gun·play [⊴plèi] n. 《美》(권총 등의)총격

gun·pow·der [⊴pàudər] n. 화

gu·ru [gərú:, +美 gú(:)ru] n. (힌두교의)스승, 도사(導師)

gush [gʌʃ] n. 분출, 유출 —vi., vt. 분출하다, 뿜어나오다

gust [gʌst] n. 한바탕 부는 바람, 돌풍; (감정의)폭발, 격발

gut [gʌt] n. 장; 장선(腸線); (pl.) 창자; 《俗》배짱, 오기

gút cóurse 《美》(학점을 얻기) 쉬운 과목

gut·ter [gʌ́tər] n. (길가의) 도랑; 《볼링》거터

guy [gai] n. 《英》괴상한 차림을 한 사람; 《美俗》놈, 녀석

gym [dʒim] n. 《口》체조, 체육관

gym·na·si·um [dʒimnéiziəm] n. (pl. ~s, -si·a [-ziə]) 체육관

gym·nas·tics [dʒimnǽstiks] n. 체조, 체조과

gyp [dʒip] 《美口》vt. 속이다 —n. 협잡꾼: a ~ joint 바가지 유흥업소

Gyp·sy, 《英》**Gip-** [dʒípsi] n. 집시(어) —a. 집시의(같은)

gy·ro·com·pass [dʒáiərə(ə)kʌ̀mpəs] n. 자이로컴퍼스, 회전나침의(羅針儀)

gy·ro·scope [dʒái(ə)rəskòup] n. 자이로스코프, 회전의

H

ha·ba·ne·ra [hà:bəné(:)rə] n. 하바네라(쿠바의 민속무용, 그 음악, 스페인에서도 유명함) [Sp.]

hab·it [hǽbit] n. 습관, 버릇, 풍습, doing); 기질; 체질 be in the ~ of (doing) …는 버릇이 있다

hab·it·a·ble [hǽbitəbl] a. 살수 있는

ha·bit·u·al [həbítʃuəl] a. 습관적인, 평소의; 버릇의 된

hack [hæk] n. 《英》 전세 말; 《美》 전세 마차; 《口》 삯말

had [hæd, həd, əd, d] v. have의 과거(분사) ~ better (do) …하는 편이 낫다

Ha·des [héidi:z] n. 《그神》 하데스(저승[지하계]의 신) (cf.Pluto)

hadj, haj, hajj [hædʒ] n. 회교도의 메카순례

hag·gard [hǽgərd] a. 수척한, 앙상한, 말라빠진

Hague [heig] n. (The ~) 헤이그 (네델란드의 도시, 국제사법재판소 소재지)

haik, haick [haik] n. 아랍인이 입는 긴 겉옷

hail[1] [heil] n. 우박 —vi. 우박이 오다; 우박처럼 쏟아지다 —vt. 빗발치듯 하다

hail[2] vt. 인사[환영]하다; 부르다, 불러세우다: ~ a taxi 택시를 부르다 —n. 큰소리로 부르기; 인사; 환영 —int. 만세!

hail·stone [⊴stòun] n. 우박

hair [hɛər] n. (총칭) 털, 머리털 ~ style 헤어스타일, 머리모양

háir·breadth [⊴brèdθ] n. 털끝 만큼의 차[폭] —a. 간일발의: a ~ escape 구사일생

hair·brush [⊴brʌ̀ʃ] n. 머리솔

hair·cut [⊴kʌ̀t] n. 이발; 이발하는 머리모양

hair·dress·er [⊴drèsər] n. 미용[이발]사

hair·pin [⊴pìn] n. 머리핀 ~ bend 헤어핀 커브(U자형의 굴곡로)

hair·y [hɛ́(:)ri] a. 털같은, 털이 많은

Hai·ti [héiti] n. 아이티(카리브제도의 공화국)

ha·la·tion [heiléi(ə)n, hæ-/hə-] n. 《寫》할레이션(강한 광선에 의한 사진의 흐림)

hale [heil] a. (늙은이가) 건장한, 정정한

half [hæf/hɑ:f] n. (pl. halves) 절반, 2분의 1 by ~ 절반[만큼]: be too good by ~ 너무나 좋다 by halves 어중간하게, 불완전히 —a. 절반의[2분의 1]의;

groan [groun] vi. 신음하다, 끙끙거리다; 갈망하다 《for》. —n. 신음하여 말하다 —n. 신음소리

gro·cer [gróusər] n. 식료잡화상

gro·cer·y [gróus(ə)ri] n. 식료잡화상; (보통 pl.) 식료잡화

grog [grag/grɔg] n. 럼주에 물을 탄 음료; 독한 술 ~**gy** a. 《口》술취한, 그로기 상태의 ~**shop** n. 《英》대폿집

groom [gru(:)m] n. 마부; 신랑 (bridegroom)

groove [gru:v] n. 홈, 바퀴자국

groov·y [grú:vi] a. 멋진, 신나는, 굉장한

grope [group] vi. 더듬다, 모색하다 —vt. 더듬어 찾다

gross [grous] a. 큰(big), 살찐(fat); 거친, 조잡한, 저속한 (coarse); 전체의, 총계의(cf. net): ~ national product 국민총생산(略: GNP) —n. 총괄, 총계: (sing. & pl.) 그로스(12다스)

gro·tesque [gro(u)tésk] a. n. 그로테스크한(모양), 기괴한(것)

ground[1] [graund] n. 땅(표면); 흔히 (pl.) 운동장; 근거, 이유(reason); 밑바닥, 해저; 입장, 처지: baseball ~s 야구장/~ transfer 공항과 시가지간의 교통 **cover** ~ (어떤 범위에)걸쳐가다/(어떤 거리를)가다/the ~ **floor** 《英》1층 **on the ~ of [that]** …의 이유로 —vt. 입각시키다, 근거를 두다 —vi. 좌초하다; 착륙하다

ground[2] v. grind 의 과거(분사)

gróund crew 지상정비원

gróund-ef·fect machine [-ifekt] 호버크라프트(略: GEM)

gróund fishing 바다낚시

gróund game (총칭) 지상 짐승

group [gru:p] n. 떼, 무리, 집단; 파, 단체; (동식물 분류상의)군: ~ rate 단체요금/~ insurance 단체보험 —vt. 모으다; 분류하다 —vi. 모이다, 떼를 짓다

grove [grouv] n. 작은 숲, 수풀

grow [grou] v. (p. **grew**, pp. **grown**) vi. 성장하다, 나다, 늘다; (차츰) …이 되다(become): ~ rich 부자가 되다/~ old 늙다 —vt. 재배하다 (cultivate); 기르다, 성장시키다 ~ **up** 어른이 되다, 성장하다

growl [graul] n. 으르렁거리는 소리 —vi. vt. 으르렁거리다(at); 울리다 —분사

grown [groun] v. grow 의 과거분사

grown-up [gróunʌp] n. 어른, 성인 —a. 성장한, 어른용의

growth [grouθ] n. 성장, 발육; 발달; 증대; 재배; 생장물, 산물

grudge [grʌdʒ] vt. 아까와하다; 샘내다 —n. 원한, 악의

gru·el [grú:əl/grúəl] n. 죽

grum·ble [grʌmbl] vi. 투덜거리다, 불평하다 《at, about, over》 —n. 불평, 투덜거림, 울림소리

grunt [grʌnt] vi., vt. (돼지가) 꿀꿀대다; 불평하다 —n. 불평소리

Gru·yère [gru:jéər/ ⎯´] n. 그뤼에르 치즈(스위스산의)

Guam [gwa:m] n. 괌도

guar·an·tee [gærəntí:] n. 보증인, 인수인; 보증, 담보 —vt. 보증[담보]하다

guar·an·ty [gǽrənti] n. 보증(서); 담보물

guard [ga:rd] n. 경계, 감시(watch); 보호; (pl.) 《英》근위병단; 《美》(열차·버스 등의) 차장(《美》conductor); 방호물, (칼의)날밑; (차의)흙받이 **off [on] one's** ~ 방심[경계]하여 —vt., vi. 경계하다, 보호하다(defend); 감시하다; 주의하다

guard·i·an [gá:rdiən] n. 보호자; 감시자

guard·rail [gá:rdrèil] n. 난간, 가드레일; 철도의 보조선로

Gua·te·ma·la [gwà:timá:lə/gwæt-, gwa:t-] n. 과테말라 (중미의 공화국, 그 수도)

guer·ril·la, gue·ril·la [gəríla] n. 게릴라전, 유격전; 유격병

guess [ges] vi., vt. 추측하다, 알아맞히다; (수수께끼를) 풀다; 《美》생각하다 —n. 추측, 억측

guest [gest] n. 손님(visitor), 여객, 하숙인: a ~ room 객실/a paying ~ 하숙인 **the ~ of honor** 주빈

guest·house [-hàus] n. (**-hous·es**) (순례자용)숙소; 영빈관; 고급하숙집

guid·ance [gáid(ə)ns] n. 지도, 안내, 지휘

guide [gaid] n. 안내자, 지도자; 안내업자, 가이드; 여행안내, 입문서, 안내서: a ~ map 관광지도/ hire a ~ 가이드를 쓰다 —vt. 안내하다, 인도하다; 지도하다(lead), 지배하다

guide·book [-bùk] n. 여행안내, 안내서

guide·post [-pòust] n. 도표(道標)

guild [gild] n. 동업조합; 길드

Guild·hall [ɡíldhɔ́ːl] n. (**the ~**) 런던 시청(사)

guil·lo·tine [gíləti:n, ⎯⎯⎯́] n. 단두대 —vt. 단두대로 처형하다

guilt [gilt] n. 죄, 유죄, 범죄

guilt·y [gílti] a. 죄가 있는,

grate·ful [gréitf(u)l] *a.* 고맙게 여기는, 감사의; 기쁜, 기분좋은

grat·i·fy [grǽtifai] *vt.* 채우다, 만족시키다; 기쁘게 하다

grat·in [grætǽ] *F. n.* 그라탱 (빵가루를 입혀 구운 요리)

gra·tis [gréitis] *ad.*, *a.* 무료로[의]; Entrance is ~. 입장무료

grat·i·tude [grǽtitjùːd/-tjuːd] *n.* 감사(의 뜻), 사의

grave¹ [greiv] *n.* 무덤, 표명; 죽음

grave² *a.* 중대한; 진지한

grave³ *vt.* (*p.* ~d, *pp.* ~d, **grav·en**) 새기다, 조각하다

grav·el [grǽv(ə)l] *n.* 자갈〔석〕

grave·stone [gréivstòun] *n.* 묘비

grave·yard [gréivjɑːrd] *n.* 묘지

grav·i·ta·tion [grævitéi(ʃ)ən] *n.* 인력, 중력; 경향

grav·i·ty [grǽviti] *n.* 중대성[성]; 엄숙; 진지함; (理) 중력

gra·vy [gréivi] *n.* 고깃국물, 그레이비소스; 부당이득: a ~ boat (배 모양의) 고깃국물그릇

gray, (英) **grey** [grei] *a.* 회색의; (안색이)창백한; 흐린; 음산한; 백발의(인) ~-headed 백발의 — *n.* 회색; 회색 옷[말]

graze [greiz] *vi.* 풀을 뜯다 — *vt.* (풀을)먹다; 방목하다

grease [n. griːs; v. ~*v.*] 유지, 그리스 — *vt.* [griːz, griːs] 기름을 바르다: 그리스로 더럽히다

greas·y [gríːsi, gríːzi] *a.* 기름을 바른, 기름투성이의, 기름기많은

great [greit] *a.* 위대한; 큰; 다수[다량]의; 대단한; (口) 훌륭한; 능숙한 (*at*); 열심인(*on*): a ~ deal [number] 많은

Great Britain [ ] 그레이트브리튼, 영국(England, Scotland, Wales의 총칭)

great·coat [⸺kòut] *n.* (英) 두꺼운 외투

Great Lakes (the ~) (북미의) 5대호

Gre·co-Ro·man [gríːkouróumən, grè-] *a.* 그리스·로마의

Greece [griːs] *n.* 그리스

greed [griːd] *n.* 탐욕

greed·y [gríːdi] *a.* 욕심많은, 탐욕스러운; 갈망하는 (*of, for*)

Greek [griːk] *a.* 그리스(문화)의; 그리스인[어]의; 그리스식의 — *n.* 그리스인[어]

green [griːn] *n.* 녹색의; 녹색으로 덮인; 눈이 안보는; 창백한; 익지 않은(unripe); 젊은, 미숙한(immature); 신선한: a ~ Christmas (눈이 오지 않은)푸른 크리스마스 — *n.* 녹색; 초원; 풀밭, 잔디밭; (풀밭으로 된) 골프장; (*pl.*) 푸성귀

green·back [⸺bæk] *n.* (뒷면이 녹색인)미국지폐

green·belt [⸺bélt] *n.* (도시주변의)녹지대

Gréen Bérets *pl.* 그린베레 (미군의 특별 정예부대)

green·gro·cer·y [⸺gròusəri] *n.* (英) 야채가게; (총칭) 야채, 청과물

green·horn [gríːnhɔ̀ːrn] *n.* 풋내기, 무경험자

green·house [⸺hàus] *n.* 온실

Gréen·land [⸺lənd] *n.* 북미 동북부의 Denmark령

Gréen Líne Cóach 런던 시내와 교외를 연결하는 버스

green·sward [⸺swɔ̀ːrd] *n.* 잔디

Green·wich [grínidʒ, grén-] *n.* 그리니치 (영국왕실천문대가 있음): ~ (mean) time 그리니치 표준시(略: GMT) ~ **Village** 뉴욕시내의 동네(히피·전위예술가가 모인 곳)

greet [griːt] *vt.* (말로)인사하다 (*cf.* salute); 환영하다

greet·ing [gríːtiŋ] *n.* 인사; 환영 (사); (흔히 *pl.*) 인사장

Gre·go·ri·an [greɡɔ́ːriən, gri-] *a.* 로마교황 그레고리의 의 the ~ **calendar** 그레고리력(현행의 태양력) the ~ **chant** 그레고리 성가

grew [gruː] *v.* grow의 과거

grey [grei] *a.* (英) = gray

grey·hound [gréihàund] *n.* 그레이하운드(사냥개); 쾌속기선; (G~) 미국 대륙횡단버스(회사)

grid [grid] *n.* 격자; 석쇠

grid·i·ron [grídàiərn] *n.* 석쇠; 미식축구 경기장

grief [griːf] *n.* (깊은)슬픔, 비탄

grieve [griːv] *vi.*, *vt.* 비탄에 잠기다(하다), 애통해하다(케하다)

grill [gril] *n.* 석쇠, 불고기요리; 불고기(요리) **2** = grillroom — *vt.* (고기를)굽다

grille [gril] *n.* 격자; 격자창

grill-room [grílrù(ː)m] *n.* 그릴, 불고기식당

grim [grim] *a.* 엄한, 불쾌한; (표정이)엄한; 흉폭한

grin [grin] *vi.* 이를 드러내고 웃다; 싱긋 웃다 — *vt.* 이를 드러내어 ···의 감정을 나타내다 — *n.* 싱긋 웃는 웃음

grind [graind] *v.* (*p.*, *pp.* ground) *vt.* 갈다; 으깨다; 학대하다; 애써 가르치다 — *vi.* (맷돌이)갈리다; (口) 열심히 공부하다

grip [grip] *n.* 쥐기; 손잡이; 쥐는 법; 파악; 이해력 — *vt.*, *vi.* 쥐다, 잡다; 파악하다

griz·zly [grízli] *a.* 회색을 띤 —

gouache [gwaːʃ, guáːʃ] *n.* 구아시 수채화(수지(樹脂)로 녹인 그림물감을 씀)

gou·lash [gúːlæʃ, -laʃ] *n.* 후추를 섞은 진한 수프의 일종

goût [guː] *F. n.* 미각, 예술적 감식력

gov·ern [gÁvərn] *vt.* 다스리다, 통치하다(rule); 좌우하다; 제어하다 — *vi.* 정치하다, 통치하다

gov·ern·ment [gÁvər(n)mənt] *n.* 정치, 통치(권), 행정(권), 정체; (G~) 정부, 내각; a ~ official 공무원 ─ **bond** 국채

gov·ern·men·tal [gÀvər(n)mént(ə)l] *a.* 정치(상)의; 정부의

gov·er·nor [gÁvərnər] *n.* 통치자; 지사, 총독

gown [gaun] *n.* 가운(특히 여자용의 헐렁하고 긴 상의); (법관·성직자·대학생 등의)가운

grab [græb] *vt., vi.* 움켜잡다 (*at*) — *n.* 움켜잡기, 잡아채기

grace [greis] *n.* 은혜(favor); 호의; (신의)은총; 우아, 세련; (식전·식후의)감사기도

grace·ful [gréisf(u)l] *a.* 우아한

gra·cious [gréiʃəs] *a.* 자비로운, 친절한; 상냥한(affable)

grade [greid] *n.* 등급, 계급; 정도; (美) (초등학교·중학교의)학년; (美) 평점; (美) a ~ teacher 초등학교 교사 ~ **school** (美) 초등학교 — *vt.* 등급을 매기다

gráde cròssing (美) (철도와 도로 등의)평면교차(《英》 level crossing), 건널목

grad·u·al [grædʒu(ə)l] *a.* 점차적인, 점진적인

grad·u·ate *v.* [grædʒuèit/-djuː-→l] *vt.* 졸업시키다; 눈금(등급)을 매기다 ─ *vi.* 졸업하다 (*from*) ─ *n.* [grædʒuit, -dʒu-èit] 졸업생 (*of, in*) ~ **school** 대학원

grad·u·a·tion [grædʒuéiʃ(ə)n/-djuː-] *n.* 졸업(식); 등급매기기

grail [greil] *n.* 잔; 큰 접시; the Holy G~ (십자가상의 예수의 피를 받은)성배

grain [grein] *n.* 곡식의 낟알; 《총칭》 곡물, 곡식(영국에서는 보통 corn); 알갱이; 극소량; 기 질; 무늬

gráin bèlt 곡창지대

gram [græm], (英) **gramme** [græm] *n.* 그램(미터법의 중량단위)

gram·mar [græmər] *n.* 문법 ~ **school** (英) 공립중학교; (美) 초등중학교

Gram·my [græmi] *n.* 그래미상 (미국의 레코드대상)

gram·o·phone [græməfòun] 축음기

grand [grænd] *a.* 웅장한; 당당한; 위엄있는, 젠체하는; 가장 중요한; 총괄적, 전부의; (口) 훌륭한; ~ **total** 총계, 누계

Gránd Cányon 그랜드캐니언(미국 Arizona주 북부 Colorado 강안의 대협곡, 국립공원)

grand·child [græn(d)tʃàild] *n.* (*pl.* -**chil·dren** [-tʃildr(ə)m]) 손주

grand·daugh·ter [grænd(d)ɔ̀ːtər] *n.* 손녀

gran·deur [grændʒər] *n.* 웅장; 숭고; 위엄

grand·fa·ther [græn(d)fɑ̀ːðər] *n.* 조부; 조상(《俚語》 grandpa)

grand·moth·er [græn(d)mÀðər] *n.* 조모(《俚語》 grandma)

Gránd Nátional (*the* ~) 영국의 Liverpool에서 거행되는 대장애경마

Gránd Óld Párty (*the* ~) 미국 공화당의 별명(略: G.O.P.)

grand·pa [græn(d)pɑ̀ː] = **grám·pa** [-]. (口) = grandfather

grand·par·ent [græn(d)pɛ̀(ː)r(ə)nt] *n.* 조부모

grand prix [grɑ̃ːpríː] 대상, 최고상 [F]

grand·son [græn(d)sÀn] *n.* 손자

grand·stand [græn(d)stænd] *n.* 경기장 정면의 특별관람석 ─ *vi.* 관중을 의식하고 하는, 스탠드플레이의

grant [grænt/grɑːnt] *vt.* 허가하다 (allow); 승낙(인가)하다; 수여하다 (bestow); 수긍하다, 인정하다 (admit) *take for ~ed* 당연한 일로 생각하다 ─ *n.* 허가; 수여, 하사금, 보조금

gran·u·late [grænjulèit] *vt., vi.* 낟알모양으로 하다(되다). ─ *d sugar* 알갱이설탕

grape [greip] *n.* 포도

grape·fruit [-frùːt] *n.* 《植》 오렌지의 일종

graph [græf, ɑː] *n.* 《數》 그래프, 도식, 도표

graph·ic [græfik] *a.* 도해의

graph·ite [græfait] *n.* 《鑛》 흑연

grap·ple [græpl] *vt.* 꼭 쥐다; 격투하다

grasp [græsp/grɑːsp] *vt., vi.* 쥐다; 이해(파악)하다 ─ *n.* 쥐기; 이해(력)

grass [græs/grɑːs] *n.* 풀, 목초 [(지), 잔디

grass·hop·per [-hɑ̀pər/-hɔ̀p-] *n.* 메뚜기, 여치, 방아깨비

grass·y [græsi/grɑːsi] *a.* 풀이 많은, 풀로 덮인

grate [greit] *n.* 난로, 화살(火床)

G-rated [dʒíːrèitid] *a.* (영화 등의) 일반용의 [G < general]

god·ly [gádli/gɔ́d-] a. 독실한, 경건한

god·moth·er [ㅅmʌ̀ðər] n. 대모(代母)

gog·gle [gágl/gɔ́gl] vi., vt. 눈알을 굴리(게하)다 —n. (pl.) 안경; 《빛·먼지막이》 안경

go-go [góugòu] a. 《음악·춤》 etc.고의

go·ing [góuiŋ] a. 진행(운전)중인, 영업중의; 현행의, 유행하는 —n. 가기; 출발, 여행떠나기

Gó·lan Héights [góulɑːn, -lən] (이스라엘과 시리아 사이의) 골란 고원

gold [gould] n. 금;《총칭》금화; 부(wealth); 금빛 —a. 금의(으로 만든); 금빛의 ~ dust 사금

gold·en [góuld(ə)n] a. 금빛의; 금의《~으로 만든》; 귀중한; 천성의: a ~ wedding 금혼식 the G~ Arrow 런던·파리간의 열차 the G~ Gate Bridge 금문교(샌프란시스코만 어귀에 있는 다리)

gólden rúle 《聖》황금률《음》

góld·fish [góuldfìʃ] n. 금붕어

góld léaf 금박

góld míne 금광

góld resérve 금준비

góld rúsh 골드러시

góld·smith [ㅅsmìθ] n. 금세공사

golf [galf, gɔːlf/gɔlf] n., vi. 골프(를 치다): a ~ course; ~ links 골프장

Gol·go·tha [gálgəθə/gɔ́l-] n. 그리스도가 십자가에 못박힌 곳

gon·do·la [gándələ/gɔ́n-] n. (Venice의) 곤돌라; 《美》무개화차; (비행선의) 적하실(吊籠); 《공중 삭도》의 승객차

gon·do·lier [gàndəlíər, 《英》 -dɔ-] n. 곤돌라의 사공

gone [gɔ(ː)n] v. go의 과거분사 —a. 떠나간; 지나간; 가망 없는, 망친, 영락한

gong [gɔːŋ, gaŋ/gɔŋ] n. 징(소리)

gon·or·rhe·a, 《英》-rhoe·a [gànəríːə/gɔ̀n-] n. 《醫》임질

good [gud] a. (better, best) 좋은 《opp. bad》; 즐거운; 능숙한; 진짜의, 효력 있는; 알맞은 《for》; 강건한; 충분한; 얌전한 《to》: ~ luck 행운 / a ~ many 상당히 많은 《많이》/ ~ sense 분별 / ~ temper 기분좋음 / ~ to drink 마실수 있는 / G~! 좋아! / These tickets are ~ for seven days. 이 표들은 7일간 유효하다 as ~ as …이나 마찬가지다 be ~ at [in] …을 잘하다 be ~ enough [so ~ as] to (do) 친절하게도 …하다; 《명령형》 …해주십시오 be ~ to …에게 친절히 대하다 feel ~ 《美》 기분이 좋다 G~ afternoon! 안녕하십니까(오후의 인사) G~ by [-bye]! 안녕! G~ evening! 안녕하십니까(저녁의 인사) G~ morning! 안녕하십니까(아침의 인사) G~ night! 안녕히 주무십시오 have a ~ time 즐겁게 보내다 hold ~ 유효하다; 적용되다 keep ~ (썩지 않고) 오래가다 make ~ 이행하다; (목적을) 이루다; 보상하다. 메꾸다; 입증[실증]하다 ~ in. 선; 덕; 이익, 행복; 쓸 모있음; (the ~) 선량한 사람들 do ~ to …에게 친절하게 굴다. …에 좋다

good-for-noth·ing [gúdfərnʌ̀θ-iŋ] a., n. 쓸모없는 (사람)

Góod Fríday 성금요일《부활절 직전의 금요일, 그리스도의 수난과 죽음을 기념함》

good-hu·mored 《英》 **-moured** [gúdhjúːmərd] a. 기분이 좋은, 상냥한

good-look·ing [gúdlúkiŋ] a. 잘생긴, 미모의

good-na·tured [gúdnéitʃərd] a. 친절한; 사람이 좋은; 온화한

good-neigh·bor, 《英》 **-bour** [gúdnéibər] a. 선린관계의: ~ policy 선린정책

good·ness [gúdnis] n. 좋음; 선량

goods [gudz] n. pl. 상품; 물품, 재산; 《英》화물(freight)

góods àgent 운송업자

góods wàgon 《英》 화차

good-tem·pered [gúdtémpərd] a. 얌전한, 상냥한, 온순한

good will 호의, 친절; 친선; 쾌락: a ~ envoy [mission] 친선사절(단) 《캔드》

good·y [gúdi] n. (pl.) 맛있는 것.

goose [guːs] n. (pl. geese [giːs]) 거위(고기)

G.O.P., GOP = Grand Old Party 미 공화당의 속칭

gorge [gɔːrdʒ] vi., vt. 게걸스럽게 먹다 —n. 골짜기; 목구멍; 대식

gor·geous [gɔ́ːrdʒəs] a. 화려한, 찬란한, 호화스러운

go·ril·la [gərílə] n. 고릴라

Gós·bank [gasbǽŋk/gɔs-] n. 러시아 국립중앙은행

gos·pel [gáspəl/gɔ́s-] n. 복음; 기독교의 교리

gos·sip [gásip/gɔ́s-] n. 잡담, 세상(소문)이야기; 험담, 고담

got [gat/gɔt] v. get의 과거(분사)

Goth·ic [gáθik/gɔ́θ-] a. 《建》 고딕식의(수직선을 기초로 하고, 탑이나 중후한 아치 등이 특색임); 《印》 고딕체의 —n. 거분서

got·ten [gátn/gɔ́tn] v. get의 과(거분사)

gleam [gli:m] n. 미광, 번쩍임; 번득임. —vi. 희미하게 빛나다, 번쩍이다

glee [gli:] n. 환희; 《음》합창곡: a ~ club 합창단

glen [glen] n. 협곡

glide [glaid] vi. 미끄러지다, 활주하다; 활공하다 —n. 활주

glid·er [gláidər] n. 글라이더

glim·mer [glímər] vi. 희미하게 빛나다, 깜박이다 —n. 미광, 깜박임

glimpse [glimps] n. 흘끗 보임 [보기] —vt. vi. 흘끗 보다

glis·ten [glísn] vi. 반짝이다, 빛나다 —n. 섬광, 반짝임

glit·ter [glítər] vi. n. = glisten

glob·al [glóubəl] a. 지구의; 전세계의; 구(球)모양의

globe [gloub] n. 구; (the ~) 지구; 지구본

globe-trot·ter [-tràtər / -tròtə] n. 《口》세계 유람자, 대여행가

gloom [glu:m] n. 어둠; 우울 —vi. vt. 어두워지다, 어둡게 하다, 우울해지다, 우울하게 하다 [한

gloom·y [glú:mi] a. 어두운; 우울

glo·ri·fy [glɔ́:rifài] vt. 칭송하다, 찬양하다 [찬란한

glo·ri·ous [glɔ́:riəs] a. 영광스러운, 명예로운; 장엄한

glo·ry [glɔ́:ri] n. 영광, 명예; 영화, 전성; 화려, 장관

gloss [glɔ:s / glɔs] n. 광택, 윤

glos·sa·ry [glásəri / glɔ́s-] n. 어휘; (학술어나 특수어의) 사전

gloss·y [glɔ́:si / glɔ́si] a. 윤나는, 매끄러운; 그럴듯한

glove [glʌv] n. 장갑; 글러브

glow [glou] vi. (불꽃을 내지 않고)벌겋게 타다, 백열하다, 빛나다; 흥분하다 —n. 빛남, 백열

glue [glu:] n. 아교(질)

glyc·er·in [glísərin], **-ine** [-rin] n. 《化》글리세린

GM = General Motors Corporation 미국의 유명한 자동차회사

G-man [dʒí:mæn] n. (pl. **-men** [-mèn]) 《美》 연방수사국 형사

GMT, G.M.T. = Greenwich Mean Time 그리니치 표준시

gnat [næt] n. 각다귀; 《英》 모기

gnaw [nɔ:] vt. vi. (p. **~ed**, pp. **~ed**, **gnawn** [nɔ:n]) 깨물다, 갉다, 괴롭히다

GNP = Gross National Product 국민총생산

go [gou] vi. (p. **went**, pp. **gone**) 가다; 떠나다, 출발하다; …에 이르다; (어떤 값에)팔리다; (…의 수중에)넘어가다, …의 것이 되다; 없어지다; 폐기되다; 죽다, 썩다: ~ **abroad** 외국에 가다/~ **by rail** [air, land, sea] 기차로[배로, 하늘을,육로를, 해로]가다 **2** (기계 등이) 움직이다, 돌다, 《시계 가지다 **3** (어떤 상태로) 되다, 변하다: ~ **mad** 미치다/~ **to sleep** 자다 **4** 행동하다 《by, on, upon》; 태도를 취하여 처신하다 **5** …라고 말하고[쓰여]있다: The story ~ **es** that …라는 소문이다 **6** 통용되다 **7** 놓이다, 들어맞다, 어울리다: **be ~ing to** 《do》 막 …하려 하고 [생각하고]있다 ~ **about** 돌아다니다; 열심히 하다; (유행·통용)하다 ~ **ahead** 나아가다, 계속하다: G~ **ahead!** 《美》자 먼저[가십시오] ~ **and** 《do》…하러 가다 ~ **away** 떠나가다 ~ **back** 돌아가다. (…으로)소급하다 ~ **by** 경과하다. (규칙에)따르다 ~ **down** 내려가다, 떨어지다. (배가)가라앉다: (…까지)계속되다, 이르다 《to》 ~ **for** …을 가지러 부르러 가다; …에 찬성하다; …을 덮치다 ~ **home** 집에 가다 ~ **on** 계속하다; 되신하다 ~ **out** 외출하다; 해외로 가다;(불이)꺼지다 ~ **round** 돌다; 골고루 돌아가다 ~ **the distance with** (권투에서)관정까지 가다 ~ **through** 통과하다 (절차를)거치다 ~ **w. th** ...과 동행하다; 조화하다 ~ **without** …없이 지내다 It ~ **es without saying that** …은 말할 나위도 없다

go-a·head [góuəhèd] a. 진취적인, 적극적인; (신호가) "가시오"의

goal [goul] n. 결승점; 목표

go-as-you-pléase ticket 런던 방문자가 시내의 지하철·버스에 무제한 탈수 있는 표

goat [gout] n. 염소

Gob·e·lin [gábəlin, góub-/góub-, gɔ́b-] n., a. 고블랭직(織)(의)

go-be·tween [góubitwì:n] n. 매개자; 중개자; 중매인 [막

go·by [góubi] n. (the ~) 고비사

gob·let [gáblit / gɔ́b-] n. 굽이 달린 술잔

go-cart [góukàːrt] n. (유아용)보행기; 유모차

god [gad / gɔd] n. 신; 우상, 숭배의 대상 **by G~** 맹세코, 확실히 **for G~'s sake** 제발 **G~ knows** G~님이 안다, 아무도 모른다; …은 틀림 없다

god·child [-tʃàild] n. (pl. **-chil·dren** [-tʃìldr(ə)n]) 대자(代子)

god·dess [gádis / gɔ́d-] n. 여신

god·fa·ther [-fàːðər] n. 대부

gift [gift] *n.* 선물; 천부의 재능 (talent); a ~ certificate (선물용)상품권/a ~ shop 외국인 상대의 토산품가게 —*vt.* 주여하다, 주다 be ~ed with …을 타고나다 ~ed *a.* 재능있는

gig [gig] *n.* 한필이 끄는 2륜마차; 가벼운 긴 보트

gi·gan·tic [dʒaigǽntik] *a.* 거대한; 훌륭한, 대규모의

gig·gle [gígl] *vi.* 킬킬 웃다 —*n.* 킬킬 웃기

gig·o·lo [dʒígəlòu/ʒíg-] *n.* (매춘부의)기둥서방; 남자직업댄서

gig·ot [dʒígət] *n.*(요리용)새끼양의 다리

gild [gild] *vt.* (*p., pp.* ~**ed** *or* **gilt**) 금도금하다; 겉을 꾸미다 ~**ed** *a.* 금도금한

gilt [gilt] *a.* 금도금한, 금을 씌운, 금빛의 —*n.* 금도금; 금박

gin [dʒin] *n.* 진(일종의 화주) ~ **and tonic** 진토닉(진과 카니네수·레몬 등의 칵테일)

gin fizz 진피즈(진에 탄산수·레몬 등을 탄 음료)

gin·ger [dʒíndʒər] *n.* (植) 생강 ~ **beer** [**ale**] 생강을 넣은 청량음료

gin·ger·bread [⌐brèd] *n.* 생강을 넣은 케이크; 싸구려 물건

ging·ham [gíŋəm] *n.* 깅검(무늬가 있는 무명)

gin·seng [dʒínseŋ, +美 -siŋ] *n.* 인삼

Gip·sy [dʒípsi] *n.*(英) = Gypsy

gi·raffe [dʒiræf/-rɑ́ːf] *n.* (動) 기린

gird [gəːrd] *vt.* (*p., pp.* ~**ed** *or* **girt**) 감다, 띠로 매다; 띠(띠 등)를 두르다; 둘러싸다, 두르다

gir·dle [gə́ːrdl] *n.* 띠(띠모양의 것); 거들(코르셋의 일종) —*vt.* 둘러싸다, 띠로 두르다

girl [gəːrl] *n.* 계집아이; 소녀, 아가씨 (*cf.* boy); 여점원; (*The* G-) 계집애; an office ~ 여사무원/a ~ friend 여자친구

give [giv] *vt.* (*p.* **gave**, *pp.* **giv·en**) 주다; 전하다; 베풀다; 지불하다; 인도(양보)하다; 고하다; 행하다, 상연하다; 그리다; 가정하다; (**give me** 로) …해주시오; ~ **me**를 불러주시오; ~ **thanks** 감사하다/~ **a cry** 비명을 지르다/G~ **my** best regards to Mary. 메리에게 안부전해 주시오./~ **me** your hand. 악수하자./~ **me** a trunk call 303-8856. 장거리전화 303-8856을 부탁합니다. —*vi.* 선사하다, 주다, 자선을 베풀다 **be** ~ **to** ...에 열중하다 ~ **and take** 공

평한 거래를 하다 ~ **away** 주다, 포기하다; (□)(비밀)을무심코 누설하다; 배반하다 ~ **back** 돌려주다; 보복하다 ~ **forth** 공표하다; (냄새·소리 등을)내다 ~ **in** 제출하다; 굴복하다 ~ **off** 발산하다 ~ **oneself to** ...에 열중하다 ~ **out** 없어지다, 사라지다; 말하다; 도르다; 공언 (발표)하다; 지치다 ~ **over** (*doing*) …을 그만두다; 인도하다 ~ (*a person*) **to understand** (*know*) (남에게)이해시키다(알리다) ~ **up** 저버리다, 항복하다; 단념하다

give-and-take [gívəntéik] *n.* 타협, 호양, 호혜; (말)응수

give-a·way [gívəwèi] *n.* (□) 무심코 누설하기; 상금(상품)이 딸린 프로

giv·en [gívn] *v.* give의 과거분사 —*a.* 주어진, 일정한, 특정의 ~ **name** [美] (성에 대한) 이름, 세례명

Gi·za [gíːzə] *n.* **El** ~ 이집트 Cairo 근처의 도시(근처에 Pyramid과 Sphynx가 있음)

gla·cier [gléiʃər/glǽsjə] *n.* 빙하

glad [glǽd] *a.* 기쁜, 기꺼이 ···하는(pleased) (*to do*); 반가운; 즐거운: I'm very ~ to see you. 뵙게 되어 매우 기쁩니다. ~·**ly** *ad.* 기꺼이

Glád·stone bàg [glǽdstòun, -stən] 길쭉한 여행가방

glam·or·ous [glǽmərəs] *a.* 매혹적인

glam·our, -or [glǽmər] *n.* 매력, 마법; 매혹, 매력: a ~ girl [美□] 매혹적인 여자

glance [glæns/glɑːns] *n.* 일견, 일별; 섬광 **at a** ~ 일견하여 —*vi., vt.* 흘끗보다, 대강보다

glare [glɛər] *n.* 눈부신(강한) 빛; 노려보기 —*vi., vt.* 눈부시게 빛나다; 노려보다

glar·ing [glɛ́əriŋ] *a.* 눈부시게 빛나는; 번쩍거리는; 틀림없는

Glas·gow [glǽsgou, -kou/glɑ́ːs-] *n.* 스코틀랜드 남서부의 항구 도시

glass [glæs/glɑːs] *n.* 유리; 컵, 글라스; 한 컵; 거울; 안경알, (*pl.*) 안경, 망원경, 현미경; 청우계; 온도계: a ~ of wine 와인 한잔

gláss èye 의안

glass·house [⌐hàus] *n.* 온실, 유리공장; 유리점

glass·ware [⌐wɛ̀ər] *n.* 유리제품(기구)

glass·work [⌐wə̀ːrk] *n.* 유리제품; (보통 *pl.*) 유리공장

Ge·no·va [dʒɛ́:nova:], **-no·a** [dʒɛ́nawa] n. 제노바(이탈리아의 도시)

gen·re [ʒá:nr(ə)] n. 종류, 형식, 유형; 풍속화 [F]

gen·teel [dʒentí:l] a. 품위있는, 우아한; 얌전빼는

gen·tile [dʒéntil] a. 상냥한(kindly); 가문이 좋은; 고상한, 완만한

gen·tle·man [dʒéntlmən] n.(pl. **-men** [-mən]) 신사; 남자분(pl.) (호칭) 신사 여러분(cf. lady); (pl. 특진계급)(화장실의) 신사용 (gent. 로 줄임) **gentlemen's agreement** 신사협정

gent·ly [dʒéntli] ad. 상냥하게, 조용히; 완만하게; 우아하게

gen·try [dʒéntri] n. (귀족 다음의) 양반들; 사람들, 동료

gen·u·ine [dʒénjuin] a. 진짜의 (real); 순진한, 성실한

ge·o·graph·ic [dʒì:əgrǽfik/dʒìə-], **-i·cal** [-ikəl] a. 지리(학)의 **-i·cal·ly** [-ikəli] ad. 지리학으로

ge·og·ra·phy [dʒi:ɑ́grəfi/dʒiɔ́g-] n. 지리학; 지리, 지형, 지세

ge·ol·o·gy [dʒi:ɑ́lədʒi/dʒiɔ́l-] n. 지질학

ge·om·e·try [dʒi:ɑ́mitri/dʒiɔ́m-] n. 기하학

geor·gette [dʒɔ:rdʒét] n. 조제트(얇은 견포물의 일종)

Geor·gia [dʒɔ́:rdʒə/dʒɔ́:dʒjə] n. 미국 남부의 주

germ [dʒə:rm] n. 세균; 기원, 초기 ~ **warfare** 세균전

Ger·man [dʒə́:rmən] a. 독일의, 독일인[어]의; 독일식의

Ger·ma·ny [dʒə́:rməni] n. 독일 (제2차 세계대전 후에 서독 (Federal Republic of Germany)과 동독 (German Democratic Republic)으로 분할되었다가 1990년 통일)

ges·ture [dʒéstʃər] n. 몸짓, 손짓; 걸우릅

get [get] v. (p. **got**, p.p. **got**, **got·ten** [고(古)], [美] **got·ten**) vt. 얻다; 받다; (口) (have got to do로) 가지고 있다, (have got to do로) …해야 하다 (must); (《get + 명사 + 과거분사》) …시키다, 해받다, 당하다: ~ **cold** 감기들다/~ **one's hair cut** 이발하다/I don't ~ **you.** 네말은 알 수가 없다/I **haven't got a penny.** 빈털터리다 ─ vi. …이 되다(become); (《과거분사와 함께》) …당하다, 도착하다: ~ **angry** 성내다/~ **used to it** 그것에 익숙해지다/~ **caught** 붙잡히다/~ **home** 귀

가하다; ~ **about** 돌아다니다; 활동하다; 퍼지다 ~ **along** 살아가다, 의좋게 지내다 (with); 진척되다; 성공하다 ~ **around** 돌아다니다, 퍼지다 ~ **at** …에 도착하다, 파악하다; (뜻을)이해하다 ~ **away** 떠나다, 도망치다; 여행 떠나다 ~ **back** 되찾다, 돌아오다 ~ **by** 지나가다, **Please let me ~ by.** 좀 지나 가겠습니다 ~ **down** 내리다 ~ **in** 도착하다; 들어가다, (승용차 등에)타다; 거둬들이다 ~ **off** 나오다; 출발하다, 떠나다, (탈것을)내리다(승용차·택시 등은 보통 get out of a car [taxi라 함] (벌 등을)면하다; (경우에) ~ **on** (배·비행기·기차·전차·버스 등에)타다; 살아가다, 성공하다; 살아가다 (with); 늙다, 쉬다; ~ **over** …을 건너다, 넘다; (병에서)회복하다; (곤란을극복하다) ~ **through** …을 마치다 (with); 통과하다; 전화가 통하다 (to); ~ **to** …에 닿다 ~ **up** 일어나다, 기상하다

get-to·geth·er [gét(t)əgèðər] n. (비공식)집회, 모임

Get·tys·burg [gétizbə̀:rg] n. (美) 남북전쟁때의 격전지 **Address** 1863년 Lincoln 이 여기서 행한 연설(민주주의의 기본 정신 government of the people, by the people, for the people.로 그림)

gey·ser [gáizər→2] n. **1** 간헐천 **2** [gí:zər] (英) (목욕탕의)물끓이는 장치

Gha·na [gá:nə] n.가나(아프리카 서부의 공화국)

ghast·ly [gǽstli/gá:st-] a. 귀신같은, 무시무시한, 소름끼치는

ghet·to [gétou] n. (pl. **~s, ghet·ti** [-ti:]) 유대인가[지구], (美) 빈민가[굴]

ghost [goust] n. 유령, 요괴; 환영

ghost·ly [góustli] a. 유령의[같은], 그림자 같은, 어렴풋한

ghóst tówn n. 유령도시(주민이 살지 않는 도시)

G.H.Q., GHQ = **General Headquarters** 총사령부

GI [dʒì:ái] n. (美) (口) 미군병사; 관급품

gi·ant [dʒáiənt] n. 거인; 거한; 거대한 것 ─ a. 거대한

Gi·bral·tar [dʒibrɔ́:ltər] n. 지브롤터 (스페인 남단의 영국해군 기지) **the Strait of ~** 지브롤터해협

gid·dy [gídi] a. 현기증이 나는

gárden pàrty 원유회
gar·gle [gáːrgl] vt., vi. 목을 가시다 —n. 목가심약
gar·land [gáːrlənd] n. 화환
gar·lic [gáːrlik] n. 마늘
gar·ment [gáːrmənt] n. 의복; (pl.) 의상, 옷
gar·ret [gǽrit] n. 고미다락방
gar·ter [gáːrtər] n. 양말대님; (the G~) (英) 가터훈장
gas [gæs] n. 기체, 가스; (美口) 휘발유: a ~ heater 가스난로/drink ~ (美口) (차가)휘발유를 먹다
gas·o·hol [gǽsəhɔ̀ːl/-hɔ̀l] n. 가소올 (식물성알코올과 휘발유와의 혼합 연료) [< gasoline+alcohol]
gas·e·ous [gǽsiəs] a. 기체(모양)의
gas·light [gǽslàit] n. 가스등
gas·o·line [gǽsəlìːn/ⵎⵎ] n. (英) petrol
gas·o·mat [gǽsəmæ̀t] n. 자동휘발유 주유소
gasp [gæsp/gɑːsp] n. 헐떡임, 숨참 —vi. 헐떡이다; 갈망하다 — vt. 헐떡이며 말하다
gás range 레인지(조리용)
gás ring 가스곤로
gás station 주유소
gas·tro·scope [gǽstrəskòup] n. 위경(胃鏡)
gate [geit] n. 대문(짝): ~ money 입장료/a ~ pass 탑승권/~ number (공항 승객)출입구번호.
gate-crash·er [ⵎkræ̀ʃər] n. 불청객
gáte·house [ⵎhàus] n. 문지기집
gáte lóunge (공항의)대기실
gáte·post [ⵎpòust] n. 문기둥
gáte·way [ⵎwèi] n. 대문, 출입구; (성공 등에 이르는)길, 수단 (to)
gath·er [gǽðər] vt. 모으다 (opp. scatter); 축적하다; 따다; 거둬들이다; (옷에)주름을 잡다; 추측하다 (that); 부어오르다; 증가(증대)하다; 붙어오르다 —vi. 모이다, 집결 하다: ~ oneself up (together) 용기를 내다 ~ up ~ 주워(긁어)모으다, (이야기의) 줄거리가 추려지다. —n. 집결
gath·er·ing [gǽð(ə)riŋ] n. 집회; 수집; 집적
gau·cho [gáutʃou] n. 가우초 (남미의 카우보이)
gaud·y [gɔ́ːdi] a. 야한, 화려한; 천한
gauge [geidʒ] n. 계기, 자, 표준; 궤간(의)표준치수; 척도, 용량, 범위 —vt. 측정하다; 평가하다
gaunt [gɔːnt, 美 ɡɑːnt] a. 여윈, 수척한; 가늘고 긴; 무시무시한, 음산한

gauze [ɡɔːz] n. 거즈
gave [geiv] v. give의 과거
ga·votte [ɡəvát/-vɔ́t] n. 가보트 (활발한 프랑스춤; 그 곡)
gay [gei] a. 명랑한, 쾌활한; 화려한; 방탕한
Gá·za Strip [ɡáːzə, ɡǽzə] 가자 지구(시나이반도 북서부의 지중해에 면한 지역)
gaze [geiz] n. 응시, 주시 —vi. 응시하다
ga·zette [ɡəzét] n. 관보, 신문지 …신문 —vt. 관보에 게재하다
GE = General Electric Company 미국의 전기기기회사
gear [ɡiər] n. 기어; 기구, 장치
géar·shift [ⵎʃìft] n. (자동차의)변속레버
géar whèel 기어
geese [ɡiːs] n. goose의 복수
Ge·län·de [ɡəléndə] G. n. 겔렌데, 스키 연습장
gel·a·tin [dʒélət(i)n/-tiːn], **-tine** [-t(i)n/-tiːn] n. 아교, 젤라틴
gem [dʒem] n. 보석; 주옥
gen·er·al [dʒén(ə)rəl] a. 일반(종합)적인; 공통의, 보통의, 일반적인; 최고의; 장성의: a ~ agent 총대리인/a ~ manager 총지배인/a ~ opinion 여론 G~ Assembly (UN) 총회/~ election 총선거/~ 육군대장; 장성, 장군 in ~ 대체로, 일반적으로
gen·er·al·ize [dʒén(ə)rəlàiz] vt., vi. 일반화(보편)화하다, 보급하다; 개괄(개설)하다
gen·er·al·ly [dʒén(ə)rəli] ad. 일반적으로, 널리; 보통은, 대개 ~ speaking 대체로 말하면
gen·er·ate [dʒénərèit] vt. 생기게 하다, (전기 등을)발생시키다; 야기하다
gen·er·a·tion [dʒènəréi(ʃə)n] n. (약 30년), 세대; 동시대의 사람들(contemporary); 발생; 생식: for ~ s 여러 대에 걸쳐/from ~ to ~ 대대로/the rising (young) ~ 청년층/the present ~ 현대(의) 사람들
generátion gáp 세대간의 단절, 세대차
gen·er·a·tor [dʒénərèitər] n. 발전기, 가스발생기
gen·er·os·i·ty [dʒènəɾásəti/-rɔ́s-] n. 관대, 관용; 후한 마음씨
gen·er·ous [dʒén(ə)rəs] a. 관대한, 도량이 큰; 인심좋은; 풍부한
Ge·ne·va [dʒiníːvə] n. 제네바 (스위스의 도시)
gen·ial [dʒíːnjəl] a. (날씨가)온화한; 상냥한, 친절한
ge·ni·us [dʒíːnjəs] n. (pl. ~es) 천재, 소질; (국민·시대 등의)정

furthermore 비교급) 더 멀리(의); 게다가 또, 그 이상의 till ~ notice 추후 통지가 있을 때까지 (cf. farther)

fur·ther·more [⌐mɔ̀:r] ad. 게다가 또, 더욱이 (moreover)

fur·ther·most [⌐mòust] a. 가장 먼

fur·thest [fə́:rðist] ad., a. (far의 최상급) 가장 멀리(먼)

fu·ry [fjúəri] n. 격노(rage); 격정; 맹렬 in a ~ 격노하여

fuse[1] [fju:z] vt., vi. 녹(이)다

fuse[2] n. 신관, 도화선; 〖電〗 퓨즈

fu·se·lage [fjú:səlidʒ/-zilɑ̀:ʒ] n. (비행기의)동체

fu·sion [fjú:ʒ(ə)n] n. 용해 융합; 연합, 합동; 〖理〗융합

fuss [fʌs] n. (공연한)소동 ─ vi., vt. 소란을 피우 (떠들다)

fu·tile [fjú:tl/-tail] a. 쓸모없는, 헛된

fu·til·i·ty [fju(:)tíləti] n. 무익

fu·ture [fjú:tʃər] a. 미래의: ~ life 내세 ─ n. 미래; 장래의 쓸모있는 역할을 다하다

G

G.A. = General Assembly 유엔 총회; (미국의)주의회

gab·ar·dine [gǽbərdìːn, ⌐⌐⌐] n. 개버딘(천)

Ga·bon [gæbɔ́:n] n. 아프리카 남서부의 공화국(수도 Libreville)

gadg·et [gǽdʒit] n. 작은 기계장치, 연장, 도구

Gael [geil] n. 게일인(아일랜드·스코틀랜드의 켈트인)

gag [gæg] n. 재갈; 언론탄압; 입막음; 익살, 개그

gage [geidʒ] n. = gauge

gai·e·ty [géiəti] n. 유쾌, 명랑

gai·ly [géili] ad. 유쾌히, 화려하게

gain [gein] vt. 얻다(obtain), 벌다(earn); 이기다(win); (이익을) 늘리다; (시계가) 더가다 (opp. lose); 도달하다 ─ vi. 이익을 얻다; 진보하다 ─ n. 증가, 진보; 이익, 벌이 (opp. loss); (pl.) 이익금

gait [geit] n. 걸음걸이

ga·la [géilə] n. 축제·gal-/ n. 축제

gal·ax·y [gǽləksi] n. (the G~) 〖天〗 은하수(the milky way)

gale [geil] n. 강풍, 질풍

gal·lant a. [gǽlənt ─ n.] 1 (복장이)화려한 2 용감한 3 (여자에게)친절한; 연애의 ─ [gəlǽnt, gǽlənt] 1 멋쟁이(남자) 2 여자에게 친절한 남자; 애인

gal·ler·y [gǽləri] n. 화랑, 미술품진열실(관); 회랑; (교회·홀등의)특별석, 방청석; (극장의)맨 위층의 보통 관람석(의 관중) the National G~ (런던의)국립미술관

gal·lon [gǽlən] n. 갤런(용량단위)

gal·lop [gǽləp] n. (말의)구보

gal·lows [gǽlouz, +米 -ləz] n. pl. 교수대

Gál·lup pòll [gǽləp] (미국의) 갤럽여론조사

gal·op [gǽləp] n. 갤럽(경쾌한 춤, 그 곡)

ga·losh [gəlɑ́ʃ/-lɔ́ʃ] n. (보통 pl.)

고무장화(덧신)

gam·ble [gǽmbl] vi., vt. 내기를 하다 ─ n. (口) 도박

game [geim] n. 놀이, 게임; 경기, (한)시합; 놀이도구; (총칭)사냥감(새·짐승·물고기): The ~ is up [over]. 만사는 틀렸다 play the ~ 정정당당히 승부하다.

gáme bìrd 엽조(獵鳥)

gáme·còck [⌐kɑ̀k/-kɔ̀k] n. 투계, 싸움닭(fighting cock)

gáme làws 수렵법

gáme license 수렵면허증

gam·ster [⌐stər] n. 도박사

gam·mon [gǽmən] n. (훈제한)돼지의 허벅지살

gang [gæŋ] n. (악한 등의)패거리, 〖갱〗

gáng·bòard [⌐bɔ̀:rd] n. 배와 부두 사이에 걸치는건널판

Gan·ges [gǽndʒiːz] n. (the ~) 갠지스강(인도의 큰 강)

gáng·plànk [gǽŋplǽŋk] n. (美) = gangboard

gang·ster [gǽŋstər] n. (美口) 갱의 한 사람

gang·way [gǽŋwèi] n. (극장 등의)좌석 사이의 통로;(배의)트랩

gap [gæp] n. 벌어진(갈라진)틈, (의견의)간격; 결함; 협곡

gape [geip] vi. 입을 크게 벌리다 [벌리고 보다]; 하품하다; (닿이) 쪽 갈라지다

ga·rage [gərɑ́(:)ʒ/ gǽrɑ:ʒ, -rɪdʒ] n. 자동차차고; (비행기)격납고

gar·bage [gɑ́:rbidʒ] n. 음식 찌꺼기; 쓰레기: a ~ collector 청소부

gar·çon [gɑrsɔ́ːn] F. n. 급사, 보이

gar·den [gɑ́:rdn] n. 정원, 과수원, 채소밭; (때로 pl.) 유원지, 공원: Kensington G~s (런던의)켄싱턴공원/ zoological [bo·tanical] ~(s) 동물[식물]원 ─ vi. 정원을 만들다, 원예를 하다 ~·ing n. 조원(造園)(술), 원예

front [frʌnt] n. 정면; 전방; 《軍》 전선, 일선 in ~ of …앞에 — a. 앞의, 정면의: a ~ desk 호텔 등의 프론트 / a ~ door 현관 F~ Populaire 인민전선 — vi., vt. 면하다

front-age [frʌ́ntidʒ] n. (건물의) 정면, 향(向), (정면의) 폭; ~ road 고속도로변의 주차·정차할 수 있는 차도

fron-tier [frʌntíər/frʌ́ntjə] n. 국경지방; 《美》 변경; ~ spirit 개척정신/ ~ check 국경검사

fron-tiers-man [frʌntíərzmən / frʌ́ntjəz-] n. (pl. -men [-mən]) 변경의 주민

frost [frɔːst/frɔst] n. 서리; 영하의 온도; ~-bound 얼어붙은

froth [frɔːθ/frɔθ] n. (맥주 등의) 거품; (내용의) 공허, 빈말 — vi. 거품이 나게 하다; (말이 입에) 거품을 물다

frown [fraun] vi., vt. 눈살을 찌푸리다, 얼굴을 찡그리다 — n. 찡그린 얼굴; 난색

froze [frouz] v. freeze의 과거

fro-zen [fróuzn] v. freeze의 과거분사 — a. 동결한; 혹한의; 냉담한

fru-gal [frúːg(ə)l] a. 절약하는; 알뜰한 (of…); 검소한

fruit [fruːt] n. 과일; (때로 pl.) 성과, 소산, 수익; ~ juice 과즙 [유리한]

fruit-ful [frúːtf(u)l] a. 열매를 잘 맺는, 다산의; 효과가 크, 유익

frus-trate [frʌ́streit/-⁻] vt. 좌절시키다; 실망시키다

frus-tra-tion [frʌstréiʃ(ə)n] n. 좌절, 실패; 《心》 욕구불만

fry [frai] vt., vi. (기름에) 튀기다, 튀겨지다 — n. 프라이, 튀김

frý-ing pàn 프라이팬

fudge [fʌdʒ] n. 퍼지(말랑한 캔디); 허튼소리, 지어낸 이야기

fu-el [fjúː(ə)l] n. 연료, 땔감 — vi., vt. 연료를 공급(보급)하다

fu-gi-tive [fjúːdʒitiv] a. 도망치는, 망명한 — n. 도망자, 망명자

fugue [fjuːg] n. 《音》 푸가

Fu)·bright [fúlbrait] n., a. 풀브라이트 장학금(의)

ful·fill (英) -fil [fulfíl] vt. (p., pp. -filled, ppr. -fil·ling) (의무 등을) 이행하다; (소원을) 이루다, (일을) 완료하다; (기간이) 만료되다

full [ful] a. 가득찬, 만원의; 배부른, 충분한; 충분한, 완전한 (perfect): ~ pension 세끼 식사를 포함한 / a ~ house 만원의 (극장)/ at ~ length 자세히/ ~ name (생략하지 않은) 정식이름 — n. 전부; 충분, 한창 at the ~ 한창때에 in ~ 생략하지 않고, 전부, 전액 to the ~ 충분히, 실컷, 마음껏 — ad. 충분히 (fully), 아주, 완전히; 정확히

full-blown [⁻blóun] a. 만발한; 충분히 발달한

fúll dréss 정장(正裝)

full-dress [⁻drés] a. 정장차림의

full-grown [⁻gróun] a. 충분히 성장한, 성숙한

full-length [⁻léŋθ] a., n. 등신대(等身大)의 (상)

fúll móon 보름달

full-scale [⁻skèil] a. 대규모의, 본격적인

full-time [⁻táim] a. 전시간제의, 전일의

ful·ly [fúli] ad. 충분히, 완전히

fum-ble [fʌ́mbl] vi. 손으로 더듬다, 찾다; 어설프게 만지다 — vt. 더듬어 …하다; 서투르게 다루다; 《야구》 (공을 실수로) 놓치다 — n. 《야구》 펌블(잡은 공을 실수로 놓치기)

fume [fjuːm] n. (때로 pl.) 연기, 증기; 향기; 노기 — vi., vt. 연기 (증기)를 내(게)하다

fun [fʌn] n. 장난, 농담; 재미, 즐거움 for [in] ~ 농담으로, 장난삼아 make ~ of …을 놀리다

func-tion [fʌ́ŋkʃ(ə)n] n. 기능, 작용; 임무, 직무 — vi. 직분을 다하다, 작용하다, 기능을 하다

fund [fʌnd] n. 자금, 기금; (보통 the ~s) 공채, 국채; (pl.) 재원 ~·ing n. 자금제공, 융자

fun-da-men-tal [fʌ̀ndəméntəl] a. 기초의; 중요한

fu-ner-al [fjúːn(ə)rəl] n., a. 장례식(의)

fun-gus [fʌ́ŋgəs] n. (pl. ~es, -gi [-gai, -dʒai] 진균류, 균, 곰팡이, 버섯

fun-nel [fʌ́n(ə)l] n. 깔때기; 통풍 구멍; (기관차·기선의)굴뚝

fun-ny [fʌ́ni] a. 우스운, 웃기는; 《口》 괴상한, 별난

fur [fəːr] n. 부드러운 털; (pl.) 모피(의복, 장갑, 목도리)

fu-ri-ous [fjú(ə)riəs] a. 미쳐날뛰는, 광포한, 격렬한

fur-nace [fəːrnis] n. 화로; 용광로

fur-nish [fəːrniʃ] vi., vt. 갖추다, 공급하다 《with》; (가구 등을)설비하다 F~ed House (게시) 가구딸린 셋집

fur-ni-ture [fəːrnitʃər] n. (총칭) 가구, 비품

fur-row [fəːrou/fʌ́r-] n. 고랑; 밭 지나간 자국; 바퀴자국

fur-ry [fəːri] a. 모피로 덮인

fur-ther [fəːrðər] ad., a. 《far의

frée pórt 자유항(수출입이 면세인 항구·공항) / 〖유형〗
frée-style [-stáil] *n.* 《수영》
frée tráder 자유무역주의자
frée·way [frí:wèi] *n.* 《美》무료고속도로
freeze [fri:z] *vi., vt.* (*p.* **froze**, *pp.* **fro·zen**) 얼(리)다; 몸이 얼다[얼게 하다] — *n.* (물가등의) 동결
freez·er [frí:zər] *n.* 냉동기
frée zòne 자유지대(항구나 도시에서 면세로 화물을 수입·저장할 수 있는 지대)
freight [freit] *n.* (화물의)수송; 화물, 적하; 운임; 《美》화물열차: advanced ~ 운임선불/ by ~ 《美》보통화물편으로/ ~ forward 운임선불로/ ~ free 운임무료로/ a ~ car 《美》 화물차/ a ~ vessel 화물선 — *vt.* 화물을 싣다; 운송하다 ~**·age** [-idʒ] *n.* 화물(운송); 운임
French [frentʃ] *a.* 프랑스(사람·말·식)의: ~ dressing 프렌치드레싱/~ fries 프렌치프라이/a ~ window 프랑스창(밖으로 열리는 큰 유리창) — *n.* 프랑스말, (the ~) 〖총칭〗프랑스사람
French·man [fréntʃmən] *n.* (*pl.* **-men** [-mən]) 프랑스사람
fren·zy [frénzi] *n.* 격노, 광란적
fre·quent [fríːkwənt → *v.* ↓] *a.* 빈번한; 상습적인; 많이 있는 — *vt.* [friːkwént] 노상 출입하다 [모이다]
fres·co [fréskou] *n.* (*pl.* ~**es**, ~**s**) 프레스코벽화(법)
fresh [freʃ] *a.* 신선한, 갓 만들어진; 싱싱한; 선명한; 상쾌한; 소금기없는; 참신한: a ~ air inlet (비행기) 등의)통풍구
fresh·man [-mən] *n.* (*pl.* **-men** [-mən]) 《美》(대학의)신입생, 1학년생
fret[1] [fret] *vt.* 안달나게 하다, 괴롭히다; 물결 일게 하다 — *vi.* 안달하다; 먹어 들어가다 — *n.* 초조 ~**·ful** *a.* 안달하는
fret[2] *n.* 〖電〗뇌문(雷紋), 〖音〗프렛(기타의 줄받이)
FRG = *Federal Republic of Germany* 독일연방공화국
fri·ar [fráiər] *n.* 수도승
fric·as·see [frìkəsíː] *n.* 프리카세(잘게 썬 고기를 물근인 삶은 요리)
fric·tion [frík∫(ə)n] *n.* 마찰
Fri·day [fráidi, dei] *n.* 금요일 *Good* ~ 수난일(부활절 전의 금요일로서, 예수 수난기념)
fridge [fridʒ] *n.* 《英口》냉장고 [< *refrigerator*]

friend [frend] *n.* 친구; 한편 (*opp.* enemy); (F~) 프렌드파의 사람, 퀘이커교도 *be* [*keep*] ~**s** *with* …과 친하다[친하게 지내다] *make* ~**s** *with* …과 친해지다
friend·ly [fréndli] *a.* 친절한; 친한; 호의를 가진
friend·ship [fréndʃip] *n.* 우정
frig·ate [frígit] *n.* 대쾌선(對艦선) 소형구축함; (옛날의)쾌속범선
fright [frait] *n.* 놀람, 공포: *take at* …에 놀라다
fright·en [fráitn] *vt.* 놀라게하다 *be* ~**ed** *at* …에 놀라다
fright·ful [fráitf(u)l] *a.* 놀라운, 무서운, 무시무시한; 추악한
frig·id [frídʒid] *a.* 극도로 추운; 냉담한 *the F~ Zones* 한대
frill [fril] *n.* 가장자리에 대는 주름장식 — *vt.* 주름장식을 달다
fringe [frindʒ] *n.* 술(장식); 가장자리 — *vt.* 술로 장식하다, 가장자리를 대다
Fris·co [frískou] *n.* 《美口》*San Francisco*의 약칭
frisk [frisk] *vt.* (무기 등을 찾으려 옷 위를)몸수색하다
frit·ter [frítər] *n.* 프리터(얄게 썬 과일위)
friv·o·lous [frív(ə)ləs] *a.* 경솔[천박]한; 하찮은; 어리석은
friz·zle [frízl] *vt.* 기름에 바싹 튀기다
fro [frou] *ad.* 저쪽으로(현재는 다음 숙어에만 씀) *to and* ~ 이리저리로, 앞뒤로
frock [frɔk] *n.* (상하가 붙은)부인[아동]복; 작업복; 성직복, 프록코트
frog [frɔg/frɔg] *n.* 〖動〗개구리; 《俗》프랑스사람; 장식단추
frog·man [-mən] *n.* (*pl.* **-men** [-mən]) 잠수공작대원[병]
frol·ic [frálik/frɔ́l-] *n.* 까불기, 연회 — *vi.* (*p., pp.* -**icked**, *ppr.* -**ick·ing**) 장난치다, 까불다
from [frʌm, frəm, fram/frɔm, frəm] *prep.* …로부터 **1**《기점·출발》: *ten miles* ~ *Paris* 파리로부터 10마일 떨어서/ '*Where are you* [*do you come*] ~ ?' 고향이 어디십니까 **2**《분리·제거·해방·방해》: *refrain* ~ *laughing* 웃음을 참다 **3**《변화》: *go* ~ *bad to worse* 점점 더 나빠짐 **4**《구별·차이》: *differ* ~ …과 다르다 **5**《원료·재료》: *Wine is made* ~ *grapes.* 포도주는 포도로 만든다 **6**《원인·동기·이유》: *die* ~ *exhaustion* 기진하여 죽다
fro·mage [fromɑ:ʒ] *F. n.* 치즈

fos·sil [fásl/fɔ́sl] *n.* 화석

fos·ter [fɔ́:stər, fás-/fɔ́stə] *vt.* 양육하다; (성장을)촉진하다 — *a.* 양육하는: a ~ parent 양부(모)

fought [fɔːt] *v.* fight의 과거(분사)

foul [faul] *a.* 더러운, 불쾌한; 부정한; (스포츠) 반칙의, 파울의 — *ad.* 부정(비열)하게 — *vt.* 더럽히다; …과 충돌하다 — *vi.* 더러워지다; 《야구》파울을 치다. 반칙; 파울 볼

found[1] [faund] *v.* find의 과거(분사)

found[2] *vt.* 기초를 쌓다; 창설하다 — *vi.* 근거하다 ~**er** *n.* 창설자, 발기인

foun·da·tion [faundéiʃən] *n.* 기초, 근거; 건설, 창설; 기금; 설립물; 재단; 코르셋류; 파운데이션(화장품)

foun·tain [fáunt(i)n] *n.* 샘; 분수(설비); 수원, 근원, *the F~ of Trevi* (로마에 있는)희망의 샘

fóuntain pèn 만년필

four [fɔːr] *n., a.* 4(의)

4-H clúb 《美》4H클럽

fóur-lèt·ter wòrd [<lèter>] 비어, 외설어

fóur séas (the ~) (영국을 둘러싸고 있는)4개의 바다

fóur séater 4인승 자동차

four·teen [fɔ́ːrtíːn] *n., a.* 14(의)

fourth [fɔːrθ] *n., a.* 제4(의) *F~ of July* 미국독립기념일

fowl [faul] *n.* 《총칭》조류; 가금(家禽); water ~ 물새

fox [fɑks/fɔks] *n.* 여우(가죽); 교활한 사람

fox·hound [<hàund] *n.* 여우사냥개

fóx tèrrier 폭스테리어개

fóx tròt 폭스트롯(4/4박자의 경쾌한 춤)

foy·er [fɔ́iər/fɔ́iei] *F. n.* 《극장·호텔의》휴게실, 로비

frac·tion [frǽkʃ(ə)n] *n.* 단편, 파편

frag·ile [frǽdʒil/-dʒail] *a.* 부서지기 쉬운, 약한; "F~" (표지)"부서지기 쉬운 물건"

frag·ment [frǽgmənt] *n.* 파편

frag·men·tar·y [frǽgməntèri/-t(ə)ri] *a.* 파편의; 단편적인

fra·grance [fréigr(ə)ns] *n.* 향기

fra·grant [fréigr(ə)nt] *a.* 향기로운, 향긋한

frail [freil] *a.* 잘 부서지는; 허약한

frame [freim] *n.* 구조; 뼈대; 틀; 기분 — *vt.* 형태를 만들다; 조립하다; 틀을 세우다; (어떤 목적에 맞도록)만들다; 틀을 대다

fráme hóuse 《美》목조가옥

frame·work [<wə̀rk] *n.* 뼈대;

---

103 **Freemason**

들기, 뼈대; 구조

franc [fræŋk] *n.* 프랑(프랑스 화폐)

France [fræns/frɑːns] *n.* 프랑스 ~ *Soir* 프랑스수아르지(파리의 석간신문)

fran·chise [frǽntʃaiz] *n.* 시민권, 특권, 특허; 참정권, 선거권

frank [fræŋk] *a.* 솔직한, 담백한 ~·**ly** *ad.* 솔직히 ~**ly speaking** 솔직히 말해서

Frank·fort, -furt [frǽŋkfərt] *n.* 프랑크푸르트(서독의 경제중심지) ~·**er** *n.* 프랑크푸르트 소시지, 비엔나소시지

fran·tic [frǽntik] *a.* 광란의; 미친 듯한

frap·pé [fræpéi/<] *F. a.* 얼음에 채운 — *n.* 과일즙을 섞은 빙수

fra·ter·nal [frətə́ːrn(ə)l] *a.* 형제의(같은); 우애의

fra·ter·ni·ty [frətə́ːrniti] *n.* 형제간, 우애; 《美》 남학생 사교클럽(여자것은 sorority)

Frau [frau] *G. n.* (pl. ~**s, ~en** [<ən]) …부인 (Mrs.); (f~) 아내 (wife)

fraud [frɔːd] *n.* 사기; 부정수단

Fräu·lein [frɔ́ilain] *G. n.* (pl. ~**s, *G.*~**) …양 (Miss)

fray [frei] *vt., vi.* 닳아해어지(게 하)다; 문지르다; (신경을)소모하다

freak [friːk] *n.* 변덕; 기형

freck·le [frékl] *n.* 주근깨, 점

free [friː] *a.* 자유로운; 한가한; 무료의; (방이)빈: a ~ pass 무료입장권/a ~ 하는 무임승차/ ~ imports 면세수입품 / Are you ~ this evening? 오늘 밤에는 한가합니까/Have you any rooms~? 빈방이 있습니까 ~ *admission* 《美》 입장무료 ~ *from* …이 없는 ~ *of* …이 면제된; …이없는 ~ *on board* [*rail*] 《商》본선(화차) 적재인도 *make ~ with* …을 마음대로 사용하다; …에게 허물없이 굴다 — *ad.* 자유로이; 무료로 — *vt.* 자유롭게 하다, 해방 시키다 ~·**dom** *n.* 면제하다 (*from, of*)

free·bie, -bee [fríːbi:] *n.* 공짜(로 주는 것), 경품

free·dom [<dəm] *n.* 자유; 사용의 자유권; 면제 (*from*) ~ *of the press* 언론(출판)의 자유

free·lancer 무소속 배우[기자, 연주가], 프리랜서

free·man [<mən] *n.* (*pl.* -**men** [-mən]) 자유민, 공민

Free·ma·son [<mèisn] *n.* 프리메이슨(국제적 비밀결사 회원)

for·eign [fɔ́:rin, fár/fɔ́r-] a. 외국의; 외래의; (…과는)다른; 관계없는 (to); ~ exchange 외국환/ ~ made 외국제의/ ~ mail 외국우편/a ~ settlement 외인 거류지 the F~ Office/the Department of [for] F~ Affairs (英)외무성/**~·er** n. 외국인; 외국인

fore·land [fɔ́:rlənd] n. 갑(岬), 해안지방

fore·man [fɔ́:rmən] n. (pl. **-men** [-mən]) 십장, 직공장, 감독; 배심장

fore·mast [fɔ́:rmæst / fɔ́:mɑ:st] n. (海) 앞돛대

fore·most [fɔ́:rmòust] a., ad. 맨 앞의[에]; 일류의[로]

fore·name [fɔ́:rnèim] n. 이름

fore·noon [fɔ́:rnù:n, ⸺⸺] n. 오전(업무 시간)

fore·run·ner [fɔ́:rrʌ̀nər] n. 선구(자); 전조; 선인(先人)

fore·sail [fɔ́:rsèil] n. (海) 앞돛

fore·see [fɔ:rsí:] v. (p. **-saw**, pp. **-seen**) 미리 알다, 예견하다

fore·shore [fɔ́:rʃɔ̀:r] n. 바닷물가, 해안

fore·sight [fɔ́:rsàit] n. 선견(지명); 깊은 생각 **~ed** a. 선견지명이 있는　「삼림」

for·est [fɔ́:rist, fár/fɔ́r-] n. 숲,

fore·tell [fɔ:rtél] v. (p., pp. **-told** [-tóuld]) 예언[예고]하다

for·ev·er [fərévər] ad. 영원히

for·feit [fɔ́:rfit] n. 벌금,과료

forge [fɔ:rdʒ] n. 대장간, 철공장 —vt. 단조하다; 만들어내다; 위조하다 —vi. 위조하다

for·get [fərgét] vt., vi. (p. **-got** [-gát/-gɔ́t], pp. **-got·ten** [-gátn/gɔ́tn], **-got**) 잊다; 게을리하다, (소지품을)잊고 오다; 말하는걸 잊다: Don't ~ to sign your name. 잊지 말고 사인해 주세요.

for·give [fərgív] vt., vi. (p. **-gave** [-géiv], pp. **-giv·en** [-gív(ə)n]) 용서하다; (빚 등을)면제하다

fork [fɔ:rk] n. 포크; 쇠스랑, (길·강의)분기점: a ~ ed road Y자형 교차로, 삼거리 —vi., vt. 두 갈래로 갈리다[가르다]

for·lorn [fərlɔ́:rn] a. 쓸쓸한

form [fɔ:rm] n. 모양, 형태, 외양; 형식, 예법; 서식, 용지 (《美》 blank); 종류; fill in a ~ 서식에 기입하다/a telegraph ~ 전보용지 —vt. 모양을 만들다, 형성[구성, 조직]하다 —vi. 모양이루다, 형성되다, 생기다

for·mal [fɔ́:rm(ə)l] a. 형식[외형]상의; 형식적인, 격식차리는

~**·ly** ad. 형식적으로, 정식으로

for·mal·i·ty [fɔ:rmǽliti] n. 격식차리기; 정식, 의식; (pl.) 정식절차

for·mat [fɔ́:rmæt] n. (책의)체제, 판; (컴퓨터의)기호로체

for·ma·tion [fɔ:rméiʃ(ə)n] n. 형성, 구성, 구조; 대형: ~ flying 편대비행

form·er [fɔ́:rmər] a. 전의, 먼저의; 전자의: the ~ 전자(cf. the latter) **~·ly** ad. 전[옛날]에는

for·mi·da·ble [fɔ́:rmidəbl] a. 무서운; 압도적인; 엄청나게 큰

For·mo·sa [fɔ:rmóusə] n. 대만 **~n** a., n. 대만의(사람, 말)

for·mu·la [fɔ́:rmjulə] n. (pl. ~**s**, **-lae** [-li:]) 공식; 상투어구; (醫) 처방(recipe)

for·sake [fərséik] vt. (p. **-sook** [-súk], pp. **-sak·en** [-séik(ə)n]) 저버리다 (desert)

fort [fɔ:rt] n. 요새, 포대

forth [fɔ:rθ] ad. 앞으로, 나타나; 밖으로; 이후: go ~ 외출하다, 출발하다/from this time ~ 금후 and so ~ …따위, 등등

forth·com·ing [⸺kʌ́miŋ] a. 곧 비치는; 이번의; 준공 되는: the ~ week 내주/The money is not ~. 돈은 안 나온다

for·ti·fy [fɔ́:rtifài] vt. 방비를 튼튼히 하다, 강화하다

for·ti·tude [fɔ́:rtit(j)ù:d / -tju:d] n. 불굴의 정신, 꿋꿋함, 인내

fort·night [fɔ́:rtnàit] n. (英) 2주일: a ~ old 생후 2주의

for·tress [fɔ́:rtris] n. 요새, 성곽

for·tu·nate [fɔ́:rtʃ(ə)nit] a. 행운의, 다행한 **~·ly** ad. 다행히

for·tune [fɔ́:rtʃ(ə)n] n. 운, 행운부; 재산: a ~ teller 점장이, (廢) good [bad] ~ 다행[불행]이다

for·ty [fɔ́:rti] a. 40(의)

for·ty-nin·er [fɔ̀:rtináinər] n. (美) 1849년에 금을 캐러고 California에 몰려든 사람

fo·rum [fɔ́:rəm] n. (pl. ~**s**, **-ra** [-rə]) (고대로마의)광장;법정; 토론회; 비판

for·ward [fɔ́:rwərd] a. 앞쪽의 (opp. backward); 진보적인 (된); 조숙한; 진보한; 주제넘은; 자진해서 …하는 (to do) —vt. 촉진하다; 전송(轉送)하다, (商) 발송하다 (to) —ad. 앞으로, 앞쪽에; 이후, 앞 (계속해서) 장차 bring ~ 제출하다 carriage ~ 운임도착불 look ~ to …을 기다리다[기대하다] put ~ 제출[진술]하다 **~·ing** n. 발

fol·low·ing [fάlouiŋ/fɔ́l-] *a.* 다음의, 하기의: on the ~ day 그 다음날에

fol·ly [fάli/fɔ́li] *n.* 어리석음, 어리석은 짓

fond [fand/fɔnd] *a.* 좋아하는; 사랑스러운 (lovely), 지나치게 사랑하는 *be* ~ *of* …을 좋아하다

fon·du [fάndu:, -́/-́] *F.* 퐁듀 (치즈·버터·달걀 등을 섞은 불어 요리)

food [fu:d] *n.* 음식; (마음의)양식

fóod ádditive 식품첨가물

fóod pòisoning 식중독

fool [fu:l] *n.* 바보; 어릿광대 *All* [*April*] *F~s' Day* 만우절(4월 1일) *make a* ~ *of* …을 놀리다. 놀리다; 속이다 —*vt.* 바보짓을 하다, 장난치다

fool·ish [fú:liʃ] *a.* 어리석은; 시시한

fool·proof [fú:lprù:f] *a.* 바보라도 할 수 있는; 간단한

foot [fut] *n.* (*pl.* **feet** *cf.* leg). 발; (산)기슭, 최저[최하]부; 피트(12인치, 약30cm) *on* ~ 도보로 *on one's feet* 일어서서 —*vt.* 걷다; 춤추다; 합계하다; 《英口》(셈을)치르다: ~ *the bill* 계산을 치르다 —*vi.* 합계 …이 되다

foot·ball [⌐bɔ̀:l] *n.* 축구 *F~ Hall of Fame* 《美》 미식축구의 전당(New Jersey주 New Brunswick에 있음)

foot·bridge [⌐brìdʒ] *n.* 인도교

foot·fall [⌐fɔ̀:l] *n.* 발걸음

foot·gear [⌐gìər] *n.* 《총칭》 신발류

foot·ing [⌐iŋ] *n.* 발밑, 발판, 발다딤; 기반, 거점; 지위, 신분; 《軍》 편제, 체제

foot·lights [⌐làits] *n. pl.* 푸트라이트, 각광; 《劇》 무대

foot·note [⌐nòut] *n.* 각주

fóot pássenger 통행인

foot·path [⌐pæ̀θ·pà:θ] *n.* 보도

fóot sóldier 보병

foot·step [⌐stèp] *n.* 발걸음; 발소리; 발자국

foot·work [⌐wə̀:rk] *n.* 발놀림

for (fɔr, fər; fɔːr) *prep.* 1 …대신에, …을 대표하여 2 …에 대하여, …의 보답으로서 3 《대가》 …만큼, …로 4 《목적지》 …을 향해서, …행의: leave ~ *London* 런던으로 향해 떠나다 5 …을 위해; 을 얻기 위해: send ~ *a doctor* 의사를 부르러 보내다 6 …에 찬성하여(*opp.* against) 7 …을 찾아서 8 《이유》 …때문에 9 《시간·거리》 …동안, …에 걸쳐 10 …에 관해서는 [대해서는]: ~ *my part* 나로서는 11 …로서, …로 간주하여 12 《보통 for 없이》 …에도 불구하고 13 …에 비해서는, …치고는: *too warm* ~ *December* 12월치고는 너무 따뜻한 *as* ~ …은 어떤가 하면: *as* ~ *me* 나로서는 ~ *good* 《美口》영원히 ~ *once* 이번만큼 ~ *one thing* 한가지는 —*conj.* 그 까닭은《…이므로》, …이니 까닭은

F.O.R., f.o.r. = *free on rail* 《商》 화차도인

for·age [fɔ́:ridʒ, fάr-/fɔ́r-] *n.* (마소의)먹이, 꼴, 사료

for·bear [fɔ:rbɛ́ər, +美 fər-] *vt., vi.* (*p.* **-bore** [-bɔ́:r], *pp.* **-borne** [-bɔ́:rn]) 삼가다; 참다, 견디다

for·bid [fərbíd] *vt.* (*p.* **-bade** [-bǽd/-béid], **-bad** [-bǽd], *pp.* **-bid·den** [-bídn]) 금하다: *Fishing is* ~*den here.* 《게시》 낚시금지

force [fɔ:rs] *n.* 힘; 세력; 폭력; 위력; (*pl.*) 군대; 정신력 *by* ~ 억지로 *come into* ~ 실시되다 *in* ~ 실시중; 대거 —*vt.* 강제하다; 억지로 …시키다; 억지로 하다 ~**·ful** *a.* 힘센; 격렬한

forced [fɔ:rst] *a.* 강제[강행]하는, 부자연한, 억지스런: *a* ~ *landing* 불시착륙

for·ceps [fɔ́:rseps] *n. sing. & pl.* 핀셋

for·ci·ble [fɔ́:rsəbl] *a.* 강제적인, 힘있는

Ford *n.* 미국의 자동차사; 그 회사의 자동차

ford [fɔ:rd] *n.* 여울

fore [fɔ:r] *a.* 앞쪽[면]의; 앞의 —*n.* 앞쪽, 앞면, 이물 —*ad.* 앞에, 이물(쪽)에 —*int.* 《골프장에서 공 가는 방향에 있는 사람에게》 위험하다!

fore·bode [-bóud] *vt.* 전조를 보이다, 예시하다, 예감하다 **-bod·ing** *n.* (불길한)예감, 전조

fore·cast [⌐kæ̀st/-kɑ̀:st] *n.* 예측, 예고: *a weather* ~ 일기예보 —*vt.* (*p., pp.* **-cast** *or* **-ed**) 예측하다, 예보하다

fore·fa·ther [⌐fɑ̀:ðər] *n.* (보통 *pl.*) 조상 (ancestor) *F~s' Day* 청교도의 미대륙 상륙 기념일(12월 22일)

fore·fin·ger [⌐fìŋɡər] *n.* 손가락

fore·go [-góu] *vt., vi.* (*p.* **-went**, *pp.* **-gone**) 선행하다, 앞서다

fore·ground [⌐grànd] *n.* 전경(前景) (*cf.* background)

fore·head [fɔ́:rid, fάr-/fɔ́rid] *n.* 이마

floor exercises 《英》1층 ~ show 나이트클럽의 여흥

flóor éxercises 마루운동

floor-walk·er [^ㅗwɔ̀ːkər] n. 《美》(백화점 등의) 매장감독

flop·house [fláphàus/flɔ́p-] n. 《美俗》여인숙

Flor·ence [flɔ́(ː)rəns/flɔ́r-] n. 플로렌스 (이탈리아 중부의 도시)

Flor·en·tine [flɔ́ːrəntiːn/flɔ́rəntàin] a. 플로렌스의 —n. 플로렌스 사람

Flor·i·da [flɔ́ːridə, frár-/flɔ́r-] n. 미국 대서양연안 동남단의 주

flor·in [flɔ́ːrin, flár-/flɔ́r-] n. 플로린 (네덜란드의 화폐단위) ; 원래 영국의 2실링 은화) 「장수

flo·rist [flɔ́ːrist, flóː-/flɔ́r-] n. 꽃

flounce [flauns] n. (스커트의) 주름장식

floun·der [fláundər] vi. 버둥거리다; 실수하다 —n. 몸부림

flour [fláuər] n. 밀가루; (곡식) 가루

flour·ish [flɔ́ːriʃ/flʌ́riʃ] n. (문장의) 화려한; (글자의)장식체; 휘두르기 —vt. 휘두르다; 과시하다 —vi. 무성하다; 번영하다

flow [flou] vi. 흐르다, 흘러나오다; (조수가)밀다 —n. 흐름; 유출(량); 만조

flow·er [fláuər] n. 꽃, 화초; 개화, 만발: a ~ girl 꽃파는 소녀/ ~ arrangement 꽃꽂이/ the F~ State Florida 주의 별명/ come to ~ 꽃이 피다/ in ~ 꽃피어, 만발하여 —vt. 꽃피게 하다 —vi. 꽃이 피다

flown [floun] v. fly¹의 과거분사

flu, flue [fluː] n. 《俗》=influenza

flu·ent [flúː(ə)nt] a. 유창한, 달변인; 거침없는 —**·ly** ad.

flu·id [flúː(i)d] n. 유동체 —a. 유동성의

flung [flʌŋ] v. fling 의 과거(분사)

flunk [flʌŋk] vi., vt. (시험에) 실패하다 —n. 실패, 낙제

flu·o·res·cent [flùːərésnt] a. 형광성의: a ~ lamp 형광등

flush [flʌʃ] vi., vt. (물이)왈칵 흘러나오다; (얼굴을)붉히다, 붉어지다 (up). (물의)분출; (얼굴의)상기; (감정의)격발 —n. a toilet 수세식변소.

flute [fluːt] n. 플루트, 피리

flut·ter [flʌ́tər] vi. 날개치다; 퍼덕이다; 두근거리다 —vt. 날개치다; 펄럭이다; 허둥대다; 설레게하다 —n. 날개치기; 펄럭임; 동요

fly¹ [flai] v. (p. flew, pp. flown) vi. 날다; 비행하다; 나는 듯이 달리다; (시간이)쏜살처럼 지나가다; 도망하다 —vt. 날게 하다; (비행기를)조종하다; 달아나다 「F~ American 「자기 나라 비행기를 이용하라」는 미국의 표어 —n. 비행 **on the ~** 비행중에

fly² n. 파리

fly·ing [fláiiŋ] n. 비행 —a. 나는; 펄럭이는; 나는 듯이 빠른, 황급한: a ~ trip 황급한 여행/ a ~ visit 단시간의 방문/ ~ boat 비행정/ ~ field 비행장/ ~ saucer 비행 접시 **under a ~ seal** 봉하지 않고

FM ＝frequency modulation 주파수변조방송

foam [foum] n. 거품 —vi., vt. 거품나(게 하)다

F.O.B., f.o.b. ＝free on board 《商》본선인도가

fo·cal [fóuk(ə)l] a. 초점의

fo·cus [fóukəs] n. (pl. **fo·ci** [-sai], **~·es**) 초점(거리) —vt., vi. 초점에 모으다(모이다), 초점을 맞추다(이 맞다)

fod·der [fádər/fɔ́d-] n. 꼴, 사료

foe [fou] n. 원수, 적 (enemy)

fog [fag/fɔg] n. 안개 —vt. 안개로 싸다(에 싸이다)

fóg alàrm 농무경보

fog·bound [^ㅗbàund] a. 《배가》안개에 갇힌 「릭한

fog·gy [fági/fɔ́gi] a. 안개가 자욱한

foie gras [fwɑːgrɑ́ː] F. 프와그라(거위의 간을 다진 요리)

foil [fɔil] n. 박(箔)

fold [fould] n. 주름, 접은 자국 —vt. 접다, 개다 (back, up); 팔짱끼다; 싸다 (wrap), 덮다; 껴안다 (embrace) —n. 울

fo·li·age [fóuliidʒ] n. 《총칭》나뭇잎

fo·li·o [fóuliòu] n. 2절(의 책)

folk [fouk] n. (보통 pl.) 나라(=people), 가족

fólk dànce 포크댄스(곡)

folk·lore [^ㅗlɔ̀ːr] n. 민간전승; 민속(학)

fólk sòng 민요

fólk tàle 전설, 민간설화

fol·low [fálou/fɔ́lou] vt. 뒤쫓다, 따라가다, 뒤따르다, …의 결과로서 일어나다 (길을)따라가다; 종사하다 ; (충고)에 따르다; 눈으로 쫓다; 알아듣다; 이해(공명)하다: I can't ~ you. 무슨 말씀이신지 잘 모르겠습니다/ F~ this road to the first corner. 첫 모퉁이까지 이 길을 따라가십시오 —vi. 따라가다, 뒤따라가다; 뒤이어 일어나다; 당연히 …이 되다 **as ~s** 다음과 같다

fol·low·er [fálouər/fɔ́l-] n. 수행원, 부하; 문하생, 후계자

flag station 로 신호[장식]하다, 기를 올리다

flág státion 신호가 있을 때만 정차하는 역

flake [fleik] *n.* 얇은[작은] 조각; 불통; 플레이크(곡식을 얇게 한 음식물)

flame [fleim] *n.* 불꽃; (*pl.*) 불; (불꽃같은)빛; 격정 *in* ~*s* 불타올라 ―*vt., vi.* 활활 타다; 태우다; (얼굴이)붉어지(게하)다

fla·men·co [fləméŋkou] *n.* 스페인의 집시춤; 그 곡

Flan·ders [flǽndərz/fláːn-] *n.* 플란더즈(벨기에·네더랜드·프랑스에 걸친 지방)

flank [flæŋk] *n.* 옆구리, (소의) 옆구리살

flan·nel [flǽn(ə)l] *n.* 플란넬; (*pl.*) 플란넬제의 의류

flap [flæp] *n.* 보조익

flare [flɛər] *n.* 너울거리는 불길[불빛]; (스커트의) 플레어 ―*vi.* 불길이 너울거리다 ―*vt.* 휠 휠 타오르게 하다

flash [flæʃ] *n.* (불·빛의)번쩍거림; (전보·신호기로)속보하다 ―*vi.* 번쩍 빛나다; (생각이)문득 떠오르다 ―*n.* 섬광, 번득임; 순간; (신문의)속보; 플래시

flásh búlb (寫) 섬광전구

flash-light [ˊlàit] *n.* (등대의)지등; 섬광; (美) 회중전등

flask [flæsk / flɑːsk] *n.* 플라스크, 병; (사냥꾼의)탄약통

flat¹ [flæt] *a.*평평한; 무미건조한, 지루한; 김빠진; 균일한; 전적인: That's ~. 바로 그대로다. ―*ad.* 평평하게; (口) 전적으로; 딱 잘라; 정확히; 무이자로 ―*n.* 평면; 평지 ―*ly* *ad.* 평평히; 단호히

flat² [英] (아파트의) 방 (apartment); 층; (*pl.*) 아파트

flat·ten [flǽtn] *vt.* 평평하게하다

flat·ter [flǽtər] *vt.* 아첨하다, 기쁘양에 하다 (실물 이상으로) 아름답게 그리다[찍다]; 기쁘게 하다: You ~ me. 과분한 청찬이군. ―*ing* *a.* 아첨하는; 기쁘게 하는; 실제보다 좋게 보이는 ―*·ly* *ad.* 아첨(의 말)

fla·vor, (英) **-vour** [fléivər] *n.* 맛; 풍미; 향기 ―*vt.* 맛을 내다; 풍미를 더하다 ―*ing* *n.* 조미료

flaw [flɔː] *n.* 흠, 금; 결점

flax [flæks] *n.* 아마 (천), 린넨 (linen)

flea [fliː] *n.* 벼룩

fleece [fliːs] *n.* 한 마리의 양털; (한 마리분의)양털; 양털 모양의 것, 흰 구름, 눈송이

fleet [fliːt] *n.* 함대; 선단; 일단

fléet ádmiral (美) 해군원수

---

flesh [fleʃ] *n.* 살; (*the* ~) 육체; 과육; 육욕

flésh tráde 인신매매, 매춘업

flew [fluː] *v.* fly¹ 의 과거

flex·i·bil·i·ty [flèksəbíliti] *n.* 구부리기 쉬움; 유연성

flex·i·ble [fléksəbl] *a.* 구부리기 쉬운; 유연[융통]한; 융통성 있는

flick·er [flíkər] *vt., vi.* 깜박거리(게하)다; 한들거리(게하)다; 날름거리다; 나부끼다

fli·er [fláiər] *n.* 비행가

flight [flait] *n.* 비행(기)의편(便); 비행(거리); 나는 새떼; (시간의)경과; 연속된 계단: make a ~ 비행하다 / check in for KAL F~ 705 대한항공 705편의 탑승수속을 받다 ~ **control tower** 관제탑 ~ **kitchen** 기내식 **connecting** ~ 연결편 ~ **number** 항공편 번호

flim·sy [flímzi] *a.* 얄팍한

fling [fliŋ] *vt., vi.* (*p., pp.* **flung**) 던지다; 내동댕이치다 ―*n.* 던지기

flint [flint] *n.* 부싯돌; 라이터돌; 냉혹한 사람

flip¹ [flip] *n.* (손가락으로)튀기기, 가볍게 치기 ―*vt., vi.* 손가락으로 튀기다, 가볍게 치다

flip² *n.* 플립(일종의 혼합주)

flíp síde (레코드의)뒷면

flirt [flərt] *vi.* (남녀가)사랑장난[희롱]하다

flit [flit] *vt., vi.* 훨훨 날아다니다, 경쾌하게 지나가다; (환상 등이)머리속에 스쳐지나가다

fliv·ver [flívər] *n.* (美俗) 싼 물건; (특히)싸구려 자동차

float [flout] *vi.* (물·공중에)떠다, (소문 등이) 떠돌다 ―*vt.* 띄우다, 표류시키다; (소문 등을)유포시키다 ―*n.* 뜨기; 뜨는 것; 뗏목, 구명대

float·ing [flóutiŋ] *a.* 떠 있는; 일정치 않은: a ~ **dock** 부거(浮渠)/~**rates** 변동환율 ~ **exchange rate** 변동환율 ~ **market**(방목의)수상시장

flock [flak/flɔk] *n.* 군중; (특히 양의)떼 ―*vi.* 모이다, 떼를 짓다

flood [flʌd] *n.* 홍수; 만조 (*opp.* ebb); (말·눈물 등의)범람, 쇄도 ―*vt.* 범람시키다; 관개하다; 밀어닥치다 ―*vi.* 홍수가 나다; 쇄도하다

flood·light [ˊlàit] *n.* 투광조명 (건물 등에 밖에서 비추는 조명)

floor [flɔːr] *n.* 마루(널); 층(story); 바닥; 의원석; 발언권: a ~ **lamp** 플로어스탠드 / a ~ **clerk** 호텔 등의)접수원 / the first ~ (美) 1층, (英) 2층 / the **ground**

마무리 ~ed [-t] a. 완성된; 세련된

fink [fiŋk] n. 《美俗》 밀고자, 스파이; 싫은 녀석

Fin·land [fínlənd] n. 핀란드

Finn [fin] n. 핀(란드)사람

Finn·ish [fíniʃ] a. 핀란드의, 핀란드사람[말]의, 핀족의 —n. 핀란드말

fiord, fjord [fjɔːrd] n. (노르웨이 등의) 협만, 표로드

fir [fəːr] n. 전나무

fire [faiər] n. 불; 화재; 포화; 정열; 염증; F~! 불이야 catch [take] ~ 불이 (옮아)붙다 on ~ 불이나서, 타서; 열중하여 set ~ to …에 불을 붙이다 set on ~ 태우다; 흥분시키다 —vt. 불붙이다; 발포[발사]하다 (감정을)불타게 하다; 《美俗》 해고하다 —vi. 연소하다; 발포하다

fire alàrm 화재경보(기)

fíre brigáde 《英》 소방대

fíre còmpany 《美》 소방대; 《英》 화재보험회사

fíre depártment 《美》 소방서

fíre èngine 소방차

fíre escàpe 비상구, 화재피난장치, 피난사다리

fíre exìt 비상구

fíre extìnguisher 소화기

fíre-hòuse n. 소방서

fíre hýdrant 소화전

fíre insùrance 화재보험

fíre-man [⁼mən] n. (pl. -men [-mən]) 소방수; (기관차)화부

fíre-plàce [⁼plèis] n. (벽)난로

fíre-plùg [⁼plʌ̀g] n. 소화전

fíre-pròof [⁼prùːf] a. 내화의, 방화(防火)의 —vt. 내화성으로 하다

fíre sàle 타다남은 상품의 염가판매

fíre-sìde [⁼sàid] n. 난로가; 가정

fíre stàtion 소방서

fíre-wòrk [⁼wɑ̀ːrk] n. (pl.) 꽃불,불꽃

firm[1] [fəːrm] a. 단단한, 견고한, 실한

firm[2] n. 상사, 회사

fir·ma·ment [fɑ́ːrməmənt] n. (보통 the ~)하늘, 창공

first [fəːrst] a. 첫째의, 최초의 (opp. last): ~ aid 응급치료, 구호소 / ~ name = Christian name / ~ run (영화의)개봉 흥행 / the ~ lady 《美》대통령부인 at ~ hand 직접(으로) at ~ sight [blush] 언뜻 보아, 첫눈에 ~ thing 《俗》 우선 첫째로 —n. 최초,제일; 1등; 초하루; (기차의)1등; (pl.) 1등품 at ~ 처음에는 be the ~ to (do) 맨먼저 …을 하다 —ad. 첫째로, 최초로,맨먼저; 처음으로

first-cláss [⁼klǽs/-klɑ́ːs] a. 1등[일류]의, 최상의; (기차·배 등의)1등의; (우편물의)제1종의: ~ carriage 1등차 —ad. 1등으로, 1등차로써: travel ~ 1등으로 여행하다

first-ráte [⁼réit] a. 일류의, 우수한; 《口》 훌륭한, 멋진 —ad. 《俗》 아주 좋게 —n. 1급품

fís·cal [fískəl] a. 《美》 재정(회계)상의 《英》 financial

físcal yéar 회계연도

fish [fiʃ] n. (pl. ~·es, (총칭) ~) 물고기; 생선: raw ~ 생선 (회) —vi., vt. (물고기를)잡다, 낚다

fish·er·man [fíʃərmən] n. (pl. -men [-mən]) 어부, 낚시꾼

fish·er·y [fíʃəri] n. 어업, 수산업; ~ zone 어업(전관)수역

físh·eye léns [fíʃài] 어안렌즈

fish·ing [fíʃiŋ] n. 낚시질, 어업(권); ~ line 낚싯줄/ a ~ rod 낚싯대

fist [fist] n. 주먹; 《口》 손: Give us your ~. 악수합시다

fit[1] [fit] vt., vi. (…에)맞다, 적합하다; 적응시키다; 적임으로 하다 《for》; 설비하다; 조화하다: This coat does not ~ me. 이 코트는 내게 안맞는다 ~ in [into] …에 적합하다[시키다]; 꼭 맞(추)다 ~ out 준비하다; 장비하다 ~ a. 적당한, 어울리는; 금방 ~ 할듯한 (ready to); 건강한

fit[2] n. 발작, 경련; (감정의)격발; 변덕 by ~s 발작적으로

five [faiv] a. 5(의)

fíve-and-díme, -tén n. 싸구려만 파는 잡화점

fíve-dáy wéek [fáivdèi] 1주5일 근무제

fíve-o'clóck téa 《英》 오후의 차(가벼운 식사에 해당)

fix [fiks] v. (p., pp. ~ed, fixt) vt. 고정시키다; 결정하다; (시선을)쏟다 《upon》; (책임·죄를) 돌리다; 《俗》 청돈[수리]하다; (식사를)준비하다: a ~ed price 정가 —vi. 고정되다; 결정하다 《on》; 정착하다 《in》 ~ on 정하다 ~ up 수리하다; 결정하다; 준비하다

fix·ture [fíkstʃər] n. 고정[설치]물; 설비, 비품; 《口》 붙박이로 사는 사람; (날짜가 확정된)대회, 경기종목; 개최일

fizz [fiz] vi. 쉿 소리나다 —n. 쉿하는 소리; 거품이 이는 음료; 《美》 소다수; 《英》 샴페인

flag [flæg] n. 기 F~ Dáy 미국기 제정기념일(6월14일) —vt. 기

field hòckey (英商) 하키
field hòspital 야전병원
field màrshal 《英》육군원수
fiend [fiːnd] n. 악마, 탐닉자
fierce [fiərs] a. 사나운; (비바람이)맹렬한; 열렬한
fier·y [fái(ə)ri] a. 불의, 불같은; 정열적인; 열렬한
fi·es·ta [fiésta] Sp. n. (종교상의) 제례; 축제, 휴일
fife [faif] n. 횡적(橫笛), 저
fif·teen [fíftiːn] n., a. 15(의)
fifth [fifθ] n., a. 제5(의), 5분의 1(의)
Fifth Ávenue 5번가 (뉴욕시의 중심가)
fif·ty [fífti] n., a. 50(의)
Fig·a·ro [fígərou] n. **Le ~** 피가로(프랑스의 가톨릭계 신문)
fight [fait] vt., vi. (p., pp. **fought**) 싸우다 (*against*, *with*), 다투다, 격투하다; (쌈을 등을)싸우게 하다 ─ n. 전투; 싸움; 투지
fight·er [fáitər] n. 싸우는 [투쟁적인] 사람; 《軍》전투기
fig·ur·a·tive [fígjurətiv] a. 비유적인; 상징적인
fig·ure [fígjər/fígə] n. 모양, 자세; 인물상, 초상; 큰 인물; 도해, 도안; 숫자; 값; (pl.) 계산 ─ vt. 묘사하다; 상상하다; 계산[견적]하다; (口) 생각하다 ─ vi. 눈에 뜨이다, 한 몫 끼다; 계산하다; 생각하다; (口) 고안하다 (*for*); 셈하다 ─ **~ on** 《美》 ···을 계산 [계획]에 넣다, 의지하다 ~ **out** 합계를 내다; 《美》끝까지 생각하다, 해결[이해]하다 **~ up** 총계하다
figure skating 피겨스케이팅
Fi·ji Ìslands [fíːdʒiː] (*the* ~) 피지제도(남태평양의 제도)
fil·a·ment [fíləmənt] n. 가는 실, 섬유; 《植》꽃실 (전구의)필라멘트
file [fail] n. 철하는 기구, 파일, 편지꽂이; 서류철[류]철 등 ─ vt. 철하다; 제출하다 《고기》
fi·let [filéi, ─/─] F. n. 필레
fil·ial [fíliəl, ─jəl] a. 자식의, 자식으로서의; 《遺》어버이로부터의 세대의 (略·F)
Fil·i·pi·no [filipíːnou] n. 필리핀사람
fill [fil] vt. 채우다 《*with*》; (지위를)차지하다, (빈 자리를)채우다 ─ vi. 가득 차다, (···으로)가득하다 **~ in** 《英》(서류에)써 넣다 **~ up** (빈 곳을)채우다 **~** (*one's ~*) 가득, 충분히; 잔뜩; 배불리: eat *one's* ~ 배불리 먹다
fil·let [fílit ─2] n. 1 가는 끈, 리본 2 [filei] 《요리》 필레고기
filling stàtion 《美》주유소
film [film] n. 얇은 막; 필름; 영화 = **a roll of ~** 필름 한 통 ─ vt., vi. 얇은 막으로 덮다; 필름에 찍다, 영화화하다
film·let [fílmlit] n. 단편영화
fil·ter [fíltər] n. 여과기; 《寫·電》필터 ─ vt., vi. 거르다; 침투하다 《*through*, *into*》
fìlter típ 필터달린 담배 (filter-tip cigarette)
filth·y [fílθi] a. 불결한; 음탕한
fin [fin] n. 지느러미(모양의 것)
fi·nal [fáin(ə)l] a. 최후의; 결정적인 ─ n. (pl.) 최종시험; 결승전 **·ly** ad. 마지막으로; 마침내
fi·na·le [finǽli, -nɑ́ːli/-nɑ́ːli] n. 《音》 종곡(終曲); (연극의)최후의 막, 대단원 [It.]
fi·nance [finǽns, fáinæns/fáinæns] n. 재정; (pl.) 재원: the **Minister of F~** 재무장관
fi·nan·cial [finǽnʃ(ə)l, fai-, fai-, fi-] a. 《英》재정(상)의; 금융상의 《美》 fiscal》: ~ year 회계연도/~ circles 재계
find [faind] vt. (p., pp. **found**) 발견하다, 찾아내다; 알다, 깨닫다; 지금(공급)하다: I can't ~ my passport. 여권이 보이지 않는다/How do you ~ America? 미국은 어떻습니까?/That hotel doesn't ~ breakfast. 저 호텔에서는 조반을 주지 않읍니다 **~·er** n. (사진기 등의)파인더
fine[1] [fain] a. 훌륭한; 뛰어난; 날카로운; 예민한; 미세한; 잔; 순수한; 고상한; (모습이)아름다운; 건강한: ~ play 묘기/~ rain 이슬비/~ gold 순금/~ arts 미술/How are you?—F~, thank you. 안녕하십니까 ─ 덕분에 건강합니다/~ **cut** 잘게 쓴 담배 **~** in spite of **rain or ~** 비가 오든 개이든
fine[2] [fain] n. 벌금 ─ vt. 벌금을 물리다
fin·ger [fíŋgər] n. 손가락(보통 엄지손가락은 제외); (시계)침; (공항의)송영대 ─ vi., vt. 손가락으로 만지다
fínger bòwl 핑거 볼(식후에 손 가락을 씻는 그릇)
fin·ger·nail [─nèil] n. 손톱
fínger pòst 도표(道標)
fin·ish [fíniʃ] vt. 끝내다 《*doing*》; 완성하다; 마무리하다; (음식을)먹어 치우다 ─ vi. 끝나다, 마치다 《*off*》: Where are you ~ed? 어느 학교를 나왔읍니까? **~ up** 완성하다; (음식을)먹 치우다, 다 써버리다 **~ with** ···으로 끝장내다 ─ n. 끝; 완성,

fee·ble [fíːbl] *a.* 가냘픈; 빈약한

팁: an admission ~ 입장료

feed [fiːd] *vt.* (*p., pp.* fed) 먹이를 주다; 기르다 — *vi.* 먹다, 먹이로 하다 《*on*》 — *n.* 사육; 사료

feed·back [⁻bæk] *n.* 피드백 (결과로써 원인을 고치는 환원 동작)

feeder line (철도 도로)의 지선(支線)

feel [fiːl] *vt., vi.* (*p., pp.* felt) 느끼다; 만져보다; …라고 생각하다; 동정〔동감〕하다 《*with*》, 측은해하다; 더듬다 ~ **like** …하고 싶은 생각이 들다 — *n.* 촉감, 느낌, 기분

feel·ing [fíːliŋ] *n.* 촉감, 정서, 느낌; (*pl.*) 감정

feet [fiːt] *n.* foot의 복수

feign [fein] *vt.* …인 체하다

feint [feint] *n.* 가장, 시늉

fe·lic·i·ty [filísiti] *n.* 지복(bliss), 경사; (표현의)적절, 적절한 표현

fell [fel] *v.* fall의 과거

fel·low [félou, félə] *n.* 동료; 상대방; (한방의)한짝; 《口》 놈 — *a.* 동료의: a ~ passenger 동승자/ a ~ traveler 길동무 ~ **·ship** *n.* 교제, 우정; 회, 단체; (대학의)특별연구원의 지위

fel·on [félən] *n.* 중죄인

felt[1] [felt] *v.* feel의 과거(분사)

felt[2] *n.* 펠트

fe·male [fíːmeil] *n., a.* 여성(의), 여자(의); 암컷(의) (*opp.* male)

fem·i·nine [féminin] *a.* 여성의, 여자다운 (*opp.* masculine)

fem·i·nism [féminizəm] *n.* 여권주의, 남녀동권주의 **·nist** *n.* 여권주의자

fence [fens] *n.* 울타리, 담장, 목책 — *vt.* 울타리〔담〕를 두르다

fence-sit·ting [⁻sìtiŋ] *n., a.* 형세관망주의(의)

fenc·ing [fénsiŋ] *n.* 펜싱

fend·er [féndər] *n.* 《美》 (자동차 등의)흙받이; (장교·뱃전의) 완충기; (난로 앞의)철망

fer·ment *n.* [fə́ːrment] 효소, 발효; 대소동 — *vt., vi.* [fə(ː)rmént] 발효시키다; 대소동을 일으키다

fern [fəːrn] *n.* 양치(류)

fe·ro·cious [fəróuʃəs] *a.* 사나운, 흉포한; 잔인한; 《口》 심한, 지독한

fer·ry [féri] *n.* 나루터; 나룻배, 연락선 — *vt., vi.* 건네주다, 건너다

ferry-boat [⁻bòut] *n.* 나룻배

ferry stèamer 연락기선

fer·tile [fə́ːrtl/-tail] *a.* 비옥한 (*opp.* sterile); 다산의 《*of, in*》

fer·til·i·ty [fəːrtíləti] *n.* 임신조절제

fer·ti·lize [fə́ːrtilaiz] *vt.* 비옥하게 하다; 《生》 수태(수정)시키다

fer·vent [fə́ːrvənt] *a.* 뜨거운 열렬한, 열심인

fer·vor, 《英》 **-vour** [fə́ːrvər] *n.* 열정, 열렬, 백열

fes·tal [féstl] *a.* = festive

fes·ti·val [féstivəl] *a.* 축제(일)의 — *n.* 축제(일); 향연: a music ~ 음악제

fes·tive [féstiv] *a.* 축제의; 즐거운, 유쾌한 **-tiv·i·ty** *n.* 축제(의 떠들썩함), 축제기분

fetch [fetʃ] *vt.* 가서 가져(데려)오다; (피·눈물을)나오게 하다; (상품은 얼마로)팔리다

fetch·ing [fétʃiŋ] *a.* 매력적인

fete, fête [feit] *n.* 축제(일); 축연: a garden ~ 《美》 원유회 [F]

fe·tish [fíːtiʃ, fé-] *n.* 주물(呪物) **~·ism** *n.* 주물숭배

feud[1] [fjuːd] *n.* 불화, 반목

feud[2] *n.* 영지, 봉토

feu·dal [fjúːdl] *a.* 영지의, 봉건제의 **~·ism** *n.* 봉건제도

fe·ver [fíːvər] *n.* 신열, 발열, 열병; 열광: scarlet ~ 성홍열/typhoid ~ 장티푸스/ I have got a little ~. 열이 좀 있다

fe·ver·ish [fíːvəriʃ] *a.* 열이 있는; 열광적인

few [fjuː] *a.* 소수의, 적은, 《관사 없이》거의 없는: in a ~ days 이삼일내에 — *n.* 소수(인 것), 명사류 *at* (*the*) ~*est* 적어도 **no ~er than** …만큼, …보다 적지않은 **not a ~** 적지 않은, 다수(의) **quite a ~** 《口》 상당히 많은

fez [fez] *n.* 터키모자

fi·a·cre [fiáːkər] F. *n.* 합승마차

fi·an·cé (*fem.* **-cée**) [fìːɑːnséi, ⁻-⁻/fiɑ̀ːnséi] F. *n.* 약혼자

fi·as·co [fiǽskou] *n.* (*pl.* ~**es**) 불명예스러운 실수, 대실패

Fi·at [fíæt] *n.* 피아트(이탈리아의 자동차회사), 그 자동차

fi·ber, **-bre** [fáibər] *n.* 섬유, 섬유질(조직); 성질, 기질

fic·tion [fíkʃ(ə)n] *n.* 지어낸 이야기, 허구; 소설(작법)

fid·dle [fídl] *n.* 바이올린

fid·dler [fídlər] *n.* 《口》 바이올리니스트

fi·del·i·ty [fidéləti/fai-] *n.* 성실 《*to*》, 충성; 《통신》 충실도

field [fiːld] *n.* 들; 논밭; 분야, 범위; 《경기》 경기장; ~ **work** 야외작업, 실지연구

field dáy 야외연습일(연구일); 조련일; 《美》 운동회날

field glàss (보통 *pl.*) 쌍안경

farm [fɑ:rm] *n.* 농장; 농가; 사육장: a dairy ~ 낙농장 —*vi.* 경작하다

farm·er [fɑ́:rmər] *n.* 농부, 농장주 (*cf.* peasant) ~s' *cooperative* 농협 F~'s *Market* Los Angeles에 있는 생산자 직매시장

fárm tèam (프로야구의)2군

fárm·yàrd [-jɑ̀:rd] *n.* 농가의 마당

far-sight·ed [fɑ́:rsáitid] *a.* 원시안의(*opp.* near-sighted); 선견지명이 있는

far·ther [fɑ́:rðər] *ad., a.* far의 비교급; 더 멀리[먼]; 게다가 (*cf.* further) ~ *on* 더 앞에, 더 나중에

fár·ther·mòst [-mòust] *a.* 가장 먼

far·thest [fɑ́:rðist] *ad., a.* far의 최상급; 가장 멀리[먼] *at* (*the*) ~ 멀어야; 기껏

fas·ci·nate [fǽsinèit] *vt.* (남의 마음을)사로잡다, 매혹하다

fas·ci·na·tion [fǽsinéiʃ(ə)n, 美 fǽsnéi-] *n.* 매혹, 매력

Fas·cism [fǽʃiz(ə)m] *n.* 파시즘

fash·ion [fǽʃ(ə)n] *n.* 유행, 양식, 형; 방법; 상류사회의 풍습, 사람들: *be in* (*the*) ~ 유행하고 있다 *out of* ~ 유행이 지난 —*vt.* 만들다

fash·ion·a·ble [fǽʃ(ə)nəbl] *a.* 유행하는, 유행을 쫓는; 상류사회의

fáshion shòw (**paràde**) 패션쇼

fast[1] [fæst/fɑ:st] *ad.* 빨리, 급속히; 단단히; 굳게; 푹 —*a.* 정착[고착]한, 단단한; (시계가)빠른; 신속한

fast[2] *n., vi.* 단식(하다)

fas·ten [fǽsn/fɑ́:sn] *vt.* 단단히 고정시키다, 잡아매다; (눈·주의를)못박다 —*vi.* 매달리다; 죄어지다 —*vt.* 매다

fást fóod 즉석 음식(햄버거·통닭 등 주문하면 즉석에서 나오는 식품)

fat [fæt] *a.* 뚱뚱한 (*opp.* lean[2]), 지방이 많은; 비옥한 —*n.* 지방, 비계살; 양초; 비만

fa·tal [féit(ə)l] *a.* 숙명의, 치명적인 *(to)*—운명에 관한

fate [feit] *n.* 운명, 숙명

fa·ther [fɑ́:ðər] *n.* 아버지; 조상; (*the* F~) 신 F~'*s Day* 《美》아버지날(6월의 셋째 일요일)

fa·ther·land [-lænd] *n.* 조국

fath·om [fǽðəm] *n.* 길(6ft, 1.83m) —*vt.* 물깊이를 재다; (남의 속)에 아리다

fa·tigue [fətí:g] *n.* 피로 —*vt.* 지치게 하다

fat·ten [fǽtn] *vt., vi.* (식용으로)살찌다[우]다; 비옥[풍부]하게 하다

fat·ty [fǽti] *a.* 지방의이 많은

fau·cet [fɔ́:sit] *n.* 《美》(수도의) 꼭지; (통의)마개구멍(《英》tap)

fault [fɔ:lt] *n.* 결점; 죄; 과실: It's not my ~. 내 탓은 아닙니다 *find* ~ *with* ~의 흠을 잡다, 비난하다

fau·teuil [fóutil/-tə:i] F. *n.* 팔걸이의자, 안락의자; 《英》(극장 1층의)1등석

fa·vor, 《英》-vour [féivər] *n.* 호의, 도움, 친절; 부탁; 애고, 촌애, 돌보줌; 선물: May I ask a ~ *of* you? 부탁이 하나 있는데요 *in* ~ *of* ...에 찬성하여, ...에게 유리하여 —*vt.* 호의를 보이다; 도와주다; 베풀다

fa·vor·a·ble, 《英》-vour- [féiv(ə)rəbl] *a.* 유리한; 호의적인 ~ *balance of trade* 수출초과

fa·vor·ite, 《英》-vour- [féiv(ə)rit] *a.* 귀염받는[인기있는] 사람; 좋아하는 —*a.* 마음에 드는; 자랑거리의; 좋아하는

FBI = Federal Bureau of Investigation 《美》연방수사국

fear [fiər] *n.* 두려움; 근심 —*vt., vi.* 두려워하다, 걱정하다 ~·**less** *a.* 두려움을 모르는

fear·ful [fíər(u)l] *a.* 무서운; 두려워하는; 걱정하는; 《口》 지독한

fea·si·ble [fí:zəbl] *a.* 실행할 수 있는; ...에 적합한; 그럴듯한

feast [fi:st] *n.* (종교상의)축제(일); 향연; 성찬; (눈·귀를)즐겁게 해주는 것: *give* [*make*] *a* ~ 성찬을 대접하다 —*vi.* 축연에 참석하다; 성찬을 먹다 —*vt.* 성찬을 대접하다; (눈·귀를)즐겁게 하다

feat [fi:t] *n.* 업적; 묘기

feath·er [féðər] *n.* 깃, 《총칭》깃털; 새

fea·ture [fí:tʃər] *n.* (*pl.*) 용모; 특징; 특별기사; (영화의)인기프로: *three* ~*s* 3편동시상영 —*vt.* ...의 특징이 되다 (을 그리다); 인기물로 하다 ~·**less** *a.* 특색 없는, 평범한

Feb·ru·ar·y [fébruèri / -əri] *n.* 2월

fe·cund [fí:kənd, fék-] *a.* 다산의; 기름진; 창조력이 풍부한

fed [fed] *v.* feed의 과거[분사]

fed·er·al [fédər(ə)l] *a.* 연합[연방]의; (보통 F~) 미국정부의 *F~ Reserve Bank* 《美》연방준비은행

fed·er·a·tion [fèdəréiʃ(ə)n] *n.* 연합; 연방(정부)

fee [fi:] *n.* 요금; 수수료, 입장료;

fair² ...피부가 흰, 금발의: a ~ play 정정당당한 행위의/a ~ wind 순풍 —ad. 깨끗이; 공명정대하게

fair² n. 《英》 정기시, 자선시, 《美》박람회: an international trade ~ 국제무역 박람회/a world's ~ 《美》만국박람회

fair-haired [ʃɛərd] a. 금발의, 《口》 귀염받는

fair-way [-wèi] n. 《골프》 티에서 그린까지의 짧은 잔디가 깔린 지역

fair-y [fɛ́(ə)ri/fɛ́əri] n. (꼬마)요정

faith [feiθ] n. 신뢰 (trust) (in); 신앙 (belief) (in) by my ~ 맹세코 have ~ in ...을 믿다

faith-ful [féiθf(u)l] a. 충실한, 성실한 (to); 정숙한, 독실한

faith-ful-ly [féiθfuli] ad. 충실히; 정확히: Yours ~ 재배(再拜)

fake [feik] n. 《美》 위조품, 허위보도: a ~ dollar bill 위조달러지폐 —vt. 《口》 위조하다; ...인 체하다

fal-con [fǽlk(ə)n/fɔ́:l-] n. 《鳥》 매, 새매

fall [fɔ:l] vi. (p. **fell**, pp. **fall-en**) 떨어지다, 추락하다, 내리다; 넘어지다; 부딪다; (공포가)엄습하다; (어떤 상태로)되다; (바람이)자다, 쇠퇴하다; 일어서다; (밤이)오다 (휴일이 ~날)이다 ~ **behind** 늦어지다 ~ **down** 넘어지다; 《美口》실패하다 ~ **in with** ...과 우연히 만나다 ~ **on [upon]** 갑자기 시작하다; 일신에 닥치다; (날이)에당하다 —n. 낙하, 추락, (보통 pl.) 폭포; 강우[강설]량; 몰락, 멸망; (온도의)강하, (물가의)하락; 쇠퇴; 《美》가을

fal-la-cy [fǽləsi] n. 오류; 그릇된 생각

fall-en [fɔ́:l(ə)n] v. fall의 과거분사 — a. 떨어진 넘어진; 타락한

fall-out [fɔ́:làut] n. 방사성낙진

false [fɔ:ls] a. 허위의 (opp. true); 부정한; 불성실한; 가짜의, 인조의 —**hood** [-hùd] n. 거짓말, 허위

fal-ter [fɔ́:ltər] vi. 비틀거리다; 말을 더듬다; 주저하다

fame [feim] n. 평판; 명성 ~d a. 유명한

fa-mil-iar [fəmíljər] a. 친한, 정통한, 잘 아는

fa-mil-i-ar-i-ty [fəmìliǽriti] n. 친밀, 친교; 정통; 허물없음

fam-i-ly [fǽm(i)li] n. 가족, 일족; 자녀; 종족; 민족; 종 ~ **name** 성/a ~ **hotel** 가족용 호텔 ~ **plan** 미국내의 가족운임 할인제도(동행하는 가족은 20~50% 할인)

family Bíble 가정용 성경(가족의 출생·결혼·사망 등을 기록하는)

fam-ine [fǽmin] n. 기근; 굶주림; (물자의)대부족 (for)

fa-mous [féiməs] a. 유명한

fan¹ [fæn] n. 부채; 선풍기 —vt., vi. 부치다, 부채질하다

fan² n. 《美口》 애호가, 팬

fa-nat-ic [fənǽtik], **-i-cal** [-(ə)l] a. 열광(광신)적인

fan-ci-ful [fǽnsif(u)l] a. 공상적인, 변덕스러운; 기발한

fan-cy [fǽnsi] n. 공상(력), 공상의 산물; 변덕, 기호, 취미 **catch [strike, take] the ~ of ...**의 마음에 들다 **have [take] a ~ for ...**을 좋아하다 — a. 장식적인; 진귀한 종류의; 변덕스러운; 터무니없는: ~ **goods** 장신구/~ **cake** 데커레이션케이크 —vt. 공상하다; ...라고 생각하다; 좋아하다 —int. 어머, 이런

fáncy báll 가장무도회

fan-cy-work [-wə̀:rk] n. 자수, 수예품

fan-fare [fǽnfɛər] n. 팡파르

fan-tas-tic [fæntǽstik], **-ti-cal** [-tik(ə)l] a. 환상적인; 기괴한

fan-ta-sy [fǽntəsi, -zi] n. 환상, 공상

far [fɑːr] ad. (**far-ther, far-thest** or **fur-ther, fur-thest**) 멀리, 먼 부사구와 함께) (장소가 멀리) (opp. near); 훨씬: So ~ so good. 거기까지는 그것으로 됐다 **as ~ as ...**까지; ...한은 (부정은 **not ...as [so] far as**) **~ and away** 아득히 멀리 **~ and near** 도처에 **F~ from it!** 어림도 없는 소리! **so ~ as ...**만으로는, ...하는 한은 ~. 《변화는 ad.와 같음》 먼; 저쪽의 **the F~ East** 극동 **the F~ West** (북미의)서부지방

far-a-way [fáːrəwèi/ —] a. 먼 (옛날의)

farce [fɑːrs] n. 익살극, 광대극; 익살, 웃음거리

fare [fɛər] n. (차·배 등의)요금, 통행료, 운임; 음식물: a bill of ~ 메뉴/a single [double] ~ 편도[왕복]요금/at half ~ 반액으로/ **F~s, please!** (차장이)요금을 받겠습니다 —vi. 지내다; 해나가다

fare-well [fɛ̀ərwél] int. (문어적) 안녕히 가시오(계시오) (긴 이별일 때를) —n. 작별, 고별 **bid [take one's] ~** 작별인사를 하다 — a. 작별의, 고별의: ~ **party** 송별회

ex·tra·ter·ri·to·ri·al·i·ty [èkstrətèritɔ́riəliti] n. 치외법권

ex·trav·a·gance [ikstrǽvəgəns], **-gan·cy** [-gənsi] n. 사치, 낭비; 터무니없음; 방종

ex·trav·a·gant [ikstrǽvəgənt] a. 엉뚱한; 터무니없는; 사치스런

ex·treme [ikstríːm] a. 극단의; 과격한; 맨끝의 ―n. 극단, 극도, 극점 *go to* ~*s* / *run to an* ~ 극단적이 되다 ~*ly* ad. 극단적으로, 극도로 **-trem·ist** n. 과격주의자

ex·trem·i·ty [ikstrémiti] n. 극단; 말단; (pl.) 사지; (때로 pl.) 궁핍; (보통 pl.) 최후수단

ex·u·ber·ant [igzúːbər(ə)nt/-zj-] a. 무성한, 풍부한; 원기왕성한

ex·ult [igzʌ́lt] vi. 매우 기뻐하다

ex·ult·ant [igzʌ́lt(ə)nt] a. 아주 기뻐하는, 의기양양한

ex·urb [éksəːrb, égz-] n. 준(準)교외 [< ex- + suburb]

Ex·xon [éksən] n. 미국의 세계 최대의 석유회사

eye [ai] n. 눈; (때로 pl.) 눈매; 시력; 안식; (때로 pl.) 견해, 관섬; 눈모양의 것, (혹단추의)작은구멍, 바늘귀; [기상] (태풍의)눈 *be all* ~*s* 열심히 주시하다 ― vt. 보다, 주시하다

éye bànk 안구은행

eye·brow [áibràu] n. 눈썹; ~ *liner* 눈썹연필

eye·lash [áilæ̀ʃ] n. 속눈썹

eye·lid [áilìd] n. 눈까풀

eye·lin·er [áilàinər] n. 아이라이너(속눈썹 둘레에 선을 긋는 화장품, 그 연필)

Eye·mo [áimou] n. 아이모(미국제 소형 35밀리 영화카메라)

eye-o·pen·er [áiòup(ə)nər] n. 경탄케 하는 것; 해장술

eye·o·pen·ing [-óup(ə)niŋ] a. 골목켤적인, 놀랄만한

eye-pop·ping [-pɔ̀piŋ/-pɔ̀p-] a. 깜짝 놀랄만한

éye shàdow 아이섀도우

eye·sight [áisàit] n. 시력; 시계

eye·wash [áiwɔ̀ʃ/-wɔ̀ʃ] n. 안약, 세안수; 《俗》 엉터리, 속임수

F

Fa·bi·an [féibiən] a. 지구전식의; 페이비언협회의 ―n. 페이비언협회원 *the* ~ *Society* 페이비언협회(영국의 점진적 사회주의 협회)

fa·ble [féibl] n. 우화; 《총칭》 전설, 신화; 지어낸 이야기; 거짓말

fab·ric [fǽbrik] n. 구조, 조직, 건물(building); 직물(의 바탕)

fab·ri·cate [fǽbrikèit] vt. (이야기 등을)꾸며내다, (문서를)위조하다

fa·çade [fəsɑ́ːd] F. n. 《建》정면

face [feis] n. 얼굴, 외관; 표면 ~ *to* ~ 마주보고 ― vt., vi. 향하다, 면하다 (*on, to*); 대항하다; 직면하다

fáce càrd [카드놀이]그림카드

face-to-face [-təféis] a. 마주보는, 맞서는; 맞닥뜨리는 ― ad. 마주보고, 맞서서

face-lift [-lìft] n. 시·주름 성형수술(하다); 화장(하다), 개조(하다)

face-sav·ing [-sèiviŋ] a., n. 체면이 서는(일)

fáce vàlue 액면가격

fa·cial [féiʃ(ə)l] a. 얼굴의, 얼굴면에 사용하는 ―n. 《美口》 얼굴 마사지, 미안술

fa·cil·i·ty [fəsíliti] n. 쉬움; 숙련; (pl.) 설비; 편의(*for*)

fac·sim·i·le [fæksíməli] n. 복제, 복사; (필적·그림 등)원본대로의 복사; 《통신》 전송사진 ― vt. (원본대로 복사하다)

fact [fækt] n. 사실, 실제, 진상 *as a matter of* ~ 사실은, 사실상 *in* ~ 사실은

fact-find·ing [-fàindiŋ] n. 진상조사의

fac·tion [fǽkʃ(ə)n] n. (당 안의) 당파, 파벌; 당쟁, 내분

fac·tor [fǽktər] n. 요인, 원동력

fac·to·ry [fǽkt(ə)ri] n. 공장, 제조소 "사실상의"

fac·tu·al [fǽktʃuəl] a. 실제의, 사실상의

fac·ul·ty [fǽk(ə)lti] n. 능력; 《美口》 기능; (대학의)학부, 교수단

fade [feid] vi., vt. 바래(게)하다, 시들다; 쇠퇴하다[시키다]

Fahr·en·heit [fǽrənhàit, +英 fɑ́ːr-] a. 화씨의 (略: F)

fail [feil] vi., vt. 실패하다(시키다), 낙제하다(시키다) (*in*); 부족하다 (*in*), 소홀히하다; *never* ~ *to* (*do*) 반드시 …하다 ― n. *without* ~ 반드시, 틀림없이

fail-safe [-sèif] a., n. 절대 안전한(장치)

fail·ure [féiljər] n. 실패(자); 부족, 감퇴; 태만, 불이행

faint [feint] a. 가냘픈; 무기력한; 까무라칠듯한; 희미한 ― n., vi. 기절하다

fair[1] [fɛər] a. 아름다운; 깨끗한; 깨결한; 올바른, 공평한; 상당한;

ex·pen·sive [ikspénsiv] *a.* 값비싼, 사치스러운
ex·pe·ri·ence [ikspí(:)riəns] *n.* 경험, 체험; (*pl.*) 경험담 ─ *vt.* 경험[체험]하다 **be ~d in** …의 경험이 있다 **─d** [-t] *a.* 경험있는
ex·per·i·ment [ikspérimənt →*v.*] 실험, 시험(test), 시도 ─*vi.* [-mènt] 실험하다
ex·per·i·men·tal [ikspèrimént(ə)l/eks-] *a.* 실험상(의)적인)
ex·per·i·men·ta·tion [ikspèriməntéi(ə)n, eks-] *n.* 실험
ex·pert [ékspə:rt] *n.* 숙련자; 전문가; 대가 《in, at》 ─*a.* 숙련된; 전문가의
ex·pire [ikspáiər] *vi.*, *vt.* (숨을) 내쉬다; (불이)꺼지다
ex·plain [ikspléin] *vt.*, *vi.* 설명 [해설]하다; 변명하다 **~ oneself** 진심[자기생각]을 말하다
ex·pla·na·tion [èksplənéi(ə)n] *n.* 설명, 해설, 해석; 해명
ex·plic·it [iksplísit] *a.* 명시된, 명백한, 숨김없는
ex·plode [ikspló:d] *vt.* 폭발시키다; 논파하다 ─*vi.* 폭발 [파열]하다; (감정이)터지다
ex·ploit [ikspl5it] *n.* 개발[개최]하다; 활용하다
ex·plo·ra·tion [èkspləréi(ə)n] *n.* 탐험, 답사, 탐구; 조사
ex·plore [ikspló:r] *vi.*, *vt.* 탐험하다; 조사[탐구]하다
ex·plo·sion [iksplóuʒ(ə)n] *n.* 폭발, 파열; (급격한)증가
ex·plo·sive [iksplóusiv] *a.* 폭발 [파열]하는 ─ *n.* 폭발물, 폭약
Ex·po [ékspou] *n.* 박람회(exposition)
ex·port [ékspɔ:rt →*v.*] (*opp.* import); 수출품; (보통 *pl.*) 수출액 ─*vt.* [ikspɔ́:rt] 수출하다 《*to*》
ex·pose [ikspóuz] *vt.* (햇빛 등에)쐬다; 폭로하다; 진열하다; 《寫》 노출하다
ex·po·si·tion [èkspəzí(ə)n] *n.* 설명, 해설; 전람, 전시(회)
ex·po·sure [ikspóuʒər] *n.* (바람·비·위험 등에)드러내기《*to*》, 폭로; (상품의)진열; 《寫》 노출
ex·press [iksprés] *vt.* 표현하다; (의견 등을)말하다; (감정을)나타내다; 지급편으로 보내다 **~ oneself** 생각한 바를 말하다 ─ *a.* 명백한; 급행의, 지급(편)의 **~ delivery [letter]** 《英》 속달편(편지) 《美》 **a special delivery**/**an ~ train** 급행열차/ **an ~ ticket** 급행권/ **an ~ company** 운송회사 ─*ad.* 급행으로; 지급으로. 《영차·버스·승강기 등의)급행; 지급편; 《美》 운송회사 by ~ 급편으로
ex·pres·sion [ikspré(ə)n] *n.* 표현, 표시; 말씨; 표정
ex·pres·sive [iksprésiv] *a.* (을) 표현하는 《*of*》; 표정이 풍부한
ex·press·man [-mæn] *n.* (*pl.* -men [-mèn]) 《美》 운송업자
ex·press·way [-wèi] *n.* 고속도로
ex·qui·site [ékskwizit, ikskwízit] *a.* 절묘한, 정교한; 예민한
ex·serv·ice [èkssə́:rvis] *a.* 퇴역의
ex·tend [iksténd] *vt.* 뻗치다, 넓히다; 연장하다; 미치게 하다 《*to*》 ─*vi.* 뻗다, 넓어지다, 연장하다, 미치다
ex·ten·sion [iksténʃ(ə)n] *n.* 연장, 확장; 범위; 증축, 증설; (전화의) 구내선
ex·ten·sive [iksténsiv] *a.* 넓은, 대규모의, 다방면에 걸친
ex·tent [ikstént] *n.* 넓이, 범위, 정도 **to some [a certain] ~** 어느 정도까지
ex·te·ri·or [iksti(:)riər] *a.* 외부의 (*opp.* interior); 외관상의 ─ *n.* 외부, 표면, 외관
ex·ter·nal [ikstə́:rn(ə)l] *a.* 밖의 (*opp.* internal); 외부의; 외면적인; 표면상의; 대외적인 ─ *n.* 외부,외면; (*pl.*) 외형
ex·tinct [ikstíŋkt] *a.* 꺼진; 사멸한: **an ~ volcano** 사화산
ex·tin·guish [ikstíŋgwiʃ] *vt.* 끄다, 소멸시키다 **─er** *n.* 소화기
ex·tol, -toll [ikstál, -tóul/-tóul] *vt.* 격찬[찬양]하다
ex·tra [ékstrə] *a.* 여분[임시]의: **an ~ edition** 임시증간/ **~ freight** 할증운임/ **~ news** 호외/ **~ quality** 상질 ─ *ad.* 등 분으로, 특별히 ─ *n.* 여분의 것, 별도계산; (신문의)호외, 임시증간; (영화) 엑스트라
ex·tract [ikstrǽkt →*n.*] 잡아 뽑다, 빼내다; 추출[발췌]하다 ─ *n.* [ékstrækt] 발췌; 추출물
ex·tra·cur·ric·u·lar [èkstrə-kəríkjulər] *a.* 과외의: **~ activities** 과외활동
ex·tra·di·tion [èkstrədí(ə)n] *n.* (도주범인의 인도): **~ treaty** 범인인도조약
ex·traor·di·nar·y [ikstrɔ́:rdinèri/-trɔ̀:di(i)n(ə)ri] *a.* 비상한, 비범한; 특별한; 특명(特命)의: **an ambassador ~** 특명전권대사
ex·tra·sen·so·ry [èkstrəsénsəri] *a.* 초감각의: **~ perception** 초능력(略: ESP)

ex·cite·ment [iksáitmənt] n. 자극, 흥분

ex·cit·ing [iksáitiŋ] a. 자극적인

ex·claim [ikskléim] vi., vt. 큰 소리로 외치다; 절규하다

ex·cla·ma·tion [èkskləméiʃ(ə)n] n. 외침; 감탄

ex·clude [iksklú:d] vt. 내쫓다 《from》; 제외하다, 배척하다

ex·clu·sive [iksklú:siv] a. 배타적인; 독점적인 ~ *fishing zone* 어업전관수역 ~ *interview* (기자와의)단독회견

ex·com·mu·ni·cate [èkskəmjú:nikèit] a. 《宗》 파문당한 — vt. 파문하다

ex·cur·sion [ikská:rʒ(ə)n,-ʃ(ə)n] n. 소풍, 수학여행; 여행단체; 유람할인여행: an ~ ticket 유람할인권

ex·cuse vt. [ikskjú:z — n.]용서하다; 면제하다; 변명[해명]하다: *May I be* ~ *d for a moment?* (자리를 뜰 때)잠깐 실례합니다 ~ *oneself* 변명하다 *E*~ *me.* 실례합니다(했습니다), 미안합니다 *E*~ *me,* (*but*) 실례지만 — n. [ikskjú:s] 변명, 핑계, 구실 *make an* ~ *for* [*of*] … 변명하다

ex·e·cute [éksikjù:t] vt. (직무)수행하다; (법률을)실시하다 **-cú·tion** n. 실행, 실시; 완성

ex·ec·u·tive [igzékjutiv] a. 실행의, 집행권[력]이 있는; 행정(상)의: an ~ *committee* 집행위원회 *E*~ *Mansion* (美)대통령(주지사)관저 — n. 행정부; 행정관; (美) 지배인

ex·em·pli·fy [igzémpləfài] vt. 예증[예시]하다; (…의)좋은 예가 되다

ex·empt [igzémpt] vt. 면제하다 《from》 — a., n. 면제된 (사람) 《from》: ~ *from taxes* 면세의

ex·er·cise [éksərsàiz] n. (머리)쓰기; 행사, 실행 《of》; 운동, 체조; 연습 《in, on》 *take* ~ 운동을 하다, (권력을)행사하다; 실행하다; 연습[운동]시키다

ex·ert [igzá:rt] vt. (힘 등을)발휘하다, (머리를)쓰다; (영향을)미치다

ex·er·tion [igzá:rʃ(ə)n] n. 행사, 노력; 힘의 발휘

ex·hale [ekshéil, +美 egzéil] vt. (숨을)내쉬다, 발산하다; 증발시키다

ex·haust [igzɔ́:st] vt. (남김)지치게 하다; 써버리다: *I have* ~*ed myself walking.* 너무 걸어서 지쳤다 — n. 배출, 배기장치; 배기가스 — a. 다 써버린; 지쳐버린 (beat-up)

exhaust fume 배기가스

ex·hib·it [igzíbit] vt. 보이다, 나타내다; 진열하다 — n. 출품물; 전시, 공시

ex·hi·bi·tion [èksəbíʃ(ə)n] n. 공개, 전시; 전람(박람)회; 전시(품) ~ *game* 모범시합, 오픈게임

ex·hil·a·rate [igzíləréit] vt. 기분을 북돋우다, 유쾌하게 하다

ex·ile [éksail, égz-] vt. 추방, 귀양, 추방자; 망명자

Ex·im·bank [éksimbæ̀ŋk] n.수출입은행 [< export-import]

ex·ist [igzíst] vi. 존재하다

ex·is·tence [igzíst(ə)ns] n. 존재, 생존(물), 생활, 실재

ex·ist·ing [igzístiŋ] a. 현존하는, 현재의

ex·it [éksit, égzit] n. 출구; 퇴거 ~ *record* 출국카드 ~ *visa* 출국사증

ex·o·dus [éksədəs] n. (많은 사람의)출발, (이민 등의)출국; (*the E*~) 《聖》 이스라엘인의 이집트탈출, 출애굽(기)

ex·or·bi·tant [igzɔ́:rbit(ə)nt] a. (요구 등이)과대한, 터무니없는

ex·ot·ic [igzátik/igzɔ́t-, eks-] a. 이국풍의; 외래의, 외국산의 — n. 외래물(식물·언어 등) **-i·cism** n. 이국정서[취미]

ex·pand [ikspǽnd] vt., vi. 확대[팽창]시키다[하다]; 발전시키다[하다]

ex·pan·sion [ikspǽnʃ(ə)n] n. 팽창, 확장; 확장력; 발전

ex·pa·tri·ate [ekspéitrièit,/-pǽ-] vt. 국외로 추방하다 — n. 국외추방자

ex·pect [ikspékt] vt. 예기[기대]하다; 《수동》 예정되어 있다

ex·pec·ta·tion [èkspektéiʃ(ə)n] n. 예기, 기대; (*pl.*) 가망(특히 유산상속의)

ex·pe·di·ent [ikspí:diənt] a. 쓸모있는, 이득이 되는; 편의주의적인

ex·pe·di·tion [èkspidíʃ(ə)n] n. 원정(대); 탐험(대)

ex·pel [ikspél] vt. 쫓아내다, 추방하다, 제명하다

ex·pen·di·ture [ikspénditʃər, +美 -tʃuər] n. 지출(액), 소비(액), 경비, 비용

ex·pense [ikspéns] n. 지출 (opp. income), 소비; (보통 *pl.*) 지출금, 경비: *cut down one's* ~ 비용을 줄이다 *at any* ~ 비용이

eve·ning [íːvniŋ] n. 해질 무렵, 저녁때, 밤; in the ~ 저녁에 / ~ **dress** 야회복 / ~ **gown** 여자야회복 / Good ~! 안녕하십니까 (저녁인사)

e·vent [ivént] n. (우발)사건; 결과, 경과; (프로그램중의)한 사항 at all ~s / in any ~ 아무튼, 어쨌든

e·ven·tu·al [ivéntʃuəl] a. 결과로 일어날, 종국의; 일어날 수 있는 ~**ly** ad. 마침내; 결국

ev·er [évər] ad. 1 (의문·부정·조건문) 일찍, 지금까지 2 (강조) 도대체 as ~ 여전히 after [since] 그후 줄곧 ~ so 매우 ~ 영원히; 항상 hardly ~ 좀처럼 …않다

Ev·er·est [évərist] n. Mount ~ 에베레스트산

ev·er·glade [évərgleid] n. (美) 습지, 소택지

Ev·er·glades [évərgleidz] n. (the ~) 미국 Florida 주에 있는 큰 택지, 국립공원

ev·er·green [évərgriːn] a. 상록의 ~ n. 상록수

ev·er·last·ing [èvərlǽstiŋ/èvəlάːst-] a. 영원한; 끝없는

ev·er·y [évri] a. 모든, 온갖, 매…, ~마다 ~ **moment** 시시각각 ~ **now and again** [then] 때때로 ~ **other** [second] 하나 걸러

eve·ry·body [évribàdi / -bɔ̀di] pron. 누구나, 모두

eve·ry·day [évridéi] a. 매일의 (daily), 일상의; ~ **wear** 일상복

eve·ry·one [évriwʌ̀n] pron. = everybody

eve·ry·thing [évriθiŋ] pron. 무엇이든 모두, 만사; …의 모든것

eve·ry·where [évri(h)wɛ̀ər] ad. 어디든지, 도처에

ev·i·dence [évidəns] n. 증거

ev·i·dent [évid(ə)nt] a. 명백한, 분명한 ~**ly** ad. 명백히

e·vil [íːvl] a. 나쁜, 사악한; 불길한 ~ n. 악; 해악, 재해; 병

ev·o·lu·tion [èvəlúːʃ(ə)n, iːvə-] n. 진전; (생물의)진화; 발전 the **Theory of E~** (다아윈의)진화론

EVR = electronic video recorder 전자식 녹화재생기

ew·er [júː(ə)r] n. (침실용)물그릇

ex·act [igzǽkt] a. 정확한; 엄밀한 **to be** ~ 엄밀히 말하면 (복잡도를)강요하다 - vt.

ex·act·ly [igzǽktli] ad. 정확히, 엄밀히, (대답으로)그렇고말고

ex·ag·ger·ate [igzǽdʒərèit] vt., vi. 과장하여 말하다, 과장하다

ex·alt [igzɔ́ːlt] vt. (지위·권위를) 올리다, 극구 칭찬하다; 즐겁게 하다 ~ **ed** a. 고귀한; 의기양양한

ex·am·i·na·tion [igzæmənéiʃ(ə)n] n. 시험; 검사, 조사 (of, into); 진찰 「구어에서는 exam [igzǽm]이라고 함」

ex·am·ine [igzǽmin] vt., vi. 시험하다; 검사[진찰]하다

ex·am·ple [igzǽmpl / igzάːm-] n. 예; 견본; 모범 **for** ~ 예를 들면

ex·as·per·ate [igzǽspərèit, -zάːs-] vt. 성나게 하다; 자극하여 …시키다, 악화시키다

ex·ca·vate [ékskəvèit] vt. 발굴하다, 파다 -**va·tor** 발굴자

ex·ceed [iksíːd] vt., vi. (한도를) 넘다; 초과하다; 능가하다 (in)

ex·cel [iksél] vt., vi. (남을)능가하다, 뛰어나다 (in)

ex·cel·lence [éks(ə)ləns] n. 탁월, 우수 (in); 장점

Ex·cel·len·cy [éks(ə)lərsi] n. 각하(장관·대사 등에게) Your [His, Her] ~로 씀)

ex·cel·lent [éks(ə)lənt] a. 뛰어난, 우수한

ex·cel·si·or [iksélsiər/eksélsiːəsiə] int. 더욱 높이, 향상 (New York 주의 표어)

ex·cept [iksépt] prep. …을 제외하고, …외는 ~ **for** …이 없으면 ~ **that** …임을 제외하면 - vt. 제외하다 (from) - vi. 반대(항의)하다 (against, to)

ex·cep·tion [iksépʃ(ə)n] n. 예외, 제외; 이례 (to); 이의 **with the** ~ **of** …을 제외하고 ~**al** a. 예외의, 이례적인

ex·cess [iksés] n. 초과, 과잉, 과도; 초과량; 무절제; (pl.) 과음과식 **in** [**to**] ~ 지나치게 …, 제한외의 ~ **baggage** 초과수하물(요금을 내어야 함) ~ **fare** (철도의)초과 승차 요금

ex·ces·sive [iksésiv] a. 지나친, 과도한

ex·change [ikstʃéindʒ] vt., vi. 교환하다 (for); 환전하다; ~ **pounds for dollars** 파운드를 달러로 환전하다 - n. 교환, 환전(시세); 전화, 전화교환국: **an** ~ **check** 상품권/**an** ~ **professor** [**student**] 교환교수[학생]/~ **quotation** 외환시세표/~ **rate** 환율/**foreign** ~ 외국환 **in** ~ **for** …과 교환으로 (서다) ~**a·ble** a. 교환할 수 있는

ex·cise [éksaiz] n. 물품세

ex·cite [iksáit] vt. 흥분시키다, 자극하다; (흥미 등을)돋구다

es·pla·nade [ésplənéid, -ná:d] *n.* 산책길

es·pres·so [esprésou] *n.* 에스프레소 커피 (분말 커피에서 증기를 통해서 끓임) [It.]

es·prit [esprí:/←-] *n.* 재치, 기지; 활기 [F]

Es·quire [iskwáiər, es-] *n.* 《주로 英·경칭》님, 씨(略: Esq.): Thomas Jones, *Esq.* 토머스 존스님

es·say *n.* [ései, ési -*v.*] 수필, (문예양식의)소논문, 에세이; 시도 《*at*》 — *vi.*, *vt.* [eséi] 시도하다
~·ist [éseiist] *n.* 수필가

es·sence [ésns] *n.* 본질, 정수, 요소; 정(精), 엣슨

es·sen·tial [isén[(ə)l]] *a.* 본질적인[근본적]인, 필요불가결의《*to*》

EST = *e*astern *s*tandard *t*ime 《美》동부표준시

es·tab·lish [istǽbliʃ] *vt.* 확립하다; 설치[설립]하다; 제정하다; 자리잡게[정착하게] 하다 *the E~ ed Church* 영국국교(회)

es·tab·lish·ment [istǽbliʃmənt] *n.* 확립, 설립, 제정; 창설; 설립물(상점, 회사, 학교 등)

es·tate [istéit] *n.* 지위, 신분; 재산, 유산; 소유지; 계급

es·teem [istí:m] *vt.* 존경하다, 존중하다 — *n.* 존중, 존경, 경의

es·ti·mate [éstimèit — *vt.*] 시, 어림잡다, 개산하다; 평가하다: ~ the cost at 1,000 dollars 비용을 1,000 달러로 어림잡다 — *vi.* (商) 견적을 내다 — *n.* [éstimit, -mèit] 어림잡기, 개산; 평가

es·ti·ma·tion [èstiméiʃ(ə)n] *n.* 견적, 평가, 판단, 의견; 존중

ETA = *e*stimated *t*ime of *a*rrival 도착예정시간

etc. [et-sét(ə)rə, +英 it-] = *et cetera*

etcet·er·a [et-sét(ə)rə, +英 it-] L. …및, 기타등등 (略: etc, &c)

etch·ing [étʃiŋ] *n.* 에칭

ETD = *e*stimated *t*ime of *d*eparture 출발예정시간

e·ter·nal [itə́:rn(ə)l] *a.* 영원한, 영구적인; //가)끝이 없는, 변함없는 *the E~ City* 영원한 도시(로마)

e·ter·ni·ty [itə́:rniti] *n.* 영원, 영구; 내세

eth·ics [éθiks] *n.* 윤리(학)[도덕

E·thi·o·pi·a [ì:θióupiə] *n.* 이디오피아(아프리카동부의 공화국)

eth·nic [éθnik] *a.* (소수)민족의 ~ *Chinese* 화교

eth·nol·o·gy [eθnálədʒi /-nɔ́l-] *n.* 인종학, 민족학

et·i·quette [étikèt, -kit, +英 -́--] *n.* 예의범절, 에티켓: diplomatic ~ 외교의례

E·ton [í:tn] *n.* 런던 서남쪽에 있는 퍼블릭 스쿨의 명문 (Eton College) ~ *collar* 상의의 깃에 대는 흰 칼라

é·tude [eit(j)ú:d, +英 -́-] F. 습작; 연습곡, 에튀드

ETV = *e*ducational *t*elevision 교육텔레비전

et·y·mol·o·gy [ètiməlɑ́dʒi / -mɔ́l-] *n.* 어원(학)

Eu·cha·rist [jú:kərist] *n.* 성찬, (성찬용)빵과 포도주; 성체

eu·nuch [jú:nək] *n.* 내시, 환관

eu·pho·ni·ous [ju:fóuniəs] *a.* 음조[어조]가 좋은

Eu·phra·tes [ju:fréiti:z] *n.* (*the* ~)유프라테스강(서아시아의 강)

Eu·rail·pass [júreilpæs] *n.* 유럽철도 주유권(서구 13개국 전노선의 1등에 두 달간 사용가능)

Eur·a·sia [ju(ə)réiʒə, -ʃə] *n.* 유라시아, 구아(歐亞)(대륙) ~n *a.*, *n.* 구아(혼혈)의; 구아혼혈아

Eu·ro·dol·lar [jú(:)rədàlər / -dɔ̀l-] *n.* 유로달러

Eu·rope [jú(:)rəp] *n.* 유럽

Eu·ro·pe·an [jù(:)rəpí:ən] *a.* 유럽(사람)의 ~ *Economic Community* 유럽경제공동체 (略: EEC) — *n.* 유럽사람 ~·ize [·àiz] *vt.* 유럽화하다

European plàn (*the* ~) 식비를 따로 계산하는 호텔요금 (*cf.* American plan)

Eu·ro·ra·di·o [jù(:)rəréidiou] *n.* 유럽 라디오

Eu·ro·vi·sion [·vìʒ(ə)n] *n.* 유럽텔레비전

eu·tha·na·si·a [jù:θənéiʒə] *n.* 안락사

e·vade [ivéid] *vt.* 피하다(avoid)

e·val·u·ate [ivǽljuèit] *vt.* 평가하다

e·van·gel·ic [ì:vændʒélik, èvæn-], **-i·cal** [-ik(ə)l] *a.* 복음의, 전도의

e·vap·o·rate [ivǽpəreit] *vt., vi.* 증발[소멸]시키다[하다] 「피

e·va·sion [ivéiʒ(ə)n] *n.* 도피, 회

Eve [i:v] *n.* 《聖》이브 (Adam의 아내로 인류 최초의 여성)

eve [i:v] *n.* 축제일의 전날 (밤); (사건)의 직전: Christmas E~ 크리스마스 이브

e·ven [í:v(ə)n] *a.* 판판한; 한결같은《*with*》; (마음이)평온한; 공평한; 동수의; 짝수의 (*cf.* odd) — *vt.* 판판하게[평등하게] 하다 — *ad.* 《강조》…조차도; 한층 더욱; 마치 …과 같이(as) ~ *if*

en·trust [intrʌ́st] vt. 위탁[위임]하다

en·try [éntri] n. 들어가기, 입장(식); 《美》 입구; 장어귀; 등록, 기입(사항); (경기의) 참가자 ~ **visa** 입국사증[비자]

en·ve·lope [énviloup, +美 á:n-] n. 봉투; 싸개, 덮개

en·vi·ous [énviəs] a. 부러워하는, 부러운 듯한; 샘많은

en·vi·ron·ment [inváir(ə)rənmənt] n. 주위, 환경

en·vi·ron·men·tal [inváiər(ə)rənméntl] a. 환경의: ~ **pollution** 환경오염

en·vi·rons [inváir(ə)rənz] n. pl. (도시의)근교, 교외

en·vis·age [envízidʒ, in-] vt. 마음에 그리다, 계획하다; 직시하다

en·voy [énvɔi] n. 사절; 공사

en·vy [énvi] vt. 부러워하다 ― n. 부러움, 질투; 선망의 대상

é·pée [eipéi] n. (펜싱용)칼 [검]

ep·ic [épik] n. 서사시 ― a. 서사시의[적인]

ep·i·dem·ic [èpidémik] n. 유행[전염]병; 유행 ― a. 유행병의; 유행하는, 전염성의

ep·i·graph [épigræf/-grɑ:f] n. 비명(碑銘) (책의)제사(題辭)

ep·i·logue, -log [épilɔ̀:g, -lɑ̀g/-lɔ̀g] n. 결말, 맺는말, 《劇》폐막사 (cf. prologue)

e·pis·co·pal [ipískəp(ə)l] a. 감독(제)의; (E~) 감독파의 **the E~ Church** 영국 성공회

ep·i·sode [épisòud] n. 삽화, 에피소드 [비명]

ep·i·taph [épitæ̀f/-tɑ̀:f] n. 비문,

ep·och [épək/í:pɔk] n. 시대, (획기적인)시대

ep·och-mak·ing [⌣méikiŋ] a. 획기적인

EP record 《音》EP판 (45회전) [<extended-playing] (cf. LP record)

Ep·som [épsəm] n. 영국 Surrey 주의 도시(에 있는 경마장(Derby가 거행됨)

e·qual [í:kwəl] a. 같은; 동등[대등]한 (to, with); (…에)동등한 (to); (임무·일을감당해내는) (to) ― n. 동등[대등]한 사람, 필적하는 것 ― vt. (…과)같다; 필적하다

e·qual·i·ty [i(:)kwɑ́liti/i:kwɔ́l-] n. 동등, 평등; 균등 「한결같이」

e·qual·ly [í:kwəli] ad. 똑같이,

e·qua·tor [ikwéitər] n. 적도

e·qui·nox [í:kwinɑ̀ks/-nɔ̀ks] n. 춘분, 추분: **the autumnal [vernal] ~** 추[춘]분

e·quip [ikwíp] vt. 비치[장치]하다; (배를)의장하다 ~**ment** n. 준비, 채비; 설비, 장비

e·quiv·a·lent [ikwívələnt] a. (가치·양 등이)동등한; (…에)상당하는 (to) ― n. 동등물, 동의어: **the won ~ of ten dollars** 10달러 상당의 원/**What is the Korean ~ for "flower"?** flower 에 상당하는 한국말은 무엇인가

e·ra [í(ə)rə] n. 기원; 시대, 연대

e·rad·i·cate [irǽdikèit] vt. 뿌리뽑다, 근절하다

e·rase [iréis/iréiz] vt. 지우다, 삭제하다 ~**r, e·ras·er** n. 고무지우개, 칠판지우개

E·rás·mus Prize 에라스무스상 (유럽의 문화·사회·과학에 공헌한 자에게 주어짐)

e·rect [irékt] a. 직립한 ― vt. 직립시키다; 세우다, 설립하다

E·rie [í(ə)ri/íəri] n. **Lake ~** 이리호(북미 5대호의 하나)

e·rot·ic [irátik/-rɔ́t-] a. 연애의, 성애(性愛)의, 색정적인

e·rot·i·ca [irátikə/-rɔ́t-] n. 에로책, 에로사전 「다

err [əːr] vi. 그르치다; 죄를 범하

er·rand [érənd] n. 심부름: **an ~ boy** 심부름하는 소년 **go on [run] ~s** 심부름가다 **send a person on an ~** 남을 심부름시키다

er·ror [érər] n. 잘못, 과오, 위반

e·rupt [irʌ́pt] vi. (화산이)폭발하다, (화산재가)분출하다

es·ca·la·tor [éskəlèitər] n. 에스컬레이터

es·cal·lop [eskáləp, -kǽl-/-kɔ́l-] n. = scallop

es·cape [iskéip] vi. 도망가다; 누 출하다 ― vt. 모면하다; (기억을)서사라지다; 부지중에 누설하다 ― n. 탈출, 누출; 비상구, 배수로, 배기관 ~**ment** n. 출구, 도피구

es·car·got [èska:rgóu] F. n. 식용달팽이; 《俗》 파리의 남자공동변소 「급사면

es·carp·ment [iskɑ́:rpmənt] n.

es·cort [ískɔːrt → n.] vt. 호위하다, 수행하다; n. [éskɔːrt] 호위자(선, 함, 기); 수행원

es·cu·do [eskúːdou] n. 에스쿠도 (포르투갈의 화폐단위)

Es·ki·mo [éskimòu] n. 에스키모인(어), a. 에스키모인[어]의

ESP = **extrasensory perception** 초능력

es·pe·cial·ly [ispéʃ(ə)li] ad. 특히, 각별히

Es·pe·ran·to [èspərǽntou, -rɑ́:n-] n. 에스페란토어

es·pi·o·nage [éspiənidʒ **espiɑ́:-**

en·force [infɔ́:rs] vt. (법률 등을)시행하다; 강요하다

en·gage [ingéidʒ] vt. 약속[약혼]하다(*to*); 고용하다; (좌석 등을) 예약하다; 종사시키다(*in*): I am ~d for tomorrow. 내일은 약속이 있다 —vi. 종사하다(*in*) ~d *a.* 약속[계약]한; 약혼한; (英) (전화가) 통화중인 (美 busy): The line [number] is ~d.(전화에서)통화중입니다 ~ment *n.* 약속; 약혼; 예약

en·gine [éndʒin] *n.* 엔진, 기관, 발동기; 기관차

en·gi·neer [èndʒiníər] *n.* 기사, 공학자; 기관사 ~·ing-[-ní(:)riŋ] *n.* 공학

Eng·land [íŋglənd] *n.* 잉글랜드; 영국 영국본토

Eng·lish [íŋgliʃ] *a.* 잉글랜드의, 영국(인)의; 영어의 —*n.* 영어; (the ~) 《총칭》 영국인: What is the ~ for...? ...에 해당하는 영어는 뭣입니까 **the King's [Queen's] ~** 표준영어

English bréakfast 영국식 조반(계란·소시지 등이 나오는 푸짐한 식사)

English Chánnel (the ~) 영국해협

English diséase 영국병(태업 등의 사회적 병폐)

en·grave [ingréiv] vt. 조각하다; (마음에)새기다 **~d** [-d] 각, 판화

en·grav·ing [ingréiviŋ] *n.* 조각

en·joy [indʒɔ́i] vt. 즐기다; (건강·부 등을)누리다, 갖고 있다: How did you ~ your journey? 여행은 즐거웠습니까

en·large [inlɑ́:rdʒ] vt. 크게 하다, 확대[확장]하다 —vi. 커지다, 넓어지다

en·light·en [inláitn] vt. 계몽하다, 교화하다

en·list [inlíst] vi., vt. 응모하다; 병적에 넣다

e·nor·mous [inɔ́:rməs] *a.* 거대(막대)한

e·nough [ináf] *a.* 충분한, (...하기에)족한 —*ad.* 충분히, ...할 만큼, 부수없이(수식하는 말 뒤에 옴): This is good ~. 이만하면 됐다 *be kind ~ to (do)* ~ 친절하게도 ...해 주다 *cannot (do)* ~ 아무리 ...해도 모자라다 ~ *to* (do) ...하기에 족할 만큼의 것, 충분한 것: E~ *of that!* 이제 그만! *have ~ of* ...은 충분히 갖고 있다; ...은 이제 충분하다

en·plane [enpléin] vi. 《美》 비행기에 타다 (《英》 emplane)

en·rage [inréidʒ] vt. 화나게 하다, 격분시키다

en·rich [inrítʃ] vt. 부유(풍부)하게 하다; (맛·색 등을)진하게 하다

enríched uránium 농축 우라늄

en·roll, (英) **-rol** [inróul] vt. 명부에 기입하다, 등록하다

en route [ɑːnrúːt] 도중에서 [F]

en·sem·ble [ɑːnsɑ́ːmbl] *n.* 전체적 효과[조화]; (색 등이 조화된) 숙녀복 한벌; 합주(단), 합창(단); 총출연 —*ad.* 일제히, 한꺼번에 [F]

en·sign [énsain] *n.* 기장(記章); 기, 국기; 《軍》 기수

en·sue [ensjúː, in-/-sjúː] vi. 계속해서 일어나다; 일어나다

ENT [ent]=*ea*r, *n*ose, and *t*hroat 이비인후(과) **~ doctor** 이비인후과 의사

en·ter [éntər] vt., vi. 들어가다, 가입(입회, 입학)하다; (날짜·이름을)쓰다, 등록하다: E~ here. 이리로 들어오시오 **~ into** ...에 들어가다, ...을 시작하다 **~ on [upon]** ...을 개시하다

en·ter·prise [éntərpraiz] *n.* 기업(모험적인)사업; 진취의 기상

en·ter·tain [èntərtéin] vt. (남을)대접[환대]하다; 즐겁게 하다; (생각을)마음속에 품다 —vi. 환대하다 ~*er n.* 접대자, 연예인 ~*ing a.* 재미있는, 유쾌한 ~*ment n.* 접대, 환대; 연회; 연예: *a house of ~ment* 대포집

en·thu·si·asm [inθ(j)úːziæz(ə)m] *n.* 열중, 열광 (*for, about*)

en·thu·si·as·tic [inθ(j)uːziǽstik] *a.* 열광적인

en·tice [intáis] vt. 꾀다, 유혹하다, 꾀어 ...하게 하다

en·tire [intáiər] *a.* 전체의 (*whole*); 완전한, 철저한 **~·ly** *ad.* 완전히

en·ti·tle [intáitl] vt. 권리(자격, 칭호)를 주다; 제목을 붙이다 *be ~d to* ...을 받다, (...을)자격이 있다

en-tout-cas [ɑ́tukɑ̀ː] F. *n.* 배수가 잘되는 경기장의 포장; 청우 겸용 양산

en·trance [éntrəns] *n.* 입장, 입학, 입장료, 입구; 입구 (*opp.* exit), 현관(*to*): an ~ **fee** 입장료/E~ **free** 《게시》 입장무료/No ~ 《게시》 입장사절/an ~ hall 입구의 홀, 대현관

en·treat [intríːt] vt. 간청[탄원]하다

en·treat·y [intríːti] *n.* 간청, 애원

en·tre·côte [ɑ́ːntrəkòːt/ɔ̀ntrə-kóut] F. *n.* (스테이크용)갈비살

en·trée [ɑ́ːntrei/ɔ́(ː)n-] *n.* 입장, 입장권(權); 앙트레(생선과 고기 중간에 내는 요리); 《美》 (불고기 외의)주요요리 [F]

안다; 포함하다 —n. 포옹

em·broi·der [imbrɔ́idər, 美 em-] vt. 수놓다; 장식(윤색)하다

em·cee [émsi:] n. 사회자 —vt., vi. 사회하다 [< master of ceremonies]

em·er·ald [ém(ə)rəld] n. 《鑛》 에메랄드; 밝은 초록색

e·merge [imə́:rdʒ] vi. (어둠·물 속 등에서)나타나다 (opp. submerge); (문제가)생기다

e·mer·gen·cy [imə́:rdʒ(ə)nsi] n. 비상시, 위급: an ~ door [exit] 비상구 / an ~ hospital 구급병원 / ~ measures 응급수단 / ~ landing 불시착륙 in an ~ 위급한 경우에

em·i·grant [émigr(ə)nt] a. (타국으로)이주하는, 이민의 —n. 이민

em·i·grate [émigrèit] vi., vt. (타국으로)이주시키다[하다] (opp. immigrate)

em·i·nent [éminənt] a. 높은; 고위의, 뛰어난

e·mit [imít] vt. (빛 등을)방사하다; (의견을)내다; (지폐를) 발행하다

Em·my [émi] n. 에미상(미국의 텔레비전 예술상)

e·mo·tion [imóu(ə)n] n. 감정 (feeling), 정서; 감동 —**al** a. 감정의; 감정적인

em·per·or [émp(ə)rər] n. 황제

em·pha·sis [émfəsis] n. (pl. -phases [-si:z]) 강세, 강조

em·pha·size [émfəsàiz] vt. 강세를 두다, 강조(역설)하다

em·pire [émpaiər] n. 제국 the E~ State 뉴욕주의 별명 E~ State Building 뉴욕 맨해턴 구의 마천루(102층) E~ Day 대영제국경축일 (Victoria 여왕 탄신일, 5월 24일)

em·plane [impléin] vt., vi. 《英》 비행기에 태우다[타다](enplane)

em·ploy [implɔ́i] vt. 고용하다; 사용하다; (시간·정력 등을)소비하다 ~ oneself in [on] …에 종사하다

em·ploy·ee, -ploy·e [implɔ́ii:, èmplɔií:] n. 종업원, 고용인

em·ploy·er [implɔ́iər] n. 고용주

em·ploy·ment [implɔ́imənt] n. 고용; 사용; 일, 직업 out of ~ 실직하여

em·press [émpris] n. 여황제; 황후

emp·ty [émpti] a. 빈, 공허한; 무의미한; 결여된 —vt. 비우다 (into) (다른 그릇에) 옮기다 —vi. 비다; (강이 바다로)흘러들다 (into) —n. 《口》 빈 상자, (택시의)빈 차; 빈 병

en·a·ble [inéibl] vt. 가능하게 하다

en·act [inǽkt] vt. 법을 [법령] 하다; (법을)제정하다; (…의 역을)연기하다 ~·ment n. 제정; 조례 [법률

e·nam·el [inǽm(ə)l] n. 에나멜,

en·camp [inkǽmp] vi. 야영하다[시키다]

en·chant [intʃǽnt/-tʃɑ́:nt] vt. 마술을 걸다; 매혹하다, 넋을 잃게 하다 ~·ing a. 매혹적인

en·cir·cle [insə́:rkl] vt. 둘러싸다; 일주하다

en clair [ɑ̃ŋkléər] F. (암호가 아닌)보통문으로

en·close [inklóuz] vt. (담 등으로) 둘러싸다; 동봉하다: E~d please find a P.O. [check] for ten dollars. 10달러 우편환[수표]을 동봉하오니 받아주십시오.

en·clo·sure [inklóuʒər] n. 안, 구내; 울타리; 동봉한 것

en·core [ɑ́ŋkɔːr/ɔŋkɔ́:] n. 재청, 앙코르 —int. 재청이오, 앙코르 [F]

en·coun·ter [inkáuntər] vt., vi. 우연히 만나다 —n. 조우(遭遇)

en·cour·age [inkə́:ridʒ/-kʌ́r-] vt. 격려하다 (opp. discourage); 장려하다

en·cy·clo·pe·di·a, -pae- [insàiklapídia, en-] n. 백과사전

end [end] n. 끝, 최후; 마지막, 죽음;목적; (pl.) 동강 bring to an ~ 끝내다 come to an ~ 끝나다 in the ~ 마침내, 결국 no ~ of 한없이, 많은 put an ~ to / make an ~ of …을 끝내다 —vi. 끝나다 (in) —vt. 끝내다

en·deav·or, 《英》 **-our** [ndévər] n., vi., vt. 노력(하다) (effort)

en·dem·ic [endémik] a. 풍토의, 한 지방 특유의 n. 풍토병

end·less [éndlis] a. 끝없는

en·dorse [indɔ́:rs] vt. (어음 등에)배서하다; 보증[지지] 하다

en·dow [indáu] vt. 재산을 주다, (공공단체에)기금을 기부하다; 재능 등을 부여하다 ~·ment n. 재산증여, 기부; 기금; 천부 (pl.) 자질

en·dur·ance [ind(j)úər(ə)ns /-djúər-] n. 인내(력), 내구성

en·dure [ind(j)úər/-djúər] vt., vi. 견디다, 참다; (물건이) 오래 가다

end-us·er [éndjúːzər] n. 최종 이용자, 실수요자

en·e·my [énimi] n. 적

en·er·get·ic [ènərdʒétik] a. 정력적인, 활발한

en·er·gy [énərdʒi] n. 정력, 원기; 활동력

El Al 이스라엘 항공
e·lapse [iléps] vi. (때가) 지나다
e·las·tic [ilǽstik] a. 탄력있는, 신축성있는 —n. 고무줄
El·ba [élbə] n. 엘바섬
el·bow [élbou] n. 팔꿈치;(의자의)팔걸이 —vt. 팔꿈치로 밀다[밀어젖히다]: an ~ chair 팔걸이의자
eld·er [éldər] a. (old의 비교급) 손위의 —n. 연장자;(pl.) 선조
eld·er·ly [⁀li] a. 연세가 지긋한, 초로의
eld·est [éldist] a. (old의 최상급) 맏이의, 가장 손위의
El Do·ra·do [èldərɑ́:dou] 엘도라도(남미 아마존강가에 있다고 상상했던 황금의 나라) [Sp.]
e·lect [ilékt] vt. 선출[선거]하다 —a. 선발된 —n. 선발된 사람
e·lec·tion [ilékʃ(ə)n] n. 선거
eléction retúrns 선거의 개표 결과
e·lec·tive [iléktiv] a., n. 《美》 선택의, 선택과목
e·lec·to·rate [iléktərit] n. (총칭) 선거민, 유권자
e·lec·tric [iléktrik] a. 전기의: an ~ shaver 전기면도기/an ~ torch 《英》회중전등 《美 flashlight》
e·lec·tri·cal [iléktrik(ə)l] a. 전기에 관한; 전기의
e·lec·tric·i·ty [ilèktrísiti] n. 전기
e·lec·tri·fy [iléktrifài] vt. (물체에)전기를 통하여[띠게 하다]; 감전시키다; 충전하다;전화(電化)하다; 감동시키다
e·lec·tron [iléktrɑn / -trɔn] n. 《理》전자
e·lec·tron·ic [ilèktrɑ́nik/-trɔ́n-] a. 전자의: an ~ computer [calculator] 전자계산기/an ~ range 전자레인지/~ music 전자음악/an ~ video recorder 전자식 녹화재생기 《略: EVR》 ~s n. 전자공학
el·e·gance [éligəns], **-gan·cy** [-gənsi] n. 우아[고상]함
el·e·gant [éligənt] a. 우아한, 고상한; 《美口》 멋진, 훌륭한
ef·e·gy [élidʒi] n. 비가(悲歌)
el·e·ment [éləmənt] n. 요소, 성분; 《化》원소; (pl.) 원리, 초보
el·e·men·tal [èləméntl] a. 요소[원소]의; 기본적
el·e·men·ta·ry [èləméntəri] a. 기본적인, 초보의: an ~ school 초등학교
el·e·phant [éləfənt] n. 코끼리
el·e·vate [éləvèit] vt. 올리다; 승진시키다; 고상하게 하다: an ~d railway 고가철도

el·e·va·tor [éləvèitər] n. 《美》 승강기 (《英》 lift)
e·lev·en [ilév(ə)n] n. 11, 11개 —a. 11의, 11개의
e·lev·enth [ilév(ə)nθ] n., a. 제11(의); 11분의1(의)
elf [elf] n. (pl. **elves**) 모마요정
El Gi·za [el gí:zə] 기자(이집트 카이로 근처의 도시, 피라미드와 스핑크스가 근처에 있음)
el·i·gi·ble [élidʒəbl] a. 적격의 (for); 바람직한, 적당한 —n. 적격자, 유자격자 (for)
e·lim·i·nate [ilímənèit] vt. 제거 [삭제]하다
e·lite [ilí:t, eilí:t] n. 엘리트, 정예 [예 F]
elm [elm] n. 느릅나무 (목재)
el·o·quent [éləkwənt] a. 능변의; (확증이)남을 감동시키는
El Sál·va·dor [el sǽlvədɔ̀:r] 중미 서부의 공화국 (수도 San Salvador)
else [els] ad. 그밖에, 대신에: What ~ do you want? 이밖에 또 뭣을 원합니까
else·where [éls(h)wɛ̀ər/⌣⌣] ad. 딴곳에[으로], 어딘가 딴곳에
e·lude [ilú:d] vt. (몸을)피하다. (눈을)피하다, 벗어나다
elves [elvz] n. elf의 복수
É·ly·sée [eili:zéi] F. n. 엘리제궁 (프랑스대통령의 관저)
e·man·ci·pate [imǽnsipèit] vt. 해방[석방]하다 **-pa·tor** n. 해방자: the Great *Emancipator* 위대한 해방자 (링컨)
em·balm [imbɑ́:m] vt. 향기로 채우다; 향료나 약물로 미라로 만들다
em·bank [imbǽŋk] vt. 둑으로 둘러싸다 **~·ment** n. 제방(공사), 둑; (the E~)템즈강변의 아름다운 도로
em·bar·go [imbɑ́:rgou/em-] n. (pl. **~es**) (선박의)출[입]항금지; (일반적으로) 금지: gold ~ 금수출금지 —vt. 출[입]항을 금지하다
em·bark [imbɑ́:rk] vi. 승선[탑승]하다, 출항하다 (for); ~에 손대다 —vt. ~에 태우다, 적재하다
em·bar·ka·tion [èmbɑ:rkéiʃ(ə)n] n. 승선, 탑승, 적재 **embárkation càrd** 승선카드
em·bar·rass [imbǽrəs, +美 em-] vt. 난처[당황]하게 하다
em·bas·sy [émbəsi] n. 대사관; 대사 일행; 사절단
Émbassy Rów (워싱턴의) 각국 대사관거리(街)
em·blem [émbləm] n. 상징
em·body [imbɑ́di-bɔ́di] vt. 구체화[구현]하다 (in); 포함하다
em·brace [imbréis/em-] vt. 껴

e·co·nom·ic [ìːkənámik, èkə-/-nɔ́m-] *a.* 경제학의; 경제상의 ~ *waters* [*zone*] 경제수역 ~s 경제학

e·co·nom·i·cal [ìːkənámikəl, èkə-/-kɔ́n-] *a.* 절약하는; 경제적인

e·con·o·mist [i(ː)kánəmist/-kɔ́n-] *n.* (*the* ~) 런던에서 발행되는 주간지

e·con·o·my [i(ː)kánəmi/-kɔ́n-] *n.* 경제; 절약 —*ad.* 2등으로: *travel* ~ *class* 2등으로 여행하다/~ 2등(특히 여객기의)

e·co·sys·tem [ìːkousìstəm] *n.* 생태계

ec·sta·sy [ékstəsi] *n.* 무아지경, 황홀경; 미칠듯한 기쁨

Ec·ua·dor [ékwədɔ̀ːr/-́-] *n.* 에콰도르(남미의 공화국)

ec·u·men·i·cal [èkjuménik(ə)l/ìːkju-] *a.* 세계교회의 ~ *movement* 세계교회운동

E/D card 출입국카드 [< embarkation and disembarkation]

E·den [íːdn] *n.* (聖) 에덴동산

Ed·gar [édɡər] *n.* 미국 추리 소설가상(정식명은 Edgar Allan Poe Award)

edge [edʒ] *n.* 가(장자리); 날; 산등성이;(말·욕망의)날카로움 *be on* ~ 홍분해[안절부절 못하고] 있다 —*vt.* 가를 대다; 날을 세우다, 날카롭게 하다; 조금씩 나아가게 하다 —*vi.* 가를 따라 움직이다; 조금씩 나아가다

ed·i·ble [édibl] *a.* 먹을 수 있는, 식용의 —*n.* (보통 *pl.*) 식용품

e·di·fice [édifis] *n.*(웅장한)건물

Ed·in·burgh [éd(i)nbə̀ːrou/-b(ə)rə] *n.* 에딘버러 (스코틀랜드의 수도) ~ *Festival* 에딘버러 음악제(8월 중순에서 9월 상순에 걸쳐 열리는)

ed·it [édit] *vt.* 편집하다

e·di·tion [idíʃ(ə)n] *n.*(책·신문의)판, 간행; (개정·증보)판 (*cf.* impression) : *the first* ~ 초판

ed·i·tor [éditər] *n.* 편집자: *the chief* ~; *the* ~ *in chief* 편집장, 주필

ed·i·to·ri·al [èditɔ́ːriəl] *a.* 편집자의; 편집(상)의 —*n.* 사설

EDT = *eastern daylight time* 동부 일광 절약시

ed·u·cate [édʒukèit/édju(ː)-] *vt.* 교육하다; 양성하다

ed·u·ca·tion [èdʒukéi(ə)n/èdju(ː)-] *n.* 교육 ~·**al** *a.* 교육(상)의, 교육적인 ~*al television* 교육 텔레비전

EEC = *European Economic Community* 유럽경제공동체

eel [iːl] *n.* 장어

ef·fect [ifékt] *n.* 결과; 효과 영향, 효과; 취지; (*pl.*) 동산, 자산 *bring to* [*carry into*] ~ 실행하다 *come* [*go*] *into* ~ 실시되다 *in* ~ 사실상, 요컨대 *to no* ~ 쓸데없이 *with* ~ 유효하게 —*vt.* 결과로서 ···을 낳다; 이루다

ef·fec·tive [iféktiv] *a.* 유효한; 효과적인; 실제의 「궁극

ef·fi·cien·cy [ifíʃ(ə)nsi] *n.* 능률,

ef·fi·cient [ifíʃ(ə)nt] *a.* 능률적인; 유능한

ef·fort [éfərt] *n.* 노력

e.g. *exempli gratia* (L = *for example*) 예를 들면

egg [eg] *n.* 알, 달걀: *a boiled* ~ 삶은 달걀/*a fried* ~ 에그 프라이

egg·head [-̀hèd] *n.* (*美口*) 인텔리, 지식인

egg·plant [-̀plænt / -plɑːnt] *n.* (植) 가지

e·go [íːɡou, éɡou/éɡou] *n.* (*pl.* ~**s**) 자아 ~·**ism** *n.* 이기주의, 이기설 ~·**ist** *n.* 이기주의자

e·go·is·tic [ìːɡouístik, èɡou-/èɡou-] *a.* 이기적인, 자기본위의

e·go·tism [íːɡoutìz(ə)m/éɡou-] *n.* 자기중심(주의), 자기본위; 아만, 독선 -**tist** *n.* 자기본위인 사람, 이기주의자

e·go·tis·tic [ìːɡoutístik/èɡou-] *a.* 자기본위의, 이기적인

E·gypt [íːdʒipt] *n.* 이집트

E·gyp·tian [idʒíp(ə)n] *a.* 이집트(사람)의 —*n.* 이집트사람[말]

eh [ei] *int.* 뭐(라고)?, 그렇지?

Eif·fel Tówer [áif(ə)l] (파리의) 에펠탑

eight [eit] *n., a.* 8(의)

eight·een [éitíːn] *n., a.* 18(의)

eighth [eitθ] *n., a.* 제8(의), 8번(의); 8분의1(의)

eight·y [éiti] *n., a.* 80(의)

Eire [ɛ́(ː)rə] *n.* 아일랜드공화국의 옛이름

ei·ther [íːðər, áiðər] *a.* 둘 중 어느쪽의; 양쪽의 —*pron.* 어느쪽 —*ad.* (*부정문*) ···도 또한: *E*~ *will do.* 어느쪽이라도 좋다 —*ad.* (*부정문*) ···도 또한 (···않다) (*cf.* neither) —*conj.* (either··· or···) ···이든 (either··· or···)의 형태로) ···이든

e·ject [i(ː)dʒékt] *vt.* 추방하다 (*expel*) (*from*); (액체 등을)분출[배출]하다

e·lab·o·rate [ilǽbərit] *a.* 공들인 —*vt.* [ilǽbərèit] 공들여 만들다

dwell·ing [dwéliŋ] *n.* 거처, 주택: a ~ place 주소
dwin·dle [dwíndl] *vi.* 작아지다, 감소[쇠퇴]하다
dye [dai] *vt., vi.* 물들(이)다 — *n.* 염료, 염색
dy·ing [dáiiŋ] *v.* die의 현재분사 —*a.* 죽어가는; 죽어야 할; 저물어가는; (口) 몹시 …하고 싶어하는 《to do》
dy·nam·ic [dainǽmik] *a.* 동력의, 역학의; 《상》의; 정력적인
dy·na·mite [dáinəmàit] *n., vt.* 다이너마이트(로 폭파하다)
dy·na·mo [dáinəmòu] *n.* 발전기
dy·nas·ty [dáinəsti / dí-] *n.* 왕조

E

each [i:tʃ] *a.* 각각의 —*pron.* 각자, 각각 ~ **other** 서로
ea·ger [í:gər] *a.* 열심인; 갈망하는 《for, after》, 몹시 …하고 싶어하는 《to do》 ~ **to do**
ea·gle [í:gl] *n.* 《鳥》 (독)수리, (골프) 이글(par보다 2타 적은 타수로 홀인 하기)
ear [iər] *n.* 귀; 청각, 음감 ~ **lend an** ~ **to** …을 경청하다 **have no** ~ **for music** 음악에는 깜깜이다
earl [ə:rl] *n.* 《英》 백작 《cf. count》
ear·ly [ə́:rli] *a.* 이른; 올되는; 초기의; 가까운 장래의: at your *earliest* convenience 형편이 닿는대로 **keep** ~ **hours** 일찍자고 일찍 일어나다 —*ad.* 일찍이, 일찌감치
earn [ə:rn] *vt.* (일해서) 벌다; (명성을)얻다, (감사를)받다 —*ed income* 근로소득
ear·nest [ə́:rnist] *a.* 진지한, 열심인; 중대한 —*n.* 진지함 **in** ~ 진지하게
ear·phone [íərfòun] *n.* 이어폰
ear·ring [íərriŋ] *n.* 귀걸이
ear·shot [íərʃàt / -ʃɔ̀t] *n.* 들리는 범위[거리]
earth [ə:rθ] *n.* (*pl.* ~**s** [-ðs, ðz] (*the* ~) 지구; 대지, 육지; 흙; 이승; 《電》 어스; (의문사와 함께) 도대체; (부정어와 함께) 조금도: Why on ~? 도대체 왜
earth·en [ə́:rθ(ə)n] *a.* 흙으로 만든, 질그릇의 ~**ware** [-wɛ̀ər] 토기(의), 질그릇
earth·quake [-kwèik] *n.* 지진
ease [i:z] *n.* 편함, 안락; 용이; 여유 *at one's* ~ 마음편히 *take one's* ~ 몸을 편히 쉬다 *well [ill]* ~ 마음편히[불안하여] *with* ~ 쉽게 —*vt.* 안심시키다, (고통을)덜다
ea·sel [í:zl] *n.* 화가(畫架)
eas·i·ly [í:zili] *ad.* 쉽게; 마음편히
east [i:st] *n.* 동(쪽); (*the* E~) 동양; 《美》동부지방 *the Far [Middle, Near]* E~ 극[중, 근]동 —*a.* 동(쪽)의 *the* E~ *End* 런던 동부의 빈민가 *the* E~ *Side* 뉴욕시 Manhattan 구 동부의 빈민구역
East·er [í:stər] *n.* 부활절 ~ *egg* (색칠한) 부활절 달걀
east·ern [í:stərn] *a.* 동(쪽)의; (E~) 동양(식)의
east·ward [í:stwərd] *a., ad.* 동쪽의(으로)
eas·y [í:zi] *a.* 쉬운 《opp. hard》; 안락한; 편한; 유복한; (옷이)넉넉한: ~ *payment* 분할지불, an ~ *chair* 안락의자/~ *dress* 경쾌한 복장 —*ad.* 쉽게, 태평하게 *Take it* ~. 《美》 걱정마라, 안녕(친한 사이에 씀)
eas·y-go·ing [-góuiŋ] *a.* 태평한
eat [i:t] *v.* (*p.* **ate**, *pp.* **eat·en** [í:tn]) *vt.* 먹다, (수프 등을) 떠먹다 —*vi.* 식사하다, 먹히다: ~ *out·side* 외식하다 ~ *up* 먹어치우다; 다 써버리다; 열중시키다 ~ *well* 잘 먹다; 맛이 좋다
eat·a·ble [í:təbl] *a.* 먹을 수 있는 —*n.* (보통 *pl.*) 식음식품, 식료품
eat·er·y [í:təri] *n.* 식당
Eau de Co·logne [òudəkəlóun / óu-] F. 오드콜롱(향수의 일종)
eau de vie [òudəvíː/óu-] F. 브랜디(생명의 물)이란 뜻)
eaves·drop [í:vzdràp / -dròp] *vi.* (숨)엿듣다
ebb [eb] *n.* 썰물; 쇠퇴(기)
eb·on·y [ébəni] *n., a.* 흑단(으로 만든); 칠흑의
EC = *European Communities* (유럽공동체)
ec·cen·tric [ikséntrik, ek-] *a.* (행위가)정상을 벗어난; 별난
ech·o [ékou] *n.* (*pl.* ~**es**) 반향, 메아리 —*vi.* 반향하다 《…을》 —*vt.* 반향시키다; (남의 말을)흉내내다
é·clair [eikléər] F. *n.* 에클레어(크림이 든 과자)
e·col·o·gy [ikɔ́lədʒi / -kɔ́l-] *n.* 생태학; 환경
e·con·o·met·rics [i(ː)kɑ̀nəmétriks / -kɔ̀n-] *n.* 계량경제학

drý cléaning 드라이클리닝
drý dóck 건선거(乾船渠)
drý góods 직물류; 양품류; 《英》 꼭물류
DST = daylight saving time
du·al [d(j)ú:əl/djú(:)-] a. 둘의, 이중의, 이원적인
dub [dʌb] vt. (필름·테이프에) 대사(음악)을 넣다 ~·bing n. 더빙
du·bi·ous [d(j)ú:biəs/djú:-] a. 의심스러운, 수상한, 미심쩍은
Dub·lin [dʌ́blin] n. 아일랜드공화국의 수도
duch·ess [dʌ́tʃis] n. 공작(duke)부인; 여자 공작
duck [dʌk] n. 오리, 집오리
duct [dʌkt] n. 관, 도관(導管)
due [d(j)u:/dju:] a. (지불기일이) 만기의; 당연한; 당연히 주어져야 할 (to); …에 의한, …에 귀착한; …하기로 되어 있는 ((to do)); 도착예정인: When is this train ~ in London? 이 열차는 런던에 몇시에 도착할 예정입니까 ~ **to** …때문에 **in** ~ **course** 멀지 않아 **in** ~ **time** 때가 오면, 이윽고 ─ad. 정확히 ─n. 당연히 받아야 할 것; (pl.) 세금, 요금, 수수료
du·el [d(j)ú:əl/djú(:)-] n., vi. 결투(하다)
du·et [d(j)uːét/djuː-] n. 《音》 2중주(창)(곡)
duf·fel, -fle [dʌ́f(ə)l] n. 한쪽 면에 보풀을 세운 나사의 일종 **duffel bag** 크레 가방
dug [dʌg] v. dig 의 과거(분사)
dug·out [dʌ́gàut] n. 통나무배; 《야구》 더그아우트
duke [d(j)u:k/dju:k] n. 《英》 공작
dull [dʌl] a. 둔한; 우둔한 (stupid); (색·음이) 흐릿한; 지루한; (거리·가루) 뭉친; 활기 없는 ─vt. 둔하게 하다, 완화하다 ─vi. 활기없게 되다
du·ly [d(j)ú:li/djú:-] ad. 정식으로; 충분히; 정시에
dumb [dʌm] a. 벙어리의; 말없는
dumb·bell [-bél] n. 아령
dum(b)·found [dʌmfáund] vt. 아연실색하게 하다 ─**ed** a. (놀라)말문이 막힌
dumb-wait·er [-wèitər] n. 《美》 식품기구용 승강기; 《英》 회전식 식품대
dum·my [dʌ́mi] n. 모델인형, (사격연습용) 표적인형, 허수아비
dump [dʌmp] n. 쓰레기더미, 쓰레기장 ─vt. 털썩 내리다; 투매(덤핑)하다
dump trúck (쓰레기치우는)덤프트럭
dunce [dʌns] n. 열등생, 저능아

dune [d(j)u:n/dju:n] n. (해변의) 사구
dun·geon [dʌ́ndʒ(ə)n] n. 지하감옥; 성의 본채
duo·mo [dwóumou] n. (pl. ~**s**, **-mi** [-mi]) (이탈리아의) 대성당 (cathedral) [It.]
du·plex [d(j)ú:pleks/djú:-] a. 이중의 ~ **apartment** 상하층으로 갈린 집인 아파트 ~ **house** 2세대용 연립주택
du·pli·cate [d(j)ú:plikit/djú:-] a. 이중의; 사본의 ─n. 복제물, 복사, 등본; 보관표, 전당표
du·ra·ble [d(j)ú(ə)rəbl/djú:-] a. 지속하는, 오래가는 **-bíl·i·ty** n. 내구성(력)
du·ra·tion [d(j)uréi(ə)n/dj_u(ə)-] n. 지속(기간)
dur·ing [d(j)ú(:)riŋ/djúər-] prep. …동안 내내, …사이에
dusk [dʌsk] n. 어스름, 황혼 ~**y** a. 어스름한, 음울한
Düs·sel·dorf [dísldɔ̀:rf, dúsl-/ dúsldɔ̀:rf] n. 뒤셀도르프(서독의 라인강가에 있는 항구도시)
dust [dʌst] n. 먼지, 티끌; 가루; 꽃가루; 《俗》 현금 ─vt., vi. (가루를) 뿌리다; (먼지를) 털다
dúst bìn 《英》 쓰레기통
dúst chùte 더스트 슈트(쓰레기를 아래층으로 떨어뜨리는 장치)
dust·coat [-kòut] n. 《英》 더스트 코트
dust·er [dʌ́stər] n. 총채; 걸레; 청소부; 《美》 더스터 코트
dust·pan [dʌ́stpæ̀n] n. 먼지무성(이)
dust·y [dʌ́sti] a. 먼지투성이의
Dutch [dʌtʃ] n. 《총칭》 네덜란드 사람(말) ─a. 네덜란드(사람·말)의 **go ~** 《口》 비용을 각자 부담으로 하다 ~ **treat** 《美口》 각자 부담의 회식 ─**man** n. (pl. **-men** [-mən]) 네덜란드사람; 《美口》 독일인
du·ti·a·ble [d(j)ú:tiəbl/djú:-] a. 관세를 지불해야 하는 (opp. duty-free): ~ **goods** 과세 품목
du·ty [d(j)ú:ti/djú:-] n. 의무, 본분, 임무, 직무 분담; 경의; 세금, 관세 (customs duties): ezport (import) duties 수출 [수입] 관세 ~ **off** [**on**] 비번으로 [당번으로, 근무중] [(tax-free)
du·ty-free [-frí:] a. 면세의
dwarf [dwɔːrf] n. (pl. ~**s**) 난쟁이; 보통보다 작은 동물(식물), 꼬마 ─a. 작은, 왜소한 ─vt., vi. 작게 하다(되다); 위축시키다 [되다]
dwell [dwel] vi. (p., pp. **dwelt** [dwelt] or ─**ed**) 살다 ((in)); 오래 머물다 ~ **on** [**upon**] …

dress·ing [drésiŋ] n. 옷입기; 끝손질; 붕대, 응급치료용품 등; 드레싱 (고기·생선·야채 등에 치는 소스); a ~ case 조구(여행용) / 화장품가방 / a ~ gown 화장복 / a ~ room 화장실 / a ~ table (英) 경대

dress·mak·er [drésmèikər] n. (여자·아동복의) 양재사

dress·y [drési] a. (口) (옷이) 정장용의; 멋부린, 맵시있는

drew [dru:] v. draw의 과거

drib·ble [dríbl] vi., vi. 똑똑 떨어뜨리다(떨어지다); 《구기》 드리블하다 —n. 적하(滴下); 소량; 가랑비; 《구기》 드리블

dri·er [dráiər] n. 건조기; 드라이어 (dryer로도 씀)

drift [drift] n. 표류; 표류물; 바람에 쌓인 것; 대세, 동향 —vi., vt. 표류하다[시키다]; 바람에 날리다 —《木》

drift·wood [<wùd] n. 유목(流

drill [dril] n. 송곳; 훈련 —vt. (송곳 등으로) …에 구멍을 뚫다; 훈련시키다

drink [driŋk] vt., vi. (p. drank, pp. drunk) 마시다; 술마시다, 건배하다 —a ~ing fountain 음용(飮用)분수 / Give me something to ~. 마실 것 좀 주시오 / a person's health 남의 건강을 축하하며 건배하다 ~ to …을 위해 건배하다 —n. 음료; 술; 한 잔: soft drink 청량음료 / strong~ 알코올음료, 주류 in ~ 취하여 a ~ of 한 잔[모금]의

drink·a·ble [dríŋkəbl] a. 마실 수 있는 —n. (보통 pl.) 음료

drip [drip] n. (물)방울 —vt., vi. (p., pp. dripped or dript [dript]) 방울져 떨어지다

drive [draiv] vt., vi. (p. drove, pp. driv·en [drívn]) 운전[조종] 하다; 차로 나르다[가다]; 드라이브하다; 몰아내다[대다]; 혹사하다; (못을) 때려박다; (장사를) 경영하다; 억지로 …시키다 —n. 드라이브, 자동차 (마차) 여행; 주행거리; 차도; 몰아내기; 추진(력); 《골프》 드라이브 / a ~ map 자동차주행용 지도 / an hour's ~ 차로 1시간의 거리

drive-in [dráivìn] n. 드라이브인(자동차를 탄 채 들어갈 수 있는 영화관·식당·휴게소 등)

driv·er [dráivər] n. 운전자, (전차·버스 등의) 운전수, 기관수; 《골프》 클럽의 일종: a ~'s license 운전면허(증)

drive·way [dráivwèi] n. 《美》

81

자동차로, (문에서 현관까지의) 차도

driz·zle [drízl] n. 이슬비

drom·e·dar·y [drámədèri, drám-/drɔ́məd(ə)ri, drʌm-] n. 단봉낙타

droop [dru:p] vi., vi. (몸·얼굴·등) 수그러지다, 숙이다, 내리깔다 —n. 수그림, 의기소침

drop [drap/drɔp] n. (물)방울; (국)소량; 드롭(과자); 낙하; 하락 —vt., vi. (p., pp. dropped or dropt [·t]) 방울져 떨어지다; 떨어뜨리다, 하락하다; (차에서 사람을) 내리다; (목소리를) 낮추다; (습관 등을) 그만두다; 생략하다; (편지를) 써보내다; 무심코 입밖에 내다; 우연히 만나다, 갑자기 방문하다 (in, on): D~ me a line. 편지 주십시오 / D~ me here. 여기에서 내려주시오 ~ in at [on a person] …에 [남에게] 잠시 들르다

dróp cùrtain (현수식) 무대막

drop·out [<àut] n. 중도탈락자(퇴학자), 낙오자, 낙제생

dróp tàble (객차 등의) 한쪽이 꺾이는 테이블

drove [drouv] v. drive의 과거

drown [draun] vt., vi. 물에 빠지(게하)다; 흠뻑 젖게하다; (소리를) 지우다; 달래다 (in, with)

drow·sy [dráuzi] a. 졸리는

drug [drʌɡ] n. 약(품) —vt. 약을 섞다; 독을 타다 ~·gist n. 약종상, 약제사 (英 chemist)

drug·store [<stɔ̀:r] n. 《美》 드럭스토어 (약 외에 담배·화장품 등을 팔고, 차도 마시는 곳)

drum [drʌm] n. 북 —vt., vi. 북을 치다; 쾅쾅 치다 (때리다)

drúm ma·jor·étte [<mèi-dʒərét] 여자 악대장

drum·mer [drʌ́mər] n. 고수(鼓手); 《美口》 외판원

drunk [drʌŋk] v. drink의 과거분사 —a. 술취한

drunk·ard [drʌ́ŋkərd] n. 술꾼, 취한

drunk·en [drʌ́ŋk(ə)n] a. 술취한, 술로 인한; 주정꾼의

dry [drai] a. 마른 (opp. wet), 건조한; 가뭄의; 《美口》 금주의; 《俗》 목마른; (술이) 단맛 없는; 무미건조한; 퉁명스런: a ~ bread 버터를 바르지 않은 빵 / a ~ battery 건전지 / ~ 라이아이스 / the ~ law 금주법 / a ~ town 금주법이 시행된 도시 —vt., vi. 말리다, 마르다, 건조시키다[하다]; 고갈시키다[하다] (up) ~·er n. 건조기(장치), 제

Dówn·ing Stréet [dáuniŋ] 다우닝가(런던 관청가); 영국정부

dówn páyment 분할불의 청약금

down·right [⁼ràit] a. 철저한; 솔직한 —ad. 철저히, 완전히

down·size [dáunsàiz] vt. 소형화하다

down·stairs [⁼stέərz] n., ad., a. 아래층(에, 에서, 의)

down·town [⁼táun] n. 상업지구; 중심가 n. 중심가의 —ad. 중심가로(에, 에서); go ～ 중심가로 가다

down·ward [⁼wərd] a., ad. 아래쪽의[으로], 하향의[으로]

dow·ry [dáuri/dáu(ə)ri] n. (신부의)결혼지참금, 결혼금; 천부의 재능

doze [douz] n., vi., vt. 졸기; 졸다

doz·en [dʌ́zn] n. 1 다스, 12개 《수사 또는 그 상당어 뒤에 형용사로 쓸 경우는 단·복수 동형》; (pl.) 많음; two ～s of eggs; two ～ eggs 달걀 2 다스

DPE = development, printing and enlargement (사진의)현상

Dr., Dr = doctor

draft, draught [dræft/drɑːft] n. 1 외풍 2 초고, 초안; 밑그림 3 마시기: have a ～ of beer 맥주를 한잔하다 4 (차 등을)끌기 5 어음 6 (美)징병 《1, 3은 영국에서는 보통 draught》 *draft beer* 생맥주 —vt. 초안을 잡다

drafts·man [dræftsmən/drɑ́ːfts-] n. (pl. -men [-mən]) 제도자, 기초[기안]자

draft·y [dræfti/drɑ́ːfti] a. 외풍이 들어오는

drag [dræg] vt. (무거운 것을)질질 끌다 —vi. 질질 끌리다

drag·on [drǽɡ(ə)n] n. 용

drain [drein] vt., vi. 배수하다; 다 써버리다, 다 써버리다 —n. 배수로; 하수도

drain·age [dréinidʒ] n. 배수; 하수도

drain·pipe [⁼pàip] n. 배수관, 하수관

drake [dreik] n. 수오리

dra·ma [drɑ́ːmə] n. 희곡, 연극, 각본, 극문학; 극적 사건

dra·mat·ic [drəmǽtik] a. 연극의; 극적인, 연극같은

dram·a·tist [drǽmətist] n. 《작가》

drank [dræŋk] v. drink의 과거

drap·er [dréipər] n. 《英》포목상, 피륙상

dra·per·y [dréipəri] n. 피륙, 직물, 직물판매(업); (때로 pl.) 주름잡힌 휘장

dras·tic [drǽstik] a. 격렬한, 철저한, 과감한

draw [drɔː] vt., vi. (p. **drew**, pp. **drawn**) 끌다; (차 등을)끌고 가다; 다가가다; 빨다(from); 빠지다; 꺼내다, (패를) 들리다; (돈을) 인출하다; (결과·결론을) 이끌어내다; (주의·인기를) 끌다(to); (숨을) 들이쉬다; (서류 등을) 작성하다; (수표·어음을) 발행하다; (선 등을)긋다; (시합을) 비기(게 하)다; (배를)끌다 ～ **near** 다가가다

draw·back [⁼bæ̀k] n. 장애 (to); 불리; 환불금 (세금)

draw·bridge [⁼brìdʒ] n. 도개교 (跳開橋)

draw·er [drɔ́ːr→2, 3 ～] n. 1 어음발행인; 제도자 2 [drɔ́ːr] 서랍 3 (pl.) [drɔ́ːrz] 옷장; 속바지, 팬츠

draw·ing [drɔ́ːiŋ] n. 꿈, 제도용화, 선화; 추첨; (어음의)발행

dráwing ròom 객실, 응접실; 《美》(침대차의·특별실)

drawn [drɔːn] v. draw의 과거분사 —a. 잡아뽑은; 비긴: **a ～ game** 무승부시합

dread [dred] n. 공포; 무서운 것 —vt. 무서워하다 ～**ful** a 무서운, 무시무시한; (俗)지독한 《英》씨구려패러큘지

dream [driːm] n. 꿈; 환상, 공상 —vi., vt. (p., pp. **dreamt** [dremt] or ～**ed**) 꿈을 꾸다, ...을 꿈에 보다 (of, about); (부정구문) 꿈꾸다 (of) ～**er** n 꿈꾸는 사람, 몽상가

dream·y [drí:mi] a. 환상에 잠기는; 꿈같은

drear·y [drí(ə)ri] a. 쓸쓸한, 황량한, 권태로운

dreck [drek] n. 쓰레기, 잡동사니, 시시한 것

dregs [dregz] n. pl. 찌꺼기, 앙금; 쓰레기

drench [drentʃ] vt. 흠뻑 적시다

dress [dres] v. (p., pp. ～**ed** or **drest** [drest]) vt. 옷을 입히다, 정장시키다; (진열장 등을)꾸미다; (머리를)손보다, (상처를)치료하다; (음식을) 요리하다: **Get** ～**ed**. 옷을 갈아입어라 —vi. 옷을 입다; 정장하다 ～ **up** 성장하다 —n. 옷 (특히 상의), 의복; 정장; 여자옷 ～ **circle** 《英》 (극장의) 이층정면석 ～ **coat** 연미복 ～ **suit** 남자용 야회복 *evening* ～ 야회복, 연미복 ～ 정장, 대예복 *No* ～. (초대장 등)정장하실 필요는 없읍니다

dress·er [drésər] n. 옷 입(히)는 사람; 의상 담당자; 《美》화장대

(*pl.*) 도미노놀이, 도미노패
dómino théory 도미노 이론(한 국가의 공산화가 차례차례로 공산화를 초래한다는 설)
do·nate [dóuneit, -́-] *vt.* 《美》 기부[기증]하다
done [dʌn] *v.* do의 과거분사 —*a.* 끝난, 마친; (음식이) 익은, 구워진: It is ~. 끝났다, 이것으로 됐다/ half-~ 설익은 《구워진[이]》/ over-~ 너무 익은 《구워진》
don·key [dɑ́ŋki/dɔ́ŋ-] *n.* 당나귀 (ass); 열간이, 바보
do-noth·ing [dúːnʌ̀θiŋ] *a.* 아무 것도 않는, 게으른 —*n.* 밥벌레, 게으름뱅이
doom [duːm] *n., vt.* 운명(짓다)
dooms·day [dúːmzdèi] *n.* 최후의 심판일, 세상의 마지막날
door [dɔːr] *n.* 문, 도어; 출입구, 문호 *in* ~*s* 실내(에서) *next to* ⋯의 옆집에, ⋯에 가까운 *out of* ~*s* 바깥에(서)
door·bell [́-bèl] *n.* (문간의) 초인종
dóor chàin 도어체인 (문 안쪽에 다는 방범용 쇠사슬)
door·keep·er [́-kìːpər] *n.* 문지기, 수위
door·knob [́-nɑ̀b/-nɔ̀b] *n.* 문의 손잡이
door·man [́-mæ̀n, -mən] *n.* (*pl.* -**men** [-mèn, -mən]) 도어맨(호텔·클럽에서 손님의 짐을 날라주거나 택시를 잡아주기도 함)
door·mat [́-mæ̀t] *n.* 구두의 흙털개
dóor·plate [́-plèit] *n.* 문패
dóor prize 입장자에게 추첨으로 주는 상
door·step [́-stèp] *n.* 문앞 층대
door·way [́-wèi] *n.* 출입구
dope [doup] *n.* 마약; (경마 등의) 정보
dope·ster [dóupstər] *n.* (스포츠·선거 등의) 예상가
Dor·ic [dɔ́ːrik, dár-/dɔ́r-] *a.* 《建》 도리아식의(기둥이 굵으며, 꼭대기 장식은 반구형)
dorm [dɔːrm] *n.* = dormitory
dor·mant [dɔ́ːrmənt] *a.* 자고 있는; 쉬고 있는: *a* ~ *volcano* 휴화산
dor·mi·to·ry [dɔ́ːrmitɔ̀ːri/-t(ə)ri] *n.* 기숙사; 공동침실
dose [dous] *n.* (약의) 1회 복용량, 한 첩
dot [dɑt/dɔt] *n.* 점, 반점 *to a* ~ 《口》 정확히, 완전히 —*vt.* 점을 찍다
dot·age [dóutidʒ] *n.* 망령, 노망; 맹목적 사랑
dót·ted líne [dɑ́tid/dɔ́t-] 점선

---

dou·ble [dʌ́bl] *a.* 2배의; 2인용의; 이중의, 쌍의; (꽃이) 겹인: *a* ~ *bed* 2인용 침대 —*ad.* 2배로, 이중으로 —*vt., vi.* 2배로 하다[되다], 매가하다, 이중으로 하다[되다], 둘로 접(히)다: ~ *up two passengers* (선실 등에서) 승객 둘을 한 방에 넣다 —*n.* 2배, 배액; (*pl.*) 《경기 등》 더블즈 (*cf.* singles)
dou·ble-breast·ed [́-bréstid] *a.* (상의가) 더블의
dou·ble-deck·er [́-dékər] *n.* 2층선; 2층버스[전차, 여객기]
dóuble féature (영화 등) 2편 동시 상영
dou·ble-head·er [́-hédər] *n.* 기관차 2대연결열차; 《야구》 더블헤더
double-oc·cu·pan·cy [́-ɑ́kjupənsi/-ɔ́kju-] *n.* 2인용 방
double-park [́-pɑ́ːrk] *vt., vi.* 다른 자동차 옆에다 주차하다
dóuble pláy 《야구》 병살
doubt [daut] *n.* 의심; 불확실 *beyond* ~ 의심할 여지없이 *in* ~ 의심하여 —*vt., vi.* 의심하다; 못미더워하다 《*about, of*》 ~·**ful** *a.* 의심하는 《*of*》; 수상한; 애매한 ~·**less** *ad.* 의심할 바없이 —*a.* 의심할 바 없는
dough [dou] *n.* 밀가루반죽
dough·nut [dóunʌt, -nʌ̀t] *n.* 도넛
dove [dʌv] *n.* 《鳥》 비둘기
Do·ver [dóuvər] *n.* 영국 동남부의 항구도시 *the Strait*(*s*) *of* ~ 도버 해협
dove·tail [dʌ́vtèil] *n.* 열장장부 부촉으로 맞추다; 꼭 들어맞(게) 하다
dow·er [dáuər] *n.* 미망인이 받는 남편의 유산; 타고난 재능
Dów-Jónes áverage [dáudʒóunz] 다우존스 평균주가
down[1] [daun] *n.* 언덕, 사구; (*pl.*) (기복있는) 초원
down[2] *ad.* 아래로, 아래(가서); 시골로; (순서·때) 아래에, ⋯에 이르기까지; 필기하여, 넘어져, (건강이) 쇠퇴하여, 누워, (문이) 내려져, (해가) 져서; 《노수〔〕에》, (바람이) 자서, (신분이) 낮아져, (품질·값이) 떨어져서, (세력 등이) 줄어, 현찰로, 즉석에서 —*prep.* ⋯의 아래쪽에, ⋯을 내려가서, ⋯의 하류로 —*a.* 하행의: *a* ~ *train* 하행열차
down·fall [́-fɔ̀ːl] *n.* 멸망; 호우, 폭설
down·hill [́-hìl] *n.* 내리받이 비탈을 내려가는; 더 나빠지다, 망해가다

di·vi·sion [divíʒ(ə)n] *n.* 분할, 분배; 칸막이; 과, 부, 구분; 《美》…국, …과, 사업부; 나눗셈

di·vorce [divɔ́ːrs] *n., vt.* 이혼(하다); 분리(하다)

di·vulge [diváldʒ/dai-] *vt.* (비밀을) 누설하다, 폭로하다 (disclose)

Dix·ie [díksi] *n.* 미국 남부제의 총칭 ☞ *Cup* 종이컵(상품명)

Dix·ie·land [díksilænd] *n.* 재즈음악의 일종

diz·zy [dízi] *a.* 현기증나는

DJ = disk jockey

Dja·kar·ta [dʒəkáːrtə] *n.* 자카르타(인도네시아의 수도)

DMZ = demilitarized zone

do [duː, du, də] *v.* (*p.* **did**, *pp.* **done**, 직설법·3인칭·단수·현재 **does**) *vt.* **1** 하다, 행하다 **2** 주다: Will you ~ me a favor? 부탁이 있는데요 **3** 처리하다, 손질하다 **4** (문제를) 풀다, 번역하다 《*into*》: ~ sums 계산하다 **5** 쓸모있다: This room will ~ me well. 이 방이면 충분합니다 **6** 구경하다: ~ New York 뉴욕을 구경하다〔돌아보다〕 **7** 대접하다 (treat): They did us well at the hotel. 그 호텔은 대우가 좋았다 —*vi.* **1** 행하다, 일하다 **2** 쓸모가 있다: That will ~. 그만하면 됐다 **3** 번창하다 **4** 살아가다 ~ **for** (1) …을 죽이다, 멸망시키다 (2) …을 돌보다 (3) …을 대신하다 ~ **with** (1) …을 참다, 처리하다 ~ **without** (1) 이 지내다 **have done with** 마치다; …과 손을 끊다, …을 상관하지 아니하다 **have to ~ with** …과 관계가 있다 —《대동사》《동사의 반복을 피하기 위해쓴》 **So ~ I.** 나도 그렇다〔그렇게 하겠다〕 **So I ~.** 《口》. 말씀대로(나는 …한다) —*aux. v.* (*p.* **did**, 직설법·3인칭·단수 현재 **does**) **1** 《의문·부정》: D~ you understand? 알겠니 **2** 《강조 [dúː]》: D~ come. 꼭 오시오 **3** 《어순전도》: Never did I see such a fool. 이런 바보는 처음 보겠다

doc·ile [dás(i)l/dóusail] *a.* 가르치기 쉬운; 양순한; 다루기쉬운

dock [dɑk/dɔk] *n.* 계선장, 도크; 부두(장)의구내

dock·ing [dákiŋ/dɔ́k-] *n.* (우주선의)공중 결합

doc·tor [dáktər/dɔ́ktə] *n.* 박사 (略:Dr.); 의사: see a ~ 의사의 진찰을 받다/ send for a ~ 의사를 부르러 사람을 보내다/ call a ~ 의사를 불러오다/ telephone for a ~ 전화로 의사를 부르다

doc·trine [dáktrin/dɔ́k-] *n.* 교리; 주의

doc·u·ment [dákjumən-/dɔ́k-] *n.* (기록)문서, 서류; 증서

doc·u·men·ta·ry [dàkjumént-(ə)ri/dɔ̀k-] *a.* 문서의;기록적인 —*n.* 기록영화, (텔레비전·라디오의) 기록물

Dodge [doum] *n.* 미국 크라이슬러사의 자동차

dodge [dadʒ/dɔdʒ] *vt., vi.* 몸을 비키다; (질문 등을)얼버무리다

does [dʌz] *v., aux. v.* do의 3인칭 단수 현재형

dog [dɔːg/dɔg] *n.* 개; 전달; 《美》핫도그

dogged [dɔ́ːgid/dɔ́g-] *a.* 완고한, 고집불통인

dog·house [-hàus] *n.* (*pl.* -hous·es) 개집 **in the ~** 인기를 잃고, 체면을 잃고

dog·ma [dɔ́ːgmə, dɑ́g-/dɔ́g-] *n.* (*pl.* **~s, ~·ta** [-mətə]) 교리

dog·mat·ic [dɔːgmǽtik, dɑg-/dɔg-] *a.* 독단적인; 교리의

do·ings [dúː(ː)iŋz] *n. pl.* 소행, 행위

do-it-your·self [dúːitjuərsélf/-itjɔː-] *a., n.* 손수 만드는[만들기]

doll [dɑl/dɔl] *n.* 인형

dol·lar [dálər/dɔ́lə] *n.* 달러(미국·캐나다의 화폐단위, 100센트, 기호 $)

dol·phin [dɑ́lfin/dɔ́l-] *n.* 돌고래; 《海》 배 매는 말뚝(부표)

do·main [douméin] *n.* 영토; 소유지; 《장》

dome [doum] *n.* 둥근 지붕(천정)

do·mes·tic [dəméstik] *a.* 가정(가사)의, 가정적인; 국내 [국산]의; 집에서 만든; 길들여진: a ~ airline 국내항공로/~ postage 국내우편요금/a ~ mail 국내우편/~ service 국내선

dom·i·cile [dáməs(i)l/dɔ́msail] *n.* 주소; 《法》 본적

dom·i·nant [dámənənt/dɔ́m-] *a.* 지배하는, 유력한

dom·i·nate [dámənèit/dɔ́m-] *vt., vi.* 지배하다, 제어하다; 우뚝 솟다

Dom·i·ni·ca [dàmíníkə, dəmíníkə/dɔ̀míníkə] *n.* 도미니카(서인도제도의 섬, 공화국)

do·min·ion [dəmínjən] *n.* 통치(권), (*pl.*) 영토 **D~ Day** 캐나다 건국기념일(7월 1일)

dom·i·no [dámənòu/dɔ́m-] *n.* (가장무도회용) 가면달린 겉옷;

disposition   77   **divinity**

마음이 있는, …의 경향이 있는 《to do, for》

dis·po·si·tion [dìspəzíʃ(ə)n] n. 배치; 기질; 처분

dis·proof [disprúːf] n. 반증

dis·pro·por·tion [dìsprəpɔ́ːrʃ(ə)n] n. 불균형

dis·pu·ta·ble [dispjúːtəbl] a. 논의의 여지가 있는, 의심스러운

dis·pute [dispjúːt] vt., vi. 논의[논쟁]하다 —n. 논쟁, 논박

dis·qual·i·fy [diskwálifài/-kwɔ́li-] vt. 자격을 박탈하다, 실격시키다; (병 등이)불능케 하다 (disable)

dis·re·gard [dìsrigάːrd] vt. 무시하다 —n. 무시

dis·sat·is·fac·tion [di(s)sætisfǽkʃ(ə)n] n. 불만, 불평

dis·sat·is·fy [di(s)sǽtisfài] vt. 불만을 품게 하다

dis·sem·ble [disémbl] vt., vi. (감정 등을) 감추다, 속이다

dis·sent [disént] vi. 의견을 달리하다

dis·si·dent [dísid(ə)nt] a., n. 반체제파의(사람)

dis·so·lu·tion [dìsəlúː/-zlúː] n. 분해; 용해; 해소, 해산

dis·solve [dizάlv/-zɔ́lv] vt., vi. 분해시키다[하다]; 녹이다

dis·suade [diswéid] vt. 단념시키다, …하지 않도록 설득하다

dis·tance [díst(ə)ns] n. 거리, 먼 곳;(시간의) 간격;(태도의) 소원함:What is the ~ from here to the station? 여기서 역까지의 거리는 얼마나 됩니까 / at a ~ 좀 떨어져서 in the ~ 저 멀리에

dis·tant [díst(ə)nt] a. 먼, 멀리 떨어진; (태도가) 서름서름한

dis·taste [distéist] n. 싫어함, 혐오 《for》: have a ~ for … 을 싫어하다

dis·till, (英) -til [distíl] vi., vt. 증류하다, 방울져 떨어지(게 하)다

dis·tinct [distíŋkt] a. 분명한, 별개의 《from》

dis·tinc·tion [distíŋkʃ(ə)n] n. 구별, 차별 《between》; 탁월; 명성: a person of ~ 저명인사/gain (obtain, win) ~ 명성을 얻다/without ~ 차별없이

dis·tinc·tive [distíŋktiv] a. 구별을 나타내는; 독특한

dis·tin·guish [distíŋgwiʃ] vt., vi. 구별하다 ; 두드러지게 하다 —ed a. 유명한, 눈에 띄는

dis·tort [distɔ́ːrt] vt. 찌그러뜨리다, 뒤틀다; 왜곡[곡해]하다

dis·tract [distrǽkt] vt. (마음을) 흩어지게 하다, 혼란시키다; 미치게 하다

dis·tress [distrés] n. 고민, 고뇌, 재난; (해상의) 조난: be in ~ 곤란받고 있다 —vt. 괴롭히다, 슬프게 하다

dis·trib·ute [distríbju(ː)t] vt. 분배하다; 구분하다; 살포시키다 —u·tor n. 분배자; 배전기

dis·tri·bu·tion [dìstribjúː(ə)n] n. 분배(물), 배포; 분류; 분포

dis·trict [dístrikt] n. 지방, 지역; 행정구; 지구 D~ of Columbia [美] 콜롬비아 특별구 (略: D.C.) (수도 워싱턴의 행정구) D~ Railway 런던 교외철도

dis·trust [distrʌ́st] n. 불신; 의혹 —vt. 불신하다; 의심하다 —ful a. 불신하는 《of》

dis·turb [distɔ́ːrb] vt. 방해하다; 어지럽히다, 소란하게 하다: Do not ~. (호텔의 방문에 거는 패) 수면중, 깨우지 마시오 / I hope I'm not ~ing you. 방해되지는 않겠지요 / Don't ~ yourself. 그대로 계십시요. **~·ance** n. 방해, 소요

dis·use n. [disjúːs-v.] 불사용, 폐기 —vt. [disjúːz] 사용하지 않다

ditch [ditʃ] n. 도랑, 개천 구덩이

di·van [diváen, dáivæn] n. (쿠션이 있는 낮은) 긴의자, 소파; 끽연실

dive [daiv] vi. 잠수하다, 뛰어들다; 손을 찔러넣다 《into》; 몰두하다 《into》; (空) 급강하하다 —n. 잠수; 뛰어들기; (口) 싸구려술집[식당]

di·verge [divɔ́ːrdʒ, dai-/dai-] vi. 갈라지다, 분기하다; 빗나가다, 상궤를 이탈하다

di·verse [divɔ́ːrs/daivɔ́ːs] a. 갖가지의 (various), 다른

di·ver·si·fy [divɔ́ːrsifài/dai-] vt. 변화를 주다, 다양하게 하다

di·ver·sion [divɔ́ːrʒ(ə)n, dai-, -ʃ(ə)n/daivɔ́ːʃ(ə)n, di-] n. (주의의)전환, 기분전환, 위안

di·ver·si·ty [divɔ́ːrsiti, dai-] n. 상이; 다양성

di·vert [divɔ́ːrt, dai-/daivɔ́ːt, di-] vt. (딴데로) 돌리다; 기분을 전환하다

di·vide [diváid] vt. 분할하다 《into》; 분배하다; (남과) 서로 나누다 《with》; (의견을) 대립시키다 —vi. 나누어지다, 쪼개지다; 대립되다

di·vine [diváin] a. 신의, 신같은, 신성한

di·vin·i·ty [divíniti] n. 신, 신성(神性); 신학

발견(물)
dis·cred·it [diskrédit] n. 불신; 의혹; 불명예
dis·creet [diskríːt] a. 분별있는
dis·crep·ant [diskrépənt] a. 상이한, 모순된 [려, 분별
dis·cre·tion [diskréʃ(ə)n] n.
dis·crim·i·nate [diskrímineit] vi., vt. 구별하다 —— [-nèitiŋ] a. 구별되는; 차별적인
dis·crim·i·na·tion [diskrìminéiʃ(ə)n] n. 구별, 식별(력); 차별대우: racial ~ 인종차별
dis·cus [dískəs] n. 원반; 투원반 (discus throw)
dis·cuss [diskʌ́s] vt. 토의(토론)하다; (口) (음식·술을) 즐기며 하다
dis·cus·sion [diskʌ́ʃ(ə)n] n. 토의, 토론: under ~ 토의중인
dis·dain [disdéin] n. 경멸
dis·ease [dizíːz] n. 병, 질병
dis·em·bark [dìsimbáːrk] vi., vt. 양륙하다, 내리(시키)다
dis·em·bar·ka·tion [dìsembɑːrkéiʃ(ə)n] n. 양륙, 양륙 card 입국카드 (도착전에 입국에 필요한 사항을 써넣는 서식)
dis·en·gage [dìsingéidʒ] vt. 풀다, 떼다; 해방하다 —— d a. 풀린; 약속 없는, 한가한
dis·fa·vor [(英) -vour [disféivər] n. 냉담, 냉대; 인기없음 —— vt. 냉대하다
dis·grace [disgréis] n. 불명예, 수치 —— vt. 창피를 주다, …의 수치가 되다 ~·ful a. 창피한, 수치스러운
dis·guise [disgáiz] n. 변장 —— vt. 변장 [가장]시키다
dis·gust [disgʌ́st] vt. 메스껍게 하다, 넌더리나게 하다 —— n. 메스꺼움, 싫증 ~·ing a. 넌더리나는
dish [díʃ] n. 접시; (접시에 담은) 요리; 한 접시분: made ~ es 모듬요리 / western ~ 서양요리
dish·cloth [díʃklɔːθ/-klɔ̀θ] n. 행주
dis·hon·est [disánist/-ɔ́n-] a. 부정직한, 불성실한 -**es·ty** n. 부정직함, 불성실함, 사기
dis·hon·or, (英) -our [disɑ́nər/-ɔ́nə] n. 불명예, 치욕; (어음의) 부도 —— vt. 창피를 주다; (어음을) 부도내다 ~·a·ble [-nərəbl] a. 불명예스러운, 창피한
dishonored bill 부도어음
dis·in·cline [dìsinkláin] vt. 싫증나게 하다
dis·in·fect [dìsinfékt] vt. (살균) 소독하다

dis·in·ter·est·ed [disínt(ə)ristid] a. 사심 없는, 공평한
disk [dísk] n. 원반; 레코드: a ~ jockey 레코드 음악프로의 아나운서 (D. J., deejay 라고도 함)
dis·like [disláik] vt. 싫어하다, 좋아하지 않다 —— n. 싫어함
dis·lo·ca·tion [dìsloukéiʃ(ə)r] n. 탈구(脫臼)
dis·mal [dízməl] a. 음산한, 쓸쓸한 D~ Swamp 미국 남부 대서양연안의 늪지대
dis·may [disméi] n. 당황; 놀람; 낙심 —— vt. 당황[낙심]시키다
dis·miss [dismís] vt. 해고 [면직]하다; 해산시키다; (생각을) 버리다
dis·mount [dismáunt] vt. (말에서) 내리다 [떨어뜨리다] —— vi. 말에서 내리다, 하차하다
Dís·ney Lànd [dízni] 미국 Los Angeles 교외의 대유원지
dis·o·be·di·ent [dìsəbíːdiənt] a. 순종 않는 (to), 불효한
dis·o·blige [dìsəbláidʒ] vt. 불친절히 하다; (口) 폐끼치다
dis·or·der [disɔ́ːrdər] n. 난잡, 혼란; 무질서; (pl) 소동; (가벼운) 병 —— vt. 난잡하게 하다 [병나게]
dis·patch [dispǽtʃ] vt. 급송 [급파, 특파]하다; (일·식사를) 재빨리 마치다 —— n. 급송, 특파, 속달편; (美) 전보; 재빠른 조치, 신속
dis·pel [dispél] vt. (근심·의심 등을) 쫓아버리다, 풀다
dis·pen·sa·ble [dispénsəbl] a. 없어도 되는, 별로 필요치 않은
dis·pen·sa·tion [dìspənséiʃ(ə)n] n. 분배; (신의)섭리; 면제, 특전
dis·pense [dispéns] vt., vi. 분배하다; 조제하다
dis·perse [dispɔ́ːrs] vt. 흩어지다, 쫓아버리다
dis·place [displéis] vt. 바꾸어놓다; 처리하다; 대신하다
displáced pérson (전쟁 등으로 인한)고국상실자, 난민, 실향민
dis·play [displéi] vt. 나타내다; 진열 [과시]하다 —— n. 진열, 표시, 전시
dis·please [displíːz] vt. 불쾌하게[언짢게] 하다
dis·pleas·ure [displéʒər] n. 불쾌 (discomfort), 노염
dis·pos·al [dispóuz(ə)l] n. 처리, 처분(의 자유), 배치 at one's ~ 마음대로
dis·pose [dispóuz] vt., vi. 배열하다, 처리하다; 마음내키게 하다 ~ of …을 처분하다
dis·posed [dispóuzd] a. …할

dip·lo·mat·ic [dìpləmǽtik] *a.* 외교(상)의, 외교적 수완이 있는 ~**corps** // ~ **immunity** 외교관 면책특권

di·rect [dirékt, dai-] *a.* 직접의, 똑바른, 직계의; 솔직한: a train 직행열차 / Which is the most ~ way? 어느쪽이 가장 가까운 길입니까 —*ad.* 직접, 똑바로: go ~ to London 런던으로 직행하다 —*vt.* (주의 등을) 향하다; 길을 가리켜주다; (편지를) ···앞으로 보내다; 지도[명령, 지시]하다: Can you ~ me to the station? 역으로 가는 길을 가리켜 주시겠요?
— **ly** *ad.* 직접, 똑바로

di·rec·tion [dirékʃ(ə)n, dai-] *n.* 방향; 범위; (*pl.*) 지휘, 감독, 명령: in every ~; in all ~s 사방으로, 각 방면으로/in the ~ of ···의 방향에/under the ~s of ···의 지휘하에

di·rec·tor [diréktər, dai-] *n.* 지도자, 지휘자; 중역, 이사; [영화] 감독; 연출자

di·rec·to·ry [diréktəri, dai-] *n.* 인명부, 주소 성명록; a telephone ~ 전화번호부

dirge [də:rdʒ] *n.* 장송가, 애가

dir·i·gi·ble [dírdʒəbl] *a.* 조종할 수 있는 —*n.* 비행선

dirt [də:rt] *n.* 먼지, 오물; 흙

dirt·y [də́:rti] *a.* 더러운; (날씨가) 궂은, 험악한; 음란한

dis·a·ble [diséibl] *vt.* 무쓸게 만들다, 무력하게 하다

dis·ad·van·tage [dìsədvǽntidʒ/-vá:n-] *n.* 불이(한 처지), 불편 —**d** (소수민족의) 사회적 혜택을 받지 못한

dis·a·gree [dìsəgríː] *vi.* 일치하지 않다《with, in》; 의견을 달리하다; (음식·기후가) 안맞다《with》

dis·a·gree·a·ble [dìsəgríː(ə)bl] *a.* 불쾌한; 마음에 안드는

dis·ap·pear [dìsəpíər] *vi.* 사라지다, 자취를 감추다

dis·ap·point [dìsəpɔ́int] *vt.* 실망시키다; 꺾다 ~**ed** *a.* 실망한
—**ment** *n.* 실망

dis·ap·prove [dìsəprúːv] *vt., vi.* 찬성안하다; 비난하다《*of*》

dis·arm [disɑ́ːrm] *vt., vi.* 무기를 빼앗다, 무장을 해제하다

dis·ar·ma·ment [disɑ́ːrməmənt] *n.* 무장해제, 군비축소

dis·as·ter [dizǽstər/-áːs-] *n.* 재난 (calamity), 천재지변

dis·as·trous [dizǽstrəs/-áːs-] *a.* 비참한

dis·be·lief [dìsbilíːf] *n.* 불신

dis·be·lieve [dìsbilíːv] *vi., vt.* 믿지 않다, 의심하다《*in*》

disc [disk] *n.* = disk

dis·card [diskɑ́ːrd] *vt., vi.* (카드놀이) 필요없는 패를 버리다; (애인·신앙 등을) 버리다; 해고하다

dis·cern [disə́ːrn, -zə́ːrn] *vt., vi.* 분간하다, 인정하다

dis·charge [distʃɑ́ːrdʒ] *vt., vi.* 발사하다; (배에서) 짐을 내리다; 배출[배설]하다; 해고하다; (책임·의무를) 면제하다; (약속을) 이행하다; (빛을) 갚다 —*n.* 발사; 짐부리기; 면제; 해고; 이행; (빛의) 상환

dis·ci·ple [disáipl] *n.* 제자, 문하생; (예수의) 사도

dis·ci·pline [dísiplin] *n.* 훈련, 규율, 풍기; 징계; 학과·교련 —*vt.* 훈련하다; 징계하다

dis·claim [diskléim] *vt., vi.* 포기하다, 기권하다; 부인하다

dis·close [disklóuz] *vt.* 드러내다; 폭로하다; 발표하다

dis·co [dískou] *n.* = discoteque; 디스코음악

dis·col·or, -our [diskʌ́lər] *vt., vi.* 변색시키다(하다); 더럽히다, 더러워지다

dis·com·fort [diskʌ́mfərt] *n., vt.* 불쾌[불안, 불편] (하게 하다) ~**index** 불쾌지수

dis·com·pose [dìskəmpóuz] *vt.* 마음[질서]을 어지럽히다

dis·con·nect [dìskənékt] *vt.* 연락을 끊다, 분리하다; (전화를) 끊다

dis·con·tent [dìskəntént] *n.* 불평, 불만 *a.* 불평[불만]을 품은《*with*》 —*vt.* 불만을 품게 하다 ~**ed** [-id] *a.* 불만인

dis·con·tin·ue [dìskəntínjuː] *vt., vi.* 그만두다, 중지하다

dis·cord [dískɔːrd] *n.* 불화, 불일치

dis·co·theque [dìskoutékˈ/—] *n.* 디스코테크 (레코드 음악에 맞춰 춤을 추는 술집)

dis·count [dískaunt→] *n.* 할인, 할인요[액]; 참작: a house [store] for ~ 염가판매점/cash ~ 현금할인 *at a* ~ 할인하여 —*vt.* [—, —] 할인하다; 에누리하여 듣다〔생각하다〕

dis·cour·age [diskə́:ridʒ/-kʌ́r-] *vt.* 낙심시키다, 낙담하게 하다: Don't be ~d 낙심하지 마라

dis·course [dískɔːrs, —'] *n.* 강연, 연설

dis·cov·er [diskʌ́vər] *vt.* 발견하다, 찾아내다

dis·cov·er·y [diskʌ́v(ə)ri] *n.*

dic·ta·to·ri·al [dìktətɔ́:riəl] *a.* 독재자의, 독재적[전제적]인

dic·tion·ar·y [díkʃənèri/-ʃ(ə)ri] *n.* 사전, 사서

did [did] *v.* do 의 과거

die¹ [dai] *vi.* (*ppr.* **dy·ing**) 죽다, 시들다 ; 정지하다 ; 갈망하다 《보통 be dying》 …하고 싶어 못견디다 《for》 …하고 싶어 못견디다 《to do》

die² *n.* (*pl.* dice) 주사위

di·et¹ [dáiət] *n.* 음식물, 식이 (요법)

di·et² *n.* (때로 D~) (일본·덴마크·스웨덴 등의) 의회, 국회

dif·fer [dífər] *vi.* 다르다, 상이하다 《from》 ; 의견이 다르다

dif·fer·ence [díf(ə)rəns] *n.* 차이, 차별 ; 차(액) : ~ in time 시차

dif·fer·ent [díf(ə)rənt] *a.* 다른, 상이한, 별개의 《from》

dif·fer·en·tial [dìfərénʃ(ə)l] *a.* 특이한 ; 차별적인 ; 《數》 미분의 ; 《機》 차동의

dif·fi·cult [dífik(ə)lt] *a.* 곤란한, 어려운 ; 까다로운

dif·fi·cul·ty [dífik(ə)lti] *n.* 곤란(한 일) ; 어려움, 난국 ; (*pl.*) 재정난

dif·fi·dent [dífid(ə)nt] *a.* 자신 없는, 수줍어하는, 겁많은 《of》

dif·fuse [difjú:z] *vt., vi.* 뿌리다, 퍼뜨리다 ; (빛·열 등을)발산하다 ; (학문 등을) 보급시키다 [유포]

dif·fu·sion [difjú:ʒ(ə)n] *n.* 산포, 보급, 전파

dig [dig] *vt., vi.* (*pt., pp.* **dug**) (땅·구멍을) 파다 ; 탐구하다

di·gest [daidʒést, di-] *vt., vi.* 소화하다 ; 터득하다 ; 간추리다 — *n.* [dáidʒest] 적요, 다이제스트

di·ges·tion [daidʒéstʃ(ə)n, di-] *n.* 소화(작용), 소화력 ; (정신적) 소화

di·ges·tive [didʒéstiv, dai-] *a.* 소화(촉진)의 — *n.* 소화제

dig·it [dídʒit] *n.* 손[발]가락, 아라비아숫자 (0, 1, 2…9)

dig·it·al [쉬] *a.* 손[발]가락의 ; 손[발]가락이 있는 ; (컴퓨터 등에서 쓰는) ~ **computer** 계수형 전자계산기

dígital compúter [dídʒitl] 계수형 (전자)계산기

dig·ni·fy [dígnifai] *vt.* 위엄을 갖추다 **-fied** [-d] *a.* 위엄있는

dig·ni·ty [dígniti] *n.* 위엄, 품위 ; 고위, 고관

di·gress [daigrés, di-] *vi.* 빗나가다, 벗어나다, 탈선하다 《from》

dike [daik] *n.* 둑, 둑길

di·lem·ma [dilémə] *n.* 궁지, 진퇴양난, 딜레머

dil·et·tan·te [dìlitǽnti] *n.* (*pl.* ~**s, -ti** [-ti:]) 예술애호가, 아마추어예술가

dil·i·gence [dílidʒ(ə)ns] *n.* 근면

dil·i·gent [dílidʒ(ə)nt] *a.* 부지런한 《in》 ; 몸주한

di·lute [dil(j)ú:t, dai-] *vt., vi.* 묽게, 묽게 하다, 묽어지다

dim [dim] *a.* 어두침침한, 희미한, 어렴풋한 — *vi., vt.* 더두침침하게[흐리게]하다, 어두침침해지다, 흐려지다

dime [daim] *n.* 《미국·캐나다의》 10센트 은화

dime-a-doz·en [⌐ədǽzn] *a.* 싸구려의, 흔해빠진 것

di·men·sion [diménʃ(ə)n, +英 dai-] *n.* 차원 ; 치수 ; 범위

di·min·ish [dimíniʃ] *vt., vi.* 줄이다, 감소 《축소》하다

dim·i·nu·tion [dìminj(j)ú:ʃ(ə)n, -njú-] *n.* 감소(액), 축소

dim·ple [dímpl] *n.* 보조개

din [din] *n.* (귀가 멍해지도록) 시끄러운 소리 — *vt., vi.* 시끄러운 소리를 내다 ; 귀가 따갑도록 되풀이하다

dine [dain] *vi., vt.* 식사하다 ; 정찬을 먹다 — **on** 식사로 …을 먹다 — **out** 외식하다

din·er [dáinər] *n.* 식사하는 사람 ; 《美》 식당차 ; (식당차刊) 간이식당 **the D~'s Club** 다이너 스클럽

ding-a-ling [díŋəliŋ] *n.* 《美俗》 괴짜

díning càr (철도의) 식당차

díning hàll 큰 식당, 식당

díning ròom 식당방

díning tàble 식탁

din·ner [dínər] *n.* 정찬 (하루중에 제일 잘 먹는 식사) ; 정식(만찬) : ~ **call** 식사를 알리는 소레 / ~ **party** 만[오]찬회 / **a** ~ **table** 식탁

dínner jàcket 《英》 = tuxedo

dint [dint] *n.* 협, 폭력 ; 움폭 들어간 곳

di·ode [dáioud] *n.* 2극진공관 ; 반도체 정류기

dip [dip] *vt.* 담그다 — *vi.* 잠깐 잠기다 ; 내려가다

diph·thong [dífθɔ:ŋ, díp-/-θɔŋ] *n.* 이중모음, 복모음

di·plo·ma [diplóumə] *n.* 졸업장, 면허장 ; 공문서

di·plo·ma·cy [diplóuməsi] *n.* 외교 ; 외교적 수완

dip·lo·mat [díplæmæt], 《美》 **-ma·tist** [diplóumətist] *n.* 외교관

de‧tail [díteil, ditéil] n. 세부, 세목; (pl.) 상세 **go into ~s** 상세하게 **in ~** 상세히 — vt. 상술하다. **~ed** a. 상세한

de‧tain [ditéin] vt. 붙들어두다; 구류하다

de‧tect [ditékt] vt. 찾아내다, 발견하다, 탐지하다 (find)

de‧tec‧tive [ditéktiv] a. 탐정(용)의 — n. 탐정, 형사

dé‧tente [deitá:nt] n. (국제간)긴 장완화 [F]

de‧ten‧tion [ditén ʃ(ə)n] n. 저지, (선박의)억류; 구류, 구금 **~ home** 소년감화원

de‧te‧ri‧o‧rate [dití(:)riəréit, -tíəri-] vt., vi. 나쁘게 하다, 나빠지다, 악화시키다(하다); (질을)저하시키다(하다)

de‧ter‧mi‧nate [ditɔ́:rm(i)nit] a. 명확한; 결정적인

de‧ter‧mi‧na‧tion [ditə̀:rmiənéi-ʃ(ə)n] n. 결심, 결정

de‧ter‧mine [ditə́:rmin] vi., vt. 결심하다(시키다); 결정하다

de‧ter‧rence [ditə́:rəns] n. 제지, 억지(력); 방해물

de‧test [ditést] vt. 질색하다

de‧throne [diθróun] vt. 왕위에서 물러나게 하다, 폐위[퇴위]시키다

de‧tour [dí:tuər, ditúər/déitúə] n. 우회로; 우회하다 **make a ~** 우회하다 — vi. 우회하다

de‧tract [ditrǽkt] vt. (가치·명성을) 손상시키다, 떨어뜨리다

det‧ri‧ment [détrəmənt] n. 해, 손해 (damage); 상해

De‧troit [ditrɔ́it] n. 미국 Michigan 주의 자동차공업 도시

deuce [d(j)u:s/dju:s] n. (트럼프의) 2의 패, (주사위의) 2점; 〔정구 등〕 듀스; (口) 액운, 악마; (美俗) 2달러(지폐)

Déut‧sche Márk [dɔ́it ʃəmà:rk] 독일마르크(略: DM) [G]

de‧val‧u‧ate [di:vǽljuèit], **-val‧ue** [-vǽlju:] vt. 가치를 떨어뜨리다. (經) 평가절하하다 (opp. upvalue) **-á‧tion** n. 평가절하

dev‧as‧tate [dévəstèit] vt. 황폐시키다

de‧vel‧op [divéləp] vt. 발달(발전) 시키다, 개발하다; (자원을)개발하다, (사실 등을) 밝히다; (필름을) 현상하다; 전개하다(시키다) — vi. 발달[발전]하다; 전개하다: ~ing countries 개발도상국/a ~ed country [nation] 선진국 **~er** n. 개발자

de‧vel‧op‧ment [divéləpmənt] n. 발달, 발전, 개발; (寫) 현상

de‧vi‧ate [dí:vièit] vi., vt. 빗나가(게)하다, 벗어나다, 이탈하다 《from》

de‧vice [diváis] n. 고안; 계획; 책략; 장치; 도안

dev‧il [dévl] n. 악마

de‧vise [diváiz] vt. 고안하다

de‧void [divɔ́id] a. 결핍된, …이 없는 《of》

de‧vote [divóut] vt. (노력·돈·시간 등을) 바치다, 쏟다 《to》: **~ oneself to** …에 전념하다

de‧vot‧ed [divóutid] a. 헌신적

de‧vo‧tion [divóu ʃ(ə)n] n. 헌신(적 사랑), 몰두; 신앙심; (pl.) 기도

de‧vour [diváuər] n. 게걸스레 먹다; (병·화재 등이) 망치다; (열중하여) 바라보다, 읽다

de‧vout [diváut] a. 독실한 (religious), 경건한; 진실어린

dew [d(j)u:/dju:] n. 이슬; 방울

dex‧ter‧ous [dékst(ə)rəs] a. 손 재주있는, 능란한; 오른손잡이의

di‧ag‧nose [dáiəgnòus, -nóuz/ ⁀-nóuz] vt., vi. (醫) 진단하다

di‧ag‧no‧sis [dàiəgnóusis] n. (pl. **-ses** [-si:z]) (醫) 진단

di‧a‧gram [dáiəgrǽm] n. 도표, 도식; 열차시간표

di‧al [dái(ə)l] n. 문자반, (시계 등의) 지침면, (전화·라디오의) 다이얼; 해시계 — vi., vt. 다이얼을 돌리다; 전화를 걸다: **D~ me at home.** 집으로 전화해주십시오.

di‧a‧lect [dáiəlèkt] n. 사투리

di‧a‧logue, -log [dáiəlɔ̀:g, ⁀-lɔ̀g] n. 대화, 문답 「경

di‧am‧e‧ter [daiǽmitər] n. 직

di‧a‧mond [dáiəmənd] n. 다이아몬드, 유리칼; 마름모꼴, 〔카드놀이〕 다이아몬드패; 〔야구〕 내야

Diamond Head 하와이에 있는 산

Di‧an‧a [daiǽnə] n. 〔로神〕 다이애나 (cf. Altemis)

di‧a‧per [dáiəpər, ⁀美 dáipər] n. 마름모꼴무늬(의 천); 기저귀

di‧ar‧rhe‧a, -rhoe‧a [dàiərí:ə] n. 설사: **have ~** 설사하다

di‧a‧ry [dáiəri] n. 일기(장); **keep a ~** 일기를 쓰다

dice [dais] n. pl. (sing. **die**) 주사위(놀이); 도박

dick [dik] n. 놈, 녀석; (美) 형사

dic‧tate [díkteit] vi., vt. 받아쓰게 하다; 명령하다 — n. [díkteit] (보통 pl.) 명령, 지시

dic‧ta‧tion [diktéi ʃ(ə)n] n. 받아쓰기, 구술; 명령, 지시